Geschichte der Rhythmisch-musikalischen Erziehung in Deutschland

W0353333

Pädagogik in der Blauen Eule

Band 39

Helga Tervooren

Geschichte der Rhythmisch-musikalischen Erziehung in Deutschland

Von der Jahrhundertwende bis zum
Ausgang der Kestenberg-Reform
(1932/1933)
unter besonderer Berücksichtigung
von Kindergarten und Schule

verlag DIE BLAUE EULE essen

Die Deutsche Bibliothek - CIP-Einheitsaufnahme

Tervooren, Helga:
Geschichte der rhythmisch-musikalischen Erziehung in Deutschland : von der Jahrhundertwende bis zum Ausgang der Kestenberg-Reform (1932/1933) unter besonderer Berücksichtigung von Kindergarten und Schule / Helga Tervooren. -
Essen : Verl. Die Blaue Eule, 2002
(Pädagogik in der Blauen Eule ; Bd. 39)
ISBN 3-89206-084-3

ISBN 3-89206-084-3

© Copyright Verlag Die Blaue Eule, Essen 2002
Alle Rechte vorbehalten

Manuskriptherstellung / Typografie: Friedhelm Zerwe

Nachdruck oder Vervielfältigung, auch auszugsweise, in allen Formen, wie Mikrofilm, Xerographie, Mikrofiche, Mikrocard, Offset und allen elektronischen Publikationsformen, verboten

Gedruckt auf alterungsbeständigem Papier

Printed in Germany

Verkörperter Rhythmus muß notwendigerweise ein schönes Schauspiel bieten. Die Musik in uns gewinnt dadurch Gestalt, sie formt unseren Körper. Was zeitlich war, wird körperlich, was Klang und Folge war, wird Bild und Bewegung. Diese körperliche Form muß gewiß ein schönes Schauspiel bieten, denn alles ist Ausdruck und Maß, die Bewegung im Raum ist gemessen durch die Zeit, die in der Zeit aber wird sinnlich erlebt im Raum.

Emile
Jaques-Dalcroze

Inhalt

Vorwort

Durch ein ganzes Jahrhundert hindurch konnte sich die Rhythmisch-musikalische Erziehung, als einer der vielen möglichen Wege künstlerisch-kultureller Erziehung, aus den Ursprüngen bei Emile Jaques-Dalcroze, mit vielen Ergänzungen, Erweiterungen, Veränderungen, entsprechend den Zeitnotwendigkeiten und Zeitbedürfnissen, auch durch Zeiten von Krisen, offen gebliebenen und noch zu beantwortenden Fragen, bewähren und erhalten.

Wiederum stehen wir nahe vor einer großen Zeitenwende; läßt sich auch diese Zeit des Übergangs beschreiben als eine Zeit der Aufbrüche und Veränderungen, angefüllt mit Fragen menschlichen Lebens und Überlebens, existentieller Not, zu Ende gehender Ressourcen, einer Übertechnisierung und Mediatisierung der Lebenswelt des Menschen, mit der Gefahr, Emotionalität, Sinnesqualitäten, kreativ-schöpferische Potentiale, die dem Menschen eigene Fähigkeit zu Kommunikation und Interaktion zurückzudrängen, verkümmern zu lassen, statt ihnen großzügig Raum frei zu geben, um dem Menschen eine voll entfaltete Entwicklung der Persönlichkeit zu ermöglichen.

Die große Fülle eines vorbereiteten Angebots für nahezu alle Lebensbereiche, jegliches Wünschen und Bedürfen des Menschen, schließt zugleich die Bedrohung ein, den Menschen, fast unbemerkt, immer mehr verarmen zu lassen, macht ihm den Wunsch nach Eigeninitiative, der Freude am Entdecken noch unerschlossener Fähigkeiten, einem Erleben der Fülle und Vielfalt menschlichen Seins, im Austausch mit dem anderen und den anderen, nur noch gering spürbar.

Vielmehr gebraucht der Mensch, lebend in dieser übervollen Welt, Anregungen, Anstöße, die seine innere Lebendigkeit wachrufen, ihn ermutigen und befähigen zu eigeninitiativem Denken und Handeln, die ihm ein Auswählen erleichtern, ihm Wege der Orientierung und eigener kritischer Stellungnahme aufzeigen, um sie überzeugender vertreten zu können.

Anlaß und Aufforderung genug, um noch einmal zurückzuschauen, die Anfänge nicht aus dem Blick zu verlieren: Die große Epoche der Reformpädagogik, der Kunsterziehungsbewegung, der Jugendbewegung, die Ursprünge der Rhythmisch-musikalischen Erziehung bei Emile Jaques-Dalcroze in Hellerau bei Dresden, wie sie am Anfang des zwanzigsten Jahrhunderts sichtbar wurden.

Sie alle wirkten und wirken mit ihren Vertretern, gleich Pionieren und Wegbereitern einer Position eines neuen Verständnisses von Bildung und Erziehung, Formen des Lehrens und Lernens, verwirklicht in einem je eigenen Schulmodell, weit in unser Jahrhundert hinein und hindurch.

Reformpädagogische Ansätze werden am ausgehenden zwanzigsten Jahrhundert neu entdeckt, in Wissenschaft und Forschung erneut aktualisiert, in einer großen Zahl von Schriften publiziert, um den Aspekt des Schöpferischen neu gewichten, den künstlerisch-gestaltenden Fächern im Lehrplan der Schule einen anderen Stellenwert einräumen zu können, das Bewußtsein der Menschen für Ausdrucksformen und Umgangsformen von und mit Kunst und Kultur in großer Fülle und Vielfalt, zur Bewahrung des Humanen, zum Erhalt des Aufbaus eines ethischen Werte-Sinns, erneut zu sensibilisieren und wachzuhalten.

Reformpädagogik kommt damit, durch die lange Zeit ihres Wirkens und Festigens einer eigenen Position, in gewissem Sinne eine überzeitliche Bedeutung zu, ist gleichsam aufzufassen als eine permanente Aufgabe, als immerwährender Auftrag, gerichtet an die je einzelnen Vertreter eines pädagogischen Ansatzes, einer gefundenen Position und Konzeption. Sie schließt die Bereitschaft ein, den eigenen Standort, die Auffassung von Bildung und Erziehung, den Wechselbezug von Theorie und Praxis, Formen des Lehrens und Lernens fortwährend zu prüfen, zu überprüfen, zu korrigieren, modifizieren, zu verändern, worauf im besonderen H. Röhrs verweist: „Das hängt zweifellos mit den substantiellen Inhalten und Zielen der Reformpädagogik zusammen, die das Menschwerden und -sein unter wechselnden gesellschafts-politischen Voraussetzungen sowie die Humanisierung von Schule und Erziehung in paradigmatischer Form betreffen“.[1]

Zurückgeführt auf das der Bezeichnung innewohnende Stammwort *reformatio*, gleichbedeutend mit Erneuerung, Umgestaltung, womit sie nach dem Ursprung des Erzieherischen fragt und die Erneuerung durch Rückbesinnung meint, erklärt sich als das allen Richtungen der Reformpädagogik gemeinsame Bestreben, ein Suchen und Fragen nach begründbaren neuen Formen von Unterricht und Erziehung.

Erkannte man am Beginn reformpädagogischer Bestrebungen in dem schöpferischen Menschen, „den aus der Totalität seiner Anlagen und aus der Tiefe des Erlebnisses heraus denkenden, fühlenden, wollenden und handelnden, freien Menschen“,[2] ein Leitbild eines neuen Menschen, verbunden mit dem Auftrag, sich eigen- und mitverantwortlich in das Gesamt menschlichen Lebens einzubringen, einen je eigenen Beitrag beim Aufbau einer neuen künstlerischen Kultur beizutragen, so gilt es am ausgehenden Jahrhundert dieses Leitbild erneut zu aktualisieren und zurückzugewinnen.

So mögen die abschließenden Worte eines Vortrages: „Der schöpferische Mensch“, gehalten von F. Hilker bei einer Tagung der entschiedenen Schulreformer im Zentralinstitut für Erziehung und Unterricht in Berlin (1922) beispielhaft stehen: „Wir stehen heute am Scheidewege. Lassen wir die Menschen durch eine verkehrte, einseitige und lebensfremde Erziehung innerlich noch ärmer werden als sie bereits sind und durch die wirtschaftlichen Verhältnisse gemacht werden, so führen wir

---

1) Röhrs, H.: Die Reformpädagogik und ihre Perspektiven für eine Bildungsreform, hg. von Petersen, J./Reinert, G.-B., Donauwörth 1991, S. 173

2) Hilker, F.: Kunst und Schule, H. 10, Berlin 1922, S.5

sie dem sicheren Untergange entgegen. Besinnen wir uns aber auf uns selbst und gelingt es uns, die schöpferischen Kräfte von neuem in der Jugend zu erwecken, so werden Zeit und Menschen in einem neuen, großen Rhythmus sich zusammenfinden".[1]

Gedanken, Vorstellungen, Ziele, Appelle, so zeitnah, so daß sie in dieser späten Zeit des zwanzigsten Jahrhunderts ausgesprochen sein könnten, die eine wegweisende Bedeutung erhalten sollten für alle pädagogischen und künstlerisch-pädagogischen Ansätze und Modelle, die hineinwirkten in Pädagogik, Kunst und künstlerische Erziehung, Bewegungserziehung und Rhythmisch-musikalische Erziehung.

Rhythmisch-musikalische Erziehung wird bis in die gegenwärtige Zeit als künstlerisch-pädagogisches Hauptfach an Hochschulen für Musik gelehrt, vermittelt, an nachfolgende Generationen weitergegeben. Viele der Fachvertreterinnen und -vertreter konnten in den letzten Jahrzehnten zur Erweiterung eines Schrifttums, durch Veranstaltungen auf der Ebene der Fort- und Weiterbildung, die Fragestellung nach dem Zusammenhang von Wissenschaft und Praxis, eingebunden in jährlich stattfindende Rhythmik-Symposien, durch große wissenschaftliche Forschungsarbeiten, einen bedeutsamen Beitrag zur Weiterentwicklung und Fundierung der Rhythmisch-musikalischen Erziehung beitragen.

Jedoch, eine „Wiedergewinnung des Rhythmus in der Erziehung, in der Bildung der Persönlichkeit, in der Kunst und im Leben",[2] wie W. Dohrn den Auftrag der „Bildungsanstalt für Musik und Rhythmus Jaques-Dalcroze" in Hellerau bei Dresden, in der Rede zur Grundsteinlegung am 22. April 1911 kennzeichnete, gilt es für die Zeit am ausgehenden zwanzigsten Jahrhundert und über die Zeitenwende hinweg, neu zu entdecken und zu verwirklichen.

In diesem Verständnis möchte ich die frühe Dissertation überarbeiten. Hinzufügen, ergänzen, erweitern, da, wo neue Forschungsergebnisse hinzugekommen sind, Orte einen neuen Auftrag erhalten haben. Insofern möchte ich auf die frühe, vorangestellte Vorbemerkung verzichten, jedoch den Dank hier einschließen an eine große Zahl von Institutionen und Persönlichkeiten, die mir Hilfe leisteten bei der schwierigen Beschaffung von Aufsätzen, Beiträgen, Schriften, Werken, und die mir im Gespräch durch Berichte eigener Erlebnisse und Erfahrungen, und unterrichtlicher Tätigkeit mit und in Rhythmisch-musikalischer Erziehung, wertvolle Hinweise gaben zu einer Erweiterung und Vertiefung eigener Kenntnisse und Erkenntnisse, die diese Forschungsarbeit abrunden und vervollständigen konnten.

---

1) Hilker, F.: Der schöpferische Mensch. In: Menschenbildung, hg. von P. Oestreich, Berlin 1922, S. 95

2) Dohrn, W.: Die Aufgabe der Bildungsanstalt Jaques-Dalcroze. In: Der Rhythmus, Jahrbuch 1, Jena 1911, S.2

Bibliothek des Pestalozzi-Fröbel-Hauses, Berlin (Leitung: Frau Bading, Frau Luther); Bibliothek der Staatl. Hochschule für Musik, Berlin; Bundesverband Rhythmische Erziehung e.V., Remscheid (K. Lorenz); Deutscher Werkbund Bayern, München (Dr. H. Wichmann); Gymnastikschule Schwarzerden, Gersfeld/Rhön (H. Fischer); Kaiser-Wilhelm Museum, Krefeld; Sächsische Landesbibliothek, Dresden (H.-J. Sarfert); Schweizerische Dokumentationsstelle für Schul- und Bildungsfragen, Genf (U. Keller); Schweizerische Landesbibliothek, Bern (H. Sahli); Schweizerische Studiengruppe „Organismus und Technik", Zürich (P. Angst); Schweizerischer Tonkünstlerverein, Lausanne (B.Geller); Stadtbibliothek Essen (G. Züllich).

E. Conrad, Essen (posthum; Leiterin des Rhythmik-Seminars an der Staatl. Hochschule für Musik Ruhr, Folkwang-Hochschule, in der Zeit von 1942-1970); M. Germeshausen, Mönchengladbach (posthum; frühe Absolventin der „Rhythmischen Schulgemeinde", Düsseldorf); J. Fritschler, Berlin; H. Jung-Neugeboren, Böblingen (posthum; frühe Absolventin der „Bildungsanstalt für Musik und Rhythmus Jaques-Dalcroze" in Hellerau/Dresden);

Ch. MacJannet-Blensdorf, Genf (Tochter des O. Blensdorf, Blensdorf-Seminar Wuppertal, Jena, Bad Godesberg, gegr. 1906); H. Morenz, Idar-Oberstein (Verwalterin des Hilda-Senff-Archivs), M. Pötschke, Hamburg (posthum; frühe Absolventin der „Schule Hellerau-Laxenburg Schloß Laxenburg bei Wien"); R. Riemerschmid, München; S. Streller-Lipp, Murnau (posthum; frühe Absolventin der „Schule Hellerau-Laxenburg Schloß Laxenburg bei Wien).

Mein besonderer Dank gilt Herrn F. Zerwe, der mir mit großer Sachkenntnis, Sorgfalt, Mitdenken und Gestaltungssinn die Manuskripte zu meinen Schriften erstellte und auch dieses der großen Forschungsarbeit zur Geschichte der Rhythmisch-musikalischen Erziehung.

Einleitung

Auch die „Zeichen der Zeit“ am Beginn des zwanzigsten Jahrhunderts beunruhigten die Menschen, erschwerten humane Lebensbedingungen, ließen in Wissenschaft und Forschung ein erneutes Fragen nach einem ‘Gesamtbild’ vom Menschen, einer ‘Gesamtsicht’ alles Lebendigen entstehen.
Diese sollte die beiden Komponenten der geistigen Aktivität, die ‘theoretische Funktion’ mit all den Mitteln rationalen Denkens, wie die ‘ästhetische Funktion’, die Wahrung des Ursprünglichen (die Qualität von Form und Linie, Farbe, Laut, Geruch und Tastgefühl) einschließen, wie A. Portmann es ausdrückt.[1]
F.Struwe sprach von einem „totalen leiblich-seelischen Erleben der Musik“ als Voraussetzung für eine vollkommen neue Art des Musizierens.[2]
E. Jaques-Dalcroze betonte die „Schulung von Körper und Geist“, durch die das „sensible und das motorische Nervensystem eine solche Durchbildung erfährt, daß eine Steigerung der Lebenskraft, eine Entfaltung künstlerischer Fähigkeiten – innerhalb der durch die Begabung des Einzelnen gezogenen Grenze – wie von selbst sich einstellt“.[3]

Als bedrohend für eine Gesamtentwicklung des Menschen sah man höchste wirtschaftliche, technische Entwicklungen an, höchste Spezialisierung und Automatisierung, den Einfluß von Hast, Lärm, schlechten klimatischen Bedingungen, unzulänglichen Nahrungssurrogaten, Bewegungsarmut, mangelnde Lebensordnungen. Sie waren mit der Sorge verbunden, daß der Mensch sich zu weit von allem Naturhaften und Ursprünglichen entfernen könnte, wie ebenso die hohe Intellektualisierung und Abstrahierung zu einer Einseitigkeit menschlicher Entwicklung und Entfaltung führen und den Menschen in seinem emotional-sozialen Bereich verkümmern lassen könnte.

Daraus wird ein Fragen und Suchen nach neuen Wegen in Bildung und Erziehung verständlich, die es dem Menschen ermöglichen sollten, neue und andere Erfahrungen zu sammeln, hörend, lauschend, sehend und schauend, tastend, greifend und begreifend – mit allen Sinnen – die ganze Fülle der Erscheinungen in der lebendigen Natur aufzunehmen und zu erfassen.

Nach Wegen, die Phantasie, Spontaneität und Freude an eigenen Umgangsweisen, am Finden und Erfinden, am Entdecken eigener Möglichkeiten zulassen. Nach Wegen, die ein wahrhaftes Befreien der Gesamtheit der schöpferischen Kräfte im Menschen erlauben, die über eine Erlebnisbereitschaft, Erlebnisfähigkeit und Erlebnistiefe zu Ausdrucksmöglichkeiten, Ausdrucksfähigkeiten und Ausdrucksqualitäten hinführen, die auf der sozialen Ebene menschliche Kommunikation und In-

1) Portmann, A.: Heilkräfte der Naturkunde für unsere Bildung, Hitzkirch 1977, S. 7-16

2) Struwe, F.: Erziehung durch Rhythmus in Musik und Leben, Kassel 1930, S. 43

3) Jaques-Dalcroze, E.: Die Bildungsanstalt für Musik und Rhythmus Emile Jaques-Dalcroze in Dresden-Hellerau, Jena 1910, S. 7

teraktion ermöglichen, die Verantwortung und Mitverantwortung wachsen lassen, die hinführen zu einem „Empfangen und Geben als der großen Regel des Menschlichen“,[1] wie es E. Jaques-Dalcroze formuliert, so daß sich für diese Forschungsarbeit folgende Ziele ergaben:

1. Ein Herausarbeiten der allgemein pädagogischen und musikpädagogischen Fragestellung unter besonderer Berücksichtigung des institutionellen Aspektes von Kindergarten und Grundschule, ein Anliegen der Fachvertreter der Rhythmisch-musikalischen Erziehung innerhalb des hier erschlossenen Zeitraumes.
2. Ein Herausarbeiten des Ansatzes der Rhythmisch-musikalischen Erziehung aus dem Geist, der Sichtweise, der Intention des Schöpfers und Urhebers E. Jaques-Dalcroze, im Kontext künstlerisch-kultureller, pädagogischer, musikpädagogischer und bewegungspädagogischer Entwicklungen, wie deren Wirkung, Fortwirken, erste Schritte einer Weiterentwicklung bis zum Ausgang der Kestenberg-Reform am Ende der zwanziger/Anfang der dreißiger Jahre des zwanzigsten Jahrhunderts.

E. Jaques-Dalcroze, eine Künstlerpersönlichkeit par excellence, erfüllt von der Entdeckung einer 'Erziehung für und durch den Rhythmus', war kein systematisch arbeitender Theoretiker, vielmehr ein künstlerisch-schöpferischer Pädagoge. Seine rhythmische Erziehungsidee lebte aus der Vielfalt und Vielgestaltigkeit, aus dem Reichtum seiner rhythmischen und musikalischen Einfälle in der unmitelbaren künstlerisch-pädagogischen Praxis.
So hat E. Jaques-Dalcroze in seinen Schriften Grundgedanken, Grundlinien der Rhythmisch-musikalischen Erziehung in einer plastischen, oft bildhaften Sprache aufgezeichnet, weniger systematisch geordnet, als vielmehr eine Fülle und Vielfalt von Erfahrungen und Beobachtungen aus der Unterrichtspraxis beinhaltend, die einer Analyse und Interpretation bedürfen, um eine Einsicht und Durchsicht zu erleichtern und zu einem tieferen Verstehen seines rhythmischen Erziehungsweges beizutragen.

Daraus erklärt sich die Wahl der methodischen Instrumente:

- Die Analyse und Interpretation der Quellen. Hier galt es, die Fülle der sehr verstreut liegenden Materialien von unterschiedlicher Art und Qualität: Notizen, Berichte, Beiträge, Referate, Vorträge, Schriften verschiedenen Umfanges, Protokolle von Gesprächen und Interviews, zum Zwecke dieser Arbeit zu sichten und zu ordnen.
- Das Gespräch mit Rhythmiker-Persönlichkeiten der frühen Zeit der Entstehung und Entwicklung der Rhythmisch-musikalischen Erziehung. Sie wurden mir zu einem lebendigen Zeugnis eines selbst nicht durchlebten Zeitabschnittes, und leisteten mir einen wesentlichen Beitrag zu einem Zeitverständnis und zu einer Klärung der oftmals so verwickelten Zusammenhänge rhythmischer Bewegungssysteme, ihrer Schwerpunkte und Intentionen.

---

1) Jaques-Dalcroze, E.: Die Rhythmik. Unterricht zur Entwicklung des rhythmischen und metrischen Instinktes, des Sinnes der plastischen Harmonie, des Gleichgewichtes der Bewegungen und zur Regulierung der Bewegungsgewohnheiten, Leipzig 1916, Vorwort

- Die Abbildungen und Dokumente, die einen Zugang, ein Erschließen und Verstehen der Textbeiträge erleichtern und illustrieren mögen.

So ist der Aufbau einer insgesamt literarischen Arbeit mit einer Gliederung von drei Teilen entstanden.
Teil I führt ein in den kulturhistorischen Zusammenhang und den zeitgeschichtlichen Hintergrund mit besonderer Berücksichtigung künstlerisch-kultureller und reformpädagogischer Entwicklungen. In ihm erhalten die 'Reformpädagogische Bewegung', die Kunsterziehungsbewegung und die Jugendbewegung als Wegbereiter der Rhythmisch-musikalischen Erziehung Berücksichtigung; kann der Schweizerische Solothurner Kongreß für Musikunterricht (1./2. Juli 1905) eine erste Auseinandersetzung mit einem zur Diskussion gestellten Modell – E. Jaques-Dalcrozes Vorschläge zur Reform des musikalischen Schulunterrichtes – verdeutlichen und konkretisieren.

Die Reformpädagogische Bewegung wollte das Unbehagen an der pädagogischen Situation zum Ausdruck bringen; sie wurde mit wesentlichen pädagogischen Grundgedanken: Beachtung der Individualität in der Gemeinschaft, pädagogische Atmosphäre, Formen des mitmenschlichen Umgangs, Erlebnisfähigkeit, Fest und Feier; durch ein Erkennen einer tätigen Auseinandersetzung mit Inhalten aus den künstlerisch-kulturellen Fächern, der Betonung einer ganzheitlichen Sichtweise vom Menschen, wegweisend für die Rhythmisch-musikalische Erziehung.

Konnte die Kunsterziehungsbewegung wegbereitend werden durch das aus ihrem Bemühen erwachsene neue Kunstverständnis, das allen Volksschichten einen Zugang zur Kunst ermöglichen sollte, und im besonderen durch die Erkenntnis, daß eine Verbindung von Musik und Bewegung zu einer Befreiung des Menschen und zu einer Wende in den so festgefahrenen Bahnen des Schulfaches 'Turnen' führen kann.

Zeichnete sich in der Jugendbewegung, in dem Suchen nach Lebensganzheit, einer Befreiung des Leiblichen, dem wiedergewonnenen Körper- und Gemeinschaftsgefühl und dem Ausdrucksbedürfnis in Spiel, Rhythmus, Singen und Tanz erste Ansätze einer künstlerisch-kulturellen Erziehung ab, Wege, die E. Jaques-Dalcroze in seiner Konzeption von Rhythmisch-musikalischer Erziehung zuerst so deutlich erkannt und konkretisiert hat.

Insofern soll ihm, als dem Urheber und Begründer des Rhythmisch-musikalischen Erziehungsweges innerhalb des Teiles II eine umfassende Darstellung zukommen, und die seine Konzeption tangierenden und beeinflussenden Theorien zur Erklärung und zum besseren Verständnis der Grundgedanken herangezogen werden. Auch sollen hier Fortentwicklungen in der unmittelbaren Nachfolge von E.Jaques-Dalcroze bis zum Beginn der Kestenberg-Reform Berücksichtigung finden: Weiterentwicklungen an der 'Bildungsanstalt Jaques-Dalcroze' in Dresden-Hellerau; Konzeptionen für die schulische und außerschulische Musikerziehung, Schulgründungen durch frühe Absolventen der 'Bildungsanstalt Jaques-Dalcroze'.

Teil III faßt die Fülle und Vielfalt der vor dem ersten Weltkrieg begonnenen Entwicklungen zusammen, stellt Weiterentwicklungen, Ergänzungen, Modifikationen in Bildung und Erziehung dar unter besonderer Berücksichtigung der Institutionen Kindergarten und Grundschule. Hier kommt der 'Reichsschulkonferenz' (11. bis 19. Juni in Berlin) eine entscheidende Funktion zu, erhält für den Bereich der Musikerziehung und Musikpflege das groß angelegte musikerzieherische Reformwerk L. Kestenbergs eine wegweisende Bedeutung. Zur Darstellung der Reformpläne und Reformabsichten gab ich L. Kestenberg innerhalb dieses Abschnittes einen breiten Raum, da erst durch seine Initiative und Reformbestrebungen ein Umdenken möglich wurde, und erst das Finden eines neuen Standortes von Musikerziehung und Musikpflege im Aufbau eines Bildungs- und Erziehungswesens es erlaubten, neue und andere Wege zu gehen. Seiner Initiative ist es zu verdanken, der Rhythmisch-musikalischen Erziehung Wege in alle Bereiche der Pädagogik geebnet und ihr einen Platz in den Studiengängen der Musik und Musikerziehung eingeräumt zu haben, der sich bis in unsere Zeit hinein erhalten und als richtig erweisen konnte.

Darüber hinaus soll die Auseinandersetzung mit den Rhythmus-Theorien von L. Klages und R. Bode – den führenden Vertretern der Rhythmus-Diskussion der zwanziger Jahre – eine Einführung geben in das dualistische Denken von 'Leben und Geist' , 'Natur und Geist' , das lange Zeit die Rhythmus-Diskussion geleitet hat.

Schließlich soll das angefügte Kapitel 'Ausblick' eine Brücke in die Folgezeit schlagen. Es mag aufmerksam machen auf verwandte Zeiterscheinungen und Zeitphänomene und zu erneutem Nachdenken und Überdenken anregen.

Hinzuweisen gilt es noch auf die Verwendung von Bezeichnungen und Fachtermini, die ich dieser Zeit entsprechend verwandt habe, und auf manche Überschneidungen und Wiederholungen in der Darstellung, die sich nicht immer vermeiden ließen.

Möge diese Forschungsarbeit den Studierenden der Musikerziehung und Rhythmisch-musikalischen Erziehung, der großen Zahl von Interessierten, Förderern und Ausübenden in der Vielzahl pädagogischer Tätigkeitsfelder ein geschichtliches Denken aus den Quellen und Grundgedanken E. Jaques-Dalcrozes erleichtern und einen Beitrag leisten zur Erhellung der Komplexität der Zusammenhänge, wie zu einer Vertiefung eines Verstehens von Rhythmisch-musikalischer Erziehung beitragen.

I Pädagogische und musikpädagogische Hauptentwicklungslinien seit der Jahrhundertwende

1. Die Reformpädagogische Bewegung

1.1 Einleitende Gedanken

Eine Vielzahl von Reformideen und Reformbestrebungen, wie sie am Beginn des zwanzigsten Jahrhunderts sichtbar wurden, hat dazu beigetragen, der Rhythmisch-musikalischen Erziehung den Boden zu bereiten, auf dem es ihr möglich wurde, in den Jahren von 1910 bis 1914 in Dresden-Hellerau zu einer ersten Blütezeit von großer Kraft und Tragweite zu gelangen.

Da von all diesen Strömungen ausführliche Einzeldarstellungen wie umfassende Gesamtdarstellungen vorliegen, möchte ich in Zusammenhang mit der hier zu erörternden Thematik, allgemeine Tendenzen herausheben und nur die Richtungen skizzieren, denen für eine Entwicklung und Manifestation der Rhythmisch-musikalischen Erziehung eine besondere Bedeutung zukommt.

So zeichnet sich in der Reformpädagogischen Bewegung ein neues pädagogisches Denken ab, wird in ihr das ganze Unbehagen an der „alten" Schule mit ihren tradierten Formen sichtbar und spürbar, woraus ihr Beitrag zu einem neuen Bild vom Menschen, im besonderen vom Kinde resultiert, wie eine Öffnung der Schule als Institution der Bildung und Erziehung, mit der sie auch der Rhythmisch-musikalischen Erziehung einen Zugang ermöglichte.

Die „Reformpädagogische Bewegung", ein Begriff, den H. Nohl (1879-1960) in den zwanziger Jahren prägte für die große Zahl pädagogischer Richtungen dieser Jahre, erhält im Kontext der Reformen, Ideen, Wandlungen, Veränderungen eine fundamentale Bedeutung. Ihr Beginn ist im ausgehenden neunzehnten Jahrhundert (letztes Jahrzehnt) anzusetzen, ihr Ende wird gewaltsam bestimmt durch die Machtergreifung des Nationalsozialismus (1933), der sie als „Ausdruck des liberalen Systems des Weimarer Staates verurteilte".[1] Sie ist zu verstehen als Ausdruck, als eine Reaktion auf die Lebens- und Gesellschaftsform des neunzehnten Jahrhunderts.

Auslösend wirkten die hohe technisch-wirtschaftliche Entwicklung („Erste Industrielle Revolution", ein Begriff, der auf den engl. Sozialreformer A. Toynbee (1852-1883) zurückgeht, mit ihr einhergehend die zunehmende Mechanisierung, Ökonomisierung, Rationalisierung, der ungeheure technische Fortschritt, dem sich der Mensch im neunzehnten Jahrhundert, etwa seit 1830/1840 mit all seinen Kräften zugewandt hatte.

Daraus wird verständlich, daß der Mensch primär nach außen gewandt lebte, sein Streben, Wollen, Denken, Handeln auf eine Eroberung der materiellen Welt richtete, ohne zunächst die aus ihr erwachsenen Krisen (wirtschaftlich, sozial, politisch, kulturell) mitzubedenken, bis er sich schließlich bei dieser Mechanisierung

[1] Scheibe, W.: Die Reformpädagogische Bewegung, Weinheim/Basel,1994, S. 3

des Daseins, die den Raum für individuelle Lebensgestaltung, für ein Ausleben individueller Bedürfnisse wie eines individuellen Lebensrhythmus immer mehr einschränkt, nicht mehr wohlfühlt, sich in seiner menschlichen Existenz bedroht sieht. Zwar von ihm, dem Menschen selbst, so hoffnungsvoll, zuversichtlich und stolz begonnen, scheint sie ihm jetzt fast zu entgleiten und sich gegen ihn selbst zu wenden.

Wird dieser so selbstverständlich wachsende Fortschritt („Fortschrittsglaube") zunächst nur von wenigen großen Geisteswissenschaftlern der Zeit (A. Schopenhauer, Fr. Nietzsche) mit Skepsis betrachtet, so verbreitet sich dieser gegen Ende des neunzehnten Jahrhunderts „als müde oder revolutionäre Stimmung",[1] um schließlich um die Jahrhundertwende ein intensives Suchen und Streben nach neuen Lebensformen und -normen in weiten Kreisen, besonders der Jugend, sichtbar werden zu lassen.

Daraus resultiert eine neue Beziehung und Einstellung zur Natur – wie allem Naturhaften und Organischen – mit ihren stärkenden und belebenden Kräften, den Elementen wie Sonne, Licht, Wasser, Wind, Kälte, der Fülle von rhythmischen Lebenserscheinungen wie Tag und Nacht, Hell und Dunkel, Zyklus der Jahreszeiten u.a.; resultiert ein Fragen nach einer adäquaten Lebensumwelt des Menschen, die neben menschlichem Wohnen (Schrebergarten- und Siedlungsbewegung) auch rhythmische Lebensordnungen zuläßt; erhalten die irrationale Seite des Menschen und das Unbewußte erneut Bedeutung, wird die schöpferische Intuition als dem Verstandesdenken überlegen angesehen, setzt eine neue Wertschätzung der Kunst ein, wird insgesamt eine Betonung des Persönlichen sichtbar und spürbar.

Mit ihr treten in Biologie und Psychologie Theorien in den Vordergrund, die in ihrer Forschung Ganzheitsbegriffe wie Struktur und Typus in den Mittelpunkt stellen; entstehen aus dem Bedürfnis, den Menschen als Ganzheit zu sehen, ihn in seiner Einheit erforschen zu wollen, Charakterologie und Typologie, als deren Begründer L. Klages (1872-1956) gilt. W. Th. Preyer (1841-1897) begründet mit seinem Werk: „Die Seele des Kindes" (Leipzig 1882) die kinderpsychologische Forschung, die Forschungen der Psychoanalyse S. Freuds (1856-1939) und der Individualpsychologie A. Adlers (1870-1937) leisten ihren Beitrag zu einem neuen psychologischen Verständnis des Kindesalters, H. Lhotzky (1859-1930) mit seiner populär-psychologischen Schrift: „Die Seele deines Kindes" (1904), in der er unmittelbar an die erzieherische Praxis anknüpft, findet besonders bei Lehrern und Eltern großes Interesse.

In der Geisteswissenschaft erhält, angeregt durch W. Dilthey (1833-1911), die Lebensphilosophie einen großen Einfluß auf das Geistesleben dieser Zeit, wie ebenso charakteristisch für den Geist der Zeit die von S. Kiergegaard (1813-1855) und F. Nietzsche (1844-1900) beeinflußte Existenzphilosophie ist. Im Zentrum dieser

---

[1] Reble, A.: Geschichte der Pädagogik, Stuttgart, 1995, S. 277

Geistesrichtung steht die Frage, „wie in der Welt des technischen Riesenapparates der einzelne Mensch sich ein tieferes Sein bewahren könne. Dabei weist sie alle Versuche, diese tiefere Existenz in das rationale Netz eines abgerundeten philosophischen Systems einzufangen, radikal ab“.[1]

So ist die Reformpädagogische Bewegung „der natürliche Ausdruck jener allgemeinen Rückwendung zum Menschen und ist – wie das besonders intensive Nachdenken über Erziehungsfragen sehr oft – eben auch Zeichen der inneren Krise“.[2] Bezogen auf den Raum der Schule mit ihren überlieferten Formen der „Buchschule“, „Stoffschule“, „Lernschule“, wird hier eine Überbetonung und Überbewertung von Verstandesbildung und Gedächtnisleistung sichtbar. Man kritisiert und tadelt an ihr Umfang, Inhalt und Aufbau des erstrebten Wissens, einen geistigen Kräftezustand, der Beweglichkeit in der Assoziation, Kombination, Differenzierung in der Beobachtung, Besonnenheit und Klarheit in der Urteilsfindung und Urteilsbildung erheblich zu kurz kommen läßt.

Man vermißt Eigentätigkeit und Spontaneität vonseiten der Schüler, beobachtet eine Armut an Ausdrucksmöglichkeiten und Ausdrucksfähigkeiten, man vermißt einen „kräftigen, starken und weitragenden, über die Hemmnisse hinweghelfenden Willen“;[3] eine echte jugendliche, von Freude getragene Lebensstimmung und Lebensenergie, wie ebenso soziale Verhaltensweisen mit der Bereitschaft zu gegenseitiger Rücksichtnahme und Hilfeleistung, einem wechselseitigen Verstehen, einem Austausch von Geben und Nehmen.

Diese gesamte pädagogische Situation läßt mit Nachdruck Stimmen laut werden, die nach einer gründlichen Prüfung der schulischen Situation verlangen, die eine Modifikation der Stoffe, Inhalte und Ziele fordern und mit ihnen auch ein Entwickeln schöpferischer Kräfte als Gegengewicht zu den intellektuellen, die letztlich einen Ausgleich anstreben zwischen körperlichen, emotionalen und geistigen Fähigkeiten.

1.2 Die „alte“ Schule – Grundgedanken einer „neuen“ Erziehung

Inhaltlich wendet sich die oftmals scharfe, harte, ja vernichtende Kritik an der „alten“ Schule gegen Lehrerzentriertheit, die starren und verpflichtenden Lehrpläne, die überscharfe Abgrenzung der Fächer, gegen die Vielwisserei, die Art und Weise der Vermittlung, bei der kaum Raum für kindliche Aktivität und Produktivität verbleibt, das eigene individuelle Interesse des Kindes kaum oder keine Beachtung findet, in der „Wissen mehr (gilt) als Können, die Form mehr als der Inhalt, die Antwort mehr als das Problem, literarische und sprachliche Bildung mehr als praktische Bildung und gesunder Menschenverstand“.[4]

Daraus lassen sich als charakteristische Merkmale der „alten“ Schule heraushe-

---

1) 2) Reble, A., a.a.O., S.279; S. 283

3) Gaudig, H.: Die Schule der Selbsttätigkeit, hg. von L. Müller, Bad Heilbrunn, 1969, S. 26

4) Wilhelm, Th.: Pädagogik der Gegenwart, Stuttgart 1967, S. 54

ben: Die Rolle des Lehrenden, das methodische Vorgehen, das Verhalten der Schüler, die innerhalb von Entwürfen und Konzeptionen einer „neuen" Erziehung eine grundlegende Veränderung erfahren sollten.

Die alte Schule zeigt die Rolle des Lehrenden als Lehrerautorität, die im Mittelpunkt steht. Der Lehrende wird beschrieben als „Wissender", der Macht über seine Schüler besitzt, der auf seine Schüler hinabschaut, der als Organisator und Planer weiß, welche Stoffe und Pensen zu erfüllen, zu absolvieren sind, der sich der Leistungen seiner Schüler durch schriftliche und mündliche Prüfungen versichert, diese in Noten auf den Zeugnissen ausdrückt und damit über jährliche Versetzungen oder Nichtversetzungen entscheidet.

In Konzeptionen neuer Erziehung wird die Lehrerpersönlichkeit charakterisiert als „Präparator", der die Welt der Schule und des Schulraumes gestaltet und vorbereitet als der „stete Beobachter" mit der Fähigkeit, die Eigenart eines jeden Kindes zu erkennen und adäquat zu fördern, und darüber hinaus verstanden als der „kameradschaftliche Berater" mit einem beweglichen Platz innerhalb des Arbeitsraumes, orientiert an dem Zweck seiner Beobachtungen, die ihm indirektes Lenken ermöglicht.

... „Es ist die Aufgabe des Erziehers, zu leiten, fast könnte man sagen, wie ein Dirigent, der verschiedene Instrumente und menschliche Stimmen zur Einheit einer Klangsymphonie verbindet".[1]

Als wichtigstes Mittel kennt der Lehrer der alten Schule die Frage, in dem Sinne: „Wer richtig und treffend Fragen stellen kann, besitzt den angemessenen Findersatz der Methode",[2] verbunden mit der Erwartung eines korrekten und in ganzen Sätzen Beantwortens vonseiten der Schüler. Zur didaktischen Vorbereitung und Gestaltung von Unterricht dienen ihm die „Formalstufen des Unterrichts" von Joh. Fr. Herbart (Einheiten des Unterrichtsprozesses mit einer Gliederung von Vertiefung und Besinnung; Klarheit, Assoziation (Verknüpfung); System und Methode).

In Konzeptionen neuer Erziehung sind die methodischen Mittel nicht an fixierte Schemata gebunden. Auch lassen sie Zwang und Befehl außer acht, aber spontanes Reagieren vonseiten der Schüler zu, schließen Beweglichkeit und Anpassung an die jeweilige pädagogische Situation ein. Entsprechend bestehen keine festgelegten Lehrpläne, charakteristisch ist das „gemeinsame Suchen nach Lösungen",[3] wie ebenso nach Alternativen zu den so festgefügten Jahrgangsklassen in Gruppen- und Kurs-Systemen, kennt man an Unterrichtsformen den „Gesamtunterricht", „Epochenunterricht", neben Gruppen- und Einzelunterricht, Kleingruppen arbeit und Arbeitsgemeinschaften.

Im Bild der alten Schule wird ein Schülerverhalten sichtbar, das P. Petersen treffend in den Worten beschreibt: „So sitzt die Klasse in Reih und Glied und harrt

---

[1] [2] [3] Petersen, P.: Die neueuropäische Erziehungsbewegung, Weimar 1926, S. 105; S. 15; S. 120

des Kommandos, d.h. der Fragen. Es ist das Bild einer gut erzogenen Kompanie".[1] Entsprechend darf der Klassenraum – mit viel zu hoch frequentierter Schülerzahl – keinerlei Ablenkung verursachen. Insofern stehen die Bänke in „Reih und Glied", ist kein Raum für Schmuck und Ausgestaltung jeglicher Art. Daneben richten sich kritische Einwände gegen die unmenschliche Architektur der Schulgebäude, die als riesig, kühl, schmucklos, nur zweckmäßig und in den Begriffen „Kasernenstil", „Massenfabrik"[2] u.a. beschrieben werden.

In Konzeptionen neuer Erziehung ist man um bewegliche Gestaltung des Schulraumes (Kreis, Halbkreis, kleine Tischgruppen) bemüht, die viele Möglichkeiten zur Gemeinschaftsbildung anregt sowie Gespräch, Diskussion, Kleingruppenarbeit zuläßt; um ein Schülerverhalten auf der Basis einer Atmosphäre des Vertrauens, getragen von einer Grundstimmung der Freude als „untrügliches Anzeichen des inneren Wachstums"[3]; um ein Schulklima, das Freiheit, Selbständigkeit, Schülermitwirkung und Schülermitbestimmung berücksichtigt und eine „Erziehungsgemeinschaft" ermöglicht.

Die neue Erziehung wird verstanden als „ein Umkreis lebenslang auf den Menschen einwirkende Gemeinschaftskräfte"[4], Gemeinschaft aufgefaßt als ein „allseitiges geistiges Verbundensein der Glieder, (als) eine Lebensgemeinschaft oder eine Gesinnungsgemeinschaft, und zwar eine nicht auf Erwerb und Ausbeutung, sondern auf gegenseitige innere Hebung gerichtete Verbindung, wo einer den andern trägt und stützt und damit geistig bereichert"[5]. Insgesamt wird hier eine Schulwirklichkeit angestrebt, die sich darum bemüht, den Schüler in seiner gesamten Persönlichkeit zu sehen, zu erkennen, zu erfassen und adäquat zu fördern. „Alle Sinnesgebiete, alle Muskeln und Nerven, die plastischen, technischen und rhythmischen Fähigkeiten, alle Verstandestätigkeit, Aufmerksamkeit und Wille müssen die Möglichkeit der Entfaltung erhalten".[6]

Bei der Frage nach der inneren Gestaltung neuer Erziehungskonzeptionen wird deutlich erkennbar, daß hier den musischen Fächern, dem gesamten Bereich des „gestaltenden Schaffens" mit Werkgestaltung, Singen, Musizieren, Bewegungserziehung, Tanz und den Bildungsformen wie Gespräch, Spiel, Arbeit, Fest und Feier eine andere Stellung zuerkannt wird, womit auch der Rhythmisch-musikalischen Erziehung ein Weg geebnet war.

Damit war eine Auffassung vom Menschen, von Bildung und Erziehung zum Ausdruck gebracht, wie sie von Vertretern reformpädagogischer Richtungen von Beginn ihres Wirkens an, auf internationaler Ebene vertreten wurden. Für sie wurde der „Weltbund für Erneuerung der Erziehung" zu einem einzigartigen Forum der Begegnung, des Austausches, der Information, der Diskussion, der Entfaltung neuer Gedanken und Vorstellungen, und Verwirklichung von Bildung und Erzie-

---

1) Scheibe, W., a.a.O., S. 70

3) 4) 5) 6) Petersen,P.: a.a.O. S. 17; S. 107; S. 50; S. 107

hung. 1921 in Calais unter dem Namen „New Education Fellowship" mit den drei Direktoren beschlossen: B. Ensor (verantwortlich für die engl. Sektion), E. Rotten (verantwortlich für die deutschsprachige Sektion), A. Ferriére (verantwortlich für die französisch sprechenden Länder), wurde der „Weltbund" im Zeitraum bis 1935 zu einer der bedeutendsten und einflußreichsten Vereinigungen; erweist sich heute, am ausgehenden zwanzigsten Jahrhundert sein Auftrag dem eines Wächteramtes vergleichbar, um diese notwendige Sensibilität für ein Wachhalten pädagogischen Wirkens und Strebens um Erneuerung, verstanden als das „gute Gewissen der Pädagogik"[1], in die Verantwortung der je nachfolgenden Generation weitergeben zu können.

Der Kreis der Gründungsmitglieder erweiterte sich schnell; schon in den nachfolgenden Jahren traten P. Geheep, P. Petersen, M. Montessori, H. Parkhurst, C. Washburne, J. Dewey, W.H. Kilpatrick, K. Boeke, O. Decroly hinzu, wurde das Gespräch von namhaften Erziehungstheoretikern wie P. Bovet, P. Petersen, J. Piaget mitgestaltet, so daß die Zielsetzungen des Weltbundes vielfältig mit denen der Reformpädagogik in eine Übereinstimmung gebracht werden konnten. Mit der Veranstaltung von Welt- und Länderkonferenzen spricht der Weltbund für Erneuerung der Erziehung bis in unsere Zeit hinein immer erneut aktuelle Themen an, die des Überdenkens und Uberprüfens bedürfen und nach einer neuen Orientierung mit begründbaren Lösungen der Realisierung verlangen: „Die Befreiung der schöpferischen Kräfte im Kinde" (Heidelberg 1925); „Die Bedeutung von Freiheit in der Erziehung" (Locarno 1927); „Die neue Psychologie und der Lehrplan" (Helsingör / Dänemark 1929); „Erziehung in einer sich wandelnden Welt" (Nizza 1932) u.v.a.

Immer aber gehörte zu dem zentralen Anliegen des „Weltbundes" und mit ihm der Vertreter reformpädagogischer Richtungen, auch,die kunstpädagogische Fragestellung, bzw. wurde diese stets als ihre „inspirierende Mitte" eingeschätzt. „Kunst ist wie keine andere Bestrebung unmittelbarer Ausdruck des ungeteilten Menschseins, und sie zielt auf das Leben, seine Vertiefung durch künstlerisches Verstehen und Deuten"[2].

So ist im folgenden nach der Position der gestaltenden Fächer im Kontext einiger ausgewählter Hauptrichtungen der Reformpädagogik zu fragen: Der Arbeitsschulbewegung, der Landerziehungsheimbewegung, der Lebensgemeinschaftsschule (Jena-Plan), der Waldorf-Pädagogik, die in ihren Konzeptionen auch der Musik- und Bewegungserziehung – zwar in unterschiedlicher Gewichtung – Beachtung, oftmals einen erheblichen Stellenwert zuerkannt haben.

---

1) Röhrs, H.: Die Reformpädagogik und ihre Perspektiven für eine Bildungsreform, hg. von Petersen,J./Reinert, G.-B., Donauwörth 1991, S. 94

2) Röhrs, H.: Der Weltbund für Erneuerung der Erziehung, Weinheim 1995, S. 103

1.3 Richtungen der Reformpädagogik

1.3.1 Die Arbeitsschulbewegung

1870 in Finnland einsetzend (durch Uno Cynäus), nimmt diese Bewegung über Schweden und Dänemark (durch Adolf von Clauson-Kaas) – wo Bestrebungen sichtbar wurden, die sich darum bemühten, die Handfertigkeit als Lehrfach in die Volksschule hineinzutragen –, erweitert durch pädagogische Grundgedanken aus England und im besonderen Amerika (John Dewey), Einfluß auf Deutschland.[1]

Hier wird *Georg Kerschensteiner* (1854-1932) – Schulrat und Organisator des Berufs- und Volksschulwesens in München – zu einer der einflußreichsten Persönlichkeiten dieser Richtung. Sein gesamtes reformpädägogisches Bemühen ist von einer pädagogischen Grundauffassung geprägt, die durch vier fundamentale Grundgedanken gekennzeichnet ist: *Erstens* sucht G. Kerschensteiner eine Verbindung des alten Prinzips der Menschenbildung mit dem wichtigen Gedanken einer Erziehung durch Handfertigkeit. *Zweitens* ist ihm eine enge Beziehung zwischen Menschenbildung und Beruf wichtig. *Drittens* sieht er den Menschen als Gemeinschaftswesen in seinen tiefen sozialen Verpflichtungen und Verflechtungen. *Viertens* ist G. Kerschensteiners Bildungsbegriff dynamisch, „er weiß, welche zentrale Bedeutung das selbständige Erarbeiten für die Bildung des Menschen hat".[2]

„Diese ist immer das Werk ihres eigenen Ringens um sie, und dieses Werk hat nur dort einige Aussicht auf Gelingen, wo die Forderungen des Arbeitsberufes, den späterhin das Schicksal dem individuellen Menschen zuweist, zugleich Forderungen seines individuellen Wert-, Zweck- und Interessensystem sein oder werden können".[3]

Daraus wird zum einen G. Kerschensteiners Forderung der freien Selbstbetätigung verständlich, die die beiden Prinzipien beinhaltet: Das Individualitätsprinzip mit dem pädagogischen Grundgedanken, dem Individuum bei der Suche nach einem Weg zu Selbstfindung und Selbstverwirklichung zu helfen, und das Aktivitätsprinzip, verbunden mit der Forderung, „den Zögling zur sachlichen Einstellung zu führen".[4]

Zum andern läßt sich daraus G. Kerschensteiners Bildungsbegriff erklären, Bildung von ihm verstanden als der „zusammenfassende Begriff von Erziehung und Unterricht",[5] definiert als „der durch die Kulturgüter geweckte, individuell organisierte Wertsinn",[6] gekennzeichnet durch fünf Merkmale:

---

1)2) Reble, A., a.a.O., S. 301; S. 303

3)4) Kerschensteiner, G.: Die freie Sebstbetätigung als Mittel der Persönlichkeitsbildung. In: Fr. Fröbel und die Gegenwart, Leipzig 1930, S.39/40; S. 29

5)6) Kerschensteiner, G.: Begriff der Arbeitsschule, Stuttgart 1969, S. 44; S. 45

„1. Eine gewisse Weite und Mannigfaltigkeit des geistigen Horizontes in bezug auf die Werthaftigkeit, Wertbedeutung und Wertbeziehungen der Dinge.
2. Eine gewisse Lebendigkeit, Aufgeschlossenheit, Zugänglichkeit für die Erfassung neuer Werte (Ideen, Güter) und Wertverwirklichungen.
3. Ein Bedürfnis nach seelischem Wertwachstum und stetiger Betätigung dieses Bedürfnisses im Gestalten, sei es des inneren Wesens der eigenen Seele, sei es der äußeren Welt.
4. Eine bewegliche Verbundenheit der im Verhältnis von Mittel und Zweck, Ursache und Wirkung, Teil und Ganzes stehenden Wertbeziehungen der Dinge.
5. Eine wachsende seelische Zentralität infolge der Organisation der Wertschätzungen aus einem unbedingt geltenden Werte heraus, die sich im ganzen Denken, Fühlen und Handeln auswirkt".[1]

Insofern stehen die vier Formen der menschlichen Tätigkeit, von G. Kerschensteiner auch „Hauptformen der Betätigung" genannt: Spiel, Sport, Beschäftigung, Arbeit, im Mittelpunkt seiner Konzeption. Während Spiel und Sport, in ursprünglichem Sinne verstanden, für ihn Tätigkeitsformen sind, die ihren Wert in der Tätigkeit selbst tragen, sie sind zweckfrei, sind Beschäftigungen und Arbeit, vom Willen gesetzte Betätigungen, auf fremde Zwecke hin gerichtet; erhält jedoch in seiner Bildungstheorie die Arbeit als Grundform der Bildung und Erziehung eine zentrale Bedeutung. Jede Arbeit ist „körperlich und geistig zugleich",[2] doch Arbeit im pädagogischen Sinne wird nur da geleistet, wo durch sie im Individuum die sachlichen Interessen erwachen.

Für den Raum der Schule geht es G. Kerschensteiner darum, das Kind von der natürlichen Haltung, der freien Spielhaltung, über die sogenannten Beschäftigungen zur freien Arbeitshaltung zu führen, verstanden „als eine Führung vom Erlebnis der subjektiven Werte des bloßen Tuns zum Erlebnis der objektiven Werte einer Sache, richtiger eines Gutes".[3]

„Arbeit im pädagogischen Sinne hat also dafür zu sorgen, daß die Zielvorstellungen des Handelns eine sachliche Reaktion auslösen, eine Reaktion auf unbedingt geltende öder zeitlose Werte, einen Wahrheitswert, Sittlichkeitswert, Schönheitswert, Erlösungswert, kurz einen Wert der seelischen Ordnung und Einheitlichkeit um der seelischen Ordnung und Einheitlichkeit willen. Und sie ist nur da vorhanden, wo die Arbeit eine solche Auslösung nach sich zieht.[4]

Als Endwerte einer Arbeit im pädagogischen Sinne – gleichsam als Ergebnis dieses Prozesses – stehen Sachlichkeit (mit der Möglichkeit der Selbstprüfung des Arbeitsproduktes und seiner Übereinstimmung mit den sachlichen Forderungen) und Vollendungstendenz, das Bedürfnis nach „Vollendung des Werkes". G. Kerschensteiner nennt hier zwei methodische Wege, den Weg der „Außenschau", der „empirischen Selbstprüfung", verbunden mit der Frage nach dem *Was*, und den Weg der „Innenschau", als einen Weg der „rationalen Selbstprüfung", verbunden mit der Frage nach dem *Wie* und *Warum*.

---

1) 2) 4) Kerschensteiner, G.: Begriff der Arbeitsschule, Stuttgart 1969, S. 44/45; S. 53, S.47/48

3) Kerschensteiner, G.: Die freie Selbstbetätigung, a.a.O., S. 34

„Trägt eine Arbeit zur Steigerung der sachlichen Einstellung bei, d.h. der Grundeinstellung des ganzen Selbst, so vollzieht sich damit ein unzweifelhafter Bildungsakt. ... Letzten Endes ist alle Sachlichkeit auch Sittlichkeit".[1]

An dieser Stelle gilt es, auch auf die Grenzen des Arbeitsschulgedankens bei G. Kerschensteiner hinzuweisen. Seine Wertschätzung der Arbeit, der technisch konstruktiven Handarbeit, der er einen überragenden Bildungswert beimißt, läßt in seiner Konzeption die künstlerisch-gestaltenden Fächer erheblich zu kurz kommen. Das Spiel nimmt in seiner Konzeption nur eine geringe Bedeutung ein, Fest- und Feiergestaltung finden keine Erwähnung, Aspekte, die in der Arbeitsschulbewegung bei H. Gaudig ein erhebliches Gewicht erhalten sollten.

Hugo Gaudig (1860-1923) – Leiter einer höheren Mädchenschule mit Lehrerinnen-Seminar in Leipzig – charakterisiert als „hervorragender Lehrer",[2] grenzt seine Arbeitsschulidee von der G. Kerschensteiners ab durch den Leitbegriff der „freien geistigen Schularbeit", die für ihn Gültigkeit erhält für alle Schulformen.

„Freie geistige Arbeit ist die Art des Arbeitens, bei der der gesamte Arbeitsvorgang von der Stellung bis zur Lösung der Frage von der Eigenmacht des Schülers getragen wird. Diese Art des Arbeitens beruht naturgemäß auf einer allgemeinen geistigen Zuständlichkeit; aber nicht etwa auf einer kaltintellektuellen, sondern auf einer auch vom Gemüts- und Willensleben her stark beeinflußten Disposition; zuhöchst ist die Zuständlichkeit, aus der sich die freie geistige Tätigkeit entwickelt, eine wesentliche Disposition der werdenden Persönlichkeit; das heißt aber zugleich auch eine vom nationalen und menschlichen Kulturprozeß geforderte Geisteslage".[3]

Innerhalb der freien geistigen Tätigkeit erhalten das Grundprinzip der Selbsttätigkeit und das des Erlebens einen zentralen Stellenwert in Zusammenhang mit dem Erziehungsziel, die „werdende Persönlichkeit", auch „wertvolle Persönlichkeit". Diese möchte H. Gaudig verstanden wissen als ein „Prinzip höchster Aktivität, ein Prinzip, das Stetigkeit angespannter Arbeit fordert",[4] die H. Gaudig im Mittelpunkt des gesamten pädagogischen Denkens und Handelns sieht. Die Persönlichkeit soll dazu befähigt werden, „ihre Arbeit und sich selbst nach ihrer Eigenwesenheit unter ihrer persönlichen Verantwortlichkeit (zu) gestalten".[5]

Sieht H. Gaudig den Lehrenden als den „Helfer der Selbstentfaltung seiner Zöglinge; er steht im Dienst der werdenden Persönlichkeit";[6] so sieht er den Schüler in die vielfältigen Lebensbezüge (Berufsleben, Bildungsleben, Kulturleben, religiöses Leben u.a.) hineingestellt.

Bezogen auf den Raum der Schule spricht H. Gaudig von: „Arbeitsleben" (mit der stofflichen und formalen Seite), dem „Gemeinschaftsleben" (Klasse, Schulgemeinschaft), dem „Leben im Spiel und in der Feier".

---

1) Kerschensteiner, G.: Begriff der Arbeitsschule, Stuttgart 1969, S. 47

2) Reble, A., a.a.O., S. 297

3) 5) 6) Gaudig, H.: Freie geistige Schularbeit in Theorie und Praxis, Breslau 1922, S. 17; S. 32; S. 24

4) Gaudig, H.: Die Schule der Selbsttätigkeit, hg. von L. Müller, Bad Heilbrunn 1969, S. 37

Spiel kann für ihn in zweifachem Sinne bereichernd für das Schulleben sein. Zum einen, wenn es gelingt, das Spielleben unter das Prinzip der freien geistigen Tätigkeit zu stellen, zum andern, wenn die freie geistige Tätigkeit die spielenden Formen der Tätigkeit in ihren Formkreis hineinzunehmen vermag.
Feier wird von H. Gaudig nicht verstanden als Ausgleich zum Arbeitsleben der Schule, sondern als ein wesentlicher Teil des gesamten Schullebens, der als Bestandteil eines „vollmenschlichen Daseins".[1] nicht fehlen darf.

Insofern unterscheidet H. Gaudig „Schulfeiern im engeren Sinne", die Ruhe und Höhepunkte im Verlauf der „Lebenslinie der Schule" [2] darstellen, wie Feiern im weiteren Sinne, aus dem unmittelbaren Schulleben entstanden, die ihren Auftrag dann erfüllen, „wenn die Feier nichts Einstudiertes ist, sondern wenn sie aus dem freien geistigen Leben der Schule hervorgeht".[3] Daneben finden Theaterbesuche, Geburtstagsfeiern mit einem Hinweis auf eine Wahl sinnvoller Geburtstagsgaben Erwähnung.

Zu dem Fach *Musik* gibt ein Bericht der „Pädagogischen Woche" in Leipzig (1921) ein Beispiel der Erarbeitung eines Liedvortrages (Klasse 2b), eines Gesangunterrichtes unter dem Prinzip der Selbsttätigkeit (Klasse 6) und einer rhythmischen Darstellung eines Musikstückes (Mittelstufe), um daran wesentliche Aspekte einer Musikerziehung aufzuzeigen.

An dem ersten Beispiel soll das „erstrebenswerte Ziel des Schulgesangunterrichts, die Schülerinnen dazu befähigen, gehörte Musik nach ihrem melodischen, harmonischen und rhythmischen Gehalt sicher zu erfassen, gelesene Musik selbstständig, also ohne irgendwelche Nachhilfe darstellen zu können",[4] verdeutlicht werden.
Beispiel zwei beschreibt vier methodische Aspekte innerhalb des Gesangunterrichtes: 1. die rhythmische Atemübung (hier geht es um ein Rhythmisieren des Atemverlaufes in Zusammenhang mit einer vorgegebenen Taktierbewegung, im Hinblick auf Pausenwerte in musikalischen Abläufen); 2. Die Treffübung (mit einer Anwendung des „Eitzschen-Tonsystems: aufgezeigt in den methodischen Schritten: Vorsänger-Nachsingen der Gruppe; Finden von Taktart und Phrasierung; Singen und Taktieren; Singen im Kanon u.a.); 3. Musikdiktat: a) rhythmisch; b) melodisch (Teilschritte: Rhythmisch: Hören von Klavierimprovisationen, Erkennen der Taktart, durch Taktieren aufgezeigt, schnelles Reagieren auf Taktwechsel; wörtliches Wiedergeben von gespielten Taktgruppen. Melodisch: Melodische Folgen im Aufbau eines Kadenzschemas T-S-D werden von den Kindern mit Eitzschen Tonsilben nachgesungen u.a.). 4. Wiederholung von Liedern (Wiederholung eines bekannten Liedgutes unter kritischer Betrachtung und Verbesserung musikalischer Gestaltung).

---

1) 2) 3) Gaudig, H.: Die Schule im Dienste der werdenden Persönlichkeit, Leipzig 1922, Bd. 2, S. 285 S. 35

4) Gaudig, H.: Freie geistige Schularbeit, a.a.O., S. 289

Zu dem Thema „Rhythmische Darstellung eines Musikstückes durch praktische Anwendung der vorher geübten Schritt- und Hüpfübungen“ wird ein ganzer Unterrichtsgang mit folgenden Teilschritten aufgezeigt:

„I In der Aufstellung der Stirnreihe: Laufen a.O., Doppelhüpfen, Spreizlaufen
  a) nach Zählen
  b) nach Musik (Galopprhythmus)

II Auf der Umzugsbahn:
  a) Wiederholung der im Mädchenturnen am häufigsten zur Verwendung kommenden Schritt- und Hüpfarten.
  b) Gewöhnliches Gehen nach dem Rhythmus eines den Schülerinnen unbekannten Musikstückes.
  c) Freie Anwendung der vorher geübten Schritt- und Hüpfübungen, dem Rhythmus der Musik entsprechend“.[1]

Hier gehen Kenntnisse und Erkenntnisse der Arbeit von E. Jaques-Dalcroze ein, als Bausteine zu einem erweiterten Verständnis schulischen Musikunterrichtes, Zusammenhänge, auf die im besonderen R. Wicke in seiner Schrift: „Musikalische Erziehung und Arbeitsschule“ (Leipzig 1912), hinweist:

„Wie im Leben der Völker die rhythmische Körperbewegung die erste und ursprünglichste Kunstauäußerung ist, in der alle Keime für unsere heutigen Kunstzweige liegen, so muß der Anfang jeder künstlerischen Erziehung die rhythmische Bildung sein.
... Den natürlichen Ausgangspunkt für unsere rhythmischen Wahrnehmungen bildet das Gehen. Die durch das Gehen verursachten Gehörseindrücke verbinden sich mit den Tasteindrücken zu einander entsprechenden, regelmäßig geordneten Zeitintervallen.
... Diesen engen Zusammenhang zwischen gehörtem und körperlich empfundenem Rhythmus und ferner der primären Bedeutung der Gehbewegung wird Jaques-Dalcroze gerecht, wenn er seine Erziehung mit rhythmischen Marschübungen beginnt, die er durch Armbewegungen unterstützen läßt.
... Vom rhythmischen Marsche geht Dalcroze zu komplizierteren Rhythmen, die immer wieder in der Musik ihren hörbaren und in der Körperbewegung ihren fühlbaren und sichtbaren Ausdruck finden“.[2]

E. Jaques-Dalcroze verfolgte schon früh die Entwicklungen der Arbeitsschulbewegung, worauf E. Feudel als Herausgeberin der Schrift: „Rhythmik. Theorie und Praxis der körperlich-musikalischen Erziehung“ (München 1926) ausdrücklich hinweist.

Er erhielt im besonderen durch die beiden pädagogischen Grundforderungen der Selbsttätigkeit und des Erlebens – ein Entwickeln von Erlebnisbereitschaft, Erlebnisfähigkeit, Erlebnistiefe – entscheidende Anregungen und Anstöße.

---

[1] Gaudig, H.: Freie geistige Schularbeit, ... a.a.O., S. 291
[2] Wicke, R.: Musikalische Erziehung und Arbeitsschule, Leipzig 1921, S. 24/25

O. Blensdorf als einer der ersten Schüler E. Jaques-Dalcrozes, sah in der Forderung nach Selbsttätigkeit eine so hohe Verpflichtung, so daß er seiner ersten Schrift den Titel gab: „Erziehung zur Selbsttätigkeit im Gesangunterricht für Volks- und Höhere Schulen nach den Grundsätzen Jaques-Dalcrozes" (Elberfeld 1913; s. Kap.: 3.4.2, Teil II)

1.3.2 Die Landerziehungsheimbewegung

Sie ist eine der wesentlichsten praktischen Versuche zur Umgestaltung des Schullebens neben der Lebensgemeinschaftsschule (Jena-Plan), der Waldorfschul-Pädagogik u.a; hervorgegangen aus der Idee, den Schülern humanere Lern- und Lebensbedingungen im gesamten Raum der Schule zu schaffen wie der umgebenden Natur. Deshalb wählte man hier – um eine wahre „Erziehungsschule" aufbauen und gestalten zu können – die Form des Internats.

Wegbereiter dieser Richtung ist *Hermann Lietz* (1868-1919), der 1898 sein erstes Deutsches Landerziehungsheim (D.L.E.H.) bei Ilsenburg (Harz) gründete – mit einer ersten Unterstufe ab 1901, – dem weitere Landerziehungsheime in verschiedenen Gebieten Deutschlands folgten (die „Freie Schulgemeinde" Wickersdorf/Thüringen, v. G. Wyneken (1875-1964); die „Odenwaldschule v. P. Geheep (1870-1961) bei Heppenheim a.d. Bergstraße), später auch in Österreich und Frankreich.

Seine grundlegenden Erziehungsgedanken faßt H. Lietz in verschiedenen Schriften zusammen, zuerst in der 1897 veröffentlichten Schrift „Emlohstobba". Dieser Titel ist eine Umkehrung des Namens „Abbotsholme", einer englischen Internatsschule, an der H. Lietz in den Jahren 1896-1897 Mitarbeiter war. Diese wurde 1889 von seinem Freund Cecil Reddi gegründet – der wichtige Anregungen während seiner Mitarbeit am „Schulheim Hellerau" erhielt –, der H. Lietz wesentliche Anstöße gab, neben seinen ursprünglichen Lehrern W. Rein und R. Eucken.

„Lietz wendet sich gegen den intellektualistisch-trockenen, lebensfern-historisierenden, nur toten Wissensstoff einpaukenden Unterricht, ...gegen falsche Lehrerautorität und das Prüfungswesen, gegen das entnervende, entsittlichende und verfla chende Großstadtleben und gegen die Auflösung der Familienbande.

... Er will nicht nur die Schule, sondern darüber hinaus das Leben reformieren. So geht es ihm in der Erziehung in erster Linie um sittliche Haltung, um Selbsterziehung, um edlen und gesunden Lebensstil und erst in zweiter Linie um Unterricht und geistige Schulung. In Landschaft, Landarbeit und Handwerk sieht er starke Kraftquellen und wertvolle Erziehungsmächte".[1]

Sein Erziehungsziel lautet: „Erziehung der anvertrauten Kinder zu harmonischen, selbständigen Charakteren, zu deutschen Jünglingen, die an Leib und Seele gesund und stark, die körperlich, praktisch, wissenschaftlich und künstlerisch tüch-

---

1) Reble, A., a.a.O., S. 314

tig sind, die klar und scharf denken, warm empfinden, mutig und stark wollen".[1] Daraus resultiert, daß seine Erziehungswege und Erziehungsmittel sehr umfassend konzipiert sind. Sie schließen ein:

- Eine Erziehung nicht in der Stadt, sondern der in unmittelbarer Nähe gelegenen Gebirgslandschaft des Harzes mit Wiesen, Gärten, Feldern, Fluß und Bach, eine Umgebung, die mit ihren Sehenswürdigkeiten auch eine Fülle von Belehrungen bietet: Bergwerk in Goslar, Tropfsteinhöhle in Rübeland, Eisen- und Kupferwerke in und bei Ilsenburg u.a.
- Ein Zusammenleben in und aus der Gemeinschaft, in Spielen und Arbeiten.
- Eine hygienische Lebensweise in Essen und Trinken, wie ebenso im Wechsel zwischen wissenschaftlicher und körperlicher Arbeit und Erholung in Kunstübung und Spiel;
- Tägliche Körperübungen wie Wandern, Laufen, Spielen, Schwimmen, Turnen u.a.;
- Tägliche praktische, körperliche Beschäftigungen, freudebetont und den kindlichen Kräften angemessen, geistig anregend und gesundheitlich fördernd (Arbeiten in Garten, Feld, Wiese, Werkstätte, Bauplatz u.a.);
- „Tägliche Kunstübung: Zeichnen nach der Natur (2 Stdn.wöchentl.); Modellieren in Ton, Plastelin, Wachs, Gießen in Gips (2 Stdn. wöchentl); Singen (l/2 Std. täglich); Instrumentalübung möglichst aller (ca. 1 Std. täglich nach den Mahlzeiten); planmäßige Anleitung zum Verständnis von Werken der Kunst; Schulkonzerte und Schultheater - J.g. täglich ungefähr 2 Stdn. - hauptsächlich abends".[2]
- Besondere Veranstaltungen zur Pflege des sittlich-religiösen und vaterländischen Sinnes (Morgen- und Abendandachten, sternkundliche Wanderungen u.a.);
- Wegfall jedes äußeren Zwanges, jeder äußerlichen, nicht aus der betreffenden Sache selbst erfolgenden Strafe oder Belohnung;
- Ein den Gesetzen der Erziehungskunst und -wissenschaft entsprechender wissenschaftlicher Unterricht, unter Berücksichtigung psychologisch- pädagogischer Grundsätze, ausgehend von praktischen Übungen, Anschauung von Bildern, Modellen, Karten u.a. einbeziehend, so daß Freude und Selbsttätigkeit des Schülers gefordert sind und ihm erhalten bleiben".[3]

Daraus wird deutlich, daß hier vonseiten des Lehrenden eine hohe Beweglichkeit und Flexibilität gefordert ist, wie ebenso eine bewegliche Lehrplanung. Kann der hier eingefügte „Tages- und Wochenplan" einerseits die Stellung der künstlerisch-gestaltenden Fächer (Singen, Instrumentalmusik, Zeichnen, Modellieren, Kunstbetrachtung, Spiel und Tanz) im Kontext der gesamten Schulplanung verdeutlichen, so macht er andererseits die hohe Wertschätzung von Musikerziehung und Leibeserziehung sichtbar, deren bildender und erziehender Wert hier deutlich erkannt war.

Paul Geheeb (1870-1961) erweiterte in der von ihm begründeten „Odenwaldschule" (Heppenheim/Bergstraße), später, nach seiner Emigration (1933) weiter-

[1][2][3] Lietz, H.: Schulreform durch Neugründung, Paderborn 1970, S.31; S. 32; S. 31 ff

b) H. Lietz:
Der Tages- und Wochenarbeitsplan
(1906)

Ein Tag im D. L. E. H.

	Isenburg	Haubinda	Bieberstein	Sieversdorf	Gaienhofen
Aufstehen	7	6^{10}	6	7	7
1. Frühstück	7^{15} Frühstück u. Zimmerordn.	6^{30}	6^{15}	7^{00}— 7^{20}	7^{30}
I. Unterrichtsstunde .	7^{45}— 8^{30}	6^{45}— 7^{30}	6^{30}— 7^{15}	7^{45}— 8^{30}	8^{00}— 8^{45}
Zimmerordnen . . .	8^{30}— 9^{00} Laufen	7^{30}— 7^{45}	7^{15}— 7^{30}	8^{30}— 8^{45}	8^{45}— 9^{00}
II. Unterrichtsstunde .	9^{00}— 9^{45}	7^{45}— 8^{30}	7^{30}— 8^{15}	8^{45}— 9^{30}	9^{00}— 9^{45}
Dauerlauf	9^{45}—10^{15} Frühstück	8^{30}— 9^{00}	8^{15}— 8^{45}	9^{30}—10^{00} Spiel	9^{45}—10^{00} II. Frühstück
III. Unterrichtsstunde	10^{15}—11^{00}	9^{00}— 9^{45}	8^{45}— 9^{30}	10^{00}—10^{45}	10^{00}—10^{45}
II. Frühstück . . .	11^{00}—11^{15} frei	9^{45}—10^{15}	9^{30}—10^{00}	10^{45}—11^{20}	10^{45}—11^{00} Laufen oder Spaz. gehen
IV. Unterrichtsstunde	11^{15}—12^{00}	10^{15}—11^{00}	10^{00}—10^{45}	11^{20}— 1^{00}	11^{00}—11^{45}
V. Unterrichtsstunde .		11^{15}—12^{00}	11^{00}—11^{45}	11—1 abwechselnd	
Frei, Gesang, Sommer bad., Musikunterricht u. Üben	12^{10}—12^{50} Zeichn., Gesang	12^{15}—12^{50} dreimal	12^{15}—12^{50} dreimal	Hauswirtschaft, Werkstatt, Zeichnen	
Mittagessen	1^{00}	1^{00}	1^{00}	1^{00}	
Musikvorspiel . . .		1^{30}— 1^{40}			
Prakt. Arbeit . . . Zeichnen . . . . . Turnen, Spiel (dreimal 3—4 Uhr im Winter)	2^{00}— 4^{00}	2^{00}— 4^{00}	2^{00}— 4^{00}	2^{00}— 4^{00}	2^{00}— 4^{00}
Nachmittagsimbiß .	4^{15}— 5^{00} Turnen, Spiel	4^{00}	4^{00}	4^{00}—4^{15}	4^{00}—4^{15}
Wissenschaftliche Arbeitsstunde . . .	5^{00}— 6^{15}	4^{30}— 6^{30}	4^{30}— 6^{45}	4^{15}-6 Arbeitszeit wissensch. u. üben, baden	4^{15}—6^{15}
Abendessen	6^{30}	6^{30}	6^{45}	6^{00}	6^{45}
Frei, Spiel, im Sommer 3mal	6^{30}— 7^{15}	6^{45}— 7^{45}	7^{15}— 8^{00}	6^{30}-7^{20} frei od. Stiefelp. u. Kleid.	7^{00}— 8^{00}
Tagesabschluß (Kapelle)	7^{30}	8^{10}	8^{00}	7^{30} Kapelle	8^{00}
Zu Bett	8^{00}	8^{30}	9^{00}	8^{00}	8^{30}
Freinachmittage . . .	2 Mittwoch, Sonnabend	1 Mittwoch	2 Mittwoch, Sonnabend		

Zeitverteilung für je eine Woche in den Deutschen Land-Erziehungsheimen
(Der Sonntag ist dabei nicht in Betracht gezogen)

	D. L. E. H. Ilsenburg			D. L. E. H. Haubinda			D. L. E. H. Bieberstein		
	VI	V	IV	IIIb	IIIa	II b	IIa	Ib	Ia
Schlaf	60	57	57	54	54	51	51	51	51
täglich	10	9½	9½	9	9	9-8½	8½	8½	8½
Mahlzeiten täglich	ungefähr 90 Minuten, wöchentlich ungefähr 9 Std.								
Freie Beschäftigung an Wochentagen	18	18	18	12	12	18	18	18	18
täglich	3	3	3	2	2	3	3	3	3
Gemeinsames Spiel und Turnen	5	5	5	4	4	4-3	2	2	2
Praktische Arbeit	6	6	6	8	8	8-6	5	5	5
Künstlerische Arbeit. Gesamtzahl	6	6	6	7	7	6	4	4	4
Singen	3	3	3	3	3	3	2	2	2
Instrumentalmusik (fakultativ)	verschieden, i. allg. 2 Std. Unterricht; 20-30 Min. tägl. üb.								
Zeichnen und Modellieren	3	3	3	3	3	3	2	2	2
Kunstbetrachtung				1	1				
Wissenschaftliche Hausarbeit (Arbeitsstunden)	6	6	9	12	12	12-18	18	18	21
Wissenschaftl. Unterrichtsstunden Gesamtzahl	24	25	25	30	30	30	30	30	30
Einzelfächer:									
Gesundheitslehre				1	1				
Deutsch	6	4	4	3	3	3	3	3	3
Geschichte	3	3	3	3	3	3	3	3	3
Religionsgeschichte	2	2	2	2	2	2	2	2	1
Erdkunde	2	2	2	2	2	2			
Naturlehre	4	3	3	2	2	2	2	2	3
Physik				1	1	3	3	3	3
Chemie					1	2	3	3	3
Rechnen — Algebra	6	5	3	3	5	5	5	5	5
Geometrie			2	3					
Französisch		6	6	3	5	5	5	5	5
Englisch				5	6	6	4	4	4
Schreiben	1								
Fakultat. wissenschaftl. Unterricht*									
Latein					2	2	2	2	2
Griechisch								2	2

* Schüler, welche fakultativen und Instrumentalmusikunterricht haben, werden von einer Arbeit, die für sie entbehrlich ist, befreit.

geführt in Goldern (Berner Oberland) in der Internatsschule „Ecole d' Humanite (Schule der Menschheit), die Grundkonzeption von H. Lietz.

Dem gesamten Bereich künstlerisch-kreativen Gestaltens mit: Festen, Feiern, Theaterspiel, Musikerziehung, Musikhören, Kammermusik, Tanz, Kunstgeschichte, Literatur, Zeichnen, Modellieren, Metallarbeiten, Weben u.a. werktechnischem Gestalten, war hier eine hohe Wertschätzung und Beachtung im gesamten Schulleben zuerkannt. E. Spranger, ein besonderer Befürworter dieser Schulkonzeption (auch M. Wagenschein u. O. Fr. Bollnow gehörten eine zeitlang zu den Lehrenden dieser Schule), würdigte dieses Lebenswerk P. Geheeps am Tage seines sechzigsten Geburtstages, indem er in seine persönlichen Glückwünsche einschloß: „Was unserer Zeit nottut, ist der Sinn für echte Meisterschaft. Man glaubt, die zerrissene Lage der Gegenwart gebe das Recht, in Lebensführung und Arbeit Dilettant zu bleiben. Gerade dies ist aber das Zeichen des Schöpferischen, aus dem Chaos die Form zu gebären. Wer jungen Menschen dazu hilft, ist in doppeltem Sinn Meister: weil er sich selbst hindurchgerungen hat und so andere emporhebt, ihr Leben gleichfalls zu meistern".[1]

Eine Position, eine Sichtweise, ein Ansatz, der innerhalb der Jena-Plan-Schule von P. Petersen eine weitere Differenzierung und Vertiefung finden sollte.

1.3.3 Lebensgemeinschaftsschule (Jena-Plan)

Als *Peter Petersen* (1884-1952) 1923/1924 in Jena mit dem Aufbau der „Universitäts-Übungsschule" begann (ihre Gründung geht auf das Jahr 1844 unter Carl Volkmar Stoy zurück), die wenig später öffentliche Volksschule der Stadt Jena wurde, auch als „Stammschule" bezeichnet, konnte P. Petersen auf eine langjährige pädagogische Praxis zurückblicken (an verschiedenen norddeutschen Gymnasien, wo ihm die Tätigkeit an der Lichtwark-Schule in Hamburg-Winterhude, der ersten „deutschen Kulturschule", zu einem besonderen Anstoß wurde), wie ebenso auf eine vielseitige wissenschaftliche Tätigkeit (Institut für Jugendkunde, Ltg. E. Meumann; als Verfasser von Aufsätzen, Beiträgen, Jahresberichten u.a.).

Daraus ist auch sein Bemühen um eine gute Relation von Theorie und Praxis zu verstehen, die P. Petersen in den Worten zum Ausdruck bringt: „Theorie und Praxis gehen Hand in Hand; denn es gibt nach den Worten Dörpfelds in der Tat nichts Praktischeres als eine gute Theorie".[2]
Diese manifestiert sich einerseits in der großen Zahl seiner pädagogischen Schriften: Dem „Kleinen" und „Großen" Jena-Plan, der „Führungslehre des Unterrichts", der „Pädagogischen Tatsachenforschung", um nur einige zu nennen, wie sie sich andererseits in der gesamten Schulkonzeption widerspiegelt. Diese ist ge-

[1]) Schäfer, W.: Paul Geheeb – Mensch und Erzieher, Stuttgart 1964. S. 79
[2]) Petersen, P.: Führungslehre des Unterrichts, Braunschweig 1959, S.7

leitet von der Idee, eine echte Schulgemeinschaft zu begründen, in der Lehrer, Schüler und Elternschaft eng zusammenarbeiten, mit dem zentralen Anliegen: „Den Unterricht der Erziehung zu unterwerfen, zuerst Erziehender und dann erst Lehrer zu sein".[1]

In dieser Lebensgemeinschaftsschule besteht keine Einteilung in Jahrgangsklassen, sondern ein Gruppensystem (Koedukation), mit: Untergruppe (1. bis 3. Schuljahr), Mittelgruppe (4. bis 6. Schuljahr), Obergruppe (7. bis 8. Schuljahr) und der Jugendlichengruppe, bezeichnet als „Stammgruppen". Innerhalb dieser Gruppen – mit einer beweglichen Raumgliederung – ist die gemeinsame Kleingruppenarbeit vielseitig und vielgestaltig angelegt, um individuelle Fähigkeiten und Begabungen berücksichtigen zu können und soziales Verhalten aufzubauen mit gegenseitiger Hilfeleistung und Rücksichtnahme, einem Mittragen von Verantwortung als Grundkräfte einer Gemeinschaftsbildung und -Erziehung.

P. Petersen orientiert sich an der „Pädagogischen Situation" des Schullebens und des Unterrichts, denn „jedes Leben, in dessen Ablauf ordnender Sinn- und Gestaltungswille, feste Absicht und planende Vorausschau eingreifen, gewinnt natürliche Gliederung".[2]
Die Begriffe „Situation", „pädagogische Situation" (wohl von Th. Litt zuerst in seiner Schrift: „Führen oder Wachsenlassen" (Stuttgart 1927 verwandt), wie das „Situations-Denken" überhaupt, sind am Ende der zwanziger, Anfang der dreißiger Jahre des zwanzigsten Jahrhunderts ins Gespräch gekommen. Zu verstehen als Wende im erziehungswissenschaftlichen Denken, als Reaktion auf die ältere Pädagogik, die sich vorwiegend als eine „normative Wissenschaft" verstand.

K. Jaspers hat in diesem Zeitraum den Begriff der Situation in allgemeiner Weise durchdacht und beschrieben, P. Petersen hat diesen innerhalb des pädagogischen Raumes am umfassendsten dargestellt. Er bestimmt die pädagogische Situation (Situation ist für ihn konkretes pädagogisches Geschehen) als einen „problemhaltigen Lebenskreis von Kindern oder Jugendlichen um einen Führer, von diesem in pädagogischer Absicht derart geordnet, daß jedes Glied des Lebenskreises genötigt (gereizt, aus sich herausgetrieben) wird, als ganze Person zu handeln, tätig zu sein".[3]

Die pädagogische Situation ist im besonderen gekennzeichnet durch die beiden Merkmale der „pädagogischen Spannung" (pädagogischer Motivationsvorgang), „die pädagogisch richtige Spannung und Distanz",[4] und die „pädagogische und erzieherische Absicht", das pädagogische Handeln, verstanden als „jenes menschliche Unternehmen, absichtlich und planvoll Kinder und Jugendliche zu erziehen und zu bilden".[5]

---

1) Petersen, P.: Der Kleine Jena-Plan, Weinheim/Basel 1974, S. 68

2) 3) 4) 5) Petersen, P.: Führungslehre des Unterrichts, a.a.O., S.107; S. 20; S. 23; S. 15

Diesem kommt eine besondere Bedeutung zu, in Situationen mit „Grenzcharakter“, Situationen, die ein völlig anderes Reagieren bedingen als die absichtlich herbeigeführten. In ihnen können irrationale Züge menschlicher Existenz sichtbar und notwendig werden, die sich nicht restlos vorausplanen und vorausberechnen lassen. Wohl lassen sich Situationen wandeln, wobei der Erziehende diesen Wandel in Teilen selbst herbeiführen kann durch ein Schaffen von Situationen in pädagogischen Handlungsfeldern (technischen, künstlerisch-gestaltenden u.a.).

Daraus wird P. Petersens Forderung an den Pädagogen deutlich (der innerhalb der pädagogischen Situation konstitutiv für die Gruppe bleibt), von dem er ein gründliches Studium des „jeweiligen Situationscharakters“, wie „feinste Kenntnis der Grundstruktur und des eigentlichen Sinnes aller Situationen“ erwartet, verstärkt durch den Vermerk, „die Zeit der Rezepte und Schemata ist freilich endgültig vorüber“.[1]

Seine Zielformulierung lautet: „Alle diese Spannungen innerhalb der pädagogischen Situation haben ein einziges Ziel: die Übernahme durch Handeln ihrer Glieder. Es muß zur Berührung, zu engen Beziehungen, zur menschlichen Begegnung kommen und weit mehr als dies alles: zu einer vollen Übernahme und Aufnahme der Spannungen durch diejenigen Glieder, welche sie insonderheit treffen.[2]

Daraus erhebt sich im weiteren die Frage nach den „Urformen oder Grundformen solcher Übernahme“, „Grundformen der Bildung und Erziehung“, „damit er (der Schüler) erfolgreich im Sinne und nach der Absicht pädagogisch geleiteten Schullebens und Schulunterrichts die darinnen enthaltenen Spannungen aushalte und zu seinem Besten verarbeite“.[3] P. Petersen unterscheidet hier zwei große Reihen:

A „Grundformen der Selbsterziehung“: Überlegen, Philosophieren, Anschauung, Empfindung, Wahrnehmung, Versenkung, Andacht, Beten.
Grundformen der Bildung und Erziehung, durch die der Mensch die Spannungen in sich hineinnimmt und verarbeitet, durch die er innerlich Stellung bezieht.

B „Grundformen der Tätigkeit im Umgang mit anderen“: Gespräch (Unterhaltung), Spiel, Arbeit, Feier.
Zu dem *Gespräch* (auch Unterhaltung) bildet der Kreis – neben anderen räumlichen Ordnungen wie der des Hufeisens, der Blockform – die Grundform.
Diese ermöglicht eine Bereitschaft, sich dem anderen zu öffnen, ihm zuzuwenden, sich auf den Gegenstand des Gesprächs zu konzentrieren.

„Gleichzeitig wird aber im Kreis dramatisiert, wird zu den Liedern oft von kleineren Gruppen im Takt marschiert, bisweilen zur Flöte oder zum Gongschlag; es treten Kinder heraus, dies und das zu zeigen oder es mimisch oder graphisch zu veranschaulichen. Alles dies zusammen hilft, die Schüler körperlich-seelisch frei und gelöst zu machen, und dient ihrer charakterlichen wie sozialen Entfaltung“.[4]

---

1) 2) 3) 4) Petersen, P.: Führungslehre des Unterrichts, a.a.O., S.13; S. 32; S. 98; S. 98

Bei der Grundform des *Spiels* unterscheidet P. Petersen zwischen dem „freien Spiel“ im Raum der Schule (einmal wöchentlich, für die Zeit einer Blockstunde v. 100 Min.); dem „Lernspiel“ für Unterrichtszwecke, von ihm aufgefaßt als „spielendes Lernen“; den „bildenden Zweckspielen“ (Pausenspiel, Turnspiele u.a.); und den „Schau-Spielen“ (Formen des Theaters, Kasperletheater, Gestaltungen mit Sprechchören u.a.).

Innerhalb der Grundform der *Arbeit* unterscheidet P. Petersen die Einzel- und die Gruppenarbeit, für die er eine Raumordnung mit Tischgruppen für zwei bis vier Schüler vorschlägt. Diese ist für die Untergruppe vom ersten Tage an vorgesehen zur Erarbeitung des Lesens, Schreibens, Rechnens, Malens, Zeichnens. Für die Mittelgruppe für jegliche Gemeinschaftsarbeit, die sich an Lebenseinheiten aus der Natur oder an Kulturgebiete anschließt, auch zur Einführung in die Elementargrammatik. Für die Obergruppe außerdem für das manuelle Arbeiten.

Daneben besteht ein sehr differenziertes Kurs-System mit: *Einführungskursen* (ein- oder zweimal wöchentlich für die Schulanfänger) zur Einführung in das Verhalten im Schulraume, in die Anfäng des Lesens, Schreibens, Rechnens, den Umgang mit verschiedenen Arbeitsmitteln u.a..
Niveaukurse (vom dritten Schuljahr an), die der besonderen Begabung der Schüler Rechnung tragen, bevorzugt im Rechnen und der deutschen Sprachlehre. *Einschulungskursen* (am Ende des vierten Schuljahres), die den Übergang in die Mittelgruppe erleichtern sollen, die den Schüler mit den erweiterten Techniken der Gruppenarbeit vertraut machen (Anfertigen eines Berichtes, Anlegen einer Tabelle, Umgang mit Landkarten, Gebrauch von Tusche, Feder, Pinsel, Verwendung von Zierschriften u.a.).
Sonderkursen, verstanden als „Fach-Kurse“ für Englisch, Kochkurse, Gymnastik, in der Obergruppe für deutsche Literatur, Geschichte, Anthropologie u.a. *Wahlkursen:* „Sie dienen dazu, besondere Interessen und Begabungen zu fördern“.[1] Kurse für Biologie, dramatische Kurse, Sprechchor, Weberei, Samariterkurse u.a.

„In allen Kursen herrscht eine strenge Führung durch den Lehrer, so daß die Kurse fast immer in der ersten Zeit nach der Umstellung einer Schule auf den Arbeitsplan einer Gruppenunterrichtsschule (Jena-Plan) die bisher geübte Methode einhalten und hier die Umwandlung oft zuletzt erfolgt, in der Regel als Wirkung der im Gruppenunterricht und Kreis frei gewordenen Energien“.[2]

Die Grundform der *Feier* untergliedert P. Petersen in vier Arten: 1. Die vom Lehrer gebotene Feier (z.B. Morgenfeier, gemeinsame Wochenschlußfeier); 2. Die vom Lehrer geleitete Feier (z.B. Advent- und Weihnachtsspiele); 3. Die vom Lehrer durchgeformte Feier (z.B. Aufnahmefeier der Schulanfänger); 4. Die von Schülern selbständig gestaltete Feier (z. B. Geburtstagsfeiern, Feier zur Verabschiedung eines Lehrenden u.a.).

---

[1][2] Petersen, P.: Führungslehre des Unterrichts, a.a.O., S. 105

Für alle Arten von Feiern gelten die gleichen Aufbaugesetze:

- „Jede Feier gehört an ihren richtigen Ort",[1] ist zeitlich und räumlich richtig einzuordnen (der 1. Mai gehört in den politischen Raum; das Erntedankfest in den bäuerlichen Feierkreis; das Weihnachtsfest in die Familie u.a.);
- „Jede Feier hat einen bestimmten seelisch-geistigen Ort"[2] (die Auswahl der Inhalte der Feiern muß in einer Beziehung zu dem Auffassungsvermögen der Beteiligten stehen. Im Idealfall sollte eine Übereinstimmung bestehen zwischen dem Gebotenen, dem Vermögen derer, die darbieten und dem der Teilnehmenden);
- Das Gebotene sollte die „Reinheit der Idee"[3] wahren. (sich am Brauchtum und Volkstum orientieren, an ästhetischen Gesetzen; Klarheit des Stils wahren, natürlich im Ausdruck sein, das Gefühlsselige meiden, ebenso jedes Übermaß an geschwollener Rede).;

  „Doch ist für eine innere Steigerung Sorge zu tragen. Dann wird das Höchste erwartet werden dürfen: wahre Gemeinschaft der Feiernden, der Spieler und der Zuschauer, der Redenden und der Lauschenden".[4]

P. Petersen geht es bei allem Tun und Handeln um ein Erfassen des Menschen (des Kindes und Jugendlichen) in seiner „gesamten Persönlichkeit",[5] insofern ist für ihn die „pädagogische Gruppe" weit mehr als eine soziale Gruppe, sie ist eine „echte Gemeinschaft", in der sich jene irrationalen Kräfte auswirken, die nur intuitiv erfaßt werden. „Wir sehen deswegen in der pädagogischen Situation ineinander verwoben: intuitives Erleben und Gestalten mit planvollem Steuern, Irrationales mit Rational-Technischem".[6]

A. Foertsch, (seit 1926 im Jenaer Schulversuch mit der Aufgabe der Systematisierung des „merklichen Gestaltens" betraut; Verfasser des Berichtes: „Das gestaltende Schaffen im Schulversuch der Jenaer-Universitätsschule 1925-1930" Weimar 1930), spricht in diesem Zusammenhang von einem Erfassen der „Totalität des Kindes",[7] und sieht diese am ehesten erreichbar und ansprechbar über die künstlerisch-gestaltenden Fächer.

P. Petersen schreibt ihnen eine „Wandlung" und „Umwandlung"[8] aller Schularbeit zu, sieht sie realisiert in der Aufnahme des Werkunterrichtes, der Anlage eines Schulgartens, Erweiterung der Arbeitsmittel, Einbeziehung von Bibliothek und Museen; erwähnt an Unterrichtsformen das Lehrgespräch, Formen des Gesamtunterrichts und arbeitsteilige Verfahren; nennt Lehrspaziergänge, Schulwanderungen und Schulreisen und spricht im besonderen von der vermehrten Pflege des Dramatischen; nennt das Schultheather, den Kinobesuch, das Schulradio, Gymnastik und Rhythmik, Volkstanz und Singkreis.[9]

P. Petersen würdigt an dieser Stelle E. Jaques-Dalcroze als den Begründer der „rhythmischen Gymnastik" und beschreibt diese in den Worten:

1) 2) 3) 4) 5) 6) 8) 9) Petersen, P.: Führungslehre des Unterrichts, a.a.O., S.106; S. 107, S. 21; S. 25; S.12

7) Foertsch, A.: Das gestaltende Schaffen im Schulversuch der Jenaer-Universitätsschule 1925-1930, Weimar 1930, S. 102

„Unter dem Namen ‚rhythmische Gymnastik' sehen wir sich in verschiedenen Formen das Verständnis für die geistigen Offenbarungen in allen Ausdrucksbereichen durchsetzen: die Bewegung drückt ein Geistiges aus. Einer der ersten, der die Bedeutung der Rhythmik für die Freimachung des Menschen erkannte, ist Jaques-Dalcroze in Genf und Hellerau gewesen; seine Gedanken sind pädagogisch am besten fortentwickelt durch Blensdorf".[1]

Ist hier wohl *Otto Blensdorf* (1871-1947) gemeint, Verfasser einer großen Zahl von Schriften zur rhythmischen Erziehung, Gründer und Leiter der „Blensdorf-Schule für Rhythmik. Dalcroze-Seminar Elberfeld, Jena, Bad Godesberg (gegr. 1906)" (s. Kap.: 3.4.2, Teil II), so ist in Zusammenhang mit dem Jenaer Schulversuch auch Charlotte Blensdorf – Tochter und Mitarbeiterin am väterlichen Seminar – zu nennen, beide von P. Petersen für den Zeitraum von 1924-1926 zur Mitarbeit an der Jena-Plan-Schule berufen. Beide waren beauftragt, bei der Heranbildung einer neuen Lehrergeneration mitzuarbeiten (s. Kap.: 1.3.3.1, Teil III), wobei O. Blensdorf schwerpunktmäßig die Mitarbeit innerhalb der Lehrerbildung zufiel, während Ch. Blensdorf die Unterrichtsgestaltung in rhythmischer Erziehung für alle Gruppen der Schüler (Jungen und Mädchen im Alter von neun bis vierzehn Jahren) wöchentlich zwei Stunden Unterricht oblag.

In dem von ihr verfaßten Bericht: „Die Rhythmik in der Universitätsschule" (Weimar 1930), geht sie der Frage nach, inwieweit die rhythmische Erziehung einen Beitrag für die Konzeption einer neuen Schule zu leisten vermag und stellt ihre Vorstellungen, Gedanken und Erfahrungen unter den Aspekten: *Art* (Atmosphäre); *Aufgabe* (Rolle); *Zie*l (daraus erwachsene Forderung dar. Ihre Ausführungen gipfeln in der Aussage:

„Wenn von Anfang an das Kind zu innerer Bereitschaft, Einfühlung, Freiheit und Selbstverständlichkeit des Ausdrucks in jeglicher Gestalt, sowie zu Konzentration und innerer Disziplin bewußt geführt wird – (welches Fach der Schule außer der Rhythmik ist in der Lage das so direkt zu seiner Aufgabe zu machen?) – so wird die Lebendigkeit des Schülers auch späterhin die Lehrfächer gestalten helfen im Sinne der neuen Pädagogik".[2]

Wurde es P. Petersen zu einem besonderen Anliegen, den Erziehenden von den „starren, die Unternehmungslust lähmenden, geistig ermüdenden, nur so wenig voneinander verschiedenen ‚Stunden' und vom ‚Stundenplan', von dem lastenden Schematismus"[3] zu befreien, und sah er hier in den künstlerisch-gestaltenden Fächern – mit einem hohen Anteil an Musikerziehung/rhythmischer Erziehung und dramatischem Gestalten – einen Ausgleich, so erkannte er in ihnen auch einen entscheidenden Beitrag zu Bildung und Entwicklung einer kreativ-schöpferischen Gesamtpersönlichkeit.

[1)] Petersen, P.: Führungslehre des Unterrichts, a.a.O., S. 114

[2)] Blensdorf, Ch.: Die Rhythmik in der Universitätschule. In: Das gestaltende Schaffen im Schulversuch der Jenaer-Universitätsschule 1925-1930, hg. von Petersen, P. / Foertsch, A., Weimar 1930, S. 73/74

[3)] Petersen, P.: Führungslehre, a.a.O., S. 107

Mit diesem Schulversuch ist ein Beispiel einer Synthese reformpädagogischer Richtungen entstanden, das „zum erstenmal den gesamten Baustoff aller heutigen Versuche in ein einheitliches Lehr- und Arbeitsgebäude eingefügt (hat). Alles, was anderswo vielfach noch als Selbstzweck oder auch Besonderheit gilt, ist hier eine der vielen dienenden Mittel, Quaderstein des Baus der freien einheitlichen Gemeinschaftsschule geworden".[1]
Mag der hier eingefügte „Jena-Plan", Schularbeit und Schulleben in ihrem Wochenrhythmus verdeutlichen; das Kurssystem und die schwerpunktmäßige Verteilung der Fachgebiete veranschaulichen.

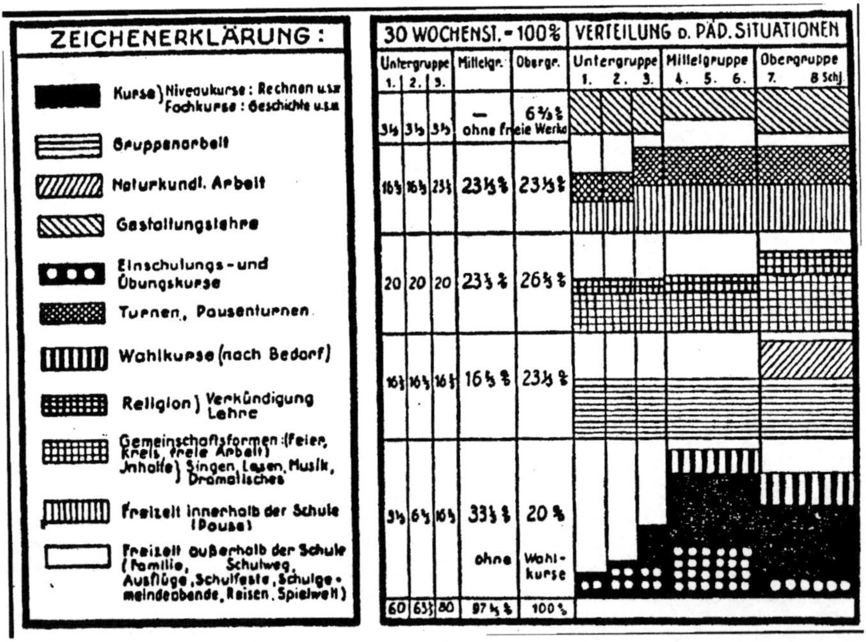

Aus dieser Konzeption sind pädagogische Grundgedanken wie die ganzheitliche Sichtweise vom Menschen, Formen des mitmenschlichen Umgangs, das Schaffen einer pädagogischen Atmosphäre als Bedingung für jegliches Lehren und Lernen, Berücksichtigung individueller Begabungen innerhalb eines Gruppensystems, die Bedeutung von Fest und Feier als Höhepunkte des Schullebens – zu wichtigen Anregungen für den Entwurf der Rhythmisch-musikalischen Erziehung geworden.

[1] Karstädt, O.: Versuchsschulen und Schulversuche. In.: Die Theorie der Schule und der Schulaufbau, Langensalza 1928, S. 360/361

1.3.4 Waldorfschul – Pädagogik

1919 (mit einer Eröffnung im September) gründete *Rudolf Steiner* (1861-1925) die erste Waldorf-Schule – die „Stammschule", auch „Musterschule" genannt – in Stuttgart, ermöglicht durch den Direktor der „Waldorf-Astoria-Werke" Dr. h.c. Emil Molt. Sie war zunächst als Betriebsschule vorgesehen für die Kinder der Arbeiter und Angestellten des Werkes, wurde jedoch bald einheitliche Volks- und Höhere Schule mit zwölf Klassen (heute ist den Waldorf-Schulen eine dreizehnte Klasse zur Vorbereitung auf das staatl. Abitur angegliedert), der in rascher Folge weitere Schulgründungen im In- und Ausland folgten und zahlreiche heilpädagogische Einrichtungen.

Zur Vorbereitung auf die neue Schule und ihre pädagogischen Ziele richtete R. Steiner Kurse für die künftigen Waldorfschul-Lehrer ein, führte auch die Mitglieder der Anthroposophischen Gesellschaft und die Eltern, die ihre Kinder der neuen Schule anvertrauen wollten, in die menschenkundlichen Grundlagen der anthroposophischen Pädagogik ein, der folgende Leitideen zugrundeliegen: Die neue Schule soll einen Beitrag leisten zur Umwandlung des Erziehungs-und Unterrichtswesens, zu einer anderen sozialen Gestaltung der gesellschaftlichen Verhältnisse in der Zukunft.

„Es bedarf einer neuen Erkenntnis der Menschennatur: 1. Einer gründlichen Kenntnis des menschlichen Lebens; 2. Eines Entwickelns von sozialen Verhaltensweisen; einer neuen Menschenliebe; 3. Eines Entwickelns der Willenskraft im Kinde.
Diese Willenskraft wollen wir pflegen, daß wir die Kinder verhältnismäßig schon in früher Kindheit anfangen lassen, etwas Künstlerisches zu treiben. Denn dieses Geheimnis kennen die meisten Menschen gar nicht, wie es mit dem Willen zusammenhängt, sich einmal in der Kindheit in der richtigen Weise mit Zeichnerischem, Malerischem, Musik, mit sonstigem Künstlerischem befaßt zu haben".[1]

Anthroposophische Pädagogik will auf den ganzen Menschen eingehen, seine leibliche, seelische und geistige Wesenheit erfassen; sie zielt auf eine allgemeine Menschenbildung. Nicht einseitige Ausbildung intellektueller Fähigkeiten soll in ihr Berücksichtigung finden, sondern ebenso ein Entwickeln von Gemüts-, Gefühls- und Willenskräften. Ja, der „wahre Lehrplan" sollte aus der Menschenkenntnis der Lebensalter entwickelt werden.
Eine der wichtigsten Erkenntnisse anthroposophischer Menschenkunde ist der rhythmische Verlauf menschlicher Entwicklung in einem Zyklus von sieben Jahren (erste Phase: Geburt bis Zahnwechsel; 2. Phase: siebtes bis vierzehntes Lebensjahr; 3. Phase: vierzehntes bis einundzwanzigstes Lebensjahr), ein Rhythmus, der sich durch ein ganzes menschliches Leben hindurch beobachten läßt.

---

[1] Steiner, R.: Die Waldorfschule und ihr Geist. Drei Vorträge, gehalten am 24. u. 31. Aug. 1919 in Stuttgart, anläßlich der Gründung der Freien Waldorfschule, Dornach 1980, S. 62-67

„Eine wirkliche Erziehung sorgt dafür, daß Leib, Seele und Geist des Menschen innerlich frei und selbständig werden. Und eine wirkliche Erziehung sorgt dafür, daß der Mensch wirklich auch ins Leben hineingestellt werde“.[1]

Organisatorisch sollte von Anfang an das Prinzip der Koedukation realisiert werden. Weder das so gefürchtete „Sitzenbleiben“ noch eine „Spitzen-Selektion der Begabten“ sollte in dieser Schule Bedeutung erhalten. Vielmehr sollte den individuellen Neigungen und Fähigkeiten weitesgehend zur Entfaltung verholfen werden, im besonderen innerhalb des breit angelegten Angebotes der künstlerisch-gestaltenden Fächer. Eine entscheidende Bedeutung aber sollte dem Entwickeln von sozialen Verhaltensweisen zukommen und ein großes Gewicht sollte auf das wirksame Vertrauensverhältnis zwischen Kindern, Lehrern und Eltern gelegt werden; Elternabende sollten zu einer regelmäßigen Einrichtung werden.

Innerhalb des Lehrplans erfolgt der Hauptunterricht in „Epochen“ von täglich zwei Stunden durch mehrere Wochen hindurch bis zu einem Wechsel des Hauptfaches (der Hauptunterricht umfaßt alle wissenschaftlichen Fächer einschließlich der künstlerisch-gestaltenden Fächer des Malens und Zeichnens). Dieser wird vom ersten Schuljahr bis zum achten Schuljahr vom Klassenlehrer, vom neunten bis zwölften Schuljahr vom Fachlehrer erteilt.
Der Unterrichtsplan ist so aufgebaut, daß dem Epochenunterricht solche Fächer folgen, die des Übens bedürfen: Fremdsprachen (Englisch; Französisch mit dem ersten Schuljahr begonnen), musische und handwerkliche Fächer, mit einem besonderen Gewicht bei der Gewinnung von Handfertigkeiten wie: Stricken, Weben, Flechten, Buchbinden (Pflichtfach für Mädchen und Jungen), Schnitzen, Holzarbeiten, Arbeiten mit Ton, Metall, auch Malen, später Zeichnen, weiterhin Gymnastik, Sport, Leichtathletik, Musik und als „wesentlich in das Ganze der Schule ist die Eurhythmie eingegliedert“.[2]

Dem Unterrichtsplan ist der Leitgedanke vorangestellt: „In jeder noch so verschiedenartigen Situation muß eine Lehrerschaft darum ringen, die Fachgebiete,des Unterrichts zu einem erzieherischen Zusammenhang zu vereinigen und Stoffauswahl und Unterrichtsmethode aus der konkreten Lehrer-Schüler-Beziehung zu entwickeln, daß die jungen Menschen initiativ und lebenstüchtig in die Aufgaben ihrer Umwelt eintreten können“.[3]

Der gesamte Unterricht innerhalb der ersten acht Schuljahre soll künstlerisch durchdrungen sein. Insofern kommt innerhalb dieses Zeitabschnittes der großen Zahl der künstlerisch-gestaltenden Fächer ein hoher Stundenanteil zu. Ein deutlicher Entwicklungsabschnitt wird zwischen dem achten und neunten Lebensjahr

---

1)Steiner, R., a.a.O., S. 69

2) Hemleben, J.: Rudolf Steiner in Selbstzeugnissen und Bilddokumentationen, Reinbek/B. Hamburg 1963, S. 128

3) Vom Lehrplan der Freien Waldorfschule, bearbeitet von C. von Heydebrand, Stuttgart 1978, S. 8

des Kindes gesehen (am Ende des dritten Schuljahres / Beginn des vierten Schuljahres), der in Erziehung und Unterricht Beachtung finden sollte. „Es ist das Alter, in dem das Kind seine Abtrennung von der Umwelt, mit der es in so großer Selbstverständlichkeit vorher lebte, erst wirklich vollzieht. Sein Ichbewußtsein stärkt sich merklich, sein Seelenleben wird innerlicher und unabhängiger".[1]

Dieser Einschnitt rechtfertigt eine Zäsur innerhalb der Darstellung, bei der ich in Zusammenhang mit der hier gewählten Thematik im besonderen auf die Fächer *Musik* und *Eurythmie* eingehe. (Der gesamte Lehrplan der Waldorfschule enthält eine Gliederung in: – Das Kind vom Schulantritt bis zum neunten Lebensjahr; – Das Schulkind vom neunten bis zum elften Jahre; – Das Schulkind vom zwölften Jahre bis zur Geschlechtsreife; – Das Schulkind zur Zeit der Geschlechtsreife; – Der junge Mensch nach der Geschlechtsreife.)

Inhaltlich sind in den Fächern *Musik* und *Eurythmie* folgende Themen und Schwerpunkte zu erarbeiten:
Musik (Klasse eins bis drei): Aus der Sicht elementarer Musiklehre steht innerhalb dieses Zeitraumes das Intervall der Quinte, das „Erleben der Quinte" (c d e f g; auch d e g a h) im Mittelpunkt, verbunden mit dem Ziel:

„Das betäubend chaotische musikalische Erleben wird allmählich aus der Bewegung übergeleitet zum innerlich gebundenen musikalischen Fühlen. Es werden alle musikalischen Mittel benutzt zur Weckung und Harmonisierung der kindlichen Seelenkräfte. Das Gefühl für Schönes und Nicht-Schönes wird gepflegt, einfache Gehörbildung wird betrieben, einfach Rhythmisch-Melodisches an das Kind herangebracht. Durch Abwechslung von Selbstbetätigung und Zuhören lernt das Kind seinem Alter angemessene Musikstücke kennen".[2]

Die hier eingefügte Übersicht „Anzahl der Stunden für die einzelnen Unterrichtsgebiete" mag die Stundenverteilung und ihre Gewichtung verdeutlichen. Sie kann veranschaulichen, daß durch ihre gesamte Schulzeit hindurch das Fach „Musik" – mit einer Einteilung in Singen und Instrumentalmusik – mit zwei Wochenstunden erteilt wird; das Fach „Eurythmie" von der ersten bis vierten Klasse mit einer Wochenstunde, von der fünften bis zwölften Klasse mit zwei Stunden wöchentlich vorgesehen ist.

Inhalte: – Singen von Liedern im Quintraum; – Einführung in das Spiel auf der Czakan-Flöte oder Blockflöte in D in großen Gruppen (später ist für einzelne Schüler die Möglichkeit des Geigenspiels gegeben), Schlagzeug wird nach Bedarf hinzugefügt. Dieser Instrumentalunterricht ist für die Klasse eins bis drei obligatorisch, wird danach in kleineren freiwilligen Gruppen weitergeführt. Besonderer Wert wird darauf gelegt, daß die Kinder den Zusammenhang von Vokal- und Instrumentalmusik kennenlernen.

---

1) 2) Vom Lehrplan der Freien Waldorfschule, bearbeitet von C. von Heydebrand, Stuttgart 1978, S. 23/24; S. 18

Anzahl der Stunden für die einzelnen Unterrichtsgebiete

Klasse	Haupt-unterricht*	Englisch	Französisch	Eurythmie	Turnen u. Gymnastik	Singen	Instrumentalmusik	Handarbeit	Buchbinden	Handwerk	Gartenbau	Latein	Griechisch	Feldmessen	Spinnen	Technische Mech. Technologie	Verbandslehre	Stenographie	Religion	Summe
1	12	3	3	1	—	1	1▲	2	—	—	—	—	—	—	—	—	—	—	2	25
2	12	3	3	1	—	1	2▲	2	—	—	—	—	—	—	—	—	—	—	2	26
3	12	3	3	1	1	1	2▲	2	—	—	—	—	—	—	—	—	—	—	2	27
4	12	3	3	1	1	1	2▲	2	—	—	—	—	—	—	—	—	—	—	2	27
5	12	3	3	2	2	1	1	1	—	—	—	2	2	—	—	—	—	—	2	31
6	12	2	2	2	2	1	1	1	—	abwech 2	selnd 2	2	2	—	—	—	—	—	2	31
7	13**	2	2	2	2	1	1	1	—	abwech 2	selnd 2	2	2	—	—	—	—	—	2	32
8	14**	2	2	2	2	1	1	2	—	abwech 2	selnd 2	2	2	—	—	—	—	—	2	34
9	15**	2	2	2	2	1	1	1	—	2-3 Wo je 4-2 St.	2-3 Wo je 4-2 St.	2	2	—	—	—	—	1	2	33 ●
10	15**	2	2	2	2	1	1	1	—	2-3 Wo je 4-2 St.	2-3 Wo je 4-2 St.	4	2	8 Wo je 2-2 St.	4 Wo. je 4-2 St.	1	1	1	2	37 ●
11	15**	2	2	2	2	1	1	—	8 Woch. je 4-2 St.	2-3 Wo. je 4-2 St	—	4	2	—	—	3 Wo. je 4-2 St.	—	—	2	33 ●
12	15**	2	2	2	2	1	1	—	6 Woch. je 4-2 St.	2 3 Wo. je 4-2 St.	—	4	2	—	—	3 Wo. je 4-2 St.	—	—	2	33 ●

* Der Hauptunterricht umfaßt alle wissenschaftlichen Fächer einschließlich der künstlerischen Fächer des Malens und Zeichnens.

** Davon 1 Stunde Mathematik Repetition.

▲ Flöte und Geige. — Von der 5. Klasse an Orchester für die Vorgeschrittenen.

● Ohne die Nachmittagsperioden in Buchbinden, Handwerk, Gartenbau, Feldmessen, Spinnen, Technologie.

Klasse *Zwei:* Ausweitung des Quintraumes zum Oktavraum, der auch in der Auswahl des Liedgutes Berücksichtigung findet.

Klasse *Drei:* Erweiterung durch Erlernen der Notenschrift innerhalb des Tonraumes von C-Dur. Entsprechend erhalten die gesanglichen Übungen einen erweiterten Umfang.

Folgejahre: In den darauf folgenden Jahren / Klassen tritt die Kl. Terz hinzu; eine Erweiterung der Dur-Tonarten, Einführung in die Moll-Tonarten, einfache zweistimmige und dreistimmige Gesänge und Kanons erweitert bis zur Vierstimmigkeit a capella wie in Begleitung mit Instrumenten. Theoretische Begriffe (z.B. Polyphonie, Homophonie) werden an praktischen Beispielen gewonnen und erweitert; das musikalische Urteil wird allmählich geweckt und das Verständnis für einfache musikalische Formen ausgebildet. Der Schüler wird in Stilrichtungen und Kompositionsweisen eingeführt, lernt hörend Charakteristika verschiedener Komponisten (L.v. Beethoven, Joh. Brahms, A.Schönberg u.a.), ihrer Werke und Stilepochen kennen.

Eurythmie aber soll als ein wesentlicher Bestandteil in das gesamte Schulleben eingegliedert sein. Sie „will die geistige Gesetzlichkeit und Qualität von Wort und Ton durch Gebärde und Bewegung sichtbar machen und zum künstlerischen Erlebnis bringen.“[1] R. Steiner, der sich schon seit 1912 mit der Entwicklung der Eurythmie beschäftigte (die erste öffentliche Eurythmie-Darbietung fand im Jahre

[1])Hemleben, J., a.a.O., S. 112

1919 im Pfauen-Theater in Zürich statt), bezeichnete sie als „sichtbare Sprache" und „sichtbaren Gesang".

„Die Grundelemente der Eurythmie legen, wie es der Name sagt, den Grund dafür, daß einerseits der Körper eine Schulung erfährt, die ihn durchlässig macht für die Qualitäten des Raumes und der Zeit, und andererseits, daß die Seele in ihrem Verhältnis von Mensch zu Mensch, vom Menschen zur Welt, zu so differenziertem Reichtum erwacht, daß die seelischen Antriebe sich in Bewegungsformen äußern können und daß der Geist Ideen, Begriffe, Vorstellungen innerlich so realisieren kann, daß sie ihm wert sind, sie als lebendig bewegte Form im Raum sichtbar zu machen".[1]

Innerhalb der *Spracheurythmie,* der Gestaltung des dichterischen Wortes mit den ihm innewohnenden Gesetzen, Gesten, Klängen, Rhythmen, dynamischen Bezügen, Formgestalten, erhalten die Vokale und die Konsonanten einen zentralen Stellenwert. Sie verlangen ein behutsames Studium, um die ihnen zugeordnete Gebärde überzeugend gestalten zu können. So erhält z.B. der Vokal A ein Öffnen der Arme in einem Winkel; das O eine runde, in sich geschlossene Armgeste, dem Konsonanten B wird die Interpretation des Beschützenden zugeordnet, ausgedrückt in einer umhüllenden Gebärde u.a.

Bei der Verwendung von Farben, die in der Wahl der Schleier, die die Arme umkleiden, mitgestaltend einbezogen werden, liegen Erkenntnisse der Goetheschen Farbenlehre zugrunde, mit der zentralen Intention der sinnlich-sittlichen Wirkung, die R. Steiner erweiterte zu einem bewußten Erfassen der durch die Farben ausgelösten seelisch-geistigen Aktivitäten. Daraus wird verständlich, daß der Konsonant B – Symbol des Beschützenden – mit der Farbe *Blau* verknüpft wird, das M verstanden als Eintauchen, die Farbe *Grün* erhält, das L als Symbol für Erblühen und Verblühen, Entstehen und Vergehen mit *Grauen* und zarten *Lila-Rötlichen* Farben gestaltet wird u.a.

In der *Toneurythmie* geht es nicht darum, die Musik in der eurythmischen Bewegung auszudeuten, sondern ihre Elemente durch die Gliederung der menschlichen Gestalt zu veranschaulichen, sie zu einem „sichtbaren Gesang" werden zu lassen. So nimmt die Skala der Intervalle von der Prim bis zur Oktav ihren Ansatz in den Armgesten vom Schlüsselbein aus über den Oberarm, Unterarm mit Elle und Speiche bis zur Hand, die in der Oktavgeste den Umkreis ergreift und umschließt.

„Die musikalischen Elemente wirken sich in verschiedenen Richtungen aus: zwischen oben und unten schwingt das Melos in entsprechenden höheren und tieferen Bewegungen, das rhythmische Element spielt im Wechsel von schnell und langsam im Vorwärts und Rückwärts, der Takt beruht auf dem Abwägen von schwer und leicht im Auftreten von Rechts und Links.

Rhythmus ist das Prinzip des Lebens in Natur und Kunst. Er ist das ewig Strömende zwischen Erdenstoff-Natur und geistiger Peripherie, Ausdruck dessen, was dem Menschen Leben gibt, als Leben erscheint.

[1)] Klink, E.: Eurythmie. In: Programm der Frühjahrstournee 1978 des Eurythmeum, Stuttgart, o.S.

In immer neuen Polaritäten, die sich in unter- und übergeordneten Kreisläufen, in Windungen und Überwindungen zu neuem höheren Leben steigern, ist der Rhythmus die Forderung an den Menschen, das Werk der Natur fortzusetzen im Sinne seiner eigenen Selbstverwirklichung".[1]

Nun geht es aber im Raume der Schule nicht um eine hohe künstlerische Leistung. R. Steiner unterscheidet in einer Ansprache (1923) eine „dreifache Gestalt der Eurythmie": Die Eurythmie als Kunst, die Eurythmie mit ihrer pädagogisch-didaktischen Seite und die Eurythmie, verstanden als eine Form der Therapie.[2]
Innerhalb der pädagogisch akzentuierten Eurythmie steht die Intention im Mittelpunkt, die kindliche Ausdrucks- und Bewegungsfähigkeit wachzuhalten, zu unterstützen und wenn irgend möglich, zu verstärken und zu stabilisieren. Sie will den menschlichen Körper sensibilisieren für den Ausdruck und den Eindruck, denn der kindlichen Bewegungsfreude entspricht auch eine Empfänglichkeit für alles Bewegende in seiner Umwelt, von dem es sich inspirieren läßt.

Inhalte des Lehrplans (Klasse eins bis drei): „Eurythmie wird im Einklang mit dem Musikalischen gepflegt".[3]
– Gehen von elementaren geometrischen und zeichnerischen Formen nach musikalischen Motiven; – Einführung von Armbewegungen für Vokale und Konsonanten in Zusammenhang mit Gedichten,und Märchenspielen, der Darstellung von Wortbildern und Satzstrukturen; – Pflege von rhythmischem Taktieren in Zusammenhang mit Gedichten, Versen, Reimen; – Üben, Stabilisieren, Differenzieren eines Schreitens von Versmaßen; – Üben eines konzentrierten Hinhörens und Zuhörens in Zusammenhang mit einem Umsetzen elementarer Rhythmen durch Gehen und Klatschen.

Die Armgesten werden zunächst durch Nachahmung und variierende Umgangsformen geübt, im zweiten Schuljahr erweitert durch Übungen in Kleingruppen, „zur Harmonisierung der Temperamente, zur Pflege der Intelligenz, der seelischen Beweglichkeit und eines gesunden Gemeinschaftsgefühls".[4]

Im dritten Schuljahr werden, „um in rechter Weise das vorzubereiten, was im Kinde als eine bewußte Art der Beziehung zur Umwelt im neunten, zehnten Lebensjahr erwachen wird, z.B. Übungen ausgeführt, in denen das Kind durch feste Schritte sich stark auf die Erde hinstellt. Solch eine Übung ist „Ballen und Spreizen" oder „Lachen und Weinen". Das Abwechseln von Bewegungen im starken Zusammenziehen im Schmerz und leichtem Sichlösen in Freude trägt dazu bei, daß ein gesundes Selbstbewußtsein im Kinde erwachen kann".[5]
In dieser Zeit werden die Kinder in den Quintenraum mit den Tönen c d e f g eingeführt wie auch in die Folge d e g a h. Die Intervallbewegung wird in der Körpergeste geübt und in Zusammenhang mit Melodien in Quintenstimmung vertieft.

---

1) Klink, E., a.a.O.

2) Steiner, R.: Die dreifache Gestalt der Eurythmie.
In: Eurythmie. Sonderdruck der „Erziehungskunst" 1975, H. 6, Stuttgart 1975, S. 1/2

3) 4) 5) Vom Lehrplan der Freien Waldorfschule, a.a.O., S. 18; S. 20; S. 22

Von da aus erweitert sich der Tonraum bis zur C-Dur-Tonleiter, ebenso die Darstellung der Intervallgesten, die ihre Anwendung in Zusammenhang mit ausgewähltem Liedgut finden.

Folgejahre:

Spracheurythmie: Hier erfährt der Schüler eine Erweiterung durch die Darstellung von Raumformen (Dreieck, Fünfeck, Kreis, Spirale, Rechteck u.a.), verbunden mit den Raumrichtungen vorwärts-rückwärts; oben-unten; rechts-links; – durch Einführung in das Wesenhafte des Klanghaft-Lautlichen durch Hören; Nachsprechen und Auswendiglernen kleiner Texte; – durch Erleben von Ausdrucksformen, die den Gedichten innewohnen (Wünschen, Erstaunen, Verwundern u.a.); – durch eine Erweiterung des Literaturgutes. Den von starken seelischen Stimmungen getragenen Balladen werden humoristische Gedichte gegenübergestellt. Hier werden Kopf- und Fußstellungen eingefügt, die das Dramatische im Text mit besonderer Lebendigkeit anschaulich machen; – durch ein Herausarbeiten des inneren Wesens der Lautbewegungen, des inneren Baus des Gedichtes, des Plastisch-Musikalischen im Sprachgebilde; – durch ein Gestalten verschiedener Reimformen, z.B. eines Sonettes, ein Gestalten größerer Dichtungen, zu denen R. Steiner selbst noch die Raumformen aufgezeichnet hat.

Toneurythmie: Die bis zu dieser Zeit erworbenen Kenntnisse erhalten eine Erweiterung: – durch ein Erlernen der verschiedenen Dur-Tonarten, später Moll-Tonarten, die Einführung des Intervalls der großen und kleinen Terz mit entsprechender Körpergeste, bis hin zu der gesamten Intervallskala von der Prim bis zur Oktave; – durch Hören von Kompositionen (R. Schumann; W.A. Mozart, J. Haydn, J.S. Bach u.a.), verbunden mit einem Erkennen und Bestimmen der Tonart; – durch ein Gestalten von musikalischen Abläufen in Zusammenhang mit Raumformen; – durch die Wiedergabe der Hauptdreiklänge „als Bild des harmonischen Aufbaus eines Stückes“.[1]
Hier gilt es, methodische Wege zu finden, so daß außer dem denkenden auch der fühlende und wollende Mensch dabei mit tätig sein kann“.[2]
Als Höhepunkt der langjährigen eurythmischen Studien steht als Abschluß die große kosmische Dichtung R. Steiners: „Zwölf Stimmungen“: „Im Aufbau der Dichtung ist die Bewegung unseres Sonnensystems anschaubar gemacht. Eine Ahnung vom Zusammenspiel des Konsonantismus und Vokalismus im Weltgeschehen, vom Sichtbarwerden der Weltensprache, ist in dieser Dichtung dasjenige, was als innere Kraft und Gewißheit in den Seelen der jungen Menschen erwachen kann“.[3]

Solche Gestaltungen kommen z.B. bei den künstlerischen Abschlußfeiern am Ende der zwölften Klasse zur Aufführung. Eurythmische und musikalische Gestaltungen haben aber auch innerhalb der allgemeinen Festgestaltung ihren Platz

[1] [2] [3] Vom Lehrplan der Freien Waldorfschule, a.a.O., S. 41; S. 54

(Feste im Jahreskreis: Advent, „Oberuferer Weihnachtsspiele"; regelmäßige Monatsfeiern u.a.), und tragen dazu bei, „daß sich um die Schulen eine schützende Hülle bildet, innerhalb derer die Schulgemeinschaft von Eltern, Lehrern und Schülern lebt".[1]

Mit diesem Schulmodell, vor allem der in ihm wirksam werdenden *Eurythmie,* ist eine Nähe zu der Rhythmisch-musikalischen Erziehung erreicht, die als Gemeinsamkeiten und Unterschieden erkennen läßt: – Das Erfassen des Menschen als eine leiblich-seelische-geistige Einheit; – die Erkenntnis von dem Zusammenhang von Musik, Rhythmus / Bewegung, Sprache, räumlicher Gestaltung, ihrem erziehenden und bildenden Wert einerseits, verstanden als künstlerische Gestaltungsmittel zur Entwicklung von Ausdrucks- und Eindrucksfähigkeiten und -qualitäten andererseits; – die Auffassung vom menschlichen Körper als dem vielgestaltigsten Ausdrucks-"Instrument" (E. Jaques-Dalcroze bezieht den gesamten Körper zur Bewegungsaussage mit ein; in der Eurythmie erhalten die Arme und Hände als die ausdrucksvollsten „Instrumente", unterstützt durch rhythmisches Schreiten, eine besondere Bedeutung); – eine Verwendung von Farbe und Licht zur Unterstützung der gestaltenden Aussage, der größtmöglichen Wirkung des Eindrucks (bei E. Jaques-Dalcroze, die Beleuchtung des Bühnenraumes eingesetzt im Sinne eines „Instrumentes des Orchesters", in Zusammenarbeit mit dem Bühnengestalter und Lichttechniker A. von Salzmann; in der Eurythmie die Anwendung der Farbe auf dem Hintergrund Goethescher Farbenlehre, die in der Wahl der Schleier zum Ausdruck gebracht wird); – die Pflege von Fest und Feier als Höhepunkt des Schullebens, um die Kräfte der Studierenden, bzw. Schüler daraufhin zu intensivieren und zu konzentrieren (bei E. Jaques-Dalcroze hervorgegangen aus dem Anliegen, den antiken Festgedanken wieder aufleben zu lassen; in der Waldorf-Pädagogik verbunden mit der Intention, der Schulgemeinschaft von Eltern, Lehrern und Schülern gemeinsames Erleben zu ermöglichen).

Mögen die hier skizzierten Schulmodelle ein Umdenken in Bildung und Erziehung, eine andere Gewichtung und Wertschätzung der künstlerisch-gestaltenden Fächer und mit ihnen auch der Musik- und Bewegungserziehung als den vernachlässigten Kulturgebieten, verdeutlichen. Mit ihrer Kennzeichnung mag auch deutlich geworden sein, daß zwar die Schule als Ort der Humanisierung des Lernens und Lehrens, im besonderen in Zusammenhang mit der bildungstheoretischen Fragestellung, im Mittelpunkt der reformpädagogischen Erörterung steht, jedoch im Zentrum der neuen Erziehung, am Beginn pädagogischen Umdenkens, eine „Entdeckung des Kindes" steht, ein Anliegen, dem sich die pädagogische Bewegung „Vom Kinde aus" vertieft zugewandt hatte, der das nachfolgende Kapitel gewidmet sein soll.

---

1) Hemleben, J., a.a.O., S. 127

1.3.5 Die pädagogische Bewegung „Vom Kinde aus"

Die pädagogische Bewegung „Vom Kinde aus" nimmt geradezu eine Schlüsselstellung im Kontext reformpädagogischen Bemühens ein, zeigt eine „Grundtendenz der Reformpädagogik des zwanzigsten Jahrhunderts",[1] stellt eine ihrer bedeutendsten Strömungen dar und ist mit einer großen Zahl von Richtungen in der Reformpädagogik unmittelbar verknüpft. Vertreter dieser Richtungen fragen nach einem neuen Bild vom Kinde. Diesem Fragen liegt die Erkenntnis zugrunde, daß das Kind nicht mit dem Maßstab des Erwachsenen zu messen sei, sondern eine Stufe des Menschseins darstellt, eine eigene Lebensform, die ihre eigenen Gesetze, Inhalte, Ziele verfolgt, die es nicht nur zu respektieren und zu akzeptieren, sondern zu unterstützen und zu fördern gilt. „Das Kind trägt nicht die verkleinerten Merkmale des Erwachsenen in sich, sondern in ihm wächst sein eigenes Leben, das seinen Sinn in sich selber trägt".[2]

Alle Vertreter der Pädagogik „Vom Kinde aus", ein Begriff, der erst später durch die gleichnamige Aufsatzsammlung des Hamburger Pädagogen *Johannes Gläser* (1920) geprägt wurde, gehen in ihrer Einstellung zum Kind und ihrer Vorstellung von Erziehung auf Grundgedanken der Erziehungslehre J.J. Rousseaus (1712-1778) zurück, der „Natur" zu einem Zentralbegriff seiner pädagogischen Konzeption machte. Weg, Ziel und Mittel der Erziehung sind in der „Natur" des Menschen vorgegeben und müssen ihr gemäß sein. Der Erziehung fällt die Aufgabe zu, eine adäquate Lebensumwelt zu schaffen, die eine ungehinderte Entfaltung der Natur des Kindes ermöglicht, d.h., die sich darauf beschränkt, das Kind „wachsen" zu lassen, er prägt dafür den Begriff der „negativen Erziehung". Die Aufgabe des Erziehenden sollte auf erzieherische Hilfen eingegrenzt sein, die dem Naturgemäßen zum Durchbruch verhelfen. Der Tenor der Pädagogik „Vom Kinde aus" zeigt einen unerschütterlichen Glauben an das Gute im Menschen, ist getragen von einem Vertrauen in die Schöpferkraft der Natur, die es dem Kind ermöglicht, sein geistiges Wachstum, seine Form, seine Persönlichkeit, aus sich heraus, d.h. aus innerem Antrieb ohne direkte Führung des Erwachsenen, zu finden; der Erziehende habe nicht das Recht, in den Entwicklungsgang der Natur des Kindes einzugreifen.

„Durch Rousseau erst wurde der Blick frei für die Eigenart des Kindes und seiner Entwicklungsphasen, und durch ihn erst konnte das Eigenrecht des Kindes zur Geltung gebracht und der Erzieher wirklich als Anwalt des Kindes verstanden werden".[3]

Zu den führenden Pädagogen dieser Richtung zählen *Ellen Key* (1849-1926), schwedische Schriftstellerin, Pädagogin und Dozentin. Sie wirkte mit ihrem 1900

1) Dietrich, Th.(Hg.): Die pädagogische Bewegung „Vom Kinde aus", Bad Heilbrunn.1973, S. 168

2) Oswald, P./Schulz-Benesch, Grundgedanken der Montessori-Pädagogik, Freiburg, Basel, Wien 1997, S. 27

3) Reble, A., a.a.O., S.160;

erschienenen Buch „Das Jahrhundert des Kindes“ (1902 in dt. Sprache herausgegeben), das besonders in Deutschland großes Aufsehen erregte und innerhalb von wenigen Jahren eine hohe Auflage erfuhr, geradezu revolutionär; sein Titel wurde zu einem „Schlagwort der Zeit“. Darin übt sie in plastischer Sprache heftige Kritik an den Unzulänglichkeiten der „alten“ Schule und setzt sich ein für die Stellung des Kindes und Jugendlichen in der Gesellschaft und eine neue erzieherische Einstellung zu ihnen. Eltern und Lehrer sollen die Kinder anders sehen als zuvor, überholte erzieherische Maßnahmen und Maßstäbe ablegen. „Ruhig und langsam die Natur sich selbst helfen lassen und nur sehen, daß die umgebenden Verhältnisse die Arbeit der Natur unterstützen, das ist Erziehung“.[1]

Berthold Otto (1859-1933), in seinem pädagogischen Wirken charakterisiert von großer Meisterschaft im Unterrichten, von feiner psychologischer Beobachtung des Kindes, wendet sich in seinem pädagogischen Denken „Vom Kinde aus“ besonders dem Problem der Sprache und des Sprechens zu und ordnet dieses in eine umfassende Erziehungsfrage ein.

„Er weiß den einzelnen Menschen in Familie, Heimat und Volkstum tief verwurzelt, ist also weit entfernt von Ellen Keys Subjektivisumus und spricht nun auch der Entwicklung des Kindes eine solche innere, organische Zielstrebigkeit zu, daß er ihm als Erzieher und Lehrer voll vertraut und von hier aus eine Unterrichtsmethode entwickelt“.[2]

Ein Vorbild aller Unterweisung erkennt er im natürlichen Aufwachsen in der Familie, als einer Situation, in der es keine planmäßige Unterweisung gibt, kein Abfragen von Wissen, sondern in der das Kind spontan fragen kann und eine Antwort erhält. Dieses natürlich gegebene Lernverhalten möchte er innerhalb des „Gesamtunterrichtes“ in seiner „organischen“ Schule (Privatschule in Berlin-Lichterfelde) verwirklichen.

Davon hebt sich der „gebundene Gesamtunterricht“ ab, in dem zwar auch die Fächerung entfällt, jedoch der Lehrende von sich aus Fragestellungen und Stoffe auswählt und ordnet. Das Prinzip „Vom Kinde aus“ führt B. Otto weiter zu der hohen Forderung, indem er auch von dem Lehrenden erwartet, daß dieser sich in der Sprache der Schüler mit ihnen verständigen soll. Er entwickelt dazu, nach Altersstufen differenziert, „Altersmundarten“. B. Otto wurde es zu einem besonderen Anliegen, „echten Erkenntniswillen des Kindes zur Grundlage des Unterrichts (zu) machen und geistige Selbständigkeit und Aufgeschlossenheit (zu) erreichen“.[3]

Ovide Decroly (1871-1932), als Arzt und Schüler von Itard und Séguin beeinflußt, fand, wie später M. Montessori, den Ansatz zu einer medizinisch orientierten Pädagogik durch Erfahrungen im Umgang mit beeinträchtigten und behinderten Kindern. Auch er begründete 1907 – wie M. Montessori in Rom die „Casa dei

---

1) Key, E.: Das Jahrhundert des Kindes,Berlin 1926, S. 102 (Neu-Herausgabe, Weinheim/Basel 1992)

2) 3) Reble, A., a.a.O., S. 298, S. 299

bambini" – in Brüssel seine Schule mit dem Namen „L'école pour la vie par la vie". Mitten in einem Grüngürtel angesiedelt, mit entsprechenden Ateliers, sollten die Kinder täglich Naturbeobachtungen vollziehen, über das unmittelbare Fragen zu eigenen Versuchen und Experimenten hingeführt werden und so die Vermittlung einer Lebenslehre erfahren, in deren Zentrum das Vertrautwerden mit der lebendigen Natur, im besonderen mit der Lebenswelt des Menschen, steht.
Daraus werden auch die methodischen Formen der Beobachtung, der Assoziation und des Ausdrucks verständlich, die im Mittelpunkt des weitgehend auf Selbsttätigkeit abgestimmten Unterrichts stehen, der seine Aufzeichnung in den so benannten reich illustrierten Beleg- und Assoziationsbüchern fand. A. Ferriére fand heraus, daß sie den Charakter eines Lebensbuches tragen; bei den Schülern fanden sie über die Schulzeit hinaus Pflege und Interesse.

Adolph Ferriére (1879-1960), durch H. Lietz zur Reformarbeit motiviert, Mitbegründer des „Weltbundes für Erneuerung der Erziehung", auf dem Schnittpunkt beider Bewegungen stehend, erprobte sein Konzept der selbsttätigen Schülerarbeit in den Landerziehungsheimen. Ein steter Gedankenaustausch mit O. Decroly führte zu einer Vertiefung dieser Erfahrungen und einer Freundschaft zwischen beiden Pädagogen, die auch in ihrer Auffassung der 'méthodes actives' übereinstimmten.

John Dewey (1859-1952), einer der einflußreichsten amerikanischen Pädagogen des zwanzigsten Jahrhunderts, Professor an der Universität Chicago, später der Columbia Universität in New York, stellt als Gründer der Versuchsschule ins Zentrum seiner Auffassung von Schule und Unterricht den Begriff des Erlebens und Erfahrens (experience).
Aufgrund gewisser Übertreibungen distanzierte er sich 1938 von der „progressive education" der zwanziger Jahre und stellte sein Verständnis einer Reformpädagogik noch einmal deutlich heraus: „Lernen beginne zwar mit spontanen kindlichen Interessen; sie zu erweitern und zu vertiefen bedürfe es aber der Führung und nicht des Wachsenlassens. Leitung und Autorität des Lehrens sei indirekt auszuüben, mittels Auswahl und Bereitstellung von Situationen und Problemen, die wie bei Rousseau den Lehrzwang in sich tragen oder 'educative experience' „vermitteln".[1] Erfahrung von J. Dewey verstanden, die nur dann erziehend wirkt, wenn sie nicht zufällig und vereinzelt bleibt, sondern sich verknüpft und eine Bedeutung für den Lehrenden und Lernenden erhält und aus dem rein subjektiven Erleben heraustritt und sich in der Auseinandersetzung mit der sozialen Gegenwart aufbaut. Daraus wird J. Deweys höchstes Erziehungsziel verständlich, die Demokratie, aufgefaßt als ein reiches Gemeinschaftsleben, das sich wiederum durch seine pädagogische Funktion legitimieren muß. Innerhalb seiner pädagogischen Konzeption erhalten

1) Lilge, F.: Dewey, J. In: Lexikon der Pädagogik, Freiburg 1974, S. 291

die Naturwissenschaft, Technik, Geschichte, Geographie und der Werkunterricht eine besondere Aufmerksamkeit, wobei sich die Wahl und Behandlung der Lehrgegenstände nach ihrer Eignung zu kritisch-konstruktivem Denken und kooperativer Arbeitsweise und nach ihrem Verständnis sozialer Gegenwartsprobleme bestimmen. Aus seiner publizistischen Tätigkeit sei im besonderen hingewiesen auf das Grundlagen-Werk: „Demokratie und Erziehung" (1929; 1949; 1964).

Janusz Korczak (1878/1879-1942), ermöglichte als polnischer Arzt, Pädagoge, Schriftsteller an einem ganz anderen Ort in dieser Welt, durch die Übernahme des Waisenhauses „Dom Sierot" (1911), dem 1919 die Errichtung eines zweiten Hauses „Nasz Dom" (Unser Haus) in Warschau folgte, jüdischen Kindern ein Zuhause und eine Bildung und Erziehung, verbunden mit dem Wunsch, sie nach einer ausreichenden Zeit aus seiner Obhut entlassen zu können mit dem Gedanken:

„Eines geben wir euch mit – die Sehnsucht nach einem besseren Leben, das es noch nicht gibt, das aber einmal kommen wird, wenn ihr ein Leben der Wahrheit und Gerechtigkeit geführt habt".[1]

Unermüdlich ist J. Korczak eingetreten für ein Verständnis von Begleitung und Unterstützung des Kindes bei der „schweren Arbeit des Wachsens"[2], forderte er vonseiten des Erwachsenen veränderte Verhaltensweisen gegenüber kindlichen Formen und Möglichkeiten sich zu äußern, zu reagieren, sich auszudrücken. Seine achtende und akzeptierende Einstellung und Haltung im Umgang mit Kindern hat J. Korczak schon früh deutlich herausgehoben, im pädagogischen Alltag gelebt und verwirklicht und in seiner „Magna Charta", den Grundrechten des Kindes, zusammengefaßt. Darin nehmen das „Recht des Kindes auf Achtung" und das „Recht des Kindes so zu sein, wie es ist", Schlüsselpositionen ein neben dem „Recht des Kindes auf seinen Tod" und dem „Recht des Kindes auf den heutigen Tag".[3]

J. Korczaks pädagogische Konzeption ist getragen von den Grundgedanken des absoluten Wertes der Kindheit, dem Eigenrecht des Kindes, der Selbstverwaltung der Kindergemeinschaft (Kinderparlament), dem Arbeitsprinzip, begleitet von exakter wissenschaftlicher Beobachtung und einem sozialen Verantwortungsgefühl. Seine tiefe Menschlichkeit und die Größe seines Menschseins führten ihn im zweiten Weltkrieg zu aufopferungsvoller Tätigkeit im Warschauer Ghetto, von wo aus er im August 1942 mit etwa zweihundert Kindern nach Treblinka deportiert wurde und mit ihnen in den Tod ging.

1972 wurde Janusz Korczak posthum mit dem Friedenspreis des Deutschen Buchhandels ausgezeichnet. Die Anerkennung und Würdigung seines Lebenswerkes mag in den Worten, anläßlich der Verleihung des Friedenspreises am 1. Okt. 1972

---

[1] [3]) zit.,nach H. v Hentig: Janusz Korczak oder Erziehung in einer friedlosen Welt. In: Börsenblatt des Dt. Buchhandels, Frankfurt/M. 1972, S. 56; S. 63

[2] Korczak, J.: Das Recht des.Kindes auf Achtung, Göttingen 1979, S. 18

in der Paulskirche in Frankfurt/Main zum Ausdruck kommen: „Er hat der alten Sehnsucht nach einer neuen Ordnung zwischen den Generationen und nach Frieden unter den Menschen jeglicher Art und Herkunft Kraft und eine bis heute wirkende Chance gegeben“.[1]

Maria Montessori (1870-1952), als Italienerin, Ärztin, Anthropologin, Pädagogin, verband mit J. Korczak auch ihr nahezu emphatisches Eintreten für ein Eigenrecht der Kindheit, so daß sie oftmals als „Hohepriesterin für das Recht der Kindheit“[2] gesehen wurde.
Angeregt durch die französischen Mediziner und Psychiater J.-M.-G. Itard und E. Séguin und dem Anthropologen G. Sergi, der, von 1884 bis 1916 an der Universität Rom lehrte, und ihre eigene frühe klinische Arbeit mit beeinträchtigten und behinderten Kindern, fand M. Montessori früh zu einer vielbeachteten, eigenständigen pädagogischen Konzeption hin, die sie, ausgehend von ihrem naturwissenschaftlichen Denken, zu begründen und fundieren suchte.
Wegweisend wurde für sie die frühe Erkenntnis Itards, daß die „Entwicklung des Geistes durch die Sinne“ im Zentrum menschlicher Erfahrung und Erziehung stehen muß, und die Einteilung von Entwicklungsstufen in der Erziehung des Kindes, wie sie E. Séguin entworfen hat, beginnend mit der körperlichen Bewegung und hinführend zum geistigen Training des Intellekts.

M. Montessori sieht das Kind als aktiv-schöpferisches Wesen, das sich aus der Tätigkeit, aufgrund ihm innewohnender Entwicklungsgesetze, auf dem Weg über Austauschprozesse mit der es umgebenden Welt, zu einer „sittlichen Persönlichkeit“[3] emporzuarbeiten vermag. Sie orientiert sich in der Annahme von „sensiblen Phasen“ in der Entwicklung des Kindes (Perioden besonderer Sensibilität z.B. für Ordnung, Bewegung, Sprache), an Erkenntnissen des niederländischen Biologen *Hugo De Vries* (1848-1935). Sie sind zu verstehen als optimale Entwicklungsperioden für Erziehung, in denen optimales Lernen möglich ist, sie sind anzusiedeln zwischen Vorgegebenem und Umwelt.
„Die ganze Entwicklungsarbeit, die das Kind leistet, wird von Gesetzen bestimmt, die wir nicht kennen, und folgt dem Rhythmus einer Aktivität, die uns fremd ist. Wir versuchen nicht, diese geheimnisvollen Kräfte zu ergründen, sondern wir achten sie als ein Geheimnis im Kind, das nur ihm allein gehört. Die Hilfe, die wir zu geben vermögen, liegt in der äußeren Welt.[4]

Diese Grundgedanken führen sie zu Aufbau und Gestaltung einer „vorbereiteten Umgebung“, die dem Gesamt kindlicher Bedürfnisse vollkommen entsprechen soll. Hier wurde M. Montessori die „Polarisation der Aufmerksamkeit“ zu einem Schlüsselerlebnis ihrer Konzeption.

[1] Klett, E.: Janusz Korczak. Zur Verleihung des Friedenspreises 1.10.1972, Frankfurt/M., Festschrift (Beginn)

[2] Röhrs, H.: Die Reformpädagogik und ihre Perspektiven, hg. v. Petersen, J./ Reinert, G.-B., Donauwörth 1991, S. 63

[3] Grundgedanken der Montessori-Pädagogik, a.a.O., S. 28

[4] Montessori, M.: Grundlagen meiner Pädagogik (besorgt v. B. Michael), Heidelberg 1985, S. 17

In dieser erhalten das Sinnessystem und die Bewegung als Aufnahme- und Verbindungsorgane mit der Umwelt bzw. der „Außenwelt" eine besondere Bedeutung. Daraus läßt sich erklären, daß ihr zum einen ein Üben und Differenzieren der Sinnestätigkeit zu einem besonderen Anliegen wurde. Aus ihrer Erkenntnis lassen sich Erfahrungen, die Anregungen zu geistigen Prozessen bedeuten, nur über tätige, aktive Auseinandersetzung mit Dingen, Materialien, Gegenständen vermitteln, ein Anliegen, das sie in ihren „Entwicklungsmaterialien", auch „Sinnesmaterialien", für die vorschulische Zeit und weiterführenden Materialien für die mathematische und sprachliche Bildung verwirklicht sieht. M. Montessori beschreibt sie als „Gegenstände, (die) durch ihre Einfachheit charakterisiert (sind), durch vollkommenste Einfachheit, die der kindlichen Mentalität angepaßt ist".[1]

(Materialien, der Sensibilität für *Ordnung* zuzuordnen: Rosa Turm; Braune Treppe; Rote Stangen; Gewichtstäfelchen u.a.); Materialien, der Sensibilität für *Sprache* zuzuordnen: Alphabeth mit großen und kleinen Buchstaben, Sandpapierbuchstaben; u.a.); Materialien zur *Auditiven Wahrnehmung:* Geräuschdosen, Glocken, Stimme; Materialien, der Sensibilität für *Bewegung* zuzuordnen: Übungen des praktischen Lebens, Knüpfrahmen, Übungen der Stille, Gehen auf der Ellipse, u.a.).

Zum andern erkennt M. Montessori das Grundbedürfnis des Kindes nach Bewegung, seinen Wunsch nach einem adäquaten Freiraum für spontane Bewegung und sieht in der körperlichen Bewegung ein konstitutives Element zum Aufbau einer gesunden, aktiv-schöpferischen Persönlichkeit, sie ist „der Schlüssel zur gesamten Formung,der Persönlichkeit".[2] Sie führt diesen Gedankengang weiter und formuliert: „Wenn der Mensch sich ohne ausreichende praktische Betätigung entwickelt, lebt er unter schlechteren Bedingungen als ein Blinder oder Tauber".[3]

Diese pädagogischen Leitgedanken hat M. Montessori in einer großen Zahl von Schriften zusammengefaßt. Zuerst in „Selbsttätige Erziehung im frühen Kindesalter" (Stuttgart 1913); „Mein Handbuch. Grundsätze und Anwendung meiner neuen Methode der Selbsterziehung der Kinder" (Stuttgart 1922); „Montessori-Erziehung für Schulkinder" (Stuttgart 1926); „Grundlagen meiner Pädagogik (in: Handbuch der Erziehungswissenschaft, Bd. 1, München 1934, u.a.).

Sie hat sie in die Erziehungswirklichkeit hineingetragen, in den Raum der von ihr begründeten „Kinderhäuser" (das erste 1907 in San Lorenzo/Rom; im Haus Via dei Marsi 58, gegründet), die als Anregung zu einer großen Zahl von Neugründungen weit über die Grenzen Italiens hinaus Anlaß gaben. Ihre Erziehungsgedanken sind ein bedeutsamer Beitrag zur Neugestaltung und Neukonzipierung der Elementar-Pädagogik. Mit ihren „Kinderhäusern" entstand der vierte Grundtyp in der modernen Ausformung einer institutionellen Kleinkindpädagogik.[4]

---

1) 2) 3 Montessori, M.: Das Zentrum und die Perepherie. In: Böhm, W. (Hg.): Texte u. Gegenwartsdiskussion, Bad Heilbrunn 1996, S. 44; S. 80

4) Kessels, J.: Geschichtliche Quellen der Kindergartenarbeit.In: Der Kindergarten, hg. v. H. Mörsberger/E. Moskal/E. Pflug, Bd. 1, Freiburg 1978, S. 215

1.4 Geschichtlicher Aufriß der institutionellen frühkindlichen Erziehung in Deutschland

Die Anfänge der institutionellen frühkindlichen Erziehung in Deutschland werden von allen Autoren übereinstimmend in den „Kinder-Bewahranstalten" gesehen – von J. Kessels als „erster Grundtyp"[1] institutioneller Kleinkindererziehung bezeichnet –, mit einer ersten Gründung durch den evangelischen Pfarrer *Johann Friedrich Oberlin* (1740-1826) 1769 in Waltersbach im Elsaß. Doch bestanden schon zuvor vereinzelt – vermehrt seit Beginn der zweiten Hälfte des achtzehnten Jahrhunderts – Institutionen zur Betreuung und Beschäftigung von Kleinkindern: „Strickschulen" in Deutschland, „Spielstuben" der Urselinen in Altbogen und Straubing (1772) u.a.

Joh. Fr. Oberlin entwarf erstmals ein Konzept für diese Kleinkinderpflege, bei der es ihm um eine geordnete Betreuung von Klein- und Schulkindern ging, verbunden mit der Intention, „die Kinder von der Straße zu holen und unter gute Aufsicht zu bringen, sie an Arbeit (Stricken) und gute (französische) Sprache zu gewöhnen und ihnen dadurch den Schulbesuch zu erleichtern".[2]

Daraus wird zum einen die Erklärung der gewählten Bezeichnung „Bewahranstalt" deutlich, zum andern die ausgesprochen soziale Motivierung ihrer Entstehung. Denn die wachsende Industrialisierung am Beginn des neunzehnten Jahrhunderts machte eine zunehmende Gründung von Kleinkindereinrichtungen notwendig. In diesem Zusammenhang ist im besonderen die in der Zeit von 1802-1820 regierende Landesfürstin *Pauline von Detmold* (1769-1820) zu nennen, die 1802 in Detmold eine „Kinderbewahranstalt" einrichtete, „als Tagesstätte für die Pflege von Kindern bis in das vierte, fünfte Jahr".[3]

Ihr Bemühen galt dem Ausbau und der Erweiterung der „Bewahranstalt". Zugleich stellt die von ihr begründete „älteste deutsche Einrichtung"[4] – als Kindergarten der seit 1856 bestehenden Stiftung „Paulinenanstalt" noch heute zugehörend – den ersten staatlichen Schritt innerhalb der institutionellen Kleinkindererziehung dar.

Die Entwicklung führt über die Entstehung der „Kleinkinderschulen" – dem zweiten Grundtyp institutioneller Kleinkindererziehung – die erste 1816 in England eröffnet durch den Fabrikanten *Robert Owen* (1771-1858), in Deutschland zu der uns heute bekannten Form des Kindergartens, der sich seit 1840 zunehmend mehr ausbreitete (1840 gab es in Deutschland nur etwa hundert Kleinkinderschulen und Bewahranstalten).[5] Die Trägerschaft der bis dahin bestehenden Einrichtungen lag oftmals bei Einzelpersonen (Fürstinnen übernahmen häufig das Protektorat); kirchlichen Kreisen (kath; ev.), und um die Mitte des neunzehnten Jahrhunderts bei den entstehenden Frauenorden und Kongregationen, die sich dieser neuen Auf-

---

1) 2) 3) 4) Kessels, J., a.a.O., S. 199; S. 198; S. 199

5) Kiene, M.: Zur Geschichte der frühkindlichen Erziehung in Deutschland. In: Das Kind im Kindergarten, Freiburg 1964, S. 167

gabe annahmen. Erst am Ausgang des neunzehnten Jahrhunderts wird von staatlicher Seite aus ein Interesse an der Fürsorge und Erziehung des Kleinkindes sichtbar (Preußen: Erlaß des Kultusministers vom 13. 11. 1885).

Zu den großen Pädagogen, die die Weiterentwicklung entscheidend beeinflußt haben, zählen vor allem *Adolph Diesterweg* (1790-1866), späterer Freund und Förderer Fr. Fröbels, der als Schulpädagoge 1850 in Berlin den ersten Kindergarten gründete und *Theodor Fliedner* (1800-1864), der 1835 eine erste Einrichtung in Düsseldorf-Kaiserswerth schuf und bereits 1836 mit einer systematischen Schulung und Ausbildung von „Kleinkinderschullehrerinnen" begann.

Mit *Friedrich Fröbel* (1782-1852) aber setzte eine zweite große Bewegung innerhalb der institutionellen frühkindlichen Erziehung ein, deren Tragweite abzulesen ist an der Entwicklung, die die Idee des „Kindergartens" in der Folgezeit nahm. Die erste Einrichtung mit der Bezeichnung „Kindergarten" war eine von der Fürstin von Schwarzburg-Rudolstadt 1841 gestiftete Anstalt, für deren Leitung sie eine junge Frau bei Fr. Fröbel hatte ausbilden lassen.[1] Im Winter des Jahres 1839 hatte Fr. Fröbel selbst in Leipzig und Dresden durch Vorträge seine „Spielgaben" eingeführt und konnte dort die Einrichtung von Spielkreisen für Kinder interessierter Eltern erwirken. In der Schweiz hatte einer seiner Mitarbeiter – Heinrich Lange-thal – der Burgdorfer Volksschule eine Vorschule für vier- bis sechsjährige Kinder angegliedert.

Im Sommer 1839 errichtete Fr. Fröbel selbst eine Musteranstalt in Blankenburg bei Rudolstadt, verbunden mit der Intention, junge Mädchen und Mütter in die rechte Erziehungsarbeit einzuführen und der Hoffnung, daß einmal jede Stadt über die Einrichtung einer solchen „Zentralen Beratungs- und Belehrungsstätte" verfügen möge.

In Fr. Fröbels umfassenden Erziehungsgedanken – in seinem Hauptwerk „Menschenerziehung" (1826) zusammengefaßt – erhält der Bereich der frühkindlichen Erziehung eine besondere Bedeutung, womit er einen entscheidenden Beitrag zur Kindergartenpädagogik leistete. Jedoch richtet sich sein pädagogisches Denken darüber hinaus an die gesamte Erziehung des Menschen in Familie, Kindergarten, Schule und Leben. Seine Idee von einer planvollen Bildung des Menschen schon in den ersten Lebensjahren geht zurück auf wichtige Anregungen, die er bei Joh. H. Pestalozzi in Iferten erhielt, doch ist Fr. Fröbel nicht als sein direkter Nachfolger oder Schüler zu bezeichnen. „Er hat Pestalozzis Gedanken der mütterlichen Erziehung, besonders der frühen, weitergeführt und sein Prinzip der Selbständigkeit durch seine Bildungsphilosophie vertieft".[2]

Sein gesamtes Denken, seine Naturauffassung, sein Menschenbild und sein organisches Weltbild tragen einen religiös-mystischen Zug, stellen ihn in die Roman-

---

[1] Hoffmann, E.: Vorschulerziehung in Deutschland, Witten 1971, S. 35

[2] Reble, A., a.a.O., S. 231

tik. Fr. Fröbel ist erfüllt von einer tiefen, religiösen Ehrfurcht vor dem Leben überhaupt, vor der Individualität des Menschen. Den Sinn aller Erziehung sieht er darin, „dem Heranwachsenden die Verwurzelung von Mensch und Natur im göttlichen Ganzen bewußt zu machen und ihn dahin zu führen, daß er sein Leben aus diesem Bewußtsein heraus gestaltet und zur „Lebenseinigung“ gelangt“.[1]

„Erziehung, Unterricht und Lehre sollen daher primär nachgehend, behütend sein, sollen ermöglichen, die urtümlichen kindlichen Kräfte sich selbst entfalten zu lassen. Nur, wo das Ursprüngliche verletzt und verbogen ist, darf die Erziehung auch geradezu bestimmend, fordernd werden“.[2]
Insofern erhalten in seiner Konzeption Selbsttätigkeit, Selbständigkeit und Eigenständigkeit einen zentralen Stellenwert. Hier sollte der Umgang mit den Spiel„gaben“ einen entscheidenden Beitrag leisten.

Seine Spielmittel umfassen als *Gabe* eins den Ball; *Gabe* zwei die Kugel; *Gabe* drei den Würfel; darüber hinaus Baukästen mit Bausteinen verschiedener Größen, daneben kleine flache und schmale Körper zur Veranschaulichung der mathematischen Grundelemente wie Fläche, Linie, Punkt.
Sie wurden von Fr. Fröbel verstanden als Bildungsmittel zur freien, individuellen Entfaltung des jungen Menschen. Mit ihnen „gab“ er den Kindern und ihren Erziehern Hilfen, um im ganz elementaren frühesten Spiel erkennend (Erkenntnisform), gestaltend (Schönheitsform) und die Welt deutend (Lebensform) das Gesetz des gesamten Seins, zuletzt das Gesetz in der Schöpfung Gottes zu erfassen und anzuerkennen.

Mit der Sammlung der „Mutter- und Koselieder“ (Leipzig 1844), fügte Fr. Fröbel den Spielgaben eine wertvolle Sammlung volkstümlicher Reime, Spiellieder und Bewegungsspiele hinzu, um dem Kinde zu ermöglichen, „im Erlebnis rhythmischer Bewegung Maß und Ordnung leiblich zu erfahren“.[3]
Daraus wird Fr. Fröbels bedeutsamer Beitrag für die Kindergartenpädagogik deutlich, der eine weite Verbreitung und Vertiefung fand, der durch das Preußische Verbot der Fröbelschen Kindergärten vom Jahre 1851, aufgrund „falscher bzw. irrtümlicher Beurteilung“,[4] die Tragweite und Tragfähigkeit nicht beeinträchtigte. An der Aufhebung dieses Verbotes (1860) – die Fr. Fröbel selbst nicht mehr erlebte – ist seine Großnichte und noch persönliche Schülerin *Henriette Schrader-Breymann* (1827-1899) entscheidend beteiligt.

Ihr kommt zum einen ein besonderes Verdienst zu bei der Verwirklichung der Einrichtung des „wahren Volkskindergartens“, der allen Kindern offen stehen sollte, „die seiner Fürsorge bedürfen, er kennt nur Kinder, nicht Stände“.[5] Zum andern ist sie als die Begründerin des Pestalozzi-Fröbel-Hauses I im Jahre 1873 in Berlin

---

1) 2) Reble, A., a.a.O., S. 233; S. 234
3) Hoffmann, E., a.a.O., S. 34
4) Kessels, J., a.a.O., S. 211
5) Droescher, L.: Der Kindergarten als Unterbau der Einheitsschule, Berlin o.J., S. 7

zu nennen, dem als Zentrum des Deutschen Fröbelverbandes bis 1933 und als Träger der Weiterentwicklung Fröbelscher Erziehungsgedanken unter sozialpädagogischer und methodischer Fragestellung im Aufbau des Bildungswesens eine zentrale Stellung zukommt. Ihr sozialpädagogisches Anliegen läßt sich in den beiden Schwerpunkten der Kleinkinderfürsorge – auf ihre Initiative geht z.B. die Einrichtung einer „Auskunftstelle für Kleinkinderfürsorge“ (1916) im Zentralinstitut für Erziehung und Unterricht in Berlin zurück – und der Frauenbildung zusammenfassen.

Darüber hinaus verbindet sich mit dem P.F.H. eine große Zahl namhafter Erzieher-Persönlichkeiten der Zeit, die die Erziehungsgedanken der Begründerzeit entscheidend mitgetragen, weitergetragen und beeinflußt haben: B. von Mahrenholtz-Bülow, C. Richter, L. Droescher, J. Sicker, A. von Gierke, A. Salomon, H. Hecker, E. Spranger, u.a.

Gibt zwar das P.F.H. in der Wahl seines Namens Kunde davon, daß es auf den Grundgedanken der beiden großen Pädagogen Joh. H. Pestalozzi und Fr. Fröbel aufbaut, so wird doch seine Offenheit und Bereitschaft zur Auseinandersetzung mit anderen und neuen Strömungen der Zeit: 1914 entsendet es zur Teilnahme an einem von M. Montessori selbst geleiteten Lehrgang eine Jugendleiterin nach Rom, um dort Kenntnis von Montessoris Erziehungsgedanken zu nehmen, ihre Methode in der Erziehungswirklichkeit kennenzulernen, verbunden mit dem Auftrag, im P.F.H. eine Vorklasse aus den Grundgedanken der Montessori-Pädagogik aufzubauen.

Wenden sich auch kritische Äußerungen gegen M. Montessoris intellektualistisch-analytische Denkweise, womit im besonderen M. Montessoris Einschätzung von Phantasie, Spiel, Märchen und Kunsterziehung angesprochen sind, so hat sie doch mit ihrer Methode einen wesentlichen Beitrag geleistet zur Bereicherung und Erweiterung innerhalb der Pädagogik des Kindergartens. Ihre pädagogisch-methodischen Grundgedanken gehen ein in die Diskussion zur Neukonzipierung des Kindergartens am Ausgang des ersten Weltkrieges – bei der Reichsschulkonferenz 1921 in Berlin – und führen dort zu einem Antrag, „die Reichsschulkonferenz wolle beschließen, die Regierung zu veranlassen: a) Einrichtungen von Versuchskindergärten nach der Montessori-Methode vorzunehmen, damit der Beweis erbracht werden kann, ob sich die Montessori-Methode, auf deutsche Kinder angewandt, bewährt, und in welcher Beziehung der Kindergarten zur Schule zu stehen hat. b) Ein Seminar zur Ausbildung von Lehrkräften in der Montessori-Methode einzurichten“.[1]

Fühlt der Ausschuß sich zwar nicht dazu berufen, über die Methodik des Kindergartens zu entscheiden, so fügt er dennoch den neun verabschiedeten Leitsätzen eine „Entschließung“ hinzu mit dem Wortlaut:

[1)] Die Reichsschulkonferenz 1920. Ihre Vorgeschichte und Vorbereitung und ihre Verhandlungen, Leipzig 1921, S. 594

„Der Ausschuß verleiht der bestimmten Erwartung Ausdruck, daß die Freiheit, neue Wege zu suchen, nicht nur der Schule, sondern auch dem Kindergarten gewährleistet wird".[1]

Mit dieser Frage aber steht in unmittelbarem Zusammenhang die nach der Auswahl von Bildungsstoffen und -inhalten, mit der sich das nachfolgende Kapitel beschäftigen soll unter besonderer Berücksichtigung von Spiel, Musik, Bewegung, Tanz.

1.5 Spiel, Musik, Bewegung, Tanz in Konzeptionen frühkindlicher Bildung und Erziehung

Schon früh wurde übereinstimmend von allen Vertretern frühkindlicher Erziehung (Pädagogen wie: S. Hasenmüller; Joh. A. Comenius, J. Locke; Joh. H. Pestalozzi; Fr. Fröbel u.a.) das Spiel als das eigentliche oder wichtigste Erziehungsmittel frühkindlicher Bildung erkannt, auch verbunden mit dem Hinweis auf seine Bedeutung für die Gemeinschaftserziehung, wie ebenso in Zusammenhang mit selbst entdecktem und selbst gefertigtem Spielzeug.

Johann Amos Comenius (1592-1670) als der „erste Didaktiker des Elemetarbereichs",[2] gibt bereits 1933 (in Lissa) einen ersten umfassenden Erziehungs- und Bildungsplan für das Kleinkind der ersten sechs Lebensjahre – „Informatorium der Mutterschul" – in deutscher Sprache heraus (1629 und 1632 in tschechischer Sprache verfaßt), der auch Eingang in seine große Unterrichtslehre, die *„Didactica Magna"* fand (1628 / 1632 in böhmischer Sprache verfaßt, später in lat. Sprache bearbeitet und 1657 veröffentlicht).

Neben dieser Schrift hat Joh. A. Comenius dem frühen Lebensalter das Bilderbuch „Orbis sensualium pictus" (1657) zugedacht. Von diesem sagt Joh. A. Comenius:

„Denn weil hier vorzugsweise die Sinne zu üben sind, um Eindrücke von den vorkommenden Dingen hervorzurufen, das Gesicht aber unter den Sinnen am meisten hervorragt, so würde ich dies erreichen, wenn ich dem Buche alle Anfangsgründe in der Physik, Optik, Astronomie, Geometrie einfügte, oder wenn dies in der Ordnung des Wissenswerten geschähe, welche ich soeben vorgezeichnet habe. Denn hier können abgemalt sein Berge, Thäler, Bäume, Vögel, Fische, Pferde, Ochsen, Schafe, Menschen von verschiedenem Alter und mannigfaltiger Gestalt; desgleichen Licht und Finsternis, der Himmel mit Sonne, Mond, Sternen und Wolken, die Hauptfarben; ferner Hausgeräthe und Werkzeuge der Handwerker, Töpfe, Schüsseln, Krüge, Hämmer, Zangen u.a.; nicht minder Bilder von Aemtern und Würden, der König mit Zepter und Krone, der Soldat mit den Waffen, der Bauer mit dem Pfluge, der Fuhrmann mit dem Wagen, der Postwagen im vollen Laufe, und darüber allemal geschrieben, was jedes bedeuten soll: Pferd, Ochse, Hund, Baum u.a."[3]

---

1) Die Reichsschulkonferenz 1920. Ihre Vorgeschichte und Vorbereitung und ihre Verhandlungen, Leipzig 1921, S. 595

2) Kessels, J., a.a.O., S. 193

3) Comenius, Joh. A.: Große Unterrichtslehre (aus dem Lat. übersetzt und mit Einleitungen und Anmerkungen versehen von J. Beeger/F. Boubek), Berlin 1871, S. 244

In der umfassend konzipierten „Idee der Mutterschule“, in der Metaphysik, Physik, Optik, Astronomie, Geographie, Chronologie, Geschichte, Arithmetik, Geometrie, Grammatik, Politik, Sittenlehre (Ethik) ihren Platz erhalten, erwähnte Joh. A. Comenius neben Hinweisen auf die Bedeutung frühkindlichen Spiels in Zusammenhang mit einem „Vorgeschmack von der Dichtkunst“[1] das Erlernen von Versen und Reimen. Auch spricht er von einem „Anfang in der Poesie“, den er gegeben sieht, „wenn die Kinder in dem allerfrühesten Alter schon einige Verschen lernen, vorzugsweise moralischen Inhalts, mögen diese nun – je nachdem es der Hausgebrauch jeder Sprache mit sich bringt – rhythmische oder metrische sein“.[2]

In Zusammenhang mit der „Musica“, die ihm die „Natürlichste“[3] ist, zeigt er einen musikalischen Entwicklungsgang von der Geburt bis zum sechsten Lebensjahr auf.

Mit der *Geburt* verbindet er das Singen des Paradiesliedleins (gemeint ist hier wohl ein Trauerlied nach dem verlorenen Paradies. J. Heubach fügt in seinen Anmerkungen hinzu, daß sich Joh. A. Comenius auf ein damals bekanntes Lied vom Sündenfall bezieht).

Im *zweiten* Lebensjahr wird das Kind fähig, „das Singen, Geigen, Tschirren, Läuten, Zeigerschlagen und andere instrumenta musicalia“[4] wahrzunehmen und zu erkennen, insofern sind dem Kind solche mitzuteilen, damit sich seine Ohren und sein Gemüt an Melodien, Geräusche und Klänge gewöhnen.

Auch im *dritten* Lebensjahr überwiegt noch das Zuhören, insofern schlägt Joh. A. Comenius vor, vor oder nach den Mahlzeiten oder zum, Gebet zu singen und das Kind aufzufordern, mitzusingen, den Gesang auf einem Instrument zu begleiten und das Kind mit in die Kirche zu nehmen, um ihm die Möglichkeit zu geben, die ganze singende Gemeinde in sich aufzunehmen.

Im *vierten* Lebensjahr gelangt eine große Zahl von Kindern zu mehr Sicherheit, selbst aktiv zu singen, während eine solche Aufforderung bei Kindern, die langsamer begreifen, aufgeschoben werden kann. Zudem „kann auch den Kindern (sonderlich Knaben) zugegeben werden eine Pfeife, Pauke, Geiglein etc., daß sie lernen pfeifen, klimpern und also ihr Gehör zu allerlei Melodien angeführet werde“.[5]

Im *fünften* Lebensjahr wird das Kind fähig, geistliche Lieder und Gesänge zum Lobe Gottes aufzunehmen und zu lernen.

Im *sechsten* Lebensjahr kann es z.B. um die Weihnachtszeit Verse lernen wie: „Ein Kindelein so löbelich ist uns geboren heute“; „Du edles Kindlein Jesu Christ“ u.a.[6]

Joh. A. Comenius schließt mit dem Hinweis, daß Eltern und Ammen am Abend nach verrichteter Arbeit, aber auch nach den Mahlzeiten mit den Kindern singen

---

1) 2) Comenius, Jah. A.: Große Unterrichtslehre, a.ä.O., S.240

3) 4) 5) 6) Comenius, Jaoh. A.: Informatorium der Mutterschul, hg. von J.Heubach, Heidelberg 1962, S. 45; S. 46 S. 47

können, um ihr Gedächtnis aufnahmefähiger zu machen, insbesondere für Reime und Melodien.[1] Daraus wird zugleich deutlich, wie sehr es Joh. A. Comenius ein Anliegen war, die Eltern schon in der familialen Erziehung zur Aufmerksamkeit anzuregen und auf das geistige Erwachen des Kindes zu richten. J. Kessels charakterisiert ihn als den „ersten Theoretiker einer ganzheitlichen Erziehung und einer zugleich situationsbezogenen Bildung für das Kleinkind im familiären und außerfamiliären Bereich. Er ist der erste Didaktiker des Elementarbereichs, der die praktischen Handreichungen seiner Vorgänger für den Haus- und Gemeindegebrauch auf die Ebene einer wissenschaftlich fundierten Erziehungslehre hebt. Von ihm führen Wege zu Basedow und Pestalozzi, zu Fröbel und Montessori.[2]

Joh. Bernhard Basedow (1724-1790), der „unstete, ruhmredige, experimentierfreudige Agitator",[3] dem Kreise der sogenannten Philanthropen („Menschenfreunde") zugehörend, neben Ch. G. Salzmann, J.H. Campe, E. Ch. Trapp, Fr. E. Rochow u.a., wurde es in dem von ihm begründeten „Philanthropin" (Internatsschule) zu einem besonderen Anliegen, die Bildung des Intellekts, Naturnähe, Einfachheit aller Lebensverhältnisse, körperliche Ertüchtigung, Abhärtung und Landleben in einen größeren Zusammenhang zu bringen. Lernen sollte umgewandelt werden in Spiel, aus einer Lebensnähe und Kindgemäßheit ermöglicht werden. Eine Position, die durch J.J. Rousseau, im besonderen in Deutschland, angeregt und in der je eigenen Konzeption weitergeführt und ergänzt wurde.

Wollte man an dieser Stelle der Fragestellung einer Musikerziehung „vom Kinde aus" nachgehen, so läßt sich herausheben, daß für alle Pädagogen eine Wachheit und Aufgeschlossenheit der Sinne zur Voraussetzung wird für ein Wahrnehmen, Empfangen, Aufnehmen, Hineinnehmen von musikalischen Schwingungen im Umgang mit Klängen, Tönen, Harmonien, Stimme und Instrumenten; die Frage nach dem Beginn einer musikalischen Unterweisung oder Anleitung gestellt wird und damit in Zusammenhang die Rolle der Eltern, im besonderen der Mutter als der ersten Musikerzieherin des Kindes, erneut in den Blick genommen wird.

J.J. Rousseau (1712-1778) bindet seine Vorstellungen und Gedanken von Erziehung in seinen Erziehungsroman „Emil oder Über die Erziehung" (1762) ein. Auch in seiner Auffassung von Musikerziehung geht sein Denken von einer natürlichen Erziehung aus. Insofern stellt er einer geleiteten musikalischen Erziehung eine Differenzierung der hörenden Wahrnehmung voran, indem er empfiehlt, Entfernungen von Geräuschen und Tönen abzuschätzen, das Ohr am Boden der Erde von fern herannahendes Pferdegetrappel voraushören zu lassen u.a. Erst viel später fordert er eine Sensibilisierung des Ohres für Takt und Harmonie, das eigene Erfinden von Kinderliedern, und mit der Einführung in die Notenschrift, die No-

---

1) Comenius, Joh, A.: Informatorium der Mutterschul, a.a.O., S. 49

2) Kessels, J., a.a.O., S. 193

3) Reble, A., a.a.O., S. 161

ten verstanden als „konventionelle Zeichen“,[1] die nur belasten, hat es für ihn keine Eile. Allerdings rät er zu kleinen Kompositions- und Erfindungsübungen, um die Musik mehr verstehen zu können.

„Es (genügt) nicht, die Musik zu kennen, um sie wiedergeben zu können, man muß selber komponieren, und das eine muß mit dem anderen gelernt werden sonst wird man sie niemals gut können. Laßt also euren kleinen Musiker regelmäßige, gutkadenzierte Motive erfinden; verbindet sie dann durch eine ganz einfache Modulation, wie man eben die verschiedenen Beziehungen durch eine korrekte Zeichensetzung markiert. Dies erreicht man durch eine gute Wahl der Kadenzen und der Pausen. Vor allem keine bizarren Gesänge, niemals Pathos und leidenschaftlichen Ausdruck. Eine immer singende und einfache Melodie, immer auf dem Grundton aufgebaut, immer auf den Baß bezogen, daß er ihn fühlt und mühelos begleiten kann; denn er darf, um seine Stimme und sein Ohr zu schulen, niemals ohne Cembalobegleitung singen“.[2]

Erkennt man in der Verwendung des Cembalos / Klaviers nicht nur eine Stütze für Stimme und Gehör, sondern ebenso eine Unterstützung des Singens aus der Tonalität, so ist dies ebenso bemerkenswert wie seine Anleitung zu Erfindungen und zur praktischen Formen- und Melodielehre, für die er sich an der relativ verstandenen französischen Methode des Solmisierens orientiert. Beachtenswert ist der Beschluß über den skizzierten Weg einer musikalischen Erziehung: „Aber das ist schon zuviel über die Musik! Lehrt sie, wie ihr wollt, nur muß sie immer ein Vergnügen bleiben“.[3]

Auch *Joh. Heinrich Pestalozzi* (1746-1827), der ab 1800 in Burgdorf, ab 1804 in Iferten in der Schweiz seine „Idee der Elementarbildung“ in eigenen Erziehungsinstitutionen praktizieren und erproben konnte, wollte den Menschen als Ganzheit seines Geistes, seines Herzens, seiner physischen Kraft verstanden wissen, wobei die Natur „mit jedem Schritte, den sie tut, Geist, Herz und Hand des Menschen in Harmonie bringt“.[4]

Damit sind zugleich die drei von Joh. H. Pestalozzi unterschiedenen Seiten der Menschenbildung aufgezeigt: Die Ausbildung des „Kopfes“ (intellektuelle Bildung); die Ausbildung des „Herzens (sittliche Bildung); die Ausbildung der „Hand“ (Körperkultur, Handfertigkeit u.a.). Joh. H. Pestalozzis Absicht war es, eine allgemeine Methode in einem Zusammenhang von angewandter Psychologie und praktischer Pädagogik zu entwickeln, unter besonderer Berücksichtigung der beiden Prinzipien der Anschauung und der Selbsttätigkeit. *Anschauung* von ihm definiert als „das einzige Fundament der menschlichen Erkenntnis“,[5] sieht er auf fünferleiweise zustandekommen:

---

1) 2) 3) Rousseau, J.J.: Emil oder Über die Erziehung, dt. Übersetzung, besorgt v. L. Schmidts, Paderborn 1971, S. 139; S. 140

4) Pestalozzi, Joh. H.: Über den Sinn des Gehörs. In: Pestalozzi. Ausgewählte Schriften, hg. von W. Flitner, Düsseldorf/München 1954, S. 122

5) Pestalozzi, Joh. H.: Wie Gertrud ihre Kinder lehrt und ausgewählte Schriften zur Methode, besorgt von F. Pfeffer, Paderborn 1978, S. 133-134

1. „Durch den Eindruck alles dessen, was der Zufall mit unsern fünf Sinnen in Berührung bringt. Diese Anschauungsweise ist regellos, verwirrt und hat einen beschränkten und sehr langsamen Gang".[1]
2. Durch zusammenhängendere und geordnetere Reihen, wie sie von den Eltern und Erziehern als Angebot an die Sinne herangetragen werden. „Diese Anschauungsweise ist natürlich nach dem Grad der Einsicht und Tätigkeit meiner Eltern und Lehrer umfassender, zusammenhängender und mehr oder minder psychologisch gereiht".[2]
3. „Durch meinen Willen, Einsichten zu erhalten und durch selbsttätiges Streben nach den vielseitigen Mitteln (führt zu innerem Selbstwert)".[3]
4. Durch die Tätigkeit an sich im Leben und durch die Arbeit im Beruf. Auf dieser Stufe kann der Mensch zu einer „Deutlichkeit der Begriffe" gelangen und günstigenfalls zu einer „Harmonie seiner Einsichten".[4]
5. Durch eigene Denktätigkeit in Form von Analogieschlüssen. Hier wirken alle früheren Eindrücke weiter, aber die neuen Schlüsse vollziehen sich jen seits der äußeren Einwirkung in der Seele des Menschen. Hier schließt Pestalozzi mit den Worten: „Und ich lebe dadurch in so viel Arten von Anschauungen, als ich Seelenkräfte habe.[5]

Ergänzt man diese Arten der Anschauung durch die von ihm benannten drei Elementarkräfte: 1. Die Schallkraft, aus der sich die Sprachfähigkeit entwickelt; 2. die unbestimmte sinnliche Vorstellungskraft, aus der das Bewußtsein aller Formen entsteht; 3. die bestimmte Vorstellungskraft, aus der das Bewußtsein der Einheit und mit ihr die Fähigkeit zum Umgang mit Zahl und Zahlenverhältnissen resultiert, so wird daraus ersichtlich, wie hoch Pestalozzi eine wache und differenzierte Sinnestätigkeit für die gesamte Bildung und Erziehung des Menschen einschätzt, eine Basis, die für eine musikalische Erziehung geradezu zur Bedingung wird.

Joh. H. Pestalozzi selbst überläßt einen Transfer der von ihm entwickelten pädagogischen Leitgedanken in den Bereich der Musik und Musikerziehung als komplexe Fragestellung, den Fachpädagogen der Zeit. Z.B. erwähnt er in seinem großen Erziehungswerk: „Wie Gertrud ihre Kinder lehrt" (1801) innerhalb des Kapitels: „Tonlehre", in dem er die Mittel zur Entwicklung der Sprachorgane und den Aufbau von Sprache recht ausführlich darstellt, lediglich, daß sich die „Gesanglehre" nach den allgemeinen Grundsätzen von dem Einfachsten zum Schwereren zu vollziehen habe. Daneben sind vereinzelt Hinweise in seinen Aufsätzen und Schriften zu finden, die eine Einschätzung einer musikalischen Erziehung deutlich erkennen lassen, zumindest in Zusammenhang stehend mit der Mutter als der zentralen Erziehungsperson („Wohnstube"), als Vorbild aller Erziehung. So ist in einem Aufsatz: „Über den Sinn des Gehörs in Hinsicht auf Menschenbildung durch Ton und Sprache" zu lesen:

[1][2][3][4][5] Pestalozzi, Joh. H.: Wie Gertrud ihre Kinder lehrt, a.a.O. S. 133-134

„Trage Sachen, die tönen, zu deinem Kinde oder es zu demselben hinzu, mache dein Glöckchen vor dem Kinde klingeln, klopfen rede, singe – kurz, töne ihm, damit es dich liebe; ... gefalle ihm auch durch deine Stimme, wie ihm niemand gefällt und glaube nicht, daß du um deswillen irgend eine Kunst notwendig habest; glaube nicht, daß du um deswillen auch nur singen können müßtest. ... Singe ihm, wenn du kannst, und erhebe es zum Gefühl jeder Harmonie und jeder Schönheit, aber wisse, daß du ihm in allen Stücken mehr sein sollst als deine Kunst. ... Das Fundament seiner Harmonie mit allem, was ist, ruht auf seiner Harmonie mit dir selbst".[1]

An anderer Stelle verweist Joh. H. Pestalozzi auf den Gesang der Mutter beim Einschlafen des Kindes[2] und benennt den Gesang und das Schönheitsgefühl als allgemeine, übergeordnete „Einlenkungsmittel"[3] aller Kunst, die den speziellen Mitteln vorangehen oder als gleichgewichtiges Mittel betrachtet werden sollten.

Erst *Hans Georg Nägeli* (1773-1836), einer der großen Musikpädagogen der Schweiz, der in diesem Land eine erste Reform der gesamten Volksmusik-Erziehung einleitete und durchführte, konnte zu dem Werk Pestalozzis eine ganz persönliche Beziehung herstellen.
Ihm wurde es zu einem Anliegen, tiefer in die pädagogischen Gedanken Pestalozzis einzudringen, und 1810 in Zusammenarbeit mit *Michael Traugott Pfeiffer* eine „Gesangbildungslehre nach Pestalozzischen Grundsätzen, pädagogisch begründet von M.T. Pfeiffer, methodisch bearbeitet von H.G. Nägeli", herauszugeben. In ihr folgen die beiden Autoren dem Grundsatz, „die Elementarlehre der Musik nach der Anschauung der Natur und gemäß den Anlagen der Kinder in einer brauchbaren Stufenfolge aufzubauen".[4]
Der Inhalt des umfassenden Werkes verfolgt einen Aufbau von: Allgemeinen Regeln für den Lehrer, über Allgemeine Tonlehre mit: Elementarlehre der Rhythmik, Melodik, Dynamik; Verbindung der Tonelemente, der Notierungskunst, über umfassende methodische Anleitungen zur Einführung und Verbindung der Elemente bis zu allgemeinen und besonderen Reflexionen.

Ein besonderes Verdienst kommt darin H.G. Nägeli zu, der erkannte, daß es in der Musik eine elementare „Vorbildung" geben müsse, die sich allein mit den reinen Elementen beschäftigt. Seine pädagogische Entdeckung besteht darin, die Gymnastik (wohl angeregt durch Pestalozzis Schrift: „Einleitung auf den Versuch einer Elementargymnastik" / 1807) als elementare Musikerziehung zu verwenden; die Vorbildung sollte als rhythmische Erziehung geschehen. „Gymnastik ist bei Nägeli kein Fach-Musikunterricht, sondern Elementarvorbildung mit Hilfe der Musik. Für den Musikunterricht im besonderen ist der Anfang die Rhythmik".[5]

In H.G. Nägelis Konzeption erhalten die Rhythmik und die Gehörbildung ein besonderes Gewicht, auch läßt er ihnen eine besondere Pflege zukommen. Da-

[1)] Pestalozzi, Joh. H.: Über den Sinn des Gehörs, a.a.O., S. 125/126
[2) 3)] Pestalozzi, Joh. H.: Wie Gertrud ihre Kinder lehrt, a.a.O., S. 35
[4) 5)] Preußner, E.: Allgemeine Musikerziehung, Heidelberg 1959, S. 61; S. 63

rüber hinaus verweist er auf die „gymnastische Seite“ und fordert: „Eben so wohl sehen wir ein, daß es auf der jetzigen Stufe der Erziehungswissenschaft eine der Hauptaufgaben ist, die verschiedenen Bildungs- und Lebenskünste, die ihre gymnastische Seite haben, in Wechselwirkung und Zusammenhang zu bringen“,[1] jedoch nicht, bevor eine umfassende Schulung (Elementarkurs) in den einzelnen Bereichen vorausgegangen ist.

In der Konzeption *Friedrich Fröbels* (1782-1852) erhalten die Sammlung: „Mutter- und Koselieder zu Körper-, Glieder- und Sinnenspielen zur frühen und einigen Pflege des Kindheitslebens“ (Leipzig 1844), und die der Bewegungsspiele / Darstellungsspiele für die hier gestellte Frage Relevanz.
Fr. Fröbel zeichnet die Sammlung der Mütter- und Koselieder (mit Melodien des Komponisten Robert Kohl), mit Bildern (besorgt von Friedrich Unger) und umständlichen Erklärungen in Prosa und eigenen Reimen versehen, aus rein pädagogischem Interesse auf. Dem Untertitel folgend, gliedert sich die Sammlung in Mutter- und Koselieder mit den Themen: Empfindungen der Mutter beim Anschauen ihres erstgeborenen Kindes; Die Mutter im Gefühl ihrer Lebenseinigung mit dem Kinde u.a.; Spiellieder (Lieder zu Körper-, Glieder- und Sinnesspielen) wie: Bautz! da fällt mein Kindchen nieder (Körperspiel zur Kräftigung des ganzen Körpers); Das Thurmhähnchen (Ein Handgelenk- und Ellenbogenbewegungen übendes Spiel); Schmeckliedchen; Taubenhaus (Ein Arme, Hände und Finger übendes Spiel) u.a.

Damit erinnert Fr. Fröbel die Mutter an die Ganzheit des jungen Kindes von Leben, Seele, Geist, an die Mannigfaltigkeit der Äußerung kindlichen Lebens: „Ganzheit seines Körpers, seiner Glieder und Sinne, seines Beachtens und Aufmerkens, seines Treibens und Ringens“.[2] Er erkennt in diesen frühen Kinderspielen den „Ausgangspunkt für eine naturgemäße Erziehung, denn es (das Buch) zeigt den Weg, wie die Kernpunkte der menschlichen Anlagen gepflegt und unterstützt werden müssen, wenn sie sich gesund und vollständig entwickeln sollen“.[3] Mit dieser Sammlung wendet sich Fr. Fröbel – einem Hinweis Joh. H. Pestalozzis folgend – an die Mutter, in der er den Anfang aller Erziehung sieht. „Die Mütter sollen erkennen, wie in ihren absichtslosen Spielen, die ihnen die Kinderstuben- und Ammenweisheit traditionell übergibt, die Grundzüge der menschlichen Bildung angelegt sind“.[4] So liegt der Sinn dieses Werkes darin, das bewußte Erziehen an die Quelle des Unbewußten zurückzuführen. Denn trotz hoch entwickelter Technik und Wissenschaft appeliert Fr. Fröbel an die Sensibilität der Mutter, die Empfindungen, Gefühle und Bedürfnisse ihres Kindes wahrzunehmen und in ihren Spielen zu berücksichtigen.

---

1) Nägeli, H. G./Pfeiffer, M. T.: Gesangbildungslehre nach Pestalozzischen Grundsätzen, Leipzig 1810, S. 234

2) 3) Fröbel, Fr.: Mutter- und Koselieder, hg. von Joh. Prüfer, Leipzig 1927, S. 60; S. 1

4) Hoffmann, E.: Vorschulerziehung in Deutschland, Witten 1971, S. 34

Ihre Erziehungsaufgabe besteht darin, nicht nur das äußere, leibliche Leben des Kindes zu pflegen, sondern ebenso sein inneres, sein Gefühls-, Empfindungs- und Seelenleben. „Nicht nur seine Kraft soll es durch die Deine gewahren, sondern auch Deine Liebe, die Gesinnungen, mit welchen Du alles dieß thust, gleichsam fühlen; so kommt zum Thun und Worte der melodische Ton“.[1]

Weist zwar dieses Werk erhebliche Schwierigkeiten auf in der Entschlüsselung und Verstehbarkeit der Sprache, so sollte es dennoch als wertvolle Quellensammlung früher Kinderspiele nicht in Vergessenheit geraten, „ruht doch über dem ganzen Werk ein einheitlicher hehrer Geist, ein feiner poetischer Zauber wie auf keinem anderen Buch. Kunst und Leben, Religion und Philosophie, Gegenwart und Vergangenheit klingen hier zusammen zu einem einzigartigen großen und wunderbaren Akkord“.[2]

Fr. Fröbels Bewegungsspielen / Darstellungsspielen liegt die Erkenntnis zugrunde, daß „das Kind sein Leben im Aeußerlichen erschauen, erfassen (muß), um es im Innern erkennen und erfassen zu können“.[3] Das Kind bedarf also eines besonderen Mittels oder Stoffes, um an ihm seine innere Tätigkeit äußerlich darstellen zu können. Durch diese Darstellung kann es zur Auffassung und Anschauung seiner Tätigkeit gelangen, deren Wesen, Richtung und Zweck erfassen, um sein Leben, seine Tätigkeit weiter zu ordnen und zu bestimmen. Aus dieser Erkenntnis schuf Fr. Fröbel die Spielgaben wie ebenso die Bewegungsspiele. Das wird ganz deutlich, wenn er jeder Gruppe der Bewegungsspiele eine entsprechende Bewegungsform des Balles (des rollenden, schwingenden oder pendelnden Balles) voranstellt, bzw. daraus die Grundbewegung des Bewegungsspieles herleitet. So stellt er der ersten Gruppe der „Wanderspiele“ folgende Bewegungsbeschreibung voran:

„Wie das Bällchen sich leise regt, bewegt, geht, läuft, rollt, so sehen wir auch bald das mit ihm spielende Kind sich regen, bewegen; es drückt sich in ihm der Wunsch aus, auch zu gehen, zu laufen. So entsteht und so wurde in dem Kreise der Kinder und durch diese selbst geboren das Wanderspiel, ‘Das Kindchen möcht auch wandern’„[4]

Die Wanderspiele: Spiele, die der Ausbildung und Übung der selbständigen Bewegungs- und Gehkraft dienen. „Es sind Entdeckungsreisen, es sind Spiele der Anschauungs- und Erscheinungsbereicherung“.[5]

Beispiele: – Das Kindchen möcht auch wandern (Kreisspiel, bei dem ein Bällchen von Kind zu Kind weitergegeben wird, als Anstoß das Kind selbst zur Bewegung anzuregen); – Das gemeinsame Wandern oder Wandern Aller; Besuchspiel oder Besuchengehen; – Das schlängelnde Bächlein.

---

[1] [2] Fröbel, Fr.: Mutter- und Koselieder, a.a.O., S. 62; S. 1

[3] [4] [5] Lange, W. (Hg.): Friedrich Fröbels gesammelte Schriften. Reihe: Die Pädagogik des Kindergartens. Gedanken Friedrich Fröbels über das Spiel und die Spielgegenstände des Kindes, Osnabrück, 1966, S. 183; S. 185 S.188

Räumliche Varianten: – Kreis, Viereck, Geviert (Kinder stehen in vier gleichzähligen geraden Linien); – Reihe hintereinander, nebeneinander; – Diagonale; – Schlangenlinie;

Rhythmisch-Melodische Varianten: – Liedform; Reim;

Varianten in der Spielhandlung: – ein Kind wandert, bestimmt das nächste Kind usw.; – Begrüßen; – Besuchen; – ein Kind, viele Kinder, alle Kinder;

Fr. Fröbel will mit diesen Spielen Eltern, Kinderpfleger, Erzieher und Spielleiter darauf aufmerksam machen, wie dieses Wanderspiel z.B. „in dem Fortgang der Entwicklung der Geisteskraft des Kindes gleichlaufend mit derselben auch eine fortsteigende innere Entwicklung zuläßt".[1]

Darstellungsspiele: – „Zweck und Geist dieser Spiele (ist es), zur Beachtung der Natur und des umgebenden Lebens einzuführen".[2]

Beispiele: – Das Schnecklein (Spiel zum Erfahren der „Spirallinie" mit den typischen Bewegungsformen des Ein- und Ausrollens; es bildet oftmals den „Beschluß einer Spielzeit"[3] – Das Mühlenspiel; – Das Kreis-, Stern-, Blumen- und Knospenspiel (Verknüpfung der Darstellungsformen von Kreis, Stern Blume, Knospe zu entsprechenden Reimen);

Laufspiele: Sie berücksichtigen die zunehmende Bewegungsgewandtheit des Kindes wie Tempo, Schnelligkeit, Sicherheit.

Beispiel: Der Wettlauf;

Die reinen Gehspiele: Hier erscheint Fr. Fröbel die Bezeichnung „Gehspiele" geeigneter als Marschierspiele.[4]

Beispiele: – „das einfache Gehspiel (einfache und doppelte Reihe); –- Kreisende Gehspiele.

War bei den bis hierher beschriebenen Spielen der sich frei bewegende Ball dem Kinde gleichsam Aufforderung und Vorbild, so gehen die folgenden Spiele von der schwingenden Bewegung des Bällchens an der Schnur aus. Fr. Fröbel unterscheidet hier: – *Schwingende Bewegungsspiele; – Kreisende und Drehende Bewegungsspiele.* Sie sollen zu einer Bewegungserfahrung der Grundbewegungen des Drehens, Wendens, Wiegens, Schwebens führen.

O. Fr. Bollnow weist in einem Festvortrag anläßlich des Fröbel-Gedenkjahres (1952) unter dem Thema „Die Rückkehr zum Ursprung als Grundgedanke der Fröbelschen Pädagogik" auf die Bedeutung der Kreisspiele bei Friedrich Fröbel hin und formuliert: „Denn der Kreis, das einfachste und tiefsinnigste aller Symbole, mußte ihm als das geeignete Mittel erscheinen, das Getragen-Sein des ein-

---

1) 2) 3) Lange, W. (Hg.): Fr. Fröbels ges. Schriften, a.a.O., S. 190; S.198; S. 197

4) Bollnow, O. Fr.: Die Rückkehr zum Ursprung als Grundgedanke der Fröbelschen Pädagogik. In: Festschrift zum Fröbel-Gedenkjahr 1952, Blätter des Pestalozzi-Fröbel-Verbandes, 3. Jg., Nr. 3/4, 1952, S. 9

zelnen Glieds vom größeren Ganzen und darüber hinaus zugleich in zeitliche Bedeutung die ewig wiederkehrende, in sich geschlossene Kette allen Seins erfahren zu lassen: Alles ist in ständiger Bewegung, aber alles kehrt nach der großen ewigen Ordnung wieder".[1]

Damit hebt O. Fr. Bollnow noch einmal den Begriff der „Lebenseinigung" heraus den er definiert als „die Herstellung des Einklangs, von der Familie bis zu den höchsten Formen der Gemeinschaft (Lebenseinigung) heißt Überwindung aller Spannungen und zerstörenden Feindschaften im größeren Ganzen einer sinnvoll gestalteten Kultur".[2]

Zum,andern wird hier die Bedeutung der „Spielfeste" offenkundig, mit denen Fr. Fröbel das ganze Leben der Kinder zu großen Höhepunkten zusammenfassen und in einfachen Symbolen zum Erlebnis bringen wollte.

Beispielhaft sei hier das von dem Pestalozzi-Fröbel-Haus in Berlin initiierte Fest anläßlich des fünfundsiebzigsten Todestages in Eisenach (1927) erwähnt. Zu seiner Gestaltung wurde E. Feudel-Thurau – eine der großen Wegbereiterinnen der Rhythmisch-musikalischen Erziehung in der Nachfolge von E. Jaques-Dalcroze zur Mitarbeit berufen. Wörtlich heißt es dazu in einem unveröffentlichten Manuskript des P.F.H. (Berlin): „Dazu kam die Zusammenarbeit mit der neu gewonnenen Rhythmiklehrerin Elfriede Feudel, die sich mit großem Ernst in Fröbels Philosophie und Spieltheorie vertiefte, um die alten Spiele in ihrem Sinn mit den Schweinauer Kindern und damit ein Stück Geschichte in die gewandelte Gegenwart hineinstellen zu können".[3]

In Maria Montessoris (1870-1952) pädagogischer Konzeption erhalten die sehr sorgfältig durchdachte und umfassend angelegte Wahrnehmungserziehung und die „Erziehung der Bewegungen" einen zentralen Stellenwert. Der auditiven Wahrnehmung, auch verstanden als „Übungen zur Unterscheidung von Geräuschen", ordnet sie die Materialien zu: – Die menschliche Stimme (Sprache des Erziehenden in vielfältigen Modulationen in Tonhöhe, Dynamik, Sprachmelodie, Ausdruck); – Geräuschdosen (rot / blau, zwei Sätze mit je sechs abgestuften Geräuschen von leise nach laut); – Satz mit Klangstäben (chromatisch abgestuft mit dreizehn Halbtönen); – Glockensatz (mit 26 Glocken, 2 Schlegeln, 1 Dämpfer /auf einem Tisch stehend; 1913: Holzrahmen mit 13 aufgehängten Glocken (Doppelreihig, mit einem Hammer angeschlagen, um den angeschlagenen Ton der ersten Reihe, in der zweiten Reihe suchen zu können);[4] – Erweiterung des instrumentalen Repertoires durch: Metallröhren, kleine Holzstäbe, Saiteninstrumente (Harfen) Pizzolis Satz kleiner Pfeifen; eine Reihe von Stimmgabeln zum Unterscheiden der Töne;[5] Tambourin und Trommel;[6] Schachteln/Dosen mit unterschiedlichen Ma-

---

1) 2) Bollnow, O. Fr., a.a.O., S. 9; S. 11

3) zit. aus einem unveröffentlichten Manuskript des Pestalozzi-Fröbel-Hauses Berlin

4) 5) 6) Montessori, M.: Selbsttätige Erziehung im frühen Kindesalter, Stuttgart 1913, S. 192; S. 193; S. 191

terialien gefüllt (doppelt vorhanden, deren Inhalt durch Schütteln hörend erkannt und zugeordnet werden soll;[1] – Klavier, zum Begleiten von rhythmischen Märschen; gesungenen Liedern; zur Bewegungsimprovisation.[2]

Als Voraussetzung, um überhaupt zu einer differenzierten Wahrnehmung und einer Unterscheidung von Geräuschen, Klängen, Tönen zu gelangen, benennt M. Montessori die Stille, als Ziel der Erziehung des Gehörsinnes: „Mehr hören zu können".[3] „Die Sinnesübung bildet die notwendige Grundlage für die musikalische Erziehung. Das Kind, das eine solche Übung gemacht hat, ist bestens für das Verständnis der Musik, und deshalb für schnelle Fortschritte vorbereitet".[4]

M. Montessoris „Erziehung der Bewegungen"[5] resultiert aus einer Auffassung von Bewegung, die sie, in den folgenden Worten beschreibt: „Die Bewegung ist nicht nur der Ausdruck des Ichs, sondern ein unerläßlicher Faktor für den Aufbau des Bewußtseins; bildet sie doch das einzige greifbare Mittel zur Herstellung klar bestimmter Beziehungen zwischen Ich und äußerer Realität. Die Bewegung ist somit ein wesentlicher Faktor beim Aufbau der Intelligenz, die zu ihrer Nahrung und Erhaltung der Eindrücke aus der Umwelt bedarf. Sogar die abstrakten Vorstellungen reifen ja aus den Kontakten mit der Wirklichkeit und die Wirklichkeit kann nur durch Bewegung aufgenommen werden.
Abstrakteste Vorstellungen, wie die des Raumes und der Zeit, erwachsen aus der Bewegung, die den Geist mit der Außenwelt verbindet. Aber das geistige Organ vollführt seine Tätigkeit in zweifachem Sinne, als innere Wahrnehmung und als äußere Ausführung. Nichts ist komplizierter als der Aufbau der menschlichen Bewegungsorgane".[6]

M. Montessoris Stufenfolge einer „Erziehung der Bewegungen", wie sie sich aus sehr verstreut liegenden Aussagen und Textstellen ihres Schrifttums herausarbeiten läßt, beginnt mit den „Übungen des praktischen Lebens" und endet mit der „Rhythmischen Gymnastik" als der letzten und höchsten Stufe. Dieser Ansatz läßt sich im wesentlichen auf drei Merkmale zurückführen: 1. Auf M. Montessoris Beobachtung eines besonders ausgeprägten „Gedächtnisses für Bewegung"[7] des sehr jungen Kindes; 2. seine äußerst differenzierte Fähigkeit zur Beobachtung; 3. sein Grundbedürfnis nach Ordnung, verstanden als Hilfeleistung, die Vielzahl der Eindrücke und Erlebnisse überschaubar zu machen, zu strukturieren. Darüber hinaus sieht M. Montessori in der Bewegung ein soziales Moment, das sich am ehesten in der Lebensrealität, im Alltag, im Umgang mit den Dingen und den anderen in der Umgebung lebenden Kindern und Erwachsenen üben läßt. Und weiterhin sind es Präzision und Exaktheit in der Ausführung von Bewegungen mit einem

---

1) 2) Montessori, M.: Mein Handbuch, Stuttgart 1922, S. 59; S. 64

3) 4) 6) Montessori, M. :Die Entdeckung des Kindes, Stuttgart 1997, S. 151; S. 153; S. 87

6) Montessori, M.: Kinder sind anders, Stuttgart 1952, S. 136

7) Grundgedanken der Montessori-Pädagogik, a.a.O., S. 30

Einsatz der ganzen Person, die M. Montessori auch in einigen sportlichen Disziplinen anerkennt und als „sittlichen Fortschritt“[1] bezeichnet.

Stufenfolge einer „Erziehung der Bewegungen“

1. Die Übungen des praktischen Lebens

   Sie umfassen Übungen mit dem Ziel des Vertrautwerdens mit Bewegungsabläufen des täglichen Lebens, spezifisch in ihrem rhythmischen Verlauf, verbunden mit einer allgemeinen motorischen Geschicklichkeit und Gewandtheit.

   Übungen: – Bezogen auf die eigene Person
   – Bezogen auf die Umwelt
   – Bezogen auf andere Personen

2. Koordination / Ökonomie

   Hier stellt M. Montessori im besonderen die Koordination von Auge und Hand heraus. Die Hand verstanden als ein ausführendes Werkzeug menschlicher Intelligenz, als das charakteristischste Merkmal des Menschen überhaupt. Zugleich erkennt sie hier eine Verknüpfung mit dem Prinzip der Ökonomie, eines adäquaten Einsatzes von Kraft und Energie, das sie z.B. bei der „Analyse der Bewegungen“ verwirklicht sieht.

   „Die Analyse der Bewegungen besteht darin, zu versuchen, die aufeinanderfolgenden Schritte (innerhalb einer komplexen Handlung) zu erkennen und dann exakt und getrennt auszuführen“.[2] Z.B. beim An- und Auskleiden, im Umgang mit dem Knüpfrahmen u.a.

3. Gleichgewicht

   In Aufbau und Funktion des Gleichgewichtes erkennt M. Montessori ein Schlüsselproblem menschlicher Bewegungen, das sie in zweierlei Hinsicht betrachtet.
   Zum einen erkennt sie im Gleichgewicht eine grundlegende Funktion zur Erlangung menschlicher Haltung und Bewegung (aufrechter Gang), zum andern ein Balancespiel zwischen den beiden Polen innen-außen, letztlich zu verstehen aus dem Streben nach Vervollkommnung, nach vollkommener Organisation im Sinne eines Aufbaus menschlicher Persönlichkeit, so etwas wie ein Lebensgleichgewicht.

   Spielformen zum Erproben des Gleichgewichtes sind in kindlichen Spielen des Balancierens über Mauern, Bürgersteigkanten, Nahtstellen von Straßenpflaster, Baumstämmen u.a. zu beobachten. M. Montessori hat sie in ihre Konzeption aufgenommen durch die Übungen des „Gehens auf der Ellipse“, mit den vielfältigen Möglichkeiten der Variierung: Tragen eines Wasserglases, einer Kerze u.a.

   Hier erhält die Musik die Funktion, die innere Ruhe und Sammlung, die hohe Konzentration solcher Übungen zu erleichtern.

   „Eine Lehrerin spielt Klavier oder bringt Töne einer Geige oder einer kleinen Orgel zu Gehör, und zwar nicht; damit die Kinder nach einem bestimmten musikalischen Rhythmus gehen, sondern um der Bewegung die bei Anstrengungen so nützliche Lebhaftigkeit zu verleihen“[3].

---

1) 2) 3) Montessori, M.: Die Entdeckung des Kindes, a.a.O., S. 108; S.98; S. 102

4. Stille / Konzentration

In der Fähigkeit zu Ruhe, Sammlung der Aufmerksamkeit bis hin zu einer vertieften Konzentration sieht M. Montessori eine Basis zu einer „Aneignung von Bildung".

In ihrem Kinderhaus in Rom, in dem sich eine Situation ergab, in der sie die Aufgabe stellte, sonst kaum wahrgenommene Geräusche der Umgebung innerhalb und außerhalb des Raumes (Ticken der Uhr, Tropfen des Wasserhahns, Zwitschern der Vögel im Garten, Bewegung des Windes u.a.) zu hören, überraschte sie die Vielzahl gehörter Eindrücke so sehr, daß diese Übung der Stille in ihrer Konzeption Voraussetzung bzw, erste Stufe innerhalb der auditiven Wahrnehmung wurde.

5. „Rhythmische Gymnastik"

Alle die bis hierher durchlaufenen Stufen einer Sinnes- und Bewegungserfahrung haben zum Ziel eine Verfeinerung und Vervollkommnung des Individuums, die sich in dem gesamten Erscheinungsbild des jungen Kindes äußert durch „Freude und Gesundheit", durch „Ruhe und Disziplin", die dann auch übertragbar werden in andere Bereiche.

Hier sieht M. Montessori den menschlichen Körper entsprechend vorbereitet, um musikalische Schwingungen differenzierter wahrzunehmen, im Sinne der Rhythmisch-musikalischen Erziehung, Musik nicht nur als Belebung hörend aufzunehmen, sondern ihren Rhythmus in die Körperbewegung zu übertragen.

Wie gut M. Montessori die Rhythmisch-musikalische Erziehung aus dem Ansatz von E. Jaques-Dalcroze kannte, mag ein Zitat aus ihrem Aufsatz: „Der Aufbau der Person durch die Organisation der Bewegungen" (1932), das ich wegen seiner hohen Relevanz hier einfügen möchte, verdeutlichen.

„Nun möchte ich noch über die Rhythmische Gymnastik von Dalcroze sprechen. Es handelt sich um eine Gymnastik, die nach einer einprägsamen Musik ausgeführt wird und auf diese Weise die Bewegungen unter Kontrolle hält; diese Übungen erfordern ein analytisches Erfassen des Rhythmus und eine diesem Rhythmus entsprechende Bewegung und machen so eine starke Polarisation der Aufmerksamkeit notwendig.

Es genügt nicht, sich einfach von den Klangwellen mitreißen zu lassen, sondern es muß eine komplexe innere Aktivität lebendig werden. Die Muskeln müssen sich gehorsam nach jener universalen Stimme der Musik bewegen, und das Kind nimmt dann die Musik nicht mehr nur kontemplativ auf, sondern es unterwirft als intelligente Individualität seine Muskeln einem strengen Gehorsam gegenüber den musikalischen Sinneseindrücken, die es analysiert. Es konzentriert sich also und koordiniert Psyche und motorische Aktivität. Und was ist die Folge? Vielleicht, daß man sich gut bewegen kann? Nein.

Jene, die mit Strenge und Genauigkeit diese klassische rhythmische Gymnastik ausführen, empfinden in sich eine sittliche Umwandlung, eine größere Klarheit des Intellekts und ein neues Leben. Diese Menschen sind schließlich zu der grundlegenden Einheit von Geist und Bewegung gelangt. Diese Einheit ist wirklich fundamental, denn die Bewegung darf weder Sklave des vegetativen Lebens noch unserer vagen Instinkte werden; denn diese stellen keine Synthese unserer Handlungen dar. Die Bewegung muß vielmehr vom Willen des Menschen beherrscht sein, der seine Handlungen frei wählt und lenkt".[1]

[1)] Montessori, M.: Der Aufbau der Person durch die Organisation der Bewegungen. In: Böhm, W. (Hg.) Maria Montessori. Texte und Gegenwartsdiskussion, Bad Heilbrunn 1996 S. 82

E. Jaques-Dalcroze seinerseits beklagt an vielen Stellen in seinen Schriften, eine mangelnde Sensibilität und Differenziertheit der Tätigkeit der Sinne. So z.B. in Zusammenhang mit der schulischen Situation: „Man vernachlässigt in unseren Schulen allzusehr die Erziehung der Sinne; deswegen sind die Menschen bei uns so wenig künstlerisch geartet".[1]

Damit sind Richtungen aufgezeigt, die einen Beitrag zu leisten vermochten, um E. Jaques-Dalcroze einen Weg zu Aufbau und Entwicklung einer Rhythmisch-musikalischen Erziehung vorzubereiten:

– Erkenntnisse von einer anthropologisch-pädagogischen Sichtweise des Menschen, des Kindes, die ihm eigene Entwicklungsgesetze, eine eigene Lebensform mit eigenen Gesetzen, Inhalten, Zielen zuschreibt.

– Erziehungsvorstellungen, die, anknüpfend an die Grundgedanken der Erziehungslehre J. J. Rousseaus, mit einem großen Vertrauen in die Schöpferkraft der Natur, das Kind mit seinen eigenen Entwicklungsgesetzen in den Mittelpunkt der Erziehungssituation stellt.

  Wurde hier zunächst der Aspekt des „Wachsenlassens" zu sehr akzentuiert, so ist doch durch diesen Anstoß erst der Blick für die Eigenart des Kindes und seiner Entwicklungsphasen frei geworden.

  Theodor Litt (1880-1962) hat sich mit seiner Schrift: „Führen oder Wachsenlassen" (Stuttgart 1927) in besonderer Weise um eine Relation dieser Einseitigkeit des Denkansatzes bemüht. Er kommt darin zu dem Schluß, daß Erziehung nicht allein auf das Lebenlassen ausgerichtet sein kann und Bildung nicht allein auf Erlebnis, Freiheit, Individualität, Schöpfertum u.a. zu gründen sei, sondern wer Bildung so auffasse, begehe den Fehler, die objektive Seite hinter die subjektive zurücktreten zu lassen.

  „In verantwortungsbewußtem Führen niemals das Recht vergessen, das dem aus eigenem Grunde wachsenden Leben zusteht – in ehrfürchtig-geduldigem Wachsenlassen niemals die Pflicht vergessen, in der der Sinn erzieherischen Tuns sich gründet – das ist der pädagogischen Weisheit letzter Schluß".[2]

- Die ganzheitliche Sichtweise vom Menschen, die um ein Erfassen des Menschen in seiner gesamten Persönlichkeit bemüht ist, die in der pädagogischen Situation intuitives Erleben und Gestalten mit planvollem Steuern, Irrationales mit Rational-Technischem verwoben sieht und berücksichtigen will.

  Vertreter dieser Richtungen stellen Gespräch, Spiel, Arbeit und Feier als Grundformen der Bildung und Erziehung heraus. In ihren Konzeptionen erhalten die pädagogischen Prinzipien der Selbsttätigkeit und Selbständigkeit als Voraussetzung für ein „entdeckendes Lernen" eine hohe Bedeutung, wird ein Entwickeln von sozialen Umgangsformen mit gegenseitiger Rücksichtnahme, einem wechselseitigen Geben und Nehmen zu entscheidenden Voraussetzungen für ein Entwickeln ethischer Werte.

– Der Zusammenhang von Spiel, Musik, Bewegung, um dem Kind ein Erfahrungsfeld zu öffnen, in das es sich, wie Fr. Fröbel es so treffend ausdrückt, mit der „Ganzheit seines Körpers, seiner Glieder und Sinne, seines Beachtens und Aufmerkens, seines Treibens und Ringens" einbringen kann.

---

1) Jaques-Dalcroze, E.: Rhythmus, Musik und Erziehung, Basel 1921, S. 64

2) Litt, Th. : Führen oder Wachsenlassen, Stuttgart 1967, S. 81/82

Hier wird der Mutter als der ersten Musikerzieherin eine zentrale Rolle zuge schrieben. Ein Gedanke, der sich weit in die Geschichte der Pädagogik zurück verfolgen läßt, der im pädagogischen und musikpädagogischen Denken immer wieder aufgegriffen wurde und wird, und bei H. Jacoby in seiner Konzeption von einer „schöpferischen Musikerziehung" (s. Kap.: 2.5.1, Teil.III), erweitert durch die Position der Eltern; der in späterer Zeit durch den ungarischen Musikerzieher Z. Kodaly eine hohe Prägnanz erfährt in der Forderung: „Musikerziehung beginnt neun Monate vor der Geburt eines Kindes, bzw.: Inzwischen habe ich mich aber insofern korrigiert, als diese Erziehung doch schon neun Monate vor der Geburt der Mutter beginnen solle.Sie kann überhaupt nicht früh genug beginnen! Denn wenn die Mutter dem Kind nichts Musikalisches mitgibt, entstehen schon Schwierigkeiten. Es ist um vieles leichter, wenn die Mutter:die erste Musiklehrerin ist".

Bei E. Jaques-Dalcroze erhält die frühe Erkenntnis von einer Rhythmisch-musikalischen Erziehung, als „Vorbildung", als Fundament zu jeglichem Musikunterricht, in dem Rhythmik und Gehörbildung ein besonderes Gewicht erhalten, eine hohe Relevanz.

Und darüber hinaus ist die Einsicht von einer Ausgewogenheit zwischen wissenschaftlichen und künstlerisch-gestaltenden Fächern im Lehrplan der Schule, als Voraussetzung zur Entwicklung einer schöpferischen, voll entfalteten, harmonisch gebildeten Persönlichkeit von weittragender Bedeutung.

- Damit war einerseits der Rhythmisch-musikalischen Erziehung ein Weg zur Aufnahme in allgemein pädagogische Konzeptionen geebnet, ein Bestreben, das E. Jaques-Dalcroze schon früh (1905 beim Solothurner Kongreß für Musikunterricht; s. Kap.: 4, Teil I) formulierte.
- Zum andern war damit der Kunstpädagogik ein Weg gewiesen, die sich spezifisch der produktiv-schöpferischen Seite im Menschen zuwandte und in der Ganzheit kindlicher Reaktionen und Verhaltensweisen die ganze Fülle gestaltender Kräfte wiederentdeckte, die es nun galt zu befreien, zu fördern und in den tradierten Schulunterricht hineinzutragen und diesen zu verlebendigen.

„Das Kind hat selbst Kunst, und zwar von Beginn an alle Arten, es zeichnet, malt und knetet, es baut, macht seine Puppen, singt und tanzt, lebt in Geschichten und Märchen, an denen seine Phantasie im Wachen und Träumen fortwirkt, mimt und ulkt, und das Spiel ist wie eine Art Gesamtkunstwerk, in dem sich sein ganzes künstlerisches Leben vereinigt".[1]

2. Die Kunsterziehungsbewegung

2.1 Einleitende Gedanken

In der Kunsterziehungsbewegung findet „die Kulturkritik, die seit den siebziger Jahren des neunzehnten Jahrhunderts beginnt und gegenüber einer leer gewordenen Zivilisation, einem alles analysierenden Intellektualismus eine neue Bildung aus den produktiven Kräften des Menschen forderte, ihre stärkste Quelle" [2] Sie ist als die erste Hauptrichtung pädagogischer Reformbestrebungen anzusehen, in der

[1][2] Nohl, H.: Die pädagogische Bewegung in Deutschland und ihre Theorie, Frankfurt/M. 1957, S. 10; S. 30

sich eine neue Bildungsvorstellung mit allgemeinem Anspruch abzeichnete und zu produktiven pädagogischen Konsequenzen führte.
Getragen von einem Aufbruch in der Kunst selbst und den Kräften einer neuen Lebensauffassung, entwickelte sie sich unabhängig von den für die Kunsterziehung verantwortlichen Behörden in Deutschland, erstreckte sich auf alle musischen Bildungsbereiche und im besonderen auf die Bereiche: Kunsterziehung, Sprache und Dichtung, Musik und Gymnastik. „Kunst wurde in dem weiten Sinn verstanden, der später einging in die musische Bildung. Sie schloß damit an Sturm und Drang, Klassik und Romantik an, in denen die Erneuerung der Kunst und die Entwicklung neuer Kunsttheorien sich verbanden mit Idealvorstellungen, wie sie Schiller in seinen Briefen über die ästhetische Erziehung des Menschen darlegte“.[1]

Den eigentlichen Anstoß zu dieser Bewegung gab A.J. Langbehn (1851-1907), Kulturhistoriker, Kulturreformer, Schriftsteller „mit allen Zügen eines Sonderlings“[2] durch sein einziges veröffentlichtes Werk: „Rembrandt als Erzieher. Von einem Deutschen“ (Leipzig 1889; 1891), von dem L. Pallat sagte, „daß dieses wie kein anderes dazu beigetragen hat, eine Bewegung in Gang zu bringen, die sich uns jetzt als die erste Erscheinungsform des neuen pädagogischen Wollens darstellt“.[3]

A.J. Langbehn wendet sich darin mit seiner scharfen Kulturkritik gegen den Rationalismus und die Verwissenschaftlichung der Bildung und sieht einen Ausweg in der Wende zur Kunst unter dem Gesichtspunkt des Volkstümlichen, des Nationalen und plädiert für mehr Subjektivität, Individualität, für eine Förderung der Gesamtkultur durch Kunst, auch in Philosophie und Wissenschaft, denn „das Ziel sind nicht abstrakte Gelehrte und Philosophen – sondern Menschen“.[4]

„Rembrandt als Erzieher“ meint nicht nur das Vorbild Rembrandt als Mensch, Maler, Genie, meint auch den „geistigen Wegführer“[5] für schöpferisches Menschentum und echte Kunst, und meint auch „Erziehung zur Kunst“ und „Erziehung durch Kunst“. „Jede rechte Bildung ist bildend, formend, schöpferisch und also künstlerisch“.[6] In dieser Aussage von hoher pädagogischer Relevanz ist die Grundlage zu sehen für eine Organisation der „Kunsterziehungstage“, die dem Versuch dienen sollten, die aufgestellten Ziele von einer „künstlerischen Erziehung“ im Gesamt des Unterrichts- und Bildungswesens zu diskutieren und nach Wegen der Realisierung zu fragen.

Der erste Kunsterziehungstag fand 1901 (28. / 29. Sept.) in Dresden statt und behandelte das Thema: „Bildende Kunst“, der zweite 1903 (9. bis 11. Okt.) in Weimar mit dem Thema: „Sprache und Dichtung“, dem ein dritter Kunsterzie-

---

1) 2) Scheibe, W., a.O., S. 139; S. 6
3) 4) Nohl, H., a.a.O., S. 31
5) Lorenzen, H.: Die Kunsterziehungsbewegung, Bad Heilbrunn 1966, S. 137;
6) Langbehn, A.: Rembrandt als Erzieher. Von einem Deutschen (Leipzig 1891) zit. nach Lorenzen, H.: Die Kunsterziehungsbewegung, a.a.O., S.137

hungstag (13. bis 15. Okt.) 1905 in Hamburg folgte, zum Thema: „Musik und Gymnastik", mit dem diese Reihe ihren vorläufigen Abschluß finden sollte.

Zu den Hauptinitiatoren zählen: A. Lichtwark (1852-1914), Pädagoge, Kunsthistoriker, seit 1886 Direktor der Hamburger Kunsthalle, maßgeblich an der Gründung der Lehrervereinigung zur Pflege der künstlerischen Bildung (1896) beteiligt. Sein Hauptanliegen war es, Kunst Menschen aller Schichten zugänglich zu machen und die eigenschöpferische Gestaltung des Kindes im Unterricht zu fördern, die Professoren L. Pallat, dem ein besonderes Verdienst in der Reform der deutschen Kunsterziehung, vornehmlich des Zeichen- und Werkunterrichtes zukommt, sowie der Gründung des Zentralinstitutes für Erziehung und Unterricht in Berlin (1915); und K. Lange, Professor an der Universität Tübingen, der beim ersten Kunsterziehungstag zu dem Thema: „Das Wesen der künstlerischen Erziehung sprach; und weiterhin C. Götze, Leiter einer Versuchsschule und zuletzt Schulrat in Hamburg, der besonders durch seine Schrift: „Das Kind als Künstler" anläßlich der „Ausstellung von freien Kinderzeichnungen" in der Kunsthalle Hamburg hervortrat.

Darüber hinaus ist eine große Zahl von namhaften Pädagogen Und Kunsterziehern zu nennen, die mit großer Initiative und Engagement an der Reform, der künstlerischen Erziehung mitgearbeitet haben und einen Beitrag leisteten zur Befreiung der schöpferisch-gestaltenden Kräfte im Kinde mit ihrer Vielfalt der Äußerungsweisen und Ausdrucksformen, getragen von der Hoffnung, damit die Einseitigkeit des Intellektualismus überwinden zu können. H. Wolgast, der sich einsetzte für eine „Bedeutung der Kunst für die Erziehung": G.F. Hartlaub, der sich dem Thema: „Der Genius im Kinde" zuwandte; H. Scharrelmann, der sich mit Gedanken der „Vertiefung der Kunstbewegung" beschäftigte, und O. Karstädt, der nach neuen Wegen einer Verknüpfung von Dichtung und Bild suchte. Als wegweisend aber sollen hier die Worte A. Lichtwarks stehen:

„Für die Entwicklung unseres Volkstums müssen wir von der Erziehung verlangen, daß sie die liebende Hingabe an unsere eigene Sprache, Literatur und Kunst in allen Kreisen erweckt. Darin liegt eine unschätzbare, alle Stände des Volkes zusammenschließende Kraft. In diesem Zusammenhang muß auch die Frage aufgeworfen werden, wo in unserem Turnen die gestaltende Kraft steckt. Das Ziel der Ausbildung des Körpers ist nicht rohe Kraft sondern Anmut. Hier ist unendlich viel zu tun".[1]

Gedanken, die A. Lichtwark beim ersten Kunsterziehungstag in Dresden (1901) formulierte, eine Thematik, präzisiert in der Formulierung „Musik und Gymnastik", mit der sich der dritte Kunsterziehungstag, 1905 in Hamburg vertieft auseinandersetzen sollte.

---

[1] Lichtwark, A.: Der Deutsche der Zukunft. In: Die Kunsterziehungsbewegung, hg. von H. Lorenzen, a.a.O., S. 38/39

2.2 Der 'Dritte Kunsterziehungstag' (13., 14., 15. Okt. 1905) in Hamburg

In dem Eröffnungsvortrag zu dem Thema: „Musik und Gymnastik" zeichnet A. Lichtwark die Aufgabe dieses dritten Kunsterziehungstages in den Worten: „Der einzige Zweck unserer Zusammenkunft besteht in der freien Aussprache, durch die unserm Volke unterbreitet werden soll, was eine Versammlung berufener Vertreter der Musik und Gymnastik über die Jugenderziehung in ihrem Fache denkt und wünscht".[1]

Zu dem vorbereitendem Komitee für den Fachbereich der *Musik* waren berufen: M. Fiedler (Direktor des Konservatoriums Hamburg); J Joachim (Direktor der Königlichen Hochschule für Musik, Berlin); A. Nikisch (Dirigent der Leipziger Gewandhauskonzerte); F. Steinbach (Direktor des Konservatoriums, Köln); J. Spengel (Musikdirektor, Hamburg) Und Ph. Scharwenka (Mitglied der Königlichen Akademie der Künste, Berlin).

Für den Fachbereich der *Gymnastik* waren berufen: H. Fribke (Schulinspektor, Hamburg); Prof. D.H. Hahn (stellvertretender Vorsitzender der deutschen Turnerschaft), K. Möller (Turninspektor, Hamburg); Prof. Dr. Rühl (Stadtschulrat, Geschäftsführer der deutschen Turnerschaft, Stettin); Dr. med. Schmidt (Sänitätsrat, Bonn).

„Die Anzahl der Teilnehmer war beschränkt. Es wurden eingeladen: Mitglieder der Behörden und Schulverwaltungen, Schulmänner, größere Lehrer- und Lehrerinnenvereine, Vertreter der Presse und Kritiker und Freunde der Volkserziehung.

Der Einladung folgten die Landesregierungen von Baden, Sachsen-Altenburg, Elsaß-Lothringen, Metz, Schleswig, Kassel und die Regierungen der Hansestädte Bremen, Lübeck, Hamburg. Die Stadtverwaltungen von Schleswig und Dortmund, Frankfurt a.M., Altona, Charlottenburg, Chemnitz, Dresden, Leipzig, Kiel, Halle a.d. Saale, Magdeburg und München entsandten ebenfalls Vertreter. Ferner waren auf der Tagung 45 Verbände, 12 Pressevertreter, 62 Künstler und Gelehrte und 153 Pädagogen und Schulfreunde anwesend. Insgesamt nahmen 333 Personen an der Tagung teil".[2]

Das Programm sah für den ersten Tag die Behandlung musikerzieherischer Fragen vor, für den zweiten Tag die der Bewegungserziehung; während der dritte Tag den Vorführungen, Turnübungen, öffentlichen Vorträgen und einem Konzert für Volksschüler, ausgeführt von der Kapelle des Vereins Hamburgischer Musikfreunde, vorbehalten war.

---

1) Lichtwark, A.: Musik und Gymnastik. In: Kunsterziehung. Ergebnisse und Anregungen des dritten Kunsterziehungstages in Hamburg, Leipzig 1906, S. 25/26

2) Braun, G.: Die Schulmusikerziehung in Preußen, Kassel/Basel 1957, S. 53/54

Der „Dritte Kunsterziehungstag“
(13.; 14.; 15. Okt. 1905 in Hamburg)
Tagesordnung

Erster Tag

Freitag, den 13. Oktober 1905 9 Uhr vormittags im Makart-Saale der Kunsthalle

• 1. Musik und Gymnastik. Direktor Prof. Dr. Lichtwark-Hamburg

2. Musikpflege im Hause. Dr. Richard Batka-Prag

• 3. Der Schulgesang als Bildungsmittel des künstlerischen Geschmackes. Heinr. Johannsen-Kiel

4. Die Jugend im Konzert und in der Oper. Prof. Dr. Richard Barth-Hamburg

• 5. Das musikalische Genießen. Prof. Dr. Max Dessoir-Berlin

3—5 ½ Uhr in der Turnhalle des Hamburg-St. Pauli-Turnvereins, Eimsbüttelerstraße (am Heiligengeistfelde) St. Pauli:

Turnerische Vorführungen
aus dem Gebiete des Mädchen- und Frauen-, Knaben- und Männerturnens (Frei- und Handgerätübungen, Turnen an den Geräten; Reigentänze).

Zweiter Tag

Sonnabend, den 14. Oktober 1905 9 Uhr vormittags im Makart-Saale der Kunsthalle

• 1. Körperschönheit durch Leibesübung. Sanitätsrat Dr. F. A. Schmidt-Bonn

2. Das Turnen in Frei- und Gerätübungen. Dr. Diebow, Direktor der Kgl. Turnlehrerbildungsanstalt, Berlin

• 3. Spiele und volkstümliche Übungen. Lehrer Julius Sparbier-Hamburg

4. Schwimmunterricht in der Schule. Schulinspektor H. Fricke-Hamburg

• 5. Der Tanz. Redakteur Georg Fuchs-München

3—4 Uhr Vorführung aus dem Schwimmunterricht in Kn[illegible]- und Mädchenschulen. (Badeanstalt vor dem Lübecker

Dritter Tag

Sonntag, den 15. Oktober 1905

morgens 8 1/2—10 1/4 Uhr auf dem Spielplatze des Heiligengeistfeldes (hinter den Eisbahngebäuden an der Glacischaussee)

Spielvorführungen

(Tamburin- und Faustball, Schlagball und Barlauf)

10 1/2—11 Uhr auf dem Turnplatze des Hamburg-St. Pauli-Turnvereins (Eingang von der Eimsbüttelerstraße)

Volkstümliche Übungen

des Laufens, Springens und Werfens

11 1/2—1 Uhr im Konzerthaus „Hamburg" (St. Pauli)

Öffentliche Vorträge

1. Musikalische Kultur. Prof. Dr. H. Cornelius-München
2. Bedeutung der Leibesübung in der ästhetischen Erziehung. Turninspektor Karl Möller-Altona
3. Unsere Kunsterziehungstage. Lehrer und Redakteur des „Säemann" Carl Götze-Hamburg

2 1/4 Uhr

Konzert für Volksschüler

Dirigent Herr Prof. Dr. Rich. Barth-Hamburg. Kapelle des Vereins Hamburgischer Musikfreunde. Mitwirkung: Hamburger Lehrergesangverein

In Nachstehendem veröffentlicht das „Vorbereitende Komitee" seinen Bericht über die Vorträge und Verhandlungen.

In: Kunsterziehung, Ergebnisse und Anregungen des dritten Kunsterziehungstages in Hamburg am 13.; 14.; 15. Okt. 1905; „Musik und Gymnastik", Leipzig, 1906, S.11/12

Bei der Planung und Organisation dieses Tages wurde zunächst erörtert, ob Musik oder Gymnastik zur Sprache kommen sollten, doch beschlossen in völliger Übereinstimmung hervorragende Vertreter beider Disziplinen eine Verbindung von Musik und Gymnastik. Entscheidend wirkte die Überzeugung, daß Musik und Gymnastik für die Erziehung „im tiefsten Grunde zusammengehören".[1]
A. Lichtwark präzisiert diesen Gedanken, indem er weiterführt: „Es war den Vertretern beider Disziplinen ein Bedürfnis, zu betonen, daß Musik und Gymnastik eine gemeinsame Wurzel in den von Gesang oder von Musik begleiteten rhythmischen Bewegungen des Tanzes und des Reigens haben und daß diese uralte Verbindung für die Erziehung von sehr hoher bisher praktisch noch nicht allgemein gewürdigter Bedeutung sei".[2]

Daraus mag deutlich geworden sein, daß keines der bestehenden Bewegungssysteme, weder das deutsche Turnen, noch Sport und Spiel der Engländer, die beide auf Kraft, Leistung, Wettkampf ausgerichtet sind, einen Beitrag zur Sensibilisierung der Bewegungsempfindungen zu leisten vermochten. Die Wände konnte nur eine Gymnastik / Bewegungserziehung in Zusammenhang mit Musik bringen; wie sie noch in einer großen Übereinstimmung, Unmittelbarkeit und Spontaneität in Tanz und Reigen des jungen Kindes zu beobachten ist, von der man sich wünschte, daß diese „Freudigkeit als Lebensstimmung"[3] in die nachfolgende Zeit hineingenommen werden könnte. Daraus leitet A. Lichtwark die anspruchsvolle Zielvorstellung ab: „Musik und Gymnastik aber, in den Urformen der Tänze und Reigen vereint, soll uns ein Geschlecht freier Menschen heranbilden helfen, das die anerzogene Scheu und Furcht vor der Selbstdarstellung verloren hat".[4]

Von den gehaltenen Referaten und Vorträgen im Fachbereich *Musik* möchte ich hier wesentliche Gedanken in aller Kürze der Darstellung einfügen, in denen zum einen Grundgedanken einer musikalischen Kultur im Sinne Leo Kestenbergs erkennbar werden, zum andern in dem gemeinsamen „aktiven" Erleben von Musik eine Grundqualität hervorgehoben wird, die auch in Lehre und Praxis der Rhythmisch-musikalischen Erziehung von E. Jaques-Dalcroze eine Bedeutung hat.

Heinrich Johannsen (Kiel) legt in seinem Referat: „Der Schulgesang als Bildungsmittel" einen institutionellen Aspekt zugrunde. Seine Ausführungen gipfeln in der Aussage:

„Darum muß die Volksschule sich im Hinblick auf die Allgemeinheit unseres Volkes in besonderem Maß die Aufgabe stellen, den Gesangunterricht als Bildungsmittel des künstlerischen Geschmackes auszubauen".[5]
Seine Forderungen lauten: Einräumen von zwei Wochenstunden Musik im Bereich

---

1) 2) 4) Lichtwark, A., a.a.O., S 16; S. 28

3) Lichtwark, A.: Die Einheit der künstlerischen Erziehung. In: Kunsterziehung. Ergebnisse und Anregungen der Kunsterziehungstage, Leipzig 1929, S. 125

5) Johannsen, H.: Der Schulgesang als Bildungsmittel. In: Kunsterziehung, a.a.O., S. 65

der Volksschule; Berücksichtigung der methodischen Mittel; Entwickeln von adäquaten Schulliederbüchern; Heranbilden einer ausreichenden Zahl „kunstbegeisterter und kunstgebildeter in ihrem Geschmack zuverlässiger Gesanglehrer“,[1] und damit in Zusammenhang mehr Berücksichtigung und Sorgfalt bei der gesanglichen Ausbildung an den pädagogischen Ausbildungsstätten.

Richard Batka (Prag), der sich in seinem öffentlichem Vortrag: „Musikalische Kultur“ gegen „Bildungsdünkel“, „Bildungseitelkeit“, „Geniekult“ in einer langen musikgeschichtlichen Tradition wendet, fordert mit allem Nachdruck für eine musikalische Kultur der Zeit ein Erfassen „aller Erscheinungsformen der Musik“.[2] Er erkennt eine Chance in der Pflege der Hausmusik, dem Einführen verschiedenartiger Instrumente, um die einseitige Pflege von Klavier und Violine zu überwinden und sieht ein Ideal musikalischer Kultur dann erreicht, wenn es gelänge, die Musik der großen Meister – bis dahin nur den musikalisch Vorgebildeten, den Fachmusikern und dem Publikum gehobener Schichten vorbehalten – in weitere Volksschichten hineinzutragen. Er entwirft das Bild einer „Pyramide der Kultur“[3] und leitet daraus seine Zielvorstellung von einer musikalischen Kultur ab, in der es darum gehen muß, eine Basis zu schaffen, einerseits in der Organisation des Erziehungssystems, zum andern in der Freiheit der Auffassungen, die nicht an bestimmte Formen und Gattungen der Musik anknüpfen kann, sondern die ganze Fülle der Erscheinungen von Musik anerkennt und damit einen Weg und Zugang zur Musik auf einer breiten basalen Ebene öffnet.

Max Dessoir (Philosoph, Ästhetiker) stellt in seinen äußerst knappen Ausführungen zum Thema: „Das musikalische Genießen“, ein volles Genießen von Musik heraus, das er auf höchster Stufe im aktiven Musizieren verwirklicht sieht, unter Beteiligtsein und Aktivierung der Gesamtpersönlichkeit, und faßt zusammen:

„Die Grundlage für jeglichen gesunden und stärkenden Genuß am Kunstwerk bildet das eigene Vermögen des Aufnehmenden. Nur wenn seine eigenen Kräfte das höchste in ihnen ruhende Maß der Ausbildung erfahren haben, wirkt die Aufnahme belebend und stärkend“.[4]

Im Fachbereich der *Gymnastik* machen die gehaltenen Referate zum einen ein Anknüpfen an Vorbilder in überlieferten Bildwerken des Altertums, zum andern an Fr. Schillers Ausführungen zur „ästhetischen Erziehung“ deutlich. Sie weisen einerseits auf die Notwendigkeit des Zurückgewinnens einer „natürlichen Gymnastik der Spiele und volkstümlichen Übungen“ hin (begonnen beim kindlichen Spiel, mit einer ausreichenden Zahl von Spielplätzen, über Wandern, Schwimmen, Eislaufen, Rudern bis hin zu Formen des Kunstturnens), wie andererseits auf eine sehr komplex verstandene Bewegungserziehung. Diese soll eine aktive Ge-

[1] Johannsen, H.: Der Schulgesang als Bildungsmittel. In: Kunsterziehung, a.a.O., S.77

[2] [3] Batka,-R.: Musikalische Kultur. In: Kunsterziehung, a.a.O., S. 267, S. 370

[4] Lichtwark, A.: Die Einheit der künstlerischen Erziehung, a.a.O., S. 126

sundheitspflege, eine geeignete moralische Erziehung einschließen und zur „Weckung eines daseins- und arbeitsfrohen straffen Wesens“[1] einen Beitrag leisten.

Im Bereich der *Tanzkunst* wird als Forderung an die Zeit das Erstellen einer „künstlerischen Schaubühne modernen Stils“[2] laut, die es ermöglichen soll, neue Formen aus dem Geist und Empfinden der Zeit zu entwickeln, um sie von da „in die Schulen, in die Turnhallen, in die sportlichen Veranstaltungen hineinzutragen“.[3]

F.A. Schmidt (Bonn), legt in seinem Referat: „Körperschönheit durch Leibesübungen“, von einem Idealbild, einer Idealform menschlicher Körperhaltung und Körperbewegung ausgehend, den Weg einer „körperlichen Erziehung zur Schönheit“ dar. Begonnen bei der Schulung des Ganges, mit dem Ziel, diesen in seiner typischen Form zu verschönen, elastischer zu gestalten, „weittragend in der Schrittlänge, munter in dem rhythmischen Zeitmaß, anmutend in der Körperhaltung“,[4] bezieht er im weiteren alle Formen menschlicher Bewegung ein, die zu einer schönen, harmonischen, ausgewogenen Bewegung beitragen können. Er sieht das höchste Ziel einer Bewegung, „schön und vollkommen in ihrem Ausdruck“,[5] dann erreicht, „wenn unter Vermeidung überflüssiger und entstellender Mitbewegungen auf dem kürzesten Wege das gewollte Ziel leicht und sicher erreicht (wird)“.[6]

Karl Möller (Altona), – sein öffentlicher Vortrag trägt die Überschrift.: „Bedeutung der Leibesübungen in der ästhetischen Erziehung“ – stellt in seinen Ausführungen heraus, daß ein neues Prinzip, ein neuer Stil mit dem Grundsatz einer „Erziehung zur Schönheit“ nur durch eine energische Befreiung von allen Veräußerlichungen zu erreichen ist, durch ein Sich-Zurück-Besinnen auf die Gesetze der Natur mit ihren natürlichen Bewegungsformen. Das bedeutet aus seiner Auffassung, bei Kinderspiel und Volkstanz anzusetzen und etwas von der Ganzheit und Ausdrucksfähigkeit des kindlichen Spiels hinüberzutragen in ein allmählich sich aufbauendes methodisches Bewegungssystem, in welchem Freiheit zu einer Basis für die methodische Lehrweise, wie für den Schüler in seinen Bewegungsäußerungen werden muß.

Doch da muß in Behutsamkeit begonnen werden, schöpferische Kräfte zu wecken, die lange Zeit nicht angesprochen, zurückgedrängt, ja verschüttet wurden. Als eine Bedingung dazu, auch als „Grundstimmung“ bezeichnet; hebt *Julius Sparbier* (Hamburg) in seinem Referat: „Spiele und volkstümliche Übungen“ die Freude als

---

[1] [4] [5] [6] Schmidt, F.A.: Körperschönheit durch Leibesübungen. In: Kunsterziehung, Leipzig, 1906, S. 170; S. 171

[2] [3] Fuchs, G.: Der Tanz. In: Kunsterziehung, Leipzig 1906, S. 218; S. 251

„neues Prinzip von allgemein ästhetischer Natur"[1] heraus. Freude an der Bewegung, Freude an sich, Freude am Schaffen; das müssen die Grundfesten einer modernen Gymnastik werden".[2]

Hier unterscheidet J. Sparbier sehr differenziert zwischen „jener Tändelfreude an nichtigen Dingen und jener großen, stillen Schaffens- und Kampfesfreude, die der Urquell alles Lebens ist".[3] Er fordert Einfachheit, Natürlichkeit, Schaffen eines „wahrhaft volkstümlichen Turnens, als Gemeingut des ganzen Volkes",[4] auf der Ebene des Spiels, die ein Erleben und Erfahren individueller Bedürfnisse und Gefühle ermöglicht. Daneben Mut, Initiative, Entschlossenheit zum Handeln, Werte und Maße, die zu Erziehung und Aufbau der Persönlichkeit ihren Beitrag zu leisten vermögen, und den Aufbau einer künstlerischen Kultur entscheidend mitbestimmen sollten.

„Wollen wir ein von künstlerischer Empfindung beseeltes Volk wieder erwecken, so ist eine Vorbedingung dazu, daß wir das Turnen so gestalten, daß es zur Persönlichkeit erziehe. Als deren Hauptkennzeichen erscheint mir die Tat; diese aber wurzelt nach meiner Auffassung in zwei Gefühlen, einerseits dem Gefühl der Freiheit, ohne das ein Wollen unmöglich erscheint, andererseits im Gefühl der Verantwortlichkeit, ohne das der Wille in Zügellosigkeit ausartet".[5]

Diese Fülle und Vielfalt von Positionen, Auffassungen, Meinungen macht zugleich die komplexe Fragestellung, kreisend um eine „Einheit einer künstlerischen Erziehung" für den Raum der Schule deutlich. Sie erklärt auch, warum dieser dritte Kunsterziehungstag in der Diskussion um eine Verbindung von Musik und Gymnastik zu keinem so „fruchtbringenden Ergebnis"[6] führen konnte wie die Kunsterziehungstage zuvor.

L. Pallat erkennt zum einen einen mehr organisatorischen Grund, indem er unter den Referenten und Diskussionsteilnehmern die Zahl der Turnsachverständigen und Pädagogen in einem Übergewicht vertreten sieht im Vergleich zu Vertretern aus den verschiedenen Bereichen der Kunst, (Musik, Tanz, Malerei, Bildende Kunst). Zum andern aber erkennt er einen tieferen Grund darin, „daß das Turnen selbst trotz seiner mehr als hundertjährigen Pflege noch keine Beziehung zu den ihm nahestehenden Künsten gewonnen hatte, am wenigsten zu der, die ihm am meisten hätte nutzen können, der Plastik".[7]

So gilt es bei der Frage nach den Wirkungen der neuen Kunstpädagogik auf die einzelnen künstlerischen Bereiche festzustellen, daß es durch die Kunsterziehungstage vor allem gelang, die ganze Problematik in ihrer Vielfalt an eine breite Öffentlichkeit und kompetente Vertreter nahezu aller zuständigen Institutionen heranzutragen. Konnten sich auch, aufgrund des Aussprache und Austauschcharakters dieser Veranstaltungen, keine konkreten Weiterentwicklungen abzeichnen,

---

1) 2) 3) 4) 5) Sparbier, J.: Spiele und volkstümliche Übungen. In: Kunsterziehung, Leipzig 1906, S. 195; S. 196; S. 192; S. 186

6) 7) Pallat, L.: Kunsterziehung. In: Die deutsche Schulreform Leipzig 1920, S.128

so sind von hier doch starke Impulse ausgegangen, die immer wieder die Forderung nach einer künstlerischen Erziehung anklingen ließen und zu praktischen Versuchen führten.

Gelang es den *Bildenden Künsten* am ehesten, Grundlagen und Wege für eine Kunsterziehung in der Schule zu erarbeiten, so gilt es für den Bereich der *Musik* anzumerken, daß sich beim dritten Kunsterziehungstag lediglich einige Kerngedanken einer Veränderung schulischen Musikunterrichtes abzeichnen konnten, die erst viele Jahre später innerhalb des „musikerzieherischen Reformwerkes" L. Kestenbergs (s. Kap.: 1.3 ff, Teil III) Beachtung finden sollten: Das bewußte Singen und Hören; die Selbständigkeit des Kindes; das Suchen nach neuen Wegen, Musik allen Volksschichten zugänglich zu machen, mit einer Anerkennung einer Vielfalt von Auffassungen.

Im Fachbereich der *Gymnastik* scheinen die Ergebnisse – vor allem im Hinblick auf eine Rhythmisch-musikalische Erziehung – beim ersten Hinschauen noch geringer, und doch haben sich auch hier, durch Vorträge und Diskussion, wesentliche Grundgedanken herauskristallisiert, die bei E. Jaques-Dalcroze eine erste Ausprägung erhielten: Ein Zurückbesinnen auf die Gesetze der Natur im Menschen; ein Verständnis des menschlichen Körpers als Ausdrucks-"Instrument" mit einer Vielfalt von Bewegungsaussagen; ein Wiederentdecken der Einheit von Musik und Gymnastik mit ihrer „gemeinsamen Wurzel in den von Gesang oder Musik begleiteten rhythmischen Bewegungen des Tanzes und des Reigens".

Mit Recht aber stellt L. Pallat fest, daß dieser erste Versuch, auch die Leibesübungen in den Kreis der künstlerischen Erziehung einzubeziehen, mißlingen mußte, „nicht, weil es den Veranstaltern der Tagung an der nötigen Einsicht fehlte, sondern weil es an Beispielen mangelte, an denen sie hätten zeigen können, worauf es ihnen ankam".[1]

Doch gilt es an dieser Stelle festzuhalten, daß es all den hier sichtbar gewordenen Ansätzen – und das betrifft im besonderen die Musik- und Bewegungserziehung– noch an einer entscheidenden Kraft, einer Stoßkraft zu einem Durchbruch, einer „zusammenschließenden Wucht"[2] fehlte, die sie erst durch das in der Jugendbewegung aufgehende neue Verhältnis zu Tanz und Rhythmus und noch tiefer zum Körper überhaupt"[3] erhielt.

3. Die Jugendbewegung
3.1 Einleitende Gedanken

Die Jugendbewegung, eine der tiefgreifenden und einflußreichsten Reformbewegungen, setzte 1896 mit dem „Wandervogel", einer Gruppe von Steglitzer Gymnasiasten, ein und wurde um die Wende zum zwanzigsten Jahrhundert an vielen Stellen Deutschlands sichtbar. Aus ihr ging eine große Zahl namhafter bedeuten-

[1] Pallat, L./ Hilker, F. (Hg.): Künstlerische Körperschulung, Breslau 1925, S. 7

[2][3] Nohl, H.: Die pädagogische Bewegung in Deutschland und ihre Theorie, Frankfurt/M. 1957, S. 26

der Pädagogen, Musikpädagogen und Bewegungspädagogen hervor. Der Widerstand der Jugend richtete sich gegen die „Zivilisationsmißbräuche“,[1] galt einer „Überwindung der radikalen Naturentfremdung“,[2] galt einem eigenen Verständnis des Jugendalters, einem Entdecken von Freiraum zum Erleben und Ausleben individueller Vorstellungen, Neigungen, Bedürfnisse und einem Finden neuer Maßstäbe. Sie wollte die Zeit auf eigenen Wegen geistig durchdringen mit dem Ziel, „die Gesamtheit aller Lebensbereiche neu zu durchdenken und neu zu gestalten“.[3]

Unabhängig von überlieferten Wertvorstellungen, von Elternhaus, Schule, Kirche,, Staat, wollte die Jugend in gemeinsamem Wandern, einem Wiederentdecken der Natur mit ihrer Ursprünglichkeit und einem gemeinsamen Leben in und aus der Gemeinschaft in Abenteuer, Mut und Wagnis zu einer neuen Lebensform hinfinden. Ein Erleben der Natur in ihrer „organischen Ganzheit“, mit einer Vielfalt von Wald, Wiesen, Tal, den Elementen Sonne, Licht, Wasser, Wind, Kälte, erweckte in ihr ein neues Körpergefühl als Basis zu einem neuen Lebensgefühl, ermöglichte ihr einen Zugang zu einer „personalen Selbstbildung und Selbsterziehung unter dem Gedanken der Ursprünglichkeit“.[4]

Die aus diesem Gemeinschaftsleben gewonnene Lebensfreude und Lebensbejahung fand ihren Ausdruck in Lied, Musik, Rhythmus, Spiel und Tanz, führte zu der Suche nach wahrer und echter Aussage in den vielfältigen Bereichen der Kunst. Das daraus erwachsene Gemeinschafts- und Verantwortungsgefühl führte zu einem ersten Höhepunkt des Jugendtreffens auf dem „Hohen Meißner“ (Okt. 1913) und einem Wiederentdecken einiger „Lebensmaße und -gehalte“.[5]

Damit wirkte die Jugendbewegung am Anfang der zwanziger Jahre in das gesamte pädagogische Denken hinein und gab der Neukonzipierung einiger Schulversuche in dem Bereich der „musischen Bildung“ und der Gymnastik entscheidende Impulse: „Es ist als eine volkspädagogische hochbedeutsame Leistung anzusehen, daß die Jugendbewegung hinter dem bildenden Wert, der jeder spontanen Eigenaktivität ohnehin innewohnt, die erzieherische Dimension des Liebhabertums im künstlerischen Bereich entdeckt und der Gesellschaft von neuem bewußt zu machen verstanden hat. Sie drang damit auch in die Schulpädagogik ein und befruchtete sie im Schulspiel, in der Musik- und Leibeserziehung (Gymnastik) und im Kunst- und Werkunterricht nachhaltig“.[6]

---

1) 2) 4) Seidelmann, K.: Der „neue Mensch“. In: Korn, E. / Suppert, O. / Vogt, K. (Hg.): Die Jugendbewegung. Welt und Wirkung, Düsseldorf 1963, S. 20

3) Korn, E.: Das neue Lebensgefühl in der Gymnastik. In: Die Jugendbewegung (wie zuvor) S. 101

5) Bohnenkamp, H.: Die Jugend auf dem Hohen Meißner. In: Zts. für Pädagogik, 5. Beiheft: Einsichten und Impulse, Weinheim 1964, S. 42

6) Seidelmann, K. a.a.O., S.21/22

3.2 Musische Bildung und Jugenderziehung

Ein besonderes Verdienst der Jugendbewegung liegt in dem Entdecken eines neuen künstlerischen Lebensverständnisses mit einer Hinwendung zum Einfachen, Schlichten, Natürlich-Schönem, Ungekünstelten, Unverbildeten, das sich in zweierlei Hinsicht besonders deutlich zeigt: Zum einen in der Bejahung der Leiblichkeit, verbunden mit einer wiedererwachten Freude an leiblicher Bewegung in ihrer ganzen Breite und Vielfalt, zum anderen in dem ungeheuren Reichtum der Musik. Ihr Interesse galt allem Naturhaften und Ursprünglichen, der Freude an Heimat und Volkstum, geschichtlichen Dokumenten, einer „organischen Kultur",[1] und fand in Volkslied, Volkstanz, Spiel und Reigen unmittelbare Ausdrucksmöglichkeiten.

Damit sind musische Tätigkeiten benannt, die zum erstenmal am Beginn des zwanzigsten Jahrhunderts als Verwirklichung wahrer musischer Erziehung in dem von *Georg Götsch* (1895 1956) geleiteten Musikheim in Frankfurt an der Oder adäquate Pflege fanden.
„Die Bezeichnung „Musisch" bürgerte sich ein für eine Lebensart, die im wiederentdeckten Quellgrund der Künste Einheit fand, und damit gleichnishafte Hilfe für die gefährdete Ganzheit des Menschen".[2]

Von diesem Musikheim, das als Zentrum musischer Bildung und Erziehung in den zwanziger Jahren des zwanzigsten Jahrhunderts anzusehen ist, großzügig gefördert durch den Preußischen Kultusminister C.H. Becker und den Frankfurter Oberbürgermeister Kinn; O. Bartning wurde zum Architekten berufen, sagt G. Götsch in seinem dreibändigen Werk „Musische Bildung" (Bd. I: Besinnung (1933); Bd. II: Bericht (1953); Bd. III: Aufgabe (1956):

„Wir betreiben im Musikheim nicht Musikerziehung, sondern musische Erziehung, das heißt wir zeigen unsern Schülern nicht nur Wege in die Musik, sondern darüber hinaus zu einer musischen Bewegtheit des ganzen Menschen. Wir betrachten die Musik nicht als gesonderte Kunst, sondern stellen sie wieder in den Zusammenhang des festlichen Volkslebens, in die alte Einheit mit den anderen Künsten, aus der sie nur durch eine Spätzeit herausgelöst worden ist. Folgerichtig erziehen wir unsere Schüler weniger durch theoretische und methodische Belehrung als durch die gemeinsame Bewältigung von wirklichen Aufgaben zur Gestaltung von Festen und Feiern, wie sie dem Haus aus seiner Verbundenheit mit dem Leben seiner Stadt und Landschaft zahlreich erwachsen, und durch ein geformtes Zusammenleben".[3]

Diese Aussage macht als wesentliche Züge musischen Lebens sichtbar: die „Einheit von Musik, Sprache und Bewegung",[4] die für G. Götsch „an die Stelle eines reinen Musikunterrichtes"[5] tritt; eine Nähe zur Baukunst, die sich in der Architektur des Musikheims widerspiegelt; die handwerkliche Betätigung als wesentli-

---

1) Nohl, H., a.a.O., S. 15

2) 3) 4 5) Götsch, G.: Musische Bildung; Bd. I: Besinnung; Wolfenbüttel, 1953, S. 102; S.103

che Ergänzung der Lehrgänge für Pädagogen, Studierende der Musik, interessierte Laien; das Laienspiel, zu dem die Form des Bewegungsspiels, von M. Luserke entwickelt, wegweisend wurde, das er charakterisiert in den Worten: „Das Bewegungsspiel ist eine bestimmte Art, Theaterstücke ohne Rampe, Vorhang und Kulissen auf offenem Podium zu spielen, wobei die Hauptrichtung der Spielbewegung aus dem Hintergrund herauf oder durch die Zuschauer hindurch auf die Bühne geht. Das Spiel beruht mehr auf der Verwendung von Spielermassen als auf kunstvollem Einzelspiel und ist mit Musik durchtränkt".[1]

Zu einem besonderen Anliegen dieses Hauses aber wurde die Pflege des Tanzes durch G. Götsch, im besonderen des „Alten Kontratanzes", zu der ihm sein englischer Freund R. Gardiner entscheidende Anregungen gab; mit ihm zusammen veröffentlichte er 1928 die Sammlung „Alte Kontratänze" im Möseler Verlag, Wolfenbüttel.

Einen Höhepunkt allen musischen Tuns bildeten jedoch für G. Götsch „Fest und Feier", verstanden „als legitimer Ort zur Darbietung der im allgemeinen Schaffen erreichten Leistung".[2] Dabei ging es um eine Öffnung nach außen, um Dorf und Stadt an dem musischen Leben teilhaben zu lassen, ging es um ein Sichtbarwerden des Anliegens, nicht Künstlernachwuchs heranzubilden, sondern einen „musischen Lebensgrund"[3] in gleicher Weise für Künstler und Laien, gemeinsam wiederzuentdecken.
Mit Recht stellt H. Lorenzen heraus, daß das Bemühen G. Götschs in besonderer Weise einer „inneren Verbindung und Verlebendigung der „musischen Kräfte im Menschen (gilt)",[4] die in der Jugendbewegung ihre Vorbereitung fanden. Diese hat „in starkem Maße bahnbrechend für die Gedanken einer musischen Erziehung gewirkt ...und dazu beigetragen, den Rahmen der musischen Erziehung mit konkretem Inhalt zu füllen".[5]

„Zeugte die Musik der ersten Wandervögel von einer harmlos-naiven, oft derben und urwüchsigen Unkultur mit einem Repertoire von Kommersliedern, Turner- und Volksliedern",[6] so eröffnete die Herausgabe des *„Zupfgeigenhansls"* durch H. Breuer (1909) „den breiten Scharen der Wandervögel den Zaubergarten des Volksliedes".[7] „Singen war der klingende Ausdruck dieses Lebens selbst",[8] ermöglichte, das Erlebnis der Gemeinsamkeit im Lied ausklingen zu lassen. (Seit der Wandervogeltagung auf der Sachsenburg an der Unstrut – Pfingsten 1910 – waren Singwettbewerbe eine ständige Einrichtung bei den Wandervogeltreffen).

---

1) Luserke, M.: Jugend- und Laienbühne, Bremen 1927, S. 7

2) 3) 5) 6) Seidenfaden, F.: Die musische Erziehung in der Gegenwart und ihre geschichtlichen Quellen, Ratingen 1966, S. 25; S. 36; S. 37

4) Lorenzen, H.: Die Kunsterziehungsbewegung, Bad Heilbrunn 1966, S. 137

7) Schomburg, H.: Werden und Wesen des Wandervogels. In: Grundschriften der Deutschen Jugendbewegung, hg. von W. Klindt, Düsseldorf 1963, S. 74

8) Jöde F.: Die singende Jugend und die Musik. In: Die Jugendbewegung, a.a.O., S. 59

Gewährte dieses ungewöhnliche Liederbuch dem Volksliedgut des 16. und 17. Jahrhunderts Einlaß, so ist die praktische Volksliedpflege dieser Zeit (1909 bis 1913) geprägt durch eine kritische und das gute Lied suchende Einstellung. In der Folgezeit dominierten drei Liedtypen: Das neuere, bodenständige Landschaftslied; das alte Volkslied aus dem 16. und 17. Jahrhundert und das selbstgeschaffene Lied.[1]

Von hier aus weitet sich das musikalische Interesse allmählich aus. Zu Lied und Singen treten Instrumentalspiel und Instrumentenbau hinzu, verbunden mit einer Wiederentdeckung historischer Instrumente (Gambe, Fidel, Blockflöte), polyphoner musikalischer Formen und ihrer Komponisten (z.B. H. Schütz; J.S. Bach); weitet sich das Interesse aus auch auf Kompositionen der Gegenwart (z.B. P. Hindemit) und nimmt schließlich auf die gesamte Musikpflege der Zeit Einfluß, verleiht der Musikerziehung starke Impulse zu einer „völligen Umgestaltung und Weiterführung“[2] und mündet in den zwanziger Jahren ein in die „Musikantengilden“ (freie Vereinigungen musikbegabter Jugendlicher, durch F. Jöde begründet), Singkreise (durch W. Hensel ins Leben gerufen, die sich im „Finkensteiner Bund“ zusammenschlossen), die Jugendmusik (institutionalisiert in den Jugendmusikschulen, begründet durch F. Jöde, 1923 in Hamburg, 1925 in Berlin).

Das neu erwachte Lebensgefühl, auch als Daseinsgefühl umschrieben, verstanden als ein Bewegungsgefühl, das den ganzen Körper einbezieht, den Wunsch und das Bedürfnis nach Ausdrucksmöglichkeiten, wie auch die Erkenntnis von einem Bewegungssinn, der erziehbar ist, brachte zugleich ein neues Verständnis von einer körperlichen Erziehung, Betätigung und Pflege mit sich, verbunden mit dem Ziel der Entfaltung einer Gesamtpersönlichkeit.

Dieser Neuansatz einer Bewegungserziehung, einer naturhaften, organisch, gesund empfundenen und freudebetonten Bewegung strahlte in alle Bereiche der Bewegungserziehung hinein, wenn auch die einzelnen Schulen und Ausbildungsstätten aus ihren Schwerpunkten eine je eigene Entwicklung nahmen. Die Rhythmisch-musikalische Erziehung (E. Jaques-Dalcroze), der Tanz (I. Duncan; R. von Laban), die Gymnastik (L. Langgard; H. von Rohden; E. Vogler, später A. Bode, H Medau, D. Jacobs u.a.).

Hat sich die Jugendbewegung diesen Bestrebungen mit großem Interesse zugewandt – einige Vertreter waren schon früh an Entwicklung und Aufbau von Gymnastikschulen beteiligt – so waren es nicht nur die Mädchengruppen, die sich für Rhythmus, Gymnastik, Tanz aufgeschlossen zeigten, sondern ebenso Kreise männlicher Jugend, besonders die Gruppen, die sich für den Gedanken der Siedlung einsetzten.

---

1) Seidenfaden, F., a.a.O., S. 37

2) Jöde F.: Die singende Jugend und die Musik. In: Die Jugendbewegung, a.a.O., S. 63

Hier gilt es anzumerken, daß die Anfänge der Gymnastikschulen oft unmittelbar verbunden waren mit Versuchen, „durch landwirtschaftliche und gärtnerische Siedlung in Verbindung mit handwerklichen Werkstätten, insbesondere für Weberei, Töpferei, Tischlerei, Drechslerei, eine durchgreifend neue Lebens- und Umweltgestaltung im Sinne redlicher Handarbeit, ehrlicher Werk- und Materialgesinnung und naturgemäßer Lebensform zu verwirklichen".[1] Und ebenso gilt es hier darauf hinzuweisen, daß diese Entwicklung in Zusammenhang mit einer Befreiung der Frau und der weiblichen Jugend zu sehen ist. In die Literatur als „Frauenbewegung" eingegangen mit den beiden führenden Persönlichkeiten H. Lange und G. Bäumer – galt das Bemühen der Vertreter einer Befreiung der Frau „aus den Fesseln der Prüderie, des gesellschaftlichen Puritanismus",[2] um ihr nach neuen sittlichen Maßstäben eine dem Wesen gemäße Bildung und Ausbildung zu ermöglichen, womit erst eine Bewegungserziehung für die Frau und die weibliche Jugend möglich wurde.

3.3 Neuansätze in der Gymnastik

Gymnastikschulen, die in dieser Zeit gegründet wurden – zwar aus anderen „Wurzelgebieten"[3] entstanden als die Jugendbewegung, doch dem gleichen Lebensgefühl entsprungen, waren von dem Gedanken getragen, den Dualismus von Körper und Geist zu überwinden, förderten die „natürliche Bewegung als Bewegungsprinzip"[4] und vermochten es, in Opposition zum bürgerlichen Weltbild, ein Gemeinschaftsleben jugendlicher Menschen zu begründen und zu gestalten von grossem kulturellen Einfluß.

Es sind zwei Entwicklungen von Gymnastikschulen, die stark oder unmittelbar an Gedanken der Jugendbewegung anknüpfen, die hier kurz skizziert sein sollen. Die *Lohelandschule* für Körperbildung, Landbau und Handwerke, bei Dirlos, nahe bei Fulda in den Vorbergen der Hessischen Rhön gelegen, und die Gymnastikschule *Schwarzerden.*

„Schwarzerden war der Name eines Weilers in der Rhön, in der Mulde zwischen Pferdskopf und Eube, den nach Westen auslaufenden Höhen der Wasserkuppe, ca. 700 bis 800 m hoch gelegen".[5]

Die Gründerinnen der Lohelandschule, *Louise Langgard* (Bildhauerin, Malerin) – sie stand der Meißnerjugend nahe – und *Hedwig Von Rohden,* die dem Steglitzer Wandervogel angehörte, lernten sich sehr früh in dem „Seminar für klassische Gymnastik" (1912 in Kassel gegründet) kennen.

Die Begründerinnen der Gymnastikschule Schwarzerden sind *Elisabeth Vogler* (führendes Mitglied des „Altwandervogels"), von ihrem Ausbildungsgang her technische Lehrerin mit einer Lehrtätigkeit an einem Oberlyceum in Neuwied, die

---

[1] [2] [3] [4] Korn, E., a.a.O., S. 102; S. 101/102; S. 103; S. 118

[5] Vogler, E.: Schwarzerden, ein Neubeginn mit klaren Zielen (unveröffentlichtes Manuskript), o. S.

sich weiterbildete in Ferienkursen in Hellerau / Leitung: E. Jaques Dalcroze; in Rotenburg am Seminar der Schule Schlaffhorst-Andersen; und in Loheland. *Marie Buchhold* (Leiterin der freideutschen Jugendsiedlung „Frankenfeld", zwischen Gernsheim und Worms am Rhein angesiedelt); und *Tilla Winz* (Landwirtin).

Getragen von den Grundgedanken der Jugendbewegung und den aus individuell eigenen Auseinandersetzungen gewonnenen Werten, der Offenheit zu geistigem Austausch, der Verantwortlichkeit und Verantwortungsfähigkeit für den anderen, dem Bewußtsein, mit der eigenen gymnastischen Arbeit einen Beitrag zum Aufbau einer neuen Kultur zu leisten, insbesondere der heranwachsenden Jugend einen Weg zur Selbstentfaltung und Selbstbestimmung zu weisen, kamen beide Schulen zu einem eigenen Aufbau und eigenem Verständnis von Gymnastik.
Schon in der gewählten Bezeichnung der *Lohelandschule* wird deutlich, daß sie die durch die Gymnastik erwachten und gewonnenen schöpferischen Kräfte unmittelbar verknüpfen möchte mit den handwerklichen Tätigkeiten wie Weben, Korbflechten, Drechseln, Schreinern, Gartenbaukunst und Landwirtschaft.
L. Langgard (die achtzigjährig mit dem Bundesverdienstkreuz ausgezeichnet wurde) beschreibt ihren Weg einer Bewegungserziehung in einem Gespräch mit E. Korn mit den Worten:

„Wesentlich bleibt: Über den Weg einer Bewegungsbefreiung hinzufinden zu der „Mitte" des seelisch-geistig-physischen Menschen. Hinzufinden zu dem unsichtbaren Menschen, der in unserem Organismus wohnt. Ich will es noch deutliche zu sagen versuchen. Es sind nicht die körperlichen Übungen selbst, die ein Heranreifen bewirken können, sondern die Art, wie der lenkende Erzieher den Schüler anspricht und hilft, die Art und Weise, wie er und ob er das Schauvermögen im Übenden zu wecken versteht. Es geht nicht um Fertigkeiten oder um körperliche Geschicklichkeit – auch nicht um Darstellung schöner Bewegungsformen, sondern um.das Begreifenlernen geistiger Qualitäten".[1]

Die Entwicklung und Erweiterung der Lohelandschule führt im Verlauf einer langen Zeit unermüdlichen Wirkens, Schaffens und eines ganzen Einsatzes für die Verwirklichung einer Idee zu einer Schulsiedlung, bestehend aus achtundzwanzig Häusern, erbaut auf einem 220 Morgen großen Grundstück, mit einer Gliederung in: Seminar für Gymnastiklehrerinnen; Freies Lehrjahr (Berufsfindungsjahr); Werkgemeinschaft (ein Arbeitsjahr); Ferienkurse für Erwachsene, Jugendliche, Kinder; Gartenbau und Landwirtschaft (beide biologisch-dynamisch bearbeitet); Werkstätten mit Lehrlingsausbildung (Weberei, Schneiderei, Schreinerei); Rhön-Waldschulheim (neunklassige Volksschule); Kleinkinderheim und Müttergenesungsheim.

In Joh. W. von Goethe und R. Steiner die Leitbilder für ihren gymnastischen Erziehungsweg findend, „überstrahlt von der Fülle jener zu Anfang unseres Jahrhunderts hereinflutenden geistigen Strömung der Anthroposophie",[2] ist ohne

[1)2)] Korn; E., a.a.O., S. 106

Zweifel in Loheland ein neuer Lebensstil entstanden, „der etwas von klösterlicher Abgeschlossenheit besitzt“,[1] und für den Außenstehenden manches unerklärlich und unverständlich erscheinen läßt.

E. Vogler, eine der Gründerinnen der Gymnastikschule *Schwarzerden* fühlte sich im besonderen von einem Gedanken G. Wynekens geleitet, der beinhaltet „daß Jugend das Recht zu eigener Kultur habe, auch zur Mitgestaltung ihrer Schule, daß Lehrer und Schüler verpflichtet seien, hohen Wertmaßstäben zu dienen“.[2]

Mit ihrem Ansatz eines „neuen Körpergefühls“, als Basis zu einer neuen Form der Leibeserziehung, unmittelbar an die Gedanken- und Empfindungswelt der Jugendbewegung anknüpfend, zeigt die Entwicklung der Schule einen Weg mit Phasen großer Unsicherheit, neuem Beginn, Widerständen, ja Feindseligkeiten, bis hin zu klareren Linien, Arbeits- und Unterrichtsformen. Auf einem langen Weg des Suchens, der ständigen Reflexion, der geistigen Auseinandersetzung mit Einflüssen und Anstößen vieler Richtungen der Zeit, auch angeregt durch ihren Freundeskreis, dem Künstler und Pädagogen des Bauhauses in Weimar und Dessau angehörten, freideutsche Studenten, die in der Röhn ihre Ferien verbrachten, Mediziner und Ärzte und Paul Vogler (Bruder E. Voglers, Gründer und Leiter der Charité in Berlin); fand sie in Zusammenarbeit mit M. Buchhold und T. Winz zu einer Bewegungslehre und Bewegungspraxis, als Beitrag zu einer Gesamtbildung des Menschen.

In dieser Konzeption war musisches Tun von Beginn an ein wesentlicher Bestandteil des Schullebens mit den Studierenden wie der Landbevölkerung. Singen, Musizieren, Tanz, Erfinden von Bewegungsspielen, Improvisation auf Orff-Instrumenten, Laienspielformen, Fest- und Feiergestaltung wurden allmählich zu Lehrfächern herausgestaltet, wobei sich diese künstlerisch orientierten Lebensgebiete mehr und mehr mit gymnastischen und pflegerischen Zielen verbanden.

Begonnen auf einem alten Bauerngut mit Sommer-Ferienkursen,erweitert sich diese Bildungsstätte für Mädchen auf dem „Bodenhof“ mit einem Schwerpunkt gymnastischer Erziehung, durch die Angliederung eines Kinderheimes für „haltungs- und bewegungsgeschädigte Kinder“, die hier eine mehrwöchige Förderung in der Methode der Schule erhalten sollten und eines Internates zu einer Gymnastikschule, die bis in unsere Zeit hinein – ebenso wie die Lohelandschule – zu den führenden Ausbildungsstätten zu zählen ist.

(Die Gymnastikschule Schwarzerden mit einem Beginn der eigenen Schule mit Kursen für Berufstätige und Kinder (1923-1925); dem Erwerb der staatlichen Konzession für das Gymnastik-Seminar (1927) ist heute erweitert durch einen Ausbildungsgang für Beschäftigungs- und Arbeitstherapie (Ergotherapie), durch eine angegliederte „Rhön-Akademie“ mit einem breiten Angebot an Kursen und

---

1) Diem, C.: Theorie der Gymnastik, Berlin 1930, S. 116

2) Korn, E.: a.O., S. 114

Seminaren auf der Ebene der Fort- und Weiterbildung aus dem gesamten musischen Bereich mit: Malen, Zeichnen; Pantomime, Tanz; Atem und Bewegung; Singen, Musizieren, Percussion; Methoden der Entspannung wie Feldenkrais; Eutonie u.a.)

So trug die Jugendbewegung durch folgende wesentliche Grundgedanken zu einer Wegbereitung der Rhythmisch-musikalischen Erziehung bei:

- Durch ein Entdecken eines neuen künstlerischen Lebensverständnisses mit einer Hinwendung zum Einfachen, Schlichten, Natürlich-Schönen, Ungekünselten, Unverbildeten mit dem Ziel, Kunst allen Volksschichten zugänglich zu machen.
- Durch die Bedeutung „musischer" Bildung und Erziehung in den Bereichen: Musik, Bewegungsspiel, Lied, Tanz, Theater, Laienspiel; handwerkliche Tätigkeiten, Fest und Feier, verstanden als „gleichnishafte Hilfe für die gefährdete Ganzheit des Menschen", um Gemeinschaftserleben und Gemeinschaftsgefühl zu ermöglichen und entwickeln zu helfen.
- Durch die Wiederentdeckung und Bejahung der Leiblichkeit als Basis zu einem neuen Lebensgefühl, mit einer wiedererwachten Freude an leiblicher Bewegung und dem Wunsch, Ausdrucksmöglichkeiten durch den Körper zu entdecken und zu entwickeln.

  Zum einen verstanden aus der großen Idee, den Dualismus von Körper und Geist zu überwinden, zum andern, der Frau und der weiblichen Jugend eine gymnastische Erziehung zuzuerkennen.

  Dieses Verständnis von einer naturhaften, organischen, gesund empfundenen, freudebetonten und rhythmischen Bewegung wurde zum Grundstein eines Neuansatzes in der Bewegungserziehung und strahlte in Neukonzeptionen von Gymnastikschulen hinein – die aus je eigenem Schwerpunkt eine eigene Entwicklung nahmen, wobei für den Entwurf der Rhythmisch-musikalischen Erziehung die Erkenntnis von der „Einheit von Musik, Sprache, Bewegung" eine besondere Bedeutung erhalten sollte.

4. Solothurner Kongreß für Musikunterricht (1. und 2. Juli 1905)

In diesem letzten Kapitel des ersten Teiles soll noch ein Entwicklungsabschnitt der Rhythmisch-musikalischen Erziehung in der Schweiz Erwähnung finden, in der *E. Jaques-Dalcroze* (1865-1950) bereits seit 1891 am Genfer Konservatorium lehrte (Musikgeschichte, Harmonielehre, Tonsatz), und seit 1902 eine Sonderklasse in Rhythmisch-musikalischer Erziehung einrichten konnte, durch die er seine Versuche, Erfahrungen, Vorstellungen bereits 1905 so weit zu konkretisieren vermochte, daß er sie als „Vorschläge zur Reform des musikalischen Schulunterrichtes" bei der VI. Tagung des Schweizerischen Tonkünstlervereins (S.T.V.) in Solothurn einer größeren Öffentlichkeit vortragen konnte.

Mit der kleinen Aare- und Jurastadt, die noch eine große Zahl von Baudenkmälern verschiedener Stilepochen bewahren konnte und in der St. Ursenkathedrale ein Bauwerk besitzt, das in seiner Architektur das abklingende Hochbarock mit Stilmerkmalen des Klassizismus in eine besonders ausgewogene Übereinstimmung bringt, wählte man zugleich eine Stadt mit einer langen musikalischen Tradition.

Die St. Ursen-Kathedrale, errichtet in hellem „Solothurner Marmor", für deren dritten Neubau der Architekt G. M. Pisoni (1713-1782) aus Ascona berufen wurde, vollendet durch seinen Neffen P.A. Pisoni (1738-1804), ist als Kreuzbasilika konzipiert und auf die „Solothurnerzahl 11" ausgerichtet. So finden sich im Innern der Kirche elf Altäre und die Bestuhlung in Gruppen zu je elf Bänken; die Freitreppe vor der Kathedrale ist in Läufen zu je elf Stufen angelegt, im Turm hängen elf Glocken und in frühen Zeiten gab es sogar elf Vikare.

Auf einer Plattform gelegen öffnet sich die Kathedrale durch drei Portale zur Freitreppe, flankiert von den Figurenbrunnen Moses und Gideon von J.B. Babel, und in ihrer Verlängerung zur Hauptgasse; Pisoni hatte den Neubau bewußt auf das Stadtbild ausgerichtet und den Solothurnern mit der Treppenanlage einen beliebten Treffpunkt ermöglicht.

1936, nach zwanzigjähriger Renovationsarbeit in neuem Glanz wieder ganz in ihren Auftrag genommen, gilt die im Innern in Weiß und Gold gehaltene, reich stukkierte Kathedrale, die jedoch „ohne barocken Jubel" auskommt, als eines der bedeutendsten Bauwerke der Schweiz.

In dieser Stadt an der Aare konnte am 1. und 2. Juli 1905 der „Solothurner Kongreß für Musikunterricht" stattfinden, initiiert durch den Schweizerischen Tonkünstlerverein. In dieser Vereinigung hatten sich Musiker, Komponisten, Musikwissenschaftler und Musikpädagogen zusammengeschlossen, die nach Artikel *Eins* der Statuten das Ziel verfolgen, „die kollegialen Bande unter den schweizerischen Musikern enger zu knüpfen, und zwar durch Veranstaltungen periodischer Zusammenkünfte zum Zwecke gegenseitiger Anregung sowie zur Erörterung und Wahrung der gemeinsamen Interessen".[1]

Die Form, in der sie ihre Veranstaltungen durchführte, nannte sie „Tonkünstlerfeste", die seit 1900 alljährlich an einem anderen Ort der Schweiz stattfanden. Das erste am 30. Juni 1900, verbunden mit der konstituierenden Generalversammlung

1) Der Schweizerische Tonkünstlerverein im zweiten Vierteljahrhundert seines Bestehens – Festschrift zur Feier des 50jährigen Jubiläums (1900-1950) Zürich 1950, S. 17

des Tonkünstlervereins, großzügig finanziert und organisiert durch die Tonhallegesellschaft und Allgemeine Musikgesellschaft Zürich, und diente zu allererst als „Magnet für das Publikum und als Propagandamittel für die neue Idee und ihre Finanzierung".[1]

Handelte es sich bei diesen Musikfesten primär um Konzerte mit Werken von Schweizer Komponisten, so wurden oftmals in diesem Rahmen auch aktuelle Themen, mit der schweizerischen Musik und Musikpädagogik in Zusammenhang stehend, besprochen. Daraus läßt sich erklären, daß hier musikerzieherische Fragen wie die der schulischen und außerschulischen musikalischen Jugenderziehung zur Sprache kamen. Bei einer Sitzung am 6. Nov. 1904 wurde innerhalb des Vorstandes, zu dem auch E. Jaques-Dalcroze gehörte, solch eine „brennende Frage" erörtert. Wahrscheinlich wurde dieses Gespräch für E. Jaques-Dalcroze zum Anlaß – im Hinblick auf den bevorstehenden Solothurner Kongreß 1905 – ein Schreiben an den Präsidenten des S.T.V. (Dr. Friedrich Hegar) zu richten, mit dem Vorschlag, in Solothurn das Problem des „musikalischen Unterrichtes an öffentlichen Schulen" zu diskutieren.
E. Jaques-Dalcroze versprach sich davon eine Auswirkung auf die Schulen der Westschweiz, auch Fr. Hegar konnte diesen Vorschlag von der deutschschweizerischen Position aus vertreten und beauftragte unmittelbar seinen Sekretär, mit E. Jaques-Dalcroze ein Gespräch aufzunehmen und Detailfragen zu erörtern. Z.B. waren Vorschläge für ein Programm von großer Wichtigkeit, die tatsächlich bereits bei der nächsten Sitzung am 8. Jan. 1905 als Programm für die „Reorganisation des Musikunterrichtes an Schulen" vorlagen. Doch schien der Vorstand – wie aus einem Protokoll hervorgeht – mit dieser ersten Fassung, aufgrund des Umfanges und der noch mangelnden präzisen Durchgestaltung, nicht einverstanden gewesen zu sein. So wurde erst der revidierte Programmentwurf auf Vereinskosten gedruckt und an alle Mitglieder des Vereins, „die kantonalen Erziehungsbehörden, die Leiter der Musikschulen-und Konservatorien, den Schweizerischen Gesang- und Musikverein" den Eidgenössischen Sängerverein, die kantonalen Sängerverbände, die Fachpresse und an die größeren Tagesblätter versandt".[2]

So wurde der Kongreß am 1. und 2. Juli 1905 im Saalbau von Solothurn durchgeführt, von 136 Teilnehmenden besucht, unter ihnen auch Vertreter aus Deutschland, so der Musikwissenschaftler *Karl Storck* (der 1912 eine Biographie verfaßte: „Emile Jaques-Dalcroze. Seine Stellung und Aufgabe in unserer Zeit").

Der Saalbau von Solothurn, heute Konzertsaal, erbaut zwischen 1898 und 1902, aus „Solothurner Kalkstein", verwandt für das Mauerwerk, und „gelbem Jaumonstein" für die Fassaden, ist mit seiner Hauptfassade nach Süden hin ausgerichtet,

---

1) Der Schweizerische Tonkünstlerverein im zweiten Vierteljahrhundert seines Bestehens – Festschrift zur Feier des 50jährigen Jubiläums (1900-1950) Zürich 1950, S. 16

2) Der Schweizerische Tonkünstlerverein im ersten Vierteljahrhundert seines Bestehens – Festschrift zur Feier des 25jährigen Jubiläums, hg. v. C. Vogler, Zürich 1925, S. 166

über zwei seitliche Rampen von der Nordring- und Museumsstraße her über die Freitreppe zum Haupteingang, zu erreichen. Von dort gelangt der Besucher in das große Vestibül, in der Bestimmung eines Foyers, durch drei Portale in den großen Saal und über seperate Treppen zu den Seitengalerien. mit einer Länge von 16 m, einer Breite von 10 m, tonnengewölbter Decke, zur Erzielung einer guten Akustik, einer farbigen Dekoration von weiß und rot in großer Einfachheit gehalten, eichenem Parkettboden und bequemer Bestuhlung, ist der große Saal maximal für 806 Sitzplätze konzipiert.
In diesem Raum konnte am 22. Juli 1900 mit der Aufführung des Oratoriums „Die Schöpfung“ (1799) von J. Haydn (1732-1809), durch den Männerchor und den Cäcilienverein Solothurn, in Verbindung mit der „Konstanzer Regimentsmusik“ als Orchester, die musikalische Eröffnung des Saalbaues stattfinden.
Eine Veranstaltung, der nach Abschluß aller Bauarbeiten, am 17. Nov. 1900 eine offizielle Eröffnungsfeier folgte, mit einer Konzertveranstaltung, zu der jeder der zehn städtischen musikalischen Vereine einen Beitrag zum Programm einbrachte.

Daneben sollte der kleine Saal, im Innern in der Grundfarbe eines matten Grüntones gehalten, der sich stimmungsvoll mit dem warmen Holzton der Decke verbindet, vorgesehen für 248 Sitzplätze, der Aufführung von Kammerkonzerten, der Abhaltung von Konferenzen, kleineren Gemeindeversammlungen u.a. dienen, und so auch der VI. Tagung des Schweizerischen Tonkünstlervereins vorbehalten sein.

Das Programm sah für den ersten Tag, den Samstag – „nachmittags um 3 Uhr" – den Kongreß „Über musikalischen Unterricht" vor, bei dem E. Jaques-Dalcroze seine „Vorschläge zur Reform des musikalischen Schulunterrichtes" zur Diskussion stellte, wohl, wie bei zahlreichen anderen Vorträgen über seine 'Methode', durch eine kleine Gruppe von Studierenden ergänzt und veranschaulicht.

Diese Präsentation, mit der E. Jaques-Dalcroze viel Anerkennung fand, ist aus dem Programmverlauf nicht zu ersehen, wird aber von P. Boepple, einem der besten Kenner der „Methode Jaques-Dalcroze" ausdrücklich erwähnt: „Über die Verhandlungen und namentlich über die Vorführung dreier Schülerinnen Jaques berichteten seiner Zeit die Tagesblätter und auch die Schweizerische Lehrerzeitung".[1]

Suzanne Perrottet war eine dieser Teilnehmenden, sie berichtet: „Wir drei Schülerinnen, Blanche Boquin, Marie Manchaud und ich, tanzten alle Übungen in Straßenkleidern, Schuhen und Hüten. Nur gerade die Handschuhe haben wir abgelegt. Unter den Besuchern waren Mathis Lussy, Friedrich Kose, Ernesto Consolo, Hans Huber, Paul Boepple Edmund Röthlisberger, Friedrich Hegar, und sie waren von unserer Vorführung begeistert".[2]

Ferner waren für den Verlauf dieses Kongresses vorgesehen: Zwei Kammerkonzerte mit Werken von Schweizer Komponisten (u.a. H. Marteau; F. Kamin; Fr. Hegar; C. Munzinger; E. Jaques-Dalcroze), für den Abend des ersten Tages ein Vortrag von *Matthis Lussy* zum Thema: „L' Anacrouse dans la musique moderne" und für den zweiten Tag (Sonntag, den 2. Juli 1905) die VI. Generalversammlung des S.T.V. im kleinen Konzertsaal des Saalbaus von Solothurn.

---

1) Boepple, P.: Methode Jaques-Dalcroze. In: Schweizerische Pädagogische Zeitschrift, Zürich 1906, H.6, S. 336

2) Wolfensberger, G.J. (Hg.), Suzanne Perrottet. Ein Bewegtes Leben, Weinheim/Berlin 1995, S. 49

SAALBAU, SOLOTHURN

VI. Tagung der Schweizerischen Tonkünstler

in Solothurn den 1. u. 2. Juli 1905.

Samstag den 1. Juli, nachmittags 3 Uhr im kleinen Konzertsaal.

Congress : **Ueber musikalischen Unterricht.**

Vortrag von H. Jaques-Dalcroze. Eintritt frei.

Abend 8 ½ Uhr im kleinen Konzertsaal :

L'Anacrouse dans la musique moderne.

Vortrag vom Herrn Mathis Lussy, Ehrenmitglied des V. S. T. Eintritt : 1 fr.

(N. B. : Nach dem Vortrag, freie Vereinigung im Hotel Krone.)

Sontag den 2. Juli, vormittags 8 Uhr :

VI. **Generalversammlung** im kleinen Konzertsaal.

Vormittags 10 ½ Uhr, im grossen Saal.

I. Kammermusikkonzert.

PROGRAMM

1. Zweites Streichquartett (HH. Kötscher, Wittwer, Schäffer u. W. Treichler, aus Basel) . . . . Henri MARTEAU
2. Vokalquartett *a cabella* : Gockel's Begräbnis (aus dem alt-Englischen frei nach Rückert) . . . . Fritz KARMIN
   (Damen I. Huber, Philippi, HH. Sandreuter u. Böpple).
3. *Sonata appassionata* fur Klavier u. Violine (HH. W. Rehberg u. H. Marteau). Hans HUBER
   a) *Adagio, allegro appassionata*; b) *Adagio*; c) *Allegro con fuoco.*
4. Fünf Lieder für Sopran mit Klavierbegleitung . . . . Rodolph GANZ
   a) *Noël*; b) *Avec toi* (poésies de J. Gruaz);
   c) *La lettre* (texte de Devries);
   d) *In verschwiegener Nach* (Ged. v. Ritter);
   e) *Hinaus* (Ged. v. Linger).
   (Frau TROYON-BLÆSI; am Klavier : Frl. E. de GERZABEK).
5. Streichquartett (HH. Marteau, E. Reymond, W. Pahnke, A. Rehberg, aus Genf) . . . . Woldem. PAHNKE

Nachmittags 3 ½ Uhr.

II. Kammermusikkonzert.

PROGRAMM

1. Sreichquartett (HH. Marteau, E. Reymond, W. Pahnke, A. Rehberf, aus Genf) Volkmar ANDREAE
2. Drei Frauenchöre :
   a) *Liebeslied* (Ged. v. H. Rekittke) mit Klavierbegleitung . . . . . . Casimir MEISTER
   b) *Weihnachten* (Ged. v. E. Hügli), *a capella* . . . . . . Carl MUNZINGER
   c) *Pfingslied* (Ged. v. F. Rohrer), mit Klavierbegleitung . . . . . . Friedr. HEGAR
   a) u. *b*) Unter Leitung Hrn. Casimir Meister.
   c) Unter Leitung Hrn. F. Hegar.
   Chor : Damen des Cæcilienvereins.
3. Zwei Klavierstücke . . . . Emile BLANCHET
   a) étude; b) variations sur un thème original.
   (H. E. Blanchet).
4. *Scherzo* du 1er. Quintetto pour piano et instruments à cordes . . . . . F.-M. OSTROGA
   (HH. W. Rehberg, H. Marteau, E. Reymond, W. Pahnke, A. Rehberg).
5. Acht Volkslieder für SoloQuartett mit Klavierbegleitung.
   (Damen I. Huber, Philippi, HH. Sandreuter u. Böpple, aus Basel ; am Klavier : der Komponist.)
6. Sérénade en six parties pour quatuor à cordes . . . . E. JAQUES-DALCROZE
   (HH. Lötscher, E. Wittwer, Schäffer, W. Treichler, aus Basel).
   Der « Blüthner » Flügel wurde von HH. Dubach in Genf zur Verfügung gestellt.

PREISE DER PLÆTZE :

A. ***Für das Vormittags Konzert :*** Balkon Mitte, frs 3; Seitengalerie, I. Reihe, frs 2.50;
Parterre, Parterregalerie, I/II Reihe u. Seitengalerie, II. Reihe, frs 1.50;
Parterregalerie u. Seitengalerie, III. Reihe, frs 1.

B. ***Für das Nachmittags Konzert :*** Balkon Mitte, frs 3.50; Seitengalerie I. Reihe, frs 3;
Parterre, Parterregalerie, I II Reihe u. Seitengalerie H. Reihe, frs 2;
Parterregalerie u. Seitengalerie III. Reihe, frs 1.50.

Texthefte an der Kasse zu 20 c.

Die Saaltüren werden jeweilen eine ½ Stunde vor Beginn der Konzerte geöffnet. Während der Vorträge bleiben die Saaltüren geschlossen.

Vorbestellung der Billete 8 Tage vor dem Feste beim Abwart des Saalbaues : H. Ingold, in Solothurn.

4.1 Emile Jaques-Dalcroze: „Vorschläge zur Reform des musikalischen Schulunterrichtes“

Zentrum und Kern dieser Schrift ist der Entwurf eines Lehrplans für den schulischen Musikunterricht der ersten sechs Schuljahre, den sich E. Jaques-Dalcroze in einem differenzierten Kurs-System vorstellt, das jedem Schüler seiner Begabung entsprechend, eine adäquate Förderung ermöglichen soll. Diese musikalische Ausbildung sollte sich auf drei Ebenen vollziehen und die *Ausbildung des Ohres* durch Hörübungen umfassen, die *Ausbildung des Rhythmischen Empfindens* durch körperliche Übungen und die *Ausbildung der Individualität* und des *Musikalischen Urteilsvermögens* durch Übungen im Improvosieren und Analysieren.
E. Jaques-Dalcrozes Ziel war es, dem allgemeinen Niveau des schulischen Musikunterrichtes eine andere Qualität zu ermöglichen; diesen in seiner Bedeutung den wissenschaftlichen Fächern anzunähern. Er erkannte in dem Musikunterricht einen wesentlichen Beitrag für die „künstlerische Entwicklung des Landes“[1] und sah in ihm die Möglichkeit gegeben, Menschen aller Schichten miteinander zu verbinden.

„So ist für die Hebung und die Erhaltung des musikalischen Sinnes eines Volkes noch lange nicht alles geleistet, wenn die künstlerische Elite und eine kleine Schicht von Kunstliebhabern auf höheres Niveau gelangt sind. Es muß der Masse möglich sein, dieser Entwicklung der Bevorzugten – wenn auch nur in einiger Entfernung – zu folgen. Sonst wird eine immer klaffendere und zuletzt unüberbrückbare Kluft zwischen diesen beiden Bevölkerungselementen entstehen, durch deren Vereinigung allein Ersprießliches zu erreichen ist“.[2]

Eine solche Breitenwirkung ist jedoch nur denkbar und möglich auf dem Wege eines gezielten und systematischen Unterrichts bei dem zugleich das Prinzip der Kontinuität gewährleistet ist. E. Jaques-Dalcroze sieht in der schulischen Institution besonders der Primarschule, den Ort und zugleich die Chance gegeben, nahezu alle Kinder zu erfassen, ihre „Graduierung“ musikalischer Begabung zu erkennen und adäquat zu fördern. „Der obligatorische Musik-Unterricht in der Schule ist das einzige Mittel,die im Nachwuchs der Nation vorhandenen lebendigen Kräfte zu klassifizieren“.[3]

Jedoch bedarf es dazu einer Reform des schulischen Musikunterrichtes; da die gegenwärtige Situation unbefriedigend und unzureichend ist. E. Jaques-Dalcroze hebt im besonderen vier Aspekte heraus, die es neu zu überdenken, zu konzipieren und in einen Gesamtzusammenhang zu bringen gilt.

1. Die Schulbehörden verfügen nicht über eine ausreichende Sachkenntnis und Sachkompetenz im Fach Musik. Ihnen fehlen die Einsicht und die Erfahrung im Umgang mit Musik, um die Bedeutung und Wirksamkeit schulischen Musikunterrichts erkennen zu können. Sie vermögen nicht, die Methodenfrage angemessen zu klären. Damit in Zusammenhang steht die Forderung nach einer

---

1) 2) 3) Jaques-Dalcroze, E.: Vorschläge zur Reform des musikalischen Schulunterrichtes, Zürich 1906, S. 33; S. 6/7; S. 9

Mitwirkung und Mitentscheidung von Fachmusikern im Rahmen der Schulbehörden bei der Erstellung von Entwürfen, Lehrplänen und der Wahl besonders geeigneter Lehrmethoden für den schulischen Musikunterricht.

2. Die derzeitig unterrichtenden Lehrer im Fach Musik sind nicht ausschließlich Fachlehrer. Es besteht unter ihnen keine Übereinstimmung bezüglich der Aufgaben, Inhalte und Ziele des Musikunterrichtes.
Hier fordert E. Jaques-Dalcroze für den Elementarunterricht wie den Unterricht auf der höheren Schulstufe den ausgebildeten Fachlehrer, der über den Nachweis einer möglichst umfassenden, gründlichen Unterrichtserfahrung verfügt. „Denn von der Musikalität des Lehrers hängen die Fortschritte der Schüler ab".[1]

3. „Die im Durchschnittsmaß begabten Schüler werden in ihren Fortschritten von den mit ihnen gleichzeitig unterrichteten ganz unbegabten aufgehalten".[2]
In seinen Ausführungen zu diesem Punkt stellt E. Jaques-Dalcroze sein Kurs-System dar. Er geht darin von zwei Grundgedanken aus: Zum einen von der Bedeutung des obligatorischen Musikunterrichts zur Erfassung jeglicher musikalischer Begabung. Er ist davon überzeugt, daß auf diesem Wege „kein Talent unbemerkt bleiben kann und daß jede künstlerische Veranlagung von frühester Jugend an kultiviert wird".[3]
Zum andern soll dadurch ein möglichst frühes Erkennen einer „vollständigen (musikalischen) Unfähigkeit"[4] einzelner Schüler erleichtert werden. Hier fügt E. Jaques-Dalcroze hinzu, daß er nur einen sehr geringen Prozentsatz von Schülern annimmt, den er aufgrund von mangelnder Hörfähigkeit und mangeldem Empfinden für Zeitmaß und Rhythmus für musikalisch unfähig hält – höchstens 5%– (vollkommene musikalische Unfähigkeit nimmt er als ganz selten an).
Diese Position Jaques-Dalcrozes läßt sich erhellen durch seine Stellungnahme zu dem Problem des „minderbegabten Schülers"[5] in seiner Schrift: „Der Rhythmus als Erziehungsmittel für das Leben und die Kunst" (Basel 1907). Darin führt er aus, daß für den weniger begabten Schüler, „der einen musikalisch wenig aufmerksamen und wenig entwickelten Geist besitzt",[6] der musikalische Werke auf einem Instrument spielt, ohne sie zu verstehen, der traditionelle Musik-unterricht nicht ausreicht.
Es bedarf eines besonderen methodischen Weges, der es ihm ermöglicht, die Elemente der Musik: Den Rhythmus, den Klang, das Instrument nacheinander zu studieren. Er sieht ihn auf dem Wege der Rhythmisch-musikalischen Erziehung verwirklicht in einem Dreischritt von: „l. Die Körperbewegung; 2. Das Gehör und die Stimme; 3. Die Körperbewegungen in Beziehung zu den Bewegungen des Instrumentes und das Gehör in Beziehung zur Stimme des Instrumentes".[7]

4. Die zur Zeit angewandten Methoden sind lückenhaft und führen daher zu unbefriedigenden Ergebnissen, die Lehrpläne sind mangelhaft ausgearbeitet. Hier geht E. Jaques-Dalcroze auf inhaltliche Fragen ein und stellt drei methodische Schwerpunkte innerhalb seines rhythmischen Erziehungs-Weges heraus: l. Die Ausbildung des Ohres durch Hörübungen; 2. Die Ausbildung des rhythmischen Empfindens durch körperliche Übungen; 3. Die Ausbildung der Individualität und des musikalischen Urteilsvermögens durch Übungen im Improvisieren und Analysieren. (s. Kap.: 3.2.2., Teil II)

---

[1] [2] [3] [4] Jaques Dalcroze, E.: Vorschläge zur Reform, ...a.a.O., S.29; S. 25; S. 33; S. 34

[5] [6] [7] Jaques-Dalcroze, E.: Der Rhythmus als Erziehungsmittel für das Leben und die Kunst, Basel 1907, S. 3; S. 55

E. Jaques-Dalcroze erkennt eine Erweiterung seiner „Vorschläge zur Reform des musikalischen Schulunterrichtes“ auch in einer veränderten Auffassung und Realisierung von Musikunterricht dadurch gegeben, daß dieser das gesamte Schulleben bereichern und der Musik im Leben der Schule einen anderen Stellenwert zuerkennen kann durch öffentliche Schüleraufführungen, Kinderfeste im Freien, Spaziergänge, die durch Gesang begleitet werden sollten u.a.

E. Jaques-Dalcroze beschließt diese „Vorschläge zur Reform des musikalischen Schulunterrichtes“ mit dem Wunsch, daß sie „zur guten Stunde in die richtigen Hände gelangen“ [1] mögen.

4.2 Wirkungen des Solothurner Kongresses

E. Jaques-Dalcroze sieht den Wirkungen seiner „Vorschläge“ und daraus resultierend, einer Veränderung und Verbesserung des schulischen Musikunterrichtes positiv entgegen. Doch ist in dem später im Druck veröffentlichten Protokoll, wie aus dem Bericht: „Die Tätigkeit des Schweizerischen Tonkünstlervereins im Gebiete der musikalischen Jugenderziehung“ hervorgeht (in frz. Sprache von E. Cembe, in dt. Sprache von P. Böepple verfaßt) zu lesen, daß die Teilnehnehmenden des Kongresses zwar bezüglich der mangelnden Ergebnisse des schulischen Musikunterrichtes einer Meinung waren, jedoch bezüglich der Praktikabilität der Dalcroz'schen Vorschläge verschiedene Meinungen bestanden, und zwar im Plenum der Kongreßteilnehmer wie unter den Mitgliedern der am folgenden Tag stattfindenden Generalversammlung.

Die Bedenken bestanden darin, daß die Vorschläge von E. Jaques-Dalcroze zwar an Musikschulen und Konservatorien Anwendung finden könnten, aber nicht an Volksschulen durchführbar seien. E. Jaques-Dalcroze vertrat eine Gegenposition indem er seine Vorschläge als „durchaus demokratisch“ [2] bezeichnete. War von allen Teilnehmenden wie Mitgliedern der Generalversammlung zwar die Misere der schulischen Situation bezüglich des Musikunterrichtes erkannt, so wußte doch niemand so recht, wo und wie eine Verbesserung anzusetzen sei. Im Plenum der Teilnehmenden konnte man sich auf den von Dr. Fr. Hegar gestellten Antrag einigen, es sei der Vorstand des S.T.V. zu beauftragen, die Frage weiter zu prüfen und aufgrund der Vorschläge von E. Jaques-Dalcroze ein Plan für die Reform des musikalischen Schulunterrichtes zu erarbeiten, der dann nach gründlicher Beratung in einer späteren Versammlung eventuell den kantonalen Behörden vorgelegt werden könne. Aus einer langen Diskussion, die hauptsächlich von den Mitgliedern des Vereins: H. Hammer; Dr. C. Munzinger; Dr. F. Hegar; E. Jaques-Dalcroze; F. Kamin; P. Boepple; Emil und Joseph Lamber, J. Ehrhard geführt wurde, ging eine Resolution hervor mit dem Wortlaut: „Die Generalversammlung ersucht den Vor-

---

1) Jaques-Dalcroze, E.:: Vorschläge zur Reform, a.a.O., S. 55

2) Der Schweizerische Tonkünstlerverein im ersten Vierteljahrhundert seines Bestehens; Zürich 1915, S. 167

stand, Herrn E. Jaques-Dalcroze mit der Abfassung einer Methode für den Musikunterricht zu beauftragen".[1]

Bereits am 8. Oktober 1905 lag dem Vorstand ein Schreiben vor, in dem E. Jaques-Dalcroze mitteilte, daß er mit der Konzipierung seines Entwurfes fertig sei, allerdings zunächst für den Unterricht an Konservatorien vorgesehen, dieser recht umfassend sei, demnächst im Druck erscheinen werde und er einen Auszug für den Gebrauch an öffentlichen Schulen vorsehe.
Im März 1906 folgte eine Ankündigung, daß die Konzeption – eine Folge von acht Heften – zur Drucklegung gegeben sei. Danach ist erst wieder im Jahresbericht der Generalversammlung von 1907 in Luzern zu lesen, daß der größte Teil dieser Reihe bereits im Verlauf des Jahres 1906/1907 im Verlag Sandoz-Jobin in Neuchâtel erschienen sei (Methode Jaques-Dalcroze, dt. Bearbeitung von P. Boepple; *Teil 1* (2 Bände): „Rhythmische Gymnastik", 1906; *Teil 2:* „Studium des Notenplanes"; *Teil 3* (3 Bände): „Tonleitern und Tonarten, Phrasierung und Nuancierung", (1907).

Inzwischen hatte E. Jaques-Dalcroze selbst einen Einführungskursus in seine neue Unterrichtsmethode, in Genf gehalten, und die Teilnehmenden hatten bereits in ihrem Berufs- und Tätigkeitsfeld begonnen, diese Anregungen in ihren Unterricht einzubeziehen, und weiterhin hatte sich in Bern unter dem Präsidium von Robert Godet eine Gesellschaft zur Verbreitung der „Methode Jaques-Dalcroze gebildet.

P. Boepple, der bereits bei der Generalversammlung 1907 in Luzern an die Beschlüsse des Solothurner Kongresses erinnert hatte, drängte darauf, Mittel und Wege zu einer Reform des Musikunterrichtes im Sinne der Prinzipien F. Jaques-Dalcrozes zu finden. Dieser Antrag wurde angenommen und hatte ein Schreiben – gerichtet an alle kantonalen Erziehungsdirektionen zur Folge – mit dem Inhalt, zum nächsten, vom 1. bis 15. August 1907 in Genf stattfindenden Kursus eine Anzahl von Lehrern und Lehrerinnen freizustellen. Diese Maßnahme wurde auch aus Erfahrungen des ersten Kurses in Genf für notwendig erachtet, der von achtzig Teilnehmenden besucht wurde, bei dem jedoch die Teilnehmenden aus der Schweiz in einer Minderheit vertreten waren. Die Kursveranstaltungen hatten einen guten Erfolg, wurden allmählich zu einem festen Bestandteil des Tätigkeitsfeldes von E. Jaques-Dalcroze, so daß dieser vielmehr um ihre Organisation bemüht war, als über einen anderen Weg der Verbreitung des rhythmischen Erziehungsweges nachzudenken.

So bedurfte es schließlich noch einer Zeit des Wartens bis endlich im Jahre 1910 eine Ausgabe der „Methode Jaques-Dalcroze" im Druck erschien, für die Anwendung im Musikunterricht der Schule eingerichtet, herausgegeben von P. Boepple in Basel unter dem Titel: „Die Elemente der Musikalität. Präparationen für den

---

1) Der Schweizerische Tonkünstlerverein im ersten Vierteljahrhundert seines Bestehens; Zürich 1915, S. 168

Gesangunterricht in der Volksschule nach den Grundsätzen der Methode Jaques-Dalcroze", Paris/Lausanne/Neuchâtel 1910 (s. Kap.: 3.4.2., Teil II).

Diesbezüglich formuliert C. Vogler in der Festschrift des S.T.V.: „Er (P. Boepple) war der geistige Urheber einer erneuten, vom Baseler Kongreß vom Jahre 1910 ausgehenden Bewegung, die eigentlich erst, in der deutschen Schweiz wenigstens, weitere Kreise der Lehrerschaft wirklich für die Sache zu interessieren vermochte".[1]

Bei diesem Baseler Kongreß (1910) – wohl im Frühjahr des Jahres – gelang es P. Boepple, E. Jaques-Dalcroze für einen in Aussicht genommenen Musikpädagogischen Kongreß im Herbst desselben Jahres (1./2. Okt. 1910) zu gewinnen, der im Anschluß an einen vom Schweizerischen Lehrerverein veranstalteten Kurs für „Schul- und Vereinsgesang" in Basel stattfinden sollte. Zugleich erklärte Fr. Hegat sich einverstanden, die Präsidentschaft zu übernehmen, während P. Boepple und H. Suter für die Organisation verantwortlich zeichneten. Das Programm sah für Samstag, den 1. Okt. (abends), Präsentationen der „Methode Jaques-Dalcroze" vor, mit einer Gruppe von Studierenden; für den Sonntag, den, 2. Okt. nachmittags, den Musikpädagogischen Kongreß (wie aus dem Bericht des S.T.V. hervorgeht).

Zu diesem hatte der Vorstand im Einverständnis mit P. Boepple vier Thesen formuliert, die als Grundlage zu einer theoretischen Einführung durch die Referenten dienen sollten. E. Jaques-Dalcroze sprach zu These *Eins* und *Zwei*; P. Boepple zu These *Drei* und *Vier*; sie bildeten zugleich Ausgangs- und Ansatzpunkt zu Diskussion und Beratung. Der Text der Thesen lautete:

„4. Der Gesangunterricht in der Volksschule soll als Kunstfach dem Zwecke der Erziehung des Kindes zur Kunst dienen. Er hat in erster Linie die Elemente der Musikalität zu vermitteln und darf sich also nicht auf die mechanische Aneignung eines Liederschatzes beschränken.

2. Die Elemente der Musikalität sind getrennt zu behandeln insofern, als der Gehörbildung eine Erziehung für und durch den Rhythmus vorangehen muß.

3. Die Erteilung eines auf Kunstgenuß und -ausübung vorbereitenden Gesangunterrichts, die Bestimmung der Lehrziele und Lehrpläne und die Erstellung oder Auswahl von Lehrmitteln bedingt die Mitwirkung und Aufsicht von Künstlern und Fachmusikern. Namentlich ist der Unterricht und die Patentierung von Gesanglehrern und -lehrerinnen an staatlichen Lehrerbildungsanstalten ausschließlich Fachmusikern zu übertragen und ohne Fähigkeitsausweis sollte kein Lehrer zur Erteilung von Gesangunterricht zugezogen werden.

4. Durch Errichtung spezieller Fortbildungskurse mit einheitlichem Lehrplan könnten die bestehenden Konservatorien im Einvernehmen mit den kantonalen Erziehungsbehörden den Abiturienten der pädagogischen Seminare und der Musikschulen Fachstudien und Patentierung als Gesanglehrer für Musikschulen ermöglichen".[2]

---

1) Der Schweizerische Tonkünstlerverein im ersten Vierteljahrhundert seines Bestehens, Zürich 1915, S. 170

Diese Thesen führten unter den Teilnehmenden zu einer lebhaften, zum Teil auch scharfen und polemisch geführten Diskussion, und besonders aus dem Kreis der Lehrer wurden auch hier wiederum Bedenken bezüglich der praktischen Anwendung in der Schule geäußert. Schließlich konnte man sich darauf einigen, die Thesen *Eins, Drei* und *Vier* anzunehmen, während „These zwei, die Pflege der rhythmischen Gymnastik zur Bedingung machend, als für zu einschränkend erachtet; mit vierunddreißig gegen neunundzwanzig Stimmen fallen gelassen (wurde)“.[1] Diese Beschlüsse wurden durch den Vorstand des S.T.V. allen kantonalen Erziehungsdirektionen zugesandt.

Konnte auch bei dem Solothurner Kongreß noch keine Lösung zu einer allgemeinen Verbesserung schulischen Musikunterrichtes erzielt werden, so stand hier doch – im Vergleich mit dem dritten Kunsterziehungstag 1905 in Hamburg – ein konkretes Modell E. Jaques-Dalcrozes im Mittelpunkt der Diskussion, das er zumindest schon im Ansatz durch die kleine Gruppe der Studierenden veranschaulichen konnte. Es ist nur zu verständlich, daß dieses nicht sogleich mit dem größten Beifall von Musikpädagogen der Schule aufgenommen wurde. Das hatte vielerlei Gründe: Zum einen das sehr anspruchsvolle von Jaques-Dalcroze zugrunde gelegte musikalische Niveau, zu erklären aus seiner reichen Unterrichtserfahrung mit Studierenden und Kinderklassen des Konservatoriums, seine hohe künstlerische Begabung, die es ihm sicherlich oftmals erschwerte, elementar pädagogisch zu denken; zum andern die unzureichende Fachausbildung an den Lehrer-Seminaren und nicht zuletzt die miserable Situation an den Schulen.

Ergriff E. Jaques-Dalcroze selbst Initiative und leitete bereits 1906 einen ersten Einführungskursus in seine Methode der rhythmischen Erziehung, gerichtet an Pädagogen, für die er die Schrift: „Der Rhythmus als Erziehungsmittel für das Leben und die Kunst“ (Basel 1907) konzipierte, so bedeutete doch das zuvor genannte „Unterrichtswerk“ von P. Boepple: „Die Elemente der Musikalität. Präparationen für den Gesangunterricht in der Volksschule nach den Grundsätzen Jaques-Dalcroze“ (Neuchâtel 1910) eine erste didaktisch-methodische Aufbereitung der Methode Jaques-Dalcroze zu einer Integration in den Gesangunterricht an Volksschulen.

Während E. Jaques-Dalcroze in den folgenden Jahren seine Hauptaufgabe in der Bildung und Ausbildung von Lehrern der Rhythmisch-musikalischen Erziehung erkannte, zu der ihm ein eigenes Institut, die „Bildungsanstalt für Musik und Rhythmus Jaques-Dalcroze“ in Hellerau bei Dresden erbaut wurde, entwarfen einige diplomierte Lehrer seines Institutes pädagogische Konzeptionen von rhythmischer Erziehung (s. Kap.: 3.4.2, Teil II), die als Versuche in bestehende Schulsysteme, vornehmlich der Primarstufe, aufgenommen wurden, die auch als Ent-

---

[1] Der Schweizerische Tonkünstlerverein im ersten Vierteljahrhundert seines Bestehens, Zürich 1915, S. 171

würfe zur Einführung und Kenntnisgewinnung in den rhythmischen Erziehungsweg aufzufassen sind.

Zu einem tieferen Verstehen der Rhythmisch-musikalischen Erziehung aus dem Ansatz bei E. Jaques-Dalcroze, dem Schöpfer und Urheber einer „Erziehung für und durch den Rhythmus für das Leben und die Kunst", in Aufbau, Entwicklung, Fortwirken, ist jedoch eine umfassendere Kenntnis und Einsicht in größere Zusammenhänge derselben notwendig, zu deren Darstellung und Beschreibung der nachfolgende Teil II dienen mag.

II Die Rhythmisch-musikalische Erziehung bis zum Beginn der Kestenberg-Reform unter besonderer Berücksichtigung der Arbeit von Emile Jaques-Dalcroze

1. Zur Diskussion des Rhythmusbegriffes bei Karl Bücher, Mathis Lussy, Emile Jaques-Dalcroze

Das wissenschaftliche Interesse am Phänomen des Rhythmus reicht zurück bis ins frühe Griechenland und hat bis in diese Zeit des späten ausgehenden zwanzigsten Jahrhunderts immer wieder Denker aus ganz unterschiedlichem Ansatz, philosophisch, psychologisch, anthropologisch-pädagogisch, chronobiologisch (Chronobiologie wird die biologische Zeitstrukturforschung genannt), zu erneutem Forschen und Fragen angeregt.

Der früheste Nachweis eines „Prinzips des Rhythmus“ eingebunden in eine Siebenheit von Prinzipien (Prinzip der Geistigkeit; der Entsprechung; der Schwingung; der Polarität; Prinzip von Ursache und Wirkung; Prinzip des Geschlechts) ist in der hermetischen Philosophie des alten Ägyptens und Griechenlands überliefert, und, aufgezeichnet in der Schrift „Kybalion“, bis in diese Zeit bewahrt geblieben.[1]

Darin wird das Prinzip des Rhythmus charakterisiert mit: „Alles fließt aus und ein, alles hat seine Gezeiten, alle Dinge steigen und fallen, das Schwingen des Pendels zeigt sich in allem; das Maß des Schwunges nach rechts ist das Maß des Schwunges nach links; Rhythmus kompensiert“.[2]

Die hermetische Lehre geht zurück auf den Gelehrten Hermes Trismegistos (Trismegistos = „Quelle der Weisheit“), der als Weiser etwa 3000 v. Chr. gelebt haben soll. Platon sagt von ihm, er habe Zahl und Maß, die Unterscheidung von Sprachlauten und andere kulturelle Grundlagen entwickelt; auch die Sternenkunde und die Alchimie seien auf ihn zurückzuführen.

Platon (Platon von Athen, geb. 478/477 v. Chr. in Athen oder Aigina; gst. 347 v. Chr.), Schüler von Sokrates und Lehrer von Aristoteles, gründete in Athen mit seiner „Akademie“ die erste europäische Hochschule, das Vorbild aller späteren Hochschulen.

Den Mittelpunkt der Platon-Dialoge bildet die Ideenlehre (aufgezeichnet in „Phaidros“); die Ideen verstanden als das immer Seiende, für Platon das allein Wirkliche. Die Welt des „Werdens“, d.h. die Welt der stofflichen Erscheinungen, ist nur insofern wirklich, als sie an den Ideen teilhat. Die stofflichen Erscheinungen und unsere Begriffe von ihnen sind die flüchtigen Abbilder der unvergänglichen Ideen oder Vorbilder, welche die Seele vor ihrer Einkerkerung in den Leib erschaute.

Große geschichtliche Bedeutung gewann ferner Platons Lehre vom Eros (aufgezeichnet in „Symposion“ – Gastmahl, Feier des vergeistigten Eros); und seine Lehre vom Staat (aufgezeichnet in „Politeia“).

Darin prüft Platon im III. Buch die musikalischen Elemente: Harmoniai, Instrumente, Rhythmen auf ihr Ethos hin und kommt bei diesen Erörterungen zu der Er-

[1] [2] Kybalion, aus dem Englischen übertragen von H.E. Schwerin, Heidelberg o.J.; S. 103

kenntnis eines engen Zusammenhanges der Musik mit Dichtung und Tanz, wie andererseits für seine Musikauffassung die pythagoreische Zahlenlehre grundlegend wurde.
Insofern erhält in seinem Denksystem die Musik einen hohen Stellenwert, da nach Platons Auffassung musikalische Bewegungen den Bewegungen der menschlichen Seele analog seien und diese zu einer harmonischen Besänftigung der Affekte diene. Schon den Tonarten sprach er diese Fähigkeit zu; daher betrachtete Platon die Musik als wichtigstes Mittel der Erziehung.

Platons Ethoslehre von der Musik hat in die Zeit des Mittelalters hineingewirkt; auch J.S. Bach und L. van Beethoven waren mit dieser vertraut; P. Hindemith ließ sich in seinem kompositorischen Schaffen von dieser anregen. Auch E. Jaques-Dalcroze bezieht sich im Vorwort des Grundlagenwerkes: Methode Jaques-Dalcroze: Rhythmische Gymnastik, Bd. 1, Paris/Neuchâtel/Leipzig 1906 (dt. Übersetzung besorgt v. P. Boepple) auf das griechische Verständnis des Wortes „musikalisch“, dem eine Verbindung von Wort und Bewegung innewohnt (s. Kap.: 3.2.1, Teil II).

Für das zwanzigste Jahrhundert kommt dem ersten Rhythmusforscher – *Ludwig Klages* (1872-1956; s. Kap.: 2.1., Teil III) – geradezu eine Schlüsselstellung zu. Sein angekündigter Vortrag: „Vom Wesen des Rhythmus“ bei der „Tagung für künstlerische Körperschulung“ (1922 in Berlin; s. Kap.: 2.3, Teil III), der später in die gleichnamige Schrift (hg. v. L. Pallat/F. Hilker, 1925) aufgenommen wurde, danach überarbeitet als selbständige, kleine Schrift in mehreren Auflagen erschien, wurde geradezu wegweisend für eine Klärung der Positionen in der Vielzahl entstandener und in Entstehung sich befindender Bewegungssysteme.

Darin formuliert L. Klages: „Der Rhythmus ist eine allgemeine Lebenserscheinung, an der als lebendes Wesen, wie sich versteht, auch der Mensch teilnimmt, der Takt dagegen ist eine menschliche Leistung; der Rhythmus kann in vollkommenster Gestalt erscheinen bei gänzlicher Abwesenheit des Taktes, der Takt dagegen kann nicht erscheinen ohne Mitwirkung eines Rhythmus“.[1]

Daraus mag deutlich werden, daß bei allem Forschen und Fragen, dem sich eine große Zahl von Wissenschaftlern durch die Jahrhunderte hindurch immer wieder gestellt haben, ihr Bemühen einem Suchen nach Klarheit, Deutlichkeit, nach Merkmalen zur Unterscheidung der Phänomene von Rhythmus und Takt galt, deren Ergebnisse sie in Studien, Beiträgen, Schriften zur Theorie und Lehre vom Rhythmus zusammengefaßt haben: E. Meumann (1894); Karl Bücher (1896); H. Riemann (1903); E. Monod/M. Lussy 1912); R. Bode (1923); L. Klages (1925); R. Hönigswald (1926); G. Becking (1928); C. Sachs (1953); T. Georgiades (1958); P. Röthig (1966; 1967; 1990); M. Kugler (2000) u.a.

[1)] Klages, L.: Vom Wesen des Rhythmus, Zürich/Leipzig 1944, S. 23

Sie alle und auch das Bemühen um prägnante Formen von Definitionen zur Begriffsbestimmung des Rhythmus in Lexika und Lehrbüchern, überwiegend der Musik, verweisen auf den Rhythmus als Urprinzip alles Lebendigen und das Angewiesensein des Menschen auf rhythmische Strukturen in allen Lebensbereichen und für ein Finden individueller Lebensordnungen.

Vielleicht wollte auch K. Bücher daran erinnern, indem er formuliert: „Damit schwindet die alte Musik der Arbeit, welche die rhythmisch gehenden Maschinen noch deutlich erkennen ließen, aus den Werkstätten; bei der raschen Bewegung der Triebwerke sind nur noch wirre, ohrenbetäubende Geräusche zu vernehmen, in die man wohl einen Rhythmus hineinhören kann, die aber für unsere Wahrnehmung nicht mehr rhythmisch sind und nur Unlustgefühle erwecken können“.[1]

Auf diese frühe Schrift des Vertreters deutscher Nationalökonomie *Karl Bücher* (1847-1930): „Arbeit und Rhythmus“ (Leipzig 1896) und die Schriften von *Mathis Lussy,* (1828-1910): „Die Kunst des musikalischen Vortrages“ (Leipzig 1909) und „Der musikalische Rhythmus“ (Neuchâtel 1912), bezieht sich E. Jaques-Dalcroze ausdrücklich bei der Suche und dem Fragen nach einer Begründung der Phänomene Rhythmus und Takt als Grundlage zum Aufbau seines rhythmischen Erziehungsweges.

Mit diesem frühen Werk: „Arbeit und Rhythmus“, wurde K. Bücher zu einem sich unterscheidenden Vorläufer für ein Verständnis von Rhythmus, da er, abweichend von anderen wissenschaftlichen Ansätzen, nicht vom Hören und rhythmischen Eindruck ausging, sondern von der Arbeitsbewegung. Ihm wurde es wichtig darauf hinzuweisen, daß auf der primitiven Stufe der Menschheit alle Arbeit rhythmische Form hatte, es überhaupt nur „eine“ Art menschlicher Tätigkeit gegeben habe, „welche Arbeit, Spiel und Kunst in sich verschmilzt“.[2]
Damit möchte er sagen, daß in dieser ursprünglichen Einheit der geistig-körperlichen Betätigung des Menschen es möglich war, die jetzt so verschiedenartigen, fast gegensätzlichen Formen menschlicher Energieäußerung zusammenzuführen durch die verbindende Kraft des Rhythmus. Diesen definiert er als „die geordnete Gliederung der Bewegungen in ihrem zeitlichen Verlauf. Der Rhythmus entspringt dem organischen Wesen des Menschen“.[3]

Interessant ist im weiteren Verlauf die Beweisführung K. Büchers für die Bedeutung des Rhythmus als eines Erziehers der Menschheit durch Jahrtausende hindurch, in allen Völkern, auf allen Wirtschaftsstufen. Der Rhythmus lehrte die Menschen arbeiten, das Notwendige mit Freude zu tun, weckte in der Arbeit die Phantasie, die Freude am Gestalten, womit sich der Rhythmus der arbeitenden Hand auf das bearbeitende Objekt übertrug. Auch lehrte der Rhythmus die Menschen das Gesetz der Ökonomie zu beachten, Kräfte einzusparen, wie andererseits

[1)] [2)] [3)] Bücher, K.: Arbeit und Rhythmus, Leipzig 1919, S. 480; S. 453; S. 454

zu steigern. Durch Automatisierung sich wiederholender Handgriffe und Bewegungen wurden diese selbstverständlicher und der Arbeitsverlauf erleichtert.

Nach K. Büchers Auffassung trifft es – jedenfalls für die einfachen Arbeitsverrichtungen – nicht zu, daß alle sich wiederholende Arbeit dumpf, geisttötend, stereotyp und ermüdend wirken muß. Solange es für den Menschen möglich ist, das Tempo seiner Körperbewegungen mitzubestimmen, d.h. auch diese nach individuellem Bedürfnis zu beenden – denn nur dieses allein gestattet rhythmische Gestaltung der Arbeit, die wiederum befriedigend auf den Menschen zurückwirkt – kann es sich ereignen, daß der Arbeitsrhythmus die Produktivität intensiviert und die Tätigkeit dem Naturmenschen als eine freudevolle Form vernehmbar wird. „Es liegt in der Möglichkeit, ja Notwendigkeit rhythmischer Gestaltung der primitiven Arbeitsprozesse ein mächtiges kulturförderndes Element".[1]

Doch möchte ich an dieser Stelle mit P. Röthig darauf hinweisen, daß Rhythmus und Ökonomie weder sich notwendig bedingende Merkmale einer Bewegung sind noch daraus sich zwingende Rückschlüsse auf eine Leistungssteigerung ziehen lassen. „Die rhythmische Bewegung hat ihren Sinn im Rhythmus, in der durch ihn eigentümlich beseelten Gestaltetheit".[2]

Im weiteren Verlauf weist K. Bücher auf den Arbeitsgesang hin, der es einerseits vermochte, viele Menschen zu einem einzigen Werke zu vereinigen, welches ein einzelner nicht zu bewältigen vermochte; zum andern erkennt er darin zugleich ein sozialisierendes Element gegeben, die Bildung von Gruppe und Gemeinschaft als Voraussetzung jeder höheren Entwicklung verstanden.

Damit sieht K. Bücher alle Voraussetzungen erfüllt, wie sie bei Festen und Feiern und beim Tanze der Naturvölker zum Ausdruck gebracht werden: „automatischer Verlauf der Körperbewegung, Gesang und begleitendes oder bloß taktierendes Instrument".[3] Die Wirkungen des Tanzes jedoch, wie sie sich für ihn zeigen in „großer Ausdauer in den Körperbewegungen und wachsender Schnelligkeit derselben, verbunden mit einer sich steigernden Fröhlichkeit",[4] veranschaulicht K. Bücher am Beispiel der „Ruderfahrten der Südseeinsulaner", die sich noch rhythmisch gestaltete Arbeit bewahren konnten.

„Der Rhythmus aber, wie er Lehrmeister gewesen ist bei allen Anfängen sozialen Lebens, wirtschaftlicher Arbeit, künstlerischen Gestaltens, blieb auch Begleiter, Förderer, Ordner der Arbeit und des Lebens durch die Jahrtausende menschlicher Entwicklung, blieb es, solange überhaupt die Körperbewegung des Menschen das beherrschende Moment der Arbeit gewesen ist".[5]

---

1)3)4) Bücher, K., a.a.O., S. 463; S.461; S.178

2) Röthig, P.: Rhythmus und Bewegung, Schorndorf/b. Stuttgart 1967, S. 40

5) Dohrn, W.: Die Aufgabe der Bildungsanstalt Jaques-Dalcroze. In: Der Rhythmus, Jahrbuch 1, Jena 1911, S. 8/9

K. Bücher beschreibt sehr genau, wie eine zunehmende Differenzierung der Werkzeuge, der Einfluß und Gebrauch „künstlicher Arbeitsinstrumente", dem Menschen einen immer wieder erneuten Prozeß der Anpassung abverlangt und schließlich hinführt zu Arbeitsteilung und einer berufsmäßigen Gestaltung der Arbeit. Damit „bildete sich für jedes Handwerk sozusagen ein eigener Arbeitstakt aus, der nicht selten sich auch dem Wesen derjenigen mitteilte, die es ausübten, und oft in ihrer ganzen Körperhaltung und -bewegung zu erkennen ist".[1]

Mit zunehmender Technisierung jedoch, der Entwicklung von Maschinen – die in ihren ältesten Modellen noch „rhythmischen Gang haben, indem sie sozusagen die Hand- und Armbewegung des bisherigen Arbeitsverfahrens bloß nachahmen"[2] – geht das Bestreben dahin, jeglichen „toten Gang auszuschalten",[3] den Arbeitsprozeß zu verkürzen, zu rationalisieren, auf eine möglichst hohe Produktionsleistung hin auszurichten, ohne weitere Berücksichtigung der Rhythmisierung menschlicher Arbeitskraft.

War bis dahin der Einzelmensch belebt und behütet von dem Rhythmus seiner Beschäftigung, war diese äußere Ordnung Voraussetzung seines inneren Gleichgewichtes, war der Mensch bis dahin mitgestaltend an der Form seiner Arbeit beteiligt, unmittelbar in den Prozeß der Arbeit einbezogen, „(so) ist der arbeitende Mensch (nun) nicht mehr Herr seiner Bewegungen, das Werkzeug sein Diener, sein verstärktes Körperglied, sondern das Werkzeug ist Herr über ihn geworden; es diktiert ihm das Maß seiner Bewegungen: das Tempo und die Dauer seiner Arbeit ist seinem Willen entzogen; er ist an den toten und doch so lebendigen Mechanismus gefesselt".[4]

Daraus mag verständlich werden, daß das Element des Rhythmus, das über Jahrtausende dem Menschen eine Orientierung ermöglichte, nicht einfach aus der Lebens- und Arbeitswelt herauseliminiert werden konnte. Die geballte Ursprünglichkeit, die dem Rhythmus innewohnt als Urkraft alles Lebendigen, mag auch in den Bestrebungen der Jugendbewegung mit einem Bedürfnis nach Natürlichkeit, einer Nähe zur Natur, dem Bedürfnis nach Bewegung, Rhythmus, Lied, Spiel und Tanz; den Bestrebungen einer Reform der Leibeserziehung deutlich werden und bestätigt auch die Aussage K Büchers: „Wo aber die Arbeit körperliche Bewegung erfordert, da strebt sie auch, wo immer sie sich in gleichmäßiger Dauer fortsetzt, nach rhythmischer Gestaltung und wird immer danach streben".[5]

Von diesem Werk K. Büchers: „Arbeit und Rhythmus" (Leipzig 1896), gingen starke Impulse und Anregungen zu erneutem Überdenken einer Position des Rhythmus für menschliche Entwicklung und menschliche Lebensbereiche aus.

Formuliert K. Bücher einerseits, anknüpfend an E. Hanslick: „In unserer Erziehung spielt der Rhythmus keine Rolle mehr; bei den Körperbewegungen wird er kaum beachtet, und selbst in der Tonkunst ist er sehr hinter Melodie und Harmonie

1) 2) 3) 4) 5) Bücher, K., a.a.O., S. 479; S. 480; S. 481

zurückgetreten, daß sogar Musikgelehrte Miene machen, ihm nur eine Nebenrolle zuzuerkennen",[1] so muß er andererseits feststellen, „nicht minder erfreulich war mir, daß praktische Bestrebungen wie diejenigen der rhythmischen Gymnastik bei dem Buche Anlehnung und Unterstützung gefunden haben, daß die Musiker im In- und Auslande seinem Inhalt Beachtung schenkten, und daß selbst ein Tanzlehrer es lohnend fand, für seine Berufsgenossen einen Auszug desselben zu veröffentlichen".[2]

Mathis Lussy (1828-1910), Komponist, Pianist, Klavierpädagoge, dessen Lehre von einer „Theorie des Rhythmus und des musikalischen Vortrags" E. Monod, als profunder Kenner der Lehre M. Lussy's in ihren zentralen und wegweisenden Gedanken zusammenfassend dargestellt hat in der Schrift: „Mathis Lussy und der musikalische Rhythmus" (als Denkschrift für M. Lussy durch den S.T.V. bei ihm in Auftrag gegeben; uns einsichtig in dt. Übersetzung v. F. Karmin, Neuchâtel 1912), die ich hier im besonderen meinen Ausführungen zugrundelegen möchte.

E. Röthlisberger (Vorsitzender des S.T.V.) würdigt am 20. Mai 1911, am Tage des Aufstellens einer Gedenktafel für Mathis Lussy in dem Dorfe Les Planches über Montreux die Persönlichkeit dieses Menschen und Musikers in den Worten: „Es gibt in der Welt Leute, die mehr Lärm verursachen, als ihre Bedeutung rechtfertigt. Das ist die Regel. Das Gegenteil ist die Ausnahme. Mathis Lussy war eine solche. Hat nun ein Land das Glück, solche Ausnahmen zu besitzen, so erwächst ihm die Pflicht, sie zu ehren. Mathis Lussy hat keine aufsehenerregenden Erfolge gesucht. Ohne sich darum zu kümmern, was die Leute sagen, hat er einer Idee gelebt".[3]

Als Denker und Forscher, praktizierender Musiker, vor allem als Künstler von einem „geläuterten Empfindungsvermögen"[4] hat M. Lussy durch ein ganzes Leben hindurch, an der Idee einer Konzeption eines Lehrbuches des musikalischen Ausdrucks gearbeitet, das nahezu alle Regeln und Gesetze des musikalischen Vortrags und Gestaltung des Ausdrucks be-

1) 2) Bücher, K., a.a.O., S. 458; S. VII

3) 4) Monod, E.: Mathis Lussy und der musikalische Rhythmus, Neuchâtel 1912, S. 5/6; S.6

inhalten sollte, eine Vorstellung, die sich in Teilen erfüllen konnte, durch seine Schrift: „Traité de l'expression musicale", die er 1873 zum ersten Mal veröffentlichen konnte; uns heute einsichtig in einer fünften Auflage und dt. Übersetzung von F. Vogt mit dem Titel: „Die Kunst des musikalischen Vortrags. Anleitung zur ausdrucksvollen Betonung und Tempoführung in der Vocal- und Instrumentalmusik" (Leipzig 1886).

Ein Werk, das große Beachtung fand bei namhaften Musikern und Musikwissenschaftlern der Zeit, u.a. bei F.A. Gevaert (1828-1908; Direktor des Königl. Konservatoriums in Brüssel, dem M. Lussy diese Schrift widmet); H. Riemann (1849-1919; ab 1908 Direktor des Institutes f. Musikwissenschaft in Leipzig; Verfasser des „Riemann-Musiklexikon", das erstmals 1882 erschien).

> Lieber Herr Lussy!
>
> Ich bin hoch erfreut, zu erfahren, dass der „Traité de l'expression" vollendet ist. Es ist eine bemerkenswerthe, originelle, wirklich nützliche Arbeit; Sie haben darin zum ersten Male die Grundprinzipien des Ausdrucks und der Diktion in der Musik formulirt . . .
>
> Ich nehme mit Vergnügen die Widmung desselben an und verspreche Ihnen alles, was mir möglich ist, für dessen Ausbreitung in der musikalischen Welt zu thun. Seien Sie der grössten Sympathie versichert von Seiten
>
> Ihres ganz ergebenen
>
> *F. A. Gevaert.*

M. Lussy erhielt zwölfjährig durch den Geistlichen Abbé Businger (Organist in Stans), der sein einziger Instrumentallehrer war, Unterricht im Klavierspiel; wurde achtzehnjährig von den Patres in Einsiedeln zu einem Studium der Medizin nach Paris gesandt, wo er sich dann schließlich doch der Musik zuwandte, die ihn mehr fesselte, seinen Neigungen, Fähigkeiten, Begabungen mehr entsprach.

Abbé Businger hatte ihm Empfehlungsschreiben für mehrere Musiker mitgegeben, mit denen er zu A. Adam (1803-1956), zu A.A.E. Elwart (1808-1877) kam und einen Lehrkurs von Chevé besuchte, dem Erfinder einer Notenschrift in Ziffern auf Rousseau'scher Grundlage. Im Kloster Picpus bot man ihm nach Abschluß dieser Studien als Klavierpädagogen die Nachfolge des berühmten Ravina an, eine Lehrtätigkeit, die M. Lussy vierzig Jahre lang innehatte. Hier veröffentlichte er bereits 1863 sein erstes Werk: „Übungen, vom Schüler zu komponieren, aufzuschreiben und auszuführen", mit dem er Pianisten der Zeit wie F. Liszt (1811-1886), S. Thalberg (1812-1871), J. Mocheles (1794-1870), A.F. Marmontel (1816-1898) u.a. auf sich aufmerksam machte.

E. Jaques-Dalcroze entnimmt für seine Methode der rhythmischen Erziehung diesem Werk die Anregung, die Dur-Skala und die Moll-Skala mit gleichem Vorzeichen in Zusammenhang zu stellen und diese vom gleichen Grundton aus zu beginnen, sowie die Beschreibung und Unterscheidung von metrischem, rhythmischem und pathetischem Accent.

E. Jaques-Dalcroze verdankt ihm auch wertvolle Anregungen für den musikalischen Vortrag, die er besonders berücksichtigt in: „Methode Jaques-Dalcroze, Teil III": „Phrasierung und Nuancierung", Paris/Neuchâtel/Leipzig 1907 (dt.

Bearbeitung v. P. Boepple); und geradezu zu einem Basissatz für seine Methode wurde ihm die Erkenntnis, daß aller musikalischer Ausdruck physiologische Grundlagen habe.

Diese Aussage regte E. Jaques-Dalcroze zum einen zu der Formulierung an: „Alle musikalischen Fehler haben eine physische Ursache und daher auch physische Mittel sie zu kurieren",[1] zum andern fühlte er sich darin bestätigt, für die zeitliche Bewegung der Musik eine entsprechende räumliche durch den menschlichen Körper zu suchen.

Von E. Monod wird E. Jaques-Dalcroze sogar als Schüler und direkter Nachfolger, auch „Fortsetzer" der Lehre M. Lussys bezeichnet (F. Jaques-Dalcroze erhielt seit 1889 bei M. Lussy in Paris Unterricht), dem die Aufgabe vorbehalten war, das Werk M. Lussys weiterzuführen, zu konkretisieren.
Konnte M. Lussy selbst nur einen Teil des vorgenommenen Werkes zum Abschluß bringen und aufzeichnen, so „(war) dessen Urbarmachung in weiterer Ausdehnung seinem Schüler und Fortsetzer Herrn Dr. Jaques-Dalcroze"[2] vorbehalten.

Wie sehr sich E. Jaques-Dalcroze M. Lussy verbunden fühlte, mag auch aus zahlreichen Hinweisen in seinen Schriften deutlich werden und auch aus einer Aufführung mit seinen Studierenden in Genf in Zusammenhang mit der Errichtung eines Monumentes für M. Lussy kurz nach seinem Tode im Jahre 1910. Der Ertrag dieser Aufführung (neunhundert SFR) wurde dem S.T.V. zur Verfügung gestellt, veranlaßte diesen zu der zuvor erwähnten Gedenktafel und der Denkschrift, bei E. Monod in Auftrag gegeben: „Mathis Lussy und der musikalische Rhythmus" (Neuchâtel 1912).

M Lussy ist einer der ersten Musiker und Musiktheoretiker, der den Versuch machte, Regeln aufzustellen, die einer sachlichen musikalischen Interpretation eines Musikwerkes hilfreich sein könnten; sein ganzes Leben hat er dieser Idee gewidmet und an einer „Grammatik des musikalischen Vortrags" gearbeitet. Freilich ist er nicht dazu gelangt, ein solches „Gesetzbuch von streng aufeinander gefolgerten Artikeln" zu schaffen. Und selbst dann, wenn M. Lussy dieses hätte fertigstellen können, würde es für die Entwicklung einer Künstlerpersönlichkeit wie für eine individuelle Auffassung, Gestaltung und Interpretation eines Musikwerkes immer nur eine Anregung bedeuten können; niemals aber würde es einem Interpreten möglich sein, ein ganzes Buch vorgeschriebener Regeln zu beachten. Er wollte mit seiner Lehre vor allem ausübende Musiker aufmerksam machen auf musikalischen Ausdruck und Rhythmus, auf Dynamik und Agogik, sinnvolle musikalische Zäsuren, Phrasierungen, Pausen, auf richtige Betonung und Akzentuierung.

---

1) Jaques-Dalcroze, E.: Der Rhythmus als Erziehungsmittel für das Leben und die Kunst, Basel 1907, S. 18

2) Monod, E., a.a.O., S. 35/36

So sind M. Lussys Hinweise wie: – Jede Nuance, jede Betonung hat ihre Berechtigung; – die melodische Phrase muß in Zusammenhang mit der Harmonisierung betrachtet werden und mit ihrer rhythmischen Wiedergabe ein organisches Ganzes bilden; – die Melodie ist zwar in ihrem Bau der gesprochenen Rede vergleichbar, doch übernimmt sie niemals diese so verschiedenartigen Einschnitte, wie sie in der Schrift durch Beistriche, Punkte, Gedankenstriche u.a. angedeutet werden, als Rüstzeug für den Künstlerpädagogen zu verstehen. Sie dienen der Erleichterung der Analyse musikalischer Werke, der Einführung in musikalische Gestaltung und Interpretation, wie sie ebenso die Selbständigkeit des Schülers fördern und seinen musikalischen Geschmack bilden und ausbilden sollen.

Im Zentrum seiner Lehre steht die Auseinandersetzung mit den Phänomenen Rhythmus und Takt als Grundlage jeglichen Musizierens und musikalischen Gestaltens. Er faßt Rhythmus auf als eine von zusammengehörenden Tönen gebildete Gruppe, an deren Bildung alle Elemente der Musik, mit Ausnahme der Klangfarbe Anteil haben und definiert: „Rhythmus entsteht, wenn stärkere und minder starke Töne in solcher Weise aufeinander folgen, daß in regelmäßigen Zeitabständen eine Note im Ohre den Eindruck einer Rast oder eines Stillstandes hervorbringt".[1]

Damit will er sagen, daß Töne, Melodien, Akkorde, als Bestandteile eines musikalischen Werkes, untereinander Gruppen bilden, deren Abgrenzung von allen Elementen der Musik beeinflußt wird. So ist es beispielsweise dem Musiker möglich, in einem Musikstück, ohne Anweisung in Bezug auf Tempo und Dynamik, diese Gruppierung mit Hilfe der verhältnismäßigen Dauer der Töne, der Eigenart der melodischen Linie, der Harmonie und der häufigen Wiederholung derselben Formeln zu erkennen. Innerhalb dieser Gruppierung sieht M. Lussy eine Hierarchie, die er, bei der kleinsten beginnend, als Einschnitte, Rhythmen, Perioden und Phrasen benennt. Diese Teilungen werden dem Hörenden durch agogische und dynamische Veränderungen (Tempo, Tonstärke) verständlich gemacht, wobei unter den dynamischen Veränderungen die Akzente eine besondere Erwähnung erhalten.

Hier unterscheidet M. Lussy den „Daueraccent" (durch Dauer des Tones bestimmt); den „melodischen Accent" (durch seinen Ort in der melodischen Linie bestimmt); den „harmonischen Accent" (durch seine harmonische Bedeutung bestimmt); weiterhin „Accente der Aussprache" (Musik und Wort); „Accente des Ausdrucks" (Gemütsinhalt, deskriptive Bedeutung der Musik) und die „rhythmischen Accente," die „Iktus-Accente" („Iktus" bezeichnet die Betonung der ersten und letzten wichtigen Note eines Rhythmus), die „Einschnitts-Accente" sind.
Erwähnte ich zuvor, daß E. Jaques-Dalcroze dieser Theorie die Bezeichnungen des metrischen, rhythmischen und pathetischen Akzentes entnimmt, so möchte ich

[1]Monod, E., a.a.O., S. 32

hier einfügen, daß M. Lussy dem Instinkt den metrischen, der Intelligenz den rhythmischen und der Empfindung den pathetischen Accent zuordnet.

Um den Begriff *Takt* zu erklären, weist M. Lussy auf eine messende Funktion, eine „Mass-Einheit“ hin und kommt darüber zu dem Bestreben des Menschen nach Regelmäßigkeit gehörter Eindrücke, das er mit „metrischem Sinn“ bezeichnet. So z.B. strukturiert der hörende Mensch das Ticken eines Metronoms, das Läuten einer Domglocke, indem er dies etwa in Zweiergruppen zusammenfaßt.

M. Lussy erklärt diesen Vorgang mit den Worten: „Die Auffassungsfähigkeit für und der Drang nach metrischer Regelmäßigkeit ist ein in den Tiefen unseres Wesens wurzelnder Instinkt“.[1] Damit sieht er den Menschen dazu befähigt, durch Bewegung der Glieder Zeiteinteilungen vorzunehmen und „Einheiten“ zu schaffen, verdeutlicht in den Worten: „Unsere Glieder sind sozusagen Pendel, welche wie die physischen, nur in Schwingung zu geraten brauchen, um sich regelmäßig zu bewegen. Unser Gang wie alle physische Arbeitstätigkeit, hat ein natürliches Streben zur Regelmäßigkeit, weil diese die unausbleibliche Ermüdung verzögert“.[2] Und an anderer Stelle präzisiert er: „Denn in den Muskelbewegungen überhaupt haben wir den Ursprung des Zeitmasses zu suchen und der Tanz ist es, der logischerweise vor Allem metrischen Instinkt und metrische Intelligenz in Anspruch nimmt“.[3]

Damit kommt er über das „mittlere Einheitsmass“ der Dauer von Tönen zur Erklärung von Takt, Taktteil, Taktschlagen, metrischen Teilstrichen in der Musik und formuliert: „Zwei oder mehr Taktteile vereinen sich, um einen Takt zu bilden. So bildet denn der Takt die natürliche Dauereinheit“.[4] M. Lussy nimmt die Unterteilung der Taktteile an, die Zusammenfügung von Takten zu metrischen Gruppen höherer Ordnung verwirft er; für ihn haben alle ersten Taktteile einer Periode die gleiche Bedeutung.

Konnte er schon früh zeigen, daß man vier Einheiten gleicher Dauer zu einem Takt zusammenfassen kann, wobei lediglich der erste Teil einer Betonung bedarf – E. Monod meint, daß man M. Lussy das Verdienst zuschreiben kann, den Viervierteltakt „entdeckt“ zu haben – so erkennt er jedoch nur Takte von zwei, drei und vier Einheiten an und erst E. Jaques-Dalcroze hat „als Erster in Theorie und Praxis wirkliche fünf-, sechs-, sieben-, acht- und neunteilige Takte (eingeführt), d.h. solche, in welchen alle Teile gleichen Wert besitzen und nur das Erklingen des ersten Taktteils unter metrischer Betonung geschieht“.[5]

So ist es letztlich der Rhythmus selbst, „der, wenn er metrisch ist, den Hörer verleitet, in einer bestimmten Weise den Takt zu schlagen (d.h. Takteinheiten anzudeuten). Dies entspricht dem Grundsatz Lussys: „Der Rhythmus bestimmt den Takt“.[6]

---

[1] [2] [3] [4] [5] [6] Monod, E., a.a.O., S. 61; S. 63; S. 67; S, 74; S. 84

Ein Beispiel soll dies verdeutlichen: Nimmt sich ein Tonsetzer etwa vor, eine Melodie in einem 5/4-Takt zu schreiben, so darf diese nicht etwa auch die Interpretation einer anderen Taktart zulassen, z.B. eines 3/4- und eines 2/4-Taktes (*Negativ-Beispiel*), sondern muß „metrisch vollkommen unzweideutig" einen 5/4-Takt hörbar machen (*Positiv-Beispiel*).

Negativ-Beispiel:[1]

Positiv-Beispiel:[2]

So mögen uns die frühen Schriften M. Lussy's Einsicht geben in die Unermüdlichkeit seines Forschens und Fragens nach den Gesetzen musikalischer Vortragskunst und „zwei Dinge für immer mit seinem Namen verknüpft (bleiben): Erstens der außerordentlich wirksame Vorstoß, dem er dem Studium sorgfältiger und lebendiger Wiedergabe erteilt (mit dem er die Herausgabe von Klassiker-Ausgaben beeinflußt hat); zweitens die neue Richtung, die er diesem Studium dadurch gegeben, daß er zeigte, wie umfassender der Begriff des Rhythmus als der des Taktes".[3]

Emile Jaques-Dalcroze (1865-1950), der in all seinem Denken und Handeln wie theoretischen Auseinandersetzungen eigentlich immerzu und unmittelbar mit dem Phänomen des Rhythmus in seiner ganzen Komplexität konfrontiert war, das geradezu sein gesamtes Werk durchzieht, hat sich in einem Beitrag: „Rhythmus, Takt und Temperament" (1919) ausdrücklich mit diesen Begriffen auseinandergesetzt und kommt darin zu besonders klaren Begriffsbestimmungen.

„Der Takt ist ein intellektuelles Prinzip. Er regelt die Abfolge und die Verbindung der Lebenselemente auf mechanische Weise; wogegen Rhythmus das Leben in seiner ureigenen Gestalt und ganzen Fülle zum Ausdruck kommt. Der Takt wird verstandesmäßig berechnet, der Rhythmus intuitiv erfaßt. Es ist wichtig, daß durch die metrische Regulierung der fortlaufenden Bewegungen, aus denen der Rhythmus besteht, ihre eigentümliche Art und Beschaffenheit nicht gefährdet werde".[4]

Im weiteren Verlauf dieses Beitrages stellt E. Jaques-Dalcroze dem Takt den Rhythmus gegenüber und kommt zu der Formulierung:

„Rhythmus ist ein irrationales Prinzip, das seine Quelle im elementaren Lebensgefühl hat. Nur eine Pflege der ursprünglichen Instinkte, eine vollständige Umwandlung des Wesens durch eine Neuerziehung des Nervensystems kann unseren Bewegungsorganen jene Schlagfertigkeit, jene federnde Spannung und Schnellkraft

---

1) 2) 3) Monod, E., a.a.O., S.84; S. 118

4) Jaques-Dalcroze, E.: Rhythmus, Takt und Temperament. In: Rhythmus, Musik und Erziehung, Basel 1921, S. 200

geben, deren ungehemmtes Spiel allein fähig ist, die Äußerungen unseres Gefühlslebens mit Rhythmus zu beseelen".[1]

Diese Aussage wird ganz deutlich und plastisch, wenn E. Jaques-Dalcroze die Wirkungen einer einseitigen Orientierung an Takt und Taktschemata weiterführt und in die Worte faßt: „Mit dem Takt schafft sich der Mensch ein Instrument, das in manchen Fällen zuletzt die Herrschaft über ihn selber gewinnt, die Dynamik und die Agogik seiner Bewegungen beeinflußt und seine Persönlichkeit zum Sklaven eines konventionellen Mechanismus macht".[2]

Dazu gibt er einige Beispiele, mit denen er zu erklären versucht, daß selbst eine „wunderbar geregelte Maschine" keinen Rhythmus besitzt, sondern dieser ein taktmäßiger Gang zugrunde liege; daß die Bewegungen, mit denen ein Arbeiter seine zu verrichtende Tätigkeit ordnet, noch nicht den Rhythmus seiner Arbeit sichert, und weiterhin erwähnt er die Schrift eines Kopisten, die den Eindruck mechanischer Regelmäßigkeit und Unpersönlichkeit hinterläßt, während die eines Schriftstellers den Rhythmus seines Temperamentes (darunter versteht E. Jaques-Dalcroze das Wechselspiel der leiblichen und geistigen Rhythmen) zum Ausdruck bringt. Macht das Versmaß lediglich den Takt des Verses deutlich, so hängt sein Rhythmus von der Natur des Gedankens ab, von seinem inneren Feuer, von seinen irrationalen Qualitäten.[3]

E. Jaques-Dalcroze sieht ebenso wie viele andere Künstler und Wissenschaftler der Zeit, daß durch die hohe Industrialisierung mit all ihren Erscheinungsformen eine Fülle individueller Züge menschlichen Lebens eingeschränkt, reduziert, verlorengegangen ist. So z.B. auch das rhythmische Empfinden, zum einen verstanden als Grundqualität menschlichen Lebens, zum andern verstanden als Strukturelement eines Arbeitsprozesses. „Heutzutage hat die Maschine das Handwerk verdrängt und der Mensch ist der Diener dieser Maschine geworden. Statt die Arbeit zu beherrschen, ist er nunmehr ihr Sklave geworden".[4]

Wird in diesem Gedankengang der Ansatz K. Büchers deutlich, auf dessen Schrift: „Arbeit und Rhythmus" (Leipzig 1896) sich E. Jaques-Dalcroze ausdrücklich bezieht, so erkennt er selbst seine Aufgabe darin, den natürlichen Rhythmus, der in dem Menschen des „modernen Lebens"[5] verkümmert ist, diesem wiederzugeben, und in dem nachfolgenden Zitat wird zugleich M. Lussys Verständnis von „Rhythmus" sichtbar, „der als einer der Allerersten die Grundgesetze der Physiologie des Rhythmus aufgestellt hat".[6]

„Eine einsichtig geleitete Erziehung muß in ihrer Gesamtheit jene Trieb-, Schwung- und Spannkräfte wiedererwecken, die den eingeborenen Rhythmus des einzelnen Menschen ausmachen. Weiterhin wird es ihre Aufgabe sein, die spontanen Bewegungen zu ordnen, die unzweckmäßigen auszuschalten, ihrem Zusammen- oder ihrem Wechselspiel Maß und Harmonie zu geben. Das Studium des Rhythmus ist

[1] [2] [3] [4] [5] [6] Jaques-Dalcroze, E.: Rhythmus, Musik und Erziehung, Basel 1921, S.202; S. 201; S. 200/201; S. 63; S. 93

körperlicher Art und entwickelt die unbewußten Äußerungen des Temperaments. Das Studium des Taktes hängt ab von Verstand und Urteilskraft und entfaltet das Kontrollvermögen. Ohne Takt zu schwingen und dann im Takte sich auszudrücken: darin liegt die Eigenart des Menschen und des vollkommenen Künstlers".[1]

E. Jaques-Dalcroze hat seine Methode der Rhythmisch-musikalischen Erziehung in einem sechsbändigen umfassenden Werk in den Jahren 1906 bis 1921 unter dem Titel: „Methode Jaques-Dalcroze" aufgezeichnet und in dem Verlag Sandoz Jobin & Cie , Paris/Neuchâtel/Leipzig herausgegeben (ein Werk, das uns in dt. Übersetzung, besorgt v. P. Boepple zur Einsicht zur Verfügung steht): Bd. I: Rhythmische Gymnastik (1906); Bd. II: Studium des Notenplanes/Solfeggien (1907); Bd. III: Tonleitern und Tonarten. Phrasierung und Nuancierung (1907), dazu Übungsbücher für Schüler (1907, 1911); Bd. IV: Die Intervalle und die Akkorde (o.J.); Bd. V: Die Improvisation und die Klavierbegleitung (o.J.),[2] dazu Kompendium: „Cours D' Improvisation, Melodies a harmoniser" (1918); Bd. VI: Die belebte Plastik (o.J.).

Dieses groß angelegte Gesamtwerk E. Jaques-Dalcrozes, verstanden als Grundlagenwerk, bei dessen Konzipierung und Strukturierung Nina Gorter unschätzbare Hilfe leistete (von E. Jaques-Dalcroze zur stellvertretenden Schulleiterin der „Bildungsanstalt für Musik und Rhythmus Jaques-Dalcroze" in Hellerau berufen), gilt es in den nachfolgenden Kapiteln differenzierter darzustellen und zu beschreiben, nach einer vorangestellten Einsicht in die „Grundlinien der deutschen Rhythmusbewegung", die den Kontext der Entstehung erhellen mag.

2. Grundlinien der deutschen Rhythmusbewegung I

An dieser Stelle möchte ich meine Ausführungen auf den Zeitabschnitt vom ausgehenden 19. Jahrhundert bis zum Beginn der Kestenberg-Reform 1919 begrenzen, bzw. dem Neubeginn aller bis hierher beschriebenen Ansätze und Bestrebungen am Ausgang des ersten Weltkrieges 1919/1920 und auf Entwicklungslinien, wie sie sich in Deutschland abzeichneten. Weisen zwar die einzelnen Schulen, in ihren schon sichtbar gewordenen Ansätzen und Schwerpunkten, Unterschiede auf, so läßt sich doch als Gemeinsamkeit in Entwicklung und Aufbau, gleichsam als Zentrum oder Mittelpunkt der je eigenen fachlichen Arbeit innerhalb entstehender Rhythmiksysteme die Thematik der „Polarität von Geist und Körper", als einer Verbindung von Innen und Außen, durch den Rhythmus gegeben, erkennen.

„Das Thema ist: Die Beseelung des Körpers, die Verkörperung des Geistes. Deshalb spielt die Musik in allen rhythmischen Schulen eine zwar nicht immer gleich bewertete, aber doch allzeit wichtige Rolle. Der musikalische Rhythmus wirkt als mächtige Elementarmacht von außen auf das Innere und zwingt dieses Innere, sich

1) Jaques-Dalcroze, E., a.a.O., S. 63

2) Bd. IV, Bd. V der 'Methode Jaques-Dalcroze' (vorgesehene Bände, die jedoch nicht erschienen sind; Auskunft Institut Jaques-Dalcroze, Genf; Hinweis M. Kugler)

als Körperbewegung zu äußern. Musik hebt die Gegensätze auf, sie schenkt Ganzheit und Freiheit".[1]

Diese junge Rhythmus- und Körperkultur, parallel entstanden zu Jugendbewegung, dem englischen Sport, Jazz und Richtungen des modernen Tanzes in Deutschland und Amerika, ist auch als Antwort auf die zunehmende Technisierung und Zivilisierung nahezu aller Lebensbereiche mit Mechanisierung, Ökonomisierung, Rationalisierung zu verstehen, wie sie über Amerika und Deutschland hereinbrach, ohne daß diese auf eine solche Dimension ausreichend eingestellt und vorbereitet waren.

Die junge amerikanische Gymnastik, die für Deutschland besondere Bedeutung erhielt, entstand als Protest gegen die nicht mehr zu übersehenden seelen- und leibfeindlichen Tendenzen der Industriegesellschaft, die mit ihren technisch-kapitalistischen Zwängen das freie Individuum immer mehr bedrohten. Diese Situation wurde auslösend für die amerikanische Körperkultur, durch die sich vor allem die amerikanische Frau emanzipierte. „Die Vertreterinnen der jungen amerikanischen Tanz- und Körperkultur wünschten, daß die nach ihrer Ansicht körperlich und seelisch degenerierten Zeitgenossen wieder hingeführt würden zu einer 'ideal humanity'„.[2]

Es sind vier Amerikanerinnen, die auf die deutsche Rhythmusbewegung Einfluß nahmen; – Isadora Duncan und Elizabeth Duncan; Geneviéve Stebbins und Bess M. Mensendieck – und in ihren Ansätzen auf die Lehre F. Delsartes zurückgreifen.

Francoise Delsarte (1811-1871), dessen Haupterfolge in der Erneuerung der Gesangs- und Schauspielkunst zu sehen sind, äußerte selbst einmal, daß er die exakt feststellbaren Beziehungen zwischen seelischer und körperlicher Bewegung wieder entdeckt habe und lehrte, daß jede Empfindung an einem ganz bestimmten Körperglied lokalisiert und durch eine bestimmte Bewegung realisiert werden könne. Entsprechend gab er dem Körper eine Einteilung in drei Hauptzonen: *Kopf* als erste Zone (Ausdruck alles Geistigen); *Rumpf* als zweite Zone (Ausdruck von Empfindung und Willen); *Gliedmaßen* als dritte Zone (Ausdruck der Tätigkeit), die er wiederum in je drei Abteilungen untergliederte, denen er bestimmte Ausdruckswerte zuschrieb.

F. Delsarte nahm an, daß jede Bewegung dem Ausdrucksgesetz unterliege und nur durch Übungen, die den Ausdruck berücksichtigen, es möglich sei, eine gleichmäßige Entwicklung von Körper, Geist und Seele zu erreichen; er begründete also die Ausdrucksgymnastik. Er übte in Frankreich eine ausgedehnte Lehrtätigkeit aus, kam jedoch nicht dazu, das von ihm gesammelte Material zu einem wirklichen System auszuarbeiten; ein großer Teil seiner schriftlichen Aufzeichnungen ging verloren.

[1) 2)] Günther, H.: Historische Grundlinien der deutschen Rhythmusbewegung. In: Bünner, G./ Röthig, P. (Hg.): Grundlagen und Methoden rhythmischer Erziehung, Stuttgart 1971, S. 34; S. 35

Erst einer seiner Schüler – Steele Mac Kaye – machte es sich zur Aufgabe, die Gedanken F. Delsartes in die Praxis zu übertragen und die Delsarte-Schülerin G. Stebbins ist als eine Hauptvertreterin dieses Systems anzusehen, zugleich Verfasserin des Buches: „The Delsartes System of Expression" (New York 1885). Sie schulte, entsprechend der Lehre Delsartes, jedes Glied einzeln, schrieb jeder Ausdrucksbewegung feste Gesetze zu, wobei sie als das wichtigste Gesetz das der „Opposition" herausbildete, eine spiralige Bewegung des ganzen Körpers, auch als „klassische Haltung" bezeichnet; sie machte aus Delsartes Theorie und Praxis ein allgemeines Bewegungs- und Bildungssystem.[1]

„Es ging ihr um die Formung und Steigerung der menschlichen Ausdruckskraft. Sie wollte die Seele erlösen und den Körper befreien. Zwar waren ihre Übungen noch vorwiegend statisch, aber sie schuf eigene musikalische Kompositionen, welche den Ausdruckswillen, das Ausdrucksvermögen stimulieren und wecken sollten.
Bei G. Stebbins waren im Kern schon alle Elemente beieinander, die wenige Jahre später in der deutschen Rhythmik zur Einheit verschmolzen wurden: Musik, Innerlichkeit, Natürlichkeit, Spontaneität, Körperbewegung, Ausdruckserlebnis. Allerdings war für G. Stebbins der Körper Diener des Willens, Instrument des Geistes".[2]

Ihr System fand in Amerika große Anerkennung und Pflege und nahm im besonderen durch die Schwestern I. und E. Duncan über Bess M. Mensendieck Einfluß auf die frühe Zeit der Entwicklung der Rhythmik in Deutschland. 1908 wurde dieses durch Hedwig Kallmeyer, eine ihrer Schülerinnen, nach Deutschland getragen, wo diese in Berlin ein „Institut für harmonische Körper- und Ausdruckskultur" begründete. Sie formuliert als Ziel ihres Systems einer „harmonischen Gymnastik" – zu dessen Aufbau die drei Elemente zählen: Atmung, Entspannung, Muskelentspannung – „eine völlige Durchbildung des ganzen Körpers des Menschen zu Gesundheit und Ausgeglichenheit, dem Gesetz der Rückwirkung auf Seele und Geist entsprechend, demzufolge in einem gesunden und harmonisch ausgebildeten Organismus die höheren Fähigkeiten und guten Charaktereigenschaften im Menschen einen fruchtbaren Boden finden".[3] Zur Einbeziehung der Musik führt sie aus, daß in der harmonischen Gymnastik der Rhythmus der Bewegungen aus dem Körper selbst entwickelt und die Musik als Begleitung zu den Bewegungen verwandt wird, da der Körper in seinen Bewegungen selbst Musik sein soll.

Noch kurz sei an dieser Stelle Werk und Wirken der Bess M. Mensendieck erwähnt, deren erstes Buch: „Körperkultur des Weibes" (1906) zu einem Grundlagenwerk für alle entstehenden Bewegungssysteme wurde. Mit ihrem physiologisch-funktionell-hygienischen System wollte sie im Gegensatz zu allen anderen Systemen der Gymnastik „Alltagsbewegungen" geübt wissen. Dieses System umfaßt eine Fülle von äußerst exakt erdachten lokalisierten Muskelübungen, mit

[1) 2)] S. Günther, H., a.a.O., S. 35; S. 39

[3)] Menzler, D.: Harmonisches Gymnastik-System Stebbins-Kallmeyer.
In: Wicke, R. (Hg.): Sprechen, Singen, Musik, Leipzig 1914, S. 104/105

denen letztlich hingezielt werden soll auf die „wohlgebildete und wohlgebaute, die schöne und freie Frau".[1]
Gilt es auch kritisch anzumerken, daß ihr System eine „Verdokterung und Bewegungsarmut" [2] darstellt, so hat sie doch beim Aufbau auf die Bedeutung des Beckens und der Lendenwirbelsäule für die Körperhaltung hingewiesen, bezeichnet mit dem Begriff „Zentrale" (die „Beckenschaukel" als ausgleichende Übung verstanden, die in alle Gymnastiksysteme eingegangen ist); ein Beitrag, „der allein (schon) genügte, um ihr System hochzuschätzen".[3]

Die Mehrzahl ihrer Schülerinnen hat sich später dem Tanz zugewandt. So z.B. Hedwig Hagemann und Dorothee Günther (1896-1975), die 1924 in München eine eigene Schule gründete, zunächst unter dem Namen „Bund für angewandte und freie Bewegung", die ab 1931 als „Güntherschule" staatlich anerkannt war als Ausbildungsstätte, „die die verschiedensten Zweige der Bewegungs- und Musikerziehung in sich vereinte".[4] Innerhalb dieser Ausbildungsstätte ergab sich eine enge Zusammenarbeit mit Carl Orff (1895-1982), dem Schöpfer und Urheber des musikpädagogischen Instrumentalwerkes, dem „Orff-Schulwerk" und der Tänzerin Maja Lex (1906-1990).
Sie ist aus der Güntherschule hervorgegangen, war Leiterin, Choreographin und Solotänzerin der Tanzgruppe, mit der sie 1934 zur Gestaltung von Tanzabenden für die Festspiele in Rom, Pisa, Florenz verpflichtet wurde. Sie prägte diese mit einem ihr eigenen Tanzstil, den sie kennzeichnet „durch die Vielfalt rhythmischer, dynamischer, formaler und raumbezogener Inhalte".[5] Ihre reichen Erfahrungen gab sie später lehrend innerhalb eines Studienganges, bezeichnet mit „Elementarer Tanz" an der Deutschen Sporthochschule in Köln weiter; ein Auftrag und eine Aufgabe, die sie bis in ihre späte Lebenszeit hinein inne hatte; ein tänzerisches und tanzpädagogisches Lebenswerk, das bis in diese späte Zeit des zwanzigsten Jahrhunderts weitergeführt wird durch Graziela Padilla, eine ihrer ersten Studierenden und Absolventinnen.

„Als *Isadora Duncan* (1878-1927) – Schülerin von G. Stebbins – 1903 in Deutschland auftrat, wurde sie gefeiert als wahrhafte Löserin, Erlöserin und Befreierin".[6] Mit ihren großen Tanzschöpfungen, expressiv, barfuß getanzt, löste sie geradezu Revolutionen aus. Sie füllte allabendlich große Theater (z.B. in München und Berlin) mit einem begeisterten Publikum, das ihr triumphale Ovationen entgegenbrachte.
Vor allem die Kreise der Künstler erhofften sich von ihren Tanzabenden eine Bereicherung der Armut des Kunsttanzes. Man sah mit Toleranz Über körperliche Unzulänglichkeiten mancher Bewegungen hinweg, erblickte hinter allem die Ur-

---

[1)6)] s.Günther, H., a.a.O., S. 39; S. 36
[2)3)] Diem, C.: Theorie der Gymnastik, Berlin 1930, S. 61; S. 60
[4)5)] Lex, M.: Die Herkunft des Elementaren Tanzes - Ein Zeitdokument. In: Padilla, G.: Inhalt und Lehre des Elementaren Tanzes. In: Bannmüller,E./Röthig, P.(Hg.): Grundlagen und Perspektiven ästhetischer und rhythmischer Bewegungserziehung, Stuttgart 1990, S. 245; S. 255

bilder von griechischen Statuen, griechischer Vasenmalerei, auch italienischer Renaissancekunst und begeisterte sich an dieser Entfesselung des Körpers aus den engen Vorschriften der überlieferten Ballettkunst und der Verwendung in künstlerischer Freiheit zum Dienste am Schönen. E. Jaques-Dalcroze beschreibt seine Eindrücke in den Worten:

„Wer z.B. Isadora Duncan einmal aus der Nähe beobachtet hat, wird gemerkt haben, daß sie zu einem Adagio selten im Takte geht; daß sie jeden Augenblick einen oder mehrere unfreiwillige Schritte zu der vom Tonsatz vorgeschriebenen Schrittzahl hinzufügt. Das beruht darauf, daß sie die Verlagerung körperlichen Gleichgewichts von einem Bein aufs andere nicht in allen verschiedenen Gangarten regeln kann. Sie beachtet die Gesetze der Schwere nicht, die auf dem Gebiet der körperlichen Plastik zu Gesetzen des Gleichgewichts werden“.[1]

Aus Kreisen der Musiker brachte man I. Duncan insgesamt weniger Verständnis entgegen. Sie suchten nach inneren Zusammenhängen zwischen Tänzen und Bewegungsgestaltungen und den zur Begleitung ausgewählten Musikkompositionen. Darin mag auch begründet liegen, daß sie nicht mehr als Anregung für diese Zeit sein konnte. Sie verwandte zwar „vornehmste, edelste, tiefsinnigste Musik“[2] zu ihren Tanzgestaltungen, doch blieb offen, ob diese Auswahl im Hinblick auf Bewegung getroffen war. Sie entfachte damit eine große Diskussion unter den Musikern, die schließlich deutlich machte, daß ein wesentlicher Unterschied bestehe zwischen einer Musik, die getanzt werden kann, und einer solchen, die von ihrem Schöpfer aus der Vorstellung plastischer Verkörperung komponiert wurde. Daraus ergab sich der Basisgedanke: „Daß diese künstlerische Bewegung des Körpers aus der Musik als Nährquelle gespeist wird, also künstlerischer Tanz aus der Musik geboren wird“,[3] ein Gedanke, den man dann einige Jahre später geradezu greifbar und erlebbar bei den Präsentationen der Hellerauer Schulfeste verwirklicht sah.
So hat I. Duncan „nichts Dauerhaftes geschaffen, sie war nur Wirkung und Anstoß, sie hat jedoch den Boden vorbereitet für die kommende schöpferische Rhythmusbewegung“.[4]

Ihre Schwester Elizabeth Duncan gründete 1904 in Berlin die erste Rhythmusschule in Deutschland, die 1912 nach Darmstadt übersiedelte, nach dem ersten Weltkrieg in das Schloß Wildpark bei Potsdam und schließlich in das Schloß Klessheim bei Salzburg.
Diese Schule verfolgt das Ziel, die „unbefangene Lebensganzheit dem Kinde zu erhalten, sie der heranwachsenden Jugend, der sie verloren ging, als Vorstellung wenigstens wiederzugewinnen“.[5] Das System körperlicher Schulung umfaßt:

---

1) Jaques-Dalcroze, E.: Die Wiedergeburt des Tanzes (1912). In: Rhythmus, Musik und Erziehung, Basel 1921, S. 156

2) 3) Storck, K.: Emile Jaques-Dalcroze. Seine Stellung und Aufgabe in unserer Zeit, Stuttgart 1912, S. 74; S. 76

4) Günther, H., a.a.O., S. 39

5) Merz, M.: Die Erneuerung des Lebens- und Körpergefühls. In: Pallat, L./Hilker, F. (Hg.): Künstlerische Körperschulung, Breslau 1925, S.14

1. Zwei Arten körperlicher Tätigkeit, a) diejenige, bei der der Zweck der Tätigkeit außerhalb ihrer selbst liegt, das ist „Arbeit"; b) diejenige, bei der die Tätigkeit Selbstzweck ist, das ist „freie Bewegung"; 2: Die freien körperlichen Bewegungen mit Turnen-Gymnastik, Sport, Spiel, Tanzen, wobei „allein beim Tanzen der rhythmischen Gestaltung der Bewegungen primäre Bedeutung (zukommt), da diese im Drange nach rhythmischer Bewegung und nach innerem Erleben rhythmischer Bewegtheit ausgeführt werden".[1] Schon im frühesten Kindesalter wurde mit dieser neuen Erziehung begonnen, durch die sich die in der Zeit lebenden Menschen in ihren tiefsten Sehnsüchten angesprochen fühlten. „Die Schule E. Duncan war reinster Jugendstil",[2] stellt H. Günther fest; hinter ihr verbarg sich eine neue Weltanschauung. „Die Duncan-Kinder tanzten jenen kosmischen Rhythmus, den der Philosoph L. Klages etwa 1905 als neue Welt- und Lebens-Schau verkündete".[3]

Mit all diesen Ansätzen und Entwicklungen und den in der Zeit zwischen 1890 und 1900 veröffentlichten theoretischen Werken: E. Meumann: „Untersuchungen zur Psychologie und Ästhetik des Rhythmus" (1894); K. Bücher: „Arbeit und Rhythmus" (1896); Chr. Kirchhoff: „Dramatische Orchestik der Helenen" (1898), war in Deutschland um 1910 der Boden bereitet zu einer Rhythmus-Bewegung, die von dem Schweizer Musiker, Musiktheoretiker und Musikpädagogen, Emile Jaques-Dalcroze (1865-1950), in den Jahren 1910 bis 1914 begründet und manifestiert wurde. „Er wurde zum eigentlichen Vater der deutschen Rhythmik";[4] mit seinem Werk und Wirken hat er einen entscheidenden Beitrag geleistet zu einem Durchbruch einer „rhythmischen Kultur", für ein neues Verständnis allgemeiner Erziehung, Bewegungserziehung und Musikerziehung.

Da sich die folgenden Kapitel im besonderen mit E. Jaques-Dalcroze und der von ihm entwickelten „Methode Jaques-Dalcroze" auseinandersetzen, möchte ich hier abschließend auf die Einflüsse der Arbeit E. Jaques-Dalcrozes im Bereich des künstlerischen Tanzes hinweisen.

Hier ist *Suzanne Perrotet* (1889-1983) zu nennen, eine der Begründerinnen des modernen Ausdruckstanzes, vor allem eine bedeutende Pädagogin der Rhythmisch-musikalischen Erziehung, Schülerin und Mitarbeiterin an der „Bildungsanstalt für Musik und Rhythmus Jaques-Dalcroze" in Dresden-Hellerau (1910-1914), die schon 1909 das Diplom am „Institut de Gymnastique Rythmique" bei E. Jaques-Dalcroze in Genf erworben hatte; die zu den Studierenden und Lehrenden gehörte, die E. Jaques-Dalcroze auf seinen Vortragsreisen begleiteten und die Vorträge durch Präsentationen aus der Arbeit der Rhythmisch-musikalischen Erziehung ergänzten.

Sie erweiterte später ihre tänzerischen Fähigkeiten durch choreographische Studien bei R. von Laban in München und gründete 1918 eine eigene Schule in Zürich.

[1) 2)] Merz, M.: Die Erneuerung des Lebens- und Körpergefühls. In: Pallat, L./Hilker, F. (Hg.): Künstlerische Körperschulung, Breslau 1925, S.14; S. 17

[3) 4)] Günther,H., a.a.O., S. 39; S. 40

Stationen ihres bewegten Lebens sind Genf, Hellerau, Wien, Ascona (Monte Verita), Zürich, Orte, an denen sie den Menschen begegnen konnte, die nach neuen Lebensformen und Formen des Ausdrucks in den Bereichen der Kunst suchten.

Mary Wigman (1914-1961), eine der großen Künstlerinnen und Wegbereiterinnen des deutschen Ausdruckstanzes, die 1910 nach Dresden-Hellerau ging, um dort ihre tänzerischen Fähigkeiten zu erweitern, gehörte dort zu dem Kreis der Studierenden, die auch bei S. Perrotet Unterricht erhielten. Auch sie setzte ihre tänzerischen Studien bei Rudolf von Laban (1879-1958; Bühnenkünstler, Tänzer, Choreograph) in München fort, wo sie bereits 1913 erstmals vor die Öffentlichkeit trat. Sie entwickelte in der Folgezeit einen eigenen Tanzstil, begründete in Berlin eine Ausbildungsstätte, später in Dresden in der Bautzener Straße 107; ein Ort, der heute mit der Semperoper kooperiert, an dem, bezeichnet als „Kleine Szene", Tanzabende u.a. Veranstaltungen der künstlerischen Szene stattfinden.

Gret Palucca (1902-1993) ging als eine der größten Tänzerinnen aus ihrer Schule hervor. Sie gründete 1925 eine private Tanzschule, kurz nachdem sie die Tanzgruppe ihrer Lehrererin Mary Wigman verlassen hatte und ihr als Solotänzerin erste ungewöhnliche Erfolge zuteil wurden. Die „Palucca Schule", heute am Basteiplatz 4 in Dresden angesiedelt, ist die einzige eigenständige Tanzhochschule Deutschlands, die die Diplomstudiengänge: Bühnentanz, Choreographie, Bühnentanz- und Tanzpädagogik unter einem Dach vereint; sie feierte im Jahre 2000 (v. 13. Juli bis 16. Juli) mit einer Festveranstaltung von großer künstlerischer Vielfalt ihr 75jähriges Bestehen.

Die Polin *Miriam Ramberg* (1888-1982) wurde vor allem von den Lehrern I. Duncans beeinflußt. Sie lehrte und studierte ab 1910 drei Jahre an der Schule von E. Jaques-Dalcroze in Dresden-Hellerau, war dort mit M. Wigman eine seiner bedeutendsten Schülerinnen. Sie tanzte bei S. Diaghilew (1872-1929), dem Ballets Russes, studierte bei E. Cecchetti und J. Astafjewa, eröffnete in London eine eigene Tanzschule. Die Aufführungen des „Ballett Rambert" gab jungen Tänzern und Choreographen Gelegenheit, eigene Tanzschöpfungen zu zeigen. Gemeinsam mit Ninette de Valois gilt sie als eine der Schöpferinnen des modernen britischen Balletts.

Valeria Kratina (später Kratina-Köhler 1892-1983), Choreographin, Ballettmeisterin, studierte an der Schule von E. Jaques-Dalcroze in Dresden-Hellerau, R. von Laban in München und lehrte an der „Schule Hellerau-Laxenburg Schloß Laxenburg bei Wien" (1925-1930), war dort auch Leiterin der Tanzgruppe, mit der sie mehrere Europatourneen unternahm.

Rosalia Chladek (1905-1995) wurde ihre unmittelbare Nachfolgerin als Lehrende der „Schule Hellerau-Laxenburg Schloß Laxenburg bei Wien" und Leiterin der Tanzgruppe, der sie zuvor als Mitglied angehört hatte. Sie studierte 1921-1924 an der Schule von E. Jaques-Dalcroze in Dresden-Hellerau, debüttierte 1924 als Solotänzerin des „Freien Tanzes" im Künstlerhaus in Dresden, und entwickelte im Verlauf ihres tänzerischen Lebens eine eigene tänzerische Bewegungserziehung, das „System Rosalia Chladek".

Hinweisen möchte ich noch auf Entstehung und Aufbau eines Zentrums deutscher Rhythmusbewegung, das sich seit 1910, neben Dresden-Hellerau, in München konstituierte. Seine Gründung geht zurück auf *Rudolf von Laban* (1879-1958), der als Tänzer und Choreograph zu einer Tanzschrift, die „Kinetographie Laban", auch „Labanotation" hinfand; der durch seine von ihm geschaffenen Tanzdramen, Ballette und Laienbewegungschören (erstmals 1923 in Hamburg zur Aufführung gebracht), Bühnenkünstler in aller Welt aufhorchen ließ; der als Tanztheoretiker mit reichem Schrifttum einen wesentlichen Beitrag zu Grundlagenwerken des Tanzes beitrug: „Die Welt des Tänzers" (Stuttgart 1920); „Gymnastik und Tanz" (Oldenburg 1926); „Des Kindes Gymnastik und Tanz" (Oldenburg 1926). Als Begründer des deutschen Ausdruckstanzes ließen sich viele Tänzer und Tänzerinnen durch seine Tanzsprache anregen, suchten in seiner Schule Erweiterung ihrer tänzerischen Fähigkeiten.

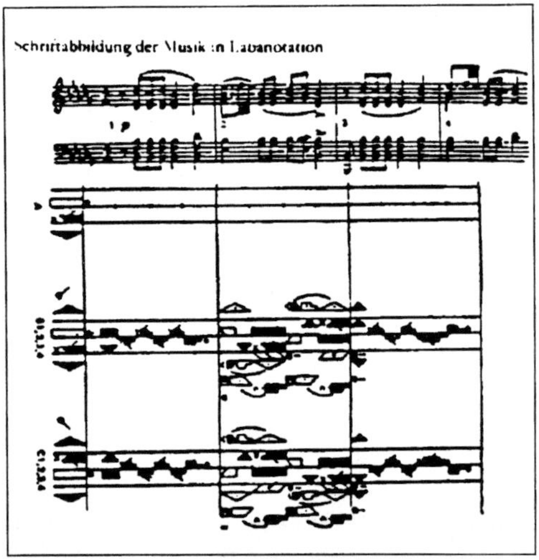

Diesem frühen Zentrum deutscher Rhythmusbewegung gehörte auch L. Klages (1872-1956) an, der erste Rhythmusforscher, Begründer einer „irrationalen Rhythmusphilosophie", auch H. Brandenburg, (Dichter, Tanzhistoriker und Rhythmiker zugleich), und R. Bode (1881-1970), der 1911 zu den ersten Absolventen der „Bildungsanstalt für Musik und Rhythmus Jaques-Dalcroze, in Dresden-Hellerau gehörte und noch in demselben Jahr in München eine eigene Schule, die „Bode-Schule", begründete.

R. Bode wurde durch die Theorie von L. Klages und M. Palagyi entscheidend angeregt und beeinflußt und beruft sich im besonderen auf die Theorie von L. Klages zur Argumentation gegen das Dalcroz'sche Verständnis von Rhythmus und Takt (s. Kap.: 2.1, Teil III).

Doch würdigt R. Bode das Wirken und Schaffen E. Jaques-Dalcrozes in den Worten:

„Das große und bleibende Verdienst von Jaques-Dalcroze besteht darin, daß er Musik und Körperbewegung wieder zusammengebracht hat, nicht nur zum Heile der Musik, die nur auf diesem Wege von der gänzlichen Rationalisierung wieder abgedrängt werden kann, sondern um des Lebens willen. Die Musik ist eines der stärksten Mittel, den Rhythmus wieder aktiv zu machen, indem sie das Rationale zurückdrängt und die Bewegungen wieder dem Strom des Lebens zuführt".[1]

So möchte ich im weiteren die Persönlichkeit, den Musiker, den Komponisten, den Musikpädagogen Emile Jaques-Dalcroze (1865-1950), den „Entdecker" des Rhythmus für die Körperbewegung, das Leben und die Kunst, den Schöpfer und Urheber der „Methode Jaques-Dalcroze", uns heute bekannt als Rhythmik, als Rhythmisch-musikalische Erziehung, charakterisieren, beschreiben, darstellen, der mit seinen Gedanken und Vorstellungen von Bildung und Erziehung weit über seine Zeit hinaus, durch das Jahrhundert hindurch und das nachfolgende hinein, gewirkt hat.

3. Emile Jaques-Dalcroze – Begründer und Urheber der Rhythmisch-musikalischen Erziehung

3.1 Zeittafel zum Leben und Wirken Emile Jaques-Dalcrozes

1865

(6. Juli) Emile-Henri, Sohn des Jules-Louis-Lucien Auguste Jaques und seiner Frau Julie, geb. Jaunin, in Wien geboren (die Familie Jaques war in dem Schweizer Ort Sainte-Croix im Kanton Vaud beheimatet, die Familie Jaunin-Béranger in Yverdon);

1870

(10. Jan.) Geburt der Schwester Héléne, der späteren Biographin von E. Jaques-Dalcroze, Verfasserin des Werkes: „Emile Jaques-Dalcroze – sein Leben und sein Werk" (Genf 1950; hier trägt die Autorin den Namen Brunet-Lecomt);

1871

Emile-Henri Jaques erhält ersten Klavierunterricht, besucht regelmäßig Konzertveranstaltungen im Stadtpark von Wien.

1875

Übersiedlung der Familie Jaques nach Genf, wo Emile verschiedene Schulen besucht, Unterricht am Konservatorium erhält, an dem Oscar Schulz, Henry Ruegger, Hugo de Senger zu seinen Lehrern zählen; wo er Philippe Monnier kennenlernt, den späteren Librettisten seiner Bühnenwerke;
wo er die erste Sammlung seiner Chansons „Refrains belletriens" veröffentlicht;

1884

Siedelt E. Jaques-Dalcroze nach Paris über mit dem Entschluß, ein Studium der

[1] Bode, R.: Das rhythmische Problem und die Methode Jaques-Dalcroze. In: Wicke, R. (Hg.): Sprechen, Singen, Musik, Leibzig 1914, S. 103

Musik wie des Schauspiels aufzunehmen; lernt er die großen Musiker: G. Charpentier; P. de Breville; E. Chausson kennen, werden L. Delibes, G. Faure, A. Lavignac und Marmontel seine Lehrer im Studium der Musik, neben Schauspielunterricht bei Talbot von der Comédie-Francaise;

1886

Folgt E. Jaques-Dalcroze der Einladung eines Freundes, als zweiter Dirigent mit nach Algier zu reisen, wo er durch die Rhythmen arabischer Volksmusik wertvolle Anregungen für seine spätere Tätigkeit erhält;
Hier erreicht ihn die Nachricht eines Pariser Verlegers, der für eine Veröffentlichung seiner Chansons eine Veränderung des Familiennamens zur Bedingung macht, da dieser Verlag noch einen weiteren Komponisten seines Namens hatte, worauf E. Jaques – in Ableitung vom Heimatort seines Vaters, Sainte-Croix – seinem Namen den Künstlernamen Dalcroze hinzufügt;

1887

Übersiedlung nach Wien, wo E. Jaques-Dalcroze an der Akademie für Musik und Darstellende Kunst ausgezeichneten Unterricht in den Fächern Klavier, Harmonie, Kontrapunkt, Komposition erhält; zu seinen Lehrern zählen H. Graedener, A. Prosnitz, R. Fuchs, A. Bruckner;

1889

Rückkehr nach Genf, zur Aufführung seiner Werke am Konservatorium, unterbrochen durch Zwischenaufenthalte in Paris, wo er Unterricht bei dem Schweizer Musikwissenschaftler und Pianisten M. Lussy erhält;

1891

Folgt E. Jaques-Dalcroze der Berufung zum Lehrer für Musikgeschichte, später Harmonielehre und Musiktheorie an das Genfer Konservatorium, wo er sich mit der Umorganisierung und Neueinrichtung der Solfége-Kurse beschäftigt;

1899

Heirat mit Maria-Anna Starace, genannt Nina Faliero, die später seine Chansons in eine größere Öffentlichkeit hineinträgt;

1902

Gestaltet E. Jaques-Dalcroze ein Festspiel anläßlich des einhundertjährigen Bestehens des Kantons Vaud, hält an verschiedenen Orten der Schweiz Referate über die Notwendigkeit einer rhythmischen Erziehung, ermöglicht ihm der Direktor des Konservatoriums in Genf, Ferdinand Held, die Einrichtung einer Sonderklasse für rhythmische Erziehung;

1903

Zeigt E. Jaques-Dalcroze im Rahmen der Tonkünstlerversammlung des Allgemeinen Deutschen Musikvereins in Basel, während des Festbanketts, Übungen und Gestaltungen aus der Arbeit der rhythmischen Erziehung mit einer Gruppe von Kindern;

1905

(1. und 2. Juli) legt er bei der VI. Tagung des S.T.V. in Solothurn seine „Vorschläge zur Reform des musikalischen Schulunterrichts" vor;

1906

Erscheint der erste Teil der „Methode Jaques-Dalcroze: Rhythmische Gymnastik" bei Sandoz, Jobin & Cie in Neuchâtel; führt Jaques-Dalcroze einen Einführungskurs in rhythmischer Erziehung in Genf durch; führen die Aufführungen seiner Kinderlieder „Enfantines et chansons des gestes“ zu großem Erfolg; begegnet E. Jaques-Dalcroze A. Appia, dem späteren Mitarbeiter des Institutes in Hellerau;

1907

Führen E. Jaques-Dalcroze Vortragsreisen mit Präsentationen in verschiedene Städte Deutschlands; erscheint der zweite Teil seiner Methode: „Studium des Notenplanes“ und der dritte Teil: „Tonleitern und Tonarten. Phrasierung und Nuancierung“; leitet er vom 1. bis 15. Aug. eine Kursveranstaltung in rhythmischer Erziehung in Genf, an der vorwiegend Schweizer Pädagogen teilnehmen;

1909

Geburt des einzigen Kindes Gabriel-Emile; Vortragsreisen mit Präsentationen in Hellerau; Referat mit Präsentationen seiner Studierenden zu dem Thema: „Musikalisch-rhythmische und ästhetische Gymnastik“ bei der Tonkünstlerversammlung des Allgemeinen Deutschen Musikvereins in Stuttgart;
worauf E. Jaques-Dalcroze eine Einladung zu einem zwei- bis dreimonatigen Vortragskurs an die Stuttgarter Hof-Oper erhält und eine seiner besten Schülerinnen als Lehrerin an das Stuttgarter Konservatorium verpflichtet wird;

1910

Gastveranstaltung an drei aufeinander folgenden Abenden an der Königlichen Hochschule für Musik in Berlin, die durch eine Vermittlung von K. Storck zustandekommen konnte und den Ausschlag gab für eine Berufung nach Deutschland;
(Juli) Ernennung zum Dr. h.c. durch die Universität Genf; Übersiedlung nach Deutschland, wo am 17. Okt. bereits das erste Schuljahr im Rahmen des noch nicht fertiggestellten Institutes in Hellerau mit einem Unterricht im Ständehaus in Dresden beginnt;

Findet (1./2. Okt.) in Basel ein Musikpädagogischer Kongreß statt, der aufgrund der Initiative von P. Boepple zustandekommen konnte, bei dem für den ersten Tag Demonstrationen der Methode der rhythmischen Erziehung vorgesehen waren, die E. Jaques-Dalcroze mit einer Gruppe seiner Studierenden übernahm;

1911

(22. April) Grundsteinlegung zu der „Bildungsanstalt für Musik und Rhythmus Jaques-Dalcroze“ in Hellerau bei Dresden;
(Okt.) Aufnahme des ersten Unterrichts in dem Institut selbst;

1912

Vortragsreisen durch England, wo 1913 P.B. Ingham eine „London School of Dalcroze Eurhythmics“ begründet;
(4.bis 6. Juni) erstes Schulfest in Hellerau;

1913

(13. bis 29. Juni) zweites Schulfest in Hellerau mit der vollständigen Aufführung des Werkes: „Orpheus und Eurydike“ von Ch. W. Gluck;

1914

Rückreise E. Jaques-Dalcrozes in die Schweiz, um dort ein Fest zu gestalten; „Reimser Protest“, der es ihm unmöglich machte, nach Deutschland zurückzukehren;

Tod des geschäftsführenden Leiters Dr. W. Dohrn; Ausbruch des ersten Weltkrieges;

1919

Leitung einer Kursveranstaltung in rhythmischer Erziehung in Paris an der „L'Ecole normale des musique";
führt das Erziehungsdepartement des Kantons Genf die rhythmische Erziehung versuchsweise in drei Klassen der Primarschulen ein, als Wahlfach in zwei Klassen der oberen Töchterschule;

1922

Beginnt E. Jaques-Dalcroze mit der Anwendung der rhythmischen Erziehung in therapeutischen Arbeitsfeldern, spezifisch der Arbeit mit Blinden;

1926

(16. bis 18. Aug.) findet in Genf der erste Rhythmik-Kongreß statt mit einer großen Zahl von Teilnehmenden vieler Nationen; wird die „L'Union internationale des Professeurs de la methode Jaques-Dalcroze" (U.I.P.D.) begründet, deren Präsident E. Jaques-Dalcroze wird;

1928

Rhythmische Erziehung wird an den Grundschulen der Stadt Genf fast offiziell eingeführt;
wird der Dalcroze-Bund gegründet, der mit der Int. Gesellschaft in Genf kooperiert;

1929

Erhält E. Jaques-Dalcroze eine Auszeichnung mit dem Verdienstkreuz und eine Ehrenbürgerschaft durch das Land Frankreich; führt er offiziell die Methode der rhythmischen Erziehung an der Musikhochschule Stuttgart ein;

1930

Erteilt E. Jaques-Dalcroze Unterricht am Konservatorium in Stockholm, kommt er zu einer Gründung des Dalcroze-Bundes in Japan;

1935

Findet eine große Zahl von Veranstaltungen anläßlich seines siebzigsten Geburtstages statt, wird ihm ein goldenes Buch durch die Schüler des Genfer Institutes überreicht mit 10.500 Signaturen von Schülern, Freunden, Förderern aus der ganzen Welt;

1936

Verleihung der Ehrendoktorwürde durch die Universität Chicago; erster Kongreß der I.G.f.M. Prag – begründet durch L. Kestenberg – mit Grundsatzfragen einer „modernen Musikerziehung", bei dem E. Jaques-Dalcroze einen achttägigen Kurs in rhythmischer Erziehung leitet;

1945

Veranstaltung einer großen Zahl von Festlichkeiten anläßlich des achtzigsten Geburtstages von E. Jaques-Dalcroze; Verleihung der Ehrendoktorwürde durch die Universität Lausanne;

1946

(1. April) Tod der Maria-Anna Jaques-Dalcroze, geb. Faliero; (Nov.) Verleihung des Preises für das Fach Musik durch die Stadt Genf;

1947

Anerkennung einiger Dalcroze-Schulen im In- und Ausland (Schweden, England, Amerika) als die besten Musikschulen; Reintegration der Methode der rhythmischen Erziehung in die Hochschule für Musik Berlin; Verleihung der Ehrendoktorwürde durch die Universität Clermont-Ferrand;
Gründung eines Allgemeinen Fördervereins des Institutes Jaques-Dalcroze in Genf, dessen Vorsitz Frank Martin 1948 übernimmt; erhält E. Jaques-Dalcroze den ersten Musikpreis, einen von der Stadt Genf geschaffenen Preis für Musik, Malerei und Dichtung, bei dessen Verleihung E.Ansermet mit dem Orchestre de la Suisse Romande die Variationen von E.Jaques-Dalcroze über das Lied „La Suisse est belle" aufführt;

1950

(1. Juli) Tod des Emile Jaques-Dalcroze in Genf; die Stadt Genf kauft das „Institut Jaques-Dalcroze Genéve", Rue de la Terrassiere 44 und übergibt es der „La Fondation Jaques-Dalcroze";
(4. Juli) Begräbnisfeierlichkeiten in der Cathedrale Saint-Pierre, bei denen ihm Ehrungen zuteil werden wie einem großen Politiker;

1958

Benennung einer der größten Straßen in Genf mit:
Boulevard
Emile Jaques-Dalcroze
(1865-1950, Musicien genevois)

3.1.1 Zur Persönlichkeit Emile Jaques-Dalcrozes

Aus der Fülle biographischer Notizen, wie sie in einem reichen Schrifttum in vielen Einzelinformationen zu finden sind und den wenigen Biographien über E. Jaques-Dalcroze möchte ich an dieser Stelle einige wesentliche Aspekte dieser vielseitigen Persönlichkeit von großer Ausstrahlung und Gestaltungskraft herausstellen.

E. Jaques-Dalcroze war Waadtländer, stammte aus der romanischen Schweiz, das ist erwähnenswert, da K. Storck, einer der bekanntesten Kultur- und Musikschriftsteller am Anfang des zwanzigsten Jahrhunderts; Verfasser einer Biographie über E. Jaques-Dalcroze, in den Jurabewohnern der Schweiz eine besondere Ausgewogenheit von romanischen und germanischen Kulturelementen gefunden hat. Daraus erklärt er Jaques-Dalcrozes Verständnis deutscher Harmonik, verbunden mit einem starken Formgefühl des feinnervigen Empfindens des Romanen, wie auch das Verständnis für seine Methode in den germanischen Ländern.
Ebenso charakteristisch ist für ihn die Leichtigkeit der körperlichen Geste, wie sie für die romanischen Völker typisch ist, die angeborene rhythmische Beweglichkeit, die Anmut in der gesamten körperlichen Lebensform; Dispositionen, die K. Storck als besonders günstig ansieht für ein Zurückgewinnen einer „Beseelung körperlicher Rhythmen" und eine Entwicklung und Verbreitung der rhythmischen Erziehung, wie sie sich durch die Arbeit E. Jaques-Dalcrozes in Hellerau (1910-1914) bestätigen konnte.[1]

E. Jaques-Dalcrozes Verdienst liegt in seiner Entdeckung, einer Wiederentdeckung oder, wie er selbst formuliert, einer „Wiedergeburt des Rhythmus"[2] als einer Urkraft oder Gesetzlichkeit, wie sie allem Lebendigen innewohnt. „Ihm wurde seine Entdeckung geschenkt, geschenkt von dem über den Zeiten waltenden Geist, der dafür sorgt, daß eine Entdeckung dann gemacht wird, wenn sie ein Glied sein kann in der unendlichen Kette menschlicher Aufwärtsentwicklung, der auch dafür sorgt, daß sie von dem gemacht wird, der sie am besten verwerten kann",[3] formuliert F. van Eeden.

E. Jaques-Dalcroze selbst faßt diesen Gedanken zusammen: „Die rhythmische Erziehungsmethode ordnet und entwickelt alles in allem ja nur Ideen, die schon längst in der Luft liegen".[4]

---

1) S. Storck, K.: Jaques-Dalcroze. Seine Stellung und Aufgabe in unserer Zeit, Stuttgart 1912, S. 4/5

2) Jaques-Dalcroze, E.: Rhythmik und bewegte Plastik. In: Rhythmus, Musik und Erziehung, a.a.O., S. 171

3) Gutachten und Ratschläge zu den Schulfesten. In: Der Rhythmus, Jahrbuch 2, hg. von der Bildungsanstalt Jaques-Dalcroze, Jena 1912, S. 97

4) Jaques-Dalcroze, E.: Die Rhythmik und die Musikkomposition (1915). In: Rhythmus, Musik und Erziehung, a.a.O., S. 105

Er erkannte die verbindende, gliedernde, ordnende und gestaltende Kraft des Rhythmus in ihrer Bedeutung für die Kunst, die Pädagogik, das Leben, die Entwicklung der Individualität und Persönlichkeit des Menschen. Er erkannte, daß der aufgrund ökonomischer Entwicklungen sonst durch das Handwerk und handwerkliche Tätigkeiten naturgegebene Rhythmus verlorengegangen war, sah die Zeit als entrhythmisiert an, übertrug den Begriff der Arhythmie als Fachterminus der Musik auf das alltägliche Leben, sprach von „neurasthenischem Zeitalter",[1] erkannte das Nebeneinander der Künste, die mangelnde Beweglichkeit in der Pädagogik, der es an einem schöpferisch-künstlerischem Element fehlte, und schließlich in dem menschlichen Körper das Ausdrucksmittel, das „Musikinstrument par excellence",[2] dem die Fähigkeit innewohnt, musikalische Zeit, musikalische Gliederung, musikalische Ausdrucksgehalte, musikalisches Geschehen durch Bewegung im Raum sichtbar zu machen.

W. Dohrn formuliert in seiner Ansprache zur Grundsteinlegung der „Bildungsanstalt für Musik und Rhythmus Jaques-Dalcroze" in Dresden-Hellerau am 22. April 1911 das Verdienst und die zeitgeschichtliche Bedeutung Jaques-Dalcrozes in den Worten:

„Jaques-Dalcroze hat die Bedeutung des Rhythmus für die persönliche Entwicklung des Menschen entdeckt. Diese Kraft, die bisher sozusagen als blinde Naturkraft, oft erheiternd, belebend und reinigend wie in der Musik; oft ökonomisch und kraftsparend wie in jedem Arbeitsrhythmus; oft auch verheerend, wie in den Zuständen rhythmischer Ekstasen, von denen die Jugendgeschichten aller Völker berichten – diese Kraft für die Menschheit und ihre künftige Entwicklung gewonnen, so gewonnen zu haben, daß wir sie beherrschen und verwerten können, daß sie das Lebendige im Menschen befruchtet, ordnet, erhöht, das bleibt das Ergebnis, die eigentliche unverlierbare Leistung von Jaques-Dalcroze, die über das beschränkte Wirkungsgebiet des Musikers, des Pädagogen oder irgendeines Spezialisten, der eine neue Methode erfindet, weit hinausgeht".[3]

Die Ausstrahlung der Persönlichkeit E. Jaques-Dalcrozes wie die seines Wirkens war von großer Vielfalt und Vielseitigkeit. Seine künstlerischen Begabungen lassen ihn zum einen als Komponisten einer großen Zahl von Chorwerken, Violinkonzerten, Kammermusiken, Klavierkompositionen und zahlreichen Liedkompositionen hervortreten, zu denen er oftmals selbst die Texte verfaßte, mit denen er große Anerkennung und Beachtung fand. Erwähnen möchte ich hier die „Chansons romandes", die in der Schweiz Volksgut wurden; die „Gebärdenlieder", die er eigens für seine Studierenden am Genfer Konservatorium schrieb, und die Kinderlieder „Enfantines et chansons des gestes", die in zahlreichen Aufführungen immer wieder den allergrößten Beifall fanden. Diese sind so sehr aus

---

1) Jaques-Dalcroze, E.: Die Schule, die Musik und die Freude (1915). In: Rhythmus, Musik und Erziehung, a.a.O., S. 107

2) Jaques-Dalcroze, E.: Rhythmik und bewegte Plastik, a.a.O., S.178

3) Dohrn, W.. Die Aufgabe der Bildungsanstalt Jaques-Dalcroze. In: Der Rhythmus, Jahrbuch 1, hg. von der Bildungsanstalt Jaques-Dalcroze, Jena 1911, S. 4/5

dem kindlichen Bewegungsbedürfnis heraus empfunden und der Lebenswelt des Kindes abgelauscht, so daß sie alle als Bewegungsspiele zu bezeichnen sind. Sie beweisen den feinen Sinn des Komponisten für eine unmittelbare Verbindung von Ton und Bewegung und ein sensibles Einfühlungsvermögen und Kenntnis von der Psyche des Kindes.

Zum andern ist es seine große pianistische Begabung, vor allem seine Fähigkeit zu improvisieren, zu harmonisieren, aus der heraus er es vermochte, ganze Stimmungsbilder in Klangbilder zu transferieren, die vor allem in seiner musikpädagogischen Tätigkeit zu einer tragenden Kraft wurde.
Alle Berichte, die von einer Begegnung E. Jaques-Dalcrozes erzählen, schildern diese außergewöhnliche Fähigkeit musikalischer Gestaltung am Klavier als ein besonderes Erlebnis. M.A. van Scheltema: „Wer das Glück gehabt hat, Jaques-Dalcroze musizieren zu hören, der hat wahrhaft rhythmisches Klavierspiel erlebt. Er spielte werkgetreu und doch erfüllt von sprühendem Leben“.[1] Fürst S.M. Wolkonsky (Intendant der Kaiserlichen Theater in St. Petersburg): „Ich sah manchmal Kinder im Unterricht, die sich kaum vor Lachen halten konnten. Wenn er einen einzelnen aufruft, paßt er zuweilen die Musik den charakteristischen Zügen dessen an, den er für diese bestimmte Übung gewählt hat. Dann hören wir etwa eine schwerfällige oder eine witzige oder eine kecke Musik etwa wie ein musikalisches Porträt“.[2]

Durch seine Persönlichkeit als Pädagoge und Erzieher wußte E. Jaques-Dalcroze in seinem Institut in Hellerau eine „Schulgemeinde“ zu begründen, zu leiten und zu bewahren, wie sie in der Geschichte der Pädagogik nur selten anzutreffen ist. So war das gesamte Schulleben in Hellerau – ein Leben in und aus der Gemeinschaft – getragen von einer Basis des Vertrauens, einer Atmosphäre mit einer Grundstimmung der Freude, aus der Bereitschaft zur gegenseitigem Hilfe, zu gegenseitigem Verständnis und Verantwortlichkeit, und einer Motivation zu gemeinsamem Lehren und Lernen entstehen konnten.

„So war die Atmosphäre unter den Schülern im Hellerauer Institut sehr gut: Eifersucht, Neid, Intrigen gegeneinander kamen nicht vor, und die Schüler fühlten für die Rhythmik Verantwortung in ihrer Lebensführung – für das Institut und für Herrn Jaques. Das war alles dadurch möglich, daß die Musik unter der Führung von Jaques-Dalcroze, die ihr innewohnende, persönlichkeitsbildende und disziplinierende Kraft in so erfreulich wirksamer Weise entfalten konnte“.[3]

Ebenso war die Beziehungsebene zwischen Lehrenden und Studierenden getragen von einem großen Verständnis für den je einzelnen Menschen – E. Jaques-Dalcroze

---

[1)3)] Scheltema, M.A. van: Jaques-Dalcroze als Musikpädagoge. In: Rhythmische Erziehung, H. 2., 1966, S. 22

[2)] Wolkonsky, S.M.: Meine Erinnerungen. In: Feudel, E (Hg.): In Memoriam Hellerau. Dalcroze; Dohrn, Freiburg 1960, S. 12

war jederzeit bereit, Fragen, Probleme, Unklarheiten, Anliegen seiner Studierenden anzuhören – jedoch auch von einer entsprechenden erzieherischen Konsequenz, aus der heraus er oftmals einzelnen Studierenden mit Strenge begegnen mußte, im Hinblick auf eine Entwicklung der Persönlichkeit.

Was dem Unterricht die Besonderheit gab, waren zum einen die große Intensität, die unermüdliche Arbeits- und Schaffenskraft, die völlige Hingabe an die Idee, die E. Jaques-Dalcroze eine in seltenem Maße hohe Gabe zu schöpferischer Gestaltungskraft verlieh, dazu sein Temperament, sein Witz und Humor, seine Fähigkeit, andere zu begeistern und mitzureißen, wodurch sein Unterricht außerordentlich reizvoll wurde und er es vermochte, viele seiner Studierenden zu starkem Erleben ihres eigenen Weges zu führen. E. Feudel faßt das treffend in den Worten zusammen: „Dalcroze war nicht nur als Musiker, sondern auch als Lehrer der geborene Improvisator. Die Ideen strömten ihm während des Unterrichts, dem er sich mit ganzer Seele hingab, in schier unerschöpflicher Fülle zu. Oft kam er erst nachträglich zu einer Erklärung seiner Übungen, oft erfand er auch mehr, als er erklären konnte, und es blieb dem Zufall überlassen, ob und wie seine Anregungen weiterlebten“.[1]

Zum andern war es die Art der Unterrichtsführung, in der das pädagogische Prinzip des Entdeckens und Erfahrens im Mittelpunkt des gemeinsamen Tuns und Erlebens stand, hinzukommend die freie Bewegung in Zeit und Raum, als ein bis dahin nicht gekanntes und geahntes Unterrichtsprinzip.
Hinzuzusehen ist die Eigenart der Aufgabenstellung von E. Jaques-Dalcroze, die er „Realisationen“ nannte. Aufgabenstellungen, verbunden mit dem Auftrag, Gehörtes in der Bewegung sichtbar zu machen und Bewegungsabläufe in Klang umzusetzen.

Aufgabenstellungen, die auf die wechselseitige Bezogenheit von Körper und Geist hinzielen, die eine Verfeinerung, Differenzierung, Sensibilisierung des sensorischen und motorischen Nervensystems mit sich bringen, die sich in hohem Maße an den Willen und die Konzentrationsfähigkeit des Menschen richten, getragen von der formenden und gestaltenden Kraft des Rhythmus, der den immer wieder neu entstehenden menschlichen Bewegungen Gestalt verleiht, so daß etwas „von dem Geiste antiker Harmonie, vollendeten Gleichmaßes von Körper und Bewegung in ihnen (den Studierenden) zu neuem Leben erwacht“.[2] Eine Arbeitsweise, die sich an die Ganzheit des Menschen wendet, die sittlich-ethische Werte in sich trägt, die verdeutlichen kann, „daß Erziehung nicht nur Verstandesbildung sondern Charakterbildung ist – sein muß und diese eine gleichmäßige, wechselseitige Ausbildung von Körper und Geist erfordert“.[3] So trug E. Jaques-Dalcroze, um

[1)] Feudel, E. (Hg.): Rhythmik. Theorie und Praxis der körperlich-musikalischen Erziehung, München 1926, S. 39

[2) 3)] Dohrn, W.: Bildungsanstalt Jaques-Dalcroze, Gartenstadt Hellerau, Dresden 1911, S. 5; S. 6

es mit E. Feudel zu sagen, drei Gedanken in die Pädagogik hinein, „die völlig neu waren und sich nicht ohne weiteres in das Bestehende einordnen ließen:

„Einmal die Bedeutung des Körpers, der sich nicht nur aus Gründen der Zweckmäßigkeit, nach bestimmten Übungsfolgen (Guts Muths, Jahn, Spiess, Jäger) auf Kommando bewegt, sondern von inneren Impulsen und aufgrund geistigen Antriebs seine eigene Form findet und dabei eine nie vorher gesehene Schönheit erlangen kann.

Zweitens das Wechselspiel zwischen Körperbewegung und Geist, beruhend auf dem Gesetz der Polarität, das zur Steigerung nach beiden Seiten führt und mit dem Fachlichen gar nichts zu tun hat. Durch eben dieses Gesetz ist die rhythmische Körperbewegung jederzeit unauflöslich und untrennbar mit Sinnestätigkeit und geistigem Leben gekoppelt, sie verschwindet, wenn Routine, Perfektion und Pose an ihre Stelle treten. Ihr eignet ein Moment des Künstlerischen, Unberechenbaren zu, sie gehört zu dem Begriff der Ganzheit des Menschen.

Drittens und besonders zu heftigen Debatten führend, die Rolle der Musik, die hier nicht als ein Schulfach, als das sie noch in Hamburg und Solothurn ausschließlich betrachtet wurde, sondern als elementare Macht gesehen wird, die jedem, aber besonders dem Hilfsbedürftigen zugänglich sein kann, wenn andere Wege der Erziehung, vor allem Gehörbildung und Erfindung geübt werden und nicht allein die Leistung im Instrumentalen gilt und für wichtig genommen wird“.[1]

Zusammenfassend läßt sich hier formulieren: E. Jaques-Dalcroze hat „kein System geschaffen, das in Bücher gepreßt und nach Anweisung befolgt werden könnte, sondern eine Idee sichtbar gemacht, die nur im Forschen erkannt und weitergeführt wird“.[2]

Eine Idee, der E. Jaques-Dalcroze seine ganze Intensität und Unermüdlichkeit seines Wirkens und Schaffens widmete, die ihm im Erforschen selbst immer neue Möglichkeiten und Zusammenhänge aufzeigte, der er systematisch, Schritt für Schritt prüfend und reflektierend folgte, jedoch im Bewußtsein und einer Verantwortlichkeit für die nachfolgende Generation, die in den folgenden Worten aus einer Ansprache E. Jaques-Dalcrozes – 1913 an seine Studierenden in Hellerau gerichtet – deutlich werden mag:

„Denn, meine lieben Schüler und Schülerinnen, es marschiert durch die ungezählten Jahrhunderte unserer Entwicklung die Menschheit in Reih, und Glied, einer auf den anderen folgend, und sie bilden eine Kette, und die Heutigen nehmen aus den Händen ihrer Vorfahren die Last des Lebens, um sie zu tragen und weiterzugeben an ihre Nachkommen. Und von dem Willen jedes einzelnen in dieser Kette hängt es ab, ob diese Last schwerer oder leichter, wertvoller oder wertloser wird, und es ist Pflicht jedes Menschen, eine Last zu erleichtern und wertvoller zu machen. Der Tag, an dem jeder einzelne von Ihnen begriffen haben wird, welchen Platz er in der Geschichte der Menschheit – ob er will oder nicht – auszufüllen hat, dieser Tag wird ihm auch die Notwendigkeit aller Erziehung beweisen, und er wird sich williger und freudiger von den Fesseln der Konventionen lösen, wenn sie sich der geistigen und körperlichen Entwicklung entgegenstemmen“.[3]

---

1) 2) Feudel, E.: Jaques-Dalcroze als Pädagoge. In: Musica, H. 2, 1964, S.27; S. 38; S. 39

3) Jaques-Dalcroze, E.: Schülerpflichten in Hellerau. In: Berichte der Dalcroze-Schule, H. 1, Hellerau 1913, S. 4

3.2 Die Rhythmisch-musikalische Erziehung in der Konzeption von Emile Jaques-Dalcroze

3.2.1 Grundgedanken der Rhythmisch-musikalischen Erziehung bei Emile Jaques-Dalcroze

Den Kontext zur Entdeckung und Entwicklung des methodischen Weges der rhythmischen Erziehung bildet die musikpädagogische Situation der Zeit, die sich E. Jaques-Dalcroze – aus einer langjährigen Unterrichtserfahrung schöpfend, aus einer großen Umsicht und Einsicht in Unterrichtsfelder und Institutionen der Musik – als einseitig, nur Teilbereiche des Menschen ansprechend, darstellt.

„Der Musikunterricht wird zu sehr zerstückelt, wird zu einseitig betrieben. Das Studium des Klaviers geht nicht Hand in Hand mit dem der Harmonik, dasjenige der Harmonik wird nicht verbunden mit dem der Stilentwicklung; das der Musikgeschichte fußt nicht auf der Kenntnis der allgemeinen Geschichte der Völker und der Einzelmenschen. Die Lehrpläne sind reich an Fächern aller Art, aber es fehlt die Einheit im Unterricht".[1]

An den künstlerischen Hochschulen der Musik weisen die Fächer eine hohe Spezialisierung auf, einen hohen Grad der Abstraktion; namentlich in den Fächern Harmonielehre und Musiktheorie, in denen dem inneren Hören, der Ausbildung des „inneren Gehörs" zu wenig Bedeutung zuerkannt wird. Im Bereich der instrumentalen Ausbildung wird hingearbeitet auf eine hohe künstlerische Leistung, auf eine Perfektion in der Beherrschung eines Instruments, ohne zu prüfen, ob es gelungen ist, dem Studierenden eine Ebene zu einem tieferen Verstehen der Musik geöffnet zu haben.

An den Musikschulen bilden die Instrumentallehrer zu „Virtuosen" aus, den Theorielehrern ist es wichtig, die Schüler in die äußeren Formen des musikalischen Denkens einzuführen, bevor in ihnen musikalische Empfindungen wachgerufen sind, lehrt man sie, Harmonien aufzuschreiben, bevor sie diese innerlich hören können, macht man sie mit Gesetzen von Melodiebildung und harmonischen Strukturen vertraut, bevor sie selbst eine einzige Melodie setzen können, u.a.
An den allgemeinbildenden Schulen nimmt die Musik als Unterrichtsfach in den Lehrplänen eine Randposition ein, Lehrende sind sich nicht einmal darüber einig, „was man unter Musik eigentlich versteht".[2]

Unter den Instrumentallehrern – vornehmlich den Klavierlehrern – wird die erzieherische Aufgabe zu einseitig in einer physischen Ausbildung und Entwicklung der Hand gesehen, findet der komplexe Lernvorgang von: Erarbeiten der Fingertechnik, Analyse der Notenschrift und Begreifen des musikalischen Zusammenhangs zu wenig Beachtung und Berücksichtigung.

---

1) Jaques-Dalcroze, E.: Das Musikstudium und die Erziehung des Gehörsinnes (1898). In: Rhythmus, Musik und Erziehung, a.a.O., S. 3

2) Jaques-Dalcroze, E.: Die Schule, die Musik und die Freude, ebd., S. 109

Darüber hinaus machen umfassende Beobachtungen E. Jaques-Dalcrozes deutlich, daß es einer großen Zahl von Musikstudierenden an elementaren musikalischen Fähigkeiten mangelt. Die Situation zeigt Studierende, die über einen gut ausgebildeten Sinn für Harmonien und Gehörwahrnehmungen verfügen, jedoch Schwierigkeiten haben in der Koordination von Auge und Hand, im Umgang mit dem Pedal, in der Unabhängigkeit von rechter und linker Hand, denen es schwer fällt, einen langsamen Satz einer Klaviersonate zu interpretieren, d.h. Notenwerte von langsamer Zeitdauer zu gestalten, was E. Jaques-Dalcroze zurückführt auf einen Mangel an Muskelsinn. Und es gibt Jugendliche, die seit dem sechsten oder siebenten Lebensjahr Instrumentalunterricht erhalten und deutliche Anzeichen von Arhythmie zeigen, die E. Jaques-Dalcroze mit den folgenden Worten beschreibt:

„Arhythmisch sein heißt, unfähig sein, eine Bewegung solange fortzusetzen, wie zu ihrer gehörigen Realisierung nötig ist; heißt, sie hasten oder verzögern, wenn sie gleichförmig sein soll; heißt, sie nicht rechtzeitig beschleunigen können oder sie zur Unzeit verlangsamen; heißt, sie ruck- oder stückweise geben, wo sie gebunden sein soll, und umgekehrt; heißt sie zu spät oder zu früh beendigen. Heißt, eine bestimmte Bewegung nicht an eine bestimmte andere Bewegung anschließen können, eine langsame nicht an eine rasche, eine weiche nicht an eine herbe, eine kräftige nicht in eine sanfte überzuleiten wissen; heißt, nicht imstande sein, zwei oder mehr gegensätzliche Bewegungen gleichzeitig auszuführen. Heißt ferner, eine Bewegung nicht abtönen, d.i. sie mit unmerklicher Steigerung vom 'piano' bis zum 'forte' oder umgekehrt ausfahren können; heißt endlich, sie an den Stellen, die durch Takt festgelegt sind oder aus dem musikalischen Empfindungsgehalt sich natürlich ergeben, nicht (metrisch oder pathetisch) betonen können“.[1]

E. Jaques-Dalcroze erklärt die „Fehler“ aus einer langen Reizleitung zwischen Gehirn und motorischer Bahn, aus einer „Unstimmigkeit, einem Mißverständnis zwischen konzipierter und realisierter Bewegung und aus der nervösen Unordnung, die bald die Folge, bald die Ursache jener Unstimmigkeit ist“.[2]

Dies alles macht deutlich, daß der Musikunterricht ganz allgemein zu einseitig konzipiert ist, nur Teilbereiche des Menschen, des Studierenden, des Schülers, des Kindes anspricht. Jedoch, um „vollmusikalisch“ zu sein, bedarf es einer „Vielheit von Kräften und Eigenschaften körperlicher und geistiger Art“.[3] E. Jaques-Dalcroze nennt zum einen das Gehör, das *Ohr*, als Hauptaufnahmeorgan von Ton und Rhythmus, das zugleich auch Kontrollorgan gehörter Eindrücke ist, die *Stimme* als das Mittel, die aufgenommenen Töne wiederzugeben und zugleich von dem Gehörten Rechenschaft abzulegen, und das *Tonbewußtsein*. Dieses definiert E. Jaques-Dalcroze als „das Vermögen, auch ohne Beihilfe eines Instruments sich jedes Nacheinander und Miteinander von Tönen vorzustellen, sowie auch irgendwelche

[1)2)] Jaques-Dalcroze, E.: Rhythmik und bewegte Plastik (1919).
In: Rhythmus, Musik und Erziehung, a.a.O., S. 170/171; S. 171

[3)] Jaques-Dalcroze, E.: Einführung in den Rhythmus (1907).
In: Rhythmus, Musik und Erziehung, a.a.O., S. 48

Melodie oder irgendwelchen Akkord zu erkennen, dank der Vergleichung der Töne untereinander. Jenes Bewußtsein bildet sich durch wiederholte Erfahrungen des Ohrs und der Stimme aus".[1]

Zum andern sind es der gesamte *Körper,* verstanden als „musikalischer Resonator",[2] dem die Fähigkeit innewohnt, aufgrund seiner hohen Beweglichkeit und seiner vielfältigen Bewegungsmöglichkeit die Rhythmen zu empfinden und auszuführen, und das *Rhythmische Bewußtsein* als das „Vermögen, sich jede Abfolge und jede Verbindung von Zeitteilen in allen Abschattierungen von Kraft und Geschwindigkeit vorzustellen".[3]

Nun ist es aber unmöglich, alle diese Fähigkeiten zugleich zu üben, zu erlernen, ganz besonders dann, wenn nicht wenigstens eine von ihnen schon in einem elementaren Stadium erarbeitet ist. Insofern hält es E. Jaques-Dalcroze auch für „wahrhaft widersinnig, ein Kind das Studium eines Instrumentes beginnen zu lassen, bevor es rhythmische Fähigkeiten und das Vermögen des Tonerkennens an den Tag gelegt hat".[4] Bei der Frage nach einer „Rangordnung" musikalischer Elementarstudien sollte am Anfang einer musikalischen Bildung und Ausbildung die rhythmische Erziehung stehen, die den menschlichen Körper in seinem gesamten Muskel-, Sinnes- und Nervensystem, als den Hauptaufnahmeorganen rhythmisch-musikalischer Wahrnehmungen zum Zentrum hat.

Nicht Übungen der Hand- und Fingermuskeln allein – wie im traditionellen Instrumentalunterricht – sollen genügen, um ein Tast- und Bewegungsgefühl als Basis der Musikalität zu entwickeln, sondern der gesamte Leib soll in Schwingung versetzt werden, das Sinnessystem soll in seiner ganzen Breite sensibilisiert und differenziert werden, das Nervensystem gekräftigt und gestärkt, wie ebenso reaktionsschneller und zielgerichteter arbeiten in seinen vermittelnden Impulsen.

E. Jaques-Dalcroze verwendet für seine Methode der rhythmischen Erziehung in seinem gesamten Schrifttum die Bezeichnungen rhythmische Gymnastik, rhythmische Erziehung, musikalische Rhythmik, auch „Die Rhythmik", Rhythmus-Gymnastik, rhythmische Erziehungsmethode synonym, gleichbedeutend nebeneinander. Er versteht sie „nicht (als) das Ergebnis der Theorie, sondern der Praxis",[5] und die „ganze Methode fußt auf dem Grundsatz, daß die eigene Erfahrung der Theorie vorangehen muß.[6]

---

1) 3) Jaques-Dalcroze, E.: Einführung in den Rhythmus (1907). In: Rhythmus, Musik und Erziehung, a.a.O., S. 48

2) Jaques-Dalcroze, E.: Rhythmus und Gebärde im musikalischen Drama und vor der Kritik (1910-1916). In: Rhythmus, Musik und Erziehung, a.a.O., S. 130

4) Jaques-Dalcroze, E.: Die Musik und das Kind (1911/1912). In: Rhythmus, Musik und Erziehung, a.a.O., S. 65

5) Methode Jaques-Dalcroze, Teil I: Rhythmische Gymnastik, erster Band, Paris/Neuchâtel/Leipzig 1906, S. 295

6) Jaques-Dalcroze, E.: Rhythmik, Gehörbildung und Stegreifkunst (1914). In:Rhythmus, Musik und Erziehung, a.a.O., S. 74

E. Jaques-Dalcroze hat seine Methode zuerst als Musiker erdacht und für Musiker konzipiert, doch je weiter er in seinen Erfahrungen im pädagogischen Umgang mit seinen Schülern und Studierenden fortschritt, desto mehr kam ihm zum Bewußtsein, „daß, wenn auch die Musik eine sehr wichtige Rolle in der Erziehung für und durch den Rhythmus spielt, doch der Nutzen dieser Erziehung hauptsächlich in zwei Dingen besteht. Nämlich: erstens in der Ausbildung der allgemeinen menschlichen Eindrucks- und Ausdrucksfähigkeiten und zweitens darin, daß dem Menschen die Rückkehr zu seinen natürlichen Regungen erleichtert wird. Ich habe die Erfahrung gemacht, daß der Mensch erst dann reif zu einem speziellen Kunststudium wird, wenn der Charakter gebildet, die Ausdrucksfähigkeit entwickelt ist".[1]

E. Jaques-Dalcroze liegt es fern, Genies zu erziehen, wie er ausdrücklich betont; sein Anliegen ist es, das Temperament seiner Studierenden zu entwickeln, Hindernisse und Barrieren, die einer künstlerischen Ausdrucksfähigkeit im Wege stehen, abzubauen, nutzlose Schwingungen durch die Kraft des Willens auszuschalten.

Mit anderen Worten will E. Jaques-Dalcroze zu allererst den Menschen „musikalisieren",[2] eine „allgemeine Musikalität"[3] als Grundlage jeder weiteren Differenzierung und Spezialisierung wecken, entfalten und entwickeln, den Menschen zu Musik und Musikalität befähigen, und darüber hinaus einen Beitrag leisten zu einer voll entfalteten menschlichen Persönlichkeit.

Er beabsichtigt nicht „bloße Körperkultur",[4] sondern sieht in der rhythmischen Erziehung ein Mittel, den „Geist zu befreien".[5] Er will nicht „taktmäßige Ordnung der Körperbewegungen, welche die meisten Turnsysteme (der Zeit) kennzeichnet",[6] die er sich daraus erklärt, daß viele Organismen ihre elementaren Kräfte und natürlichen Impulse eingebüßt haben.

„Wir wollen vor allen Dingen unsere Bewegungen im Raum gestalten, sie verschränken, verbinden und einander gegenüberstellen, sie ausdehnen, verkürzen und abstufen nach den Regeln, die speziell für körperliche Bewegungen gelten. Und die Musik ist hierzu deshalb unentbehrlich, weil die Notenschrift, die so präzis und klar ist, uns allein in den Stand setzt, die Dauer unserer Bewegungen, unserer Schritte und unserer Gesten auf dem Papier zu notieren".[7]

Und weiterhin präzisiert, „die Notenzeichen werden Raumzeichen und unser Körper wird das biegsamste Instrument. Kein anderes hat so viel Hilfsquellen, soviel verschiedene Ausdrucksmittel, kein anderes verändert sich so leicht je nach den unzähligen Nuancen der Vorbereitung, der dynamischen Stärke und kein Instrument läßt sich so leicht mit den Ausdrucksmitteln von Instrumenten der gleichen Art verbinden wie gerade der Körper".[8]

---

1) 4) 5) 7) 8) Jaques-Dalcroze, E.: Was die rhythmische Gymnastik Ihnen gibt und was sie von Ihnen fordert. In: Der Rhythmus, Jahrbuch 1, hg. von der Bildungsanstalt Jaques-Dalcroze, Dresden-Hellerau, Jena 1911, S. 34; S.45; S. 38

2) 3) Jaques-Dalcroze, E.: Die Musik und das Kind. In: Rhythmus, Musik und Erziehung, a.a.O., S. 67; S. 64

6) Jaques-Dalcroze, E.: Rhythmus, Takt und Temperament. In: Rhythmus, Musik und Erziehung, a.a.O., S. 198

Rhythmus bedeutet E. Jaques-Dalcroze ein Urelement nicht nur der Musik, sondern jeglicher Kunst, wie auch einer jeden Kundgebung des Lebens überhaupt. Damit möchte er zum Ausdruck bringen, daß Rhythmus über die Musik und Bewegung und andere Künste hinaus, dem Leben selbst als Basis zugrundeliegt, schließlich die menschliche Persönlichkeit selbst „als ein Rhythmus betrachtet werden (kann)“, d.h. durch eine wohlverstandene, sinnvolle Kanalisierung der lebendigen Kräfte des Menschen als Ziel ein „wohlorganisiertes, intelligentes, unabhängiges Leben erreicht werden kann“.[1]

Damit befindet sich E. Jaques-Dalcroze in der Nähe eines Bildungsideals Platons, das K. Storck in seiner Biographie über E. Jaques-Dalcroze (Stuttgart 1912) in den Worten zusammenfaßt: „Durch den Körper dringt die Eurythmie, das ist der Ausdruck der Ordnung im Gesamtmenschen, in die Seele ein, und die Harmonie der ganzen Persönlichkeit wird durch den plastischen Tanz gelehrt“.[2]
Und E. Jaques-Dalcroze selbst beruft sich auf das griechische Verständnis des Wortes „musikalisch“, indem er im Vorwort des ersten Teiles seiner „Methode“ formuliert: „Indem ich mich auf den rein musikalischen Standpunkt stelle (dem Worte musikalisch ist hier der ‘griechische Sinn’ beizulegen, welcher Wort und Bewegung verbindet, begründe ich nun meine rhythmische Gymnastik-Methode auf folgende Elementargrundsätze:[3]

„ 1. Jeder Rhythmus ist Bewegung.
2. Jede Bewegung ist materiell, ist etwas Körperliches.
3. Jede Bewegung erfordert Zeit und Raum.
4. Körperliche Erfahrung bildet das musikalische Bewußtsein aus.
5. Die Vervollkommnung der physischen Mittel hat die Deutlichkeit der Wahrnehmung zur Folge.
6. Durch die Vervollkommnung der Bewegungen in der Zeit wird das Bewußtsein des musikalischen Rhythmus befestigt.
7. Durch die Vervollkommnung der Bewegungen im Raume wird das Bewußtsein des plastischen Rhythmus befestigt.
8. Die Vervollkommnung der Bewegungen im Raum und in der Zeit kann nur gewonnen werden durch Übungen gymnastischer Art, durch sogenannte Rhythmik“.[4]

„Vorbedingung eines ordentlich ausgeführten Rhythmus ist, daß man die Bewegungen in allen Verhältnissen von Kraft, Raum und Zeit völlig bemeistere“,[5] wobei sich die Form der Bewegung aus dem Zusammenspiel von Muskelkraft, räumlicher Weite und zeitlicher Dauer ergibt. Damit lassen sich die zuvor genannten Elementargrundsätze in der knappen Formel von: *Raum Zeit Kraft (Dynamik) Form* zusammenfassen.

---

1) Methode Jaques-Dalcroze: Teil I, a.a.O., S. VIII
2) Storck, K.: Emile Jaques-Dalcroze. Seine Stellung und seine Aufgabe in unserer Zeit, Stuttgart 1912, S. 29
3) 4) Methode Jaques-Dalcroze, Teil I, a.a.O., S. VIII; S. 51
5) Jaques-Dalcroze, E.:
Einführung in den Rhythmus. In: Rhythmus, Musik und Erziehung, a.a.O., S. 51

Durch sie soll deutlich werden: – Jede Bewegung bedarf zu ihrer Verkörperung eines Raumausschnittes und eines Zeitabschnittes; Beginn und Ende der Bewegung bestimmen ihr zeitliches und räumliches Ausmaß. – Jede Bewegung braucht zu ihrem Sichtbarwerden ein adäquates Maß an Muskelkraft, denn jede Bewegungsäußerung ist eine in Kraft umgesetzte Energie, bei der das antizipierte Verhältnis von Muskelkraft und der zu durchmessenden Raumlänge zugleich den Zeitabschnitt, die Zeitlänge bestimmt; während der Rhythmus der Bewegung Ordnung und Gestalt verleiht, und die Musik als eine „hervorragende psychische Kraft",[1] die menschliche Bewegung zu Formen des Ausdrucks anregt. Daraus ist auch die Aussage E. Jaques-Dalcrozes zu verstehen: „Ohne Musik würde unser Ausdruck leer sein"[2] oder an anderer Stelle: „Muß der Bewegungsrhythmus der Musik entbehren, so fehlt ihm das allererste Lebenselement".[3] Denn, jede Bewegung geht von innen nach außen, und jeder Gedanke und jede Empfindung, die der Bewegung vorangeht, führt von außen nach innen",[4] und „jede musikalische Kundgebung muß zugleich auf körperlicher und geistiger Grundlage fußen und die Unzertrennlichkeit von Leib und Seele dartun".[5]

Damit sind die mannigfaltigen Wechselbeziehungen, wie sie innerhalb einer so komplex verstandenen musikalischen Erziehung, denn – „Musik ist, ebenso wie das Turnen, gar kein Wissensfach, sie ist ein Erziehungsfach"[6] – immer wieder angesprochen werden, herausgehoben.
Wechselbeziehungen zwischen musikalischem Eindruck und Bewegungsäusserung, Musik und Empfindung, Musik und Bewegungsgestaltung. Oder, anders formuliert, zwischen Nervensystem und Muskelinnervation oder Reiz – Sensorium – Motorium. Um jedoch eine größtmögliche Unabhängigkeit in den rhythmischen Bewegungsabläufen, den dynamischen Schattierungen bis hin zu Polyrhythmik und Polydynamik zu erreichen, tatsächlich zu einer „absoluten Kontroll- und Handlungsfreiheit"[7] zu gelangen, d.h. zu einer so hohen Schnelligkeit in der Reaktions- und Koordinationsfähigkeit von gehörter Musik und rhythmischer Bewegungsäußerung, so daß musikalisch-rhythmische Verläufe vorausgeahnt werden können, die letztlich zu einer „plastischen Harmonie"[8] führen (zu einer Anmut der Bewegung = „ungezwungene Natürlichkeit"), ist kontinuierliches Üben und Wiederholen Grundbedingung, ja notwendige Voraussetzung.

---

1) 5) Jaques-Dalcroze, E.: Rhythmik, Gehörbildung und Stegreifkunst. In: Rhythmus, Musik und Erziehung, a.a.O., S. 75; S. 88

2) Jaques-Dalcroze, E.: Was die rhythmische Gymnastik Ihnen gibt, a.a.O., S. 47

3) 4) Jaques-Dalcroze, E.: Der Rhythmus als Erziehungsmittel für das Leben und die Kunst, Basel 1906, S. 143

6) Jaques-Dalcroze, E.: Die Musik und das Kind. In: Rhythmus, Musik und Erziehung, a.a.O., S. 68

7) Jaques-Dalcroze: Rhythmische Menschen werden. In: Lobpreisung der Musik, 27. Jg., Nr. 9; 10, Zürich 1969, S. 2

8) Jaques-Dalcroze, E.: Der Rhythmus und die schöpferische Einbildungskraft. In: Rhythmus, Musik und Erziehung, a.a.O., S. 132

Pädagogisch-psychologisch bedeutet dies, bei einem Punkt anzusetzen, bei dem jedem Schüler, Studierenden, Teilnehmenden ein Beginn, ein Einstieg ermöglicht wird.

Daraus und aus dem weiteren Gedanken, daß jeder rhythmischen Bewegung ein bereits automatisierter Bewegungsablauf vorangehen muß, bildet die natürliche Bewegung des Gehens, Studien des Ganges, der Marsch (marche), wie Jaques-Dalcroze diese benennt, den Ausgangspunkt zu jeglicher rhythmischen Übung. „Die Marschübungen bilden eine vollständige Gymnastik des ganzen Körpers; außer Füßen und Beinen werden beim Taktschlagen – Hände und Arme überdies zur Erhaltung des körperlichen Gleichgewichts – Oberkörper und Kopf in Bewegung" gesetzt.[1]

Diese Annahme E. Jaques-Dalcrozes läßt sich aus dem frühen Werk *Wilhelm Wundts* (1832-1920): „Grundzüge der Physiologischen Psychologie (Leipzig 1873/1874) ableiten und bestätigen. Es ist anzunehmen, daß E. Jaques-Dalcroze, der sich sehr intensiv mit Fragen der Anatomie, Physiologie und Psychologie beschäftigt hat, dieses Werk bekannt war. Darin kommt W. Wundt zu der Aussage: „Wir (haben) allen Grund, in den Gehbewegungen den natürlichen Ausgangspunkt rhythmischer Wahrnehmungen zu sehen".[2] Die durch das Gehen verursachten Gehörseindrücke verbinden sich mit Tasteindrücken zu einander entsprechenden, regelmäßig geordneten Zeitintervallen, sie verstärken sich gegenseitig in der rhythmischen Wirkung.

„Wie der Spannungsverlauf der Gefühle unwillkürlich einer Rhythmisierung regelmäßig sich folgender Eindrücke zustrebt, so verbinden sich daher meist ebenso unwillkürlich gehörte Taktreihen mit Taktbewegungen der Tastorgane und ebenso umgekehrt taktförmige Körperbewegungen mit rhythmischen Schallgebungen der Stimmorgane oder zur Schallerzeugung verwendeter Hilfsmittel. Hieraus entspringen die bekannten Verbindungen rhythmischer Eindrücke beim Marsch, beim Tanz sowie bei den verschiedensten mechanischen Arbeiten. Auch der Gesichtssinn ist an dieser Verstärkung durch kombinierte Tätigkeit nicht ganz unbeteiligt".[3]

Da das junge Kind noch am freiesten von eingeschliffenen Bewegungsgewohnheiten ist und ganz selten ein Kind von Natur aus polyrhythmisch veranlagt ist, sieht E. Jaques-Dalcroze hier einen Ansatzpunkt, diese Fähigkeiten zu schulen, wobei er einen zeitlichen Beginn mit dem sechsten Lebensjahr als möglich und angezeigt erkennt.

„Ich glaube, mit bestem Gewissen versichern zu können, daß gesunde Kinder, welche der speziellen Erziehung, die ich befürworte, unterstellt werden, nach drei oder vier Jahren rhythmische Menschen werden können, d.h. befreit von Mängeln nervöser oder muskulärer Art, die sich der vollen Verfügung über ihre Bewegungen widersetzen – Menschen, die klar die Beziehungen der Bewegungen in Zeit und Raum zu bestimmen wissen".[4]

---

1) Methode Jaques-Dalcroze, Teil I, a.a.O., S. XII

2) 3) Wundt, W.: Grundzüge der physiologischen Psychologie, Leipzig 1911, Bd. III, S. 32

4) Jaques-Dalcroze: Rhythmische Menschen werden, a.a.O., S. 5

In der Schlußbemerkung am Ende des Teiles I seiner 'Methode' weist E. Jaques-Dalcroze in einer Randbemerkung darauf hin, daß diese „außerdem nützlich (ist) für arhythmische junge Leute und Erwachsene, die ihren Fehler zu verbessern wünschen – sowie für alle diejenigen, die ein gutes körperliches- und moralisches Gleichgewicht wertschätzen".[1]

3.2.2 Aufbau der „Methode Jaques-Dalcroze"

3.2.2.1 Rhythmische Gymnastik

E. Jaques-Dalcroze gibt eine Definition: „Die rhythmische Gymnastik ist und muß sein: eine allgemeine Erziehungsmethode. Gut angewandt kann sie Anfangspunkt werden für jeglichen Unterricht, sowie für jegliche selbständige Tätigkeit des Kindes. Sie richtet sich an das Auge und an das Ohr und entwickelt den Muskelsinn. Das Kind ergreift Besitz seiner Bewegungen, indem es deren Kraft, Dauer und Umfang regelt. Seine Intelligenz, sein Wille, seine Vorstellungskraft und sein Urteil nehmen hierdurch Form an".[2]

Den didaktisch-methodischen Aufbau, den E. Jaques-Dalcroze mit der ersten Mitarbeiterin Nina Gorter, die später in Dresden-Hellerau eine seiner ersten Dozentinnen und stellvertretende Direktorin wurde, konzipiert und aufgezeichnet hat, stellt er in dem Teil I der 'Methode Jaques-Dalcroze' (Neuchâtel 1906) dar. Dieser umfassende Band mit der Thematik 'Rhythmische Gymnastik', enthält in achtzehn beispielhaften, umfangreich dargestellten Lektionen, einen Aufbau der Methode, bei einfachen rhythmischen Märschen begonnen bis hin zu größtmöglicher rhythmisch-metrischer Unabhängigkeit des gesamten Körpers, und Anweisungen zu Verbindungen mit mehr körperlichen Übungen, die der Elastizität der Muskulatur dienen, der Arbeit an Aufbau und Haltung des menschlichen Körpers, der Atemtätigkeit u.a.

An Voraussetzungen sind genannt: Ein gut gelüfteter und staubfreier Raum, der zudem gut gestrichen oder mit Linoleum ausgelegt sein sollte, und weiterhin soll die Bekleidung der Bewegenden leicht, einfach, weich, anpassungsfähig und durchlässig im Material sein. E. Jaques-Dalcroze empfiehlt Kleider aus weichmaschigem Schafwolltrikot, bis zu den Knien reichende Beinkleider, die den Kniegelenken volle Bewegungsfreiheit gewähren, wobei der übrige Teil der Beine unbekleidet bleibt und die Füße mit einer flachen, leichten Sandale bekleidet sind, die barfuß getragen wird.

Diese Frage nach einer angemessenen Bewegungskleidung zeigt eine ganze Entwicklung auf bis zu unserem heute üblichen schwarzen Trikot, das E. Jaques-Dalcroze noch vor der Dresdener Zeit einführte, womit er heftige Diskussionen in der Öffentlichkeit auslöste.

---

[1] [2] Methode Jaques-Dalcroze: Teil I: Rhythmische Gymnastik, Neuchâtel 1906, S. 295

Jede Lektion soll Aufgabenstellungen aus zehn Übungsbereichen beinhalten, die E. Jaques-Dalcroze zu Beginn des ersten Bandes seiner 'Methode' näher erläutert, z.T. mit Stoffsammlungen versieht, wobei die einzelnen Übungen alternativ zu verstehen sind und wahlweise in die einzelnen Lektionen hineingenommen werden können.

Übungsbereich 1: umfaßt a) Aufgabenstellungen zur Förderung und Kräftigung einer gut funktionierenden, dem physiologischen Verlauf entsprechenden Atemtätigkeit aus stehender, sitzender und liegender Ausgangsstellung;
b) Aufgabenstellungen, die der Arbeit an Aufbau und Haltung des menschlichen Körpers dienen, unter besonderer Berücksichtigung von Übungen, die hinführen zu einem guten Gleichgewicht;
c) Aufgabenstellungen zur Förderung der Kraft und Geschwindigkeit verschiedener Muskelgruppen, unter besonderer Berücksichtigung eines gut ausgewogenen Kräfteausgleiches und fließender Bewegungsabläufe.
Hier sollen je nach Bedürfnis und der sich aus Unterrichtssituationen ergebenden Notwendigkeit Kopf (Halsmuskulatur), Schultergürtel (Schulter-, Oberarm- und Rückenmuskulatur), Ellenbogen, Handgelenk, Rumpf, Beine, Knie, Fußgelenke, besonders angesprochen und geübt werden.

Übungsbereich 2: umfaßt „Studien des Gehens“ in der Grundstellung – der aufrechten Körperhaltung mit geschlossenen Füßen – beginnend aus einer Reihe nebeneinander. Diese beginnen gegenüber der Tafel, um den nachzuvollziehenden rhythmisch fixierten Bewegungsablauf zunächst lesend, danach auswendig in der Bewegung darstellen zu können.

Übungsbereich 3: umfaßt getaktete und rhythmisch gegliederte Atemübungen mit variabler Zusammensetzung, wobei jeweils eine besondere Gruppe der Atemmuskeln (gerader Bauchmuskel, Zwischenrippenmuskel u.a.) angesprochen, vor allem aber die Ausatemphase verlängert werden soll.

Übungsbereich 4: umfaßt Studien des Gehens wie unter zwei beschrieben, jedoch be-gleitet von rhythmisch angepaßten Bewegungen des Oberkörpers, der Arme, des Kopfes.

Übungsbereich 5: umfaßt Aufgabenstellungen zur Schulung der Unabhängigkeit der Gliedmaßen, zunächst gleiche Bewegungsabläufe, danach verschiedenartige Bewegungsabläufe von zwei, dann drei und vier Gliedmaßen ausgeführt.

Übungsbereich 6: umfaßt Aufgabenstellungen, die der Entwicklung der spontanen Willenstätigkeit dienen, wobei E. Jaques-Dalcroze das Signal 'Hop' zu einem plötzlichen Innehalten der Bewegung, wie einem Bewegungswechsel, einem Umschalten einführt.

Übungsbereich 7: umfaßt zum einen Aufgabenstellungen zur Betonung rhythmisch gegebener Abläufe (Übungen, die der Ordnung von Bewegungsabläufen dienen), zum anderen Aufgabenstellungen, die das rhythmische Erinnerungsvermögen und das rhythmische Gedächtnis sozusagen trainieren sollen, indem die Schüler die rhythmisch wechselnd gegebenen Abläufe nur gedanklich mitvollziehen, nicht aber in die Bewegung übertragen.

Übungsbereich 8: umfaßt Aufgabenstellungen mit wechselnden Taktarten, um die Studierenden durch diesen Vergleich zum einen zu einer Sicherheit im differenzierteren Erfassen wechselnder Taktarten, zugleich zu einer entsprechenden Betonung in der Bewegungsdarstellung zu führen; zum andern sollen diese in immer wieder wechselnden Zusammensetzungen der Taktarten den physischen Willen und die Kontrolle der Gliedmaßen kräftigen und stabilisieren.

Übungsbereich 9: enthält bereits die ersten Gehörübungen, bei denen der Lehrende kurze rhythmische Abschnitte eines komponierten Marsches oder einer Improvisation (begonnen mit eintaktigen Abschnitten) instrumental oder vokal gibt, die dann von den Studierenden in der Bewegung wörtlich wiedergegeben werden unter Mitschlagen des Taktes durch die Arme.

Übungsbereich 10: enthält das Studium rhythmischer Märsche für Gesang und Klavier, die E. Jaques-Dalcroze eigens für seinen Unterricht komponiert hat.

Rhythmisch-metrisch baut sich das Studium auf: Begonnen mit dem Realisieren von Viertel-, Achtel-, halben-, ganzen-, punktierten Werten, Synkopen, Triolen, jeweils die entsprechenden Werte der Pausen mitbedacht; von einfachen Taktarten: 2/4-, 4/4-, 3/4-Takt u.a. bis hin zu komplizierten zusammengesetzten Taktarten wie: 5/4-, 7/4-, 10/4-, 11/4, 7/8-, 9/8-Takt u.a., wiederum in raffiniertesten Zusammensetzungen und Kombinationen musikalisch einerseits, wie andererseits in der Bewegungsdarstellung bis hin zu größtmöglicher Unabhängigkeit von Füßen, Armen, Kopf und Rumpf.

So kann z.B. die Bewegung des Kopfes im 2/4-Takt verlaufen, die des linken Armes im 3/4-Takt, des rechten Armes im 4/4-Takt, während der Bewegungsablauf in den Füßen im 5/4-Takt verläuft, dazu in wechselnden dynamischen Abstufungen, auch in Kanonform und mit mimisch-plastischem Ausdruck.

Mag die eingefügte bildhafte Darstellung einer Realisation im Fünfvierteltakt „Übung System Jaques-Dalcroze: Bewegung der Hände in Kanonform nach dem Fünfvierteltakt ohne Ausdruck“, und der Entwurf der *Lektion X* mit dem vorgeschlagenen Marsch Nr. 53 in E-Dur die Textaussage konkretisieren und veranschaulichen.

LEKTION X

I

Allgemeine Uebungen

a) Für die Atmung. — *b)* Für das Gleichgewicht der Bewegungen. — *c)* Für die Kraft und die Geschmeidigkeit der Muskeln.

II

Marschübungen

Die punktierte halbe Pause (oder Dreiviertelpause). — Eine Marschunterbrechung, welche *drei* Taktteile dauert, wird folgenderweise geschrieben oder oder

Diese Pause hat kein besonderes Zeichen. Man nennt sie *punktierte halbe Pause*, oder aber *Dreiviertelpause*.

Anmerkung. Es ist daran zu erinnern, dass das Zeichen nur für die Taktteile 1, 2, oder 3, 4, aber niemals für die Taktteile 2, 3 verwendet wird.

Art und Weise die punktierte halbe Pause im Laufe des Marsches mit den Füssen auszuführen

Die Füsse bleiben drei Taktteile lang regungslos stehen in der Stellung, welche sie beim zuletzt ausgeführten Taktteil einnahmen.

1° nach einer
2° nach einer
3° nach einer
4° nach einer

Vergl. die Fig. Lektion 8. Kap. II.

(*Vorläufig* schlägt der Arm den Takt.)

Uebung 10a.

2 Takte, welche zu wiederholen sind.

Uebung 10b.

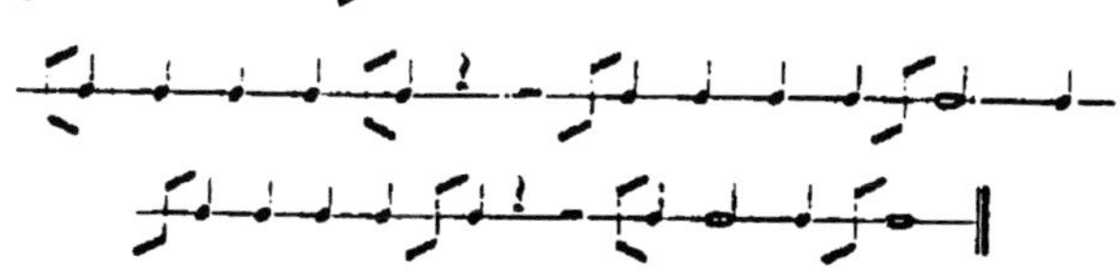

Uebung 10c.

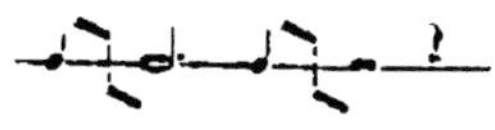

2 Takte, welche zu wiederholen sind.

Uebung 10d.

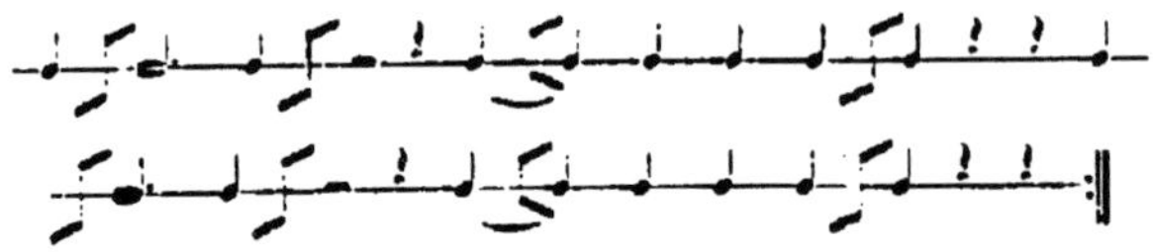

Uebung 10e.

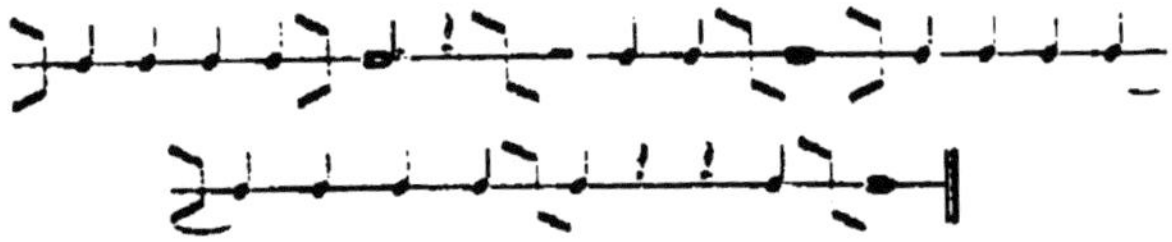

Uebung 10f.

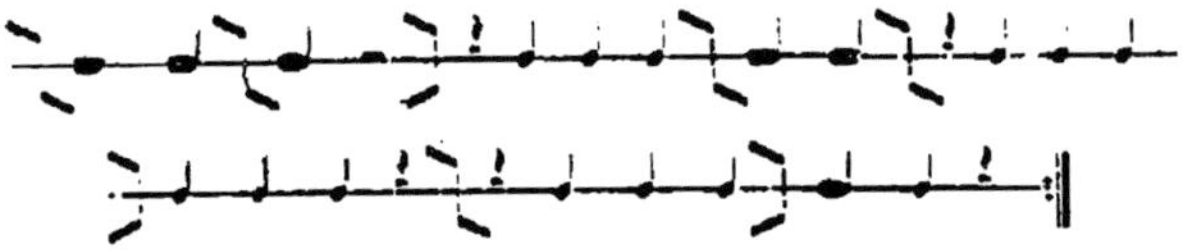

Die ganze oder Vierviertelpause. Das Zeichen für eine Pause, welche vier Taktteile dauert wird folgenderweise geschrieben :  Dieses Zeichen heisst : *ganze Pause* oder *Vierviertelpause*.

Je nachdem die Marschunterbrechung auf den zweiten, dritten oder vierten Taktteil anfängt, kann man die ganze Pause auch in folgender Weise schreiben :

 oder : 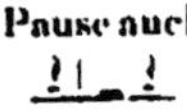 oder : 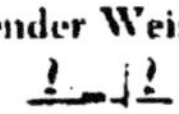

Ausführung: Man bleibt einfach noch einen Taktteil länger in der regungslosen Haltung stehen.

(*Vorläufig* schlägt der Arm den Takt.)

Uebung 10g.

4 Takte, welche zu wiederholen sind.

Uebung 10h.

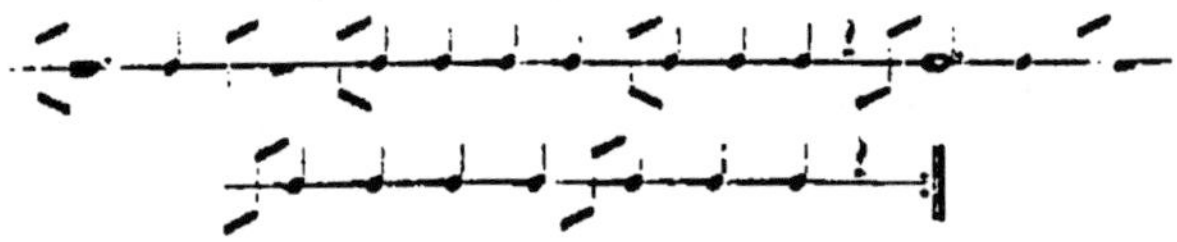

Uebung 10i.

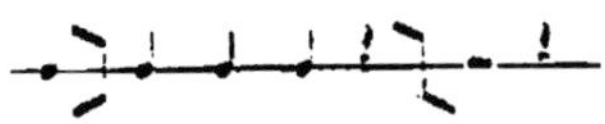

2 Takte, welche zu wiederholen sind.

Uebung 10j.

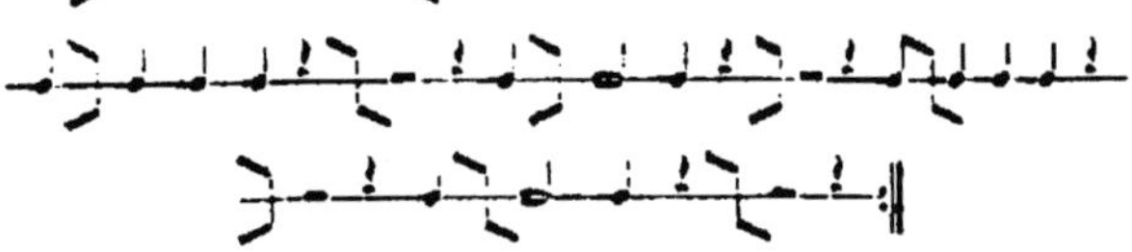

Uebung 10k.

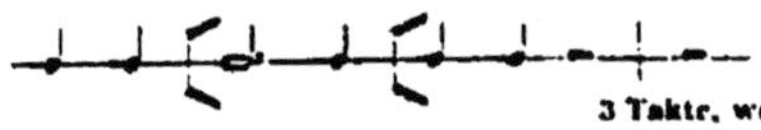

3 Takte, welche zu wiederholen sind.

Uebung 101.

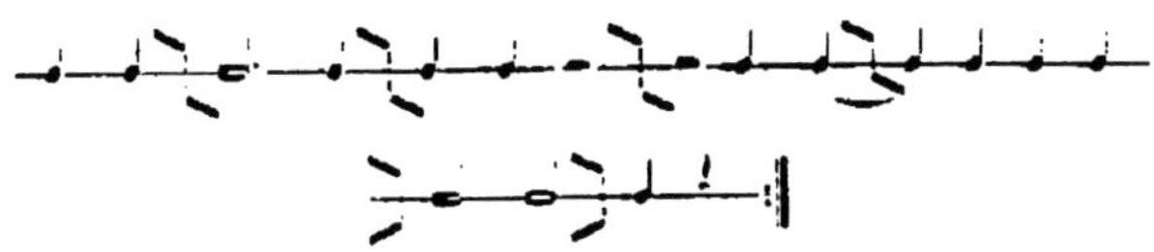

III

Rhythmische Atemübungen

a[1]

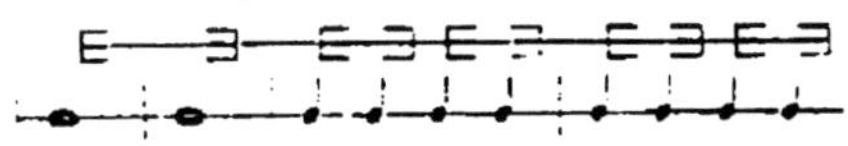

a[2]

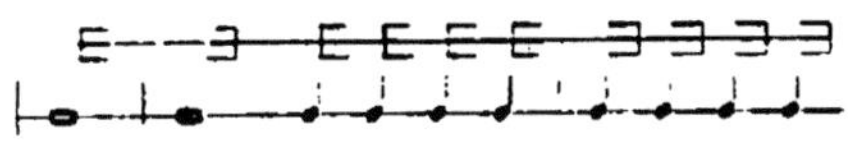

a[3]

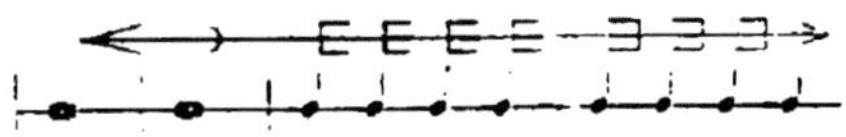

a[4]

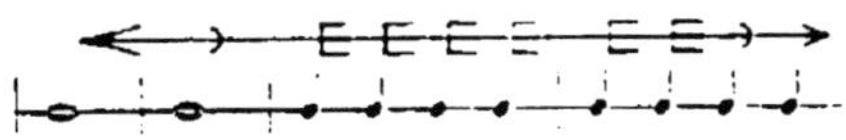

a[5]

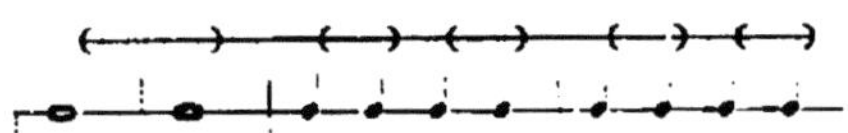

a[6]

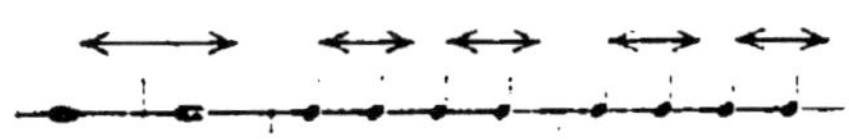

a[7]

b

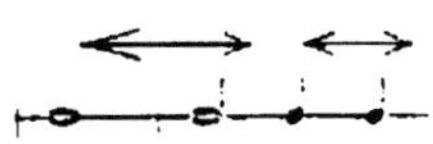

c

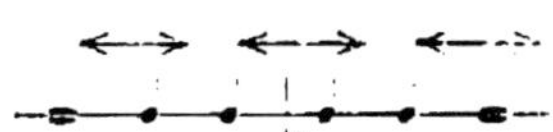

d

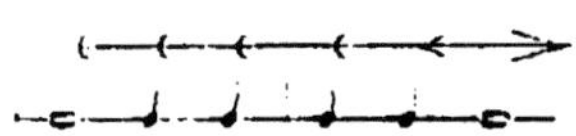

e

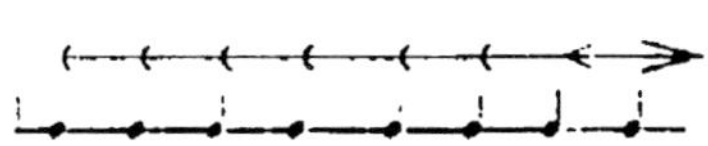

f 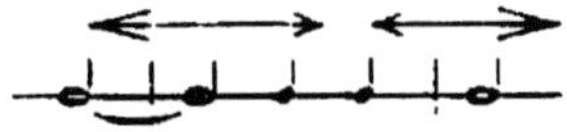

g 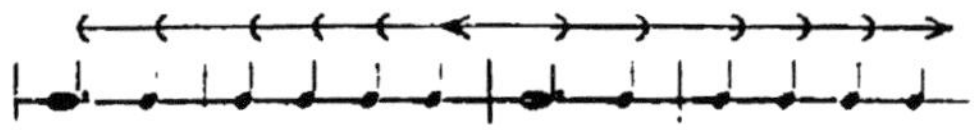

Diese Uebungen sind nach folgendem Beispiel zu wiederholen:

a 5 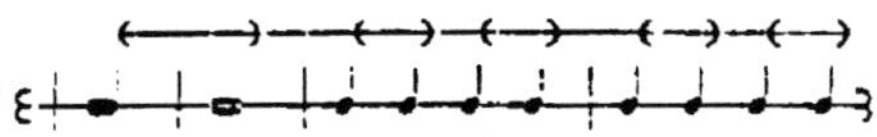

IV

Marschübungen

Der Lehrer lässt folgende Uebungen wiederholen:

1° Die Uebungen 10a — 10f.

2° Die Uebungen 10g — 10l,

die Hände bald auf den Hüften, bald hinter dem Kopf.

Vorbereitende Uebungen am Platze

Endgültige Art und Weise die punktierte halbe Pause auszuführen, *ohne* den Takt zu schlagen:

Die Hand bleibt regungslos in der Haltung des zuletzt, vor der Unterbrechung ausgeführten Taktteils, um darauf (nach der Pause) die Bewegung des erstfolgenden Taktteiles auszuführen.

1. 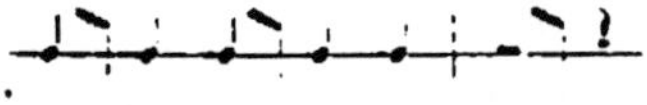 4 Takte, welche wiederholt werden.

2.  4 Takte, welche wiederholt werden.

3.  3 Takte, welche wiederholt werden.

4.  3 Takte, welche wiederholt werden.

Die Bewegung des letzten, der Pause vorangehenden Taktteiles wiederholt sich auf den ersten Taktteil nach der Pause.

5. 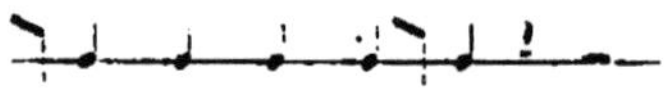 2 Takte, welche wiederholt werden.

6.  2 Takte, welche wiederholt werden.

7. 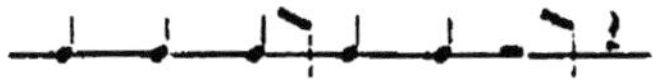 2 Takte, welche wiederholt werden.

8. 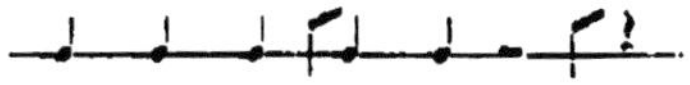 2 Takte, welche wiederholt werden.

9.  2 Takte, welche wiederholt werden.

10. 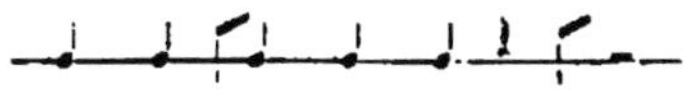 2 Takte, welche wiederholt werden.

11.  2 Takte, welche wiederholt werden.

12. 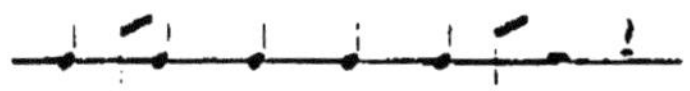 2 Takte, welche wiederholt werden.

Die Bewegung des letzten der Pause vorangehenden Taktteiles wird auf den ersten Taktteil nach der Pause wiederholt.

Der Lehrer nimmt die Uebungen 10a—10l noch einmal mit den Schülern vor. Alle Gliedmassen (die Beine, die Arme, sowie der Kopf) bleiben während der ganzen Dauer der Pause regungslos, in der Haltung des zuletzt ausgeführten Taktteils.

Uebung 10m. 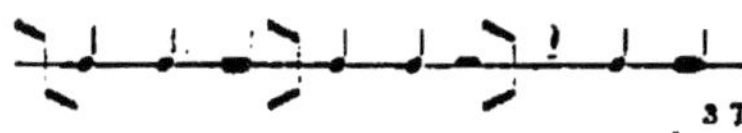

3 Takte, welche wiederholt werden.

Uebung 10n. 

Uebung 10o. 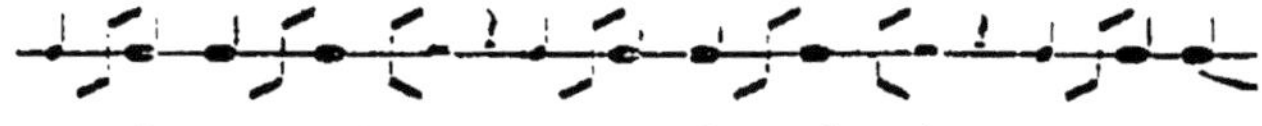

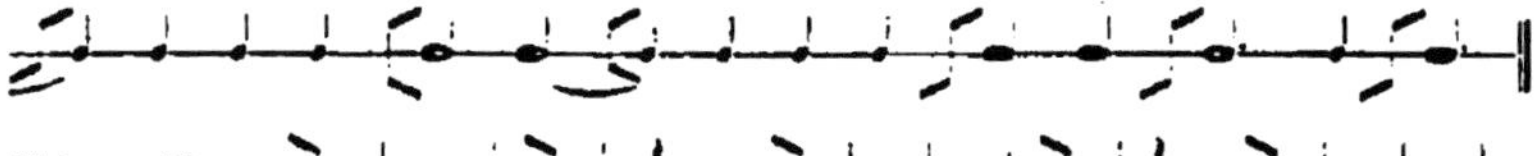

Uebung 10p. 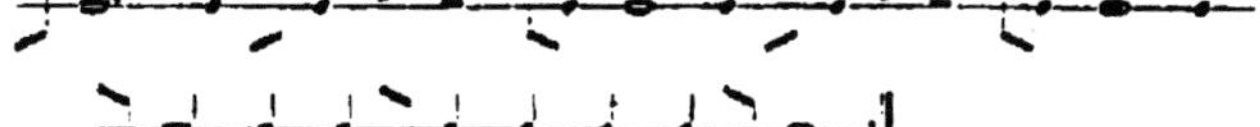

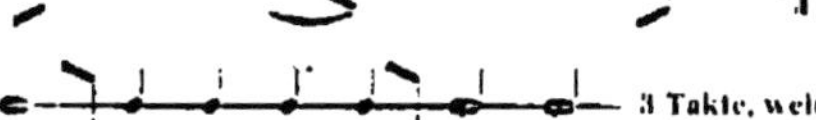

Uebung 10q.  3 Takte, welche wiederholt werden.

Uebung 10r. 

Uebung 10s.  3 Takte, welche wiederholt werden.

Uebung 101.

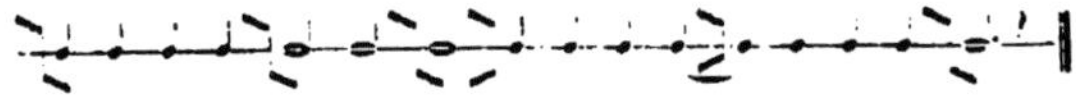

Uebung 10 u.

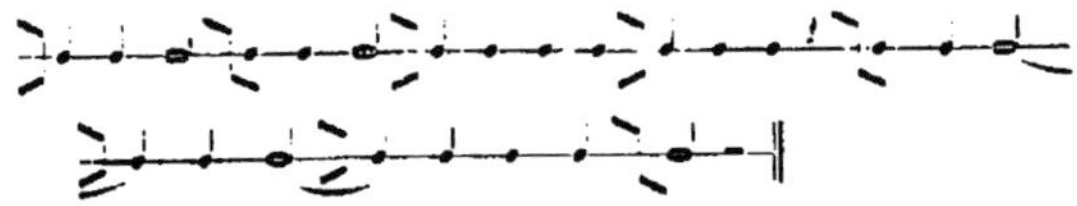

Uebung 10 v.

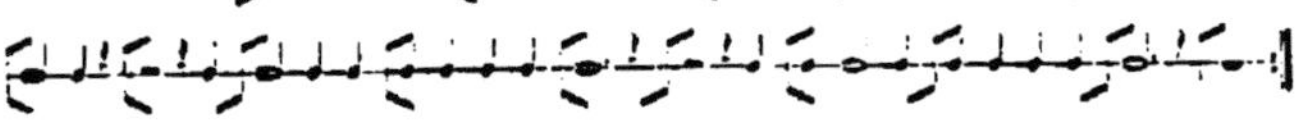

V

Uebungen für die Unabhängigkeit der Gliedmassen

Fig. 99

Vergl. die Allgemeine Regel, Lektion I, kap. V.

Uebung 78. — Aufrechte Haltung; das linke Knie gehoben. Der linke Arm zeichnet einen horizontalen Kreis, *vor* dem Körper: vorwärts, nach links u. s. w.; der linke Fuss beschreibt einen horizontalen Kreis in entgegengesetzter Richtung: vorwärts, nach rechts, u. s. w.

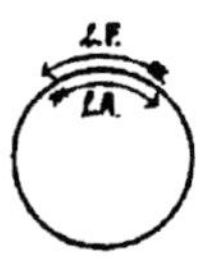

und in entgegengesetzter Richtung

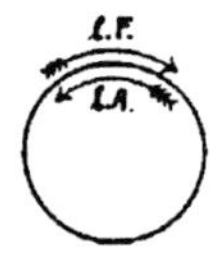

Uebung 79. — Dieselben Uebungen mit dem rechten Arm und dem rechten Fuss.

Uebung 80. — Dieselben Uebungen 1° mit dem rechten Fuss und dem linken Arm; 2° mit dem linken Fuss und dem rechten Arm.

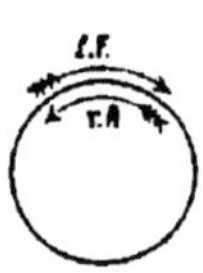

Uebung 81. — Die beiden Hände schlagen den vierteiligen Takt, aber die linke Hand fängt erst auf den vierten Taktteil der rechten Hand an. Vergl. die allgemeine Regel, Lekt. 3, Kap. V

Jedesmal, wenn die linke Hand den Niederschlag ausführt, stampft der linke Fuss auf den Boden.

Jedesmal, wenn die rechte Hand den Niederschlag ausführt, stampft der rechte Fuss auf den Boden.

Auf die anderen Taktteile verhalten die Füsse sich passiv.

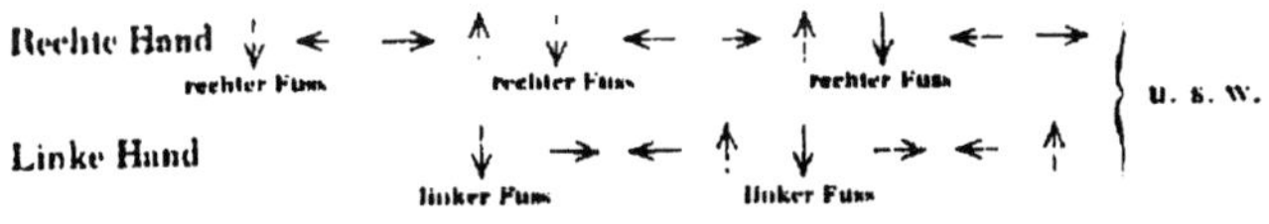

Uebung 82. — Dieselbe Uebung nach folgendem Muster:

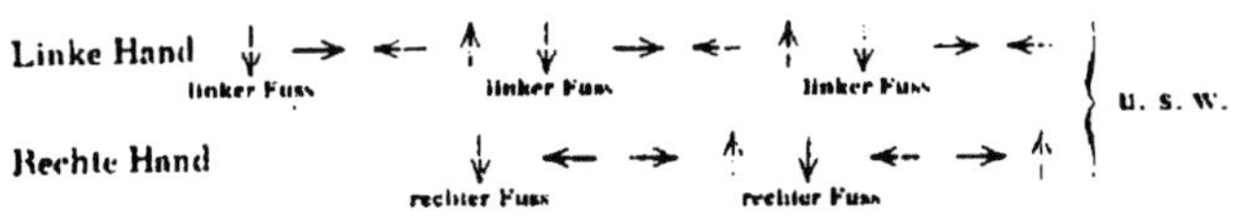

Uebung 83. — Dieselben Uebungen, aber der rechte Fuss stampft auf, wenn die linke Hand den Niederschlag ausführt, und der linke stampft auf den Boden, wenn die rechte Hand den Niederschlag ausführt.

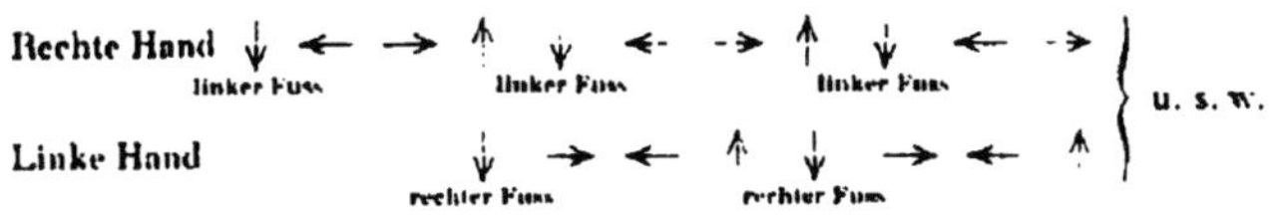

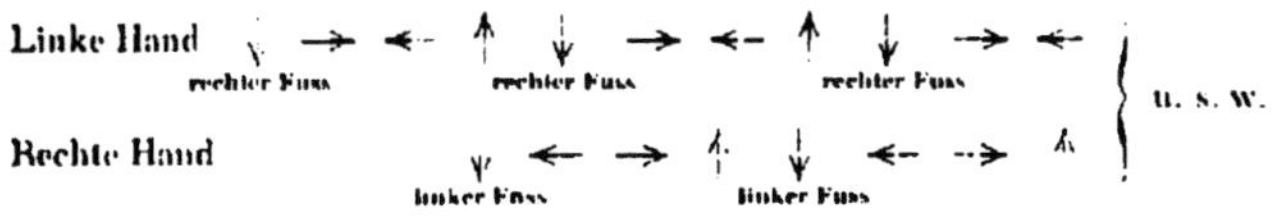

VI

Uebungen für die Entwicklung der spontanen Willenstätigkeit

Uebung 45. — Der rechte Arm schlägt den zweiteiligen Takt von oben nach unten; der linke Arm aber, indem er sich nach links ausstreckt und darauf vor die Brust legt. Vergl. die allgemeine Regel, Lekt. 1, Kap. V.

Linker Arm	←	→	oder	Linker Arm	→	←
Rechter Arm	↓	↑		Rechter Arm	↓	↑

Das Kommando « hop » wird auf Taktteil *1* gegeben. Von dem folgenden Takte an wird nun der linke Arm den Takt von oben nach unten schlagen, und der rechte Arm wird sich abwechselnd nach rechts ausstrecken und vor die Brust legen.

Uebung 46. — Der Lehrer zählt *1*, *2*. Der Schüler steht in aufrechter Haltung, das rechte Knie gehoben; zu jedem Takte macht er eine Kreisbewegung mit dem rechten Fuss: nach aussen, abwärts, nach innen, aufwärts; zu gleicher Zeit macht die Hand (der Arm bleibt still) eine Kreisbewegung in umgekehrter Richtung: nach aussen, aufwärts, nach innen, abwärts.

Das Kommando « hop » wird auf Taktteil *1* gegeben. Von dem folgenden Takte an führt der Fuss die Kreisbewegung nach aussen, aufwärts, nach innen, abwärts und die Hand: nach aussen, abwärts, nach innen, aufwärts, u. s. w. aus.

Uebung 47. — Dieselbe Uebung mit dem linken Fuss und der linken Hand.

Uebung 48. — Dieselbe Uebung mit dem linken Fuss und der rechten Hand.

Uebung 49. — Dieselbe Uebung mit dem rechten Fuss und der linken Hand.

VII

Marschunterbrechungsübungen

Uebung 75. — Der Schüler marschiert *drei* zweiteilige Takte. Auf Taktteil *2* des dritten Taktes macht er einen Sprung in die Höhe und *seitwärts*. Wenn es der linke Fuss ist, mit welchem er sich abstösst, so wird er den Sprung nach *rechts* mit dem *rechten* Fuss ausführen; stösst er sich aber mit dem rechten Fuss ab, so springt er mit dem *linken* Fuss nach *links*.

Der Schüler steht *einen* Takt still, auf *einem* Fuss.

Uebung 76. — Dieselbe Uebung, aber wenn der Schüler sich mit dem linken Fuss abstösst, so springt er auch mit dem *linken* Fuss nach *links* und vice versa.

Diese Uebung kann nicht in Form eines Kreises ausgeführt werden; die Schüler marschieren in gerader Linie vorwärts.

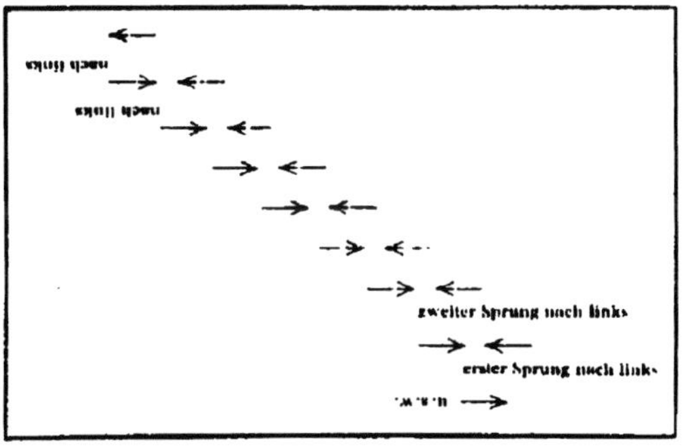

Fig. 100

Uebung 77. — Dieselbe Uebung wie die vorige: *drei* dreiteilige Takte, darauf *ein* Takt Marschunterbrechung: da der Sprung umschichtig nach links und nach rechts ausgeführt wird, kann diese Uebung in Form eines Kreises ausgeführt werden.

Uebung 78. — Die Schüler marschieren *drei* zweiteilige Takte. Auf Taktteil 2 des dritten Taktes springt der Schüler in die Höhe und *rückwärts*. Wenn er sich mit dem linken Fuss abstösst, so wird er mit dem rechten Fuss springen (und auf demselben stehen bleiben; der linke bleibt vorwärts gehoben, Fig. 100) und vice versa. Der Schüler steht während *eines* Taktes auf *einem* Fuss.

Uebung 79. — Dieselbe Uebung, aber der Schüler springt mit *demselben* Fuss, mit welchem er sich abstösst.

Der Lehrer lässt die Uebungen mit folgenden Varianten wiederholen:

a) Zweitaktiger Marsch, *zwei* Takte Unterbrechung im zweiteiligen, darauf im dreiteiligen, darauf im vierteiligen Takt.

b) Eintaktiger Marsch, *drei* Takte Unterbrechung im zweiteiligen, darauf im dreiteiligen, darauf im vierteiligen Takt.

c) Zweitaktiger Marsch, *vier* Takte Unterbrechung im zweiteiligen, darauf im dreiteiligen, darauf im vierteiligen Takt.

d) Viertaktiger Marsch, *vier* Takte Unterbrechung im zweiteiligen, darauf im dreiteiligen, darauf im vierteiligen Takt.

VIII

Uebungen mit abwechselnden Taktarten

Uebung 110. — Indem sie die Takte *in Gedanken* zählen, marschieren die Schüler eine mehrmals wiederholte Reihenfolge von neun Takten, deren drei erste dreiteilig und deren sechs letzte vierteilig sind.

Uebung 111. — Dieselbe Uebung, aber die drei ersten Takte sind vierteilig und die sechs letzten sind dreiteilig.

Uebung 112. — Dieselbe Uebung, aber die sechs ersten sind dreiteilig und die drei letzten sind dreiteilig.

Uebung 113. — Dieselbe Uebung, aber die sechs ersten sind vierteilig und die drei letzten sind dreiteilig.

Uebung 114.

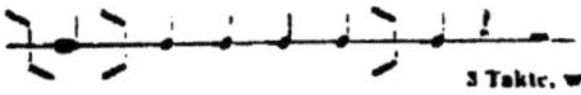

3 Takte, welche wiederholt werden.

Uebung 115.

3 Takte, welche wiederholt werden.

Uebung 116.

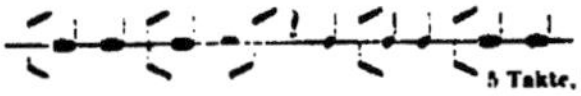

5 Takte, welche wiederholt werden.

Uebung 117.

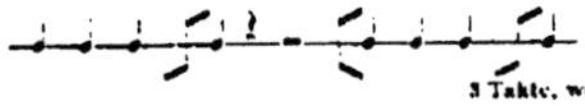

3 Takte, welche wiederholt werden.

Uebung 118.

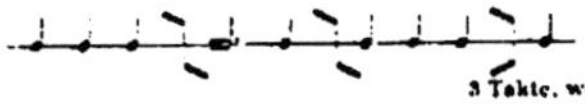

3 Takte, welche wiederholt werden.

Uebung 119.

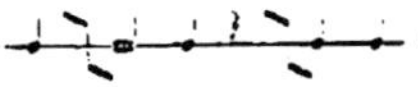

2 Takte, welche wiederholt werden.

Uebung 120.

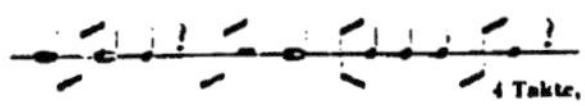

4 Takte, welche wiederholt werden.

IX

Gehörübungen

Wenn die Grösse des Saales es den Schülern erschwert, den genauen Anfang der Pausen zu unterscheiden, so wird der Lehrer gut tun, die am Klavier gespielte Melodie mitzusingen.

Uebung 75. — Der Lehrer spielt vier Takte am Klavier, nachdem er verabredet hat, dass er dieselben ohne veränderte Taktart spielen wird.

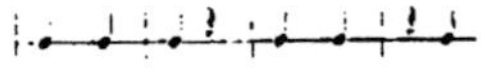

Die Schüler setzen dieselben in folgende Marschbewegungen um:

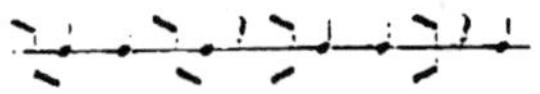

Uebung 76. — Der Lehrer:

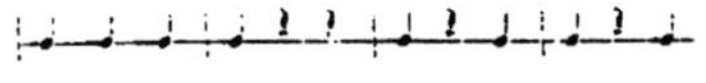

Die Schüler:

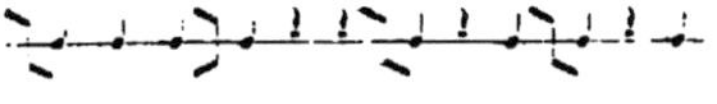

53.

Editeurs: JOBIN & Cie. Paris, Leipzig & Lausanne (Suisse).
Copyright by Sandoz, Jobin & Cie. 1906 780
Tous droits quelconques réservés, y compris ceux d'exécution.

Hinweisen möchte ich an dieser Stelle auf die umfassende Forschungsarbeit von J. Gobbert: „Zur Methode Jaques-Dalcroze. Die Rhythmische Gymnastik als musikpädagogisches System“ (Frankfurt/M. 1998).
In dieser Arbeit, ergänzt durch eine Video-Dokumentation, hat J. Gobbert für unsere Zeit, mit großer Sorgfalt, das musikdidaktische System, mit einem Kernrepertoire der zwanzig Ausdrucksgesten, wie sie E. Jaques-Dalcroze in dem zweibändigen Handbuch „Die Rhythmik“ (Leipzig 1916/1917) aufgezeichnet hat, von ihm verstanden als „Plastique animée“, als plastische Darstellung von Musik, erneut erschlossen und zum musikpädagogischen Gebrauch zugänglich gemacht.

3.2.2.2 Gehörbildung

Bei der Konzipierung einer systematischen Gehörbildung nimmt E. Jaques-Dalcroze das Solfége-System als Methode zum Ausgangspunkt. Eine Methode, die Mitte des neunzehnten Jahrhunderts nach dem Vorbild der italienischen Konservatorien, neben dem Solmisieren zur Grundlage der Gehörbildung wurde, vor allem in Frankreich.
Es ist eine Methode des Vomblattsingens mit den Tonsilben der Solmisation (do re mi fa sol la si do) meist bei gleichzeitigem Schlagen mit der Hand, die E. Jaques-Dalcroze erweiterte zu einer Methode, die er „faire les pas“ (Schrittemachen) nannte, bei der zum Taktschlagen der Arme der rhythmische Verlauf der gesungenen oder gespielten Melodie (Klavier) – bis in die kleinsten Werte hinein – mit den Füßen hinzugefügt wird.
Dem didaktisch-methodischen Aufbau dieser Übungen widmete sich E. Jaques Dalcroze im besonderen in Teil II seiner ‘Methode’: „Studium des Notenplanes“ (Neuchâtel 1907), weitergeführt und differenziert in Teil III: „Tonleitern und Tonarten, Phrasierung und Nuancierung“ (Neuchâtel 1907), wozu er dann auch Schüler-Übungshefte entwirft, zum Selbststudium gedacht, gewissermaßen ein „tägliches Pensum“ für seine Studierenden.

Ziele, die sich aus dem Studium des zweiten Teiles des umfassend angelegten Gesamtwerkes der ‘Methode Jaques-Dalcroze’ ergeben sollen, sind:

- Herstellen einer Beziehung zwischen Musik und Plastik (Bewegung und Klang);
  (ausgehend von rhythmischen Märschen bei gleichzeitiger rhythmischer Ein- und Ausatmung; Einatmung und Aussprache; Einatmung und Tonbildung, sollen die Einatmungs- und Tonbildungsübungen mit dem Ausgangston C’ (do) begonnen werden, damit sich dieser dem Tongedächtnis einprägt (absolutes Tonbewußtsein) und dem Studierenden das allererste Tonalitätsgefühl vermittelt).
- Vervollständigen der Unterteilungen der Zeitwerte;
  (die in diesem Band aufgezeichneten Übungen fügen dem Studium der wechselnden Taktarten und Unterteilungen das der wechselnden rhythmischen Betonungen und metrischen Analyse hinzu);

- Vervollkommnen der „Gymnastik des Fußes“;

(die hier besondere Berücksichtigung findet, da die Ausführung eines jeden Rhythmus abhängig ist von einem guten Gleichgewicht des den Rhythmus ausführenden Körpers. Auch berücksichtigt E. Jaques-Dalcroze in diesem Band die hohe Schnelligkeit der Sprachwerkzeuge beim Singen kleiner Notenwerte.)

Nach diesen Studien sollte der Studierende Sicherheit erworben haben:
– Im Umgang mit klingenden musikalischen Zeitwerten und Pausen; ihrer Kraftschattierung (dynamischen Abstufungen) sowie der Symmetrie im Phrasenbau (metrische Betonungen, rhythmische Betonungen, pathetische Betonungen).
– In den Beziehungen zwischen allen diesen musikalischen Elementen und den ihnen vorangehenden, begleitenden oder sie hervorbringenden plastischen Bewegungen (Marsch, Gebärde, Einatmung, Ausatmung). – Es sollte ihm verfügbar geworden sein: eine rhythmische Intelligenz als Vorbereitung auf das Studium der Tonhöhen, ein gut funktionierendes Atmungssystem als Vorbereitung für ein Gesangstudium; ein kräftiger Wille, der die zeitliche Distanz zwischen Vorstellung und Ausführung der Rhythmen verkürzt; eine zunehmende Fähigkeit in der Unabhängigkeit der Bewegungen, die eine Kontrolle der Bewegungen erleichtert; schließlich wird der Studierende an dieser Stelle vertraut sein mit den Schriftzeichen der Zeitwerte, der metrischen, rhythmischen und pathetischen Betonungen, der Kraftschattierungen und der Atmung.

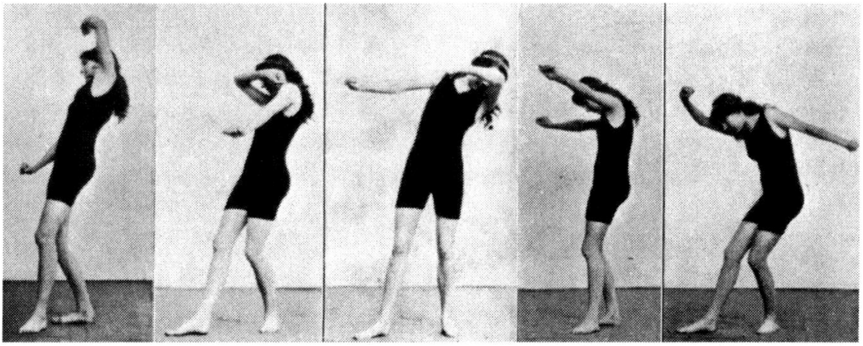

Das „Studium des Notenplanes“ beinhaltet schwerpunktmäßig ein Erlernen der Notenschrift und ein Gewinnen von Sicherheit im Lesen, Erkennen und singenden Umsetzen der Notation von Melodien in den verschiedenen Schlüsseln (G, F, C-Schlüssel in seinen verschiedenen Stellungen).

E. Jaques-Dalcroze beginnt mit einlinigem Notensystem, führt dieses über zwei und drei Linien hin zu dem fünflinigen Notensystem = Notenplan. Die C-Dur-Tonleiter ist Ausgangstonart, bildet sozusagen den „Schlüssel“ für das gesamte Studium der Tonleitern und Tonarten, insofern geht E. Jaques-Dalcroze bei der Behandlung des Notensystems von der Note C’ in ihren verschiedenen Stellungen aus.

Die vorbereitenden Übungen, die dem eigentlichen Gesangunterricht vorausgehen („Eine gute musikalische Erziehung geht von der gleichzeitigen Entwicklung des Hörens und der Stimme aus"),[1] beinhalten zum einen rhythmische Übungen, die der Förderung der physischen und geistigen Entwicklung wie dem Bewegungs- und „Unterhaltungsbedürfnis"[2] des Kindes Rechnung tragen, zum andern ein Training der Sprachwerkzeuge, verbunden mit dem Ziel einer guten Artikulation, unter besonderer Berücksichtigung einer guten Wiedergabe von Vokalen und Konsonanten.

Daneben ist Voraussetzung für ein vergleichendes Studium der Tonleitern, ein Unterscheidenkönnen von Ganzton- und Halbtonschritt, E. Jaques-Dalcroze erkennt darin einen der wesentlichen Bausteine einer musikalischen Hörerziehung; er warnt mit allem Nachdruck vor einem zu frühen Weiterschreiten. „Sobald ein Kind soweit begabt ist, daß es, ohne sich je zu irren (der Fachmann weiß, wie weit diese Unfehlbarkeit geht), den Unterschied zwischen Ganzton und Halbton erkennt, so ist es auch möglich, in seinem Verstand durch Vergleichung und durch Suggestion die sofortige Verbindung zwischen dem Namen des Tones und dem Ton selbst herzustellen".[3]

Bei dem sich anschließenden Studium der Skalen soll die Wahl des Ausgangstones C' jeder Stimme ein Singen der Skalen ermöglichen, das Ausgangs-C' soll sich ihr fest einprägen, zudem soll der Studierende es ohne Hilfe eines Instrumentes oder einer Stimmgabel immer wiederfinden, sicher treffen können. Daneben soll sich ihm durch den Wechsel der Ordnung zwischen Ganzton- und Halbton-Intervallen (bei dem Studium von Tonleitern, jeweils mit dem leitereigenen Grundton begonnen, würden dem Studierenden die „Beziehungen einer Tonart zur anderen entgehen")[4] allmählich ein Tonempfinden für Alteration und ein Eindruck verschiedener Skalen ausbilden. „Das Gedächtnis behält die Spuren der Eindrücke und der daraus abgeleiteten Folgerungen in dem Maße, als dieselben kräftig waren, lebhafte Empfindungen zu verursachen".[5]

Wird dieses Studium der Skalen vollkommen beherrscht, durch alle Tonarten hindurch, was einen Zeitraum von zwei bis drei Jahren in Anspruch nimmt, so ist damit die Grundlage für ein Studium der Intervalle, Akkorde, Auflösungen, Modulationen gelegt. Aufgabenstellungen, die E. Jaques-Dalcroze in Teil III seiner Methode aufgezeichnet hat, die neben einem erweiterten Studium der Dur- und Moll-Tonleitern, im Aufbau dem Schema des Quinten- und Quartenzirkels folgend, Übungen in Dichorden, Trichorden, Tetrachorden, Pentachorden, Hexachorden,

---

1) 3) 4) Methode Jaques-Dalcroze, Teil III: Tonleitern und Tonarten. Phrasierung und Nuancierung, Neuchâtel 1907, Bd. 1, S.l; S.2

2) Jaques-Dalcroze, E.: Vorschläge zur Reform des musikalischen Schulunterrichts, Zürich 1905, S. 42

5) Zitat von Diderot; von E. Jaques-Dalcroze zitiert in Teil III der Methode Jaques-Dalcroze, S.2

denen schließlich Regeln zu Phrasierung und Nuancierung, Betonung und Improvisation (rhythmisch, melodisch) folgen.

E.Jaques-Dalcroze spricht an verschiedenen Stellen seiner Schriften von der „Kunst des Phrasierens und Nuancierens“ und vergißt niemals den Hinweis, daß dieser Teil des Unterrichts der angenehmste sei, da er über die „Trockenheit“ mancher Übungen einen „verklärenden Schimmer von Poesie und Schönheit“[1] auszubreiten vermag. Auch spricht er von der „Sonnenseite des Unterrichts, welche manchen rauhen Pfad vergessen läßt“.[2]
Aus pädagogischer Erfahrung bestätigt sich hier für E. Jaques-Dalcroze die Annahme, daß Phrasierung und Nuancierung in der Natur selbst begründet liegen und auch ein mit der Technik nicht vertrautes Kind Aufgabenstellungen dieser Art sofort aufzufassen und zu verstehen vermag. Methodisch ist es an dieser Stelle im Verlauf des Unterrichts möglich, das Prinzip der Improvisation einzubringen. Dadurch kann das Kind seine eigenen schöpferischen Fähigkeiten entfalten, sich selbst mit einer Fülle und Vielfalt musikalischer Ausdrucksmöglichkeiten einbringen. Zugleich wird seinem „Bedürfnis nach Selbstbestätigung“ Rechnung getragen.

Die Hinführung zu einer musikalischen Improvisation stellt sich E. Jaques-Dalcroze wie folgt vor: Zunächst sollte der Lehrende den zeitlichen Ablauf der Improvisation auf zwei Takte begrenzen, allmählich erweitern auf vier und acht Takte, und schließlich soll in der Erweiterung einer Aufgabe innerhalb einer gegebenen Melodie ein Abschnitt von ein oder zwei Takten mit eigener Improvisation ausgefüllt werden.

Darüber hinaus bietet sich an, um eine musikalische Urteilsfähigkeit, ein „musikalisches Urteilsvermögen“ auszubilden und zu differenzieren, die Kinder selbst die entstandenen Improvisationen beurteilen zu lassen. Immer aber ist es E. Jaques-Dalcroze wichtig, das Kind mitgestaltend einzubeziehen.

„Das Kind liebt über alles die Dinge, welche ihm Freude machen, selbst zu beschaffen und nach seiner Phantasie auszuschmücken. So interessiert es sich eben auch mehr für den Unterricht, bei welchem es sich selbst schöpferisch betätigen kann. Sobald es aber die Anfangsgründe des Vortrages kennt, so empfindet es kein Vergnügen mehr, eine Melodie zu singen, wenn man ihm nicht erlaubt, dieselbe nach seinem eigenen natürlichen Empfinden mit Ausdruck, mit rhythmischer und pathetischer Betonung zu schmücken“.[3]

[1)] Jaques-Dalcroze, E.: Vorschläge zur Reform... S. 53

[2) 3)] Methode Jaques-Dalcroze, Teil III, a.a.O., S. 3

3.2.2.3 Improvisation

Sind in dem Kapitel zuvor bereits das Prinzip der Improvisation als methodisches Prinzip und Regeln der Improvisation angesprochen, so soll hier auf die beiden Ebenen der Improvisation näher eingegangen und ein Weg, wie ihn E. Jaques-Dalcroze mit seinen Studierenden beschreitet, aufgezeigt werden. Improvisation wird von ihm verstanden in zweifachem Sinne. Zum einen instrumental, wobei E. Jaques-Dalcroze vom Klavier ausgeht und dem Aufbau seiner Konzeption folgt, wie er sie in dem zuvor genannten Werk aufgezeichnet hat.

Wichtig ist ihm hier zunächst, daß ein Schüler lernt, auf dem Instrument seine Empfindungen auszudrücken, und zwar auf jeder Stufe mit seinen individuellen Möglichkeiten und Fähigkeiten, denn wahrhaft künstlerisch kann eine Improvisation erst dann werden, wenn der Spielende über eine fortgeschrittene technische Ausbildung verfügt, über fundierte Kenntnisse der Harmonielehre, ein reiches Repertoire an Akkorden und Akkordverbindungen wie melodischen Einfällen und darüber hinaus diese mit Bewegungsvorstellungen in einer breiten Skala von Ausdrucksmöglichkeiten zu verbinden vermag.

Zum andern verstanden als eine „Orchestrierung“ menschlicher Bewegung, als eine Stufe künstlerischen Ausdrucks, auf der jede rhythmisch-musikalische Bewegung im Körper des Spielenden eine adäquate Muskelbewegung findet, jede psychische Stimmung sich im Klang widerspiegelt, jede orchestrale Schattierung, jedes crescendo, diminuendo, rallentando vom Bewegenden miterlebt und nach seiner Empfindung und Auswahl in Ausdruck umgesetzt wird.

Denn „jeder menschliche Körper birgt zahlreiche Möglichkeiten in sich (Neben-, Nach-, Gegeneinander von Gebärden, Haltungen und Verschiebungen am Ort oder im Schreiten) als der vielfältigste sinfonische Körper“.[1] Ein Ziel, das E. Jaques-Dalcroze zumindest ansatzweise innerhalb seiner rhythmischen Bildungsarbeit in Hellerau bei Dresden in den Jahren 1910-1914 und bei großen szenischen Aufführungen mit seinen Studierenden des Rhythmus verwirklichen konnte.

Neben den Regeln der Phrasierung, Nuancierung und Betonung stellt E. Jaques-Dalcroze zehn Regeln der instrumentalen/melodischen Improvisation auf, die er in Teil III: „Tonleitern und Tonarten. Phrasierung und Nuancierung“, Bd. II, auf den Seiten 89-130 aufgezeichnet hat.

Sie machen zu beachtende Gesetze sichtbar im Aufbau einer Melodie und der Melodieführung (Auf- und Abwärtsbewegung, Intervall-Folge, Sprünge, stufenweise Bewegung u.a.). Im rhythmischen Aufbau (Ordnung einzelner rhythmischer Motive im Gesamtablauf; Ausgewogenheit zwischen wiederkehrenden/bekannten und neu hinzugefügten/unbekannten rhythmisch-metrischen Elementen).

[1]) Jaques-Dalcroze, E.: Rhythmus und Gebärde im musikalischen Drama und vor der Kritik. (1910-1916) In: Rhythmus, Musik und Erziehung, a.a.O., S. 136

Sie verweisen im weiteren auf qualitative Merkmale (Periodik, Symmetrie) und quantitative Merkmale (Zahl der gewählten Takte einer Melodie) im Aufbau einer melodischen Improvisation.

Erste Regel: In einer gut gebildeten Melodie müssen aufsteigende, absteigende und liegende Bewegungen in richtigem Verhältnis miteinander abwechseln, sonst wird dieselbe eintönig.

Zweite Regel: Bei der Melodiebildung muß zu häufige Wiederholung desselben Rhythmus vermieden werden. Eine solche öftere Repetition würde monoton wirken. Wenn einerseits die häufige Wiederholung desselben Rhythmus Eintönigkeit verursacht, so würde andererseits die Anwendung zu vieler verschiedener Rhythmen eine Zerrissenheit herbeiführen und den klaren Eindruck und die Einheit beeinträchtigen. Der Schüler wird daher gut tun, zwecks einfachster Entwicklung einer melodischen Phrase nur solche rhythmische und metrische Elemente zu verwenden, aus welchen das Thema gebildet ist. Diese Elemente können auf verschiedene Art ver bunden, öfters wiederholt und abwechselnd angeordnet werden.

Thema:

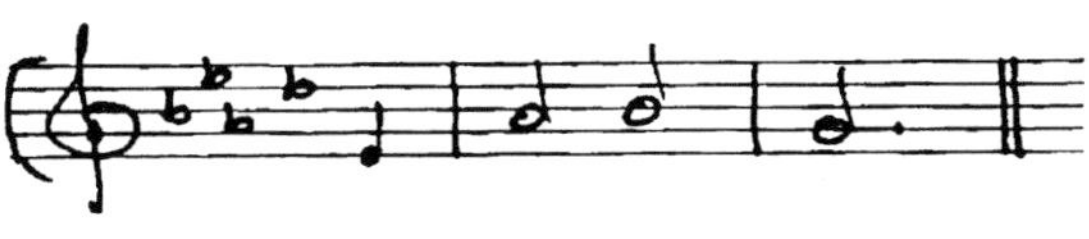

Entwicklung:

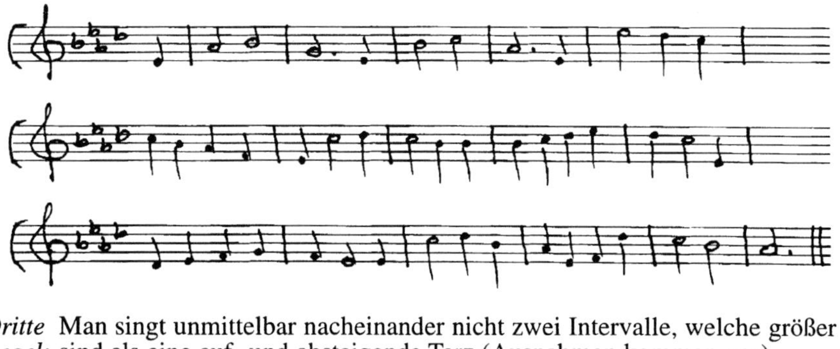

Dritte Regel: Man singt unmittelbar nacheinander nicht zwei Intervalle, welche größer sind als eine auf- und absteigende Terz (Ausnahmen kommen vor).

Vierte Regel: Folgen sich die Töne auf der vierten und siebten Stufe einer Tonart, so muß der zweite dieser Töne in der Regel eine halbe Stufe höher resp. tiefer gegeführt (aufgelöst) werden.

Fünfte Regel: Zwei Intervalle, die zusammen eine Septime ausmachen, dürfen nur aufeinandefolgen, wenn eines derselben eine Sekunde ist.

Sechste Regel: Die Zahl der Takte einer Melodie (oder eines Melodie-Abschnittes) muß durch zwei teilbar sein. Die Symmetrie der Melodie ist eine klassische Eigenschaft und wir verlangen sie vom Schüler während der ersten Studienjahre. Eine viertaktige Melodie muß aus zwei zweitaktigen melodischen Gruppen bestehen. Soweit möglich, soll die zweite Gruppe eine melodische Antwort auf die erste Gruppe geben.

Siebente Regel: Um der ersten Gruppe fragenden Charakter zu verleihen ist es gut, die letzte Note derselben auf die Dominante der Tonart (V) (oder auch auf die dritte und fünfte Note des auf der V. Stufe stehenden Pentachordes) zu verlegen. Es genügt, die zweite Gruppe mit der Tonika abzuschließen, um diese als Antwort erscheinen zu lassen.

Achte Regel: Eine achttaktige Periode muß in zwei viertaktige Gruppen geteilt werden können, deren erste eine Frage, die zweite eine Antwort darstellt. In achttaktigen Perioden kann die erste viertaktige Gruppe fragenden Charakter haben, selbst wenn sie mit der Terz oder Quinte des Tonika-Dreiklanges, d.h. mit der dritten oder fünften Note des auf der ersten Stufe stehenden Pentachordes endigt.

Neunte Regel: Sechstaktige Perioden müssen entweder in zwei dreitaktige Gruppen zerlegt werden können, deren erste als Frage, die zweite als Antwort erscheint oder aber in drei zweiteilige Gruppen, deren erste die Frage dar stellt, die von der zweiten Gruppe verlängert oder wiederholt) wird, während die dritte antwortet.

Zehnte Regel: Wenn dem ersten Schlag einer zweiteiligen, aus vier Takten bestehende Periode ein Auftakt vorangeht, so ist es vorläufig zu empfehlen, daß dieser Auftakt am Endes des zweiten Taktes wiederholt und so dem ersten Schlag der zweiten Taktgruppe vorangestellt werde. Der Auftakt, welcher dem ersten Niederschlag vorausgeht, kehrt am Ende des zweiten Taktes wieder und leitet so die zweite Gruppe ein.

1918 verfaßt E. Jaques-Dalcroze eine kleine Schrift: „Methode Jaques-Dalcroze: Cours D'improvisation Melodies a harmoniser", in der er eine Fülle von Beispielen und knappen Anweisungen als Anregung zu melodischer und harmonischer Improvisation sammelt und gleichsam zu einem 'Kurs' zusammenfaßt.
1932 veröffentlichen die beiden Dalcroze-Schülerinnen – A. Epping und H. Tauscher – ein erstes Kompendium zur 'Einführung in die Improvisation am Klavier'. Anknüpfend an frühe Unterrichtserfahrungen wenden sich die Verfasserinnen mit dem darin aufgezeigten Weg „an die jedem Menschen innewohnende Lust zur musikalischen Betätigung".[1]

Der methodische Weg führt von: Hoch und Tief; Sprung und- und Linienmelodien; Echomelodien; Musikalischen Zwiegesprächen; Frage und Antwort, zur Zweistimmigkeit, zu Dreiklangsstrukturen, Umgang mit Akkorden und ihrer Umkehrung, zur Harmonisierung der Durtonleiter, zu zwei- und dreiteiligen musikalischen Formen, zur Begleitung von Kinder- und Volksliedern. Daneben finden Kompositionsformen z.B. eines Walzers Raum, soll eine reiche Sammlung von Themen Anregung geben zu eigenen Improvisationsversuchen, und schließlich findet auch ein Thema wie „von Körperbewegung und Rhythmus zu Klang" Eingang in diese Konzeption.

---

[1]Epping, A./Tauscher, H.: Einführung in die Improvisation am Klavier, Berlin 1932, Vorwort

Lassen E. Jaques-Dalcrozes Improvisationsregeln ein hohes musikalisches Ausgangsniveau erkennen, das er von seinen Studierenden als Vorbildung oder parallel verlaufende Ausbildung erwartet – elementare technische Fertigkeiten, Kenntnisse von Akkorden und Akkordverbindungen, Aufbau einer Melodie, gut erzogenes musikalisches Gehör, reich entwickelter Klangsinn, Fähigkeit zu bewußter Tonvorstellung – so zeigt A. Eppings methodischer Weg im wahrsten Sinn eine „Einführung in die Improvisation am Klavier“ auf (von ihr weitergeführt in dem Lehrbuch: „ABC der Improvisation als neuer Weg der Musikerziehung“, Berlin 1954).

Aus einer reichen Unterrichtstätigkeit mit Studenten der rhythmischen Erziehung und Kindern aller Altersstufen schöpfend, stellt sie hier als eine pädagogisch schwierige Aufgabe heraus, die Eigenart des Schülers zu wahren, die es nicht nur nicht anzutasten, sondern in ihren Bahnen weiterzuentwickeln gilt.[1]
Ein wesentliches Ziel aber des Unterrichtes sollte darin bestehen, „den zukünftigen Lehrer zu befähigen, die Bewegungen des Körpers in seinem Spiel sozusagen widerzuspiegeln und sich durch sie zu neuen Klang-Kombinationen inspirieren zu lassen, ... das Spiel muß charakterisieren können“,[2] oder wie N. Gorter es ausdrückt, das Spiel muß zu einer „formvollendeten Synthese von Rhythmus, Melodie, Harmonie und Polyphonie werden“.[3]

[1) 2)] Epping, A.: Aus meinen Erfahrungen im Improvisationsunterricht. In: Feudel, E. (Hg.): Rhythmik, Theorie und Praxis der körperlich-musikalischen Erziehung, München 1926, S. 78

[2)] Gorter, N.: Die Gehörbildung, die Improvisation und die rhythmische Gymnastik. In: Berichte der Dalcroze-Schule, H. 1/2, Hellerau 1914, S. 6

Walter Hege, Naumbu

Portal der Bildungsanstalt Hellerau 1911–14

3.3 Hellerau und die „Bildungsanstalt für Musik und Rhythmus Jaques-Dalcroze“

3.3.1 Die Gartenstadt Hellerau – der architektonische Entwurf der ‘Bildungsanstalt Jaques Dalcroze’

Hellerau, die erste deutsche Gartenstadt, rund hundert Meter höher gelegen als die nahe Großstadt Dresden, nördlich von dieser, jenseits des großen Exerzierplatzes, den man den ‘Heller’ nennt, grenzt westlich an das Waldgebiet der Dresdner Heide an.
In ihr ist der von England angeregte Gartenstadtgedanke verwirklicht und zu einem besonders schönen Beispiel geworden. Angeregt durch die Konzeption Ebenezer Howard’s (1850-1928) Schrift: „Garden-Cities of Tomorrow“ (Gartenstädte in Sicht), durch die 1903 in Letchworth bei London die erste Gartenstadt der Architekturgeschichte entstand.
Karl Schmidt (1873-1948) jedoch, Tischler, Unternehmer und Leiter der wirtschaftlich erfolgreichen „Dresdner Werkstätten für Handwerkskunst“, verdankt die Gartenstadt Hellerau ihre Existenz. K. Schmidt erteilte dem Münchener Raumausstatter und bedeutenden Architekten der Zeit – Richard Riemerschmid – 1906 den Planungsauftrag für das 150 ha große Areal; holte die Geschäftsstelle des Deutschen Werkbundes nach Dresden und warb Dr. Wolf Dohrn (1878-1914), der zuvor bei Prof. Brentano in München Volkswirtschaft studiert hatte und 1906 mit einer Arbeit zu Goethes Werther promovierte,[1] als geistigen Mentor für das Experiment Hellerau.

Hier siedelten sich innerhalb von vier Jahren ca. vierhundert Familien (etwa 2000 Einwohner) an, im Durchschnitt in Einfamilienhäusern mit einem Mietwert von 300 bis 3000 Mark, wobei die Miete nicht erhöht und nur von den Bewohnern eine Kündigung ausgesprochen werden konnte.

Der Bebauungsplan, durch R. Riemerschmid aufgestellt, sah eine Gliederung der Siedlung in fünf Teile vor: einen ersten Teil für die Anlage der Werkstätten für Handwerskunst; einen zweiten für die Kleinwohnungen; einen dritten für die Landhäuser; einen vierten für die Zwecke der Allgemeinheit, im Mittelpunkt des

---

1) Sarfert, H.J.: Hellerau. Die Gartenstadt und Künstlerkolonie, Dresden 1995, S. 19

Ortes gelegen; einen fünften für künftige Aufgaben. Die Aufträge zur architektonischen Gestaltung wurden – entsprechend der Gliederung des Baugrundes – an mehrere junge Architekten vergeben. So baute R. Riemerschmid die große reich gegliederte Anlage der Dresdner Werkstätten für Handwerkskunst, H. Tessenow die 'Bildungsanstalt Jaques-Dalcroze', und an weiteren Architekten wurden verpflichtet: Th. Fischer, K. Frick, O. Hempel, A. Hohrat, H. Mutesius, H. Tscharman u.a.

Charakteristisch für die architektonische Gestaltung der Häuser Helleraus und der Siedlung sollte sein, trotz unterschiedlicher Handschrift der Architekten, eine schlichte Gestaltungsweise, sorgfältige Auswahl der Baumaterialien und Konstruktionen, ein sensibler Sinn für eine gute Zuordnung der einzelnen Bauglieder und ihrer Auswahl; eine hohe architektonische Qualität. Der Literat P. de Mendelssohn erinnert sich:

„Hellerau war keine der üblichen Vorstadtsiedlungen zur Entlastung der Großstadt Dresden. Es war ganz etwas anderes: ein selbständiger Wohn- und Arbeitsorganismus, der sich aus seiner geistigen und künstlerisch-handwerklichen Struktur heraus – Riemerschmid hatte das Ganze mit seinen geschwungenen Gartenstraßen, Häusergruppen, einem großen Marktplatz und seinem 'Gondelteich' auf halber Höhe tatsächlich mit schönster Einfühlungsgabe dem wenigen Gelände eingepaßt – seine eigene kulturelle Aufgabe und Lebensform schuf. Diese Lebensform wiederum nie wieder seit meiner Hellerauer Kindheit habe ich soviel würzige Luft und strahlende Sonne geatmet – zog auf Grund ihrer Eigenart bald aus allen Teilen Deutschlands gleich und ähnlich gesinnte Menschen heran".[1]

Neben dem Grundgedanken der Gartenstadtbewegung: Dem Menschen der hohen technisierten und zivilisierten Welt zu ermöglichen, zu einer Einheit einer Kontrasterfahrung von Stadt und Natur zurückzufinden, ihm Kommunikation, Individuation und humanere Lebensbedingungen zu ermöglichen, sollte Hellerau sich durch einen sozial-künstlerischen Geist auszeichnen. Vergleichbar mit dem hohen Anspruch der architektonischen Gestaltung lag hier von vornherein in der Absicht der Begründer, das Leben der Bewohner mit Kunst zu durchdringen. „Hellerau sollte nun auch eine Mitte neuer Musikpflege werden".[2]

So enthält der 'Plan der musikalischen Organisation', 1907 von R. Batka aufgestellt, sehr konkrete Vorstellungen von einem dreistufigen System musikalischer Förderung, das bereits wesentliche Bausteine der 'Methode Jaques-Dalcroze' sichtbar macht. Auf der *Ersten Stufe* (mit dem sechsten Lebensjahr begonnen), sollen die Grundbegriffe der Musik in einem unmittelbaren Zusammenhang mit Gymnastik, Reigen, Bewegungsspielen erarbeitet werden. Auf der *Zweiten Stufe* (mit dem achten Lebensjahr sich anschließend), sollen Studien und Übungen des Gesangs (Atemübungen) und zur Differenzierung des Gehörs den Schwerpunkt bilden. Zudem sollen die Kinder hier mit Liedern und Spielen des deutschen

---

1) Mendelssohn, P. de: Unterwegs mit Reiseschatten (Essays), Frankfurt/M. 1977, S. 23

2) Heuss, Th.: Erinnerungen . 1905-1933, Tübingen 1964, S. 113

Kulturgutes vertraut werden. Auf der *Dritten Stufe* (mit einem Beginn im zehnten Lebensjahr), soll eine instrumentale Ausbildung beginnen, wobei eine einseitige Bevorzugung von Klavier und Violine möglichst vermieden werden und auf ein Erlernen von Cello, Gitarre, Harmonium und Blasinstrumenten hingewiesen werden soll.

Diese instrumentale Ausbildung sollte einmünden in die Bildung von Ensembles und eines Orchesters, verbunden mit dem künstlerischen Ziel der Gestaltung von Musikabenden, Konzertveranstaltungen mit Gast-Interpreten, und darüber hinaus einen Beitrag leisten zur Pflege volkstümlicher Kunstmusik, Volkslied und Volkstanz, um so einer breiteren Öffentlichkeit einen Zugang zur Musik zu öffnen.[1]

Doch entscheidend für eine Berufung E. Jaques-Dalcrozes nach Hellerau, wurde eine Begegnung von Dr. W. Dohrn mit Dr. h.c. E. Jaques-Dalcroze 1909 in Dresden. Hier hielt E. Jaques-Dalcroze zum ersten Mal einen Vortrag über seine Methode der rhythmischen Erziehung mit nachfolgender Präsentation durch eine Gruppe seiner Studierenden. W. Dohrn schildert seine Eindrücke in den Worten:

„Ich hörte ihn mit der ganzen Skepsis, die Neuerscheinungen gegenüber heutzutage fast zur Gewohnheit und zu einem notwendigen Mittel der Selbsterhaltung geworden ist. Dann aber begannen die Übungen. Und ich erlebte, was wohl jeder Mensch mit unverdorbenen Sinnen und mit dem geheimen, oft schüchtern verborgenen Glauben an reines Menschentum erlebt, wenn er diese Übungen sieht. Man kann nicht gleich sagen, was es ist, was einen so anzieht und befreit und gefangennimmt, aber man spürt unmittelbar und mit jener Gewißheit, die durch Überlegungen nicht bewiesen, sondern nur verdeutlicht werden kann, daß hier die Kräfte des Menschen zu einer neuen Synthese verbunden werden.

Ich fühlte mich dem Ursprung alles Lebendigen nahe. Ich wußte, daß unser in Gewohnheiten träge gewordener Organismus, Körper und Geist, hier von einer bestimmten Seite aus erneuert und verjüngt werden konnte“.[2]

Dieses Erlebnis hinterließ in W. Dohrn einen starken Eindruck, eine hohe Wertschätzung der 'Methode Jaques-Dalcroze' und veranlaßte ihn, ein weites Netz von Beziehungen zu entsprechenden Persönlichkeiten und Instanzen der Öffentlichkeit zu knüpfen, um so eine Berufung E. Jaques-Dalcrozes nach Hellerau zu ermöglichen und zu verwirklichen. Schließlich führte der Erfolg der Kurse, die E. Jaques-Dalcroze im Winter 1910/1911 in Dresden leitete – der Einladung des Komitees zur Gründung eines Institutes für Dr. E. Jaques-Dalcroze und der Gartenstadt Hellerau folgend – zu der Gründung der 'Bildungsanstalt für Musik und Rhythmus Jaques-Dalcroze'. Zu dieser wurde am 22. April 1911 der Grundstein gelegt und bereits im November desselben Jahres erste Unterrichtsstunden abgehalten.

---

1) s. Batka, R.: Plan der musikalischen Organisation in der Gartenstadt Hellerau. In: Hohe Warte 3, Wien/Leipzig 1907, S. 318-319

2) Dohrn, W.: Die Aufgabe der Bildungsanstalt Jaques-Dalcroze. Rede zur Grundsteinlegung am 22. April 1911. In: Der Rhythmus, Jahrbuch 1, Jena 1911, S. 3/4

Als gemeinnütziges Unternehmen wurde diese durch Verordnung des Königlich Sächsischen Ministeriums des Inneren vom 27. Sept. 1911 genehmigt und dieser Behörde zur gesetzlichen Oberaufsicht unterstellt. Der architektonische Entwurf wurde an H. Tessenow vergeben, einen Architekten, dessen Stil sich charakterisieren läßt durch Schlichtheit und Sachlichkeit, fast herbe

Strenge und dessen Kunst in einem besonderen Verhältnis von „Massen und Maßen"[1] beruht, einer Ausgewogenheit in der Abstimmung von Flächen, Fenstern, Türen, Gesimsen, Dach und Giebel, so daß man ihn in der Literatur mit 'rhythmisch' bezeichnet hat.

Doch erst der dritte Projekt-Entwurf fand Zustimmung und Annahme und bewies in besonderer Weise ein Sich-hinein-versetzen-können in die Gedanken der rhythmischen Erziehung, so daß damit ein architektonischer Entwurf entstand, der den Wünschen E. Jaques-Dalcrozes vollkommen entsprach.

H. Tessenow beschreibt den Bau in den Worten:

„Die Anstalt wurde in den Jahren 1911 und 1912 erbaut, sie enthält einen großen Mittelsaal für Chor-Übungen und Festspiele, mehrere größere und kleinere Unterrichtssäle, umfangreiche Bade- und Ankleideräume, einen Leseraum, ei nen Erfrischungsraum, eine Reihe Verwaltungsräume usw. Dem eigentlichen Schulgebäude ist ein Platz vorgelegt, der von kleineren und größeren Häusern umschlossen ist, die untereinander wieder durch Laubengänge verbunden sind und Wohnungen für Lehrer und Lehrerinnen und Schülerinnen enthalten".[2]

E. Jaques-Dalcroze äußert nach gründlichem Studium der Baupläne in Zusammenarbeit mit seinem Freunde und Mitarbeiter A. Appia in einem Briefwechsel an die Leiter der Gartenstadt Hellerau:

---

1) Storck, K.: E. Jaques-Dalcroze. Seine Stellung und Aufgabe in unserer Zeit, Stuttgart 1912, S. 91

2) Tessenow, H. In: Hausbau und dergleichen, 3. Aufl., Berlin 1928, s. 110

„Vom technischen Gesichtspunkt aus befriedigen mich die Pläne von Tessenow vollkommen. Und damit will ich sagen, daß ich alle Raumverhältnisse darin so verwirklicht finde, wie ich sie wünschte. Aber darüber hinaus muß ich mit der größten Freude feststellen, daß auch meine moralischen und künstlerischen Ziele von Tessenow vollkommen verstanden worden sind.
Der Stil seiner Bauten paßt in seiner Einfachheit und Harmonie vollkommen zu dem Stil der rhythmischen Körperbewegung, was für die besondere Art der Raumgestaltung ungemein wichtig ist. Für die Kunst, die ich erneuern möchte, ist die Mitarbeit des Raumes unbedingt erforderlich, aber wohlverstanden, eine Mitarbeit, die ihr nichts von ihrer Freiheit und Ursprünglichkeit nimmt, die ihr zwar neue Anregung gibt, sie aber doch nicht unwiderruflich festlegt und sie von sich abhängig macht. Das ist es, was Tessenow in erstaunlichem Maße begriffen hat".[1]

Und A. Appia seinerseits hatte an E. Jaques-Dalcroze geschrieben:

„Je mehr ich die Pläne von Tessenow überdenke, um so unmöglicher erscheint es mir, daß ein Plan eine größere Zahl von wesentlichen Bedingungen für Ihr Werk in sich vereinigen könnte, als dieser. Tessenow hat in geradezu genialer Weise begriffen, daß die Architektur dieses Gebäudes vor dem Leben, daß Sie darin wachrufen wollen, zurückzutreten habe.
Er hat verstanden, daß der Stil dieser Anstalt in der absoluten und vornehm zurückhaltenden Stille jeder Linie und Fläche beruhe, darin, daß sie den Bedürfnissen des Lebens und vor allem der Bewegenden entgegenkommen müssen, die sie zu begrenzen und zu umfassen haben. In der Tat, von diesem Gesichtspunkt aus hätte man's nicht besser machen können, und Tessenows Intuition, so erscheint mir, ist geradezu erstaunlich".[2]

Der Bauplan sah vor: den Mittelbau, dem im Innern der große Festsaal – durch drei Geschosse reichend – entsprach (Höhe: 12 m; Länge: 48 m; Breite: 16 m; ca. 700 Personen fassend), mit den anschließenden quadratischen Seitensälen – durch zwei Geschosse reichend – (Höhe: 8 m), den länglichen Nebensälen (auch Wandelgänge) und weiterhin die Garderobenräume (eingeschossig; Höhe: 4 - 5 m).

Der Bühnenraum am Kopfende des Saales (16m x 16m) ist durch Nebensäle erweiterungsfähig, die Beleuchtung des Saales (zu der A. v. Salzmann seine Vorschläge einbringen konnte; der auch das Hellerauer Emblem, das Yin und Yang-Zeichen am Giebel des Festspielhauses geschaffen hat,[3] ist hinter Stoffwänden in den Seitennischen und an der Decke angebracht und gewährt ein diffuses, schattenloses, farbiges unveränderliches Licht.

[1][2] zit. nach Storck, K., a.a.O., S. 88/89; S. 89
[3] Sarfert, H.-J.: Hellerau. Gartenstadt und Künstlerkolonie, Dresden 1995, S. 86

Die beiden Seitenflügel enthalten die zahlreichen großen und kleinen Übungssäle (ca. 12), ausgedehnte Bade-, Wasch- und Duschräume, Umkleide- und Verwaltungsräume, sowie rechts und links von diesen Höfe für Licht- und Sonnenbäder, weiterhin Erfrischungsraum und Bibliothek.

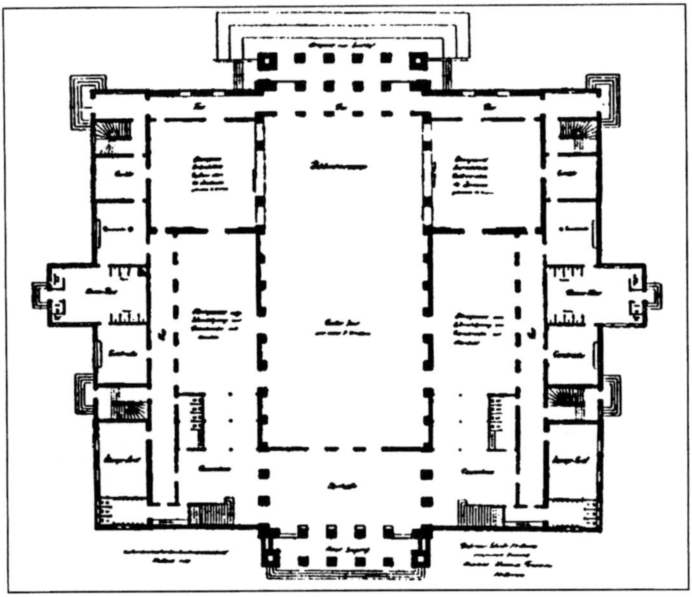

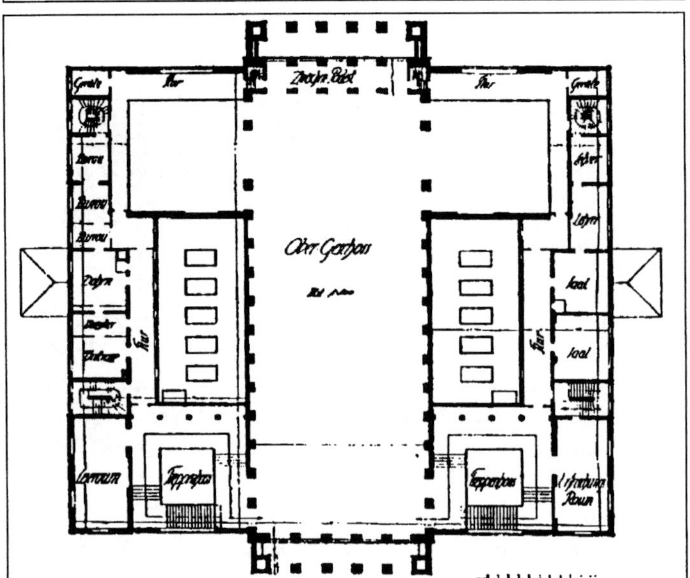

Darüber hinaus war für Unterkunft, Verpflegung und auch Geselligkeit der Studierenden Sorge getragen. Ein großes Wohnhaus mit vierzig Zimmern, primär für die Unterkurse vorbestimmt, und mehrere kleinere Wohnhäuser mit je fünf bis fünfzehn Zimmern, vornehmlich den Oberkursen zugedacht, befand sich noch in der Planung. Die Mahlzeiten sollten im großen Speisesaal des großen Wohnhauses eingenommen werden (vier Mahlzeiten täglich, monatlich 90 bis 100 Mark), und für Geselligkeiten sollten Räume in den größeren Wohnhäusern und dem Institut zur Verfügung stehen.

Mit diesem Gesamtentwurf – zu dem es einige Schwierigkeiten bezüglich der Größe und Lage wie der Beschaffung und Sicherung der finanziellen Mittel zu überwinden galt – wollte man in den räumlichen Gegebenheiten, den hygienischen Bedingungen, den Wohnmöglichkeiten, zur Förderung des sozialen Bewußtseins, dazu durch die nahe gelegene waldreiche Umgebung mit ihrem guten Klima den Studierenden während ihrer Ausbildungszeit (in der Regel zwei bis drei Jahre), neben dem Studium des Rhythmus zugleich physisch-psychische Erholung ermöglichen.

3.3.2 Auftrag und Aufgabe der „Bildungsanstalt Jaques-Dalcroze“

W. Dohrn umreißt die Aufgabe der 'Bildungsanstalt Jaques-Dalcroze' in seiner Rede zur Grundsteinlegung am 22. April 1911 in den Worten:

„Die Bildungsanstalt Jaques-Dalcroze hat durch die Persönlichkeit ihres Leiters und seiner Methode ein fest umgrenztes Arbeitsgebiet. Dieses Arbeitsgebiet liegt aber an der Grenze zwischen Bewußtem und Unbewußtem, dort, wo das Produktive im Menschen Gestalt gewinnt. Sie fühlt sich daher in ihren Zielen allen denen verwandt, die an einer Synthese der lebendigen Kräfte arbeiten“.[1]

Sie dient dem Gedanken der „Wiedergewinnung des Rhythmus in der Erziehung, in der Bildung der Persönlichkeit, in der Kunst und im Leben“.[2] In den Worten der Schulordnung formuliert, dort unter §1 'Aufgabe und Zweck der Anstalt':

„Die Bildungsanstalt Jaques-Dalcroze ist dem Studium des Rhythmus gewidmet. Sie macht den Rhythmus in allen seinen Erscheinungsformen, in seinen körperlichen und seelischen Wirkungen zum Gegenstand der Erforschung und der Unterweisung. Insbesondere hat sie den Zweck, durch die Methode Jaques-Dalcroze die musikalischen Fähigkeiten ihrer Schüler zur Entfaltung zu bringen und zu jeglicher Art musikalischer Berufsausübung vorzubereiten.

Die Bildungsanstalt Jaques-Dalcroze bildet auch Lehrkräfte für die Methode Jaques-Dalcroze aus. Sie ist bestrebt, die künstlerischen, ethischen und hygienischen Wirkungen der rhythmischen Gymnastik in ihrer Unterweisung zur Geltung zu bringen. Diesen Gesichtspunkten trägt die Schulordnung in ihren Bestimmungen Rechnung“.[3]

Als „greifbare Zeitaufgabe der rhythmischen Gymnastik“[4] fällt der Bildungsanstalt die Aufgabe zu, für eine gründliche Fachausbildung für Musiker, Bühnen-

[1) 2) 3) 4)] Dohrn, W.: Die Aufgabe der Bildungsanstalt Jaques-Dalcroze. Rede zur Grundsteinlegung am 22. April 1911. In: Der Rhythmus, Jahrbuch 1, Jena 1911, Vorwort; S. 2; S. 82; S. 11

künstler und Pädagogen Sorge zu tragen – nicht im Sinne von Fachspezialisten, sondern musikalisch gebildeten menschlichen Persönlichkeiten – weiterhin für eine Vermeidung minderwertiger Nachahmungen der Methode und all der Einflüsse, die in rein geschäftlicher Weise den Unterricht verfälschen könnten. Bei dem Entwurf der Schulordnung mitbedacht unter „Mißbrauch der Methode".

Mißbrauch der Methode

Schlechte Lehrer zerstören die beste Methode. Methoden können nicht durch Patente geschützt werden. Die Methode Jaques-Dalcroze ist schon zu bekannt, als daß man nicht häufig versuchte, sie auszubeuten. **Man erkundige sich daher jeweils bei der Anstalt in Hellerau, wie es mit der Lehrbefähigung des Betreffenden steht.** Es gibt eine größere Zahl gut ausgebildeter Lehrer der Methode.

Besucher der Genfer Kurse von Jaques-Dalcroze haben zum Teil die Berechtigung zu unterrichten. Soweit sie mit der Bildungsanstalt Jaques-Dalcroze in Beziehung traten und zu ihrer weiteren Ausbildung an den Ferienkursen für ehemalige Schüler teilnahmen, haben diese Lehrer das Recht, sich »Von der Bildungsanstalt Jaques-Dalcroze anerkannte Lehrer der Methode Jaques-Dalcroze« zu nennen.

Davon zu unterscheiden sind diejenigen, die zwei Jahre oder mehr unter der persönlichen Leitung von Dr. E. Jaques-Dalcroze gearbeitet und eine Prüfung bestanden haben. Diese erhalten ein Diplom (vgl. Abb. S. 12) und sind »Diplomierte Lehrer der Methode Jaques-Dalcroze«.

Wer kürzere Zeit an der Anstalt in Hellerau studiert hat, erhält nach Bestehen einer Prüfung ein Zeugnis für den Elementar-Unterricht in der Methode Jaques-Dalcroze.

Den Lehrenden – an diesem Institut ausgebildet – kommt die Aufgabe zu, „in dem Bewußtsein (ihre Berufstätigkeit zu verrichten), einer höheren Idee zu dienen und den Zusammenhang der rhythmischen Gymnastik mit der großen pädagogischen Aufgabe der Zeit lebendig zu erhalten".[1]

Und E. Jaques-Dalcroze selbst formuliert in einer Ansprache an seine Studierenden: „Ich habe Hellerau gewählt, weil mir die Möglichkeit gegeben ist, in dieser Gartenstadt einen Gedanken auszuführen, den ich schon seit Jahren mit Liebe durchdenke".[2]
In seinem ersten Brief an W. Dohrn (1910) schreibt E. Jaques-Dalcroze: „In Berlin oder einer anderen Großstadt werde ich nur eine Musikschule machen, in Hellerau den Rhythmus zur Höhe einer sozialen Institution erheben können".[3]

Ein Wort E. Jaques-Dalcrozes, das auf eine große Zahl von Mißverständnissen gestoßen ist. Doch wollte er damit zum Ausdruck bringen, daß es ihm nicht nur um ein finanziell vielleicht sehr lukratives, künstlerisch jedoch im begrenzten Maße wichtiges Institut geht, sondern sein Anliegen darin besteht, den Rhythmus zu einem Erziehungsfaktor für die Allgemeinheit zu entwickeln, zu einer volksbildenden, belebenden und erziehenden Kraft.

Andererseits waren von seiten der Mitglieder des Komitees zur Gründung einer Bildungsanstalt für Musik und Rhythmus E. Jaques-Dalcroze in Dresden-Hellerau, dem eine große Zahl prominentester Vertreter aus Politik, Kunst und Pädagogik angehörten, die Erwartungen an E. Jaques-Dalcroze hoch: „Von seiner Wirksamkeit erwartet man eine Erneuerung des musikalischen Unterrichtswesens, eine Vertiefung in Sonderheit nach der Richtung, daß mit seiner Methode nicht Instrumentalspezialisten mit oft ungenügender musikalischer Bildung, sondern Musiker erzogen werden".[4]

1)3) Dohrn, W., a.a.O., S. 11; S. 14
2) Jaques-Dalcroze, E.: Was die rhythmische Gymnastik Ihnen gibt und was sie von Ihnen fordert. In: Der Rhythmus, Jahrbuch 1, Jena 1911, S. 48
4) Bildungsanstalt Jaques-Dalcroze, Hauptanstalt Hellerau b. Dresden, Jena 1910, S. 7

Die *Unterrichtsordnung* sah vor (Schuljahr 1910/1911)

Leitung: Sie obliegt ausschließlich Dr. E. Jaques-Dalcroze.

Aufgaben: Erstellung des Lehrplanes, Ernennung der Lehrenden, Wahrung der Disziplin zwischen Lehrenden und Studierenden, Direktion und Lehrenden, Zuständigkeit in allen pädagogischen und künstlerischen Fragen.

Lehrkörper:

N. Gorter (Oberlehrerin), von E. Jaques-Dalcroze beauftragt, die Studien der Studierenden und im besonderen die Einhaltung aller Unterrichtsvorschriften zu beaufsichtigen; die Einteilung von Klassen und Kursen vorzunehmen; in Abwesenheit die Vertretung des Direktors zu übernehmen, sowie in Angelegenheiten des Stundenplanes den Lehrkörper gegenüber dem Direktor zu vertreten.

Lehrer für rhythmische Gymnastik: S. Perrotet, A. Beck, M.A. van Scheltema, E. Lauter, Ch. Pfeffer, P. de Montoliu.

Lehrer für Turnen: Ramberg, Vogel, van Montolieu; Assistenten: S. Ferriere, Th. Appia.

Lehrer für Plastik: vier Wochenstunden, die in die Autonomie der Studierenden selbst gestellt wurden, die von E. Jaques-Dalcroze überprüft wurden und dazu dienten, innerhalb einer Jahrgangsklasse körperbildende Übungen zu entwickeln und an ihrer Differenzierung zu arbeiten.

Kursformen:

1. Normalkurs: Er umfaßt drei Jahrgänge mit Studierenden, die zu Lehrern in der 'Methode Jaques-Dalcroze' ausgebildet werden wollen. Der Unterricht umfaßt 22 Wochenstunden und gliedert sich wie folgt:

- Rhythmische Gymnastik	5 W. St.
- Gehörbildung (Selfege)	5 W. St.
- Improvisation	2 W. St.
- Anatomie	1 W. St.
- Chorgesang	2 W. St.
- Plastische Gruppenübungen	4 W. St.
- Turnen	3 W. St.
Insgesamt	22 W. St. (pro Jahrgang)
Hospitationen (obligatorisch	5 W. St.
Dazu fakultativ:	4 W. St. Tanz

Jeder Jahrgang des Normal- und Theaterkurses ist in Abteilungen bis zu dreißig Teilnehmenden, in Damen- und Herrenabteilungen eingeteilt. Es finden aber auch in allen Unterrichtsfächern gemeinsame Stunden für alle Abteilungen statt, darunter auch für alle Jahrgänge (I, II, III).

2. Tanz- und Theaterkurs: Dieser gliedert sich im allgemeinen dem Normalkurs an, erhält an Stelle der Improvisation vier Wochenstunden Tanz, die auch von Studierenden des Normalkurses gegen besonderes Honorar besucht werden können. Dieser Kurs ist besonders begabten Studierenden vorbehalten, wobei diese jedoch nur eine Lehrbefähigung in der Methode Jaques-Dalcroze erhalten, wenn sie den vollständigen Unterrichtsbesuch des Normalkurses nachweisen können.

3. Hospitationskurs: Dieser ist bestimmt für alle Studierenden mit der Intention der eigenen rhythmischen und musikalischen Fortbildung.

STUNDENPLAN FÜR 1910/11 DER BILDUNGSANSTALT

Tag	Saal	9–10	10–11	11–12
MONTAG	Für Rhythm. Gymnastik	HERREN I. Jahr Turnen Herr Montoliu	DAMEN I. Jahr, 2. Abteilung Rhythm. Gymnastik Frl. van Scheltema	HERREN II. Jahr Rhythm. Gymnastik Herr Jaques-Dalcroze
	Für Solfège		Extrastunde II. Jahr Improvisation Frl. Gorter	Extrastunde I. Jahr Solfège Frl. Gorter
	Übungssaal		DAMEN I. Jahr, 1. Abteilung Turnen Frl. Ramberg	DAMEN II. Jahr, 2. Abteilung Rhythm. Gymnastik Frl. Perrottet
DIENSTAG	Für Rhythm. Gymnastik	HERREN I. Jahr Rhythm. Gymnastik Herr Montoliu	HERREN II. Jahr Rhythm. Gymnastik Frl. Gorter	
	Für Solfège			Gemeinsam II. Jahr Improvisation Herr Jaques-Dalcroze
	Übungssaal		DAMEN II. Jahr, 1. Abteilung Rhythm. Gymnastik Frl. Perrottet	
MITTWOCH	Für Rhythm. Gymnastik	HERREN I. Jahr Turnen Herr Montoliu		DAMEN u. HERREN II. Jahr Rhythm. Gymnastik Herr Jaques-Dalcroze
	Für Solfège	II. Jahr Improvisation Frl. Gorter	Anatomie Frl. Gorter	Extrastunde I. Jahr Solfège Frl. Gorter
	Übungssaal	DAMEN I. Jahr, 2. Abteilung Turnen Frl. Ramberg		
DONNERSTAG	Für Rhythm. Gymnastik	DAMEN I. Jahr, 1. Abteilung Rhythm. Gymnastik Frl. Perrottet	DAMEN II. Jahr, 1. Abteilung Rhythm. Gymnastik Frl. Perrottet	DAMEN I. Jahr, 2. Abteilung Rhythm. Gymnastik Herr Jaques-Dalcroze
	Für Solfège		I. Jahr Solfège Frl. Gorter	II. Jahr Solfège Frl. Gorter
	Übungssaal		HERREN II. Jahr Turnen Herr Montoliu	
FREITAG	Für Rhythm. Gymnastik	III. Jahr Rhythmische Gymnastik Herr Jaques-Dalcroze		
	Für Solfège			
	Übungssaal	HERREN I. Jahr Turnen Herr Montoliu		
SONNABEND	Für Rhythm. Gymnastik		DAMEN I. Jahr, 1. u. 2. Abteil. Rhythm. Gymnastik Herr Jaques-Dalcroze	DAMEN u. HERREN II. Jahr Rhythm. Gymnastik Herr Jaques-Dalcroze
	Für Solfège		II. Jahr Solfège Frl. Gorter	I. Jahr Solfège Frl. Gorter
	Übungssaal	HERREN II. Jahr Turnen Herr Montoliu		

JAQUES-DALCROZE IM ALTEN LANDHAUS ZU DRESDEN

12—1	3—4	4—5	5—6	6—7
DAMEN II. Jahr, 1. Abteilung Rhythm. Gymnastik Herr Jaques-Dalcroze	DAMEN II. Jahr Tanz Frl. Beck	DAMEN II. Jahr Rhythm. Gymnastik Herr Jaques-Dalcroze	DAMEN I. Jahr, 1. Abteilung Rhythm. Gymnastik Herr Jaques-Dalcroze	HERREN Dilettanten Rhythm. Gymnastik Herr Jaques-Dalcroze
Extrastunde II. Jahr Improvisation Frl. Gorter			I. Jahr Improvisation Frl. Perrottet	I. Jahr Improvisation Frl. Perrottet
		HERREN II. Jahr Turnen Herr Montoliu		
	DAMEN II. Jahr, 2. Abteilung Rhythm. Gymnastik Frl. Perrottet	DAMEN I. Jahr, 1. u. 2. Abteil. Rhythm. Gymnastik Herr Jaques-Dalcroze	DAMEN III. Jahr Rhythmische Gymnastik Herr Jaques-Dalcroze	
II. Jahr Solfège Herr Jaques-Dalcroze			I. Jahr Solfège Frl. Gorter	II. Jahr Improvisation Frl. Gorter
HERREN I. Jahr Rhythm. Gymnastik Herr Jaques-Dalcroze	KINDER Rhythm. Gymnastik Herr Jaques-Dalcroze	DAMEN Dilettanten, 1. Abteil. Rhythm. Gymnastik Herr Jaques-Dalcroze		DAMEN Dilettanten, 2. Abteil. Rhythm. Gymnastik Herr Jaques-Dalcroze
II. Jahr Improvisation Frl. Gorter	II. Jahr Improvisation Frl. Gorter	KINDER Solfège Frl. Gorter	ERWACHSENE Solfège Herr Jaques-Dalcroze	
I. Jahr Tanz Frl. Beck	DAMEN I. Jahr, 1. Abteilung Rhythm. Gymnastik Frl. Perrottet	DAMEN II. Jahr, 1. Abteilung Turnen Frl. Ramberg	DAMEN II. Jahr, 2. Abteilung Turnen Frl. Ramberg	DAMEN I. Jahr, 2. Abteilung Rhythm. Gymnastik Frl. van Scheltema
DAMEN II. Jahr, 2. Abteilung Rhythm. Gymnastik Herr Jaques-Dalcroze			HERREN I. Jahr Rhythm. Gymnastik Herr Montoliu	HERREN Dilettanten Rhythm. Gymnastik Herr Montoliu
		GEMEINSAM I. Jahr Improvisation Herr Jaques-Dalcroze	Dilettanten Improvisation Frl. Perrottet	I. Jahr Improvisation Frl. Perrottet
HERREN II. Jahr Rhythm. Gymnastik Frl. Gorter	II. Jahr Improvisation Frl. Gorter	II. Jahr Improvisation Frl. Gorter	DAMEN I. Jahr Turnen Frl. Ramberg	
			DAMEN II. Jahr Tanz Frl. Beck	DAMEN I. Jahr Tanz Frl. Beck
			I. Jahr Improvisation Frl. Perrottet	I. Jahr Improvisation Frl. Perrottet
			DAMEN II. Jahr, 1. Abteilung Turnen Frl. Ramberg	DAMEN I. Jahr, 1. Abteilung Turnen Frl. Ramberg
HERREN I. Jahr Rhythm. Gymnastik Herr Jaques-Dalcroze	KINDER Rhythm. Gymnastik Frl. Pfeffer	DAMEN Dilettanten, 1. Abteil. Rhythm. Gymnastik Frl. van Scheltema		DAMEN Dilettanten, 2. Abteil. Rhythm. Gymnastik Frl. van Scheltema
I. Jahr Improvisation Frl. Perrottet	I. Jahr Improvisation Frl. Perrottet	KINDER Solfège Frl. Gorter	ERWACHSENE Solfège Frl. Gorter	
		DAMEN I. Jahr, 2. Abteilung Turnen Frl. Ramberg	DAMEN II. Jahr, 2. Abteilung Turnen Frl. Ramberg	

4. Dilettanten- und Kinderkurse: Diese Kursveranstaltungen mit zwei bis fünf Wochenstunden Unterricht werden außerhalb der Bildungsanstalt in Dresden und Berlin abgehalten und sind wohl vornehmlich interessierten allgemeinen Pädagogen und an der Methode Interessierten zugedacht, während die Kinderkurse einer allgemeinen musikalischen Förderung der Hellerauer Kinder dienen.

Prüfungen:

1. Jahresprüfungen: Diese finden im Dezember oder Januar eines jeden Jahres statt vor einem Prüfungsausschuß, der sich zusammensetzt aus allen Studierenden des jeweils höheren Jahrgangs und für den dritten Jahrgang aus dem Direktor, der Oberlehrerin und allen Dozenten des Institutes.

2. Diplomprüfungen: Sie finden im Mai oder Juni eines jeden Jahres statt, wobei eine Vorprüfung vor dem Direktor und dem gesamten Lehrkörper über die Zulassung zur Abschlußprüfung entscheidet. Diese ist abzulegen vor einem Ausschuß von Musikern und Pädagogen, die nicht der Bildungsanstalt angehören.

Prüfungsgegenstand:

a) Lehrstunde in rhythmischer Gymnastik
Kindern ohne jegliche musikalische Vorbildung erteilt;

b) Lehrstunde in rhythmischer Gymnastik,
Studierenden des zweiten Jahrgangs erteilt;

c) Rhythmische und plastische Verkörperung von Musik

Der *Prüfungskommission* gehörten an (Erste Diplomprüfung am 10./11. und 17./18. Juni 1911) die Herren: A. Appia (Rivaz), P. Boepple (Basel), Geh. Regierungsrat Prof. Dr. M. Friedländer (Berlin), F. Klose (München), Geh. Regierungsrat Prof. H. Kretzschmar (Berlin), GMD M. v. Schillings (Stuttgart), Geh. Hofrat, Geh. GMD E. v. Schuch (Dresden), GMD F. Steinbach (Köln), Jean d'Udine, Dir. d. frz. Instituts für Rhythmische Gymnastik (Paris).

Bei dieser Abschlußprüfung erhielten elf Absolventen das Diplom als 'Lehrer der Rhythmischen Gymnastik nach der Methode Jaques-Dalcroze'. Unter ihnen Marie-Elisabeth „Mimi“ Scheiblauer, uns heute im besonderen aus ihrer Tätigkeit in heilpädagogischen Tätigkeitsfeldern bekannt, und R. Bode, der nach der Hellerauer-Zeit ein eigenes Institut in München gründete.

Studierende, die den hohen Anforderungen der Diplomprüfung nicht genügen konnten, erhielten ein Zeugnis über die bestandene 'Elementar-Prüfung' mit der Berechtigung, 'Elementar-Unterricht in der rhythmischen Gymnastik nach Jaques-Dalcroze' erteilen zu dürfen. Andererseits sprach diese die 'Vergünstigung' aus, bei einer Neumeldung zur Diplomprüfung die Elementar-Prüfung nicht wiederholen zu müssen. (Auf der nachfolgenden Seite füge ich ein solches Dokument von Hildegard Jung-Neugeboren ein, die mir dieses freundlicherweise für diese Arbeit zur Verfügung stellte. Mit ihr konnte ich am 2. Aug. 1978 – ein halbes Jahr vor ihrem Tode – noch ein Gespräch über ihre Erlebnisse, Erinnerungen und Erfahrungen aus der Hellerauer-Zeit führen).

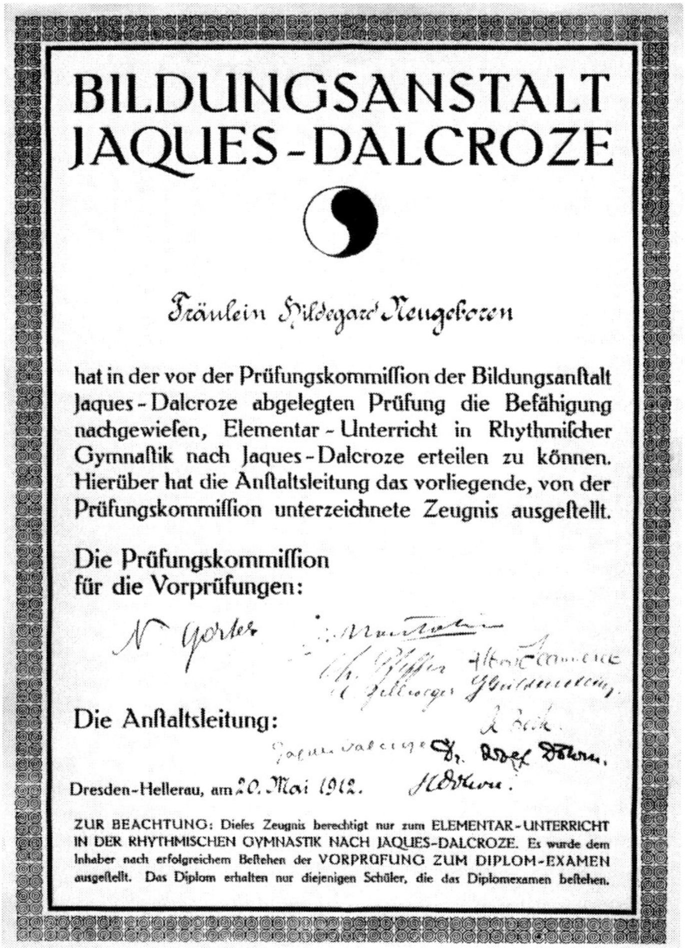

BILDUNGSANSTALT
JAQUES-DALCROZE

Fräulein Hildegard Neugeboren

hat in der vor der Prüfungskommission der Bildungsanstalt Jaques-Dalcroze abgelegten Prüfung die Befähigung nachgewiesen, Elementar-Unterricht in Rhythmischer Gymnastik nach Jaques-Dalcroze erteilen zu können. Hierüber hat die Anstaltsleitung das vorliegende, von der Prüfungskommission unterzeichnete Zeugnis ausgestellt.

Die Prüfungskommission
für die Vorprüfungen:

N. Gorter

Die Anstaltsleitung:

Dresden-Hellerau, am 20. Mai 1912.

ZUR BEACHTUNG: Dieses Zeugnis berechtigt nur zum ELEMENTAR-UNTERRICHT IN DER RHYTHMISCHEN GYMNASTIK NACH JAQUES-DALCROZE. Es wurde dem Inhaber nach erfolgreichem Bestehen der VORPRÜFUNG ZUM DIPLOM-EXAMEN ausgestellt. Das Diplom erhalten nur diejenigen Schüler, die das Diplomexamen bestehen.

Während im ersten Schuljahr (1910/1911), zu dem E. Jaques-Dalcroze 46 seiner Studierenden aus Genf mitbrachte – begonnen am 17. Okt. 1910 mit Unterricht in den Räumen des Alten Landhauses in Dresden – insgesamt 210 Studierende, dem Institut angehörten, waren es 1911/1912 bereits 246; 1912/1913 dann 343 und 1913/1914 schon 495.

Diese steigende Zahl von Studierenden machte als eine der Neuerungen für das Schuljahr 1912/1913 die Einführung einer Aufnahmeprüfung für den Eintritt in den Normalkurs notwendig, die zugleich der Beratung der Studienbewerber (Voraussetzung: vollendetes 18. Lebensjahr) dienen sollte, deren musikalische Vorkenntnisse noch durch Atem- und/oder Klavierstudien der Ergänzung bedurften. Der 'Prüfungsgegenstand' setzte sich aus einer Fülle äußerst differenzierter und anspruchsvoller Aufgabenstellungen aus den Bereichen: Gehörbildung, Rhythmische Gymnastik, Theorie, Klavier, Anatomie, Atmung, Deutsch zusammen.
Bei nicht ausreichenden musikalischen Vorkenntnissen konnte eine so durchlaufene Prüfung die Aufnahme in einen einjährigen 'Vorbereitungskurs' ermöglichen und machte eine Wiederholung derselben im folgenden Jahr überflüssig.

Darüber hinaus plante man für den ersten Jahrgang eine Einführung des Faches 'Allgemeine elementare Musiktheorie', für den zweiten Jahrgang Harmonielehre (beide von H. Jacoby erteilt), vorgesehen wurde für ein drittes Jahr Einführung in die Chromatik und Enharmonik.
Schließlich plante man einen obligatorischen Klavierunterricht für die Studierenden des ersten Jahrgangs, um die pianistischen Voraussetzungen für eine Improvisation zur Bewegung grundzulegen und zu stabilisieren.

Übrigens ist dieses Schuljahr das erste Schuljahr, in dem alle drei Jahrgänge aus Studierenden bestanden, die ihre Ausbildung am Institut in Hellerau begonnen hatten, „und somit das erste, das in seinen pädagogischen Ergebnissen für die künftige Ausgestaltung der Schule maßgebend sein kann".[1]
Zu dieser Zeit formulieren die Brüder W. und H. Dohrn die weiterführende Aufgabe der 'Bildungsanstalt Jaques-Dalcroze' in den Worten:

„In Hellerau soll eine Studienstätte geschaffen werden, die von dem Konkreten einer Methode ausgehend und für diese Methode Lehrkräfte heranbildend, darüber hinaus einem in unserer Zeit sehr lebendigen und deshalb auch sehr notwendigen Bestreben nach harmonischer Bildung ein Wirkungsfeld bereitet. In diesem Sinne die Schule auszubauen, ist die Aufgabe der nächsten Jahre. Möge die baldige Sicherung ihrer wirtschaftlichen Grundlage gestatten, alle Kräfte diesem Ziel zu widmen".[2]

---

1) 2) Berichte der Dalcroze-Schule, unter Mitwirkung von N. Gorter, W.Dohrn, E. Jolowicz hg. von E. Jaques-Dalcroze, H. 4/5, Jan. 1914, Vorwort; S.2

3.3.3 Die Schulfeste

Einen Höhepunkt des Schullebens der Bildungsanstalt Jaques-Dalcroze wie des gesamten Hellerauer Lebens stellen die Schulfeste dar, die, einmal jährlich, nach Abschluß der Kurse stattfinden (das erste vom 4. bis 6. Juni 1912), verbunden mit dem Auftrag, einen Einblick in die Schularbeit zu geben, wie sie aus den Unterrichtssituationen heraus erwachsen ist. Dabei wirken Studierende aller Jahrgänge mit sowie ehemalige Studierende und die Hellerauer Kinder aus den Kinderkursen des Instituts.
Mit der Wahl des Begriffes „Schulfest" sollte verdeutlicht werden, daß es sich dabei nicht um eine Theateraufführung handelt, sondern um die Arbeit eines Schuljahres. Zugleich sollte mit ihnen den an der rhythmischen Arbeit interessierten Freunden die Möglichkeit gegeben werden, sie an den Übungen, Versuchen und Ergebnissen teilhaben zu lassen. Hier sieht E. Jaques-Dalcroze eine Erweiterung des Kreises der Mitarbeiter und eine Verstärkung der Resonanz und der Freude, die es zugleich ermöglicht, die Gemeinsamkeit zwischen Spielenden und Zuschauenden herzustellen und zu erhöhen.

Mit ihnen wollte E. Jaques-Dalcroze einen Festgedanken des griechischen Altertums, einen Gedanken des antiken Schauspiels wieder aufleben lassen, „wo ein großer Teil des Volkes dem andern einmal im Jahr ein geistiges und künstlerisches Fest gab, wo Zuschauer und Spieler dieselbe künstlerische Erregung teilten".[1] Zum andern verbindet sich mit den Schulfesten eine pädagogische Intention, die Kräfte der Studierenden zu intensivieren und auf einen Höhepunkt hin zu konzentrieren. Diese geht deutlich aus den Worten hervor, mit denen E. Jaques-Dalcroze eine Antwort auf kritische Äußerungen zu dem frühen Zeitpunkt der Schulfeste gibt: „Für uns sind diese Feste der pädagogisch wirksamste Angriffspunkt, um die höchsten Kräfte des Schülers zur Mitarbeit aufzurufen. Nur dann hat der Versuch einen Wert, nur dann wird das Verfehlte überwunden, das Zukunftsfähige immer klarer herausgehoben".[2]

Dieser frühe Zeitpunkt läßt sich auch erklären aus der wirtschaftlichen Lage der Bildungssituation, durch die sie genötigt war, für einen ausverkauften Saal zu propagieren; doch durchaus in dem Bewußtsein, auch das bis dahin (1912) schon sichtbar Gewordene einer größeren Öffentlichkeit zeigen zu können.

Weiterhin ist mit der Veranstaltung der Schulfeste der Gedanke verbunden, das bestehende Nebeneinander der Künste, insbesondere der szenischen Kunst, Musik und Tanz, zu einer neuen Einheit zusammenzufügen, zu einer Art „Gesamtkunstwerk", doch nicht im Wagnerischen Sinne, sondern auf einer Ebene des Einfachen,

---

1) Jaques-Dalcroze, E.: Was die rhythmische Gymnastik Ihnen gibt und was sie von Ihnen fordert. In: Der Rhythmus, Jahrbuch 1, Jena 1911, S. 50

2) Jaques-Dalcroze, E.: Schularbeit und Schulfest. In: Der Rhythmus, Jahrbuch 2, Jena 1912, S. 52

Natürlichen, Allgemeingültigen. „Das Gesamtkunstwerk kann nur langsam und allmählich von unten aufgebaut werden. Die unmittelbare Rhythmisierung einfacher Lebensvorgänge ist seine Grundlage; die Pflege künstlerischer und sittlicher Instinkte durch methodische Schulung ist sein Nährboden".[1]

Um über ein unmittelbares Zusammenwirken von Rhythmus, Musik, menschlicher Bewegung, Raum und Licht allmählich, schrittweise, zu diesem sehr hoch gesteckten Ziel zu gelangen, wurden bereits bei der Planung dieses Institutes, im besonderen bei der innenarchitektonischen Gestaltung des großen Festsaales ganz wesentliche Elemente mitbedacht.

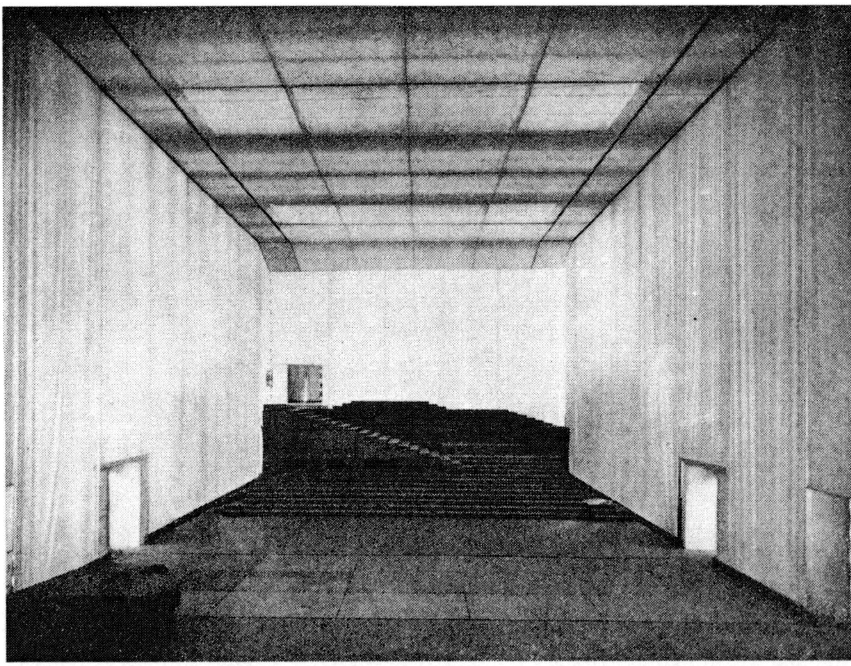

Eine Besonderheit stellt neben den Maßen, der Anordnung des Gestühls, der unmittelbaren Verbindung von Zuschauer- und Bühnenraum – wie bereits zuvor skizziert – die Gestaltung des Bühnenraumes dar, sowie die Anlage der Beleuchtung. Adolphe Appia (1862-1928), der seit langem für eine Reform der Bühne eintrat, Verfasser des Werkes: „Die Musik und die Inszenierung" (München 1899), der von der frühesten Zeit der Entwicklung der rhythmischen Erziehung an ihre Bedeutung erkannte und in den Leistungen E. Jaques-Dalcrozes die Erfüllung seines Wollens fand, war es, der E. Jaques-Dalcroze schon in den Anfängen zu einer Verwendung der Treppe bei rhythmischen und plastischen Evolutionen anregte, be-

[1] Horneffer, A.: Das Fest. In: Der Rhythmus, Jahrbuch 2, Jena 1912, S. 16

gründet in den Worten: „Die Treppenstufen geben durch die starke Betonung der Geraden und durch ihre starren Kanten den erforderlichen Gegensatz zu den geschwungenen Linien der menschlichen Bewegung und den weichen Körperkurven. Da sie jedoch betretbar (praktikabel) sind, bieten sie dem Körper die Möglichkeit, die zum wirklichen Ausdruckselement werden kann".[1]

In der weiteren Ausgestaltung des großen Festsaales und des Bühnenraumes bei der Frage nach Licht, Belichtung und Beleuchtung, wurde A. von Salzmann zu Rate gezogen, der Erfinder einer neuartigen Beleuchtungsanlage. Salzmanns Überlegungen beruhen darauf, daß das menschliche Auge, um zu einer größtmöglichen Wirkung des Eindrucks zu gelangen, nicht der exakten Berechnung der Werte von Helligkeit bedarf, sondern der relativen Werte. Nicht der Kontrast von dunklem Zuschauerraum und erhellter Bühne, sondern das „diffuse" Licht, definiert als das „Tageslicht ohne Sonne",[2] ist es, das die Farbenwerte steigert und die Konturen sprechen läßt.

Soll also ein Licht, ähnlich wie in der Natur – wo auch der Sonnenstrahl nicht ein absolutes Dunkel, sondern die leuchtende Atmosphäre durchdringt – nach seiner „musikalischen" Qualität hin entwickelt werden, so muß dies im Sinne eines „Instrumentes des Orchesters"[3] ebenso frei schwebend und beweglich sein wie der Ton, d.h., die Lichtquelle darf nicht zu sehen sein.

„Deshalb haben wir den ganzen Saal – die vier Seitenwände und die Decke – in einen einzigen großen Beleuchtungskörper verwandelt. Wir haben die Glühlampen reihenweise in Nischen angeordnet und diese mit präparierten Stoffbahnen überspannt. So haben wir statt eines belichteten Raumes einen leuchtenden Raum. Das Licht ist in den Raum selbst übertragen und das Ablenkende der sichtbaren Lichtquelle fällt weg".[4]

---

1) Jaques-Dalcroze, E.: Rhythmus und Gebärde im musikalischen Drama und vor der Kritik. (1910-1916) In: Rhythmus, Musik und Erziehung,a.a.O., S. 130

2) 3) 4) Salzmann, A. von: Licht, Belichtung und Beleuchtung. In: Der Rhythmus, Jahrbuch 2, Jena 1912, S. 69; S. 70

Damit wurde es möglich, das Licht im Sinne einer „Orchestrierung der Bewegung“ [1] einzusetzen und die aus der Musik erwachsene Ausdrucksfähigkeit des Körpers von Licht und Schatten in Einklang zu bringen. Insgesamt war damit eine Fülle von Neuem gegeben, und es ist wohl zu verstehen, wenn E. Jaques-Dalcroze formuliert:

„Indessen – uns beschleicht ein Gefühl der Bangigkeit. Werden auch alle Besucher unserer Schulfeste verstehen, daß wir darauf halten, ihnen nicht eine Theateraufführung, einen Augen- und Ohrenschmaus zu bieten, sondern lediglich die Arbeit eines Jahres, und das wir letzten Endes betreten haben – nicht um einer neuen Kunsttheorie willen – sondern um uns selbst zu verstehen? Daß wir also hier nicht Versuche einer neuen Kunst einem erlesenen Kreis von Künstlern, Kritikern und Kunstfreunden bieten – sondern daß wir unser gemeinsames Leben, ein Leben voller Enthusiasmus, voll Andacht zum Lebendigen, in einem Bilde zeigen wollen“? [2]

Doch während der Zeit der Schulfeste – von einigen Sich-Erinnernden aufgrund des Erlebnisses – auch „Festspiele“ genannt, beherrscht das gesamte Hellerau eine festlich erhöhte Gesamtstimmung, und der Ort selbst verwandelt sich von einer Gartenstadt in einen Festspielort. Eine Atmosphäre, die S.M. Wolkonsky in seinen Erinnerungen an Hellerau besonders plastisch zu beschreiben vermag:

„Nur wer Bayreuth kennt, kann sich die Stimmung vorstellen, die über diesem Ort während der zwei Wochen der Schulfeste herrscht. Das stille Dorf, sonst seinen Schulinteressen lebend, verwandelt sich in ein lebhaftes ‘europäisches Zentrum’, darin der Puls der kunsterzieherischen Bestrebungen unserer Zeit schlägt.

Alle, die sich nicht zufriedengeben, alle Suchenden, schlagen in zitternder Ungeduld das Festspielprogramm auf, warten auf den Beginn der Unterrichtsvorführungen oder auf das Aufgehen des einfachen Tuchvorhanges, das die Bilder des ‘Orpheus’ von Gluck enthüllt. Der hohe Zuschauerraum ist voll zum Bersten; der Saal ist voller Erwartung“. [1]

Bei den Schulfesten kamen zur Aufführung: Übungen der reinen und angewandten Rhythmik wie ebenso große szenische Aufführungen, z.B., wie im Zitat erwähnt, „Orpheus und Eurydike“ von Ch. W. Gluck oder „Die Verkündigung“ von Paul Louis Charles Marie Claudel, ein Mysterium in vier Akten und einem Dialog. Doch die Aufführung des „Orpheus“ bei dem Schulfest vom 18. bis 29. Juli 1913, das insgesamt von 5.291 Personen besucht wurde; 1912 waren es 4.141 Besucher, stellte innerhalb der Hellerauer Zeit einen besonderen Höhepunkt dar.

---

1) Wolkonsky, S.M.: Meine Erinnerungen. Feudel, E.: (Hg.): In Memoriam Hellerau, Freiburg 1960, S. 20

Diese fand unter den namhaftesten Besuchern, dazu vieler Nationalitäten, Wissenschaftlern, Künstlern, Musikpädagogen große Anerkennung, hinterließ in ihnen einen tiefen Eindruck, ja Ergriffenheit von der Einheit und Einfachheit der künstlerischen Mittel, um die man sich hier bemühte, wie auch von der Natürlichkeit und Schlichtheit der Bewegungen.

Die Inszenierung verzichtete auf jeglichen Einsatz von Kostümen – die Studierenden trugen ihr schwarzes Trikot, das Bühnenbild sparte jegliche Ausgestaltung aus. Chor und Orchester setzten sich aus Studierenden der Solfége- und Instrumentalklassen zusammen; lediglich für die beiden Hauptrollen verpflichtete man professionelle Sänger (die Rolle des Orpheus übernahm Emmi Leisner von der Staatsoper Berlin, die zuvor einige Monate an der praktischen Arbeit im Hellerauer Institut teilgenommen hatte; Nina Faliero sang hinter der Bühne den Part der Eurydike).[1]

Fragt man im weiteren nach Eindrücken und Stellungnahmen zu diesen Schulfesten, so dominierte insgesamt unter der großen Zahl der Zuschauenden in Hellerau die Faszination des Erlebnisses, wie nachfolgende Aussagen bestätigen mögen:

„ ... Wir hatten in dem seltsam transparenten Licht in Hellerau da oben im Banne seiner Kunst glückliche Stunden verlebt".[2]

„Der großen Mehrzahl seiner Gäste bei den Hellerauer Schulfesten hat er (Jaques-Dalcroze) mehr gegeben, viel mehr, als ein festlicher Theaterabend es vermöchte".[3]

Doch nahm man dieses Angebot nicht einfach unreflektiert hin. Viele Gäste kamen mit Mißtrauen und Skepsis dieser Arbeit gegenüber, äußerst kritischen Einstellungen, die sie dann bald relativieren, bald revidieren mußten. Aus einigen Stellungnahmen geht hervor, daß man sich von den Schulfesten insbesondere für die Oper eine „künstlerisch-organische Regeneration"[4] erhoffte, man sah die Zeit kommen, „da jedem Sänger, Schauspieler und Dirigenten die Ausbildung nach der

---

1) Hürtgen-Busch, S.: Die Wegbereiterinnen der rhythmisch-musikalischen Erziehung in Deutschland, Frankfurt/M. 1996, S. 73

2) 3) P. D. H. In: Velhagen & Klasings (Monatshefte), Bielefeld/Leipzig 1913, S. 132

4) Gutachten und Ratschläge zu den Schulfesten. In: Der Rhythmus, Jahrbuch 2, Jena 1912, S. 84;

'Methode Jaques-Dalcroze' auferlegt würde",[1] man wünschte sich eine glücklichere Lösung der Kostümfrage, im Sinne eines Vorschlages „vielleicht einen näheren Anschluß an die schlichte und leichte griechische Gewandung. Was sich hieraus an Bindung in Stellung, Bewegungen und Gebärden ergäbe, dürfte den Darstellern andererseits an Haltung, Maß und Ausdruck zuwachsen".[2]

Demgegenüber stehen Bedenken von H. Rasch bezüglich eines Zuviel an Experimenten in 'Kostümierung' und 'Spielen mit Lichteffekten', die leicht dazu führen könnten, daß „etwas von dem unvergleichlich reinen Ernst, der die Arbeit und die Vorstellungen dieser Schule bis jetzt auszeichnete",[3] verloren gehen könne.

Auch kritische Einwände bezüglich einer Verwendung geschlossener Kompositionen (Symphoniesätze; Fugen; Sonaten u.a.) wurden laut. A. Horneffer hält eine Bewegungskunst für außerstande, „die rhythmische und harmonische Entfaltung eines so verwickelten Tongebäudes körperlich zur Erscheinung zu bringen".[4] Er gibt zu bedenken: „Wenn die Bewegungskunst organische Kunstwerke schaffen will, so muß die Bewegung selber den Ausgangspunkt bilden".[5]

E. Jaques-Dalcroze selbst nimmt zu der Frage Stellung und spricht in aller Deutlichkeit aus, daß die „Verwendung vorhandener Tonschöpfungen nur als ein Notbehelf (zu) betrachten (sei), solange es an Musikwerken fehlt, die aus den Bewegungsspielen herausgewachsen sind".[6]
Demgegenüber steht begeisterter Beifall beim Anblick getanzter Bach'scher Fuge (Wohltemperiertes Klavier: Fuge c-Moll), die H. Rasch in die Worte faßt:

„Als aber die drei Gruppen Schüler (12 Mädchen und 6 Jünglinge) eben diese dreistimmige Fuge mit ganz köstlichen Linienbewegungen begleiteten, quasi illustrierten, da fiel auch ich begeistert mit ein in den spontanen und rauschenden Applaus, in dem sich der Enthusiasmus der sämtlichen Gäste Luft machte, und der auch eine Wiederholung erzwang.
Das war eben kein Tanz, es war in verklärte Linien aufgelöste, lebendig gewordene Musik. Das läßt sich auch nicht beschreiben, das muß man gesehen haben, muß das über dem Orgelpunkt der letzten Takte leicht davoneilende Hauptthema sich haben gleichsam verflüchtigen sehen, um inne zu werden, daß sich hier Perspektiven ungeahnter Schönheit öffnen".[7]

Dr. A. Weismantel (Berlin), der allem Neuen zunächst ein starkes Mißtrauen entgegenbringt, mußte dann, nach Kenntnis der Ergebnisse der rhythmischen Erziehung revidieren und sein Mißtrauen gegen „aufrichtige Sympathie"[8] austauschen: „Die erstaunlichen Resultate lassen trotz allen aus Vorsicht gebotenen Einschränkungen Außerordentliches erhoffen. Das Wachsen und der Wert einer genialen

---

1) 2) 8) Gutachten und Ratschläge zu den Schulfesten. In: Der Rhythmus, Jahrbuch 2, Jena 1912, S. 110; S. 112; S. 113

3) 7) Rasch, H.: Ein Blick in die Werkstatt Jaques-Dalcrozes. In: Allg. Musikzeitung, Nr. 23, 1912, S. 634/635

4) 5) 6) Horneffer, A.. Jaques-Dalcroze in Hellerau. In: Die Tat, Jena 1912/ 1913, S. 132; S. 133

Leistung sind von dieser Methode berührt. Aber das, was sie der Masse künstlerisch leisten kann, macht ihre kräftigste Unterstützung zur Pflicht".[1]

Man sprach von großen Erwartungen dieser Arbeit E. Jaques-Dalcrozes gegenüber, von großer Zukunftswirkung, von einer „Befreiung des Elementaren, des Pränatalen",[2] von einem Gegengewicht zu dem einseitigen Intelektualismus der Zeit, erkannte den Wert der rhythmischen Erziehung für die gesamte künstlerische Entwicklung der Zeit und sah in ihr den „Keim zu einer Entwicklung von allergrößter Tragweite",[3] und ahnte voraus, daß die Hellerauer Schulfeste zu einem „Kulturfaktor höchsten Ranges"[4] werden würden.

„So (sahen) die Bühnenkünstler hier einen Weg, um sich die schwer vermißte Elastizität und Schönheit in Haltung und Bewegung anzueignen; die dramatischen Musiker und andere Künstler interessierten sich für die rhythmisierte Plastik; die Pädagogen erkannten, daß die Übungen hervorragend geeignet seien, Selbstbeherrschung, Straffheit und freie Einordnung zu lehren; Ärzte betonen den gesundheitlichen Wert, und für viele waren die Vorführungen vor allem ein gefühlsmäßiges Erlebnis, das den Drang in ihnen auslöste, selber mitzutun oder wenigstens den Übungen häufig beizuwohnen".[5]

---

1) 2) 3) Gutachten und Ratschläge....... a.a.O., S. 112; S. 113; S. 109

4) Horneffer, A.: Das Fest. In: der Rhythmus, Jahrbuch 2, Jena 1912, S. 17

5) Horneffer, A., zit. nach Seidel, A.: Die Hellerauer Schulfeste und die Bildungsanstalt Jaques-Dalcroze, Regensburg 1912, S. 62

Programm und Erläuterung zu den Übungen.

1. Metrische Betonung und Einteilung. — Metrische Gedächtnisübung. Auffassen durch Hören und Schauen.

a) Der Schüler marschiert im $^{2}/_{4}$-Takt links, rechts und betont den ersten Taktteil durch Stampfen mit dem linken Fuß, auf »hop« verhindert er seinen linken Fuß an der Betonung und fügt dadurch einen dritten schwachen Taktteil zu den zwei Vierteln hinzu, so daß ein Dreitakt entsteht, dasselbe bis zu $^{9}/_{4}$-Takt. — Von $^{9}/_{4}$ ausgehend erfolgt das »hop« auf den vorletzten Taktteil und veranlaßt den Schüler auf den letzten Taktteil zu stampfen, so daß dem $^{9}/_{4}$ ein Taktteil entzogen und so aus dem $^{9}/_{4}$ ein $^{8}/_{4}$-Takt u. s. f. wird.

b) Der Schüler marschiert im $^{2}/_{4}$-Takt links, rechts u. s. f. Am Ende eines Taktes im Augenblick, da er den linken Fuß heben will, zwingt ihn das Kommando »hop« diese Bewegung zu hemmen (Einübung der Hemmungen) und dafür mit dem rechten Fuß auf den Boden zu stampfen (Willensübung).

c) 2 gehen, 3 taktieren. Auf »hop« wechseln.

d) Marschieren ohne Betonung. Auf jedes »hop« des Lehrers betonen die Schüler mit dem Fuß und prägen dem Gedächtnis die periodische Wiederkehr der so entstandenen Betonungen ein. Auf ein neues Zeichen führen sie aus dem Gedächtnis die Folge der verschiedenen durch das »hop« veranlaßten Taktwechsel aus.

e) Ausführung verschiedener nach dem Gehör erkannter Taktarten (Taktieren mit geschlossenen Augen).

f) Marschieren ohne Betonung. Ein Schüler dirigiert, und die Klasse führt die von ihm gewünschten Taktarten marschierend aus.

2. Entwicklung des spontanen Willens.

Die Schüler marschieren und müssen auf »hop«

a) anhalten und erst auf »hop« weitergehen,

b) während eines Taktes rückwärts, dann wieder vorwärts marschieren,

c) einen Sprung vorwärts ausführen,

d) sich niederlegen und aufstehen.

3. Konzentration.

a) Die Schüler bleiben auf »hop« stehen und bewegen sich nur in Gedanken fort, während eines oder mehrerer Takte.

4. Körperliche Darstellung der musikalischen Zeitwerte.

a) Bewegungen für die halbe und die punktierte halbe Note.

b) Bewegungen für die ganze Note zu vier Zeiten auf drei Arten.

c) Bewegungen für die ganzen Noten zu fünf bis neun Zeiten.

5. Zerlegung und Teilung der metrischen Werte.

a) In Synkopen marschieren und die normalen Viertel taktieren, auf »hop« umgekehrt.

b) Die Schüler marschieren Viertelnoten. Auf »hop« werden Synkopen marschiert und taktiert.

c) Viertelnoten marschieren. Auf das Kommando »zwei«, »drei«, »vier« oder »fünf« werden Duolen, Triolen, Quartolen oder Quintolen marschiert.

6. Metrische und rhythmische Darstellungen.

a) Der Lehrer spielt einen Rhythmus. Auf »hop« führen die Schüler denselben marschierend und taktierend aus.

b) Während die Schüler einen gegebenen Rhythmus marschierend darstellen, spielt der Lehrer ein neues Thema, welches sofort nach Anhörung zur Ausführung von den Schülern übernommen wird u. s. f. Die Folge von Realisationen ergibt somit einen zweistimmigen Kanon zwischen Lehrer und Schüler.

c) Nachdem ein vom Lehrer gegebener Rhythmus dargestellt worden ist, kehren ihn die Schüler um.

d) Die Schüler bilden zwei Kreise. Der erste Kreis realisiert ein gegebenes Thema. Auf »hop« bleibt dieser sofort stehen und der zweite Kreis übernimmt das Thema zur Ausführung.

7. Übungen für die Unabhängigkeit der Glieder.

a) $^4/_4$ in Kanon-Form taktieren, der linke Arm setzt auf die zweite Bewegung des rechten Armes ein. Die Schwierigkeit dieser Übung besteht in der Nötigung, einen Arm zur Betonung stark zu innervieren, während der andere Arm eine leicteh Bewegung auszuführen hat und schlaff bleiben muß.

b) Der Kopf taktiert 2, die Arme 3 und 4, die Füße marschieren 5 — gleichzeitig.

c) 3 marschieren und 2 taktieren in derselben Zeit.

d) 4 marschieren und 3 taktieren in derselben Zeit.

8. Einen Rhythmus zwei- oder dreimal schneller oder langsamer ausführen. — Plastischer Kontrapunkt.

a) Ausführung eines vorgespielten Rhythmus. Auf »hop« zweimal so schnell oder langsam.

b) Dasselbe verdreifacht.

c) Der Lehrer improvisiert ein Thema. Die Schüler realisieren dasselbe mit den Armen und kontrapunktieren a) in Vierteln, b) in Achteln, c) in Triolen, d) in Sechzehnteln. (Um ein Thema mit den Armen darzustellen, werden so viel Bewegungen, als Noten vorhanden sind, mit den Gesten der dieser Zahl entsprechenden Taktart ausgeführt, also z. B. eine Halbe und zwei Viertel mit den Bewegungen des $^3/_4$-Taktes.

d) Die Schüler realisieren das Thema mit den Füßeu und kontrapunktieren in Achteln.

9. Polyrhythmie.

a) Die Schüler realisieren die drei Stimmen eines Kanons durch Singen, Taktieren und Marschieren.

10. Pathetische Betonung. — Die Schattierungen der Bewegung und Kraft. — Der plastische Kanon.

a) Im Kreis marschieren. Ein in der Mitte stehender Schüler diktiert auf beliebige Zeiten pathetische Akzente, welche die Schüler durch Stampfen realisieren.

b) 8 Takte ($^2/_4$) marschieren mit einem crescendo der Betonung, die Hände klatschen gleichzeitig ein decrescendo.

c) Atmungsübung.

d) Rhythmisches Crescendo der Innervation des ganzen Körpers.

e) Ausdrucksvoller Marsch rückwärts. Die Arme taktieren in umgekehrter Folge.

f) Marsch in $^4/_4$-Takt.

g) Plastischer Kanon. (Ausdrucksvolle Verbindungen der Armbewegungen des $^4/_4$-Taktes.

11. Rhythmisch-plastische Übungen.

a) Bewegungen unter dem Eindruck eines (vorgestellten) Widerstandes.

b) Die Blume.

c) Kutscher und Pferd. (Kutscher und Pferde laufen und springen zu gleicher Zeit verschiedene Rhythmen.)

---

12. Zusammenhängende rhythmisch-plastische Studien, Märsche und Reigen.

a) Die Krugträgerin . . . . *Jaques-Dalcroze.*
b) Angst . . . . *Scontrino.*
c) Scherzo . . . . *Beethoven.*

d) Ballspiel . . . . *Jaques-Dalcroze.*
e) Duo . . . . *Schubert.*
f) Aus dem Kinderleben: . . . . *Kullak.*
Nachtigall im Busch.
Seilspringen.
Wettlauf.
g) Studie . . . . *Jensen.*
h) Moment musical . . . . *Schubert.*
i) Reigen . . . . *Gluck.*

Konzertflügel: **C. Bechstein,**
Alleinige Niederlage ALFRED SCHMID NACHF., Theatinerstr. 34.

F. Bruckmann A.-G., München.

3.3.4 Hellerau und das „Festspielhaus Hellerau“ heute

Hellerau heute, am ausgehenden zwanzigsten Jahrhundert, gewinnt als Ort, nahe bei Dresden gelegen, als Gartenstadt, mit einer ihr eigenen Atmosphäre erneut an Aktualität.

Nach einer langen dazwischen liegenden Zeit des DDR-Regimes, mit wenig kulturellem Bewußtsein, der Bedrohung eines Verfalls mancher Bausubstanz, gilt heute das Bemühen dem Erhalt und der Sanierung bedeutender architektonischer Teile, um diesem Ort, über eine Verbindung von „Tradition und Vision“ [1] ein zeitgemäßes und zukunftsweisendes Ansehen zu geben.

Mögen die Gründung eines „Arbeitskreises Hellerau“ (1991); die Erarbeitung einer „Erhaltungssatzung“ (§ 172/1/ Bau GB), die seit dem 12. 11. 1992 die Rechtsgrundlage bildet für die Beurteilung beabsichtigter Änderungen der baulichen Anlagen; die Einberufung eines

---

[1] Grußwort des Ministerpräsidenten des Freistaates Sachsen, Kurt Biedenkopf für die Festschrift „90 Jahre Hellerau“ (11. bis 13. Juni 1999)

'Zweiten Fritz-Schumacher-Kolloquiums' (29./30. April 1991), um Geschichte, Zustand und Zukunft der Gartenstadt Hellerau zu diskutieren und verbindliche Thesen zu Erhalt und Fortentwicklung zu erarbeiten, u.a. Initiativen Kunde geben von der Bedeutung, Einschätzung und einem neuen Bewußtsein des kulturellen Erbes dieser Gartenstadt.
So ist es z.B. in den Jahren zwischen 1994-1998 gelungen, zwei Öffentliche Bereiche in Hellerau neu zu gestalten: den Kinderspielplatz am Ruscheweg und den Hellerauer Markt mit angrenzenden Fußwegen, im Rahmen eines Gesamtkonzeptes mit Bepflanzung, der Verwendung von Altpflaster aus Naturstein, einer Mauer, Beleuchtung und Bänken für einen Wochenmarkt umzugestalten, und die früh erbauten Wohn- und Gewerbebauten am Hellerauer Markt (Riemerschmid-Häuser) zu sanieren, sie ins Eigentum von Familien zu geben und zu ermöglichen, angemessenen Wohnraum mieten zu können.
In diese Zeit fällt auch die Sanierung des Gebäude-Ensembles der „Deutschen Werkstätten Hellerau" mit dem Ziel einer denkmalgerechten Rekonstruktion des wohl wichtigsten Bauwerkes R. Riemerschmids in Hellerau, das 1909/1910 entstand, mit der schon im Herbst 1998 begonnen werden konnte, mit einer in Aussicht genommenen Fertigstellung im Jahre 2000.

Und in diese Zeit fällt auch eine Neuorientierung mit reformpädagogischen Leitgedanken der Grundschule in Hellerau, die im Zusammenhang mit der Neuordnung des Schulwesens im Freistaat Sachsen, nach langen Debatten, nun endlich seit Anfang des Jahres 1999 als 84. Grundschule weitergeführt werden kann, und die Hellerauer Mittelschule, verstanden als Schule mit „musischem Profil".

Wegweisend für eine Neukonzipierung wurden für diesen Schultyp Leitgedanken der Landerziehungsheimbewegung, im besonderen orientiert an dem frühen Modell der „Odenwaldschule", 1910 von P. Geheep in Heppenheim/Bergstraße gegründet, der ein Jahr zuvor mit der Gartenstadtgesellschaft in regem Kontakt stand, „in Erwartung einer geplanten und fast schon genehmigten Schulgründung in der Gartenstadt".[1]

Anknüpfend an eine frühe Tradition konnte eine Gruppe von Schülern der zehnten Klasse, zugleich Abschlußarbeit einer Theater-AG der jetzt 85. Mittelschule mit musischem Profil, das Theaterstück „S'leere Nest" zur Festveranstaltung „90 Jahre Hellerau 1909-1999" (11. Juni bis 13. Juni 1999) beitragen. Ein Theaterstück, das mehrmals zur Aufführung kam und in zweiundzwanzig Szenen heiter und nachdenklich zurückblickt auf fünfundachtzig Jahre Schulgeschichte und Tradition.

Zugleich ist die Schule Hellerau – am Heinrich-Tessenow-Weg – als ein Ort zu nennen, an dem es auch möglich wurde, an die der Gartenstadt eigene Tradition

[1]Nitschke, Th.: Die „pädagogische Provinz" – Schulen und Schulversuche in Hellerau. In: Dresdener Hefte. Beiträge zur Kulturgeschiche, 15. Jg., H. 51, 3/97, S. 65

eines künstlerisch-kulturellen Schwerpunktes der Rhythmisch-musikalischen Erziehung aus dem Ursprung bei E. Jaques-Dalcroze, in Kursen und Seminaren, initiiert durch eine Gruppe engagierter Pädagogen und Künstler, seit 1989 wieder anzuknüpfen und lebendig werden zu lassen.

Doch im Zentrum vieler geführter und noch zu führender Diskussionen und Beratungen mit Planern, Architekten, Sponsoren, Förderern und Kulturinstitutionen, steht das große Projekt der Sanierung und Rekonstruktion des „Festspielhauses Hellerau“ mit dem großen Festsaal und einem erstaunlichen Ambiente, die frühe „Bildungsanstalt für Musik und Rhythmus Jaques-Dalcroze“, die noch eine lange Zeit in Anspruch nehmen und nur in kleinen Schritten zu vollziehen sein wird.

Nach einer langen Zeit entfremdeten Gebrauchs durch verschiedene militärische Besetzungen, und nach dem Abzug der letzten russischen Soldaten im Spätsommer 1992, konnte dieser äußerst baufällige Tessenow-Bau, die „Beulen der Geschichte“ [1] unverhüllt nach außen tragend, erneut als Kulturstätte in den Blick genommen werden.

Aus einem neu erwachten Bewußtsein und daraus resultierendem Interesse, dieses ehemalige künstlerisch-kulturelle Zentrum der Gartenstadt vor einem weiteren Verfall bewahren, es vielmehr bald für künstlerische Veranstaltungen wieder öffnen und nutzen zu können, entwickelten sich hier rasch Initiativen: zuerst die Gründung des „Vereins Europäische Werkstatt für Kunst und Kultur Hellerau e.V.“, der heute neben der Tessenow-Gesellschaft und der Kulturstiftung, Teilhaber der 1998 gegründeten „Hellerau GmbH“ ist.

Sie alle ermöglichten, daß schon früh mit einer Phase des Entdeckens und Erprobens vieler möglicher Formen eines Angebotes und Darbietung von Kunst und künstlerischer Gestaltung begonnen werden konnte: 1992 (27. Sept.): Großes Fest mit Einzug und Performance; 1993: Ausstellung; Konzert; Fest II; 1994: Fest III; 1995: Installationen verschiedener Gestaltungen und Richtungen; seit 1996: Theater-Veranstaltungen in den Monaten Mai bis Oktober eines jeden Jahres.

[1)] Spiegel-Beitrag. Die Beulen der Geschichte. In: Der Spiegel, H.6, 1998, S. 164/165

Zu erwähnen – in unmittelbarer Anknüpfung an die Tradition der Rhythmisch-musikalischen Erziehung – ist einerseits das „Erste Hellerau-Symposion“ (20. Nov. bis 22. Nov. 1992) mit Fragen zur Geschichte der Rhythmik, organisiert durch den Bundesverband Rhythmische Erziehung e.V. (BRE, Remscheid), der Fédération Internationale des Enseignants de Rythmique (F.I.E.R., Genf), in Zusammenarbeit mit dem „Verein Europäische Werkstatt Kunst und Kultur Hellerau e.V.“, Dresden, begleitet von einer großen Initiative des Präsidenten der F.I.E.R, R. Ring, zugleich Herausgeber der mehrsprachig verfaßten Dokumentation. Im Zentrum der Erörterung ging es hier „um Musik, Bewegung, Erziehung, um Theater, Tanz, Schule, Therapie; um Geschichte, Tradition und Zukunft; um die Frage, wie und ob sich die Gegenwart an der Vergangenheit orientieren kann“.[1]

Andererseits konnte das Programm zur Festveranstaltung „90 Jahre Hellerau“ (11. bis 13. Juni 1999) verdeutlichen, daß hier der Wechselbezug von Musik und Bewegung, durch die Mitwirkung der Palucca-Schule (Hochschule für Tanz) und der Hochschule für Musik „Carl Maria von Weber“, Abteilung: Rhythmik, in den zur Aufführung gebrachten Choreographien und Studien eine neue Verlebendigung zwischen Tradition und Gegenwart erfahren sollte.
Erweitert durch den Programmpunkt „Hommage Dalcroze“, mit Kompositionen von E. Jaques-Dalcroze für Klavier; Violine, Violincello und Klavier, und den Einblick in die rhythmische Arbeit der Kinderklasse an der Hochschule für Musik, Dresden, mit der Gestaltung von Spiel- und Tanzliedern von E. Jaques-Dalcroze.

[1] Ring, R.: Vorwort zur Dokumentation: Hellerau Symposion. Fragen zur Geschichte der Rhythmik (20. bis 22. Nov. 1992), Remscheid/Genf 1993, S. 5

Vademekum — geh mit mir!

1. Signal-Fanfare von Hans Dampf, Maricia eines unbekannten Meisters und Presto von Johann Ernst Altenburg,
vorgetragen von Thomas Mende und Robert Wintzen.

2. Begrüßung und Begleitung durch Programm und Haus,
Thomas Schumann, Schauspieler

3. Die Zwei-Einheit von Musik und Tanz
Tanzimprovisationen von Studentinnen und Studenten der Palucca-Schule Dresden, Hochschule für Tanz,
nach Musik von Leo Brouwer Pecussion Today,
Choreografie: Hanne Wandtke.

4.STUHL-LOGIE, Improvisation mit Stühlen in drei Teilen von Rhythmikstudentinnen der Hochschule für Musik Dresden,
(Auftritt-Ensemble-Kanon), Musik: Astor Piazzolla - „Buenos Aires hora cero"
Konzeption: Christine Straumer.

5. „König und Volk", eine Tanzgroteske nach einer Gnossienne von Erik Satie.
Es tanzen: Norbert Kegel und Thomas Mancher, Palucca-Schule Dresden.
Choreografie: Hanne Wandtke.

6. Hommage Dalcroze
Emile Jaques-Dalcroze: „rhythmes de dance" (Nr. 12) Claudia Cassier, Klavier
Emile Jaques-Dalcroze: „Caprices et Novelettes" (Nr. 11), Annedore Freyer, Violine, Susanne Stanicki, Cello, Claudia Cassier, Klavier.

7. Trommel aus 10 Spielern- Steh-Geh - Blumenreigen - Im Windmühlenland
Kinder der Kinderklasse der Hochschule für Musik Dresden,
Musik: Emile Jaques-Dalcroze, Ernst Wieblitz (Lied), Improvisation.
Spielidee und Klavier: Christine Straumer.

Nun folgen Sie Thomas Schumann und den wegweisenden Schülern der 9. Theaterklasse von Christiane Barthel aus der 85. Mittelschule Hellerau/Rähnitz in den Saal des Hauses.

8. Grußworte und kleine Festrede:
Verein Bürgerschaft Hellerau e.V.
Börnerin oder Börner aus Langenhorn

Herr Henning Rengshausen
Abteilungsleiter Abt. Kunst
im Sächsischen Saatsministerium für Wissenschaft und Kunst

9. Kleines Festkonzert
Jugendsinfonieorchester des Heinrich-Schütz-Konservatoriums Dresden e.V.
Leitung: Milko Kersten

Claude Debussy	Petite Suite pour Orchestre	
	I.	En Bateau
	II.	Cortege
	III.	Menuett
	IV.	Ballett
Antonin Dvorrak	Suite A-Dur op. 98b	
	I.	Andante con moto
	II.	Allegro
	III.	Moderato
	IV.	Andante
	V.	Allegro
Gordon Jacob	Sinfonietta	
	1. Satz Allegro molto	

10. Abschied und Auszug der Gäste
Thomas Schumann

Veranstalter:
Vorbereitungskreis „90 Jahre Hellerau"/
Verein Bürgerschaft Hellerau e.V.

Nimmt man sich heute Zeit für einen umfassenden Gang durch das monumentale Gebäude des Festspielhauses, dieses „großartige Säulen- und Giebelhaus“ [1] mit seinen schon sanierten Abschnitten, den sich in der Sanierung befindenden und den noch großen Teilen von brüchiger Bausubstanz, vielleicht einen Theaterabend im großen Festsaal erlebend, so erhebt sich in dem auf diese Weise Informierenden unmittelbar die Frage nach dem 'Ur-Hellerau'. Von ihm meint H. Gerlach, daß „mit den Gründern und Schöpfern Helleraus auch die ideelle Basis verschwunden (sei), ohne die das Gebäude tatsächlich das ist, was es auf den ersten Blick zu sein scheint: ein großes leeres Haus.[2]

Zu einer anderen Antwort kommt Ch. Straumer, fragend nach den „Spuren der Rhythmik“ ...?, indem sie zu bedenken gibt, „ob überhaupt das, was Dalcrozes Vermächtnis auszeichnet, dauerhaft sichtbar gemacht werden kann. Ob dieses sich nicht eher im menschlichen Denken und Tun realisiert und so, wie Musik und Bewegung an den rinnenden Zeitfluß, dieses an konkrete Personen gebunden ist, um als Augenblick erlebbar und im Gedächtnis des Individuums als lebendiges Abbild in seinen nervalen Systemen reproduzierbar werden zu können“.[3]

Sicherlich reichen bauliche und materielle Erneuerung dieses Hauses nicht aus als Voraussetzung für einen Neuanfang im Sinne des 'Ur-Hellerau', wie H. Gerlach feststellt. Vielmehr gilt das Suchen, Entdecken und Finden einer neuen künstlerisch-schöpferischen Synthese, die es ermöglicht, wieder aufmerksam zu werden auf eine „Wiedergewinnung des Rhythmus in der Erziehung, in der Bildung der Persönlichkeit, in der Kunst und im Leben“,[4] für unsere Zeit am späten ausgehenden zwanzigsten Jahrhunderts und darüber hinaus; Gedanken, wie sie W. Dohrn so prägnant in seiner berühmt gewordenen Rede zur Grundsteinlegung der damaligen 'Bildungsanstalt für Musik und Rhythmus Jaques-Dalcroze' am 22. April 1911 formuliert hat.

So mag das Yin- und Yang-Zeichen im Giebel der Fassade, lange Zeit zugena-

1) Mendelssohn, P. de: Hellerau. Mein unverlierbares Europa, Dresden 1993, S. 51
2) Gerlach. H.: Kleiner Führer durch die Gartenstadt Hellerau, Dresden 1999, S.41
3) Straumer, Ch.: Spuren der Rhythmik ... ?. In: Festschrift „90 Jahre Hellerau, Dresden 1999, S. 26
4) Dohrn, W.: Die Aufgabe der Bildungsanstalt Jaques-Dalcroze. In: Jahrbuch: Der Rhythmus 1, Jena 1911, S. 2

gelt mit dem russischen Stern, von E. Jaques-Dalcroze sicherlich bedacht gewählt, von A. von Salzmann gestaltet, heute wieder an die anzustrebende Ganzheit dieser beiden dualen Prinzipien erinnern, deren innere und einigende Kraft der einem jeden lebendigen Organismus innewohnende, ihm eigene Rhythmus ist, der auch die Kunst, die Künste, das künstlerische Schaffen und Gestalten auf einem der vielen möglichen Wege des Ausdrucks in Musik, Bewegung, Bild und Sprache leitet und bestimmt, verstanden als ein Zeichen der Hoffnung, zur Bewahrung der Menschheit und der Menschlichkeit.

Oder, wie Y. Menuhin es auszudrücken vermochte: „Rhythmus der Musik, Proportionen und Bewegung in (allen) Künsten gewährleisten Beständigkeit, Zielgerichtetheit und Folgerichtigkeit im täglichen Leben".[1]

3.4 Weiterentwicklungen der Rhythmisch-musikalischen Erziehung in Deutschland von 1914 bis 1918/1919

3.4.1 Erweiterungen an der „Bildungsanstalt für Musik und Rhythmus Jaques-Dalcroze" in Dresden-Hellerau

Nach diesen frühen Jahren des Beginns, des Aufbaus und dem ersten Sichtbarwerden von Ergebnissen einer rhythmischen Bildung und Erziehung aus dem Geiste E. Jaques-Dalcrozes hätte man der Bildungsanstalt Hellerau – als dem Zentrum der Idee und 'Methode Jaques-Dalcroze' – wohl einige Jahre zur Entwicklung, Weiterentwicklung, Modifikation, zur Ausbreitung der Methode und ihrer Stabilisierung gewünscht. Doch wurde das Jahr 1914 für dieses Institut zu einem Jahr schicksalhafter Entscheidungen. Am 4. Febr. 1914 verunglückte *Wolf Dohrn* (1878-1914) bei einem Ferienaufenthalt in den Walliser Alpen.

Um seinem Wirken und seinem Lebenswerk für die Einwohnerschaft Helleraus, für den Ort, die künstlerisch-pädagogische Idee E. Jaques-Dalcrozes, die Bildungsanstalt Jaques-Dalcroze und die Werkstätten für Handwerkskunst zu gedenken, fand am 11. Febr. 1914 im großen Festsaal der Bildungsanstalt eine Gedenkfeier statt, bei der sich Einwohner Helleraus, Lehrende, Studierende, Freunde und Förderer versammelten, und prominente Persönlichkeiten Ansprachen hielten. Musikalisch umrahmt und begrenzt wurde die Gedenkstunde durch den Chorsatz: „Es zieht eine dunkle Wolke"; den Schlußchor aus der Matthäus-Passion von Joh. S. Bach: „Wir setzen uns mit Tränen nieder". Sein Werk findet in der Schrift: „Die Neue Schule für Angewandten Rhythmus Hellerau" (1916) in den folgenden Worten eine Würdigung:

„Diese Erfolge verdankt das Unternehmen in erster Linie der Tatkraft und Hingabe von Wolf Dohrn, dem es gelang, neben umfangreichen Arbeiten für die Gartenstadt, unter größten Schwierigkeiten, persönlichen Opfern, ja selbst Anfein-

---

[1]) Menuhin, Y.: Kunst als Hoffnung für die Menschheit. Reden und Schriften, München 1991, S. 155

dungen, die meist nur auf einer Verkennung des Unterrichtssystems beruhten, das Unternehmen über ganz Europa auszubreiten und eine Organisation zu schaffen, die die ganze Lehrerausbildung nach Hellerau verlegte. Unterstützt wurde er durch zahlreiche Freunde und Gönner der Sache und in besonderem Maße durch das Königlich Sächsische Ministerium des Innern, das die Anstalt auch zweimal in Form von finanziellen Zuwendungen unterstützte".[1]

Ende Juni, nach Abschluß des Schuljahres, reiste E. Jaques-Dalcroze in die Schweiz, um in Genf, anläßlich des 'Junifestes 1914' (andere Schriften sprechen von dem 'Jahrhundertfestspiel der Stadt Genf') eines seiner Festspiele einzustudieren, bei dem zweihundert Rhythmikerinnen mitwirkten; danach kehrte er nicht wieder nach Deutschland zurück.

Anfang August zwang der Ausbruch des ersten Weltkrieges zu einem Abbruch der bereits begonnenen Sommerkurse am Institut in Hellerau und machte den Beginn eines 'Normalkurses' im Herbst des Jahres aufgrund einer zu geringen Zahl von Studienbewerbern unmöglich. Schließlich fanden Verhandlungen statt mit dem Ergebnis, das Schulgebäude in Hellerau für die Dauer des Krieges zu schließen und es zu Lazarettzwecken dem Roten Kreuz zur Verfügung zu stellen.

Diese Notsituation mobilisierte die Kräfte aller Dalcroze-Lehrenden in Deutschland sowie Freunde, Kenner und Förderer. Bereits im November des Jahres 1914 erging von der Institutsleitung ein Aufruf an bedeutende Musiker, Pädagogen, Künstler und andere führende Persönlichkeiten, die sich für den Wert des Unterrichtes und seine Fortführung ausgesprochen hatten. Initiativen deutscher Lehrer und Schüler der 'Methode Jaques-Dalcroze' führten im Sommer 1915 zu einer Konstituierung des „Vereins für Rhythmisch-musikalische Erziehung Hellerau e.V. Schließlich machten ein deutliches Ansteigen der Nachfrage nach Lehrkräften der Methode Jaques-Dalcroze und Unterrichtskursen seit dem Jahre 1915 und eine positive Einstellung und unterstützende Haltung vonseiten der Staatlichen Behörden in Preußen und Sachsen eine Weiterführung des Unterrichtes möglich. Dieser wurde in Hellerau in Form von 'privaten Lehrkursen' durchgeführt, an vielen anderen Orten Deutschlands in Form von 'Unterrichtskursen', die den gesamten Fächerkanon beinhalteten und der Vorbereitung auf einen späteren Eintritt in die 'Normalkurse' dienten.

Im September desselben Jahres unterzeichnete E. Jaques-Dalcroze, zusammen mit anderen Künstlern der Schweiz – unter ihnen E. Ansermet und F. Hodler – ein Manifest, das unter 'Genfer Protest' oder 'Reimser Protest' bekannt wurde, das sich gegen die Zerstörung eines Teiles der Kathedrale zu Reims richtete. Dies wurde E. Jaques-Dalcroze in der deutschen Presse als deutsch-feindliche Einstellung ausgelegt, führte schließlich zur Lösung des Vertragsverhältnisses zwischen der Bil-

[1]) Die Neue Schule Für Angewandten Rhythmus Hellerau, Hellerau 1916, S. 6

dungsanstalt Jaques-Dalcroze und dem künstlerischen Leiter dieses Institutes, und machte E. Jaques-Dalcroze eine Rückkehr nach Hellerau unmöglich.

Daraus sind viele Mißverständnisse in der Öffentlichkeit entstanden, die oftmals die Grenzen von sachlicher und persönlicher Ebene verschleierten, die einen Einblick in Sachverhalte erschwerten und viele Jahre Zeit gebrauchten, um zu einer sachlichen Klärung und Stellungnahme zu gelangen. Doch bemühte sich bereits 1914 eine große Zahl namhafter Persönlichkeiten verschiedener Fachbereiche – Kenner, Freunde, Vertreter der Methode Jaques-Dalcroze – um eine Richtigstellung gegenüber den „ganz merkwürdigen Angriffen gegen seine eben noch so gefeierte Methode“.[1]

Eine Erklärung aus dem Jahre 1914

»Jaques Dalcroze hat den Genfer Protest gegen die Be-
»schießung der Kathedrale von Reims und der Stadt
»Loewen unterzeichnet. Wir verurteilen diese Tat durch-
»aus. Aber wir bedauern, daß bei dieser Gelegenheit
»in der deutschen Presse Äußerungen laut geworden sind,
»die im ersten begreiflichen Übermaß der Entrüstung
»Person und Sache gleichsetzen und mit Jaques-Dalcroze
»auch dessen Methode verurteilen. Diesen offenbar über-
»eilten und ungerechten Angriffen gegenüber erklären wir,
»daß wir die Methode aus eigener Anschauung kennen,
»in ihr keine »Tanzerei« oder »Spielerei« erblicken, viel-
»mehr die Überzeugung besitzen, daß sie für eine Neu-
»gestaltung des Musikunterrichts von wirklicher Bedeutung
»ist, dem Bühnenwesen Anregungen bietet und der
»deutschen Jugenderziehung neue Ausblicke eröffnet.«

Julius Bab, Berlin Dr. Franz Bachmann, Dresden. Walter Braunfels, München. Dr. Max Brockhaus, Leipzig. Franz Cizek, Wien. Eugen Diederichs, Jena. Professor A. Egidi, Berlin. Dr. Paul Ernst, Weimar. Gustav Falke, Hamburg. Geh. Reg.-Rat Professor Dr. Max Friedlaender, Berlin. C. Gottsleben, Hamburg. Graf von Hardenberg, Dresden. Dr. August Horneffer, München. Professor Friedr. Klose, München Hofkapellmeister Herm. Kutzschbach, Dresden Geh. Reg.-Rat Professor Dr. Max Lehrs, Dresden. Dr. H. Leichtentritt, Berlin. Dr. Friedr. Naumann, Berlin. Professor Arthur Nikisch, Leipzig. Generalintendant Baron zu Putlitz, Stuttgart. Aug. Püringer, Dresden. Hofopernkapellmeister Schalk, Wien. Dr. Ernst Schnorr v. Carolsfeld, Dresden Rud. Alex. Schröder, Bremen. Professor Paul Schubring, Berlin. Friedr. Schütz, Düsseldorf. Wirkl. Geheimrat Exzellenz Graf Seebach, Dresden. Geh.-Reg. Rat Woldemar v. Seidlitz, Dresden. Dr. Karl Stork, Berlin Professor Dr. Treu, Dresden. Professor Hans Unger, Dresden. Professor Dr. Weissmann, Berlin Professor Dr. Witkowski, Leipzig. Dr. Felix Zimmerman, Dresden

So blieb E. Jaques-Dalcroze in Genf, wo ihm im Herbst des Jahres 1915 ein eigenes Institut zur Verfügung gestellt wurde, das bis in unsere Zeit hinein besteht als integrativer Teil einer Hochschulinstitution für Musik: Das „Institut Jaques-Dalcroze“, Rue de la Terrassiere 44, Genéve, an dem im Jahre 1999 (vom 22. Juli bis 25. Juli) der „3. Kongress zu Fragen des Rhythmus und der Rhythmik“ stattfand, zu dem ein Essay-Wettbewerb ausgeschrieben wurde mit der Thematik: „Die Bedeutung des Rhythmus für die menschliche Entwicklung“.

In Hellerau wurde am 1. Oktober 1915 „in engster Fühlung mit dem ganzen Anhängerkreis der Bildungsanstalt und mit deren reichlich gewährter tatkräftiger, auch finanzieller Beihilfe, die „Neue Schule für Angewandten Rhythmus Hellerau“ ins Leben gerufen, die damit das künstlerische und pädagogische Erbe der Bildungsanstalt angetreten hat – allerdings unter erheblichen Veränderungen.[2]

---

[1] [2] Die Gründung der Neuen Schule Hellerau. In: Die Neue Schule Für Angewandten Rhythmus Hellerau, Hellerau 1916, S. 7; S. 9

Bereits im Schuljahr 1912/1913 kam man zu einigen Aktivitäten, die einer breiteren, interessierten Öffentlichkeit einen Einblick in die Arbeit ermöglichen sollten. Man richtete öffentliche Vortragsstunden ein (mit einer Besucherzahl von 1.030 Personen innerhalb des Jahres), sowie an jedem Samstag von 15.00 Uhr bis 17.00 Uhr Zeiten der Besichtigung des Gebäudes; veranstaltete öffentliche Konzerte (Klavierabende; Liederabende mit namhaften Solisten der Zeit); darüber hinaus ganze Vortragszyklen mit Themen aus Medizin; Pädagogik und anderen Wissenschaftsdisziplinen, die den Bewohnern Helleraus ebenso zugänglich waren wie für die Studierenden des Instituts obligatorisch.

Weiterhin war man am Hellerauer Institut offen für ein Interesse aus Fachkreisen, wodurch es in dem genannten Schuljahr zu Unterrichtsbesuchen kam – mit einem vierzehntägigen Aufenthalt – durch Prof. Carl Thiel (dem späteren Leiter der Akademie für Kirchen- und Schulmusik in Berlin), der Oberturnlehrerin Agnes Dieckmann aus Hannover (im Auftrage des Königl. Schulrates Dr. Wespy); einer eintägigen Hospitation einer Hamburger Schulkommission, geleitet von Schulrat Fricke und anderen Hospitationsgruppen mit Vertretern der Allgemeinen Pädagogik und Sportpädagogik.

Daneben gilt es, auf eine große Zahl von Institutionen hinzuweisen, die bereits zu diesem frühen Zeitpunkt rhythmische Erziehung in ihren Lehrplan aufnahmen. In der Schrift: „Die Neue Schule Für Angewandten Rhythmus Hellerau" (1916) ist zu lesen: „Im Herbst 1912 folgten weitere Zweiganstalten in Petersburg, Moskau, Wien, Prag, Frankfurt a.M., im Herbst 1913 in Breslau, Nürnberg London, Warschau und Kiew. Die Gesamtfrequenz des Unterrichts erreichte in diesem Jahre – soweit die vorgenommenen Zählungen sich bei der internationalen Verbreitung des Unterrichts erstreckten – die Zahl von über 7.000 Schülern in 127 Lehranstalten. Eingeführt war der Unterricht an 23 Konservatorien, Musik- und Theaterschulen, an 59 Gymnasien und Schulen, an Pensionaten, Kindergärten und Privatschulen".[1]

Hier gilt es zu erwähnen, daß E. Jaques-Dalcroze selbst mit einer großen Zahl von Vortragsreisen – meist begleitet durch eine Gruppe seiner Studierenden – die ihn in den Jahren bis 1919 ins Elsaß, nach Holland, Deutschland, England, Rußland, Frankreich und Belgien führten, durch Leitung von Sommer-, Ferien- und Fortbildungskursen zu einer Ausbreitung seiner Methode beitrug.

Daneben sollte den so benannten *Zweiganstalten* an verschiedenen Orten Deutschlands und des Auslandes die Aufgabe zufallen, rhythmische Erziehung einem breiten Kreis von Interessenten (ohne Bedingungen an künstlerische, musikalische und pädagogische Voraussetzungen zu stellen) zugänglich und erfahrbar zu machen. Sie wurden von diplomierten Dalcroze-Schülern geleitet, meist einem

1) Die Gründung der Neuen Schule Hellerau, a.a.O., S. 6/7

Team von Lehrenden, richteten sich mit den Schwerpunkten: Rhythmische Erziehung, Gehörbildung, Improvisation in Form von Kursveranstaltungen an Damen, Herren und Kinder. Auch waren sie erweiterungs- und entwicklungsfähig nach verschiedenen Seiten, entsprechend der sichtbar werdenden Interessen vonseiten der Teilnehmenden, und wurden zum Teil mitgestaltet durch Präsentation einer Gruppe von Dalcroze-Schülern und der Leitung vereinzelter Unterrichtsstunden durch Jaques-Dalcroze selbst. Als Beispiel sollen an dieser Stelle, um einen Einblick in die Organisationsstruktur, die Größe und Tragweite solcher Einrichtungen zu ermöglichen, die Zweiganstalten *Berlin* und *Wien* genannt sein.

Die Zweiganstalt *Berlin*, mit den Lehrenden: T. Zander; H. Fett, K. Klerczynski, G. Wegmann, B. Binswanger, M. Birnbaum, führte insgesamt 22 Kurse mit 249 Teilnehmenden durch. Hier wurde es möglich, durch Dezentralisierung des Unterrichtsbetriebes (für das Hauptinstitut wurde im April 1914 ein neues Unterrichtsgebäude in der Schaperstraße 6a gemietet) eine große Zahl von Kindern zu erfassen, woraus sich eine wohl reizvolle Forschungsaufgabe hätte ergeben können unter der Fragestellung nach der Wirkung der rhythmischen Erziehung bei Großstadt-kindern. Zudem zeigte sich ein verstärktes Interesse der Berliner Ärzte an den Ergebnissen des Unterrichts (an einer Sonderveranstaltung am 8. Dez. nahmen 800 Ärzte teil). Auch kam es zu einem weiteren Ausbau der ‚Theaterkurse', die aus einem Sonderkurs für einige Mitglieder des Deutschen Theaters hervorgegangen waren.[1]

Die Zweiganstalt *Wien*, mit den Lehrenden: S. Perrottet und Prof. E. Favre, konnte am 1. Dez. 1912 mit neun Kursen und insgesamt 62 Teilnehmenden beginnen. Hier konstituierte sich mit einer Sitzung vom 23. Juni 1913 ein „Verein Jaques-Dalcroze in Niederösterreich e.V.", der sich die Aufgabe stellte, für eine Verbreitung der Methode Jaques-Dalcroze in Niederösterreich Sorge zu tragen, zu der dieser namhafte Referenten zu Vorträgen, Demonstrationen und Präsentationen verpflichtete.

Am 1. März 1914: Vortrag, gehalten von Dr. M. Emers, Demonstrationen geleitet von Prof. E. Favre innerhalb einer Veranstaltung mit geladenen Gästen. Am 11. März 1914: Vortrag: gehalten von Prof. Gregory: „Über die Wichtigkeit der rhythmischen Gymnastik für den darstellenden Künstler", ergänzt durch eine Schüler-Aufführung unter der Leitung von E. Jaques-Dalcroze, im Rahmen einer Sitzung des Vereins.

Neben diesen Initiativen, unmittelbar mit dem Hauptinstitut und den Zweiganstalten in Verbindung stehend, ist auf die Schulgründung ‚Schulheim-Hellerau" hinzuweisen, mit einer Eröffnung der Schule am 1. April 1913 und des Schulheims im Herbst desselben Jahres. Die Schule – am Heinrich-Tessow-Weg – aus

[1]s. auch: Hürtgen-Busch, S.: Die Wegbereiterinnen der Rhythmisch-musikalischen Erziehung in Deutschland, Frankfurt a.M. 1996

der Idee der Landerziehungsheimbewegung hervorgegangen, mit einer besonderen Orientierung an der ,Odenwaldschule' (Gründung und Leitung: P. Geheep), nahm Schüler vom sechsten Lebensjahr an auf und führt in zehn Schuljahren zur Einjährigen-Prüfung eines Realgymnasiums oder einer Oberrealschule resp. zur Abschlußprüfung einer zehnklassigen Höheren Töchterschule. „In ihren kleinen Klassen (6 Klassen bestehend aus insgesamt 66 Knaben und Mädchen; Stand 1. April 1913) will die Schule möglichst frei von allem Schematismus die modernen Unterrichtsmethoden der Arbeitsschule, der Mitarbeit der Kinder auf dem Wege zu den genannten Schulzielen tunlichst zur Anwendung bringen".[1]

Schule und Heim wollen den darin lebenden und der Bildung und Erziehung anvertrauten Schülern eine moderne psychologisch vertiefte und geistig verbindende Erziehung gewähren und als besondere Schwerpunkte in ihre Erziehungsaufgabe einbeziehen: die rhythmische Erziehung in der Methode Jaques-Dalcroze; den ,Handfertigkeitsunterricht' in den Deutschen Werkstätten für Handwerkskunst; den Gartenbauunterricht; ein Kennenlernen von Dresdens vielgestaltiger landschaftlicher Umgebung; eine Einführung in Dresdens Kunst-Sammlungen ermöglichen.
In den „Mitteilungen für Hellerau" (41. Ausgabe, August 1999) ist für die Schulabgänger der jetzt 85. Mittelschule mit musischem Profil der Wunsch formuliert: „Bleibt die Hoffnung, daß die Schulabgänger von dieser Ausbildung in ihrem weiteren Leben profitieren und ihre musischen Erfahrungen weitergeben können."[2]

Eine Ergänzung zu diesem Schulheim-Hellerau stellte das ,*Waldhaus-Hellerau*' dar, das ebenso im Jahre 1913 begründet und von dem Mediziner und Neurologen Dr. E. Jolowicz zusammen mit seiner Frau, der Kinderärztin Dr. H. Meischeide-Jolowicz, geleitet wurde. In diesem Hause konnten Knaben und Mädchen im Alter von drei bis vierzehn Jahren Aufnahme finden, mit Indikationen wie: Allgemeine Unruhe; Nervosität; Störungen in der Konzentration und Aufmerksamkeit, neben Kranheitsbildern wie Rachitis; Skrofulose, Ernährungsstörungen u.a. Daneben konnte es Kindern nach akuter Krankheit eine besondere Pflege und Erholung gewähren und denen, die infolge ihres psychischen oder körperlichen allgemeinen Gesundheitszustandes der ärztlichen Aufsicht und Behandlung bedurften, diese sichern und stabilisieren.
Hier sollte die rhythmische Erziehung zu einem Schwerpunkt in dem jeweils zu erstellenden Behandlungsplan werden und durch „individualisierenden Unterricht, nach psychologischen Grundsätzen abgestuft, unter ärztlicher Überwachung erteilt",[3] ihr heilpädagogischer Wert herausgearbeitet werden. Als Leiter des psychologischen Laboratoriums berichtet E. Jolowicz 1914 in einer Studie:

---

1) Aus Hellerau. In: Berichte der Dalcroze-Schule, hg. unter Mitwirkung von N.Gorter/W. Dohrn/E. Jolowicz von E. Jaques-Dalcroze, H. 1, Hellerau 1913, S. 27

2) „S'leere Nest". Theateraufführung der Hellerauer Mittelschule. In: Mitteilungen für Hellerau, 41. Ausgabe (August 1999), S. 3

3) Waldhaus Hellerau. In: Berichte der Dalcroze-Schule, a.a.O., S. 22

„Die pädagogische Bedeutung der rhythmischen Gymnastik Jaques-Dalcrozes" von Versuchen mit ca. einhundertundfünfzig Kindern, bei deren Auswertung er an die theoretischen Positionen der experimentellen Psychologie W. Wundt's und E. Meumann's anknüpft (s. Kap.: 3.5, Teil II)

Über diese beispielhaft geführte schulische Institution hinaus, von der ich hier schwerpunktmäßig den organisatorischen Aspekt herausgestellt habe, gab es bereits zu dieser frühen Zeit namhafte Vertreter der Rhythmisch-musikalischen Erziehung, denen Lehre, Grundgedanken, Erkenntnisse und Erfahrungen der „Methode Jaques-Dalcroze" zu einem Ausgangs- und Ansatzpunkt zu eigenen Entwicklungen wurde: Zum einen verstanden als Beitrag zu einem erweiterten Verständnis schulischen Musikunterrichtes wie andererseits als Basis aufgefaßt innerhalb eines Aufbaus eigener Ausbildungsinstitutionen.

3.4.2 Konzeptionen und Schulgründungen in der Nachfolge von Emile Jaques-Dalcroze

(1) Konzeptionen

Aus all den hier zu erwähnenden Konzeptionen, Versuchen, Entwürfen geht mehr oder weniger deutlich die Intention des Schulmusikunterrichtes der Zeit hervor, in dessen Zentrum das ‚Singen', der ‚Schulgesang' steht, ein Ziel, das von H. Kretschmar, in der von ihm initiierten und begründeten Sammlung „Musikalische Zeitfragen", mit Beiträgen zu aktuellen Themen der Musikpädagogik, formuliert wurde. Daraus läßt sich zum einen der Wunsch und das Bestreben dieser frühen Vertreter der rhythmischen Erziehung – die zumeist auch Schulpädagogen waren– nach einem erweiterten schulischen Musikunterricht verstehen, zum andern das Bemühen, die „Methode Jaques-Dalcroze" für eine Integration in bestehende Unterrichtsformen einzurichten. In komprimierter Darstellung, chronologisch geordnet, möchte ich hier die Konzeptionen einiger früher Vertreter dieses Fachgebietes darstellen und beschreiben.

Paul Boepple (1867-1917): „Die Elemente der Musikalität. Präparationen für den Gesangunterricht in der Volksschule nach den Grundsätzen der Methode Jaques-Dalcroze" (Lausanne 1910). P. Boepple ist als Musikpädagoge (Gesanglehrer) an dem Gymnasium, der Realschule und der Töchterschule in Basel lehrend, der Hinweis wichtig, daß ein Musikunterricht, allein in der „Vermittlung eines Schatzes von Liedern"[1] bestehend, sehr verkürzt gesehen ist und es nun an der Zeit sei, den Boden zu ebnen „für eine Aufnahme der nach Jahrzehnte langer Stagnation endlich von allen Seiten hereindrängenden Reform".[2]

[1] [2] Boepple, P.: Die Elemente der Musikalität. Präparationen für den Gesangunterricht in der Volksschule nach den Grundsätzen der Methode Jaques-Dalcroze, Paris/Lausanne/Leipzig 1910, Vorwort; S. IV

Er stellt einleitend einige Prinzipien der rhythmischen Erziehung nach E. Jaques-Dalcroze voran (Ansatz der Bewegung; Gehen, Marsch; Rolle und Funktion des Ohres im Aufbau der Gehörbildung; Erziehung des Nervensystems, der Willenstätigkeit, Erziehung des ‚ganzen Menschen'; Hinweis auf Rolle und Funktion von Atemübungen, und verdeutlicht im weiteren, daß es sich bei seiner Schrift nur um eine Auswahl musikalischer Elemente unter dem Aspekt einer Einführung in den Schulgesangunterricht handeln kann, nicht um eine verkürzte Darstellung der ‚Methode Jaques-Dalcroze'.

Als Grundlage beim Aufbau seiner Konzeption dient ihm die Erkenntnis E.Jaques-Dalcrozes, daß es grundsätzlich möglich sei, die einzelnen musikalischen Fähigkeiten (Rhythmus, Ton u.a.) in ihre Elemente zu zerlegen – die er besonders bei den metrisch-rhythmischen Übungen zu beachten sucht – worin er eine besondere Möglichkeit der Methode mit einem Beginn bereits in der ersten Klasse der Primarstufe sieht.

An ‚Elementen' benennt er: „Regelmäßigkeit in der Bewegung, regelmäßige Betonung von Bewegungen (Taktarten) und längere und kürzere Unterbrechung von Bewegungen (Zeitwerte)".[1] Darauf aufbauend folgen 'Hörübungen' – Hören verstanden als ein 'Horchen' – (Tonleiterstudium, begonnen mit einem Unterscheiden von Ganzton und Halbton; die C-Dur-Tonleiter als 'Urmelodie' zum Ausgangspunkt nehmend; Verwendung von Solmisationssilben, ganz im Sinne der Konzeption E. Jaques-Dalcrozes, jedoch auf elementarer Ebene verbleibend, wobei P. Boepple von Beginn an die Beachtung des Grundsatzes: „Denken, Vorstellen, Kombinieren"[2] wichtig ist. Ein besonderer Hinweis auf die 'Atmungsübungen' dient dem Herausstellen eines Zusammenhangs von musikalischer Phrasierung und hygienischer (physiologisch-prophylaktischer) Bedeutung.

So beinhaltet die Schrift im folgenden eine Sammlung von zwölf Unterrichtsentwürfen, wobei die 'Lektionen' I-VI zur Grundlegung der Elemente: Betonung, Taktarten, metrische Zeichen sowie Tonleiter und Notenplan dienen. Insofern legt P. Boepple hier eine differenzierte didaktisch-methodische Struktur zugrunde mit: I Atemübung; II Betonungsübung; III Hörübung; IV Taktierübung; V Tonleiterübung; VI Metrische Übung; VII Notenplan. Hier werden die einzelnen Übungsbereiche systematisch – in kleinsten Schritten – von einer Unterrichtseinheit zur anderen weitergeführt, um allmählich ein musikalisches Fundament aufzubauen. Beispielhaft und zur Verdeutlichung sei hier die Lektion III eingefügt.
Die Lektionen VII-XII sehen eine Weiterführung und Vertiefung des Materials vor und zeigen daher einen freieren methodischen Aufbau, für den P. Boepple eine Gliederung einer Übungsfolge von eins bis zwölf wählt. Zugleich soll damit durch Wahl und Aufeinanderfolge der Übungen dem Prinzip der Improvisation Rechnung getragen werden, orientiert an der Unterrichtssituation.

---

[1][2] Boepple, P., a.a.O., S. V; S. IV

Dritte Lektion.

I. Atemübung.

Stellung a) Rumpf nach vorn gebeugt, die Fingerspitzen berühren den Boden (wenn möglich). Handflächen gegen den Körper. Knie gestreckt!

b) Körper aufgerichtet. Arme rückwärts gestreckt ein Λ bildend. Handflächen nach unten.

1) Langsamer Übergang von a) zu b) mit Einatmung auf 1, 2, 3.
2) Verharren in Stellung b) und Atemhalten auf 4, 5, 6.
3) Rumpfbeugen und Ausatmen auf 7, 8, 9.

II. Betonungsübung.

1) Leises Klatschen ohne Betonung in rascherem oder langsamerem Zeitmaß. Nachdem letzteres festgestellt ist, betont der Lehrer oder ein Schüler die erste von 2, 3 oder 4 Zählzeiten und läßt die Betonungsart erraten. Antwort mündlich oder durch genaue Fortsetzung der Betonungsart.
2) Die Klasse ist in zwei Gruppen geteilt. Eine Gruppe klatscht den Akzent, die andere (leise) die unbetonten Zeiten. Auf hop sofortiger Wechsel.

III. Hörübung.

1) Vorspielen und Nachsingen von 3 nacheinander angeschlagenen Tönen (Dur- und Moll-Dreiklänge in allen Umkehrungen) innerhalb der Stimmgrenzen.

2) Sehr hohe und sehr tiefe Töne werden nachgesungen.

a) Beide Töne stehen im Oktavenverhältnis:

b) Die beiden angeschlagenen Töne veranlassen den Schüler zu einem Ganzton- oder Halbtonschritt:

c) Es ergeben sich verschiedene diatonische Intervalle.

IV. Taktierübung. (Der Viertakt.)

Der vierteilige Takt besteht aus einem kräftigen Niederschlag,
einer leichten Bewegung des Armes seitwärts-einwärts,
einer leichten Bewegung des Armes seitwärts-auswärts,
einer leichten Bewegung des Armes aufwärts-einwärts.

Linke Hand. Rechte Hand.

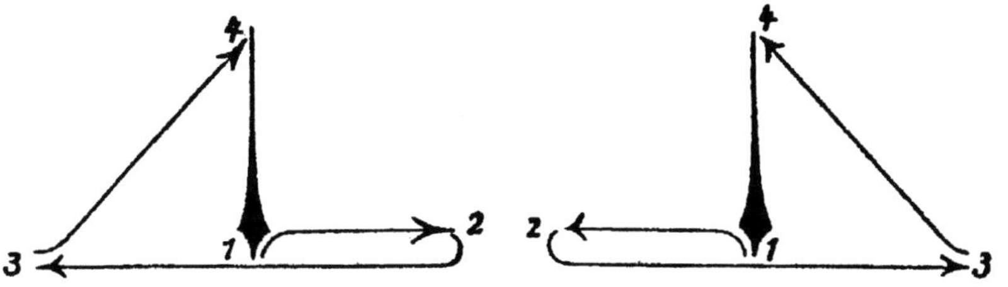

Ausführung der ersten, dritten und vierten Bewegung wie beim Dreitakt.. Die Einwärtsbewegung des Armes auf 2 endigt mit einem leichten Anschlagen der Fingerspitzen an der entgegengesetzten Schulter. Taktieren beide Arme, so kreuzen sie sich auf 2.

1) Einübung der neuen Taktart wie in Lektion II (Seite 5).
2) Ganze Takte in Gedanken zählen. (Siehe vorige Lektion.)
3) Abwechseln zwischen den drei Taktarten (auf hop).
4) Ein Schüler taktiert vor und wechselt nach Belieben Taktart und Zeitmaß. Die übrigen taktieren genau mit und führen die Wechsel sofort aus.
5) Nr. 1—16 der »Rhythmischen Märsche« von E. Jaques-Dalcroze, für eine mittlere Stimme mit Klavierbegleitung (auch für Violine bearbeitet) bei Jobin & Co., Lausanne.
   a) Der Lehrer gibt die Taktart, bzw. die Kombination der Taktarten bekannt.
   b) Der Lehrer spielt so lange, bis die Schüler die Taktarten erraten haben.

V. Tonleiterübung.

1) Singen der Tonleiter im Viertakt (siehe Übungen der zweiten Lektion).
2) Der Lehrer spielt die Tonleiter ziemlich rasch und wiederholt einen Ton. Die Schüler erraten denselben, nachdem sie denkend dem Vorspielen gefolgt sind.

Z. B.

usw.

3) id. mit Auslassung eines Tones.

4) Die Schüler singen die Tonleiter in den 3 Taktarten und wiederholen einen Ton.

a) auf hop:

b) auf den ersten, zweiten (dritten, vierten) Schlag:

5) id. mit Auslassung (Verschlucken!) eines Tones.

a) auf hop:

Nach einiger Übung:

b) auf den ersten, zweiten (dritten, vierten) Schlag.

VI. Metrische Übung.

1) Die Töne der Tonleiter werden 4 Schläge ausgehalten (= = └┘┌┐).

2) Singen der Tonleiter nach rhythmischen Schemen.

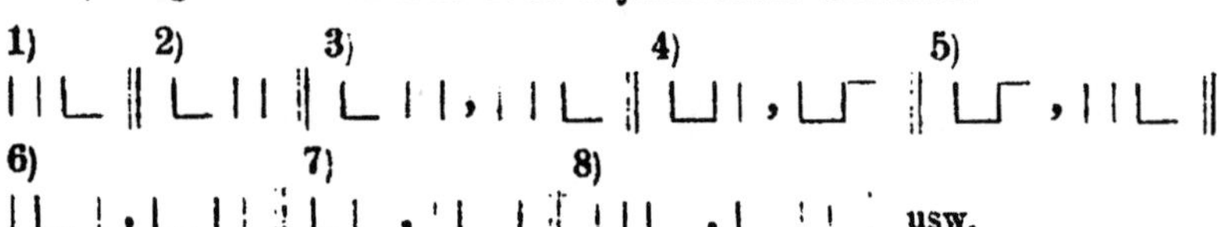

Zuerst klatschend einzuüben und nach Diktat zu notieren.

3) Die Schüler versuchen, sämtliche Kombinationen der bisherigen metrischen Elemente in den drei Taktarten zu notieren.

Zweitakt:
Dreitakt:
Viertakt:

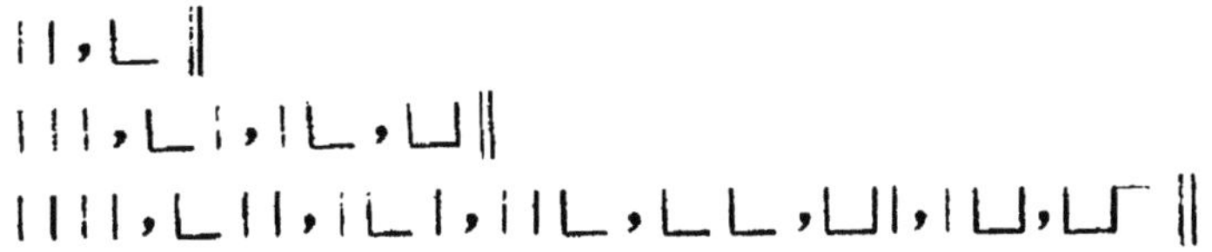

4) **Zusammenstellung zweitaktiger Rhythmen:**

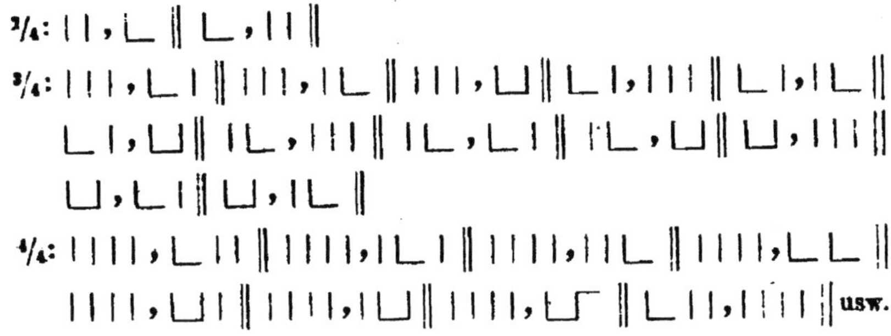

(Total 56 Kombinationen mit 2 Viertakten.)

NB. Durch häufiges Taktschreiben mit obigen Zeichen eignen sich die Schüler leicht eine Geläufigkeit im Notieren gehörter Rhythmen an, die ihnen bei späteren Aufgaben sehr zu statten kommt. Die weiteren Zeichen dieser rhythmischen Kurzschrift werden in der Folge mit den entsprechenden Notenformen angegeben.

5) Wird ein Ton einen ganzen **Viertakt** ausgehalten, so bezeichnen wir seine Dauer auf dem Notenplan mit einer **ganzen Note** = 𝅝.
Wird der Ton nur 2 Schläge, also einen halben Viertakt ausgehalten, so notieren wir ihn mit einer **halben Note** = 𝅗𝅥.
Die Note für **einen Schlag**, den vierten Teil eines Viertaktes, bezeichnen wir als **Viertelnote** = 𝅘𝅥.
Soll ein Ton drei Viertel (Halbe + Viertel) ausgehalten werden, so können wir die beiden Noten 𝅗𝅥‿𝅘𝅥 durch einen Bogen verbinden oder kürzer: hinter die 𝅗𝅥 einen Punkt setzen: 𝅗𝅥. = **Punktierte halbe Note.** **Der Punkt hinter einer Note verlängert dieselbe um ihren halben Wert.**

VII. Der Notenplan.

3 Notenlinien enthalten 7 Notenstellen. Nachdem mit 2 Notenlinien die Hilfslinien unter dem Notenplan geübt sind, kommt für den Volksschulgebrauch (Unterstufe) bei drei Linien nur eine Stellung des *do*-Schlüssels in Frage:

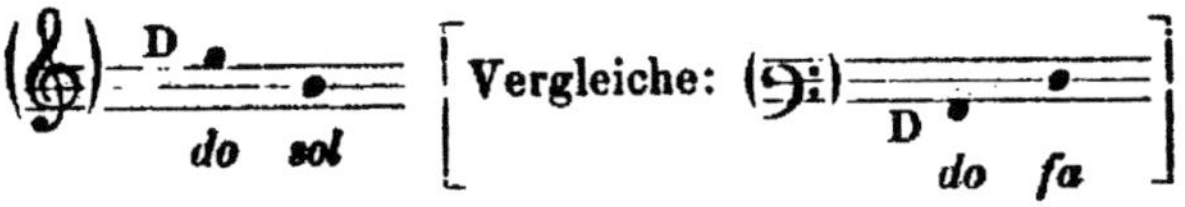

1) Wiederholung der Fragen nach den einzelnen Notenstellen (siehe zweite Lektion).
2) Leseübung mit 3 Linien.
3) Einführung in das 5-linige System:

Der ganze Notenplan

besteht aus fünf Linien und entsteht durch Zusammensetzung eines dreilinigen und eines zweilinigen Systems, wobei das *do* in den Zwischenraum zwischen den beiden kleineren Systemen zu stehen kommt.

Der Schlüssel des dreilinigen Systems bestimmt die Tonhöhe für den ganzen Notenplan.

Das zweilinige System wird über das dreilinige gesetzt:

[Vergleiche die umgekehrte Übereinandersetzung:

Mit dieser Schrift gelang P. Boepple – als einem der ersten pädagogischen Berater E. Jaques-Dalcrozes, Initiator des Baseler Musikpädagogischen Kongresses (1910), Mitglied der Prüfungskommission an der 'Bildungsanstalt Jaques-Dalcroze' in Hellerau, der große Teile des vielbändigen Werkes 'Methode Jaques-Dalcroze' in die deutsche Sprache übersetzte – eine erste faßbare didaktische Konzeption der Methode Jaques-Dalcroze für den schulischen Musikunterricht einzurichten, die bei den Musikpädagogen der Zeit große Beachtung und Anerkennung fand.

Nina Gorter (1866-1922) möchte mit ihrer Studie: „Rhythmus und Sprache" (Berlin 1915, handschriftlich verfaßt), den Blick des Pädagogen hinlenken auf ein sinnerfassendes Sprechen unter den Gesetzen des Rhythmischen.
Darin geht sie von einer Analyse der Sprache aus wobei ihr die Silbe als kleinste Zeiteinheit deutlich wird als 'Urzelle des Gesamtrhythmus', während für Inhalt und Dauer der Sprache der Vokal, die Konsonanten, der Versfuß und für eine Interpretation einer gesprochenen Dichtung die Begriffe 'Gleichheiten' und 'Freiheiten' eine Bedeutung erhalten.

Den Begriff des Versfußes = Fuss von ihr bezeichnet als der „kleinst-fühlbare Silbenzusammenhang",[1] leitet sie vom griechischen Verständnis her und übernimmt auch die griechischen Versmaße: Jambus; Trochäus; Anapäst; Daktylos. Andererseits kommt sie über den Begriff 'Fuß' zu Rolle und Funktion der Füße in der Bewegung – als dem spezifischen Beitrag der rhythmischen Erziehung – wird es ihr möglich Metrum, Takt, Betonung (Taktakzent), Ausdrucksbetonung (pathetischer Akzent) in der Bewegung erfahrbar werden zu lassen.

Unter grammatikalischem Aspekt hebt N. Gorter die Elemente: Satz, Satzbau, Pausen, Pausenlängen heraus, bringt sie in Beziehung zu Sprechrhythmus und Bewegungsrhythmus und weist im besonderen auf einen sinnvollen Einsatz von Pausen hin. In diesem Zusammenhang spricht sie von einem 'Minimumwert', den sie berücksichtigt wissen möchte unter einem praktischen Gesichtspunkt, (Atemnot), einem logischen (Deutlichkeit) und einem ästhetischen (Gleichheit).

Mit 'Gleichheiten' (Silbe = Silbe; Fuss = Fuss; Takt = Takt u.a.) meint N. Gorter „(den) Ausdruck der Ruhe in der Bewegung und ihre Zeichen beziehen sich immer auf einen zeitlichen Wert".[2] Mit 'Freiheit' spricht sie die individuelle Freiheit des Ausdrucks an, die nie absolut, sondern immer nur relativ sein kann, da sie rückgebunden ist an die sprachlich gegebenes Elemente. Einen künstlerischen Höhepunkt sieht sie da erreicht, wo die Form selbst zum Ausdruck des Inhalts wird.

Die Aufgabe des Sprachlehrers (Sprache beinhaltet musikalisch-hörbare und plastisch-fühlbare Elemente) erkennt sie in einer rhythmischen Formung der Atem-

[1)2)] Gorter, N.: Rhythmus und Sprache, Berlin 1915, S. 11; S. 6

vorgänge, einem Wechsel der Vokal- und Konsonantstellung mit einem besonderen Blick auf den funktionell richtigen Gebrauch der beteiligten Muskulatur.

Den Beitrag des Lehrenden der rhythmischen Erziehung sieht sie in der Erfahrung und Übung rhythmischer Abläufe in der Gesamtmuskulatur, rückwirkend auf Nervensystem und Willenstätigkeit, hinführend zu einem 'rhythmischen Können' als Vorstufe zu einem 'rhythmischen Fühlen'.

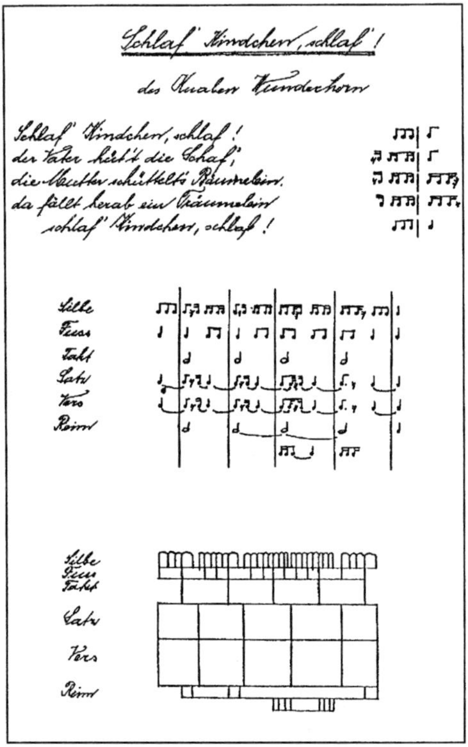

Der Anhang dieser Schrift beinhaltet neben methodischen Hinweisen eine Auswahl-Sammlung klassischer Dichtung, auch Beispiele der Notation bis hin zu abstrakter graphischer Darstellung, von denen hier ein Beispiel 'Schlaf Kindchen, schlaf' aus 'Des Knaben Wunderhorn' eingefügt sein mag. (eine Volksliedersammlung, hg. v. C. v. Brentano (1778-1842), zusammen mit A.v. Arnim (1781-1831).

N.Gorter möchte mit dieser Schrift, in der sie die Urbeziehung von Sprache und Rhythmus, auch verstanden als einen Teilaspekt der Rhythmisch-musikalischen Erziehung, ins Zentrum ihrer Betrachtung stellt, die darin angesprochenen Pädagogen auffordern und ermutigen, dem Zusammenhang von Rhythmus und Sprache in Unterrichtssituationen eine größere Beachtung zu schenken und ihm durch Übung und Pflege ein größeres Gewicht zu verleihen.

N. Gorter als früheste pädagogische Mitarbeiterin E. Jaques-Dalcrozes in Genf und Hellerau, stellvertretende Direktorin der 'Bildungsanstalt Jaques-Dalcroze', die mit großer fachlicher Kompetenz das entstehende künstlerisch-pädagogische Werk E. Jaques-Dalcrozes begleiten, beraten und strukturieren konnte, auch Mitbegründerin des Dalcroze-Seminars in Berlin, der nur eine kurze Zeit eines reichen, pädagogisch-künstlerischen Lebens zugedacht war, ist in den 'Hellerauer Blättern' (März 1923) ein Nachruf gewidmet, verfaßt von Elfriede Feudel.

Nina Gorter

„Die Nachricht von dem Tode Nina Gorters wird alle Freunde Helleraus schmerzlich berühren. Nina Gorter, die erste und treueste Mitarbeiterin von Jaques-Dalcroze, die ihn im Jahre 1910 von Genf nach Hellerau begleitete und hier bis 1914 an seiner Seite als lehrende und organisierende Kraft tätig war, ist in Berlin am 18. Oktober vorigen Jahres im Alter von 53 Jahren gestorben. Durch ihre langjährige Zusammenarbeit mit dem Schöpfer der Methode Jaques-Dalcroze, deren allererste Anfänge sie miterlebte, war sie wohl die berufenste theoretische Kennerin dieses Erziehungswerkes. Durch ihren,scharfen, logischen, systematisierenden Verstand war sie in gewisser Beziehung ein Widerspiel zu dem impulsiv-schöpferischen Temperament des Genfer Musiker-Pädagogen, mit dessen Art sie sich in glücklicher Weise ergänzte.
So entstand auch die endgültige Ausgabe der 'Rhythmik' unter aktiver Mitarbeit Nina Gorters, die in diesem Niederschlag der rhythmischen Methode die Klassifizierung und progressive Anordnung der Übungen ausarbeitete. Mit den gründlichen Fachkenntnissen auf ihrem Gebiet verband Nina Gorter gediegenes musikalisches Wissen und umfassende allgemeine Bildung. Ihr lebhaftes pädagogisches Temperament kam ihr besonders im Unterricht mit Kindern zugute, auf welchem Gebiet sie auch praktisch mit schönstem Erfolge wirkte.
Außer verschiedenen Aufsätzen in Fachzeitschriften veröffentlichte Nina Gorter eine längere Abhandlung über 'Rhythmus und Sprache'. Dieser herben, gradlinigen Persönlichkeit werden alle, die sie kannten, ein liebevolles Angedenken bewahren".[1]

Karl Keil konnte bei der Konzipierung seiner Schrift: „Leitfaden für den rhythmischen Unterricht" (Leipzig 1916) bereits auf eine zehnjährige Unterrichtspraxis in der Methode Jaques-Dalcroze zurückgreifen. Diese reiche Unterrichtserfahrung ermöglicht ihm zum einen, darin eine Sammlung ausgewählter und bewährter Aufgabenstellungen zusammenzutragen, wie es andererseits Anliegen seiner Schrift ist, „eine allen zugängliche Wiederholung der wichtigsten Grundsätze in gedrängter Form"[2] darzustellen.

Diese Sammlung wendet sich nicht an eine bestimmte Schulstufe, sondern ist allgemein gefaßt für die 'Elementarstufe' des Unterrichts in rhythmischer Erziehung und so einsetzbar im schulischen Raum wie ebenso innerhalb musikalischer Ausbildungsgänge an einem Konservatorium; K. Keil fügt lediglich einen Altersbereich von acht bis vierzehn Jahren an. Er thematisiert die Fülle der Aufgabenstellungen und ordnet sie zwanzig Themen zu, die ein unmittelbares Anknüpfen an die Unterrichtspraxis E. Jaques-Dalcrozes erkennen läßt. Damit wählt er zugleich ein Ordnungsschemata, gedacht als Vorschlag zur Struktuierung von Unterrichtsstunden.

Die Themen lauten: 1. Der zweiteilige Takt; 2. Der dreiteilige Takt; 3. Der vierteilige Takt; 4. Das Realisieren; 5. Der Auftakt; 6. Die größeren Notenwerte; 7. Die

---

1) Feudel, E.: Nachruf für Nina Gorter. In: Hellerauer Blätter, H. März 1923, S. 79
2) Keil, K.: Leitfaden für den rhythmischen Unterricht Leipzig 1916 Vorwort, III

punktierte Note; 8. Der fünfteilige Takt; 9. Der sechsteilige Takt; 10. Wiedergabe der Noten durch die Arme; 11. Die sieben-, acht- und neunteiligen Taktbewegungen; 12. Die fünf- und sechsteilige Note; 13. Das Rückwärtsgehen (-laufen), der Sprung vor- und rückwärts; 14. Der Kanon; 15. Die gleichzeitige Ausführung zweier verschiedener Taktarten mit gleichwertigen Taktteilen; 16. Das Taktieren mit stetig wechselnden Armen; 17. Die Notenwerte: Achtel; Triole; Sechzehntel; 18. Die Notenwerte: Halbe; punktierte Halbe; ganze Note; in ununterbrochener Weiterführung in ihren Werten nicht entsprechenden Taktarten; 19. Das gleichzeitige Ausführen verschiedener Taktarten, bei denen die Taktteile nicht einander gleich sind; 20. Die Synkopen.

Daraus wird verständlich, daß es Aufgabe des Lehrenden bleiben muß, aus einer umfassenden Kenntnis des Stoffes und einer ausreichenden eigenen Erfahrung und Auseinandersetzung mit der Methode der rhythmischen Erziehung und unter Berücksichtigung der gesamten je individuellen Situation ein eigenes Stundenbild zu komponieren. Insofern lautet die Forderung K. Keils:

„Es bleibt unbedingte Voraussetzung, daß der Lehrende alles das völlig beherrscht, was er von seinen Schülern verlangt, daß er jederzeit imstande ist, eine Übung vorzumachen. Darin liegt ohne weiteres die Forderung beschlossen, daß diejenigen, welche rhythmischen Unterricht erteilen wollen, zuvor selbst einen entsprechenden praktischen Kurs durchgemacht haben. Natürlich nicht bei irgend wem, der auf Grund eines mehr oder weniger berechtigten Selbstvertrauens, auch diese Sache lehrt, sondern bei einer Persönlichkeit, die das Gebiet der Methode gründlich und bei ausgebildeten Lehrkräften studiert hat“.[1]

K. Keil, der seit 1910 rhythmische Erziehung als obligatorisches Unterrichtsfach (2 Wochenstunden) im Lehrplan des Konservatoriums Köln vertrat, seit 1925 zusammen mit F. Berrenberg, an der Staatl. Hochschule für Musik in Köln, steht mit seiner Schrift in der unmittelbaren Nachfolge von E. Jaques-Dalcroze. Dies zeigt der Aufbau der Lehrinhalte, die Wahl der Themen, wie der hohe Anspruch an die Qualifikation des Lehrenden, die er gleich einer ‘Unterrichtsregel’ Jaques-Dalcrozes in den Worten beschreibt: „Es bleibt unbedingte Voraussetzung, daß der Lehrende alles das völlig beherrscht, was er von seinen Schülern verlangt, daß er jederzeit imstande ist, eine Übung vorzumachen“.[2]

F. Steinbach (Rektor des Konservatoriums, Köln) würdigt die Tätigkeit K. Keils, indem er von dem „segenbringenden Einfluß der richtig gelehrten und richtig angewandten Methode auf die künstlerische Entwicklung der Schüler (spricht), die sich den Übungen von Jahr zu Jahr freudiger hingeben“.[3]

Neben diesen so früh entstandenen Konzeptionen mit deutlich pädagogischer Akzentuierung soll abschließend auf zwei Schulgründungen hingewiesen sein.

---

1) 2) Keil, K., a.a.O., S.VII

3) Steinbach, F.: Beitrag: ‘Gutachten und Ratschläge’. In: Der Rhythmus, Jahrbuch 2, Jena 1912, S. 108

(2) Schulgründungen

„Blensdorf-Schule für Rhythmik – Dalcroze-Seminar Elberfeld. Jena. Bad Godesberg. Gegründet 1906"

Otto Blensdorf (1871-1947), „Dalcroze Schüler der ersten Stunde",[1] Teilnehmer der ersten von E. Jaques-Dalcroze selbst geleiteten Sommerkurse in Genf, der 1909 das Certificat in der Methode Jaques-Dalcroze erwarb, begründete bereits 1906 die erste deutsche Dalcroze-Schule in Wuppertal-Elberfeld.

Als Schulpädagoge und Hauptlehrer an einer Volksschule in Elberfeld lehrend, erkannte er sehr früh die Bedeutung der Dalcroze'schen Ideen für die Bildung und Erziehung der menschlichen Persönlichkeit, was ihn dazu veranlaßte, unter großen Schwierigkeiten gegenüber Schulbehörden und Verwaltung rhythmische Erziehung in bestehende Lehrpläne einzubeziehen. Aus diesem Anliegen, im besonderen bezogen auf den Raum der Schule, ist 1913 O. Blensdorf's Schrift:

„Erziehung zur Selbttätigkeit im Gesangunterricht für Volks- und höhere Schulen nach den Grundsätzen der Methode Jaques-Dalcroze" (Elberfeld 1913) entstanden (s. Kap.: 2.5.2, Teil III).

Die breite Öffentlichkeitsarbeit O. Blensdorf's, neben einer vollen Schultätigkeit, zu verstehen aus der Intention, rhythmische Erziehung weitesten Kreisen zugänglich und erfahrbar zu machen, führte zu einer großen Zahl von außerschulischen Lehrveranstaltungen, zunächst im Ruhrgebiet, Rheinland und Westfalen, später in ganz Deutschland. So bestanden nebeneinander Privatkurse, Lehrkurse, Ferienkurse, Sommerkurse, die sich an Kinder, interessierte Erwachsene, allgemeine Pädagogen wie Musikpädagogen, Kindergärtnerinnen und Jugendleiterinnen wandten.

[1)] Günther, H. : Historische Grundlinien der deutschen Rhythmusbewegung. In: Bünner, G./Röthig, P.(Hg.): Grundlagen und Methoden rhythmischer Erziehung, Stuttgart 1971, 5. 43

Institut de Gymnastique rythmique

Directeur :
M. JAQUES-DALCROZE
GENÈVE

COURS NORMAL
1909

CERTIFICAT

Je certifie que Monsieur
Otto Blensdorf
a suivi trois cours normaux d'été
soit ceux de 1907, 1908 et 1909
et qu'il est très capable d'enseig
ma méthode de Gymnastique rythm

Genève, le Sept. 1909

Le Directeur :
Dalcroze

Daneben hatte O. Blensdorf Unterrichtsaufträge an der Theaterschule des Schauspielhauses in Düsseldorf und am Konservatorium in Dortmund inne.
Ermöglichten ihm Kontakte zu künstlerischen Hochschulen, Konservatorien und Städtischen Bühnen Aufführungen von künstlerischem Niveau (Uraufführung der Oper „Die Hochzeit des Faun“, 1921 von Bernhard Sekles, dem Theaterkapellmeister und Direktor des Hoch'schen Konservatoriums in Frankfurt/M. komponiert; Matinee-Veranstaltungen, z.B. unter dem Thema „Szenische Darstellung der Rhythmik und Bewegungskunst“ im Stadttheater in Barmen; Aufführungen im Schauspielhaus und dem ‚Malkasten' in Düsseldorf u.a.); so dienten die zahlreichen Kursveranstaltungen im wahrsten Sinne dazu, rhythmische Erziehung „in das Volk hineinzutragen“.[1]

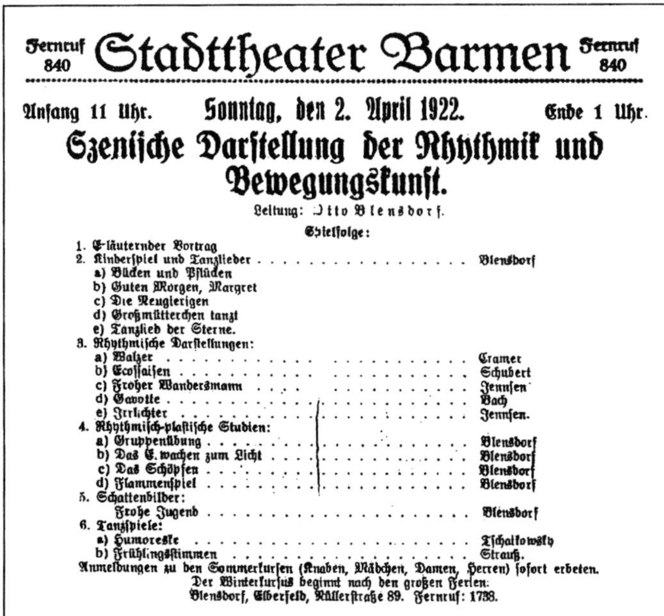
Fernruf 840 **Stadttheater Barmen** Fernruf 840

Anfang 11 Uhr. **Sonntag, den 2. April 1922.** Ende 1 Uhr.

Szenische Darstellung der Rhythmik und Bewegungskunst.

Leitung: Otto Blensdorf.

Spielfolge:

1. Erläuternder Vortrag
2. Kinderspiel und Tanzlieder . . . . Blensdorf
   a) Bücken und Pflücken
   b) Guten Morgen, Margret
   c) Die Neugierigen
   d) Großmütterchen tanzt
   e) Tanzlied der Sterne.
3. Rhythmische Darstellungen:
   a) Walzer . . . . Cramer
   b) Ecossaisen . . . . Schubert
   c) Froher Wandersmann . . . . Jennsen
   d) Gavotte . . . . Bach
   e) Irrlichter . . . . Jennsen.
4. Rhythmisch-plastische Studien:
   a) Gruppenübung . . . . Blensdorf
   b) Das E. wachen zum Licht . . . . Blensdorf
   c) Das Schöpfen . . . . Blensdorf
   d) Flammenspiel . . . . Blensdorf
5. Schattenbilder:
   Frohe Jugend . . . . Blensdorf
6. Tanzspiele:
   a) Humoreske . . . . Tschaikowsky
   b) Frühlingsstimmen . . . . Strauß.

Anmeldungen zu den Sommerkursen (Knaben, Mädchen, Damen, Herren) sofort erbeten.
Der Winterkursus beginnt nach den großen Ferien.
Blensdorf, Elberfeld, Müllerstraße 89. Fernruf: 1738.

Sie waren von Privatfamilien (Goldschmidt in Essen; Bayer in Leverkusen; den Eltern von Dore Jacobs in Essen u.a.) initiiert, organisiert von Berufsverbänden (Pestalozzi-Fröbel-Verband), Institutionen in freier und kirchlicher Trägerschaft (Fachschulen für Sozialpädagogik; Zentralinstitut für Erziehung und Unterricht,

---

[1] Aus: Tonbandaufzeichnung eines Gespräches mit Ch. McJannet-Blensdorf, geführt am 30. März 1979 in Genf

Berlin; Caritas-Verbänden; Diakonie-Werke), während die Ferien- und Sommerkurse eine Einrichtung der Blensdorf-Schule waren. Sie fanden an der See oder auf einer der mitteldeutschen Burgen statt (Spangenburg; Leuchtenburg; Burg Lauenstein). Mit diesen Veranstaltungen sollten insgesamt ein Einblick und ein Sammeln von Erfahrungen in und mit rhythmischer Erziehung ermöglicht werden; zugleich sollten sie dem Austausch von Erfahrungen dienen und eine Kommunikation unter den Kursteilnehmern erleichtern, bzw. dazu führen, „in bessere menschliche Relationen zu kommen".[1]

Begonnen mit Privatkursen in Wuppertal-Elberfeld, vergrößert sich die Schule schnell, siedelt sie 1926 nach Jena über, für die Zeit von 1928-1932 nach Bad Godesberg, wo sich jeweils neue Schwerpunkte ergaben.
In der Jenaer Zeit ergab sich – neben einer vorbereitenden Ausbildung auf die staatliche Abschlußprüfung, die zu der Zeit zentral in Berlin stattfand – eine Mitarbeit in dem von *Peter Petersen* geleiteten Modell-Versuch: „Das gestaltende Schaffen im Schulversuch der Jenaer Universitätsschule 1925-1930" und eine Zusammenarbeit mit einer der größten Erziehungsanstalt Deutschlands, Stadtroda in Thüringen. Ch. McJannet-Blensdorf spricht hier von einem „Wendepunkt der Arbeit in therapeutischer Richtung".[2]
Innerhalb des Zeitraumes in Bad Godesberg erhielten zunehmend mehr Ausbildungskurse wie Kursveranstaltungen auf der Ebene der Fort- und Weiterbildung für Kindergärtnerinnen und Hortnerinnen einen besonderen Schwerpunkt. Einerseits in Zusammenhang zu sehen mit dem Reformerlaß L. Kestenbergs: „Musikerziehung und Musikpflege im Kindergarten" (1928) wie andererseits mit der ersten Tagung zum Thema: „Musikpflege im Kindergarten" (1929); daneben waren diese Initiativen zu verstehen aus einem Erkennen des größeren Frei- und Spielraumes innerhalb des vorschulischen Erziehungsplanes und nicht zuletzt durch das erwachte Interesse der vorschulischen Erzieher selbst.
Aus dieser Arbeit ist eine ganze Werk-Reihe des Komponisten und Textdichters O. Blensdorf: „Singen und Springen". (Bad Godesberg o.J.) mit Spiel- und Tanzliedern hervorgegangen, die sehr bald größte Resonanz fand, geradezu Volksliedgut wurde.

Es ist wohl verständlich, daß diese Fülle und Dichte von Aktivitäten nicht von einem Menschen, von O. Blensdorf allein, bewältigt werden konnte.
Schon früh bezog er seine Töchter Charlotte Blensdorf, die sich durch Unterricht bei ihrem Vater und E. Jaques-Dalcroze in Genf in rhythmischer Erziehung qualifizierte und Ilse Müller-Blensdorf, die in Mainz bei Christina Steinwender einen Ausbildungsgang durchlaufen hatte, in die Seminar-Arbeit mit ein. Daraus ergaben sich Schwerpunkte dieses Mitarbeiter-Teams.

---

[1][2] Aus dem zuvor genannten Gespräch mit Ch. McJannet-Blensdorf, 1979 in Genf

O. Blensdorf, als dem Leiter der Schule, wurde es zunehmend mehr zu einem Anliegen, rhythmische Erziehung aus dem Ansatz E. Jaques-Dalcrozes in einer durch eigene Erfahrung hinzugewonnenen pädagogischen Akzentuierung, im Rahmen von Tagungen, Kongressen (z.B. Reichsschulmusikwochen 1921 in Berlin; 1916 in Darmstadt; *Gesolei* 1926 in Düsseldorf u.a.) und einer reichen Kurstätigkeit im besonderen für Lehrende im Raum der Schule zu vertreten und in das Bewußtsein einer breiten, interessierten Öffentlichkeit hineinzutragen. Ch. Blensdorf übernahm oftmals, ergänzend zu Referat und Vortrag des Vaters die praktischen Präsentationen. Sie richtete sich mit ihren Kursangeboten in rhythmischer Erziehung und dem Bau von Bambusflöten vornehmlich an Vertreter des Vorschulbereiches und berichtete in zahlreichen Vorträgen im In- und Ausland (z.B. im Rahmen des „Ersten Internationalen Rhythmik-Kongresses" (1926 in Genf) wie innerhalb der Leitung von Einführungskursen (z.B. im Auftrage des Fröbel-Verbandes in Schweden) von ihrer reichen Unterrichtserfahrung mit Vorschulkindern.

Innerhalb ihres Amtes als Präsidentin der U.I.P.D. (L'Union internationale des professeurs de la methode Jaques-Dalcroze), das sie lange Jahre innehatte, bemühte sie sich im besonderen um Möglichkeiten der Kontaktaufnahme, des Austausches von Erfahrungen, Formen der Kommunikation und des Gesprächs zwischen den Vertretern rhythmischer Erziehung auf internationaler Ebene. Als Organ der Information diente ihr die Zeitschrift 'Le Rhythme', von der sie zugleich die Redaktion übernahm.

Sie war es auch, die innerhalb der Festrede, anläßlich des einhundertsten Geburtstages ihres Vaters, gehalten am 13. Nov. 1971 in der *Dore-Jacobs-Schule* in Essen, formulierte: „Rhythmik ist eine Erziehungs-Idee, kein System, die dienen kann, wo sie notwendig ist".[1] Damit kennzeichnet sie einen wesentlichen Gedanken Rhythmisch-musikalischer Erziehung, den sie als ‚Basis', als ‚Nährboden' verstanden wissen möchte, der den individuellen Schüler- und Lehrerpersönlichkeiten ermöglicht, sich mit den je eigenen Fertigkeiten, Fähigkeiten und Begabungen einzubringen, einen eigenen Beitrag zu leisten und einen eigenen Standort zu finden.

Damit kennzeichnet sie zugleich eine Position der „Blensdorf-Schule für Rhythmik – Dalcroze-Seminar Elberfeld, Jena, Bad Godesberg", die O. Blensdorf allen seinen Schülern mitgab.

Aus diesem Seminar sind Rhythmikerpersönlichkeiten hervorgegangen, die rhythmische Erziehung in die vorschulische Erziehung, Ausbildungsseminare für Kindergärtnerinnen, die Lehrerbildung hineingetragen haben und auch zu eigenen Wegen fanden.

[1)] Aus: Tonbandaufzeichnung der Festrede, anläßlich des 100. Geburtstages von O. Blensdorf, gehalten von Ch. McJannet am 13. Nov. 1971 in der Dore-Jacobs-Schule in Essen

So z.B. entwickelte *Gerda Alexander* den Weg der *Eutonie* („wohlausgeglichene Spannung",[1] eine der bedeutenden körperzentrierten Methoden, die es dem Menschen ermöglicht, seine Konzentration und Aufmerksamkeit nach innen zu richten und ihn dazu befähigt, schneller eine Balance zwischen innen und außen zurückzugewinnen und aus einer größeren Bewußtheit in dieser Welt zu leben. Von ihren reichen Erfahrungen berichtet sie in zahlreichen Aufsätzen, Beiträgen und Schriften; G. Alexander eröffnete früh in Kopenhagen ein eigenes Ausbildungsinstitut.

Mit den hier genannten Gedanken und Erfahrungen, sind auch solche beschrieben, die das Lebenswerk *Hilda Senff's* kennzeichnen – zwar in anderer Gewichtung und Gestalt – die 1909 die „Rhythmische Schulgemeinde Düsseldorf" begründete.

Hilda Senff:
„Rhythmische Schulgemeinde Düsseldorf"
(gegründet am 8. Dez. 1919)

Hilda Senff (1885-1970) ist als eine der frühen Schülerinnen Jaques-Dalcrozes und der wenigen weiblichen Vertreterinnen der rhythmischen Erziehung zu nennen, die den Mut und das Risiko der Gründung einer eigenen Schule eingingen.

Noch im zweiten Jahrzehnt des zwanzigsten Jahrhunderts, mit einer Eröffnung an ihrem vierunddreißigsten Geburtstag, dem 8. Dezember 1919, entstand ihre „Rhythmische Schulgemeinde Düsseldorf" (später „Staatl. anerkannte Schule für Gymnastik und Musikunterricht. Berufsfachschule für Gymnastiklehrerinnen im Deutschen Gymnastikbund e.V.").

1907 am Pariser Konservatorium in der Meisterklasse von Alfred Cortot als Pianistin die Konzertreife erworben; ging H. Senff 1910 nach Genf, um bei E. Jaques-Dalcroze die Zusammenhänge von Musik und Bewegung zu studieren und ihre musikalisch-künstlerische Ausbildung zu erweitern und abzurunden. 1912 begründete und leitete sie, in Zusammenarbeit mit französischen Freunden, die erste Zweiganstalt Jaques-Dalcroze in Paris, 1914 zwang sie der Ausbruch des ersten Weltkrieges zu einer Rückkehr nach Deutschland.

---

[1] Alexander, G.: Die Lehre von der Entspannung und Eutonie. In: Eutonie. Haltung und Bewegung in psychosomatischer Sicht. Vierzehn ausgewählte Beiträge, Ulm/Donau 1964, S. 36

Hier fand Hilda Senff in Düsseldorf einen neuen Wirkungsbereich. Begonnen mit Unterricht in der „Methode Jaques-Dalcroze“ für einen kleinen Kreis interessierter Damen des Düsseldorfer Frauenclubs, erweitert sich ihre Unterrichtstätigkeit durch Kurse für Kinder und Jugendliche. Sehr bald führen freundschaftliche Kontakte zur Hochschule für Bühnenkunst, an der H. Senff mit Beginn des Theaterschuljahres 1917/1918 den bis dahin von O. Blensdorf erteilten Unterricht in Rhythmisch-musikalischer Erziehung übernimmt. Hier zählen Jean Cocteau, Anne de Noilles, Gustav Gründgens zu ihrem Schülerkreis.

Die sich daraus ergebenden Beziehungen zum Düsseldorfer Schauspielhaus unter der Intendanz von Louise Dumont-Lindemann ermöglichen ihr Matinee-Veranstaltungen, mit denen sie ihre Arbeit der Rhythmisch-musikalischen Erziehung in die Öffentlichkeit hineinzutragen vermochte. Schließlich führt die Entwicklung hin zu einem ersten vollen Ausbildungsjahrgang 1920/1921 ihrer eigenen Schule, der „Rhythmischen Schulgemeinde Düsseldorf“.
Innerhalb dieser so verantwortungsvollen künstlerisch-pädagogischen Aufgabe fand H. Senff, unmittelbar anknüpfend an Lehre und Praxis von E. Jaques- Dalcroze, zunehmend zu eigenen Formen und Auffassungen hin; jedoch niemals die Gesetze des Rhythmischen mit ihrer Vielfalt und Vielgestaltigkeit verlassend.

So erhält in der frühen Phase des Aufbaus der Schule der musikalisch-künstlerische Bereich ein stärkeres Gewicht; erhält dieser durch die enge Zusammenarbeit mit der Hochschule für Bühnenkunst ein breiteres Spektrum eines künstlerischen Verständnisses. Neben Solfége Übungen, Gehörbildung, strenger rhythmisch-metrischer Arbeit bis hin zu anspruchsvoll gestalteter Musik, stehen obligatorische Teilnahme der Schülerinnen an den Sprechkursen der Reihe der ‘Akademischen Kurse’ unter der Leitung von Louise Dumont-Lindemann; daneben Chorunterricht, erteilt von einem Gesangspädagogen des Opernchores, Vorträge und Diskussionen zu Themen moderner Dichtung, Bildender Kunst, Stil- und Farbenlehre und philosophischen Fragen. Im weiteren treten hinzu aus der Sicht der Bewegungslehre und Bewegungserziehung der Anatomieunterricht mit Zeichenstudien, von dem Mediziner Prof. Eckstein erteilt, und die ‘Körperbeobachtenden und Körperkorrigierenden Einzel- und Pflichtlektionen’ der noch von Bess M. Mensendieck persönlich ausgebildeten Lehrenden Pauline Uhlhörn.

Doch in einer langen Zeit der Leitung der Schule und einer reichen und verantwortlich getragenen Erfahrung im Umgang mit den Hauptfach-Studierenden, auch durch „Erweiterung des Blickfeldes“ [1] aufgrund von Begegnungen, Austausch, Gespräch mit Mary Wigman in Dresden; Clara Schlaffhorst und Hedwig Andersen, den Begründerinnen der Rothenburger Atemschule; verlagern sich die Schwerpunkte in H. Senff's Konzeption, erhalten allgemein pädagogische Fragestellungen ein größeres Gewicht; schließlich wurde ihr der Mensch in der hohen

[1])Senff, H.: Ich oder Es. Rückkehr zum Gesetz des Rhythmus, Düsseldorf 1960, Nachwort

Schauspielhaus · Düsseldorf

Sonntag, den 9. Dezember 1923:

Aufführung

der

Rhythmischen Schulgemeinde Düsseldorf

Leiterin: **Hilda Senff.**

I.

1. **Vorführung einer Uebungsstunde**
2. **Tänze:**

a) Sarabande, von Bach . . . . Gruppe
b) Adagio, von Corelli . . . . M. Witte
c) Nenia, von Sgambati . . . . D. Just
d) Impromptu As-dur, von Chopin . . . . L. Abt
e) Tanz der Hindus, von Bizet . . . . Gruppe
(Führerin: H. Brinkmann)

PAUSE

II.

3. **Tänze:**

a) Frühlingszug, von Debussy . . . . Gruppe
b) Humoreske, von Reger . . . . L. Munscheid
c) Präludium cis-moll, von Rachmaninoff . . . . . M. Witte
d) Tanz ohne Musik . . . . D. Just – L. Munscheid
e) Weihnachtstanz . . . . E. Braband – A. Haase – M. Witte
f) Die versunkene Kathedrale, von Debussy . H. Brinkmann
g) Tanz ohne Musik . . . . A. Haase – M. Witte
h) Drei Tänze, von Weber . . . . Gruppe

Am Flügel: **Hilda Senff.**

technisierten und zivilisierten Welt, die Überlebensbedingungen des Menschen aus den Gesetzen des Rhythmischen = Organischen zu einem besonderen Anliegen.

Ihr pädagogisch-methodisches Denken und Handeln gipfelt in den Aussagen: „Aus dem Sichbescheiden heraus müßte jeder Pädagoge bestrebt sein, dem Leben, das ursprünglich in jedem gesunden Menschen wohnt, zur Geburt zu verhelfen, die dann aber jeder aus eigenster Kraft vollziehen muß. ... Der wahre Helfer ist immer nur Wegweiser, nie aber der Weg selbst; er sollte auch nur selten ‘führen’, damit der Schüler sich auf seine eigenen Kräfte besinnt und somit vom ersten Schritt an die Verantwortung auf sich nimmt“.[1]

---

[1]) Senff, H., a.a.O. S. 14, Einleitung

H. Senff erkennt nur einen Weg des Überlebens für den Menschen in der hohen Zivilisation und beschreibt ihn in den Worten: „Nur sein inneres Wachstum sein *Selbst* hinfinden zu dem, was *Es* will, kann allmählich eine allgemeine Rückkehr zum rhythmischen Eingetansein schenken".[1]
„... Das bedeutet, daß sich der Mensch nicht mit dem Verstand allein, sondern vor allem mit dem Einsatz all seiner Sinneskräfte zurücktasten muß zu den Gesetzen, die in seinen Organismus hineingelegt sind. Will man zu Naturfunktionen zurückführen, so müssen Stille und Beobachtung herrschen, bis man zu dem, was Jaspers den 'Ursprung' nennt, gelangen kann".[2]

Damit sind zugleich zentrale Gedanken der Konzeption von H. Senff genannt. Sie durchdringen ihre reiche pädagogisch-künstlerische Arbeit ebenso, wie sie in ihren zahlreichen Vorträgen und Referaten, Aufsätzen und Beiträgen in Zeitschriften und Sammelwerken wiederkehren und sich in ihrer einzigen Schrift: „Ich oder Es. Rückkehr zum Gesetz des Rhythmus" (Düsseldorf 1960) zu einem Appell an den Menschen in der technisierten und überzivilisierten Welt verdichten.
Mit dem Begriff des *Es* möchte sie den Lesenden dieser Schrift zu einem vertiefteren Fragen und Forschen aufrufen; ihn hinweisen auf die „alles bewegende und lebenerzeugende Kraft, ihren unfaßbaren Urgrund",[3] zu den Gesetzen des Organischen, für sie gleichbedeutend mit dem Gesetz des Rhythmus, in einer Auswirkung auf den Menschen in seiner Gesamtpersönlichkeit. Insofern kann sie formulieren: „Soll Gesundung werden, so müssen wir zurückfinden zu den Kernfragen des Es, zum Gesetz des Rhythmus. Aus diesem Lebenskern strömt auch heute noch die Urkraft ungetrübt und unzerstörbar, allem Besitzer- und Herrscherwahn zutrotz".[4] Aus dieser Sicht „fällt dem *Ich* dann die Aufgabe des Fragens und stillen Horchens nach dem geheimnisvollen Wirken in allem organischen Sein zu".[5]

Die Begriffe *Ich* und *Es* sind in der Literatur der Musik- und Bewegungserziehung der Zeit häufig zu finden. Sie sind dort nicht in tiefenpsychologischem Verständnis verwandt, nicht als „Ersatz für das 'Bewußte' und das 'Unbewußte' gebraucht, sondern in ihrem ursprünglichen Sprachsinne: als der Ausdruck für zwei grundsätzlich verschiedene Funktionen".[6]
H. Jacoby, Vertreter einer 'schöpferischen Musikerziehung' (s. Kap.: 2.5.1, Teil III) kommt in seinem Beitrag: „Grundlagen einer lebendigen Musikkultur" (1925) zu besonders klarer Begriffsbeschreibung. Es ist anzunehmen, daß H. Senff die Begriffe *Es* und *Ich* in ähnlichem Verständnis aufgefaßt wissen wollte.

---

1) 2) 3) 4) 5) Senff, H., a.a.O., S. 40; S. 46; S. 60; Einleitung;

6) Jacoby, H.: Voraussetzungen und Grundlagen einer lebendigen Musikkultur. In: Zweiter Kongreß für Ästhetik und Allgemeine Kunstwissenschaft (16. bis 18. Okt. 1924, Berlin), hg. von M. Dessoir als neunzehnter Band der Zts. für Ästhetik und Allg. Kunstwissenschaft, Stuttgart' 1925, S. 330

„*Es* ist das, was erkennbar wird, wenn es uns gelingt, uns passiv zu verhalten, das heißt, die Aktivität des *Ich* auszuschalten und zu scheiden. *Es* ist nichts als der Ausdruck des ungestörten Ablaufes gesetzmäßiger Funktionen. *Es* liefert den Maßstab für das 'Notwendige'.
Ich orientiert sich an ihm. *Ich* ist der ‚Ausdruck bewußter oder unbewußter Aktivität, – bedeutet die Fähigkeit, unter den neben den gesetzmäßigen Notwendigkeiten zur Verfügung stehenden Abweichungsmöglichkeiten gestaltend, Zweck, Ziel und Absicht verfolgend, zu wählen".[1]

H. Senff fügt ihrer Schrift (die zur Veranschaulichung der abstrakt formulierten Gedanken eine Fülle von eigenhändigen Zeichnungen und Photos aus dem Bereich der Pflanzenwelt beinhaltet) eine Gegenüberstellung des Ich-gerichteten und Es-gerichteten Menschen ein, die das Gesagte hier abrunden und vertiefen mag.

„Die Herrschaft de Ichs oder das Gesetz des Es?"

Der Ich-gerichtete Mensch	Der Es-gerichtete Mensch
fragt:	
Was habe ich vom Leben?	Wie soll ich dem Leben dienen?
Der Ich-verhaftete wird bei entscheidenden Fragen sein Ich vor unbequemen Auseinandersetzungen bewahren. Es fehlt ihm der Mut zur eigenen Meinung. Ergebnis: Massendenken.	Der Es-zugewandte wird bei wichtigen Entscheidungen mit dem Mut der Überzeugung kämpfen und sein Selbst für die Sache einsetzen.
Er steht neuen Erkenntnissen und den daraus entscheidenden Notwendigkeiten, sich wandeln zu müssen, abweisend gegenüber. Er wird somit einseitig, in seinem Ich ab- und eingeschlossen.	Er steht dem bewegten, sich wandelnden Leben offen gegenüber. Er wird vielseitig und den Lebensaufgaben gegenüber aufgeschlossen.
Er ist zufrieden mit seinen Veranlagungen und weist Abänderungen von Fehleinstellungen, die Einsicht fordern und Mühe machen, von sich ab mit den Worten: 'So bin ich nun einmal'.	Er ist immer bereit zu forschen und versucht durch Einblick in Lebensordnungen, sich zunehmend begaben, also beschenken zu lassen.
Der Ich-gerichtete gelangt kraft seines Ehrgeizes und Geltungsbedürfnisses zu schnellen Erfolgen und Leistungen, oft ohne Rücksichtnahme auf den Nächsten. Der Gewinn für sein inneres Wesen bleibt fragwürdig.	Der Es-zugewandte gelangt durch Erfahren und Erkennen der Ordnungen im Bereich des Es zu organisch wachsenden Leistungen, die sein inneres Wesen weiten und formen".[1]

[1] Senff, H., a.a.O., S. 9

Getragen von diesen Gedanken, erfüllt von der Idee, Hilfe leisten zu können für Menschen mehrerer Generationen, im besonderen für die jungen Studierenden ihrer eigenen Ausbildungsstätte, war H. Senff eine lange, reiche und vielseitige Unterrichtstätigkeit sowie Anstoß und Anregung zur geistigen Auseinandersetzung gegeben, die ihre physisch-psychisch-geistigen Kräfte, ihr Interesse, ihre Aufmerksamkeit und ihre Freude am eigenen Lehren und Vermitteln bis ins hohe Lebensalter wachhalten konnten.

Neben der vielgestaltigen Arbeit an ihrer eigenen Schule, mit dem planmäßigen Unterricht, neben Schüleraufführungen, Laien- und Ferienkursen; Abnahme von Hauptfachprüfungen in Rhythmisch-musikalischer Erziehung; Mitwirkung bei Tagungen und Kongressen (z.B. der *Gesolei* 1926 in Düsseldorf); führten sie Fortbildungs- und Lehrveranstaltungen in Zusammenarbeit mit Lehrerverbänden und Berufsorganisationen für Kindergärtnerinnen und Hortnerinnen über den Raum von Düsseldorf hinaus in viele Städte des Rheinlandes, Ruhrgebietes und Westfalens.

Ein Lebenswerk, das durch den Einbruch des zweiten Weltkrieges eine existentielle Grenze erfuhr; ihre Ausbildungsstätte „Rhythmische Schulgemeinde Düsseldorf" in der Jägerhofstraße konnte vom Juni des Jahres 1942 an nicht mehr weitergeführt werden.

3.5 Die 'Methode Jaques-Dalcroze' in Zusammenfassung, Rezension und Reflexion bis zum Beginn der Kestenberg-Reform

An dieser Stelle nun wird es möglich, den bis hierher beschriebenen Zeitraum mit der Vielzahl von bedeutenden und entscheidenden Entwicklungen zusammenzufassen.

Konnte die *Reformpädagogische Bewegung* das Unbehagen an der pädagogischen Situation verdeutlichen und erste Versuche einer *Neuen Erziehung* sichtbar machen, so wirkte sie mit wesentlichen Grundgedanken (Beachtung der Individualität in der Gemeinschaft; pädagogische Atmosphäre; Formen des mitmenschlichen Umgangs; Erlebnisfähigkeit; Fest und Feier u.a.), und vor allem durch ein Erkennen einer tätigen Auseinandersetzung mit Inhalten aus den künstlerisch-gestaltenden Fächern wegweisend für ein Verständnis einer ganzheitlichen Auffassung vom Menschen und für die Rhythmisch-musikalische Erziehung.

Die *Kunsterziehungsbewegung* leistete ihren Beitrag zur Wegbereitung Rhythmisch-musikalischer Erziehung durch ein neues Kunstverständnis, das allen Volksschichten einen Zugang zur Kunst ermöglichen sollte, und im besonderen durch die Erkenntnis, daß eine Verbindung von Musik und Bewegung zu einer Befreiung des Menschen und zu einer Wende in den so festgefahrenen Bahnen des Schulfaches 'Turnen' führen kann.

In der *Jugendbewegung*, die geradezu zu einem Symbol für den Aufbruch aus der „Enge der Welt“[1] wurde, zeichneten sich in dem Suchen nach Lebensganzheit, einer Befreiung des Leiblichen, dem wiedergewonnenen Körper- und Gemeinschaftsgefühl und dem Ausdrucksbedürfnis in Spiel, Musik, Rhythmus, Singen, Tanz, erste Ansätze einer künstlerisch-kulturellen Erziehung ab, Wege, die E. Jaques Dalcroze in seiner Konzeption von Rhythmisch-musikalischer Erziehung zuerst so deutlich erkannt und konkretisiert hat.

Insofern sollte ihm, als dem Urheber und Begründer des Rhythmisch-musikalischen Erziehungs-Modells innerhalb des Teiles II eine so umfassende Darstellung zukommen, und die seine Konzeption tangierenden und beeinflussenden Theorien und Wege zur Erklärung und zum besseren Verständnis der Grundgedanken E. Jaques Dalcrozes eingebracht sein.
Auch, um dem Menschen unserer Zeit, am ausgehenden zwanzigsten Jahrhundert, die Grundgedanken eines Erziehungsweges, der in dieser eine neue Aktualität erfährt und erfahren sollte, einsichtig und erklärbar zu machen.

E. Jaques-Dalcroze wird als Verdienst und ‘Zeitnotwendigkeit’ die „Wiedererweckung des Rhythmus als eines gestaltenden Faktors“[2] zugeschrieben.
H. Schmidt spricht von der „logischen Konsequenz“,[3] die E. Jaques-Dalcroze aus den theoretischen Erkenntnissen der Zeit gezogen hat. H. Günther betrachtet ihn als den „Pfadfinder und Entdecker“,[4] dessen Wirkung größer und wichtiger war als sein eigenes Werk. K. Storck würdigt den Musiker, der am tiefsten über das Wesen des Rhythmus nachgedacht hat. E. Jaques-Dalcroze formuliert: „Rhythmisch soll die geistige Eigenart werden. Ohne Rhythmus zu sein, ist eine Krankheit, für die solche Übungen das Heilmittel darstellen. Ich habe die feste Überzeugung, daß nach zwei bis drei Jahren in dieser Beziehung geschulten Generationen der Rhythmus in ganz anderem Grade ein Kunstmittel geworden sein wird, als dies heute der Fall sein kann“.[5]

Von allen Autoren, die je Einblick in die Arbeit an der ‘Bildungsanstalt für Musik und Rhythmus Jaques-Dalcroze’ in Hellerau nahmen und hernach Stellung bezogen, ist die hohe allgemein pädagogische Bedeutung der Methode Jaques-Dalcroze herausgehoben und auch auf ihre Grenzen hingewiesen worden. Aus der großen Zahl von Aussagen, Kommentaren, Rezensionen in der Tagespresse, in Zeitschriften der Pädagogik, Musikpädagogik, Kunstpädagogik, mit überwiegend

1) Korn, E./Suppert, O./Vogt, K. (Hg.): Die Jugendbewegung. Welt und Wirkung, Düsseldorf/Köln 1963, S. 8

2) Dohrn, W.: Die Aufgabe der Bildungsanstalt Jaques-Dalcroze: In: Der Rhythmus, Jahrbuch 1, Jena 1911, S. 12

3) Schmidt, H.: Die Methode Jaques-Dalcroze. In: Musikalisches Wochenblatt u. Neue Zeitschrift für Musik, Leipzig 1910/1911, S. 21

4) Günther, H.: Historische Grundlinien der deutschen Rhythmusbewegung, a.a.O., S. 44

5) Jaques-Dalcroze, E.: Die rhythmisch-gymnastische Methode. In: Deutsche Sängerbundzeitung, 2. Jg., Nr. 2, Leipzig 1910, S. 28/29

positiver, oft schwärmerischer Beurteilung der Methode Jaques-Dalcroze soll hier ein Zitat von O.E. *Rasser* beispielhaft stehen:

„Eins erweckt zu seiner Methode sicheres Vertrauen: die gesunde, wissenschaftliche Basis des Musikalischen. Man sieht und fühlt, hier ist ein begabter Meister am Werk, der Schritt für Schritt weitergehen möchte in der Erziehung für und durch den Rhythmus, und dem es vor allem darauf ankommt, die Musik im 'Innern' zu erwecken.
Was wäre gewonnen, wenn auch 'nur' das für eine Mehrzahl von Menschen erreicht werden könnte! Was würde daraus für das Verständnis der Musik und jeder anderen Kunst für Gewinn zu ziehen sein!
Vielleicht lohnt es sich angesichts dieser neuen, doch schon mehrfach nachgeahmten und aufgenommenen Erziehungsbestrebungen nicht, über die Möglichkeit ihrer letzten Ziele zu richten und theoretisch zu streiten, wenn wir nur zugeben, daß auf alle Fälle von der Aufnahme der Methode außerordentlich praktischer Nutzen für die neue Generation herausspringen muß.
Was diese jungen Mädchen gewonnen haben, ist fürs Leben, mögen sie Wege gehen, welche sie wollen, unverlierbar und sie werden den neuen Menschentyp bilden helfen".[1]

Andere Autoren heben die Bedeutung der Arbeit E. Jaques-Dalcrozes für eine „Entwicklung des Menschentums"[2] heraus, weisen darauf hin, „daß Erziehung nicht nur Verstandesbildung, sondern Charakterbildung ist – sein muß und diese eine gleichmäßige, wechselseitige Ausbildung von Körper und Geist erfordert".[3] Vonseiten der Bildenden Kunst wird ihr besonderer Beitrag in dem Wecken und Entwickeln einer Erlebnisfähigkeit, einer „Erlebniskraft",[4] wie E. Jaques-Dalcroze sie bezeichnet, gesehen, als Basis jeglicher künstlerischen Äußerung, der „Werke der Kunst, der Musik, wie der bildenden Kunst, denn der Künstler, der sie geschaffen, findet in uns Menschen von stärkerer Resonanz, verfeinerter Empfindung, tieferer Eindruckskraft".[5]

Erkenntnisse, die zu dieser frühen Zeit noch keinesfalls als abgeschlossen betrachtet werden konnten, vielmehr immer wieder in Zusammenhang mit Zeitströmungen und daraus resultierenden menschlichen Wünschen, Bedürfnissen, existentiellen Fragen und Nöten und in Zusammenhang mit den aktuellen Forschungsergebnissen erneut in den Blick genommen, überprüft und formuliert werden müssen. Hinzuzusehen ist auch, daß E. Jaques-Dalcroze, fasziniert von der Wirkung der rhythmischen Erziehungsarbeit auf den Menschen, wahre Pionierarbeit leistete und mit der Entwicklung, Erweiterung und Differenzierung der rhythmischen Erziehungsmethode, Veränderungen in der eigenen Persönlichkeit bemerkte.

---

1) Rasser, O.E.: Die Erziehung für und durch den Rhythmus nach der Methode Jaques-Dalcroze. In: Zts. für Päd. Psychologie, 12 (1911), S. 128/129

2) Storck, K.: Rhythmus und musikalische Erziehung. In: Allg. Musik-Zeitung, 29. Jg., Nr. 15, Berlin 1912, S. 393

3) Dohrn, W., a.a.O., S. 6

4) 5) Jaques-Dalcroze, E.: Schularbeit und Schulfest. In: Der Rhythmus, Jahrbuch 2, Jena 1912, 5. 48

Die Intensität seiner Arbeit und die Tiefe der Auseinandersetzung mit der Fülle der ihm sichtbar gewordenen Phänomene menschlichen Verhaltens und Reagierens, führten ihn immer wieder zu neuen und weiteren Einsichten, für die er oftmals nur aufgrund eines sensiblen pädagogisch-psychologischen Einfühlungsvermögens, einer hohen Anpassungsfähigkeit an unterschiedliche Entwicklungsalter und pädagogische Situationen eine Erklärung fand.

In einem Beitrag, der nach der Bedeutung der 'Methode Jaques-Dalcroze' für die musikalische Erziehung der Jugend fragt, heißt es:

„Jaques-Dalcroze – ist ein großer Psychologe und Kinderfreund, der in der Seele des Kindes zu lesen versteht. Die geringste Spur einer musikalischen Fähigkeit weiß er herauszufinden und zu entwickeln, und das, was das Kind nicht hat, weiß er ihm zu suggerieren. Alles, was das Kind tun soll, empfindet es als aus eigener Initiative gewollt. Mit dem Glauben an die eigene Kraft wächst dann tatsächlich auch das Können.
Sodann ist es Jaque's imponierende Persönlichkeit, die auch die noch unverständigen Kinder mit dem respektvollen Eindruck des empfindungsreichen Meisters erfüllt. Welch einen Reichtum köstlicher Einfälle er manchmal im Verlauf eines Tages am Klavier offenbart, indem er die von den Schülern diktierten Rhythmen in Musik setzt, ist geradezu erstaunlich. Glücklich das Kind, dessen erste Studienjahre die Sonne eines solchen Meisters erhellt".[1]

Wird daraus zum einen deutlich, daß E. Jaques-Dalcrozes rhythmische Erziehungsidee aus dem Reichtum seiner rhythmisch-musikalischen Einfälle in der unmittelbaren Erziehungspraxis lebt, so wird darin auch die große Künstlerpersönlichkeit angesprochen, charakterisiert von „unerhörtem Charme, sprühender Lebendigkeit, bewundernswertem Können, der menschlichen Güte".[2]
K. Storck spricht von einem „außergewöhnlichen Glück, daß dieser Mann, der wie kein zweiter die Bedeutung des Rhythmischen in der Musik als Pädagoge verkündete und in Leben umsetzte, nicht einseitiger Rhythmiker ist, sondern das melodische Element in so starkem Maße in sich trägt".[3]
Darin wird auch die Schwierigkeit erkannt, eine ausreichende Zahl qualifizierter Lehrender als Vermittelnde dieser Methode heranzubilden und vor allem die

---

1) Krome, F.: Welche Bedeutung hat die Methode Jaques-Dalcroze für die musikalische Erziehung unserer Jugend. In: Der Klavierlehrer, 31. Jg.. Nr. 18, Berlin 1908, S. 357
2) Feudel, E.: Jaques-Dalcroze als Pädagoge. In: Musica, H. 2, Kassel 1964, S. 36
3) Storck, K., a.a.O., S. 392

Schwierigkeit, eine einheitliche Sichtweise und Ausprägung dieses Erziehungsmodells zu erreichen.

F. Struwe merkt kritisch an: „Wenn man z.B. die Methode Jaques-Dalcroze nicht bei dem Begründer selbst studiert, wird man von ihren einzelnen Vertretern durchaus verschiedene Ansichten bekommen. Denn abgesehen davon, daß ein Gymnastik-System kein genau bestimmbarer Typus ist, ist Rhythmik eine durchaus individuelle Angelegenheit. So ist es natürlich, daß jeder wirklich wertvolle Lehrer, eine individuelle Variation des Systems darstellt, das er vertritt“.[1]

E. Jaques-Dalcroze erkannte die Bedrohung des Menschen durch die Überbetonung des Rationalen, die ihn immer weiter von den Urquellen rhythmischen und musikalischen Erlebens entfernten. Er sah die Überflutung des Menschen durch die Fülle der Reize von außen, die ihm ein Hineinfinden in eine nach innen gerichtete Konzentration erschwerte. Er erkannte das Chaos und die Unordnung der Zeit, sah sie als entrhythmisiert, neurasthenisch, als arhythmisch an – Arhythmie von E. Jaques-Dalcroze definiert als „Unordnung, Unregelmäßigkeit“.[2]
Er erkannte die verlorengegangene Ganzheit des Menschen, die Einheit unter den Künsten, sah, daß es der Pädagogik an einem schöpferisch-künstlerischen Element mangelte und erkannte auch die tiefe Unkultur, in die der Mensch der Zeit geraten war. Aus seiner Sicht war eine Überwindung der Situation nur möglich durch ein Zurückfinden zu dem Rhythmus, verstanden als Urelement der Musik, jeder Kunst, wie jeglicher Kundgebung des Lebens überhaupt, durch eine Bildung und Erziehung, die bei der Rhythmisierung des leiblichen Seins ansetzen muß.

Bei der Suche nach geeigneten Quellen zur Begründung des rhythmischen Erziehungsweges konnte E. Jaques-Dalcroze die Erkenntnis *K. Bücher's* eine Hilfe bedeuten, daß mit zunehmender Technisierung und Ökonomisierung, die die menschlich verrichteten Arbeitsvorgänge immer weiter zurückdrängte, auch die Rhythmisierung von Arbeitsabläufen schwand – „die alte Musik der Arbeit“[3] - und mit ihr auch die Freude am produktiven Arbeiten und Schaffen.

M. Lussy, dem E. Jaques-Dalcroze wertvolle Anregungen für den musikalischen Vortrag verdankt, regte ihn im besonderen durch seine Erkenntnis an, daß aller musikalischer Ausdruck physiologische Grundlagen habe.

Sie veranlaßte E. Jaques-Dalcroze zu der Aussage: „Alle musikalischen Fehler haben eine physische Ursache und daher auch physische Mittel, sie zu kurieren“.[4] Eine Erkenntnis, die sich innerhalb des rhythmischen Erziehungsweges bei E. Jaques-Dalcroze manifestiert in den Studien des Ganges, dem 'Marsch' (marsche),

1) Struwe, F.: Erziehung durch Rhythmus in Musik und Leben, Kassel 1930, S. 91/92
2) Jaques-Dalcroze, E.: Rhythmische Menschen werden. In: Lobpreisung der Musik, Nr. 9/10, Zürich 1969, S. 3
3) Bücher, K.: Arbeit und Rhythmus, Leipzig 1919, S. 480
4) Jaques-Dalcroze, E.: Der Rhythmus als Erziehungsmittel für das Leben und die Kunst, Basel 1907, S. 18

als dem Ausgangspunkt zu jeglicher rhythmischen Übung, hinführend zu kompliziertesten polyrhythmischen und polydynamischen Bewegungsabläufen, dazu in größtmöglicher Unabhängigkeit und der Fähigkeit, gehörte musikalische und rhythmische Eindrücke in ihrer ganzen Komplexität antizipierend, vorausahnend, weiterzuführen und räumlich sichtbar zu machen.

Es ist anzunehmen, daß darüber hinaus die Einsicht des großen Physiologen und Psychologen *W. Wundt* (Begründer der experimentellen Psychologie in Europa): „Wir (haben) allen Grund, in den Gehbewegungen den natürlichen Ausgangspunkt rhythmischer Wahrnehmungen zu sehen“,[1] für E. Jaques-Dalcroze zu einem wesentlichen Anstoß wurde.

E. Jolowicz, Leiter des psychologischen Laboratoriums an der Bildungsanstalt Jaques-Dalcroze in Hellerau, der in seiner Studie: „Die pädagogische Bedeutung der rhythmischen Gymnastik Jaques-Dalcrozes“ (Leipzig 1914) von bis dahin unveröffentlichten Versuchen an ca. einhundertundfünfzig Kindern berichtet, knüpft bei der Erklärung der ihm sichtbar gewordenen Phänomene an die Theorien der experimentellen Psychologie W. Wundt's und E. Meumann's an. Er möchte mit dieser Studie den Nachweis erbringen, „welch eine Fülle von pädagogischen Möglichkeiten diese neuartige Form der Gymnastik enthält und wie sich die psychologischen Grundlagen der Methode, die von ihrem Schöpfer nicht spekulativ erdacht, sondern intuitiv künstlerisch gefunden worden sind, exakt ableiten lassen“.[2]

An Übungsbeispielen wählt er aus: Das Marschieren in Anpassung an wechselnde Grundtempi der Musik, – das Ändern des Bewegungsverhaltens auf akustische oder verbal gegebene Signale ('Hop'); die Schulung feinerer Unterschiede der akustischen Reize, durch Erkennen verschiedener Taktarten, durch Mittaktieren sichtbar gemacht, sowie Aufgabenstellungen der 'Unabhängigkeit' und der 'Realisationskette'.

Er stellt als Ergebnis seiner Untersuchungen, in Anlehnung an W. Wundt, den *Motorischen Reaktionstypus* heraus (dieser richtet seine Aufmerksamkeit dominant auf die auszuführenden Bewegungsvorgänge) und den *Sensomotorischen Reaktionstypus* (dieser richtet seine Aufmerksamkeit in 'Wahlsituationen' dominant auf den akustischen Reiz). Hier ist ihm der Hinweis wichtig, daß die Methode Jaques-Dalcroze auf die „ideale Verbindung beider Typen hinwirkt“.[3] Anknüpfend an *E. Meumann* erweitert er diese Typologisierung durch den *Visuellen Vorstellungstypus* (dieser orientiert sich bei 'Realisationen' primär an dem linearen Bild der Taktfigur, das ihm die Taktierbewegungen des gegebenen Taktes anzeigt) und

---

1) Wundt, W.: Grundzüge der physiologischen Psychologie, Leipzig 1911, Bd. III, S. 32

2) 3) Jolowicz, E.: Die pädagogische Bedeutung der rhythmischen Gymnastik Jaques-Dalcrozes. In: Sprechen, Singen, Musik, hg. v. R. Wicke, Leipzig 1914, 5. 89; S. 8

den *Akustischen Vorstellungstypus* (dieser orientiert sich überwiegend an 'klanglichen Vorstellungen'). Er faßt seine Ergebnisse in den Worten zusammen:

„Sie (die rhythmische Gymnastik) ist ein psychomotorischer Vorgang, der mit der Perzeption eines akustischen Reizes beginnt und mit einer willkürlichen motorischen Handlung endigt. Die Determinierung dieser Willenshandlung wechselt mit der wechselnden Instruktion und ist zum Teil abhängig von der individuellen Veranlagung des Einzelnen.
Es werden auf diese Weise psychische Eigenschaften primitiver Art geweckt, gestärkt, geübt, so z.B. die Aufmerksamkeit, die Auffassungsfähigkeit, die Zeitschätzung, der Bewußtseinsumfang. Die Übung dieser pädagogisch wichtigen Eigenschaften geschieht auf eine pädagogisch einwandfreie, der kindlichen Natur angemessene Art".[1]

Innerhalb der so umfassend verstandenen 'rhythmischen Bildung',in die so unterschiedliche Begriffe eingehen wie: Wecken eines 'persönlichen Rhythmus', eines 'rhythmischen Gefühls', eines 'rhythmischen Bewußtseins', einer 'rhythmischen Intelligenz', nimmt E. Jaques-Dalcroze den menschlichen Körper als das 'Musikinstrument par excellence', als den 'musikalischen Resonator', als das Aufnahmeorgan an, „das die Bewegungen aufzeichnet und nachahmend wiederholt, das heißt, das den Rhythmus aufnimmt und ausführt"[2] – als Äquivalent angenommen zu dem Ohr als dem Sinnesorgan für auditive Eindrücke.

Hier geht es um ein Entwickeln eines „Bewegungssinnes",[3] der allein fähig ist, „uns die Gesetze zu enthüllen, wonach mit der Höhe der Töne auch ihr Zeitwert und ihre Dynamik sich ändern".[4]

Die Musik als eine 'hervorragende psychische Kraft', mit ihrer anregenden, ordnenden und formenden Wirkung wird für E. Jaques-Dalcroze zu einer Raumschrift, die in ihrer Präzision (Notenzeichen verstanden als Raumzeichen) die Möglichkeit in sich birgt, die Dauer der Bewegungen, der Schritte und der Gesten zu notieren und in der Bewegung im Raum zu interpretieren. So lautet ein 'Lehrgrundsatz' E. Jaques-Dalcrozes, den er 1913 zur Konstituierung der Zweiganstalt in Dresden formulierte:

„Musik ist nicht eine theoretische Erkenntnis, sondern eine praktische Übung, keine Wissenschaft, sondern Kunst – ein Können.
Musikalisches Empfinden ist körperlich bestimmt, und nur, was man körperlich ausdrücken kann, durch Bewegung oder Gesang, ist wirklich musikalisch erlebt und verstanden. Körperbewegungen sollen in ihrer Abstufung von Kraft und Dauer, als Spannung und Entspannung von Muskelgruppen nicht nur Kraftübungen sein, sondern in allem auch Übungen für die Entwicklung eines harmonischen, gut funktionierenden Nervensystems".[5]

---

1) Jolowicz, E., a.a.O., S. 88

2) Jaques-Dalcroze, E.: Der Rhythmus als Erziehungsmittel für das Leben und die Kunst, Basel 1907, S. 148

3) 4) Jaques-Dalcroze, E.: Der Rhythmus und die schöpferische Einbildungskraft. In: Rhythmus, Musik und Erziehung, Basel 1921, S. 126

5) Jaques-Dalcroze, E.: Die Aufgabe der Bildungsanstalt Jaques-Dalcroze. In: Bildungsanstalt Jaques-Dalcroze, Zweiganstalt Dresden, Dresden 1913, S.7

Damit weist E. Jaques-Dalcroze auf die engen wechselseitigen Zusammenhänge von körperlichen und psychischen Prozessen hin – „Veränderungen im Körper führen zu Veränderungen im bewußten Erleben und umgekehrt“[1] – eine zentrale Fragestellung der Psychologie. Mit dieser zugleich wirft er den tief in der Geschichte der Menschheit verwurzelten Gedanken auf, „daß der Mensch aus Körper und Seele bestehe“.[2] Hier soll ein kurzer Aufriß, mit dem ich Gedanken *H. Rohrachers* folge, die Komplexität der Fragestellung, die bis in diese späte Zeit hinein noch keinen Abschluß gefunden hat, erhellen.

Der Gedanke läßt sich zurückverfolgen bis in frühe Lehren des Aristoteles. In seiner frühen Schrift: „Über die Seele“ (etwa 330 v. Chr.) versuchte er zu zeigen, daß die Entwicklung des lebendigen Organismus die Annahme einer im Körper wirkenden Kraft notwendig mache, die diese Erscheinungen hervorbringt und so zweckmäßig reguliert, daß daraus der lebendige, funktionsfähige Organismus entsteht. Dieses angenommene, im Sinne der Lebenserhaltung steuernde Prinzip ist die ‘Seele’, die von Aristoteles als ‘Psyche’ oder ‘Entelechie’ bezeichnet wurde. Diese Lehre wurde im Mittelalter in eine enge Beziehung zum Begriff der ‘Substanz’ gebracht, auch in der ganzen Scholastik wird die Seelenfrage in Zusammenhang mit dem Substanzproblem behandelt und auch nach *R.C. Descartes* (1596-1650) ist die Seele eine ausgedehnte, unstoffliche, unteilbare und unzerstörbare Substanz, während G.W. Leibniz (1646-1716) in ihr eine immaterielle strebende Kraft sah.

Für *D. Hume* (1711-1776) – einem Vorläufer Kant's – reduziert sich das Seelisch-Geistige zu einer Gesamtheit von ‘Perzeptionen’ (Eindrücken, die wir von der Außenwelt und dem bewußten Erleben empfangen) und ‘Assoziationen’ (Verbindungen zwischen diesen Eindrücken). Diese Auffassung, die als ‘Aktualitätstheorie’ der ‘Substanztheorie’ gegenübergestellt wird, hat sich mit dem Aufschwung der Naturwissenschaften zwar immer mehr durchgesetzt, doch gewinnt der Begriff ‘Seele’ nach und nach die Bedeutung des psychischen Geschehens überhaupt. W. Wundt, Vertreter der Aktualitäts-Psychologie, wies dem Wollen eine zentrale Stellung im psychischen Geschehen zu.

„So hat das Wort ‘Seele’ innerhalb der Wissenschaft seinen ursprünglichen Sinn verloren; innerhalb der Religionen und Weltanschauungen hat es ihn aber beibehalten und im täglichen Sprachgebrauch wird es meist auch in der Bedeutung einer unkörperlichen, die bewußten Vorgänge erzeugenden Kraft gebraucht. Dieser verschiedene Sprachgebrauch hat dazu geführt, daß man in der Wissenschaft auf die Verwendung des Ausdruckes ‘Seele’ fast gänzlich verzichtete; wird er verwendet, so geschieht dies nahezu immer in der Bedeutung von ‘Seelenleben’, womit nichts anderes gemeint ist als die Gesamtheit der psychischen Vorgänge“.[3]

1) 2) 3) Rohracher, H.: Einführung in die Psychologie, Wien/München/ Berlin 1971, S. 12; S. S; S. 8

Innerhalb der psychischen Vorgänge wird von manchen Autoren zwischen 'seelischen' und 'geistigen' Prozessen unterschieden, doch ist der Begriff 'Geist' in seiner vieldeutigen Verwendung noch viel unklarer als der der 'Seele'.
L. Klages (1872-1956), Schöpfer einer Phänomenologie des Rhythmus (s. Kap.: 2.1 Teil III), sah in ihm den 'Widersacher der Seele', andere Gelehrte, so z.B. *J. Geyser*, hielten ihn für die höchste Leistung der Seele, vor allem die Vorgänge des Denkens und Wollens umfassend.

Für die Psychologie erhält eine Unterscheidung von seelischen und geistigen Vorgängen nicht solch eine hohe Bedeutung. Psychische Vorgänge sind nur die bewußten Erlebnisse (Empfindungen, Wahrnehmungen, Erinnerungen, Denkvorgänge, Triebregungen, Willensvorgänge, Gefühle u.a.), wobei alle Grade der Bewußtheit möglich sind.

„Den Zustand, den wir alle aus eigener Erfahrung als 'bewußtes Erleben' kennen, gibt es nur im psychischen Geschehen, genauer gesagt, das psychische Geschehen besteht aus den bewußten Vorgängen und Zuständen".[1]

Jedoch ist das psychische Geschehen selbst an das Vorhandensein eines lebendigen Organismus gebunden und von den Vorgängen in ihm abhängig.Bewußtes Erleben ist nur möglich, solange das Gehirn funktionsfähig ist. Grundlage für die psychischen Prozesse sind die Wahrnehmungen.

Die Wahrnehmungen von Dingen, die der Mensch greifen und spüren kann, ob sie hart oder weich, warm oder kalt sind, auf der Ebene des Leiblichen, das 'Körpergefühl' und das Raumbild der Körpergestalt, das durch das Sehen und Tasten und durch die Empfindungen der Haut und Muskulatur entsteht. Aber auch alle Gedanken entstehen aus Vorgängen im Gehirn – „auch alles das, was je über Seele, Materie und Bewußtsein gedacht wurde, hat seinen Ursprung in Gehirnvorgängen".[2] Das veranlaßt H. Rohracher zu der Aussage:

„Die dualistische Leib-Seele-Hypothese ist nur vertretbar, wenn man zugibt, daß das Wirken der Seele von der Beschaffenheit des Körpers, vor allem des Gehirns und der inneren Drüsen abhängig ist, d.h. wenn man den Körper als 'Werkzeug' oder 'Instrument' der Seele auffaßt (Werkzeug-Hypothese)".[3]

W. Graeser prägt 1927 den Begriff 'Körpersinn' für die Vielzahl von Empfindungen wie: Tastempfindungen, Wärmeempfindungen, Muskelempfindungen, Empfindungen der Schwerpunkte, rhythmisches Empfinden, Empfindungen des Atems (s. Kap.: 2.3, Teil III), und faßt darin alle jene Sensationen zusammen, „die mit dem Gebrauch der Glieder, der Gelenke und Bänder, mit den Empfindungen der Haut, mit Bewegung und Arbeit des Körpers an sich zusammenhängen".[4]

E. Jaques-Dalcroze spricht in Zusammenhang mit einer zunehmenden Sensibilisierung, Differenzierung und Musikalisierung der ganzen Person auf dem Weg des

1) 2) 3) Rohracher, H., a.a.O., S.2; S. 19; S. 17
4) Graeser, W.: Körpersinn, München 1927, S. 134

Studiums des Rhythmus von einem Ineinandergreifen der drei großen Organsysteme: der Wahrnehmungsorgane, des Nervensystems und des Muskelsystems. Einer Wachheit, Aufnahmefähigkeit, Empfänglichkeit der Sinnesorgane (Auge = Raumsinn; Ohr = Hörsinn; Tasten = Hautsinn; Bewegungssinn = Körpersinn). Einem gut funktionierenden, „wohlorganisierten Nervensystem"[1] als der 'Schaltstelle des Körpers', besonders erwähnt ist das periphere Nervensystem mit seinen zentripetalen Fasern, den Gefühlsnerven und den zentrifugalen Fasern, den Bewegungsnerven.
Und einem funktionsfähigen ausführenden Muskelsystem, die gesamte Muskeltätigkeit verstanden als fließendes Spiel von Haltefunktionen, Bewegungen und Gegenbewegungen. E. Jaques-Dalcroze spricht von „zweckmäßiger Muskelbewegung"[2] und spricht damit ein ökonomisches Prinzip an, ein angemessenes, adäquates Umgehen-Können und Einsetzen-Können eines richtigen Maßes von Kraft, gemessen an der musikalisch-dynamisch gestellten Aufgabe.
Daraus wird auch die Forderung eines 'Muskelsinnes' verständlich. Ein Terminus, von E. Jaques-Dalcroze so richtig gewählt und intuitiv erspürt, später von Ch. Bell als Begriff eingeführt, von E.H. Weber auch als 'Kraftsinn' bezeichnet. E. Jaques-Dalcroze stand in regem Austausch mit dem großen Mediziner und Psychologen *Edouard Claparéde* (1873-1940) in Genf. Er selbst verfaßte schon 1906 eine Schrift unter dem Titel: „Die Atmung und die Muskelinnervation".

Dieser Sinn ist imstande, sehr feine Feststellungen zu treffen. *M. v. Frey* konnte 1926 herausstellen, daß bei Schleuderbewegungen noch Gewichtsunterschiede von 800 g zu 804 g konstatiert werden können. Daraus ergibt sich eine relative Unterschiedsschwelle von 1/200 – eine sehr hohe Empfindlichkeit, aus der z.B. die Feinheiten des Violinspiels durch die Feinregulation des Druckes bei der Bogenführung verständlich werden. Daraus lassen sich auch Tastempfindungen und Abstufungen des Anschlags beim Klavierspiel erklären und im weiteren die feinen und vielfältigen rhythmisch-dynamischen Schattierungen in den Bewegungsabläufen, wie sie E. Jaques-Dalcroze von seinen Studierenden fordert. Daneben ist der Hinweis wichtig, „daß der Muskelsinn nur eine bewußte Komponente eines im großen und ganzen unbewußt bleibenden Erregungskomplexes darstellt, der die richtige, für die jeweilige Aufgabe zweckmäßige Körperhaltung und -spannung reguliert".[3]

In das bewußte Erleben und aus ihm resultierend die Steuerung des Verhaltens, gehen auch Erfahrungen, Einstellungen, Überzeugungen, Prinzipien, geistige Haltungen, kurz, alle Gesinnungs-Einstellungen, verstanden als „Reaktivierungen früherer Entscheidungen"[4] ein. Damit möchte H. Rohracher zum Ausdruck bringen, daß im Gedächtnis nicht nur einzelne Inhalte wie Wörter oder Sinnesein-

---

[1)2)] Jaques-Dalcroze, E.: Der Rhythmus als Erziehungsmittel für das Leben und die Kunst, Basel 1907, S. 59

[3)4)] Rohracher, H., a.a.O., S. 250; S. 395

drücke aufbewahrt sind, sondern auch die Ergebnisse dynamischer Vorgänge wie Wahlentscheidungen, Willensentschlüsse, gefühlsgeladene Stellungnahmen u.a. Diese Gesinnungs-Einstellungen steuern einerseits den Erlebnisablauf automatisch in bestimmte Richtung, verleihen aber andererseits der menschlichen Persönlichkeit auch Sicherheit und Entschiedenheit, so daß sie geradezu als „Stabilisatoren der Persönlichkeit“ [1] zu bezeichnen sind.

Wird daraus zum einen die Bedeutung des Einflusses von Eindrücken aus der unmittelbaren und mittelbaren Umwelt des Menschen einsichtig, die sein Verhalten entscheidend mitbestimmen, so wird daraus auch die Bedeutung des zentralen Gedankens der Methode Jaques-Dalcroze erklärbar.

Dieser läßt sich in der Fähigkeit beschreiben, einen Bewegungsvorgang musikalischer Art in allen nur denkbaren Nuancen, Varianten und Kombinationen von Tempo, Taktart, rhythmischer Strukturierung und dynamischer Abstufung in der Bewegung im Raum sichtbar zu machen, und umgekehrt, einen räumlich-körperlichen Vorgang in die Musik zu übertragen. Dazu in einer Dichte der Verknüpfung von musikalischem Rhythmus und plastischem Rhythmus, dazu in einer Schnelligkeit der Reaktion und Koordination vonseiten des Bewegenden, so daß dieser aufgrund gesammelter Erfahrungen, gehörte musikalische Eindrücke, verstanden als gegebene Impulse, in ihrer ganzen Komplexität antizipierend, vorausahnend, weiterzuführen vermag.

Von allen Musikern und Musikpädagogen der Zeit wird zum einen die „wahrhaft musikalische Allgemeinbildung“,[2] resultierend aus einem vier- bis sechsjährigen Studium des Rhythmus erkannt und geschätzt, die im besonderen für den ‘Durchschnittsschüler’ eine Ausnahmeleistung sichtbar macht. Sie wird beschrieben als eine vollkommene Sicherheit, vollkommenes Gehör, eine den persönlichen Anlagen entsprechenden Ausbildung der Vortragsfähigkeiten und obendrein noch die Beherrschung des Atmungsapparates, verbunden mit den wichtigsten Regeln der Vortragskunst“.[3] Darüber hinaus werden die außergewöhnlichen künstlerischen Leistungen der Dalcroze-Studierenden bewundert: Die Souveränität in der körperlichen Darstellung selbst kompliziertester rhythmischer Kombinationen und Verbindungen bis hin zu Bewegungsinterpretationen Bach'scher Präludien und Fugen; die Sicherheit im Absingen selbst ungewöhnlicher Melodieverläufe, dazu in wechselnden Tonarten; das spontane Errichten eines harmonischen Gerüstes über einem bezifferten Baß; die ungeheure Leistung des musikalischen Gehörs, das als Ergebnis zu einem ‘tonalen Orientierungssinn’ führt als einem „sicheren Tonbewußtsein, das in vielen Fällen dem angeborenen absoluten Gehör gleichkommt“.[4]

---

1) Rohracher, H., a.a.O., S. 250; S. 395

2) 3) Keil, K.: E. Jaques-Dalcroze u.d. musikalische Pädagogik der.Zukunft. In: Musikal. Wochenblatt u. Neue Zeitschrift f. Musik, Nr. 10, Berlin 1907, S. 242

3) Boepple, P.: Die Elemente der Musikalität..., a.a.O., Vorwort

Hier soll ein Beispiel einer Melodie, von M. v. Schillings am 6. Juli 1912 aus dem Augenblick an der Tafel der 'Bildungsanstalt Jaques-Dalcroze' in Hellerau entworfen, beispielhaft stehen.[1]

Diese wurde von den Studierenden aller Jahrgangsstufen schon nach zweimaligem Ablesen und Absingen auswendig wiedergegeben.

Und weiterhin wird die Bedeutung der Rhythmisch-musikalischen Bildung und Erziehung für eine Harmonisierung der ganzen Person herausgehoben, mit einer Rückwirkung auf das sensorische und motorische Nervensystem, die Willenstätigkeit, die Formung und Gestaltung der menschlichen Bewegung, den Ausgleich zwischen inneren und äußeren Kräften, physisch-psychisch-geistigen, als ein „so selten erreichter Zustand",[2] der auf einer Ebene „gymnastischer Reife"[3] zu einer Veränderung in der menschlichen Persönlichkeit führen kann.
Wird daraus auch der früh erkannte heilpädagogische und therapeutische Wert der 'Methode Jaques-Dalcroze' verständlich, im besonderen bei Kindern mit Bewegungsstörungen, Mangel an Konzentrationsfähigkeit, an körperlicher und geistiger Unruhe, so faßt K. Keil zusammen:

„So rücken mit einer Ausbildung und Bildung rhythmischer Erziehung in der Methode Jaques-Dalcroze Wille und Tat zeitlich einander immer näher, das Gefühl des persönlichen Vermögens, des Könnens und mit ihm rückwirkend ganz natürlicherweise wieder die Willenskraft selber.
Hemmungen werden aus dem Weg geräumt, Fesseln fallen und aus der Freiheit des Körpers, der körperlichen Betätigung, ersteht zugleich der freie Geist. Und so gewinnt die Erziehung einen ethischen Wert. So erhebt sie sich zu einer Bedeutung, die geradezu transzendentale Beziehungen aufweist, denn sie ruht im tiefsten Grund auf dem geheimnisvollen Rapport zwischen Körper und Geist. Sie beweist, daß persönliche Freiheit gleichbedeutend ist mit Selbstbeherrschung, mit der Freiheit des Geistes!"[4]

Doch weist E. Jaques-Dalcroze schon früh darauf hin, daß nicht nur auf das *Was*, sondern auch auf das *Wie* und erweiternd, das *Wohin* und *Wozu* des Unterrichtes zu achten ist. „Die Übungen dürfen niemals zum Drill werden, sie müssen immer die Betätigung des lebendigen Triebes nach Spiel und Betätigung sein".[5]

---

1) Seidl, A.: Die Hellerauer Schulfeste und die Bildungsanstalt Jaques-Dalcroze, Regensburg 1912, S. 77

2) 3) Jaques-Dalcroze, E.: Der Rhythmus als Erzieher. In: Sachsenpost, 14.Juli 1913, S.9

4) Keil, K, a.a.O., S. 242

5) Jaques-Dalcroze, E.: Die Aufgabe der Bildungsanstalt Jaques-Dalcroze. In: Bildungsanstalt Jaques-Dalcroze, Dresden 1913, S. 7

Sind hier Fragen nach der Gestaltung von Unterricht, nach den Formen des Lehrens und Lernens angesprochen, so ist es E. Feudel-Thurau (Erwerb des Diploms in der 'Methode Jaques-Dalcroze' 1913), die in einer Rückbesinnung nach den Besonderheiten der Unterrichtsgestaltung und -führung wie der gesamten pädagogischen Situation an diesem Ausbildungsinstitut fragt. Sie arbeitet diese unter den vier Aspekten: Äußere Umstände; Beziehungsebene: Lehrer-Schüler; Methode der Stoffvermittlung; Lehr- und Lernformen heraus.

Der Aspekt *Äußere Umstände* beinhaltet Hinweise auf die strengen, harmonisch gegliederten Räume, Säle, Treppen des Tessenow-Baus, die ihr eine Aufforderung zu einer geformten Bewegung bedeuteten, und die Bekleidung des schwarzen Trikots, die ein anderes Körpergefühl mit sich brachte.

Unter dem Aspekt *Beziehungs-Ebene* weist E. Feudel-Thurau auf den selbstverständlichen Austausch im Umgang zwischen Lehrenden und Studierenden hin. Hier hebt sie den Aspekt der Verantwortung heraus, der im besonderen in den selbstverantwortlich getragenen Unterrichtsstunden 'Plastik' sichtbar wird, für sie zu erklären aufgrund des „gesunden Klimas im Hellerauer Zusammenleben".[1]

Unter dem Aspekt der *Methode der Stoffvermittlung* fällt das Fehlen eines Lehrbuches auf, welches den zu behandelnden Stoff systematisch ordnet und zusammenfaßt. An seine Stelle treten zwar geplante Aufgaben, doch erfahren diese in Zusammenhang mit dem unmittelbaren Unterrichtsgeschehen oftmals eine Modifikation. Es sind im wesentlichen Aufgaben der Sinnestätigkeit: Hören, Sehen, Tasten bei denen es um ein gemeinsames Entdecken und Erfahren geht, und die spezifischen Aufgabenstellungen der sogenannten 'Realisationen' und die beiden Aufforderungen: 'Führe aus, was du hörst!'; 'Begleite mit Klang, was du siehst'.

Aus diesen gewonnenen Eindrücken resultieren für E. Feudel-Thurau die beiden Erfahrungen, die sie in ihren 'Erinnerungen' (1906-1962) beschreibt: „1. Lernen kann ein Glück sein, wenn geistige Beweglichkeit dazu dient, immer neue Zusammenhänge zu entdecken, befreit von aller Zweckhaftigkeit. 2. Der menschliche Körper ist dazu imstande, Adel, Liebreiz und Schönheit auszustrahlen, sobald er geistiges Leben scheinen läßt".[2]

Für den Lehrenden faßt E. Jaques-Dalcroze seine Vorstellungen von einer verantwortlich getragenen Unterrichtsgestaltung in zwölf 'Unterrichtsregeln' zusammen:

„ 1. Keine Stunde geben, die man nicht vorbereitet hat.
2. Keine Übung verlangen, die man nicht fehlerlos ausführen kann.
3. Von der ersten Stunde an auf straffe fehlerlose Körperhaltung, auf bestimmte Betonung des Taktes achten.

[1]) Feudel, E.: Jaques-Dalcroze als Pädagoge. In: Musica, H.2, Kassel 1964, S.7
[2]) Feudel, E.: Erinnerungen (1906-1962), o.O., S.2

4. Mit jeder neuen Übung eine neue Bewegung und zwar: je lebhafter die Bewegung, um so größer ihre Geschmeidigkeit und Leichtigkeit, je langsamer, um so wichtiger die Einhaltung des Gleichgewichtes, die richtige Verteilung des Körpergewichtes.
5. Beim ersten Anzeichen von Ermüdung des mindestbegabten Schülers mit der Übung einhalten, eine ganz andere vornehmen, am Schluß der Stunde die frühere Übung in neuer Form wieder aufnehmen.
6. Abwechslung! Z.B. nach spontanen Realisationen Übungen mit starker Vorbereitung, dann solche einfach technischen Charakters oder Übungen zur Steigerung des Automatismus. Zumal bei Kindern vergesse man nicht, daß sich geistige Anstrengung nicht zu schnell wiederholen darf.
7. In der Improvisation suche man eine Melodie deutlich herauszuarbeiten, die Erinnerung an die Melodie erleichtert das Verständnis des Rhythmus.
8. Zeige dem Schüler niemals deinen Ärger über eine mißlungene Übung. Dein Ärger hat den der Schüler im Gefolge, deine Ermutigung die ihre. Geht's nicht anders, dann helfe ihnen und dir ein Spiel, ein Scherz aus dem Zustand innerer Hemmung.
9. Und alles dies wird dir leichter, wenn du deiner eigenen Mißerfolge als Schüler eingedenk bleibst.
10. Niemals vergessen, daß es Aufgabe des Lehrers ist, im Schüler seinen persönlichen Rhythmus zu wecken, nicht ihm den eigenen aufzuzwingen. Dies tut nur der Pedant.
11. Nur der ist ein guter Lehrer, der sich vor seinen Schülern auch irren kann. Dein Irrtum bringt dich den Schülern näher als alle deine Weisheit.
12. Und schließlich: Vertrauen in sich, die Schüler und die nachhaltige stetige Arbeit"![1]

Als pädagogisches Ziel der rhythmisch-musikalischen Arbeit formuliert E. Jaques-Dalcroze: „Es muß darauf hingewirkt werden, die betreffende Person so zu erziehen, daß sie Herr über sich selbst wird".[2] Er fügt diesem hoch gesteckten Lehr- und Lernziel, gleichsam zur Erläuterung einige fachspezifische Ziele hinzu:

„ – Entwicklung des metrischen und rhythmischen Sinnes. Ausbildung des Sinnes für musikalische Symmetrie und Harmonie. Korrektur leichter Fälle anomaler Bewegungen und ungenauer Muskelinnervationen, falscher Hemmungen.
- Entwicklung musikalischen (speziell rhythmischen) Empfindens, Phrasierung, Betonung, Erfassung rhythmischer Einheiten.
- Entwicklung der Selbsttätigkeit und der Phantasie des Schülers.
- Entwicklung der Aufmerksamkeit und der Fähigkeit, sich zu konzentrieren.
- Entwicklung des Willens und Beherrschung des eigenen Körpers.
- Fortschreitende Schulung des gesamten motorischen Nervensystems (Hemmungen und Impulse) Regelung der Bewegungsgewohnheiten.

1) Jaques-Dalcroze, E.: Einige Unterrichtsregeln. In: Berichte der Dalcroze-Schule, H. 3, Hellerau 1913, S. 1/2

2) Jaques-Dalcroze, E.: Der Rhythmus als Erziehungsmittel, ...a.a.O., S. 17

– Bereicherung und Vertiefung der Eindrucks- und Erlebnisfähigkeit auf dem musikalischen und (indirekt) auf jedem Gebiet künstlerischen Ausdrucks".[1]

Damit aber ist insgesamt ein sehr hohes Anspruchsniveau einer so komplex verstandenen Rhythmisch-musikalischen Erziehung formuliert, und es ist wohl zu verstehen, daß dieses erst in Teilen während des hier beschriebenen Zeitraumes von E. Jaques-Dalcroze selbst und seinen unmittelbaren Nachfolgern realisiert werden konnte.
E. Jaques-Dalcroze selbst äußert: „Zeit ist aber nötig, um den Wert einer erzieherischen Idee beurteilen zu können, und keiner hat das Recht, eine Idee zu verwerfen, die nicht genügend Zeit zu ihrer Entwicklung hat".[2]
P. Becker stellt sich die 'Bildungsanstalt Jaques-Dalcroze' „als Grundlage eines dereinstigen großen Musikpädagogiums vor, das, Theorie und Praxis auf allen Gebieten der Musikpflege umfassend, die rechte und erste wahrhafte Hochschule für Musik werden dürfte und den Schülern über die eigentliche Fachausbildung hinaus den harmonischen Ausgleich von Charakter, Individualitätsbewußtsein und Künstlerschaft gibt, der als ideales Ziel jedes Unterrichts gelten müßte".[3] E. Feudel stellt fest: „Zu irgendeinem Abschluß der Entwicklung kam man in Hellerau nicht. Das lag nicht nur an der Kürze der Zeit, auch unter günstigeren Zeitverhältnissen wäre das 'Kulturproblem Hellerau' nicht zu lösen gewesen. Eine künstlerische Idee von dem Umfange der Dalcrozeschen kann nicht von einem einzelnen Menschen, sei er noch so genial, und an einem einzelnen Ort zu Ende gedacht werden".[4]

Und offen bleibt die Position der Rhythmisch-musikalischen Erziehung im Kontext kultureller Entwicklungen der Zeit, die Frage nach den Wirkungen der hier gelegten Grundlagen und Grundideen als Beitrag zu einer rhythmischen Kultur. W. Dohrn, die 'Aufgaben der Bildungsanstalt Jaques-Dalcroze' zeichnend, faßt seine Gedanken in den Worten zusammen:

„Es liegt schwül und bleifarben über den Horizonten der Kunst – jeder Kunst. Und wir wünschen uns so oder so ein Ende: Sturm oder Sonnenschein, neue Gärungen oder große Zusammenfassungen, Saat oder Ernte.
In diesem bangen Warten fragen wir – und nicht nur wir – haben wir von der Kunst noch die letzte große Synthese unserer Lebenskräfte zu erwarten oder liegt sie bereits hinter uns und ist es an uns, Epigonen, in den geschaffenen Kunstwerken diese großen Symbole zu erfassen? Sind, was sich an neuen Versuchen bemerkbar macht, letzte Ausläufer und mithin Überreizungen einer einst lebendi-

1) Jaques-Dalcroze: Die Aufgabe der Bildungsanstalt, Zweiganstalt Dresden, a.a.O., S. 5
2) Jaques-Dalcroze, E.: Ansprache anläßlich der Trauerfeier von W. Dohrn. In: Feudel, E. (Hg.): In Memoriam Hellerau. Dalcroze-Dohrn, Freiburg 1960, S. 31
3) Bekker, P.: Die Dalcroze-Schule in Hellerau, Sonderdruck der Frankfurter Zeitung vom 21. Juni 1912
4) Feudel, E. (Hg.): Rhythmik. Theorie und Praxis der körperlich-musikalischen Erziehung, München 1926, 5. 20

gen Gestaltungskraft oder sind es die wirren grotesken Anfänge neuen Empfindens, andersgearteten Weltgefühls? Ohne das hier Erstrebte überschätzen zu wollen (wie verzeihlich übrigens für den Strebenden!) ist doch wohl die Frage berechtigt, ob nicht der Bau von Tessenow, dem Karl Scheffler so vorsichtig und treffend seinen Platz in der Architektur der Gegenwart angewiesen hat, die verheißungsvolle Bestätigung einer auf Synthese und architektonische Rhythmik gerichteten Kunst sei?
Und weiter die Frage: sind nicht in den rhythmischen Übungen zu einer solchen Kunst die Bausteine gegeben? Und zwar in den einfachsten Übungen vielleicht die Tauglichsten? Es sei erlaubt, mit diesem Fragezeichen zu schließen. Es ist das allgemeine Fragezeichen der Zeit, nur in unserer speziellen Fassung! Die Antwort kann erst die Entwicklung eines Jahrzehnts geben".[1]

Mit dieser offenen Frage möchte ich den Teil II abschließen und hoffen, daß es in dem abgesteckten Rahmen, zeitlich und thematisch möglich sein wird, diese in den folgenden Ausführungen zumindest zu einem Teil zu beantworten.

[1)] Dohrn, W.: Aufgaben der Bildungsanstalt Jaques-Dalcroze. In: Der Rhythmus, Jahrbuch 2, hg. von der Bildungsanstalt Jaques-Dalcroze, Dresden-Hellerau, Jena 1912, S. 81

III Die Position der Rhythmisch-musikalischen Erziehung im Kontext des Reformwerkes und des Zeitraumes der Kestenberg-Reform unter besonderer Berücksichtigung von Kindergarten und Schule

1. Das Reformwerk Leo Kestenbergs unter besonderer Berücksichtigung der Position der Rhythmisch-musikalischen Erziehung in Kindergarten und Schule

1.1 Zeittafel zum Leben und Wirken Leo Kestenbergs

1882

(27. Nov.) geboren in Rosenberg (Ungarn), heute Ruzomberok in der Tschechoslowakei/Tschechien;

Mutter, aus einer Lehrerfamilie stammend, trug durch ihre zahlreichen slowakischen, jiddischen und deutschen Volks,- Kinder- und Studentenlieder, die sie Leo von frühester Kindheit an vorsang, zu dessen „Quellen musikalischer Anregungen“[1] entscheidend bei.

Vater, Kantor, bei dem Leo auch seinen ersten Klavierunterricht erhielt – eine überaus schöpferische Persönlichkeit, die Leo besonders verehrte, hatte die Gewohnheit, seine täglichen Gesangsübungen zu Hause zu pflegen. Er sang hin und wieder auch deutsche Lieder, so z.B. aus F. Schubert (1797-1828): Winterreise, op. 89 (1827); Liederzyklus nach Gedichten von W. Müller: „Der Leiermann“. Von diesem sagt L. Kestenberg, daß dies zu einem Schlüsselerlebnis seines gesamten musikalischen Wachsens und Werdens wurde.

1886

Wechsel der Tätigkeit des Vaters, die ihn als Kantor an die Pinkas-Synagoge in Prag führte;

1889

Übersiedlung der Familie nach Reichenberg (alte Tuchmacherstadt in Böhmen), wo der Vater als Oberkantor an den jüdischen Tempel verpflichtet wurde und dort 1930 verstarb;

1894/1895

Erhält Leo Kestenberg Klavierunterricht bei dem Königl. Musikdirektor Gustav Albrecht in Zittau;
Abschluß der Schulzeit nach Absolvierung des Untergymnasiums in Reichenberg. Erste feuilletonistische Arbeiten.

1897

Klavierstudium bei Franz Kullak (Schüler von Carl Czerny in Berlin). Vorspiel bei Hermann Wolff in Berlin (Inhaber der Konzertdirektion Wolff & Sachs), mit dem Erfolg eines Stipendiums, eines Mietklaviers und dem Geschenk eines Konzert-Abonnements;

1) Kestenberg, L.: Bewegte Zeiten, Wolfenbüttel/Zürich 1961, S. 6

1898

Klavierabend von F.B. Busoni in der Berliner Singakademie führt zu einer entscheidenden Wende. Vorspiel mit einer Empfehlung von Dr. Reichmann (Reichenberg) bei F.B. Busoni, um dessen Schüler zu werden.

1899

Klavierstunden bei José Vianna da Motta (Freund Busonis), später bei Prof. Hermann Scholtz (Klavier) und Prof. Felix Draeseke (Theorie, Kontrapunkt), beide zugleich Schüler von Franz Liszt in Dresden;

1900

Aufsatz „Versuch einer materialistischen Darstellung der Entwicklungsgeschichte der Künste" im Märzheft der 'Sozialistischen Monatshefte', hg. von Dr. Josef Bloch, Berlin

Besuch der Meisterkurse F.B. Busonis in Weimar, Eintritt in die Militär-Kapelle in Josefsstadt; mit dieser ein erstes Konzert in Reichenberg als Solist des Klavierkonzertes von F. Liszt (Es-Dur), dem 1901/1902 weitere folgen;

1904

Erster Liszt-Abend in Reichenberg mit den Werken: Klavierkonzerte von F. Liszt Es-Dur und A-Dur und 'Totentanz', begleitet von der Militär-Kapelle des 74. Infanterie-Regiments;

Danach Aufnahme des Klavier-Studiums bei F.B. Busoni in Berlin;

(10. Nov.) Uraufführung des großen sinfonischen Werkes von Busoni „Concerto" im Berliner Beethovensaal (Leitung: GMD Dr. Karl Muck, Solist: F.B. Busoni);

(11. Dez.) Klavierabend L. Kestenbergs in Reichenberg mit Werken von J.S. Bach, L. v. Beethoven, F. Liszt;

1905

Tätigkeit in den Bildungsausschüssen der Sozialdemokratischen Partei, den Gewerkschaften, in den Volkschören und der 'Volksbühne' wie dem 'Theater am Bülowplatz';

Hier wurde L. Kestenberg zur Gestaltung der Programme für ein ganzes Jahr verpflichtet, zu der er namhafte Künstler der Zeit (Dirigenten; Chöre; Orchester, Instrumental-Solisten, Sänger, Schauspieler, Tänzer) einladen konnte;

1906

Erster öffentlicher Klavierabend im Bechsteinsaal in Berlin, der die Thematik von 'Transkriptionen' zum Mittelpunkt hatte;

1908

(4. Jan.) Liszt-Abend mit dem Philharmonischen Orchester Berlin in der Berliner Singakademie (Leitung: F.B. Busoni);

Berufung L. Kestenbergs zum Lehrer an das Sternsche Konservatorium durch Gustav Holländer; später an das Klindworth-Scharwenka Konservatorium durch den Direktor Robitschek, beide in Berlin;

(3. Okt.) Heirat mit Grete Kussel;

1910

(25. Okt.) Geburt der ältesten Tochter Ruth;

Bekanntschaft mit Tilla Durieux und Paul Cassirer;

1911

Klavierabende, anläßlich der Liszt-Zentenarfeiern in Reichenberg, Berlin, Köln, Hamburg, Bonn, Weimar, Wien u.a.;
Gründung des 'Kestenberg-Trios' (Violine: Louis van Laar; Violoncello: Marix Loewensohn), mit diesem Konzerte in der Zeit zwischen Okt. 1911 und Aug. 1914;

1916

Redakteur der Zeitschrift „Der Bildermann" (von P. Cassirer, zusammen mit einigen Künstlern, begründet);
Gründung eines Buchverlages zusammen mit P. Cassirer;

1918

(1. Dez.) Berufung als Musikreferent in das Preußische Ministerium für Wissenschaft, Kunst und Volksbildung;
(18. Jan.) Geburt der zweiten Tochter Rahel;

1921

Ernennung zum Professor (Klavier) an der Hochschule für Musik Berlin;
Drucklegung der Schrift: „Musikerziehung und Musikpflege" (Quelle und Meyer, Leipzig);
Seit 1921 Tätigkeit an dem 'Zentralinstitut für Erziehung und Unterricht' in Berlin; Gründung einer Musikabteilung;
Organisation der acht Schulmusikwochen, seit der siebenten 'Reichs-Schulmusikwochen' genannt: 1. Berlin 1921; 2. Köln 1922; 3. Breslau 1923; 4. Hamburg 1924; 5. Darmstadt 1925; 6. Dresden 1926; 7. München 1927; 8. Hannover 1928;

1922

(22. Mai) Prüfungsordnung für das künstlerische Lehramt an höheren Schulen in Preußen;
Umbenennung des 'Instituts für Kirchenmusik' in 'Akademie für Kirchen- und Schulmusik' in Berlin;

1923

(25. April) „Denkschrift über die gesamte Musikpflege in Schule und Volk";

1924

(14. April) Erlaß: „Der Musikunterricht an den höheren Schulen" Preußens;

1925

(2. Mai) Erlaß über den „Privatunterricht in der Musik";
(1. Dez.) Erlaß „Der Musikunterricht in den Mittelschulen";

1927

(26. März) Erlaß: „Der Musikunterricht in den Volksschulen";
Eröffnung der Krolloper in Berlin mit einer Aufführung der Oper Fidelio von L.v. Beethoven unter der Leitung von Otto Klemperer;

1929

Ernennung zum Ministerialrat im Preußischen Kultusministerium;
Gründung der „Musikpädagogischen Bibliothek" (Quelle & Meyer, Leipzig), seit 1958 weitergeführt von E. Preußner;

1931

Erscheinen des „Jahrbuches der deutschen Musikorganisation“, hg. von L. Kestenberg, bearbeitet von F.W. Beidler/Ellen A. Beidler (Max Hesse Verlag, Berlin);

1932

(1. Dez.) Versetzung in den einstweiligen Ruhestand;
(27. Nov.) große Feierlichkeiten anläßlich des fünfzigsten Geburtstages von L. Kestenberg;
Besondere Ehrung wurde ihm durch einen Brief des Kultusministers Prof. Dr. C.H. Becker a.D. zuteil;
Beendigung auch der Tätigkeit im ‘Zentralinstitut für Erziehung und Unterricht’;
(Dez.) Mitwirkung bei einem Konzert zugunsten der Einwanderung jüdischer Kinder (im Atelier des Berliner Malers Oppenheimer) mit Werken von F. Liszt;

1933

(23. März) Emigration nach Prag; dort Erneuerung der tschechoslowakischen Staatsbürgerschaft;

1934

(Ostern) Musikfest der Int. Gesellschaft für neue Musik in Florenz (Leitung: Prof. E.J. Dent, London), bei dem L. Kestenberg in der anschließenden Konferenz einen Vortrag über Wege und Ziele zu einer Int. Gesellschaft für Musikerziehung (I.G.f.M.) hält;
Gründung der I.G.f.M. unter dem Vorsitz von Minister Kamil Krofta mit dem Sitz in Prag;

1936

Erster Kongreß der I.G.f.M. in Prag (Eröffnung am 4. April), mit dem Thema: Grundsatzfragen einer modernen Musikerziehung;

1937

Zweiter Kongreß der I.G.f.M. in Paris; mit dem Thema: Jugendkonzert;

1938

(23. bis 28. Juni) Dritter und letzter Kongreß der I.G.f.M. in der Schweiz (Zürich, Bern, Basel) mit dem Thema: Musikerziehung und Heilpädagogik;
(15. Okt.) Emigration nach Paris; L. Kestenberg plant hier zunächst eine Weiterführung der I.G.f.M. mit Hilfe eines großen Freundes- und Kollegenkreises, bereitet einen Vortrag vor zum Thema: „Musikerziehung in dieser Zeit“; folgt dann aber am 7. Dez. der Berufung durch Bronislav Hubermann als Generalmanager an das damalige „Palestine Orchestra“ nach Tel Aviv, ein Amt, das L. Kestenberg bis 1945 innehatte;

1945

Aufbau eines „Seminars für Musikerziehung“ in Tel Aviv, dessen Leitung L. Kestenberg übernimmt mit einer Lehrtätigkeit in den Fächern: Musikgeschichte, Musikästhetik, Musikpsychologie, neben einer künstlerisch-pädagogischen Tätigkeit in einer Klavier-Ausbildungsklasse an der „Israelischen Musik-Akademie“ und zahlreichen Vorträgen;

1948

(14. Mai) Proklamation des Staates Israel durch Ben Gurion;

1952

(27. Nov.) wird L. Kestenberg anläßlich seines siebzigsten Geburtstages als Ministenalrat a.D. im Rahmen des 'Wiedergutmachungsverfahrens' eine Pension bewilligt, die ihm einen ruhigeren und sorgloseren Lebensabend ermöglicht;

1953

Besuch in Deutschland (Badenweiler, Berlin), bei dem L. Kestenberg einem großen Kreis seiner Freunde und Kollegen begegnet, und in Berlin durch den Besuch einer großen Zahl von Veranstaltungen regen Anteil an den Berliner Festspielwochen nimmt;

Ernennung zum Ehrenpräsidenten der I.G.f.M. (International society for Music-Education – ISME) bei dem ersten Kongreß 1950 in Brüssel;

Ernennung zum Ehrenpräsidenten der 'Midraschah le mechanchim le musica' in Tel Aviv, an der L. Kestenberg die Tätigkeit als Lehrer und Leiter im Spätherbst des Jahres wegen eines schweren Augenleidens aufgeben muß;

1955

Schreibt L. Kestenberg der Bitte von Prof. Dr. Egon Kraus folgend, dem verantwortlichen Leiter der 'Bundes-Schulmusikwochen', die als Fortführung der 'Reichsschulmusikwochen' zu sehen sind, ein Grußwort für die erste Bundesschulmusikwoche 1955 in Mainz;

1962

(14. Jan.) verstirbt L. Kestenberg in Tel Aviv.

1.1.1 Zur Persönlichkeit Leo Kestenbergs

Leo Kestenberg, der in der Zeit von 1919 bis 1932 eine vielseitige und umfassende Tätigkeit ausübte als Musikreferent im Preußischen Ministerium für Wissenschaft, Kunst und Volksbildung (seit dem 1. Dez. 1918); als Professor an der Hochschule für Musik in Berlin (seit 1921); als Leiter der Musikabteilung des 'Zentralinstitutes für Erziehung und Unterricht', Berlin; seit 1929 als Ministerialrat, war damit zugleich die Möglichkeit gegeben, einen maßgeblichen Einfluß auf die Erneuerung der gesamten Musikerziehung und Musikpflege in Schule und Volk zu nehmen und damit Impulse zu setzen die weit in das zwanzigste Jahrhundert hinein gewirkt haben.

Seine Persönlichkeit, in der sich der Mensch, der Künstler, der Organisator und Kulturpolitiker von ganz eigenem Temperament, Dynamik, menschlichem Verständnis, Kühnheit, Klugheit und einem großen Weitblick zu einer Einheit zusammenschließen, ist vielfach dargestellt, beschrieben, charakterisiert, gewürdigt worden. Insofern beschränke ich meine Ausführungen, auch um den Aufbau des vorangegangenen Teiles zu wahren, auf Charkteristika, die ich zu einem erweiterten Verständnis des Reformwerkes L. Kestenbergs für wichtig und notwendig erachte.

Doch möchte ich an dieser Stelle auf eines der schönsten Zeugnisse dieses reichen, wechselvollen und 'bewegten' Lebens hinweisen, die Autobiographie:

„Bewegte Zeiten", die L. Kestenberg neunundsiebzigjährig (1961) im Möseler Verlag (Wolfenbüttel) veröffentlichte. E. Kraus würdigt diese Lebenserinnerungen mit den Worten:

„Güte und Verstehen, Weisheit, und Frömmigkeit leuchten uns aus diesen Blättern entgegen, der Einklang von Leben und Lehre, Glück und Tragik der Idealität, vor allem aber eine Noblesse des Herzens, die ihm die Kraft gibt, auch jenen Menschen zu verzeihen, die ein bitteres Schicksal über ihn, seine Familie und seine Glaubensgenossen gebracht haben.
Auch für Leo Kestenberg gilt, was über den ihm eng verbundenen Minister C.H. Becker gesagt wurde: Er hat dem deutschen Volke im ganzen und er hat unzähligen einzelnen geholfen. Gerade das Gütige und Menschliche seines Wesens hat seiner Geisteskraft den persönlichen Zauber gegeben".[1]

Als Künstler vielseitig gebildet und ausgebildet – zu seinen Lehrern zählen F. Kullak, H. Scholtz, F.B. Busoni (KLavier); G. Dippe, F. Draeseke (Theorie, Kontrapunkt, Komposition) –; führt ihn seine Lehrtätigkeit an das Sternsche Konservatorium und das Klindworth-Scharwenka Konservatorium, beide in Berlin; seit 1921 an die Hochschule für Musik in Berlin, wo er Ausbildungsklassen leitet; führt ihn sein künstlerisch-pianistisches Können durch zahlreiche Konzerte und Klavierabende (erster öffentlicher Klavierabend 1906 in Berlin) zu Ruf und Anerkennung, im besonderen als Liszt-Interpret. E. Preußner charakterisiert den Pianisten und Künstler L. Kestenberg: „Kestenberg besaß als Quelle das Künstlerische. Der Schüler Busonis konnte sich in Notzeiten immer wieder ans Klavier retten. Ende 1931, als er schon an Flucht denken mußte, spielte er zu Hause in kleinen Hauskonzerten Liszts 'Der heilige Franziskus über die Wogen schreitend'. Nicht daß er immer noch ein guter Pianist war, hatte Bedeutung, sondern daß man fühlte: er erlebte die musikalischen Vorgänge auf höchst persönliche Weise, wie in einer Transfiguration, als ob er selbst Franziskus sei".[2]

Als 'Musikorganisator' und Kulturpolitiker hatte L. Kestenberg eine Fülle von verantwortungsvollen Aufgaben zu bewältigen, die er „mitten in den Revolutionswirren",[3] einer Zeit des politischen Zusammenbruchs Deutschlands übernahm. Seine grundlegende Idee von einem einheitlichen Aufbau der gesamten Musikerziehung vom Kindergarten bis zur Hochschule, sein Gedanke von einer Erneuerung der deutschen Musikkultur durch Überwindung der 'Spaltung zwischen Kunst und Volk', ließen ein 'musikerzieherisches Reformwerk' entstehen, das L. Kestenberg während seiner Amtszeit im Preußischen Ministerium für Wissenschaft, Kunst und Volksbildung in Teilen realisieren konnte.

Sah L. Kestenberg seine Hauptaufgabe darin, „für die vielen freigewordenen Stellen die geeigneten Kandidaten zu finden, also 'Musikpolitik' zu treiben, die sich

---

1) Kraus, E.: Leo Kestenberg zum Gedächtnis. In: Musik im Unterricht, 53. Jg., H.3, Mainz 1962, S. 67/68

2) Preußner, E.: Erinnerungen an Leo Kestenberg. In: Musik im Unterricht, 53. Jg., H. 3, Mainz 1962, S. 75

3) Kraus, E., a.a.O., S. 65

am deutlichsten durch die diversen Berufungen deklarierte",[1] so konnte das von ihm herausgegebene 'Jahrbuch der deutschen Musikorganisation' (Berlin 1931), kurz vor der zwangsweisen Demission L. Kestenbergs im Jahre 1932, sein Reformwerk in gewissem Sinne abrunden.

Von diesem schreibt P. Bekker in 'Briefe an zeitgenössische Musiker' (Berlin 1932) an Leo Kestenberg: „... als Sie das Ihrer Initiative zu dankende erste Jahrbuch der Musikorganisation in Händen hielten, da hatten Sie, was Sie wollten, die Topographie des musikalischen Deutschland, das Verzeichnis des augenblicklich Seienden, woraus sich nun die Erkenntnis des weiterhin zu Pflegenden ergeben mußte, des zu Pflegenden nicht im Sinne der Traditionsfortführung, sondern der Erkenntnis des Musikbedarfs und der daraus sich ergebenden Richtlinien".[2]

Waren es in dieser Rolle und Funktion seine „staatsmännischen Fähigkeiten, sein loyales und lauteres Wesen",[3] sein Gerechtigkeitssinn, der auch den politischen Gegner achtete, seine lebendige und überlegene Art, die es ihm erleichterte, Ausgang und Ergebnis einer jeden Sitzung vorauszuberechnen, Fähigkeiten, die es ihm weitgehend ermöglichten, „ohne Rücksichtnahme auf Konfessionen und Parteien den richtigen Mann auf die richtige Stelle zu berufen",[4] so ist doch sein gesamtes Wirken getragen von einer Synthese von 'Kunst und Sozialismus'.

Diese beschäftigte L. Kestenberg schon sehr früh und führte ihn bereits 1905 zu einer Mitarbeit in den Bildungsausschüssen der SPD und gipfelt in dem Ziel, die „Musik lebendig zu machen und als Teil unseres Menschentums, als Kulturbesitz zu festigen".[5] In dieser „merkwürdigen Doppelnatur"[6] des Künstlers und Sozialpolitikers sieht P Bekker das charakteristische Merkmal dieser Persönlichkeit und erklärt aus dieser Quelle alles Denken, Tun und Handeln L. Kestenbergs:

„Darin liegt das Eigentümliche Ihrer Persönlichkeit, das Schöpferische Ihrer Arbeitsleistung und gleichzeitig der Grund für die Verständnislosigkeit, auf die Ihr Schaffen sowohl innerhalb der engeren amtlichen Umgebung als auch außerhalb in der Musikwelt stieß. ... Dieser Glaube an den künstlerischen, schöpferischen Menschen war Grundlage und Wegweiser Ihrer politischen Überzeugung. So wurden Sie sozialistischer Apostel der Kunst weil Sie allen Menschen die Botschaft der Kunst bringen und die Teilnahme an ihr ermöglichen wollten. Hier liegt die Wurzel dessen, was man Verquickung von Kunst und Politik genannt und als unzulässig getadelt hat".[7]

Dieser Charakterisierung der Persönlichkeit möchte ich abschließend ein Wort L. Kestenbergs gegenüberstellen, aus dem die Größe und Weite, die tiefe Einsicht und Weisheit dieses Menschen und Musikerziehers überaus deutlich zum Ausdruck gebracht ist, Gedanken L. Kestenbergs, 1961, anläßlich der vierten Bundesschulmusikwoche in Berlin, in dem von ihm verfaßten Grußwort formuliert:

---

1) Kestenberg, L.: Bewegte Zeiten, Wolfenbüttel/Zürich 1961, S. 53

2) 6) 7) Bekker, P.: Briefe an zeitgenössische Musiker, Berlin 1932, S. 47; S. 48; S. 50/51

3) 4) Kraus, E., a.a.O., S. 66

5) Kestenberg, L.: Musikerziehung und Musikpflege, Leipzig 1921, S. 24

„Wenn wir auch wissen, daß die Musikerziehung in den letzten Jahren in einigen Ländern Einbuße und Rückschläge erlitten hat und noch erleidet, so sind wir doch von dem festen Glauben erfüllt, daß Musikerziehung und musikalische Belange – sei es in zwanzig, fünfzig oder hundert Jahren – doch wieder zur Blüte gelangen werden. Wir müssen nur mit aller Bestimmtheit und Sicherheit an die unerschütterbaren Werte dieses unseres Zieles und der Möglichkeit der Erziehung aller Menschen zur Freiheit und zum musisch-musikalischen Aufgeschlossensein in Kunst und Leben glauben.[1]

1.2 Das 'musikerzieherische Reformwerk' Leo Kestenbergs

1.2.1 Voraussetzungen und Bedingungen

Waren all die zuvor beschriebenen Linien und vorgezeichneten Wege zunächst durch den ersten Weltkrieg zurückgedrängt, so ermöglichte die Novemberrevolution 1918 und die mit ihr verbundene politische Neugestaltung Deutschlands eine durchgreifende Reform des gesamten Bildungs- und Erziehungswesens; zeichnete sich seit der 'Reichsschulkonferenz' (11. bis 19. Juni 1920 in Berlin) unter den maßgebenden Vertretern der Kunsterziehung eine sichtbar gewordene Richtung ab.

Die Reichsschulkonferenz, eine Versammlung der bedeutendsten Vertreter der Pädagogik und den verschiedensten am Erziehungs- und Unterrichtswesen interessierten Verbände, hatte die Aufgabe, „das Reichsministerium des Innern für die Gesetzgebung der Schul- und Erziehungsangelegenheiten zu beraten".[2] Da eine Reihsschulgesetzgebung nicht zustande kam, fiel die Durchführung der Schulreform den einzelnen Ländern zu. Daraus erklärt sich auch, daß sich z.B. in dem Bereich der Musikerziehung keine einheitliche Linie verfolgen läßt. Als wegweisend ist die Reform der Musikerziehung in Preußen anzusehen, eine Aufgabe, die L. Kestenberg, als dem Referenten im Preußischen Kultusministerium zufiel.

Als L. Kestenberg in das Königlich Preußische Kultusministerium eintrat, „hatte dieses bereits einhundert Jahre bestanden – seine Gründung ist noch auf Wilhelm von Humboldt zurückzuführen –, bevor L. Kestenberg für das Musikreferat als hauptamtlicher Referent berufen wurde. Bis dahin waren es meist Justitiare, die die musikalischen Angelegenheiten nebenamtlich zu betreuen hatten, da alle wichtigen künstlerisch-verwaltungstechnischen Aufgaben der Akademie der Künste vorbehalten blieben. Deshalb war es auch Trendelenburg, der als amtlicher Musikreferent im Jahre 1914 dem Drängen der musikpädagogischen Verbände nachgab, und zunächst durch eine allgemeine Umfrage die Verhältnisse klären wollte".[3]

Zu dem frühen Abschnitt seiner Tätigkeit im Ministerium und als Leiter der Musikabteilung am Zentralinstitut für Erziehung und Unterricht in Berlin, schreibt L. Kestenberg in einem Brief an G. Braun:

[1)] Kestenberg, L.: Grußwort zur vierten Bundesschulmusikwoche 1961 in Berlin. In: Musik und Bildung in unserer Zeit, hg. von E. Kraus, Mainz 1961, S. 12

[2) 3)] Kestenberg, L.: Bewegte Zeiten, Wolfenbüttel/Zürich 1961, S. 42

„Von vornherein habe ich versucht, meine Aufgabe als eine Ganzheit zu begreifen, also vom Staate her die künstlerisch-menschlich-erzieherischen Elemente, wie sie nach meiner Überzeugung in Musik enthalten sind, in Volk und Schule zu wecken und zu pflegen. ... Im Ministerium fand ich für diese Einstellung bei den alten und neuen Beamten lebhafte Förderung aller meiner Pläne, besonders bei meinem Koreferenten, dem eben genannten Herrn Trendelenburg, und in hervorragendem Maße beim nachmaligen Minister und Staatssekretär C.H. Becker, aber auch dem Leiter der Kunstabteilung, Ministerialdirektor Nentwig, im Grunde bei allen ohne Ausnahme. In der 'Denkschrift für die gesamte Musikpflege', die 1923 dem Landtage vorgelegt wurde, finden Sie den Niederschlag dieser Bestrebungen.

... Mit allem Nachdruck muß ich hier betonen, daß es unmöglich ist, aus der Gesamtreform einen einzelnen Teil herauszulösen und diesen allein unter die kritische Lupe zu nehmen. Wie damals vom Gesamtministerium eine Einheitsschule vom Kindergarten bis einschließlich zur Universität angestrebt wurde, so war ich bemüht, eine Vision zu verwirklichen, die nur als ein Gesamtes zu erkennen ist. Heute erscheint es mir fast wie ein Wunder, daß sich in dieser Vision, die mir nur den Weg vom Musisch-Menschlichen zu nehmen hieß, ein Stein mühelos in den andern fügte.

Die allgemeine Schulreform, mit ihrer Einführung der 'Grundschule', den Möglichkeiten einer elastischen Pädagogik auf der Oberschule und Aufbauschule mit dem Ziel der Universität und Pädagogischen Akademie, kam der Betonung eines künstlerischen Musikunterrichts in den höheren Lehranstalten ebenso entgegen, wie die damals durch Pallat und Waetzold inaugurierte Reform des Zeichen- und Werkunterrichts. Die Ausbildung der Zeichenlehrer war eigentlich der Schrittmacher für die Musiklehrer. Das 'Künstlerische Prüfungsamt' sollte in jeder Beziehung dem wissenschaftlichen an die Seite gestellt werden und den Zeichenlehrern zuliebe mußte auch für die Musiklehrer die Ausbildung entsprechend modifiziert werden.

Ich sehe auch heute noch in beiden Fächern den gemeinsamen rhythmisch-schöpferischen Nenner, und ich bedaure es nicht, daß wir 1922 diese Union geschlossen haben. Die Kunsterziehung hat ihren ersten Anstoß schon von den Kunsterziehungstagen in Dresden und Hamburg empfangen. Für uns waren die Reichsschulmusikwochen und die vielen anderen Kongresse in den einzelnen Bezirken bedeutungsvoll".[1]

Diese Aussage mag die Initiative und Vielseitigkeit des Wirkens und Schaffens L. Kestenbergs im Kontext von Aufbau und Neukonstituierung in Politik, Kultur, Schul- und Erziehungswesen am Beginn der zwanziger Jahres des zwanzigsten Jahrhunderts zusammenfassen. Darüber hinaus stellt der Preußische Kultusminister C.H. Becker in einer Rede, gehalten am 14. Dez. 1925 im Preußischen Landtag, die Bedeutung von Musik und Musikerziehung innerhalb eines Aufbaus einer Kultur heraus.

Darin spricht er von einer „im höchsten Sinne pädagogischen Einstellung zur Kunst"[2] und faßt seine Gedanken zu Musikerziehung und Musikpflege in den Worten zusammen:

---

1) zit. nach Braun, G.: Die Schulmusikerziehung in Preußen, Kassel/Basel 1957, S. 75/76

2) zit. nach L. Kestenberg: Wege zur Entwicklung deutscher Musikerziehung. In: Die Musik, 20. Jg., Berlin 1927/1928, S. 3

„Hier (ist) dem Ministerium nicht nur die technisch und historisch überlieferte Musik von Bedeutung, sondern die Musikalität als lebender, seelischer Ausdruck, (deshalb muß) das Ministerium alle die oft dilettantischen, aber schöpferischen Kräfte fördern, die z.B. aus der Jugendbewegung kommen, wie die Laienspiele, die musikalischen Spielgemeinden, Bewegungen, wie sie im Jöde-Kreis und in den Volksmusikschulen lebendig geworden sind".[1]

Für die nachfolgende Darstellung der einzelnen Abschnitte des Reformwerkes wähle ich eine chronologische Folge, beginnend mit dem 'Zentralinstitut für Erziehung und Unterricht' in Berlin (1915 durch den Geh. Oberregierungsrat Prof. Dr. Ludwig Pallat gegründet, der zugleich die Leitung der Kunstabteilung innehatte), nachfolgend die wichtigsten Kongresse, Tagungen, aktuellen Veranstaltungen, bis hin zu den Richtlinien und Erlassen für die verschiedenen Institutionen, unter besonderer Berücksichtigung der Position der Rhythmisch-musikalischen Erziehung.

1.2.2 Das 'Zentralinstitut für Erziehung und Unterricht' (Berlin)

Sein Auftrag wird in dem 'Jahrbuch der deutschen Musikorganisation' (Berlin 1930), hg. von L. Kestenberg definiert als eine „gemeinnützige pädagogische Einrichtung, (die) eine Sammel-, Auskunft- und Arbeitsstelle für das Erziehungs- und Unterrichtswesen bilden (soll)".[2] Ursprünglich eine preußische Einrichtung, die schnell durch ihre engagierte und initiative Tätigkeit über die Grenzen Preußens hinaus Anerkennung und Beachtung findet, kommen diesem Institut an Aufgaben zu: Die Unterstützung der Unterrichtsbehörden, die Fortbildung der Lehrerschaft; pädagogische Forschung und Auskunfterteilung in pädagogischen Fragen. Das Zentralinstitut arbeitet zusammen mit den staatlichen Behörden, den städtischen Schulverwaltungen und den Lehrerorganisationen.

Es gliedert sich in eine Vielzahl von Abteilungen; für den Zusammenhang hier ist der Aufbau der *Kunstabteilung* (Ltg.: Prof. Dr. Ludwig Pallat) von Bedeutung, die am 3. Jan. 1920, angeregt durch das Kultusministerium, vom Stiftungsvorstand

[1] zit. ebenda, S.4

[2] Kestenberg, L. (Hg.): Jahrbuch der deutschen Musikorganisation, Berlin 1931, S. 43

zur Einrichtung genehmigt wurde. Sie umfaßt drei Unterabteilungen: 1. Bildende Kunst, Werkarbeit, Körpererziehung (Ltg.: F. Hilker); 2. Sprecherziehung und Laienspiel; 3. Musikabteilung mit Musikerziehung, Musikpflege, Mechanischer Musik (Ltg.: L. Kestenberg). In dem Jahrbuch des Zentralinstitutes (1922) ist ihr Auftrag beschrieben: „...sie soll ihre Wirksamkeit auf die Gebiete der künstlerischen Erziehung (Bildende Kunst, Werktätigkeit, Schrift, Musik, Körperbildung, Marionetten-, Schatten- und Bühnenspiel) der Jugend und der allgemeinen volkstümlichen Kunstpflege erstrecken".[1]
Eine Aufgabe, die 1925 in der zuvor genannten Festschrift bestätigt und als bis dahin erfüllt gewürdigt wird, die jedoch aufgrund der raschen Ausweitung eines Spektrums des Angebotes, die Einrichtung von 'Sonderveranstaltungen' der einzelnen Abteilungen notwendig machte.

So nahmen innerhalb des Bereiches der Körperbildung u.a. Clara Schlaffhorst und Hedwig Andersen (Begründerinnen der Rothenburger Atemschule) Stellung zu dem Thema 'Entwicklung der gestaltenden Kräfte aus dem Rhythmus der Atmung'; hielt Max Merz (Direktor der Elisabeth-Duncan-Schule) einen Lichtbildervortrag über 'Rhythmus und Ausdruck des Körpers'; sind im weiteren Veranstaltungen der europäischen Folklore gewidmet, der Fragestellung einer 'planvollen Körpererziehung in der Schule', neben einer Fülle von interessanten Veranstaltungen zu Themen der Bildenden Kunst, der Werkarbeit, der Sprecherziehung, dem Laienspiel u.a.

Die Aufgaben der Musikerziehung wurden in engem Zusammenhang gesehen „mit den Bestrebungen einer Organisation der volkstümlichen Kunstpflege, wie sie in der Reform der Schulmusik, der Regelung des Privatunterrichts, der besonderen Förderung der Volks- und Jugendmusik, der Wiederbelebung der Kirchenmusik und der Unterstützung des Chorgesangwesens zum Ausdruck kommen".[2]
Zuständig für diesen Aufgaben-Komplex ist die Musikabteilung (Ltg. seit 1921 Ministerialrat Prof. L. Kestenberg; Mitarbeiter: Dr. Thea Dispeker; Dr. Eberhard Preußner), deren Aufgaben sich in drei Bereiche gliedern lassen: 1.Schulwesen: Kindergarten; Volks- und Mittelschulen; Pädagogische Akademien; Höhere Schulen; Akademie für Kirchen- und Schulmusik; Fach- und Berufsschulen. 2. Musikpflege: Jugend- und Volksmusikpflege; Privatunterricht; Musikfachausbildung; Hochschulen für Musik; Chorgesangwesen. 3. Mechanische Musik: Schallplatten; Rundfunk; Schulfunk. Darüber hinaus dient die Einrichtung einer Musikberatungsstelle (seit Aug. 1927) unter der Leitung von Dr. Hans Fischer, der Auskunft und Information.

Zur Erfüllung dieser genannten Aufgaben veranstaltete das Zentralinstitut für Erziehung und Unterricht – ursprünglich eine preußische Einrichtung, die im Laufe

1) Jahrbuch des Zentralinstitutes für Erziehung und Unterricht 1921, Berlin 1922, S. 217/218
2) Jahrbuch des Zentralinstitutes für Erziehung und Unterricht 1928/1929, Berlin 1930, S. 194

der Jahre in seiner Tätigkeit weit über die Grenzen Preußens hinauswuchs – Tagungen, Kurse, Lehrgänge, Vortragsreihen und veröffentliche Kongreßberichte, verstanden als Dokumentationen dieser Veranstaltungen.
Erwähnt seien an dieser Stelle die Durchführung und Organisation der 'Reichsschulmusikwochen' (initiiert durch L. Kestenberg), die innerhalb des Zeitraumes von 1921 bis 1929 alljährlich in Kooperation mit den zuständigen Landeszentralbehörden achtmal an verschiedenen Orten des Landes stattfinden konnten; die 'Tagung für künstlerische Körperschulung' (5. bis 7. Okt. 1922 in Berlin; s. Kap.: 2.3, Teil III), die auf die Initiative von L. Pallat und F. Hilker zurückgeht; und weiterhin geht auch auf das 'Zentralinstitut', „als (dem) geeignetsten Träger der freien Verständigung“,[1] die Planung, Organisation und Durchführung der 'Reichsschulkonferenz' im Jahre 1920 zurück. Ihr kommt im Auf- und Ausbau des deutschen Bildungswesens nach dem ersten Weltkrieg unter dem Leitgedanken einer 'Einheit des Bildungswesens vom Kindergarten bis zur Hochschule' geradezu eine Schlüsselstellung zu.

H. Schulz (Verfasser der Schrift 'Die Schulreform der Sozialdemokratie', Berlin 1910), bringt darin zum Ausdruck, „daß es gut sein müsse, zunächst für ein Mal alle Pädagogen und Nichtpädagogen, die über die Neugestaltung des öffentlichen Schulwesens etwas Wertvolles zu sagen wissen, nach Möglichkeit zusammenzuführen, damit sie den Versuch machen, in die bunte Vielfalt der neudeutschen Schulreformbestrebungen eine gewisse Ordnung und klar erkennbare Ziele hineinzubringen“.[2] Erst auf diesem allgemein pädagogischen Hintergrund – der eine Fülle von reformpädagogischen Bestrebungen sichtbar macht, die zu einer großen Zahl von Versuchsschulen führten – werden die Reformen der schulischen und außerschulischen Musikerziehung verständlich.

Insofern gehe ich zunächst auf die 'Reichsschulkonferenz' und ihre Auswirkungen in einzelnen ausgewählten Institutionen von Kindergarten und Schule ein, unter besonderer Berücksichtigung einer künstlerischen Erziehung, im speziellen der Rhythmisch-musikalischen Erziehung, soweit dies möglich ist. Danach führe ich spezielle Fragen einer 'Musikerziehung und Musikpflege in Schule und Volk' aus der Sicht L. Kestenbergs weiter und schließe an diese die Reformen und Erlasse für die verschiedenen Institutionen an.

---

1) Ziehen, J.: Die Vereinheitlichung des Schulwesens. In: Die Reichsschulkonferenz in ihren Ergebnissen, Leipzig 1920, S. 30

2) Schulz, H.: Das Ergebnis der Reichsschulkonferenz. In: Die Reichsschulkonferenz in ihren Ergebnissen, Leipzig 1920, S. 2

1.2.3 Die 'Reichsschulkonferenz'
1.2.3.1 Vorgeschichte, Vorbereitungen, Verhandlungen

Im Auftrage des Preußischen Ministeriums für Wissenschaft, Kunst und Volksbildung regte die Preußische Regierung (Staatsministerium) am 1. Dez. 1918 beim Reichsministerium des Innern die Einberufung einer Schulkonferenz an, „die aus freiheitlich, neuzeitlich und sozial gerichteten Pädagogen und Sachverständigen bestehen und die gründliche Erneuerung des deutschen öffentlichen Schul-und Erziehungswesens vorbereiten sollte".[1] Wurde bereits im Jahre 1917 die Durchführung einer Reichsschulkonferenz für die Zeit nach dem ersten Weltkrieg vom Hauptausschuß des Reichstages in einer Entschließung angenommen, so fand diese nach einschlägigen Beratungen (20./21. Juni; 16. bis 18. Okt. 1919; 3. Jan. 1920), in der Zeit vom 11. bis 19. Juni 1920 in Berlin statt.

Während dieser Zeit sollten die Voraussetzungen für ein Reichsschulgesetz diskutiert und erörtert werden, doch lag es in der Vielheit der sehr unterschiedlichen pädagogischen, weltanschaulichen und politischen Auffassungen unter den über sechshundert Tagungsteilnehmern begründet, daß man innerhalb dieses „ersten deutschen Erziehungsparlament"[2] nicht zu einer „verbindenden Linie"[3] kommen konnte. H. Schulz (Vertreter der Sozialdemokratie) erkennt „das Entscheidende (darin), daß pädagogische Sachverständige von bewährtem Ruf und Namen aufgrund eigenen Miterlebens aus den Verhandlungen der Reichsschulkonferenz herausgearbeitet haben, was an Bedeutsamem und Wertvollem für (das) deutsche Schulwesen darin enthalten ist, und das für lange Zeit teils Ausgangspunkt teils Wegweiser, teils Zielpunkt (der) Schulreform sein wird".[4]

An anderer Stelle resümiert er: „Zehn Tage lang haben sich Männer und Frauen aller Richtungen lebhaft über die besten Wege zur Hebung unseres Schulwesens auseinandergesetzt, und nicht wie sonst in solchen Fällen ist die ganze Aussprache nach kurzer Zeit auf der Sandbank politischer oder religiöser Unduldsamkeit gestrandet. Darin liegt für mich das Ergebnis der Reichsschulkonferenz, das für mich zugleich zum Erlebnis geworden ist".[5]

Der Frage nach dem „einheitlichen Zusammenhang des gesamten Bildungswesens vom Kindergarten bis zur Hochschule, also auch einheitlicher Verwaltung, einheitlicher Stundenplan",[6] stimmten alle Vertreter zu. Offen blieb die Beziehung und Abgrenzung der einzelnen Schultypen. Bestimmt wurde der Aufbau des Schulwesens von den beiden Zielen:

„1. Für jeden die Bildungsmöglichkeit, die seiner seelischen Eigenart entspricht, Psychologisierung der Schulgliederung, die keine frühzeitige Festlegung auf Ausbildungs- und Schulart erfordert und auch dem älteren Schüler noch die Möglichkeit der Übergänge und des Zugangs zur Höheren Schule sichert.

[1] [2] [3] [4] [5] [6] Die Reichsschulkonferenz 1920. Ihre Vorgeschichte und Vorbereitung und ihre Verhandlungen, Leipzig 1921, Vorwort; S. 2; S. 1; S.1/2; S. 4; S. 99

2. Für alle Kinder das gleiche Recht auf Bildung und Erziehung, Beseitigung der Standesschule, Überbrückung der Gegensätze im Volke im Sinne der Erziehung zur Volksgemeinschaft".[1]

Diese beiden Ziele der Einheitsschule sind mitbestimmend für eine weitgehende Differenzierung des gesamten Schulaufbaus äußerer und innerer Art, wie ebenso die gesamte Gliederung des preußischen Schulwesens von diesem Gedanken der 'Einheit der Bildung' beeinflußt ist. Daraus resultieren die Beseitigung der Vorschule und der Präparandenanstalten und Seminare, die Begründung der Aufbauschulen und der Oberschulen, die Reformen im höheren Schulwesen, dem Berufs- und Fachschulwesen bis hin zu den Hochschulen. Die Durchführung der Einheitsschule entwickelte sich mit dem Volksschulwesen beginnend, wobei ich in Zusammenhang mit meiner Fragestellung im besonderen auf die 'gemeinsame (vierjährige) Grundschule als Unterbau des Schulwesens' eingehen möchte, und auf die Institution Kindergarten, mit P. Natorp verstanden als 'erste Stufe der Aneignung von Bildung'.

Zur eingehenden Beratung, Erörterung und Klärung zentraler Fragen: Kindergarten; organischer Aufbau des Schulwesens; Formen und Bezeichnung der Schulen und Klassen; Dauer und Ausdehnung der Grundschule; Bestimmungen der Ziele und des Unterrichts; freiere Gestaltung desselben; Arbeitsunterricht; Lehrerausbildung; körperliche Erziehung; Kunsterziehung u.a., bildeten sich siebzehn Ausschüsse, die jeweils eine spezielle Fragestellung zum Gegenstand ihrer Betrachtung, Auseinandersetzung und Diskussion hatten. So waren mit Fragen des Kindergartens wie der Kooperation von Kindergarten und Grundschule der Ausschuß *Eins* und *Sieben* befaßt, mit den Fragen des Schulaufbaus (Einheitsschule) der Ausschuß *Zwei*, mit Fragen der Kunsterziehung der Ausschuß *Sieben*.

1.2.3.2 Der Kindergarten als erste Stufe des Schul- und Erziehungswesens

Zu zentralen Fragen wurden hier die nach der Zuständigkeit des Kindergartens, seinem Erziehungsauftrag in einem so komplex verstandenen Bildungssystem in einer „organischen Verbindung"[2] zur Einheitsschule, wie Einzelfragen nach dem Eintrittsalter, der Kindergartenpflicht u.a. Die Frage nach der Zuordnung des Kindergartens konnte bereits am ersten Tag in den Beratungen der Ausschüsse geklärt werden. Hier kam man zu der allgemeinen Auffassung, „daß der Kindergarten grundsätzlich eine Einrichtung der Jugendwohlfahrt (sein muß)".[3] Zur Frage nach seinem Erziehungsauftrag nahm eine große Zahl von Referenten Stellung, wobei sich im wesentlichen drei Positionen abzeichneten:

---

1) zit. nach Braun, G.: Die Schulmusikerziehung in Preußen, Kassel/Basel 1957, S. 57
2) Droescher, L.: Der Kindergarten als Unterbau der Einheitsschule, Berlin o.J., S. 10;
3) Die Reichsschulkonferenz, a.a.O., S. 591

H. Schulz trat ein für den Kindergarten als eine allgemeine öffentliche Institution und notwendige Bildungseinrichtung in staatlichem Interesse. Er sieht den Kindergarten als Vorstufe für die Neuzeit und weist ihm somit einen bedeutsamen Platz im Bildungswesen der Zukunft zu. Er möchte ihn weder als eine „sozialdemokratische Maßnahme“[1] noch als einen „sozialen Notbehelf“[2] allein verstanden wissen. Er hebt seine allgemein pädagogische Bedeutung heraus und erhebt die Forderung, daß der Kindergarten „zu einer allgemein zugänglichen Erziehungsanstalt werden (muß)“.[3]
Dr. Baum, von L. Droescher charakterisiert als „leidenschaftliche Vertreterin des Gedankens, daß alle Erziehungshilfe nur wirksam und bedeutungsvoll für die Wohlfahrt unseres Volkes sein kann, wenn sie sich auf die Familien und die Steigerung ihrer wirtschaftlichen, moralischen und pädagogischen Kräfte richtet“,[4] setzt sich ein für die erzieherische Kraft der Familie als Unterbau der Schule.

L. Droescher (mit J. Sicker u. H. v. Gierke, Leiterin des Pestalozzi-Fröbel-Hauses in Berlin in den Jahren 1913 bis 1934) fällt die Aufgabe zu, eine Synthese dieser beiden Positionen zu formulieren. Sie sieht in der Vorarbeit des Kindergartens für die Schule zwar eine wertvolle Bildungstätigkeit, die jedoch nur einen Teil seiner Aufgabe darstellt. „Er ist uns eine Pflegestätte der Kindheit, die eine Vorbereitung auf das Leben, nicht auf die Schule geben soll“.[5]

Mit H. Schulz stimmt sie überein, indem sie in dem Kindergarten den Beginn öffentlicher Erziehung sieht, sie fordert wie er die Herabsetzung der Schulpflicht auf das vollendete dritte Lebensjahr und gibt zu bedenken, „daß vielfach nicht nur die soziale Not, sondern auch die Erziehungsfähigkeit der Eltern zur Vernachlässigung der kindlichen Entwicklung, zur Beeinträchtigung des kindlichen Wohls, der kindlichen Freude führt“.[6] Sie bestätigt die Folgerichtigkeit und Einheitlichkeit im gesamten Bildungsplan, der mit dem Kindergarten seinen Anfang nehmen soll, lehnt jedoch eine allgemeine Kindergartenpflicht mit anderen Vertretern z.B. – G. Kerschensteiner, der ausdrücklich betont, Kindergärten und Horte dürfen niemals Pflichteinrichtungen sein, „sie sind und bleiben dem freiwilligen Besuche der erziehungsbedürftigen Kinder offen“[7] – energisch ab. Er ist nicht ein Ort, die Kinder vorzeitig mit „abgezogenem Wissen vollzustopfen“,[8] vielmehr gilt es, dem Kinde, so lange wie möglich, seine Ursprünglichkeit zu bewahren und dem Kindergarten nichts von den Aufgaben der Schule aufzulasten, die eine freie Entfaltung der Persönlichkeit beeinträchtigen und eine geistige Überlastung darstellen könnten.

---

1) 2) 3) 4) 5) 6) 8) Droescher, L.: Der Kindergarten als Unterbau der Einheitsschule, Berlin o.J., .S. 3; S. 4; S. 8; S. 9

7) Die Reichsschulkonferenz, a.a.O., S. 122

„Je weniger dieser den Charakter der Schule trägt, desto frischer wird das Kind in der Schule sein".[1] Ja, „die gestaltenden Kräfte des Menschen scheinen abzunehmen, je mehr die intellektuellen Fähigkeiten beachtet und entwickelt werden".[2]

Um dieser Sorge vorzubeugen und doch eine einheitliche Grundlage für den Unterricht der Schule zu gewinnen, fordert L. Droescher statt eines allgemeinen Kindergartens eine durchgreifende Umgestaltung des Lehrplans für das erste Schuljahr, die G. Kerschensteiner unterstützt mit den Worten: „In Deutschland entspricht der Kindergarten dem reinen Spielalter. Ja, ich stehe nicht an zu bekennen, daß selbst die erste Klasse der Grundschule, sofern sie mit dem sechsten Lebensjahr einsetzt, nur ganz allmählich vom Spieltrieb des Kindergartens in den Unterrichtsbetrieb der Schule übergehen soll.[3]

Schenkt der Kindergarten – als 'Stätte des freien Spiels' – dem Kind „die schönsten Geschichten und Lieder, gibt ihm Bilder, Farben und Spiele, schenkt ihm Musik und Kindertänze, kurzum eine bunte, farben- und klangreiche und doch einfache Welt neben der Welt der Wirklichkeit".

So ist er andererseits „aber auch eine Arbeitsschule und darum eine Vorbereitung auf die Arbeits- und Lerngemeinschaft, wie sie die Schule darstellen wird, wenn erst der Grundsatz der Selbsttätigkeit zur Verwirklichung gekommen ist, er gewöhnt an Selbständigkeit, erzieht zur Arbeitswilligkeit und Arbeitsfreudigkeit und entwickelt die sittlichen Fähigkeiten, so daß das Kind auch in dieser Hinsicht schulreif wird".[4]

Übereinstimmend konnte man hier zu dem Ergebnis kommen, daß der Kindergarten als eine notwendige familienergänzende Einrichtung für alle Kinder anzusehen ist, als eine Einrichtung, „die dem gesamten Schulwesen einer Gemeinschaft teils vorausgehen, teils es begleiten (sollte)".[5] So stehen am Ende des sechsten Tages als Abstimmungsergebnis des *Ausschusses Eins 'Kindergarten'* folgende Leitsätze:

„1. Recht und Pflicht der Erziehung der Kinder im vorschulpflichtigen Alter liegt grundsätzlich bei der Familie.

2. Der Kindergarten ist seinem Wesen und seiner Bestimmung nach eine wertvolle Ergänzung der Familienerziehung.

3. Für Eltern, die ihre Kinder in den Kindergarten schicken wollen, muß die Möglichkeit dazu geboten werden. Eine Verpflichtung zum Besuch des Kindergartens ist abzulehnen.

4. Soweit die freie Wohlfahrtspflege dem Bedürfnis nach Kindergärten nicht ausreichend zu entsprechen vermag, haben Staat und Gemeinde Kindergärten einzurichten.

5. Die Leiterin eines Kindergartens und die in ihm tätigen Erzieherinnen müssen entsprechend ausgebildet sein. Die Grundsätze für die Ausbildung sind

---

1) Droescher, L.: Der Kindergarten als Unterbau der Einheitsschule, Berlin o.J., S. 9

2) Droescher, L.: Der Kindergarten. In: Die deutsche Schulreform. Ein Hdb. f.d. Reichsschulkonferenz, Leipzig 1920, S. 12

3) 5) Kerschensteiner, G., a.a.O., S. 122

4) Droescher, L., a.a.O. S. 7

durch Landesgesetz aufzustellen.

6. Einrichtungen der freien Wohlfahrtspflege sind den öffentlichen Einrichtungen grundsätzlich gleichzuachten, wenn sie hinsichtlich der hygienischen Anforderungen und der Leiterinnen (Erzieherinnen) den für die öffentlichen Kindergärten aufgestellten Grundsätzen entsprechen.
7. Die Überwachung der Kindergärten übt der Staat aus. Hierzu sind sachverständige Persönlichkeiten, insbesondere bei der Ausübung der örtlichen Überwachung erfahrene Jugendleiterinnen zuzuziehen.
8. Wo die Erziehungsberechtigten aus wirtschaftlichen und geistig-sittlichen Gründen in der Ausübung ihrer Erziehungspflicht dauernd behindert sind, so daß dadurch die sittliche, geistige und körperliche Entwicklung des Kindes gefährdet ist, muß der Besuch des Kindergartens verbindlich gemacht werden. Zwangsmaßnahmen können nur auf Grund eines Gesetzes angeordnet werden.
9. Kinder, die ihrem Alter nach schulpflichtig, nach ihrer körperlichen oder geistigen Entwicklung aber noch nicht schulfähig sind, sollen nach Möglichkeit einer besonderen Vorklasse zugeführt werden, in der sie bis zur Schulreife gefördert werden.
   Diese Vorklasse ist ein Teil der Volksschule, während der Kindergarten grundsätzlich eine Einrichtung der Jugendwohlfahrt ist.

   Entschließung: Der Ausschuß verleiht der bestimmten Erwartung Ausdruck, daß die Freiheit, neue Wege zu suchen, nicht nur der Schule, sondern auch dem Kindergarten gewährleistet wird“.[1]

Damit war innerhalb des formalen Rahmens eine Übereinstimmung herbeigeführt, während noch wenig ausgesagt war zu inhaltlichen und methodischen Fragen, vielmehr die ‘Erwartung’ ausgesprochen wurde, in ‘Freiheit nach neuen Wegen’ zu suchen. Dazu bedarf es einer ausreichenden Zahl qualifiziert ausgebildeter Erziehender, die zudem über ein adäquates Potential kreativ-schöpferischer Fähigkeiten und elementarer Kenntnisse im musikalisch-rhythmischen Bereich verfügen sollten, eine Fragestellung, der im Zusammenhang mit den Kestenberg-Erlassen eine größere Aufmerksamkeit und Beachtung zuerkannt werden sollte, wie sie im letzten Erlaß L. Kestenbergs ‘Musikpflege in den Seminaren und Lehrgängen zur Ausbildung von Kindergärtnerinnen und Hortnerinnen’ (27. 12. 1928) ausgesprochen ist und bei der ersten Tagung ‘Musikpflege im Kindergarten’ (3. April bis 5. April 1929 in Berlin) ihre Realisierung fand. (s.Kap.: 1.3.3.4. Teil III)

1.2.3.3 Die gemeinsame Grundschule als zweite Stufe des Schul- und Erziehungswesens

„Unter ‘Grundschule’ ist derjenige Teil der allgemeinen Volksschule zu verstehen, der für alle Schularten gemeinsam sein soll“,[2] lautet eine Definition der Verfassung.

---

1) Leitsätze des Ausschusses *Eins* über den Kindergarten. In: Die Reichsschulkonferenz, a.a.O., S. 594/595

2) zit. nach Reinhardt, K.: Grundschule, mittleres u. höheres Schulwesen. In: Die deutsche Schulreform, Leipzig 1920, S. 19

In diesem Abschnitt möchte ich im besonderen auf die vierjährige Grundschule eingehen, da darin noch in größerem Umfange den künstlerisch-gestaltenden Fächern ein Spielraum zugestanden wird, und dieser Teil der Volksschule, in Kooperation mit dem Kindergarten, zu einem besonderen Anliegen der Vertreter der Rhythmisch-musikalischen Erziehung wurde. Innerhalb der Grundschule sollen Berücksichtigung finden: Das Prinzip der Individualisierung innerhalb der Gemeinschaft; eine Lockerung des Lehrplans; neue Unterrichtsformen; die Fragen nach Begabung und Neigung; dem Arbeitsunterricht, den Zielen der Erziehung; Fragen, mit denen sich der beratende Ausschuß *Zwei* 'Schulaufbau' (Einheitsschule) auseinandersetzte.

Gegenwärtig jedoch „(wird) in allen Schulen zu viel Theorie und zu wenig Praxis getrieben; in allen wird zu viel Wissen und zu wenig Können erzeugt; in allen wird zu viel geredet und zu wenig getan; in allen kommt die Bildung des Leibes, des Gemütes und des Charakters zu kurz, und in allen wird die Hauptforderung der Pädagogik, nämlich die Naturgemäßheit der Erziehung und Bildung zu wenig erfüllt".[1]
Eine Aussage H. Seidel's (Vertreter der Arbeitsschule), die er aus der Bestimmung eines Erziehungszieles der 'harmonischen Menschenbildung' verstanden wissen möchte als die naturgemäße Entwicklung der guten, natürlichen Anlagen des Menschen, seines körperlich-sinnlichen, gesellschaftlich-staatlichen, technisch-künstlerischen, geistig-denkenden, seines wollenden, geselligen, mitfühlenden und mitleidenden sittlichen Wesens. Er spricht in diesem Zusammenhang von der „fünffachen Natur"[2] des Menschen, die er in allen Schulformen noch kaum beachtet und berücksichtigt findet. Für ihn lassen sich solche Gedanken einzig und allein innerhalb des 'Arbeits- und Werkunterrichts', verstanden als neues Prinzip und neue Methode der Erziehung; durch den 'pädagogischen Arbeitsunterricht' realisieren.
Dieser erst ermöglicht ein Berücksichtigen des natürlichen Bewegungs- und Tätigkeitsbedürfnisses, Schöpfungs- und Gestaltungsbedürfnisses des Kindes, als eine allseitige und harmonische Entwicklung aller im Kinde liegenden künstlerischen Anlagen und Kräfte. Er bildet die Grundlage zur Ausbildung des Willens, der Selbsttätigkeit und Selbsterkenntnis, zu sozialen Verhaltensweisen der Verantwortlichkeit und Pflichterfüllung. Doch gilt es festzustellen: „Eine allzu breite Ausdehnung im Gesamtleben der Schule kann ihm trotz seiner erzieherischen Wirkung nicht zugestanden werden; er kann nur Mittel und Zweck, nicht Selbstzweck sein, soll anders das sonstige erziehliche und intellektuelle Ziel der Schulen erreicht werden können".[3]

[1) 2)] Seidel, H.: Die Arbeitsschule als Grundstein d. harmonischen Menschenbildung. In: Die Reichschulkonferenz, a.a.O., S. 28

[3)] Voß: Bericht der Einheitsschule. In: Die Reichsschulkonferenz, a.a.O., S.135

Daneben tritt F. Karsen ein für den Schultyp der 'Erlebnisschule'. Er sieht den 'schöpferischen Menschen' im Zentrum seiner Vorstellungen von Bildung und Erziehung, beschrieben als „der Mitmensch, der, was er ist, seiner Menschheit dankt, der, was er schafft, für sie zu schaffen sich daher verpflichtet fühlt. Er ist als Persönlichkeit die Einheit von Lebenswillen und Lebensausdruck, von Gemeinschaft und Individuum".[1]

Diese Position resultiert aus einer Sichtweise, die die Tendenz der Zeit in der Suche und Sehnsucht nach dem „schaffenden Leben"[2] erkennt, was für ihn bedeutet, „vor alle Form zurückzugreifen auf den Ursprung, das Formen suchende Leben an sich".[3] Insofern sieht er die Hauptaufgabe im Neuaufbau des gesamten Bildungswesens darin, „das Individuum von seinem Lebenskern aus zum Menschen zu bilden",[4] unter Berücksichtigung einer Bildung des Körpers durch Pflege der in ihm lebendigen besonderen Naturanlage zum Ausdruck des seelischen Lebens; der Bildung des Verstandes zu eigenem Urteil; der Bildung des Willens zum Handeln aus dem im Gewissen sprechenden Geist der lebendigen Menschengemeinschaft; der Bildung des Gefühls zum eigenen, neue Formen schaffenden Erleben. Für F. Karsen sind diese Ziele einzig realisierbar im Kontext einer Erlebnisschule, in der Körper, Denken, Sittlichkeit, Kunst als Erlebnis aufgefaßt werden und die 'Arbeitsgemeinschaft' als einzig akzeptable Unterrichtsform Anwendung findet.
Damit aber sind sehr hohe Anforderungen an das soziale Verhalten der Lernenden und Lehrenden gestellt, eine Komponente, die im besonderen P. Natorp berücksichtigt, indem er sechs 'Grundsätze sozialer Erziehung' aufstellt:
1. Den Grundsatz der Einheit; 2. Den Grundsatz der Sonderung; 3. Den Grundsatz der Arbeit; 4. Den Grundsatz des Ruhens; 5. Den Grundsatz der Gemeinschaft; 6. Den Grundsatz der sozialen Erziehung. Hier geht es ihm darum, daß nicht soziale und individuelle Erziehung lediglich als sich ergänzend und wechselseitig begrenzend nebeneinander stehen, „sondern die rechte Bildung der Individuen ist nur möglich auf dem Grunde der Gemeinschaft, so wie diese ihrerseits bedingt ist durch die gesunde innere Bildung der Individuen, in deren Bewußtsein allein sie sich gründet und besteht".[5] Daraus resultiert für ihn, daß Gemeinschaft nicht allein eine solche des Verstandes und des Willens sein kann, nicht eine Gemeinschaft der Arbeit allein, sondern erst recht der Ruhe, der Feier, der Muße.

Damit waren insgesamt geradezu ideale inhaltliche Vorstellungen von einer neuen Schule aufgezeigt, doch vergaß man nicht, ein Übergangsbild zu zeichnen, womit man einräumte, daß sich eine innere Umstellung eines so gewaltigen Schulbetriebes nur allmählich vollziehen kann. Andererseits kam man zu der Einsicht, daß

---

1) Voß: Bericht der Einheitsschule. In: Die Reichsschulkonferenz, a.a.O., S.135
2) 3) 4) Karsen, F.: Bericht zur Einheitsschule. In: Die Reichschulkonferenz, a.a.O., S. 101; S. 100; S. 98
5) Natorp, P.: Grundsätze sozialer Erziehung. In: Die Reichsschulkonferenz, a.a.O., S. 15

die hier entwickelten Gedanken sich am ehesten im Bereich der Grundschule verwirklichen lassen, im besonderen innerhalb der gestaltenden und darstellenden Fächer, von denen benannt werden: Lesen und Vortrag; Gesang und Musik; Geste und Leibeskunst; Schrift und zeichnerische Darstellung von Formen und Werkarbeit.

Wird hier ausgesagt, „daß die alte Schule gerade der Kunst und vor allem der persönlichsten, der Musik gegenüber versagt hat,[1] so werden daraus die Gedanken F. Karsens verständlich: „Nur wer von Kindheit an erlebt, wird ein Künstler, und ein Künstler wird auch jeder, der erlebt – was auch der Gegenstand seines Erlebens sei".[2]

Damit aber ist die Frage nach einer künstlerisch-gestaltenden Erziehung gestellt, im besonderen der Musikerziehung und Bewegungserziehung (Gymnastik), Fragen, mit denen sich der *Ausschuss Sieben 'Kunsterziehung'* befaßte; er setzt sich aus folgenden Mitgliedern zusammen: Vorsitzender: Krause, Senator (Hamburg); Stellvertretender Vorsitzender: Dr. Arndt, Oberschulrat (Dessau); Schriftführer: von Vorstell, Lehrer (Hamburg); Grothmann, Zeichenlehrer (Berlin-Lichterfelde); Berichterstatter: von Vorstell (Hamburg); Beherle, Maria, Lehrerin (Konstanz); Dr. Drach, Lektor der Universität, Berlin; Dr. Fiechter, Prof., Rektor (Stuttgart); Franck, Prof., Direktor der Staatl. Kunstschule (Berlin); von Gleichen-Rußwurm, Geschäftsführender Sekretär (Berlin); Gregori, Prof. (Berlin); Hildebrand, Hofrat, Seminardirektor (Leipzig); Kellenbach, Alice, Zeichenlehrerin (Köln); Kestenberg, L., Referent im Preuß. Ministerium für Wissenschaft, Kunst und Volksbildung (Berlin); Kolb, Prof. (Göppingen); Leo, Maria, Musiklehrerin (Berlin); Mader, Fortbildungslehrer (Fürth/Bayern); Dr. Münnich, Musiklehrer (Berlin-Steglitz); Muthesius, Schulrat (Weimar); Dr. L. Pallat, Geheimer Oberregierungsrat, Prof. (Berlin); Paul, Prof., Direktor der Unterrichtsanstalt beim Kunstgewerbemuseum (Berlin); Salzer, Prof. (Erfurt); Stiehler, Seminaroberlehrer (Leipzig); Stolle, Rektor (Magdeburg); Thiel, C. Prof. (Berlin); Thiele, Prof. (Berlin); Dr. G. Wyneken, Leiter der Freien Schulgemeinde Wickersdorf.

Wegweisend für diesen Ausschuß konnten die Ausführungen L. Pallats zur Kunsterziehung im Raum der Schule sein, von der er fordert, daß diese:

„Weit mehr als bisher, und zwar von unten auf durch alle Klassen, die Schüler anregen (sollte), sich gemeinsam zu betätigen, sei es zur Ausschmückung der Schulräume bei festlichen Gelegenheiten, sei es zur Veranschaulichung von Aufführungen musikalischer, dramatischer und gymnastischer Art, am besten von solchen eigener Erfindung, sei es zur Herausgabe von Schülerzeitschriften und dgl. mehr. Jede solche Gemeinschaftsarbeit bringt – vorausgesetzt, daß der gesamte Zeichen-Werk-, Sprach-, Gesang- und Bewegungsunterricht von künstlerischem Geiste erfüllt ist – die Kinder der Kunst näher und ist eine weit bessere und wirksamere Vorbereitung auf den späteren Kunstgenuß als das vielfach verfrühte Heranführen an Kunstwerke, einerlei, ob diese durch Lektüre, Besprechen von Bildwerken, Museumsbesuche, Veranstaltung besonderer Konzerte oder Theateraufführungen für Schüler u.a. geschieht".[3]

---

1) 2) Karsen, F., a.a.O., S. 104; S. 105

3) L. Pallat: Kunsterziehung. In: Die deutsche Schulreform, Leipzig 1920, S.129

Als Referent für den Musikunterricht war Prof. C. Thiel berufen. Nach zweitägiger Beratung kam man zu einer Formulierung von acht Leitsätzen für die Kunsterziehung, die von dem Ausschuß einstimmig angenommen und von der Vollversammlung gebilligt wurde. Sie fassen im wesentlichen die Grundgedanken der später einsetzenden Reformen des Zeichen- und Musikunterrichtes in Preußen zusammen, die ich hier wegen ihrer hohen Bedeutung für ein Verständnis des Wirkens L. Kestenbergs einfügen möchte:

„1. Die Schule hat die Aufgabe, künstlerische Gestaltungskraft und die Empfänglichkeit für Kunst zu entwickeln. Diese Aufgabe kann am besten auf dem Boden der Gemeinschafts- und Arbeitsschule erfüllt werden.

2. Jedem Lehrer soll in seiner Ausbildung die Möglichkeit gegeben werden, künstlerische Anlagen nach Begabung und Neigung zu entwickeln, hierzu ist nötig,
   a) daß den noch bestehenden Lehrerbildungsanstalten und sämtlichen höheren Schulen künstlerische Persönlichkeiten mit pädagogischer Begabung zur Verfügung gestellt werden;
   b) daß in der künftigen Berufsbildung des Lehrers Einrichtungen für technisch-künstlerische Ausbildung geschaffen werden; das gilt besonders für die Lehrer des Deutschen.

3. Die Lehrer der Kunst an den allgemein bildenden Schulen erhalten eine Ausbildung, die derjenigen der wissenschaftlichen Lehrer nach der allgemeinen und pädagogischen Seite hin völlig gleichartig, in der besonderen Fachausbildung völlig gleichwertig ist. Hervorragend tüchtige Künstler und Kunsthandwerker sollen unter besonderen Bedingungen zu einer entsprechend gleichwertigen Prüfung als Lehrer der Kunst zugelassen werden und nach erfolgreicher Probezeit angestellt werden.

4. Für die Übergangszeit ist zu fordern:
   a) daß die Schule in ihrer gesamten Bildungsarbeit mehr als bisher die Sinne, die Ausdrucksmittel und das Formgefühl der Jugend entwickelt;
   b) daß die Kunstfächer (Wortkunst und Musik, bildende Kunst und Körperkultur) und deren Vertreter den wissenschaftlichen Fächern und deren Vertretern gleichwertig erachtet werden.

5. Der lehrplanmäßige Unterricht in den besonderen Kunstfächern ist vom Dritten Schuljahr an an allen Schulen und durch alle Klassen durchzuführen. Die Schüler sollen auf allen Stufen mit Werken der Kunst in lebendige Fühlung gebracht werden. Lehrplanmäßiger Unterricht ist dafür nicht vorgesehen. Die Einführung geschieht am besten in freier Arbeitsgemeinschaft als von innen gewachsene, stetige Kunstpflege der Schulgemeinde; dazu sind Raum, Zeit und Hilfsmittel bereitzustellen. Im besonderen sind zu empfehlen Wandervorführungen von Kunstwerken, die staatlich in die Wege zu leiten sind. Die Schüler sind anzuregen, sich in selbständigen, gemeinschaftlichen Veranstaltungen künstlerisch zu betätigen.

6. Besondere, künstlerische Begabungen unter den Schülern haben, ebenso wie wissenschaftliche, auf der Oberstufe aller Schulgattungen das Recht, daß ihre Sonderveranlagung berücksichtigt wird. Die ihnen naheliegenden Fächer sind durch Gabelung an der Stundenzahl zu erweitern, die fernstliegenden zu vermeiden, die Sonderleistungen bei der Gesamtbewertung voll anzurechnen.

7. Hochschule und Volkshochschule führen das Werk der vorausliegenden Schuljahre organisch weiter. Sie bieten den Studierenden die Möglichkeit, ihre bisher erworbene künstlerische Bildung zu erweitern und zu vertiefen.
8. Über die Schule hinaus sind alle Einrichtungen staatlich zu fördern, die einer gesunden künstlerischen Teilnahme des gesamten Volkes dienen im Gegensatz zu dem verderblichen Einfluß von Schmutz und Schund.
Alle Forderungen gelten für Lehrende ohne Unterschied des Geschlechts".[1]

Für die Entwicklung der Reformbestrebungen in der *Musikerziehung* gilt es jedoch im besonderen zwei Faktoren zu berücksichtigen: 1. wurde dem Ausschuß und der Musikerziehung im Vergleich zu anderen Ausschüssen und Beratungspunkten kein großes Gewicht beigemessen, da das Hauptinteresse anderen Fragen galt wie z.B. der Lehrerbildung, der Simultanschule, dem Arbeitsunterricht. Aus dieser Randposition läßt sich auch erklären, daß bei der Verlesung der Leitsätze des Ausschusses für Kunsterziehung sich weder Befürwortung noch Widerspruch erhob.
2. kam bei den Beratungen im Kunsterziehungsausschuß die führende Position den Vertretern des Zeichenunterrichtes zu, einem Gebiet, auf dem die Kunsterziehungsbewegung für eine Reform bereits erheblich mehr Vorarbeit geleistet hatte.

Für eine Verwirklichung und Realisierung der in den Leitsätzen geforderten Maßnahmen bedurfte es jedoch im Bereich der Musikerziehung noch bedeutender organisatorischer Maßnahmen, wie etwa des Ausbaus einer großen Ausbildungsorganisation für die Musikerzieher. Darüber hinaus war mit ihnen die Voraussetzung verknüpft, die Gleichberechtigung der Musik unter den übrigen Unterrichtsfächern zu erwirken, die Gleichberechtigung des Musiklehrerstandes aufgrund seines Ausbildungsganges durchzusetzen, und insgesamt mußte der Musikerziehung die Eroberung eines breiteren Betätigungsfeldes in der Schule gelingen.
Offen bleiben mußte die Frage nach einer adäquaten *Bewegungserziehung* für den Raum der Schule; hier stellt L. Pallat fest: „In den Erörterungen über Kunsterziehung in der Schule hat das Turnen bisher eine merkwürdige bescheidene Rolle gespielt".[2] Anders jedoch schätzt er die Position der Gymnastik außerhalb der Schule ein. Hier sieht er, verweisend auf namhafte Wegbereiter wie E. Duncan und E. Jaques-Dalcroze, und dem erwachten Ausdrucksbedürfnis in Spiel, Rhythmus, Tanz, in der Jugendbewegung den Anschluß an die Kunst gefunden.
Offen bleibt für ihn auch eine Zusammenfassung der verschiedenen gymnastischen Bestrebungen, mit Hinweisen auf charakteristische Merkmale der einzelnen Richtungen und die bewährteste Methode für den Raum der Schule. Damit weist L. Pallat auf eine Fragestellung hin, die während der 'Tagung für künstlerische Körperbildung' (5. bis 7. Okt. 1922 in Berlin; s. Kap.: 2.3, Teil III) zum erstenmal eine eingehende Erörterung finden sollte und die danach unter den Vertretern

---

1) Leitsätze des Ausschusses *Sieben* 'Kunsterziehung'. In: Die Reichsschulkonferenz, a.a.O., S. 749/760

2) Pallat, L., a.a.O., S. 128

gymnastischer Bewegungssysteme immer wieder zu Diskussionen und kritischen Auseinandersetzungen geführt hat.

„Über die Aufgabe, die es dabei zu lösen gilt, ist man sich wohl im allgemeinen einig. Sie besteht darin, die angeborene körperliche Ausdrucksfähigkeit des Kindes durch hygienische und rhythmische Übungen derart zu entwickeln, daß am Ende nicht mehr und nicht weniger herauskommt als zweckmäßige, freie und ungekünstelt-schöne Bewegungen und Gebärden".[1]

Doch ist dieser hohe Anspruch nur zu lösen, wenn es gelingt, eine ausreichende Zahl qualifizierter Lehrender für die Fachbereiche Musikerziehung/ Rhythmisch-musikalische Erziehung und Bewegungserziehung heranzubilden, ein zentrales Anliegen des umfassenden musikerzieherischen Reformwerkes Leo Kestenbergs.

1.3 Leo Kestenbergs Konzeption einer ‚Musikerziehung und Musikpflege in Schule und Volk'

1.3.1 Einleitende Gedanken

Eberhard Preußner, einer der engsten Mitarbeiter Leo Kestenbergs, faßt die Grundgedanken des Kestenberg'schen Reformwerkes in der knappen Formel zusammen: „Weckung des Schöpferischen, des Selbsttätigen, spezieller gesagt: Erziehung zum musikalischen Hören und zur echten Pflege der Musik in Schule, Kirche und Haus mit dem großen Ziel der Einheit von Leben, Singen, Spielen und Arbeiten. Das Motto der Reform aber heißt: Erziehung zur Menschlichkeit mit und durch Musik".[2]

L. Kestenberg selbst sieht in seiner frühen Schrift: „Musikerziehung und Musikpflege" (Leipzig 1921), die zur Grundlage der vom Preußischen Ministerium für Wissenschaft, Kunst und Volksbildung ausgelieferten „Denkschrift über die gesamte Musikpflege in Schule und Volk" (19. Febr. 1924) wurde, alle seine Pläne und Projekte zusammengefaßt:

„Anfang 1919 wurde mir bewußt, daß der Platz, auf den ich durch meine Berufung ins Ministerium gestellt wurde, so verantwortlich war, daß ich es als Pflicht empfand, eine programmatische Schrift zu verfassen, die alle meine Pläne und Projekte, deren es nicht wenige gab, als eine Einheit ins rechte Licht setzen sollte. Nach reiflichem Überlegen gelang es mir eines Tages, meine Idee gedanklich zusammenzufassen und klar geordnet zu überschauen.

... In meinem Buch 'Musikerziehung und Musikpflege' habe ich dann alles wie in einem Fieber niedergeschrieben, und das meiste von dem, was ich dort verlangt, geplant und projektiert habe, ist bis zu meiner zwangsweisen Versetzung in den einstweiligen Ruhestand, verwirklicht worden".[3]

---

1) Pallat, L., a.a.O., S. 128; S. 264

2) zit. nach Kraus, E.: Leo Kestenberg zum Gedächtnis. In: Musik im Unterricht, 53. Jg., H. 3, Mainz 1962, S. 66

3) Kestenberg, L.: Bewegte Zeiten, a.a.O., S. 42

In dem ersten Kapitel 'Musikleben der Gegenwart' gibt L. Kestenberg einen knappen Aufriß der Musikpflege in Deutschland, schildert in seiner Situationsanalyse des Musiklebens der Zeit den „augenblicklichen Tiefstand der musikalischen Organisation“[1] in der verschiedenen Bereichen der Musik, den schulischen und außerschulischen, und kommt zu dem Ziel und der Aufgabe einer Schulmusikreform: „Das Künstlerische zu wecken und die Idee des Gemeinsamen, der harmonischen Ausbildung, der Aktivität und des Persönlichen durchzusetzen, das wird die Aufgabe sein, die sich eine Schulmusikreform zu stellen hat, und für die im folgenden ein Plan entworfen wird, der von der allgemeinen musikalischen Bildung in der Schule zum Fachstudium führt“.[2]

Diesem aber stellt er eine Gliederung voran, die seine umfassend gesehenen musikalisch-kulturellen Reformabsichten zu verdeutlichen vermag: I. Schulmusik: 1. Kindergarten; 2. Volksschule; 3. Höhere Lehranstalt: Fach- und Fortbildungsschule; 4. Universität; 5. Volkshochschule. II. Musikschulen: 1. Privatunterricht; 2. Volksmusikschulen; 3. Musikgymnasium; 4. Hochschule für Musik und Orchesterschule; 5. Musikpädagogische Akademie; 6. Akademie für Kirchenmusik. III. Musikpflege: 1. Oper; 2. Orchester; 3. Chor, Kammermusik und Solisten, volkstümliche Musikpflege.

Einer so verstandenen „Erneuerung des gesamten Musikwesens“[3] liegt die Erkenntnis zugrunde: „Musik spiegelt den Geist der gesellschaftlichen und sozialen Entwicklung, sie durchpulst die gesamte künstlerische und technische Bewegung der Jahrhunderte, sie trägt die eigentliche Bildung und Prägung des Volkscharakters. Sie gehört zum unentbehrlichen Lebensgut des deutschen Volkes, zum Ausdruck seiner Entwicklung, seiner Geschichte“.[4]

Daraus läßt sich L. Kestenbergs zentrales Anliegen verstehen, das Suchen nach neuen Wegen, um die sichtbar gewordene Zerklüftung, die vielfachen Interessen und Spaltungen in der Musikbewegung der Zeit zu überwinden. Die Kluft zwischen den Schichten der Bevölkerung zu verringern; zwischen den professionellen Musikern und den Musikliebhabern und Laienmusikern; zu einer Überwindung des Risses zwischen volkstümlicher und öffentlich-konzertmäßiger Musikpflege hinzufinden, zusammengefaßt: „Es müssen Wege und Ziele vorgezeichnet und erkannt werden, es muß der Boden gesichert werden, auf dem sich alle Zweige musikalischer Betätigung frei entfalten können. Dieser Grund und Boden liegt zu einem großen Teil in der Schulmusik. Hier hat der Staat die erste und wichtigste Kulturarbeit zu leisten, denn Schulmusik und Volkserziehung sind die Stützen unserer musikalischen Entwicklung und unserer Zukunft“.[5]

---

[1][2] Kestenberg, L.: Musikerziehung und Musikpflege, Leipzig 1921, S. 6;

[3][4][5] Kestenberg, L.: Musikpflege in Schule und Volk (Denkschrift 1923), Berlin 1927, S. 14; S. 9; S. 15

Dabei kann es jedoch nicht um eine Auslese von Begabungen gehen, sondern Grundlage zu Aufbau und Entwicklung einer Musikkultur kann nur eine breite und empfängliche Menge (sein), die die Musik um des inneren Gewinns willen liebt und ausübt".[1]

Insofern erhalten in seiner Konzeption in einem erweiterten Verständnis von Musikerziehung und Musikpflege Relevanz: Erleben von Musik; Musik hören und verstehen; Entwickeln einer Liebe zur Musik; Phantasie; Erfinden, Entdecken, Gestalten, damit Selbsttätigkeit und Selbständigkeit des Kindes, Aspekte, die auch der Rhythmisch-musikalischen Erziehung innewohnen, der Leo Kestenberg Wege in alle schulischen und außerschulischen Institutionen entscheidend geebnet hat.

Im folgenden möchte ich an dieser Stelle Grundzüge, leitende Gedanken einfügen, die L. Kestenberg in den beiden zuvor genannten Schriften für die einzelnen Bereiche der Musik aufgezeichnet hat und im speziellen nur für die Institutionen skizzieren, die in einem unmittelbaren Zusammenhang mit dem gestellten Thema stehen. Seinen Ausführungen zu der Institution *Kindergarten* stellt er die Aussage voran: „Jedes Kind ist von seiner frühesten Jugend an musikalisch beeinflußbar. Schon der Kindergarten kann den Grund zu einer allgemeinen produktiven und rezeptiven Teilnahme am musikalischen Geschehen legen, die durch die häusliche Erziehung gefestigt werden sollte".[2]

Doch läßt die gegenwärtige Situation an den Ausbildungsseminaren für Kindergärtnerinnen erkennen, daß die künstlerischen Fächer in der sonst anspruchsvollen Seminarplanung eine Randposition einnehmen, ja Gesang und Musik oft an vierzehnter und letzter Stelle stehen. Anknüpfend an eine frühe Konzeption von H. Niehusen: 'Musik für unsere Kleinen' (Berlin 1906); 'Wer singt mit?' (Leipzig/Berlin 1914), in der Inhalte Berücksichtigung finden wie: adäquate Auswahl und Pflege des Kinderliedgutes; Kenntnisse über die Pflege der Kinderstimme; Einsatz von Kinderinstrumenten; Hören von Musik; Lehrversuche und Hospitationen, kommt L. Kestenberg zu einer Erweiterung, die er in der „Gemeinsamkeit von Arbeit, Spiel und Kunst auf rhythmischer Grundlage" [3] erkennt. Eine Basis, die er für den Unterricht in Musik und Gesang in Theorie und Praxis als möglich und erreichbar innerhalb von drei Wochenstunden Musik ansieht. Seine Forderungen faßt er in drei Punkten zusammen:

„1. Betonung der Bedeutung und des Wertes der Musik für die erste Erziehung des Kindes.
2. Ausreichende musikalische Ausbildung der Lehrkräfte, und zwar in Gehörbildung, rhythmischer Gymnastik, Kinderlied, Reigen, Kinderspiel, Improvisation.
3. Einführung musikalischer Spiele und Reigen in den Kindergärten nach methodisch vorgehenden Lehrbüchern" [4]

---

[1][2][3][4] Kestenberg, L.: a.a.O., S. 56; S.13; S.17

Für den Bereich der *Volksschule* sieht L. Kestenberg einerseits durch die reiche Literatur zu Fragen des Schulgesanges und zur Reform des Musiklebens bestätigt, „daß in der Schule der Ausgangspunkt zielbewußten einheitlichen musikalischen Aufbaus liegt",[1] doch muß er andererseits feststellen, daß dieser Erkenntnis wenig Rechnung getragen wird. „Es ist viel von Gesang, vom Tonwort, Lied und Choral die Rede, doch wird der Kern der musikalischen Erziehung, die Durchdringung des gesamten Unterrichts mit musikalischen Ideen und Elementen nur gestreift. Hier liegt aber die Wurzel des musikalischen Erziehungsproblems, denn es kommt in den ersten Schuljahren weniger auf das Gesangliche als auf das Musische, auf das Hineintragen der elementaren musikalischen Kräfte in die aufnahmefreudigen Herzen der Jugend an".[2]

Hier ist es L. Kestenberg wichtig, die Umbenennung des 'technischen Faches' Gesang, in ein 'künstlerisches Fach' Musik herauszuheben, verbunden mit einer Erweiterung durch Gehörbildung; Improvisation; rhythmische Erziehung; Akustik; Tonpsychologie; Geschichte der Musik; Formenlehre; Ästhetik; Instrumentenkunde und Instrumentalspiel, wie ebenso auf seine fächerübergreifende Funktion im Lehrplan der Schule hinzuweisen. Den 'Wert der musikalisch-rhythmischen Erziehung in der Schule', im besonderen in einem Zusammenhang mit der Gehörbildung und einem freien Erfinden, Improvisieren, Gestalten, beschreibt er mit den Worten: „Aus der Gehörbildung ergeben sich zwanglos Übungen zur rhythmischen Erziehung. Neben Taktieren, Auffassen und Niederschreiben von Rhythmen muß die Verbindung mit körperlichen Übungen gepflegt werden. Marschübungen unter Gesang, Darstellung von Rhythmen durch Schritt, Sprung und Bewegung, Reigen und Spiel haben die Verbindung zwischen Musik und Bewegung zu bilden und zu festigen, denn die rhythmische Erziehung führt zu Beherrschung der Körperhaltung und Bewegung, der körperlichen Kraft und Elastizität".[3]

Damit aber sind insgesamt hohe Anforderungen an den Lehrenden gestellt, der über umfassende Kenntnisse und musikalisches Wissen hinaus über die Fähigkeit verfügen sollte, zu musikalischem Erleben hinzuführen und in das Musikleben der Zeit einzuführen, immer aus dem Bewußtsein heraus, mitbeteiligt zu sein an Aufbau und Entwicklung einer musikalischen Kultur, „... er muß als rechter Pädagoge für den Unterricht Liebe und Begeisterung mitbringen und nicht nur seine Lieder und Methoden kennen, sondern Musiker sein, der praktisch wie theoretisch in das Gesamtgebiet der Musik eingedrungen ist".[4] Für den Schultypus der Volksschule entwirft L. Kestenberg sieben Grundbedingungen, quasi eine 'Magna Charta', die seine Vorstellung von einem erweiterten Musikunterricht (mit zwei Wochenstunden Musik für alle Klassen und Schulformen) zusammenfassen:

„1. Erwecken der musikalischen Elementarbegriffe (Ton, Tonhöhe, Rhythmus, Dynamik u.a.);

---

1) 2) 4) Kestenberg, L.: Musikerziehung und Musikpflege, Leipzig 1921, S. 18; S. 22

3) Kestenberg, L.: Musikpflege in Schule und Volk (Denkschrift 1923), S. 25

2. Anwendung der musikalischen Elemente in Spiel und Tanz, im Zeichnen und Turnen (Gymnastik);
3. Klangvorstellung und Tonerlebnis. Die Notenschrift als Notbehelf für das Festhalten von Tönen. Vorteile und Schwächen der Notenschrift; Notenkenntnis;
4. Lieder singen und musikalisch empfinden. Form und Organismus eines Liedes. Verstehen der musikalischen Zusammenhänge, Erleben des inhaltlich bestimmten Ausdrucks eines Liedes (Hermeneutik);
5. Musikdiktat. Weitere Beschäftigung mit einfachen ein- und mehrstimmigen Liedern. Qualitätsunterschiede zwischen gediegener und seichter Musik (höhere Tonkunst und Schundliteratur). Vorspielen von Stücken durch den Lehrer, Anleitung zum Erfassen und Verstehen des Vorgetragenen;
6. Improvisation und Singen von Liedern;
7. Schönsingen (Vortrag)".[1]

Kindergarten und Volksschule aufgefaßt als Basis, auf der die weiterführenden Institutionen aufbauen, erweitern, vertiefen, differenzieren können, beschreibt L. Kestenberg im folgenden die höheren Lehranstalten bis hin zur musikpädagogischen Akademie, der Universität, der Hochschule für Musik, der Akademie für Kirchen- und Schulmusik, den komplexen Bereich der außerschulischen Musikerziehung und Musikpflege (Privatunterricht, Volksmusikschule, Oper, Orchester u.a.). Seine Grundgedanken einer 'Musikerziehung und Musikpflege in Schule und Volk' lassen sich in folgenden Basissätzen zusammenfassen:

„1. Musik kann auf das Gefühlsleben, auf Phantasie und Ausdruckswillen, auf die neu erwachende Religiosität, auf inneres Erleben und Empfinden tief einwirken und so auf das Seelische, Ethische und Charakterbildende beim Kinde Einfluß nehmen.
2. Die Ausnutzung dieser Kraft des musikalischen Erlebens zu voller Geltung zu bringen, muß ein wichtiger Gesichtspunkt bei jeder Neuordnung des Schulwesens sein.
3. Die Musik führt zur Verinnerlichung, zur Vertiefung der Kenntnisse und Anschauungen, sie wirkt auf Charakter und Lebensgefühl, auf schöpferische und seelische Kräfte. Diese stärkende und belebende Macht der Musik muß den Musikunterricht durchdringen und die Stellung des Fachs im Sinne eines 'Sammelpunktes' im Gesamtplan der Schule bestimmen.
4. Der Musikunterricht muß deshalb in allen Schultypen weiter gefaßt werden, damit nicht nur die gesangliche Ausbildung, sondern ebenso die Musikalität und das Verständnis für Musik systematisch entwickelt werden können. Erneuerung der musikalischen Erziehung kann jedoch nur durch 'Weckung des Schöpferischen', die Einführung in Wesen und Wirken des musikalischen Erlebens erfolgen, und zwar durch ein Bilden und Entwickeln der ursprünglichen Anlage eines jeden Kindes zum eigenen Gestalten und zur Bestätigung der Phantasie von Anfang an, d.h. in Kindergarten und Unterstufe der Volksschule beginnend.

[1]) Kestenberg, L.: Musikerziehung und Musikpflege, Leipzig 1921,S. 22

5. In jeder Klasse wird die Verbindung des Musikunterrichts mit dem Lehrstoff aller anderen Fächer (Religion, Deutsch, Geschichte, Fremdsprachen, Zeichnen, Turnen) durchzuführen sein.
6. Aus der Gehörbildung ergeben sich zwanglos Übungen zur rhythmischen Erziehung. Neben Taktieren, Auffassen und Niederschreiben von Rhythmen muß die Verbindung mit körperlichen Übungen gepflegt werden.
7. Nur eine Erziehung, die die Musik in das Volk trägt, kann den Boden fruchtbar machen zu einer umfassenden deutschen Musikpflege. Dieses Ziel ist nur zu erreichen bei wöchentlichen zwei Stunden Musikunterricht.
8. Was die Schule an musikalischer Kraft und Energie weckt, soll das spätere Leben zu voller Blüte entfalten. Hat die Schule ihre Aufgabe erfüllt, so werden die Wurzeln weitergreifen und zu einer Musikkultur führen, die alle Kreise in Stadt und Land vereint. Hierfür die Sicherungen und den festen Unterbau zu schaffen, wird die erste und wichtigste Aufgabe sein müssen, die zu innerer Erstarkung und Erneuerung führt".[1]

1.3.2 Die Reichsschulmusikwochen

Den Reichsschulmusikwochen kommt im Kontext einer so umfassend gesehenen musik-pädagogischen Reform mit einem Zentrum bei der Schulmusik (bis zur siebten Veranstaltung – 1928 in München – trugen diese die Bezeichnung 'Schulmusikwoche') eine Schlüsselstellung zu. „Sie wollen am großen Gesamtplan deutscher Erziehung mitarbeiten, wollen aus der Enge fachlicher Kleinarbeit hinausführen in das weite Gebiet musikalischen Kulturlebens".[2]

Veranstaltet vom Zentralinstitut für Erziehung und Unterricht in Berlin, in Kooperation mit den zuständigen Landeszentralbehörden, konnten diese Reichsschulmusikwochen im Zeitraum von 1920 bis 1929 achtmal an verschiedenen Orten stattfinden: 1. Berlin 1921; 2. Köln 1922; 3. Breslau 1923; 4. Hamburg 1924; 5. Darmstadt 1925; 6. Dresden 1926; 7. München 1927; 8. Hannover 1928. Ihre Bedeutung hebt L. Kestenberg in den Worten heraus: „Diese acht Reichsschulmusikwochen stehen vor mir wie acht Erzengel. Eine jede von ihnen war mit einem besonderen Programm ausgestattet, und alle zusammen bildeten doch eine Einheit in unseren Zielen und Absichten. Aber alle diese organisatorischen Arbeiten im Rahmen des Zentralinstitutes waren nur möglich dank der treu hingebenden rastlosen Mitwirkung der Mitarbeiter, die alle ein bestimmtes Ressort zu verwalten hatten".[3]

Schon aus der gewählten Bezeichnung geht ihr Auftrag, die Vertreter der Schulmusik aller Schulstufen zu einer gemeinsamen Aussprache und Erörterung von aktuellen Fragen zusammenzurufen, deutlich hervor. Stand am Beginn dieser Veranstaltungen die Aufgabe im Mittelpunkt der Diskussion, eine Klärung herbeizu-

[1] Kestenberg, L.: Musikpflege in SchuleUnd Volk (Denkschrift 1923), S. 19-35
[2] Musik in Volk, Schule und Kirche, hg. vom Zentralinstitut für Erziehung und Unterricht Berlin, Leipzig 1927, S. IV
[3] Kestenberg, L.: Bewegte Zeiten, Wolfenbüttel/Zürich 1961, S. 61

führen aus der Fülle der Anregungen und Forderungen für die Neugestaltung und Erweiterung des Schulmusik- und Gesangunterrichtes im Hinblick auf die bevorstehende Reform des Unterrichtswesens, so konnte sich im weiteren Verlauf ihr Aufgabenkreis ständig ausweiten und vertiefen. Mit einem Rahmenthema: „Musik und Schule“ wurde die erste Schulmusikwoche (17. Mai bis 21. Mai 1921 in Berlin) „zum wirksamen Auftakt der Schulreform“.[1] Ihre Aufgabe sollte es sein, zur Klärung der Fragen des Schulgesanges beizutragen.

Insofern war eine große Zahl an namhaften Referenten aus Praxis und Theorie eingeladen. Ein Kommentar lautet: „Die Veranstaltungen erfreuten sich eines über alle Erwartungen starken Besuches aus ganz Deutschland“;[2] Berichte der späteren Schulmusikwochen melden auch Teilnehmende aus Österreich, der Schweiz und den Niederlanden.

> 1. Prof. Thiel, Die Bedeutung der ersten Schulmusikwoche — 2. Prof. Dr. Abert, Stellung des Musikunterrichts im Gesamtorganismus der Schule — 3. Prof. Paul, Neue Aufgaben im Schulmusikunterricht — 4. Fritz Jöde-Hamburg, Grundlagen musikalischer Betätigung in Schule und Leben — 5. Prof. Sonderburg-Kiel, Die Schule als Mittelpunkt städtischer Musikpflege — 6. Gesanglehrer Ast, Methoden des Schulgesangunterrichts — 7. Prof. Rolle, Aufgaben und Ziele des Schulgesangunterrichts — 8. Gesanglehrer Blensdorf und Gesanglehrerin Charlotte Pfeffer, Rhythmisch-gymnastische Methode und ihre Anwendung im Schulgesangunterricht — 9. Maria Leo, Tonika-Do-Methode — 10. Prof. Eitz, Tonwort-Methode — 11. Gesanglehrer Kühn, Das Prinzip der Arbeitsschule im Musikunterricht — 12. Lehrer Jensen, Gemeinschaftsunterricht in der Gesangstunde einer Volksschuloberklasse — 13. Rektor Hoffmann und Lehrer Schüffner, Praktische Unterrichtsbeispiele aus der Volksschule — Praktische Unterrichtsbeispiele aus höheren Lehranstalten: 14. Gesanglehrer Ast, Rhythmik, Tonalität, aktive Teilnahme — 15. Gesanglehrer Hastung, Lautbildung — 16. Gesanglehrer Dr. Schipke, Hermeneutik — 17. Prof. Dr. Schäfer, Demonstrationen und Versuche zur Lösung von Aufgaben eines künftigen musikpädagogischen Forschungsinstitutes — 18. Gesanglehrer Kühn, Wesen, Probleme und Methoden der wissenschaftlichen Musikpädagogik — 19. Prof. Dr. Sachs, Führung durch die Sammlung alter Musikinstrumente.

An Veranstaltungen waren vorgesehen: In dem Eröffnungsvortrag: „Über die Bedeutung der ersten Schulmusikwoche“ hebt C. Thiel die hohe Bedeutung des schulischen Musikunterrichtes im allgemeinen heraus. Anknüpfend an den von H. Kretzschmar geprägten Basissatz: „In der Schule entscheidet sich das Schicksal der deutschen Musik“,[3] weist er auf die mit ihm verbundenen Kulturwerte hin und fügt hinzu, daß die Verhandlungen der Schulmusikwoche eine „Werbung großen Stils sein sollen, ein Appell an Schul- und Stadtverwaltungen, an Musiker und Musikfreunde“.[4] Er spricht die Hoffnung aus: „Wenn alle in Betracht kommenden Faktoren darauf hinarbeiten, daß bei der bevorstehenden Reform des Unterrichtswesens daraus die richtigen Schlußfolgerungen gezogen werden, dann wird die Musik, die da ist der Ausdruck des Denkens und Fühlens, die Sprache der Seele, unser Volksleben befruchten und eine Quelle werden, aus der die Volkskraft schöpft“.[5]

Soll aber der Schule die Hauptaufgabe musikalischer Jugenderziehung zufallen, sie einen entscheidenden Beitrag leisten, um die Kluft zwischen Musik und Volk zu verringern, so bedarf es auch einer neuen erweiterten Zielbestimmung, die eine Vielfalt von Neigungen, Fähigkeiten, Begabungen zuläßt. Insofern spricht E. Paul

1) Kraus, E. (Hg.): Musikerziehung in der Schule, Mainz 1955, S. 39

2) Jahrbuch des Zentralinstitutes für Erziehung und Unterricht, Berlin, 3.Jg. 1921, Berlin 1922, S. 219

3) 4) 5) Thiel, C.: Über die Bedeutung der ersten Schulmusikwoche. In: Musik und Schule, hg. v. Zentralinstitut für Erziehung und Unterricht, Berlin, Leipzig 1922, S. 3; S. 4

(Dresden) in einem der nachfolgenden Referate davon, „bewußtes Hören anzubahnen, ein Horchen und Sichbesinnen, verständnisvolles Erfassen der Tonwelt anzustreben, Empfänglichkeit für Kunst zu entwickeln, persönliche Ausdruckskultur („Ästhetische Körperschulung“) in Anregung zu bringen“, und fügt einen Zielkatalog hinzu mit: Bildung von Stimme und Gehör, Selbständigkeit, Veredelung des Geschmackes, Schönsprechen, Lust und Liebe zur Musik“.[1]

Damit war eine Fülle von zu bewältigenden Aufgaben aufgezeigt, die in den Folgejahren fast alljährlich die Vertreter der Schulmusikerziehung aus verschiedenen Schulformen zu Erörterung, Diskussion, Austausch über eine spezifische Thematik aus den Bereichen der Wissenschaft, Kunst, Pädagogik, Kultur, Ästhetik und Philosophie, zusammenrief. Von Beginn an stand jede dieser Veranstaltungen unter einer leitenden Idee, fanden Fragen der Methoden und Lehrpläne Berücksichtigung, war auch der Rhythmisch-musikalischen Erziehung ein Raum zugedacht. Bereits zu der ersten Reichsschulmusikwoche waren Vertreter der Rhythmisch-musikalischen Erziehung eingeladen, die damit erstmals die Möglichkeit erhielten, die Position dieser oftmals mißverstandenen Methode zu klären, zu präsentieren, in sie einzuführen. Insofern erhält hier das Referat von O. Blensdorf: „Die Methode der rhythmischen Gymnastik von Jaques-Dalcroze“, gehalten bei der ersten Schulmusikwoche, geradezu eine propädeutische Funktion. Er zeichnet ihre Aufgabe mit den Worten: „Die rhythmische Gymnastik stellt sich die Aufgabe, die Einheit von Musik und Körperbewegung zu veranschaulichen. Jede Veranschaulichung, wenn sie überhaupt Anspruch auf diesen Namen hat, muß aber ein Erleben sein. Wird dieses aktiv, so haben wir den Arbeitsunterricht. Er muß anknüpfen an die natürliche Veranlagung des Kindes. Diese äußert sich in unserem Falle hauptsächlich in drei Elementen: 1. im Spiel- und Bewegungstrieb; 2. dem natürlichen Sinn für Rhythmus; 3. der Freude an der Musik“.[2]

Doch vergißt er es nicht, seinen Ausführungen den Hinweis hinzuzufügen, daß die rhythmische Erziehung nicht den Anspruch einer selbständigen Kunstform erhebe, sondern es ihr vielmehr darum gehe, „sich in den Dienst der Musik zu stellen, erläuternd, begleitend, von ihr geführt und doch sie führend in den Menschen hinein und wieder als seine eigene Musik aus ihm heraus“,[3] worin er ihren spezifischen Beitrag zu einer alle Kreise erfassenden Jugenderziehung erkennt.

Ch. Pfeffer (seit 1913 Dozentin für rhythmische Erziehung an der Hochschule für Musik in Berlin) ergänzt diesen Vortrag durch eine Auswahl von Übungen mit zwei Gruppen von Kindern unterschiedlicher Altersstufen und stofflicher Inhalte:

---

1) Paul, E.: Neue Aufgaben im Schulmusikunterricht. In: Musik und Schule, a.a.O., S. 29

2) 3) Blensdorf, O.: Die Methode der rhythmischen Gymnastik von Jaques-Dalcroze. In: Musik und Schule, hg. v. Zentralinstitut f. Erziehung u. Unterricht Berlin, Leipzig 1922, S. 56; S. 59

Gr. 1: Kinder im Alter von vier bis sieben Jahren

Inhalte: Erfassen des Tempos, der Tonstärke und Tonhöhe in Übungen und Spielen;

Gr. II: Kinder im Alter von acht bis dreizehn Jahren

Inhalte:
- Wechsel des Tempos und der Dynamik im Wiedergeben des Gehörten wie im Selbsterfundenen;
- Metrische Übungen im 2/4-, 3/4-, 4/4 Takt;
- Notenwerte und Pausen bis hin zu rhythmischen Abläufen, von den Schülern erfunden oder auch nach Gehör wiedergegeben oder von der Tafel gelesen;
- Volltaktige und auftaktige periodisierte Rhythmen sowie Volkslieder, die durch Richtungswechsel, Atmung u.a. phrasiert werden.[1]

Kommt dieser ersten Reichsschulmusikwoche mit dieser Fülle von Anstößen, Informationen, Gedanken, eine wegweisende Bedeutung zu – E. Kraus bemerkt, daß sie „Schrittmacherdienste“[2] geleistet habe – so gilt diese Funktion auch für die Rhythmisch-musikalische Erziehung. Sie wird in den Folgejahren im Rahmen dieser Veranstaltungen hin und wieder aufgenommen und thematisiert. Doch gilt es hinzuzufügen, daß das hier diskutierte Verständnis von Musikerziehung und Rhythmisch-musikalischer Erziehung sich auch in den nachfolgenden Erlassen für die verschiedenen pädagogischen Institutionen widerspiegelt, die eine Konkretisierung und Differenzierung darstellen. Den eigentlichen Wert der Reichsschulmusikwochen sieht L. Kestenberg erst dann verwirklicht,

„ ... wenn Vertreter der Tonkünstlerschaft, der Presse, des Publikums diesen Tagungen die gleiche Bedeutung wie einzelnen Musikfesten beimessen, wenn das Wort von Kretzschmar, ‘die Mehrzahl der Tonkünstler hat noch immer keine Ahnung von der Wichtigkeit des Gegenstandes’ seine Berechtigung verloren hat. Die eigentliche Idee unserer Musikerziehung setzt sich trotz aller äußeren Gegensätze unbeirrbar durch. Die Erkenntnis von der Notwendigkeit einer einheitlichen, Musikorganisation von Staaten und Städten, Fachorganisationen und Institutionen getragenen Zusammenfassung und planmäßiger Gliederung der Musikerziehung und Musikpflege wird folgen und dem deutschen Musikleben, dem deutschen Musikschaffen die unentbehrlichen Grundlagen bieten“.[3]

---

1) Pfeffer, Ch.: Rhythmisch-gymnastische Übungen der Methode Jaques-Dalcroze. In: Musik und Schule, a.a.O., S. 86

2) Kraus, E., a.a.O., S. 32

3) Kestenberg, L.: Wege zur Entwicklung deutscher Musikerziehung. In: Die Musik, 20. Jg., Berlin 1927/1928, S. 15

1.3.3 Die Reformen und Erlasse des Preußischen Kultusministeriums unter besonderer Berücksichtigung der Rhythmisch-musikalischen Erziehung

1.3.3.1 Die Hochschulinstitutionen für Musik und Pädagogische Akademien in Preußen

Dachte Leo Kestenberg in seinem Amt als Musikreferent im Ministerium für Wissenschaft, Kunst und Volksbildung innerhalb der 'sachlichen und personellen Reform' seit dem Jahre 1919 zuerst an die großen staatlichen Institute, die Akademie der Künste, die Hochschule für Musik, die Akademie für Kirchen- und Schulmusik in Berlin – denen weitere Hochschulinstitutionen folgen sollten (am 5. Okt. 1925 Köln; 8. Okt. 1927 Folkwangschule Essen), so ist dies zu verstehen aus der Schlüsselposition, die diesen Institutionen im Gesamt musikalischer Bildung und Erziehung zukommt.
Die Staatliche Hochschule für Musik (Berlin) wurde 1869 unter der Leitung von Joseph Joachim (1831 - 1907), „dem unumstrittenen König der klassischen Geiger seiner Epoche“[1] gegründet. Seine Nachfolge – J. Joachim starb 1907 – übernahm in der Zeit von 1909 bis 1920 Hermann Kretzschmar, eine „allgewaltige Persönlichkeit“,[2] der zugleich Ordinarius für Musikwissenschaft an der Universität war und das Institut für Kirchenmusik leitete. „In seiner Amtszeit (bis 1920) wurde die Konzeption der Musikhochschule, ihre Struktur und ihr Bildungsziel, fundamental gewandelt. Gegenüber seinem Vorgänger Joachim, der den feinsinnigen romantischen Künstler verkörperte, stellt Kretzschmar den Typ des universal gebildeten Musikerziehers dar“.[3]

Zur Verwirklichung seiner umfassenden Reformpläne gehörte als erste praktische Realisierung die 'Prüfungsordnung für Gesanglehrer und Gesanglehrerinnen in Preußen' 1910, die wegweisend für nachfolgende Prüfungsordnungen auch auf anderen Gebieten der Musikerziehung wurde. Als Erfüllung der Reformpläne Kretzschmars ist die Ernennung des Institutes für Kirchenmusik – anläßlich der Einhundert-Jahrfeier (1922/1923) – zu einer 'Staatlichen Akademie für Kirchen- und Schulmusik' anzusehen. Auf Kretzschmars Initiative geht auch die Einführung der Methode Jaques-Dalcroze im Jahre 1913 mit Gehörbildung, Rhythmischer Gymnastik, Improvisation in die Hochschule für Musik zurück.
Der Unterricht wurde zunächst von den diplomierten Dalcroze-Lehrenden N. Reuschel und K.A. Fischer erteilt und im Herbst des Jahres 1913 von Charlotte Pfeffer (1881-1970) übernommen, die sich zu dieser Zeit in ihrem zweiunddreißigsten Lebensjahr befand.[4] L. Kestenberg kommentiert in seinen Lebenserinnerungen:

---

[1] [2] Kestenberg, L.: Bewegte Zeiten, a.a.O., S. 56

[3] Borris, S.: Hochschule für Musik, Berlin 1964, S. 17

[4] Hürtgen-Busch, A.: Die Wegbereiterinnen der Rhythmisch-musikalischen Erziehung in Deutschland, Frankfurt/M. 1996, S. 179-203

„Er (Kretzschmar) war es auch, der die Bedeutung der von Jaques-Dalcroze begründeten rhythmischen Gymnastik sofort als bahnbrechend erkannte und die blutjunge Lotte Pfeffer, eine diplomierte Schülerin von Jaques-Dalcroze, als Lehrerin für rhythmische Gymnastik an die Hochschule für Musik verpflichtete. Dies war wirklich eine originelle Tat; denn bislang existierte ein solches Unterrichtsfach noch nicht an der Hochschule,und Lotte Pfeffer hat dann mit großem Erfolg die Segnungen der rhythmischen Gymnastik gelehrt und in weiten Kreisen bekannt gemacht".[1]

Darüber hinaus kommt ihm das Verdienst zu, bei den entsprechenden staatlichen Behörden Elfriede Feudel, geb. Thurau (1881-1966) eine zweijährige Beurlaubung von ihrem Lehramt als wissenschaftliche Lehrerin an einer Volksschule in Berlin-Lichterfelde erwirkt zu haben, um ihr eine Ausbildung an der 'Bildungsanstalt für Musik und Rhythmus Jaques-Dalcroze' in Dresden-Hellerau zu ermöglichen. E. Feudel berichtet darüber:

„Mein großer Wunsch besiegte alle meine Bedenken; ich besuchte jeden der zahlreichen Stadtverordneten persönlich und trug meine Bitte vor. Was meiner Beredsamkeit nur halb gelingen konnte, vollendete mein verehrter Lehrer vom musikwissenschaftlichen Seminar der Universität, Geheimrat Kretzschmar, für mich; er verbürgte sich für den Wert der Dalcroze-Methode, und seinem Eingreifen hatte ich es zu danken, daß ich ein volles Jahr und dann noch ein zweites Jahr Urlaub erhielt".[2]

Als H. Kretzschmar sich 1920 aus dem aktiven Musikleben zurückzog, berief L. Kestenberg, dem innerhalb seines Amtes als Musikreferent im Preußischen Kultusministerium die Aufgabe zufiel, „für die vielen freigewordenen Stellen geeignete Kandidaten zu finden",[3] nach dem Rücktritt H. Kretzschmars, um dem erheblich erweiterten Aufgabenkreis der Hochschule zu entsprechen und eine Teilung der Aufgabe und Funktionen zu ermöglichen, den Komponisten F. Schreker (1879-1934) aus Wien zum Direktor der Hochschule und mit ihm G.Schünemann(1884-1945) als stellvertretenden Direktor.

„Mit dem Ziel, die Hochschule zu einem Mittelpunkt des staatlichen Musiklebens auszubauen, wurden ihr in verhältnismäßig rascher Folge der Hochschulchor, die Orchestervorklassen gemeinsam mit dem Deutschen Musiker-Verband, der Staats- und Domchor, das Phonogramm-Archiv, die Schauspielschule, das Seminar für Musikerziehung angegliedert, einzelne Zweige, z.B. die Opernschule, die Klassen für rhythmische Gymnastik, der Vorlesungsplan ausgebaut, die Wohlfahrtseinrichtungen für Studierende erweitert".[4]

War es F. Schrekers Anliegen, neben seinen Aufgaben innerhalb des Amtes als Direktor, eine Kompositionsklasse aufzubauen, aus der schon in den ersten Jahren namhafte Schüler hervorgingen wie E. Krenek, A. Haba, K. Rathaus u.a., so galt das Bemühen G. Schünemanns neben seiner pädagogischen und organisatorischen

---

1) 3) Kestenberg, L., a.a.O., S. 56; S. 53

2) Feudel, E. (Hg.): Rhythmik. Theorie und Praxis der körperlich-musikalischen Erziehung (München 1926), Wolfenbüttel 1982, S. 11

4) Kestenberg, L.: Wege zur Entwicklung deutscher Musikerziehung, a.a.O., S. 5

Tätigkeit und zahlreichen vorwiegend musikpädagogischen Veröffentlichungen, einer Erweiterung musikerzieherischer Einrichtungen (Zentralstelle für Fragen der Musikbegabung; Seminar für Musikerziehung; experimentelle Versuche der Neuen Musik; Erproben von Möglichkeiten des Films für den Musikunterricht; Einrichtung einer Rundfunkversuchsstelle u.a.). Seine Gedanken zur Musikerziehung faßt er in dem Aufsatz 'Über Musikerziehung', veröffentlicht in dem ersten Jahresbericht der Hochschule (1. Okt. 1925 bis 30. Sept. 1927), auch gehalten bei der V. Reichsschulmusikwoche 1926 in Darmstadt, zusammen. Darin kommt er zu einer Synthese von experimenteller und theoretischer Musikpädagogik als einer forschenden, Erkenntnis und Erfahrung verbindenden Grundeinstellung, in der S. Borris „das Geheimnis jener pädagogischen Integration sieht, durch die die Berliner Musikhochschule damals so schnell zu einzigartigem Rang emporstieg".[1] Trotz erhöhten Anforderungen und erheblich erschwerten Aufnahmebedingungen betrug die Zahl der Bewerber in jedem Jahr weit über 1500, eine Situation, die es mit sich brachte, daß nur ein geringer Prozentsatz zum Studium zugelassen werden konnte.

Die Rhythmisch-musikalische Erziehung aber erhält zu der Zeit innerhalb des Seminars für Musikerziehung (das mit dem SS 1926 eingerichtet werden konnte) neben einer Aufnahme in die Abteilungen Komposition und Theorie, der Staatl. Schauspielschule, ein besonderes Gewicht. Wurde sie lange Jahre hindurch mit einer Untergliederung in: Gehörbildung, Methodik der Gehörbildung und rhythmischer Erziehung, allein durch Ch. Pfeffer vertreten (1925 zum Professor ernannt), so machte eine Erweiterung des Aufgabenbereiches eine Verpflichtung von H. Becker und K. Jacob für Gehörbildung und rhythmische Erziehung in der Orchesterschule zum Winter-Semester 1928/1929 notwendig.

Neben der Hochschule für Musik, die der Heranbildung von Komponisten, Kapellmeistern, solistischen Künstlern, Orchestermusikern und Privatmusikerziehern vorbehalten war, sollte in Berlin eine Umstruktuierung des Institutes für Kirchenmusik in eine Akademie für Kirchen- und Schulmusik mit einem Schwerpunkt künstlerisch-pädagogischer Aufgaben – aus ihr sollte auch der Nachwuchs der Musikdozenten an den Pädagogischen Akademien hervorgehen – zu einer gleichberechtigten Bildungsinstitution führen. Ursprünglich aus dem Gedanken hervorgegangen, den Volksschullehrer als Träger deutscher Musikkultur für seine Aufgaben in Schule und Kirche mit dem entsprechenden Rüstzeug auszustatten – insofern gehörten dem Institut vornehmlich Volksschullehrer als Studierende an – bringt die Neuorganisation des Institutes einige Veränderungen mit sich. So z.B. eine Verlängerung der Studienzeit von drei auf sechs bzw. acht Semester; wurden weibliche Studierende zum Studium zugelassen; die Beschränkung der Zahl der aufzunehmenden Studierenden – bis dahin dreißig – aufgehoben, einige neue Ab-

---

1) Borris, S., a.a.O., S. 20/21

teilungen angegliedert u.a.; eine Jugendmusikschule (im Schloß Charlottenburg), zu deren Aufbau Fritz Jöde (1887-1970) berufen wurde; Kurse für Volksmusikschullehrer eingerichtet.

Die Akademie für Kirchen- und Schulmusik wurde 1822 als 'Kgl. Institut für Kirchenmusik' unter der Leitung von Carl Friedrich Zelter (1758-1832) eröffnet, 1875 der 'Preußischen Akademie der Künste' angegliedert und erhielt die Bezeichnung 'Kgl. Akademisches Institut für Kirchenmusik', dessen Leitung H. Kretzschmar von 1907 bis 1922 innehatte. Seine Nachfolge übernahm am 1. Okt. 1922 (nach dem Erreichen seiner Altersgrenze im Jahre 1927 H.J. Moser), der seit 1891 an diesem Institut als Organist und Chorleiter lehrte. Sein Einfluß beim Ministerium war groß, und unter seiner Leitung wurden im besonderen die pädagogischen Abteilungen der Akademie ausgebaut und im Sinne eines Wunsches des Kultusministers C.H. Becker an einer Synthese der künstlerischen, wissenschaftlichen und pädagogischen Ausbildung für die Heranbildung des künftigen Künstlerpädagogen gearbeitet.

Er war es auch, der innerhalb des Schuljahres 1912/1913 Hellerau besuchte, um an der 'Bildungsanstalt Jaques-Dalcroze' während eines vierzehntägigen Aufenthaltes Einblick und Kenntnis von der 'Methode Jaques-Dalcroze' zu gewinnen; der 1913 in einem Vortrag über neuere Gesangsmethoden, gehalten beim Osterkurs für Schulgesang am Dortmunder Konservatorium, die 'Methode Jaques-Dalcroze' und ihre Anwendung im Gesangunterricht der Schule in den Mittelpunkt stellte.

Seiner Initiative ist es wohl auch zuzuschreiben (schon früh hatte C. Thiel Kontakte zu den Leiterinnen des Berliner Dalcroze-Seminars: Leitung: M.A. van Scheltema und A. Epping, aufgenommen), daß die rhythmische Erziehung in alle Studiengänge Eingang gefunden hat.

So ist in dem ersten Jahrgang des Jahrbuches der Staatl. Akademie für Kirchen- und Schulmusik (Berichtzeit: 1. Okt. 1927 bis 30. Sept. 1928) innerhalb des Unterrichtsplanes: B 'Lehrplanmäßige Vorlesungen und Übungen' das Fach: „Rhythmische Gymnastik" aufgenommen, für Damen erteilt von M.A. van Scheltema, für Herren durch Karl Weißenburger (beide Dozenten sind frühe Absolventen der Bildungsanstalt Jaques-Dalcroze). Der 'Stundenplan' sieht für den Studiengang der Schulmusiker für das erste und zweite Semester wöchentlich eine Stunde Gruppenunterricht in rhythmischer Gymnastik, für den der Kirchenmusiker für das erste Semester eine Wochenstunde als obligatorisch vor.

Im vierten Jahrgang des Jahrbuches 1930/1931 ist dann zu lesen, daß M.A. van Scheltema zum Mitglied der staatlichen Prüfungskommission für Privatmusikleher ernannt wurde und in demselben Jahr als Dozentin an die Diesterweg-Hochschule (Pädagogische Akademie) berufen wurde, während K. Weißenburger innerhalb des Schuljahres 1930/1931 als Lehrer für Gehörbildung an das Stern'sche

Konservatorium in Berlin berufen wurde, der zugleich an der Volkshochschule Großberlin lehrte und zum Fachberater für die Angestelltenjugend ernannt wurde.

Darüber hinaus kommt das Interesse und die Aufgeschlossenheit für dieses Fach innerhalb dieser Institution in der Einrichtung von Sonderveranstaltungen zum Ausdruck: einer Arbeitsgemeinschaft 'Rhythmische Erziehung' im Sommer-Semester 1929 (Leitung: M. A. van Scheltema); eines Sonderlehrganges für Rhythmische Erziehung für die männlichen Studierenden der Akademie (16. bis 21. Jan. und 26. bis 30. März 1928), geleitet von O. Blensdorf.

Der Ausbau der Akademie für Kirchen- und Schulmusik, die sich in besonderer Weise um eine gute Relation von Theorie und Praxis bemühte, erfolgte rasch und zeigt bereits 1930 eine hohe Differenzierung. Seminar für Volks- und Jugendmusikpflege (Leitung: F. Jöde) mit den Abteilungen: Vorlesungen und Übungen für Studierende der Akademie; Führungskurs für Volks- und Jugendmusikpflege; Jugendmusikschule Charlottenburg; Singkreise (Schul- und Elternsingkreis, Kantatenkreis); Seminar für Kindergärtnerinnen. Daneben bestehen an der Akademie: Ein Jugendchor (Leitung: H. Martens), Kantoreichor (Leitung: P. Kalt) Collegium musicum instrumentale (Leitung: H. Diener) und ein Collegium musicum vocale (Leitung: H. Halbig).

Neben diesen Hochschulen sollten die künftigen Pädagogischen Akademien, verstanden als „wirkliche Kulturakademie mit eigenem Bildungsinhalt“,[1] zu einem „Mittelpunkt aller Kultur- und Volksbildungsbestrebungen“[2] werden, und zwar gleichberechtigt neben Universität, Technischer Hochschule, der Akademie für Kirchen- und Schulmusik. Von ihnen sagt L. Kestenberg: „(Erst) vom Gipfel der Pädagogischen Akademie aus gesehen wird der Sinn des einheitlichen musikalischen Unterrichts in allen Schultypen überzeugend“.[3]

Für sie entwirft er in der programmatischen Schrift 'Musikerziehung und Musikpflege' das Bild einer 'Musikpädagogischen Akademie', die ausschließlich auf den musikalischen Lehrberuf vorbereiten soll. Hier geht es ihm darum, daß der zukünftige Lehrende im Fach *Musik* eine umfassende Ausbildung erhält, sich eine breite Basis eines allgemeinen musikalischen Verständnisses erwirbt, Kenntnisse, Fertigkeiten, Fähigkeiten, die ihn dazu befähigen, das aufgestellte Erziehungsideal: „Stärkung des Individuellen und die Durchdringung des Unterrichts mit lebendigem künstlerischem Empfinden“,[4] zu erreichen.

Der Aufbau einer solchen Akademie soll sich gliedern in: *Praktische Fächer:* Instrumentale und. gesangliche Ausbildung; Studien im Klavier-, Violin-, Orgelspiel, Gesang, Chorsingen und Dirigieren; *Pädagogische Fächer:* Allgemeine Pä-

---

1) 2) Spranger, E.: Gedanken über Lehrerbildung, Leipzig 1920, S. 66; S. 64

3) Kestenberg, L.: Wege zur Entwicklung deutscher Musikerziehung, a.a.O., S.9

4) Kestenberg, L.: Musikerziehung und Musikpflege, a.a.O., S. 83

dagogik, Methodik, Spezialfach, Praktische Übungen; *Theorethische Fächer:* Musikgeschichte, Ästhetik, Akustik, Instrumentenkunde, Musiktheorie bis zur Beherrschung des Kontrapunktes, Formenlehre u.a.; *Musikpädagogisches Forschungsinstitut* mit dem Auftrag, musikpädagogische Probleme in Zusammenhang mit psychologischen Erkenntnissen zu untersuchen. Seine Vorstellung für die Eingangsvoraussetzungen im instrumentalen Hauptfach umreißt L. Kestenberg in den Worten: „Der eigentliche Vorbereitungsunterricht muß bei Eintritt in die Akademie bereits beendet sein", denn das „Ziel der Ausbildung in diesen Klassen kann nur die Erhaltung und Festigung des Erlernten sein, denn bei der Aufnahme hat sich der Bewerber über ein abgeschlossenes praktisches Studium auszuweisen".[1]

Ist damit ein hoher Anspruch formuliert, wie dieser in der gesamten musikpädagogischen Reform, in allen Schulformen sichtbar wird, so berechtigt die Abschlußprüfung die Absolventen nach einem mindestens achtsemestrigen Studium „zum Musikunterricht an allen in Betracht kommenden Anstalten. In seiner Bedeutung könnte das Examen der musikpädagogischen Akademie gleichgestellt werden den Staatsprüfungen an Universitäten und technischen und anderen Hochschulen".[2] Hatte man sich bei der Reichsschulkonferenz 1920 vertieft mit Fragen der Lehrerbildung auseinandergesetzt und in den Fragen nach den Bildungsvoraussetzungen, der Studiendauer, den Inhalten, die einen allgemeinen und einen fachlichen Teil beinhalten sollten, eine Übereinstimmung herbeiführen können, so mußten zunächst, gemäß der Forderung vom Frühjahr 1921 einige Lehrerbildungsanstalten alten Stils aufgehoben bzw. schrittweise abgebaut werden.

Im Juli konnten dann in Preußen die drei Pädagogischen Akademien in Bonn, Elbing und Kiel – denen bis zum Jahre 1931 zwölf weitere Einrichtungen folgten – zur Ausbildung der Volksschullehrer eröffnet werden. Aufbau und Gestaltung orientierten sich zu der Zeit an dem in der Denkschrift: „Die Neuordnung der Volksschullehrerbildung" von 1925 verankerten Leitsatz:

„Das Ziel der Lehrerbildung kann nur durch die Bedürfnisse der Volksschule und der im Wirkungskreise der Volksschullehrer zu leistenden Arbeit bestimmt werden. Der Volksschullehrer muß in erster Linie befähigt sein, als Volksbildner und Volkserzieher zu wirken. Daher muß die Pädagogik mit ihren Hilfswissenschaften das Kernstück der Berufsbildung sein. Der Volksschullehrer braucht weder ein Fachgelehrter noch ein Forscher zu sein. Aber er muß ein Bildner sein, der in unmittelbarer Berührung mit dem Volke geistiges Leben zu wecken und zu gestalten vermag. ... Die Volksschule fordert also von ihren Lehrern: Pädagogische Schulung, Vertrautheit mit den zu vermittelnden geistigen, religiösen, sittlichen, technischen und künstlerischen Bildungswerten und ihrer Verwurzelung im heimatlichen Volkstum und eine ausgeprägte Berufsgesinnung.[3]

---

1) 2) Kestenberg, L.: Musikerziehung und Musikpflege, a.a.O., S. 84; S. 86

3) Denkschrift: Die Neuordnung der Volksschullehrerbildung, Berlin 1925, zit. nach Braun, G.: Die Schulmusikerziehung in Preußen, Kassel 1957, S. 62

Für den Bereich der Musikerziehung und Musikpflege formuliert L. Kestenberg seine Forderungen an die zukünftigen Lehrenden: „Sie müssen eindringen in die Behandlung der Musik als Teil unseres Erlebens, sie müssen das Harmonische in der künstlerischen Erziehung, müssen das lebensvolle Erfassen der Musik, das Verständnis für das dynamische und agogische Geschehen zu wecken wissen. Es kommen die Disziplinen hinzu die in Zukunft an allen Schulen eingeführt werden sollen: die rhythmische Gymnastik und Gehörbildung, musikalische Hermeneutik und Theorie“.[1]

Fragt man an dieser Stelle nach einer Realisierung und Konkretisierung eines solchen Anspruchs, vor allem auch der Einbeziehung der rhythmischen Erziehung in eine Ausbildungskonzeption im Rahmen der Lehrerbildung, so sei hier erinnert an die Berufung M.A. van Scheltemas (1891-1975) an die Diesterweg-Hochschule in Berlin, deren Nachfolge viele Jahre später H. Tauscher (1998-1971) übernahm.

Als ein besonders gelungenes Beispiel einer ‘akademischen Lehrerausbildung’ – vor allem bezüglich der Integration der Rhythmisch-musikalischen Erziehung – möchte ich an dieser Stelle erweiternd die Thüringische Landesuniversität in Jena nennen, an der P. Petersen lehrte und die Leitung der ‘Erziehungswissenschaftlichen Anstalt’ innehatte. Hier bestand innerhalb der Lehrerbildung eine Verpflichtung zur Teilnahme an den ‘Leibesübungen’ und ein Studierender ohne den Nachweis, sich ausreichend an ihnen beteiligt zu haben, konnte zu keiner Prüfung zugelassen werden.

Als Beispiel eines Semester-Arbeitsplanes diene derjenige für S. S. 1925:

Veranstaltungen der „Erziehungswissenschaftlichen Anstalt der Thüringischen Landesuniversität“ in Jena im S. S. 1925.

	Montag	Dienstag	Mittwoch	Donnerstag	Freitag	Sonnabend
7–8			Foertsch Klassenzimm.-techniken für Lehrer, 6. Mai		Foertsch Klassenzimm.-techniken für Lehrer	
8–9		Scheibner Schulpraktik. I.	Petersen Allgem. Erziehungsw.	Scheibner Schulpraktik. III.	Petersen Allgem. Erziehungsw.	
9–10		Flitner Klass.-romant. päd. Literatur	Petersen Üb. z. Syst. d. Erzieh. Scheibner Schulpraktik. II.	Flitner Klass.-romant. päd. Literatur	Petersen Praxis der Grundschule, Beginn 8. Mai	
10–11	Koellreuter Beginn 11. Mai Grünhut Beginn 25. Mai					
11–12	Streve Beginn 29. Juni	Scheibner Päd. d. Arbeitsschule	N. N. Rhythm. Gymnastik (Kurs f. Lehrerinnen) Beginn 8. Mai	Scheibner Päd. d. Arbeitsschule	N. N. Rhythm. Gymnastik (Kurs f. Lehrerinnen) Beginn 8. Mai	
12–1	Johannsen Geschichte d. Pädagogik	Johannsen Geschichte d. Pädagogik		Johannsen Geschichte d. Pädagogik.	Johannsen Geschichte d. Pädagogik	
2–3			Wolff Wandtafeltechnik, Beginn 13. Mai			

Hier wurde den künstlerisch-gestaltenden Fächern insgesamt eine hohe Bedeutung beigemessen und P. Petersen erkannte der Musik und mit ihr auch der Rhythmisch-musikalischen Erziehung eine zentrale Stellung im Raum der Schule zu. Innerhalb des Zeitraumes von 1924-1926 konnte P. Petersen

[1] Kestenberg, L.: Musikerziehung und Musikpflege, a.a.O., S. 82/83

in Jena mit der ‘Blensdorf-Schule für Rhythmik – Dalcroze-Seminar Elberfeld, Jena, Bad Godesberg (gegr. 1906)’ zusammenarbeiten.

Insofern erhält bereits die Stundentafel für das Sommer-Semester 1925 das Fach ‘Rhythmische Gymnastik’. In den darauf folgenden Semestern ist dieses der Gruppe der ‘Didaktischen Kurse für allgemeine Fort- und Fachbildung’ zugeordnet und erweitert für weibliche Studierende, erteilt von Ch. Blensdorf, neben einem Angebot im Instrumentalunterricht mit Klavier, Orgel, Geige, Laute und Chorsingen.

O. Blensdorf äußert in einem Bericht: „Die Rhythmik in der Lehrerbildung“ (Jena 1926), daß sich jeder Volksschullehrer mit Grundgedanken, Inhalten und methodischen Prinzipien der rhythmischen Erziehung auseinandergesetzt haben sollte. Er hält es für wünschenswert, daß jeder Lehrende an sich selbst ein bestimmtes Maß an praktischer Erfahrung der ‘Erziehung für und durch den Rhythmus’ gesammelt haben sollte, und faßt seine Vorstellungen in den Worten zusammen:

„Dieser ist nicht genötigt, auf allen Gebieten ein Künstler zu sein, aber er sei körperlich gewandt, musikalisch so weit gebildet, daß er Form und Innenleben der Musik versteht und fühlt, so daß er etwas zu geben hat und sei es noch so einfach. Er habe Phantasie, aber sei kein Phantast. Seine Phantasie erstrecke sich auf körperliche und rhythmische Bewegungsformen, körperliche und musikalische Ausdeutung rhythmischer und metrischer Gebilde, auf Kombination körperlich-rhythmischer Vorgänge mit Gesang, Sprache, Zeichen, alles aus dem Geiste seiner Zöglinge heraus. Er muß ein Instrument schön zu spielen wissen, es sei eine Laute oder Geige. Ganz ohne Musik, nur mit Schlagzeug ist eine erzieherische Arbeit unmöglich“.[1]

Innerhalb der Durchführung der Reform galt es den drei wichtigsten Gesichtspunkten zu entsprechen, wie sie in der ‘Denkschrift’ zum Ausdruck gebracht waren: *Erstens*, der Reform, ihrem Ursprung nach als Ganzheit konzipiert, auch im Bereich der musikalischen Erziehung und des musikalischen Lebens zu entsprechen; *Zweitens*, die Reform der Musikerziehung organisch in die Gesamtreform des Schulwesens einzufügen, damit auch den Anforderungen der Einheitsschule Rechnung zu tragen, und *Drittens*, für den Ausbau einer entsprechenden Ausbildungsorganisation Sorge zu tragen, um die geforderte Gleichstellung des Musikerziehers mit dem wissenschaftlichen Fachlehrer zu gewährleisten. In diesem Zusammenhang waren L. Kestenberg und seine Mitarbeiter „in den Anfängen der Schulreform auf die Notwendigkeit gestoßen, das künstlerische Prüfungsamt an die Spitze (der) Reformarbeit zu stellen“,[2] womit das preußische Ministerium eine ‘realpolitische Linie’ verfolgte.

Die ‘Prüfungsordnung für das künstlerische Lehramt an höheren Schulen’ trat am 22. 5. 1922 in Kraft. Mit dieser neuen Prüfungsordnung, die sich in zwei Prüfungs-

---

1) Blensdorf, O.: Die Rhythmik in der Lehrerbildung.
In: Mitteilungen aus der Erziehungswissenschaftlichen Anstalt der Thüringischen Landesuniversität zu Jena, hg. von P. Petersen, Jena 1926, S. 13

2) Kestenberg, L.: Bewegte Zeiten, a.a.O., S. 60

abschnitte gliederte, in einen künstlerischen und einen pädagogischen, waren für die Zulassung folgende Bestimmungen verknüpft:

„ 1. Der Bewerber mußte die Reifeprüfung an einer der deutschen höheren Lehranstalten abgelegt haben. Nur ausnahmsweise konnten Bewerber ohne Abitur zur Prüfung zugelassen werden, wenn sie 'außerordentliche künstlerische Leistungen und pädagogische Begabung' aufwiesen und das 22. Lebensjahr vollendet hatten.

2. Der Bewerber mußte mindestens acht Semester an einer Hochschule, davon sechs an einer staatlichen deutschen Musikanstalt (von diesen sechs mindestens vier Semester an einer preußischen) studiert haben.

3. Der Bewerber hatte nachzuweisen, daß er in den künstlerischen Hauptfächern an praktischen Lehrübungen mit Erfolg teilgenommen hatte und daß er Vorlesungen über Philosophie, Pädagogik und Musikgeschichte gehört hatte".[1]

Prüfungsgegenstände waren: a) Für alle Bewerber: Gesang und ein Hauptinstrument (Orgel, Klavier, Violine) oder an Stelle des Hauptinstrumentes ein wissenschaftliches Fach als Hauptfach; außerdem Theorie, Musikgeschichte und Musikerziehung. Wird Violine als Hauptfach gewählt, so ist Klavier als Nebenfach verbindlich. b) Nach der Wahl der Bewerber als Nebenfächer: 1. Musikgeschichte, 2. Sprachkunde; 3. Rhythmische Erziehung; 4. Kompositionslehre, 5. Musikwissenschaft. Die Prüfung im Nebenfach war nicht erforderlich, wenn der Bewerber die Lehrbefähigung in einem anderen Unterrichtsfach bereits vor seiner künstlerischen Prüfung abgelegt hatte.[2]

Waren die Anforderungen in den einzelnen Fächern, so z.B. Gesang, Instrumentalspiel, Theorie, im Vergleich mit der Prüfungsordnung von 1910 auf ein sehr viel anspruchsvolleres Niveau gehoben, so ist in den Bestimmungen für das wahlfreie Nebenfach 'Rhythmische Erziehung' gefordert:

„Beherrschung der Bewegungstechnik, Kenntnis der Zusammenhänge zwischen musikalischer Metrik, Rhythmik, Dynamik und Schreiten, Laufen, Tanzen, Fähigkeit in der körperlichen Darstellung verschiedener einfacher und schwerer Rhythmen (Polyrhythmik). Übersicht über die Beziehungen von Metrik, Prosodik und Rhythmik. Vertrautheit mit der einschlägigen Literatur und Methodik. Übung in der Anwendung musikalisch-rhythmischer Gesetze bei der allgemeinen harmonischen Ausbildung des Körpers (Musik und Turnen)".[3]

In der Prüfungsordnung vom 22. 5. 1922 wurde den Bewerbern die Möglichkeit gegeben, bereits nach Abschluß des sechsten Studiensemesters die Prüfung innerhalb eines wissenschaftlichen Gebietes als Haupt- oder Zusatzfach abzulegen. Ein Hinweis vom 11. 12. 1924 dient dazu, darauf aufmerksam zu machen, daß eine Verwendung im höheren Schuldienst vielfach mit der Lehrbefähigung in einem

---

[1][2] zit. nach Braun, G., a.a.O., S. 80/81; S. 81

[3] Prüfungsordnung für das künstlerische Lehramt an höheren Lehranstalten, Berlin, den 22. Mai 1922 (Zbl. 1922, S. 257), zit. nach Braun, G., a.a.O., S. 147

oder mehrerer der im Lehrplan der Schule vorgesehenen Fächer verbunden sei. Da dieser Hinweis jedoch wenig Beachtung fand, machte das Ministerium den Bewerbern um das künstlerische Lehramt die Wahl eines wissenschaftlichen oder anderen im Lehrplan der höheren Schule vorgesehenen Faches, z.B. Turnen oder Nadelarbeit zur Pflicht. Das Zeugnis über die künstlerische Prüfung wurde den Kandidaten erst nach Ablegung der Zusatzprüfung ausgehändigt. Der bestandenen 'künstlerischen Prüfung' folgte eine zweijährige Referendarzeit, an die sich die 'pädagogische Prüfung' anschloß mit einer Berechtigung zu der Bezeichnung 'Studienassessor'.

Aus all diesen Forderungen und Bestimmungen wird ersichtlich, daß ein Ausbau und eine Erweiterung der musikalischen Ausbildungsstätten zu einem dringenden Erfordernis wurden. Damit in Zusammenhang steht auch die Einrichtung der 'Seminare für Musikerziehung' und 'Seminare für Rhythmische Erziehung' an den Staatl. Hochschulen für Musik, die es dem Studierenden ermöglichten, sich innerhalb eines Ausbildungsganges der Musik auf das künstlerische Hauptfach 'Rhythmische Erziehung' zu spezialisieren.

1.3.3.2 Ordnung für die Staatliche Privatmusiklehrerprüfung (PMP) in Preußen

Mit den Erlassen des Preußischen Kultusministeriums vom 2. Mai 1925 und 8. Dez. 1928 sollten Maßnahmen zur Regelung und staatlichen Beaufsichtigung des Privatmusikunterrichtes in der Musik getroffen werden, verbunden mit der Intention, „die Unterrichtsuchenden vor Benachteiligung durch unzulänglichen oder schädlichen Unterricht zu bewahren, befähigte Lehrkräfte zu schützen und ungeeignete fernzuhalten'.[1] Mit dem Erlaß vom 2. Mai 1925 wurden die Belange der privaten Musikanstalten, der Ausbildung und Prüfung der Privatlehrer erstmalig geregelt und erstmalig auch der rhythmischen Erziehung eine gleichwertige und gleichberechtigte Position als Haupt- und Nebenfach neben anderen künstlerischen Instrumentalfächern wie etwa Gesang, Klavier, Orgel, Violine, Cello u.a. zuerkannt.

Das war eine bedeutsame Entscheidung Leo Kestenbergs, womit er der Rhythmisch-musikalischen Erziehung unter der Vielzahl entstehender und entstandener Bewegungssysteme einen eindeutigen Platz im Kontext der Musik und Musikerziehung zuwies, und ihren Ausbildungsgang in staatliche Institutionen der Musik hineinverlegte – vornehmlich die Konservatorien und Hochschulen für Musik –, die auch heute noch die Verantwortlichkeit für die Nachwuchslehrenden tragen. Der Auftrag, an die für diesen Studiengang zuständigen 'Musikseminare' ist in den Worten zusammengefaßt: „Zur Vorbereitung für den Beruf des Privatmusiklehrers, insbesondere für die Ablegung der Prüfung (PMP) sind besondere Einrich-

[1] Kestenberg, L.: Jahrbuch der deutschen Musikorganisation, a.a.O., S. 127;

tungen mit der Bezeichnung 'Musikseminar' zulässig. Diese Einrichtungen können mit Konservatorien verbunden sein. Die Führung der Bezeichnung 'Musikseminar' bedarf staatlicher Anerkennung".[1]

Die Prüfungsordnung wie die Ausführungsbestimmungen beinhalten ausführliche Vorschriften und Richtlinien für das Hauptfach, die verbindlichen Nebenfächer und die wahlfreien Zusatzfächer, über Prüfungsdauer, Unterrichtsproben, Klausurarbeiten, Erweiterungsprüfungen zum Erwerb einer Lehrbefähigung in mehreren Fächern u.a., Bestimmungen, die erst in der späten Zeit des zwanzigsten Jahrhunderts eine Modifikation erfuhren.[2]

Diese schrieb einen *Pädagogischen* Teil vor, in dem der Bewerber den Nachweis eines Vertrautseins mit der musikalischen Erziehungs- und Unterrichtslehre wie einer entsprechenden Ausbildung in der Unterrichtspraxis zu erbringen hatte, und einen *Künstlerischen* Teil, in dem der Bewerber das 'erreichte Maß seiner Ausbildung' in dem gewählten Hauptfach und in den verbindlichen Nebenfächern darzulegen hatte.
Bedingungen der *Zulassung* waren in der Regel: Obersekundareife bzw. das Bestehen der sogenannten schulwissenschaftlichen Vorprüfung für die technischen Seminare, die Vollendung des 22. Lebensjahres (die Prüfung in einem Instrumentalfach war bereits mit dem vollendeten 19. Lebensjahr möglich) und der Nachweis einer mindestens dreijährigen ordnungsgemäßen Fachausbildung, davon zwei Jahre möglichst an einem Seminar.

Die Anforderungen in den Hauptfächern (Gesang, Klavier, Orgel, Violine, Violincello, Laute, Orchesterinstrumente, Komposition und Theorie, Rhythmische Erziehung) waren im allgemeinen hoch. Für die 'Rhythmische Erziehung' lauteten diese:

„Kenntnis der verschiedenen Methoden rhythmischer Gymnastik und Erziehung; Übung in der Improvisation und in der körperlichen Darstellung verschiedener Rhythmen; Umsetzung gestellter musikalisch-rhythmischer Aufgaben in der Körperbewegung; Improvisieren von Aufgaben und musikalisch einfacheren Formen am Klavier; Vertrautheit des vierstimmigen Satzes; anatomische Kenntnisse".[3]

Die Anforderungen in den Nebenfächern: Musikerziehung, Theorie, Gehörbildung, Musikgeschichte waren ebenso präzis formuliert. Für das Fach *Musikerziehung* lauteten sie: Überblick über die Entwicklung musikalischer Erziehung im 18. und 19. Jahrhundert, Vertrautheit mit den Grundlagen der musikalischen Physiologie und Pädagogik, Kenntnis neuerer Lehrmethoden mit dem Ziel, „die produktiven Kräfte des Kindes im Musikunterricht anzuregen und zu entwickeln. Er (der Bewerber) muß die schöpferischen Keime, die zum musikalischen Erleben

---

1) 2) Kestenberg, L.: Jahrbuch der deutschen Musikorganisation, a.a.O., S. 128; S. 129

3) Privatunterricht in der Musik. Amtliche Bestimmungen, hg. von Kestenberg, L., Berlin 1925, S. 47;

und Gestalten drängen, im Unterricht verwerten können dergestalt, daß Instrument und Stimme als äußere Mittel einer gefestigten musikalischen Vorstellung erscheinen".[1]

In *Theorie* ist eine umfassende Grundlage und Kenntnis musikalischer Elementarlehre gefordert: Intervalle, Akkorde, Kadenzen, Modulationen, Aussetzen eines vierstimmigen Satzes u.a. In *Gehörbildung*: Aufzeichnen gesungener oder gespielter Melodien; Hören einfacher Akkordfortschreitungen u.a.
In *Musikgeschichte*: Kenntnis der allgemeinen Entwicklung der Musikgeschichte, insbesondere der Zeit von 1600 an; Vertrautheit mit Leben und Werk großer deutscher Meister; eingehendes Literaturstudium des Hauptfaches; Kenntnis der Geschichte des deutschen Volksliedes. In *Klavier* als Nebenfach: Vortrag mittelschwerer Stücke, Vomblattspielen einer leichten Begleitung zu Lied oder Instrumentalstück, Improvisieren eines einfachen Klaviersatzes zu einer Instrumentalübung. In *Gesang* als Nebenfach: Elementare Kenntnis der Tonbildung, Vortrag kleinerer Übungen, Vomblattsingen einer leichten Melodie.
An wahlfreien *Zusatzfächern*, in denen nach bestandener PMP durch eine Erweiterungsprüfung eine weitere Lehrbefähigung erworben werden konnte, waren vorgesehen: Musikwissenschaft, Musikpsychologie, Musikästhetik, musikalische Akustik, Gehörbildung, Instrumentation, Instrumentenkunde, Dirigieren. Die Prüfung setzt sich zusammen aus: *Unterrichtsproben*: Im gewählten Haupt- oder Zusatzfach je eine 30 Minuten umfassende mit Anfängern und Fortgeschrittenen. *Klausuren*: Im Hauptfach 2 Stunden; im Nebenfach 1 Stunde. *Mündliche Prüfungen* mit einer Dauer von 30 Minuten im Prüfungsabschnitt des Hauptfaches und einer Dauer von 15 Minuten im Nebenfach. *Praktische Prüfungen* mit einer Dauer von 45 Minuten im Hauptfach wie im Zusatzfach.
Über die bestandene Prüfung war dem Bewerber ein Zeugnis auszuhändigen mit der Berechtigung, sich 'staatlich geprüfter' Klavier-, Cello-, Rhythmik- u.a. Lehrer zu nennen. Damit erwarb dieser zugleich die Befähigung zur Erteilung von Unterricht in dem im Prüfungszeugnis genannten Hauptfach an Konservatorien und Musikseminaren.
Die staatlichen Prüfungsausschüsse sollten aus mindestens fünf Mitgliedern einschließlich dem Vorsitzenden bestehen (umfaßten jedoch meist eine größere Anzahl, da zumeist für jedes Prüfungsfach ein oder mehrere Mitglieder neben den Stellvertretern in die Ausschüsse berufen wurden).

Für die Stadt Berlin und die Provinz Brandenburg bestand in Berlin ein Prüfungsausschuß für die staatlichen Privatmusiklehrerprüfungen, dessen Vorsitz der Regierungs- und Schulrat Dr. Reichwaldt innehatte. Zu den Mitgliedern zählten namhafte Musikdozenten der Zeit:

---

1) Privatunterricht in der Musik. Amtliche Bestimmungen, hg. von Kestenberg, L., Berlin 1925, S. 48

Innerhalb dieser Prüfungsordnung sollte die musikalische und pädagogische Eignung als Grundlage zu einer musikalischen Erziehung Priorität erhalten.

„Im Mittelpunkt der Prüfungsordnung steht daher die Erziehung zum musikalischen Leben und Er-leben. Wichtiger als die Anhäufung von Wissensstoff und äußerliches Studium um der Technik willen ist das Hinführen zu einem persönlichen, mitschaffenden Anteilnehmen am musikalischen Werden und Gestalten“.[1]

Das ist eine Forderung, die auch für die Rhythmisch-musikalische Erziehung hohe Bedeutung erhält, und es ist wohl zu verstehen, daß G. Bünner viele Jahre später formuliert:

> **Prüfungsausschuß**
> **für die staatlichen Privatmusiklehrerprüfungen**
>
> Für die Stadt Berlin und die Provinz Brandenburg besteht in Berlin ein Prüfungsausschuß für die staatlichen Privatmusiklehrerprüfungen; Vorsitzender: Regierungs- und Schulrat Dr. Reichwaldt.
>
> Mitglieder des Prüfungsausschusses: Frau M. Ansorge (Klavier), Eugen Brieger (Gesang), Dr. Hans Dagobert Bruger (Laute, Gitarre), Gustav Bumcke (Theorie, Komposition), Prof. Hertha Dehmlow (Gesang), Kirchenmusikdirektor Studienrat Arnold Dreyer (Orgel), Studienrat Arnold Ebel (Theorie, Komposition), Anna Epping (Klavier), Prof. Fritz Flemming (Oboe), Prof. Adalbert Gülzow (Violine), Prof. Dr. Hermann Halbig (Musikgeschichte) Kammermusiker Hanisch (Oboe), Prof. Fritz Heitmann (Orgel), Prof. Willy Heß (Violine), Prof. Fritz Jöde (Musikerziehung), Kammermusiker Leonhard Kohl (Klarinette), Kammermusiker Franz Krüger (Schlagzeug), Studienrat Karl Landgrebe-Potsdam (Klavier), Maria Leo (Klavier, Gehörbildung), Kammermusiker A. Liebermann (Violoncello), Frida Loebenstein (Klavier, Gehörbildung), Prof. Alfred Matthes (Trompete), Prof. M. Mayer-Mahr (Klavier), Prof. Dr. Hans Mersmann (Musikgeschichte), Otto Nikitits (Violine), Prof. Charlotte Pfeffer (rhythmische Erziehung, Gehörbildung), Kammermusiker P. Pingel (Kontrabaß), Prof. Emil Prill (Flöte), Generalmusikdirektor Prof. Julius Prüwer (Dirigieren), Prof. Wolfgang Reimann (Orgel), Prof. P. Rembt (Horn), Prof. Emil N. von Reznicek (Theorie, Komposition), Kammermusiker A. Richter (Klarinette), Musikdirektor Fritz Rückward (Violine), Prof. Max Saal (Harfe), Kammermusiker Eugen Sandow (Violoncello), Kammermusiker L. Scheiwein (Fagott), Maria Adama von Scheltema (rhythmische Erziehung, Gehörbildung), Prof. Dr. Arnold Schering (Musikgeschichte), Frau Th. Schnabel-Behr (Gesang), Prof. Kurt Schubert (Klavier), Prof. Dr. Georg Schumann (Theorie, Komposition), Kammermusiker Oskar Schumann (Horn), Prof. Dr. Georg Schünemann (Musikerziehung, Musikwissenschaft, Instrumentenkunde), Dr. James Simon (Klavier), Kammermusiker Bernhard Stendal (Posaune), Antonie Stern (Gesang), Prof. Dr. Carl Thiel (Dirigieren), Kammermusiker Friedrich Thomas (Flöte), Prof. Hermann Weißenborn (Gesang), Prof. Paul Weschke (Posaune).

„Die für alle verbindlichen Abschlußprüfungen innerhalb der PMP verhinderte das Auseinanderfallen der Grundidee in völlig verschiedene Interpretationen, erlaubte jedoch künstlerische oder pädagogische Akzente gemäß der Begabung der Seminarleiter. Dabei kam es zu einer Umwandlung der 'Methode Jaques-Dalcroze' zum Fach 'Rhythmisch-musikalische Erziehung'."[2]

Entsprechend erfolgte der Aufbau des Ausbildungsganges *'Rhythmische Erziehung'* an den Musikseminaren – zwar ausgehend von den Grundgedanken und Erkenntnissen E. Jaques-Dalcrozes – nach unterschiedlich gesetzten Schwerpunkten. Beispielhaft ist auch hier die Staatliche Hochschule für Musik in Berlin zu nennen. Wurde hier bereits im Jahre 1913 die 'Methode Jaques-Dalcroze' mit Gehörbildung, rhythmischer Erziehung und Improvisation eingeführt, so stellte sich 1922 die Situation im Fach 'Rhythmische Erziehung' wie folgt dar:
6 Std. Gehörbildung (Instrumental- und Gesangstudierende); 2 Std. Gehörbildung (für die beiden Jahrgänge der Opernklasse); 6 Std. Rhythmische Erziehung (für Studierende der Gesangabteilung); 4 Std,. Rhythmische Erziehung (für die beiden Klassen der Orchesterschule).

---

[1] Privatunterricht in der Musik, a.a.O., S. 47

[2] Bünner, G.: Rhythmisch-musikalische Erziehung. In: Bünner, G./ Röthig, P. (Hg.): Grundlagen und Methoden rhythmischer Erziehung, Stuttgart 1971, S. 74

Mit der Einrichtung des Seminars für Musikerziehung (Leitung: G. Schünemann) im Sommer-Semester 1925 veränderte sich die Situation fundamental. Gemäß der Prüfungsordnung (PMP) erhielt der Ausbildungsgang zum staatlich geprüften Musikerzieher hier einen ausgesprochen pädagogischen Schwerpunkt, wie ihn auch der Arbeitsbericht aus dem Sommer-Semester 1925 widerspiegelt. Behandelt wurden innerhalb dieses Semesters: Geschichte der Musikerziehung; Gegenwartsfragen der Musikerziehung, neben instrumentalen Fächern wie Gesang, Violine, Klavier, rhythmischer Erziehung und Gehörbildung. Ch. Pfeffer (zuständig für den Unterricht in rhythmischer Erziehung und Gehörbildung in den Abteilungen: Komposition und Theorie; Schauspielabteilung; Seminar für Musikerziehung) gibt eine komprimierte Darstellung des Erarbeiteten:

„Der Unterricht ging davon aus, die Studierenden zu der Erkenntnis zu führen, daß das Bewußtsein musikalischen Geschehens (Metrum, Rhythmus, Melodie, Harmonie, Dynamik, Agogik, Form etc.) am lebendigsten und sichersten auf dem Bewußtwerden der körperlichen Bewegungsgesetze aufgebaut werden soll. Der Unterricht hatte zwei Aufgaben:

1. Das Erkennen der Bewegungsfunktionen in Schwung, Druck, Stoß etc., in Gang, Lauf, Sprung etc. und ihren räumlichen, zeitlichen und dynamischen Bedingungen;
2. Das Auffinden der Beziehung zwischen den Körperbewegungen und den musikalischen Gesetzmäßigkeiten. Ihre Übereinstimmung, ihre Gegensätzlichkeiten, ihre Wechselwirkungen werden physiologisch und psychologisch erkundet und pädagogisch ausgewertet“.[1]

Der Unterricht in Gehörbildung war mit dem Ziel verbunden, die Studierenden dahin zu führen, sich beim Aufbau von Unterrichtsentwürfen immer mehr von dem starren System einer 'Methode' zu lösen und diese mehr aus dem Erleben und Er-arbeiten eines Musikstückes wie den spontanen Erfindungen der Studierenden anzulegen.

„Diese mehr 'improvisierende', dafür aber lebendigere und gänzlich unschematische Arbeitsart, die alle Stoffgebiete des Klanglichen, Rhythmischen, Formalen, Akustischen, Theoretischen, Musikgeschichtlichen, nebeneinanderstellt, fordert von dem zukünftigen Lehrer weit mehr Wissen und Können, als es die Durcharbeitung eines bequem geschichtlichen, auf eine starre Formel gebrachten methodischen Lehrgangs täte.

Im Bewußtsein dieser Tatsache lag das Hauptgewicht der Arbeit nicht auf der Ausführung von Musterlehrproben, sondern auf selbständiger, verantwortungsbewußter Durchführung von Unterrichtsstunden“.[2]

Diesem Berliner Modell sollte, als „einzige Hochschule im Westen Deutschlands“[3]

---

1) Jahresbericht der Staatl. Akadem. Hochschule für Musik in Berlin, Berichtzeit: 1. Okt. 1925 - 30. Sept. 1927, S. 45/46

2) Jahresbericht der Staatl. Akad. Hochschule für Musik in Berlin, Berichtzeit: 1. Okt. 1927 - 30. Sept. 1928, 5. 54

3) Jahresbericht der Staatl. Hochschule für Musik in Köln, 1925/1926, S. 6;

– mit einer Eröffnung am 5. Okt. 1925 – die Staatliche Hochschule für Musik in Köln folgen. Hervorgegangen aus den Bestrebungen, „das Kölner Konservatorium für Musik umzugestalten, ihm den Charakter einer Hochschule zu geben,[1] wurde dieses am Ende des Sommer-Semesters 1925 aufgelöst, an seiner Stelle die Staatl. Hochschule für Musik errichtet und dieser eine Abteilung für Schulmusik, Kirchenmusik, Orchesterschule und ein Seminar für Musikerziehung angegliedert mit der Möglichkeit zum Hauptfachstudium in Rhythmisch-musikalischer Erziehung. Der Auftrag der Hochschule war in den Worten zusammengefaßt: „Die Hochschule für Musik hat die Aufgabe, die künstlerische Ausbildung in allen Fächern der Tonkunst sowie die allgemeine musikalische Erziehung und Berufsausbildung zu pflegen".[2]

Das Direktorium bestand aus Prof. Hermann Abendroth (Städt. Generalmusikdirektor), zugleich verantwortlich für die Orchesterübungen und die Anleitung im Dirigieren, und Prof. Walter Braunfels, der zugleich eine Klasse für Komposition und Klavier leitete. Dem Lehrkörper gehörten als Dozenten für das Fach 'Rhythmische Erziehung' und Gehörübungen Frida Berrenberg und Karl Keil an, der schon seit dem Unterrichtsjahr 1911/1912 an dem Konservatorium für Musik in Köln lehrte, der 1916 eine Schrift verfaßte: „Leitfaden für den rhythmischen Unterricht" (5. Kap.: 3.4.2, Teil II). Bereits zu den Aufnahmeprüfungen für das Winter-Semester 1925/1926 (in der Zeit vom 2. bis 8. Okt. 1925) meldeten sich 364 Studienbewerber, von denen die Hochschule 175 als Studierende aufnehmen konnte.

Im Jahresbericht 1925/1926 sind von den 199 Studierenden der Hochschule 6 Hauptfachstudierende in dem Fach 'Rhythmische Erziehung' verzeichnet (Leiterin des Seminars: F. Berrenberg, die seit 1917/1918 an dem Konservatorium für Musik in Köln lehrte): Erna Beyer (Littenweiler), Erna Conrad (Nümbrecht), Elisabeth Koch (Nümbrecht), Lotte Kremer (Stettin), Marga Reith (Mettmann), Cläre Sülzen (Köln-Riehl).

Am Ende des Berichtjahres 1927/1928 gehörten der Hochschule 267 Studierende an, von ihnen 12 Studierende mit dem Hauptfach 'Rhythmische Erziehung':
Hanna Bertrams (Wiehl), Hildegard Brenne (Köln), Hella Breyer (Betzdorf), Erna Conrad (Nümbrecht), Elisabeth Koch (Nümbrecht), Lotte Kremer (Stettin), Johanna Otterson (Köln), Edith Prang (Waldbroel), Ruth Schneppel (Ohligs), Liselotte Schoengarth (Köln), Ursula Schoengarth (Köln), Gertrud Vente (Straßburg).
Im Jahresbericht 1930/1931 ist dann zu lesen, daß von mehreren „hochverdienten Lehrkräften"[3] Abschied genommen werden muß. Unter ihnen ist auch K. Keil genannt, der aus Altersgründen ausscheidet.

---

1) Jahresbericht der Staatl. Hochschule für Musik in Köln, 1925/1926, S. 6

2) Kestenberg, L./Günter, W. (Hg.): Der Musiklehrer. Prüfung, Ausbildung und Anstellung, Berlin 1928, S. 29

3) Jahresbericht der Staatl. Hochschule für Musik in Köln, 1930/1931, S. 3

„Auch Herr Keil hat dem Kölner Lehrkörper als Lehrer für rhythmische Gymnastik und Gehörbildung eine lange Reihe von Jahren angehört. In hingebungsvoller Arbeit verstand er es, sein bedeutendes Können und Wissen dieser musikpädagogischen Spezialfächer den Studierenden des ehemaligen Konservatoriums sowohl wie auch unserer Hochschule für Musik zu vermitteln. Seine stete ausgeglichene sachliche Freundlichkeit sicherte ihm eine hohe Achtung der Studierenden. Bemerkenswert ist, daß seine außergewöhnliche Uneigennützigkeit ihn zum berufenen Vertreter der Belange seiner Kollegenschaft machte. Als ihr Sprecher genoß er ein besonderes Ansehen bei seinen Vorgesetzten und den Behörden. Seine ausgezeichnete Persönlichkeit wird daher in der Geschichte der Kölner Musikschulen unvergessen bleiben“.[1]

Seine Nachfolge übernimmt im Studienjahr 1931/1932 mit dem Unterricht in rhythmischer Erziehung für die Orchesterschule Erna Conrad (die 1929 ihr Studium im künstlerischen Hauptfach 'Rhythmische Erziehung' mit der Staatl. Musiklehrerprüfung (PMP) an der Hochschule für Musik in Köln abschloß; zugleich den Fachunterricht an der Rheinischen Musikschule in Köln übernahm; später eigene Tanzabende gestaltete; 1942 Assistentin von E. Feudel an der Folkwangschule in Essen wurde, deren Nachfolge sie als Leiterin des Rhythmik-Seminars von 1943 bis 1970 innehatte).

Neben den beiden genannten Hochschulen für Musik verdient das Hoch'sche Konservatorium in Frankfurt/M. Erwähnung, an dem unter dem Direktorat von Bernhard Sekles, der sich im besonderen um den Innenausbau des Instituts bemühte, im Unterrichtsjahr 1926/1927 ein Seminar für Musikerziehung eingerichtet wurde. War dieses zunächst mit der Absicht verbunden, Kurse zur Vorbereitung auf die PMP anzubieten, so wurde dem Institut am 1. Juli 1929 – aufgrund des Erfolges der Studierenden – die staatliche Anerkennung ausgesprochen.Damit war auch hier der rhythmischen Erziehung ein Weg geebnet, einem Unterrichtsfach, zu dessen Erteilung Henriette Rosenstrauch berufen wurde; die 1917 das Zertifikat als 'Lehrer für rhythmische Erziehung in der Methode Jaques-Dalcroze' erwarb; 1921 ein eigenes Studio in Frankfurt/M, eröffnete; seit 1923 der Jury des Berliner Dalcroze-Seminars angehörte; seit 1928 Unterricht in rhythmischer Erziehung am Lessing-Gymnasium in Frankfurt/M. erteilte; seit 1929 am Seminar für rhythmische Erziehung in Mainz mitgestaltete; 1933 Frankfurt/M. verlassen mußte und zunächst in Paris, dann in Pittsburgh (USA) ein neues Tätigkeitsfeld fand.

Weiterhin sei hier die 'Folkwangschule für Musik, Tanz und Sprache' in Essen an der Ruhr genannt, die am 8. Okt. 1927 eröffnet werden konnte. Ihre Gründung ist in Zusammenhang mit einer „kulturellen Erweckung des Ruhrgebietes“[2] zu sehen. Rudolf Schulz-Dornburg, der das Direktorat bis 1933 innehatte, kommt das Verdienst zu, die Fachschulen für Musik, Tanz und Sprechen zu einer Einheit zusam-

---

1) Jahresbericht der Staatl. Hochschule für Musik in Köln, 1930/1931, S. 4

2) Dyckerhoff, K.: 50 Jahre Folkwangschule Musik, Tanz, Sprechen Essen. Folkwang Hochschule Musik, Theater, Tanz, Staatl. Hochschule für Musik Ruhr, eine Chronik (unveröffentlicht), S.4

menzufassen und diese, mit der schon eineinhalb Jahrzehnte bestehenden Kunstgewerbeschule unter den Namen *„Folkwang"* zu stellen.
Ein Name, unter dem Karl Ernst Osthaus (1874-1921), ein bedeutender Sammler bildender Kunst, Initiator und Gründer des Folkwang-Museums (Hagen; später in Essen), diese der Öffentlichkeit übergibt. Der Name *Folkwang* ist der „Edda" entliehen. „Es ist der Saal der Freya, der germanischen Göttin der Liebe und der Schönheit. Folkwang soll eine Begegnungsstätte sein für alle Bürger jedweden Standes, eine Begegnung mit der Kunst, mit der Schönheit, die nicht nur mehr zum gesellschaftlichen Dekor gehört, sondern eine volkserzieherische Forderung bedeutet. ... Aber Folkwang ist für Osthaus auch Verschwisterung der Musen, d. d. die vielseitige künstlerische Betätigung, wie sie die Jugendstilzeit proklamierte".[1]

Der Festprospekt bei den Eröffnungsfeierlichkeiten der 'Folkwangschule für Musik, Tanz und Sprache im Essener Saalbau machte mit dem Lehrkörper bekannt: R. Schulz-Dornburg/F. Lehmann: Orchester, Werkstudium; A. Hardörfer: Schulchor, Chordirigieren; L. Weber/A. Berg: Komposition; Dr. H. Erpf: Musiklehre; Prof. F. Jöde: Seminar für Musikerziehung; K. Joos/S. Leeder: Eukinetik, Tanzlehre, Bühnentanz; K. Tidten/V. Mönckeberg; Sprache u.a.

Zwei Schwerpunkte charakterisieren die Phase der Neugründung der 'Folkwangschule für Musik, Tanz, Sprache'. Die Orchesterschule und die Abteilung Tanz, unter der Leitung von Kurt Jooss (1901-1979), in die im Jahre 1929 die Berliner Schule, unter der Leitung von Rudolf von Laban (1879-1958), eine der namhaftesten Tanzschulen der Zeit, integriert wurde. Ein weiterer Schwerpunkt kristallisierte sich unter dem Direktorat von Prof. H. Erpf (1933-1943) heraus. Dieser berief im Jahre 1935 Elfriede Feudel (1881-1966), eine der großen Wegbereiterinnen der Rhythmisch-musikalischen Erziehung in Deutschland, an die Folkwangschule mit dem Auftrag, ein Rhythmik-Seminar aufzubauen, das sie bis 1943 leitete; das Erna Conrad als ihre Nachfolgerin bis zum Jahre 1970 leitend übernahm. Anläßlich des achtzigsten Geburtstages von E. Feudel (1961) schreibt Prof. Hermann Erpf:

„Im Jahre 1935 hatte ich die Möglichkeit, Frau Elfriede Feudel zur Mitarbeit an die Folkwangschule zu berufen. Glückliche Umstände fügten es, daß ihr im Zusammenhang mit der damaligen Erweiterung der Schule ausreichende Bewegungsräume samt allen erforderlichen Einrichtungen zur Verfügung gestellt werden konnten. Alsbald begann eine für mich unvergeßliche Arbeit von weitgreifender Auswirkung.
Es war nicht nur das Rhythmik-Seminar zur Vorbereitung auf die Staatliche Privatmusiklehrer-Prüfung, das Frau Feudel aufbaute; die Rhythmik sollte, gemäß ihren Grundgedanken, alle Disziplinen der Schule durchdringen. An den Folkwangschulen für Musik, Tanz und Sprechen waren alle Voraussetzungen dafür gegeben. Wir machten hochbefriedigende Erfahrungen mit der Ausstrahlung des Rhythmik-Unterrichts, besonders in den Ausbildungsgängen für Orchestermusiker, in der

[1]) Dyckerhoff, K.: Die Folkwangschulen – Idee und Personen. In: Fellsches, J./Lindner, W./Raab, C./Schmidt, H.-D. (Hg.): Folkwang. Musik, Theater, Tanz, Essen 1992, S. 9

Opernschule, in der Schauspielabteilung. Die allgemeine körperlich-geistige Erziehung, die die Rhythmik in der von Elfriede Feudel vertretenen Arbeitsweise anstrebt, erweis sich als höchst fördernde Grundlage für die Ausbildung in allen Bereichen der Ausdruckskünste".[1]

Daraus wird deutlich, daß dem Reformerlaß des 'Privatunterrichts in der Musik' für die Position und die Entwicklung der Rhythmisch-musikalischen Erziehung eine hohe Bedeutung beizumessen ist. Bis in unsere Zeit hinein, über die große Zeitenwende hinaus, hinein ins einundzwanzigste Jahrhundert, sind die Rhythmik-Seminare, bzw. selbständige Fachbereiche 'Rhythmik', denen die Verantwortlichkeit für die Ausbildung und Heranbildung der Nachwuchslehrenden obliegt, in die Staatlichen Hochschulen für Musik integriert.

In der Zeit von 1925 bis 1927 konnten an verschiedenen Orten Preußens ca. vierzig Prüfungen für Privatmusiklehrer durchgeführt werden – die erste mit dem Hauptfach 'Rhythmische Erziehung' 1925 in Berlin.

Leo Kestenberg äußert sich zu dem Reformerlaß: „Die mit dem Privatmusik-Erlaß zusammenhängende Prüfungsordnung hat in den Seminaren und Konservatorien lebhafte Bewegung hervorgerufen. Der Andrang zu den Prüfungen wächst dauernd, einzelne Seminare haben sich wesentlich vergrößert".[2]

1.3.3.3 Richtlinien für den Musikunterricht an Volksschulen in Preußen

War es mit der Verfügung 'Privatunterricht in der Musik' möglich geworden, auch die außerschulische, private musikalische Förderung zu differenzieren und ihr musikalisches Niveau zu heben (nicht jeder zu der Zeit privat Musik-Lehrende verfügte über eine ausreichende musikalische Lehrbefähigung), so sollten mit den Schulmusikerlassen Vorstellungen, Ziele, Inhalte des schulischen Musikunterrichts formuliert und konkretisiert werden.

In den Jahren 1924, 1925 und 1927 erschienen die entsprechenden Richtlinien für die höheren, die Mittel- und die Volksschulen, von denen die Richtlinien für den Musikunterricht an Volksschulen am 26. März 1927 erlassen – besondere Bedeutung erhalten. Von diesen Schulmusikerlassen sagt L. Kestenberg: „Überall erhält der Musikunterricht verstärkte Bedeutung gemäß den pädagogischen Grundanschauungen unserer Zeit, die neben den wissenschaftlichen Unterricht gleichberechtigt den künstlerischen stellen und besonderes Gewicht auf die Bildung von Gemüt und Phantasie legen.[3]

---

1) Rhythmische Erziehung. Mitteilungen, H.3, 1961, S. 21/22, hg. vom Arbeitskreis 'Rhythmische Erziehung' in der 'Vereinigung der Landesverbände Deutscher Tonkünstler und Musiklehrer'.

2) Kestenberg, L.: Wege zur Entwicklung deutscher Musikerziehung. In: Die Musik, 20. Jg., Berlin 1927/1928, S. 13

3) Kestenberg, L. (Hg.): Schulmusikunterricht in Preußen. Amtliche Bestimmungen für höhere Schulen, Mittelschulen und Volksschulen, Berlin 1927, S.6

In den Richtlinien zur 'Aufstellung von Lehrplänen für die Grundschule' aus dem Jahre 1921 ist bezüglich des Gesangunterrichts zu lesen: „Für den Gesangunterricht verbleibt es bis auf weiteres bei den Bestimmungen des Lehrplanes vom 10. 1. 1914. Neben der Entwicklung der stimmlichen Anlagen und des Gehörs sowie der Freude am Volkslied und der Musik überhaupt, ist der Sinn für das Dynamische, Rhythmische, Melodische und Harmonische in der Musik zu wecken. Hierzu ist es nötig, daß die Kinder nicht nur gut sprechen und singen lernen, sondern auch Gelegenheit zu selbständiger musikalischer Betätigung erhalten. Die Möglichkeit dazu wird sich auch im übrigen Unterricht insbesondere in der Heimatkunde, im Deutsch- und Turnunterricht bieten".[1]

Auch die 'Richtlinien zur Aufstellung von Lehrplänen für die oberen Jahrgänge der Volksschule' aus dem Jahre 1923 äußern sich über den Gesangunterricht in ähnlicher Weise und legen für Auswahl und Verteilung des Stoffes, sowie über das Verfahren beim Unterricht ebenfalls den Lehrplan von 1914 zugrunde.

Erst der Reformerlaß im Jahre 1927, der letzte Erlaß L. Kestenbergs für die Schulmusikerziehung, zeigt, aufgrund eines allgemeinen erweiterten Verständnisses musikerzieherischer Aufgaben an den Schulen eine Änderung, die bereits in der Bezeichnung 'Musikunterricht' statt 'Gesangunterricht' deutlich wird. Das allgemeine Lehrziel lautet:

„Der Musikunterricht soll das Leben der Schüler mit Freude und Frohsinn erfüllen, Lust und Liebe zur Musik wecken und auf diese Weise den Kindern den Weg in die Welt des deutschen Liedes und der deutschen Musik bahnen. Der Musikunterricht hat daher die im Kinde ruhenden musikalischen Kräfte und Anlagen zu entwickeln und zu einer harmonischen Bildung der Jugend beizutragen. Die Freude am eigenen Singen und Musizieren ist so zu wecken und wach zu halten, daß die Kinder befähigt werden, auch nach der Schulzeit am Musikleben regen Anteil zu nehmen".[2]

Die nachfolgenden 'Methodischen Bemerkungen' sind mit den Worten eingeleitet: „Beobachten und Aufnehmen musikalischer Eindrücke, Nachbilden und eigenes Finden sind die Grundlage der Musikerziehung. Von der kindlichen Freude am eigenen Singen und Musizieren müssen die Kinder allmählich zum lebendigen Erfassen musikalischer Vorgänge geführt werden".[3]

Damit war innerhalb dieses Schultyps den formenden, kreativ-schöpferischen Kräften mehr Raum zuerkannt, womit auch die Rhythmisch-musikalische Erziehung Eingang in die musikerzieherische Konzeption der Volksschule, mit einem Schwerpunkt bei der Grundschule, fand. Blieb zwar hier Mittelpunkt der musikalischen Erziehung der 'Gesangunterricht', so sollte dieser bei Sprech- und Stimmschulung beginnen und über Atem-, Ton- und Lautbildungsübungen zum schönen und ausdrucksvollen Singen führen. In den ersten Schuljahren die 'Ein-

---

[1)] zit. n. Braun, G.: Die Schulmusikerziehung in Preußen, Kassel/Basel 1957, S. 95

[2)3)] Kestenberg, L. (Hg.): Schulmusikunterricht in Preußen, a.a.O., S. 57; S. 58;

heit von Leben, Singen und Spielen' wahrend, hat der Musikunterricht vom Erleben auszugehen, wobei der unmittelbare Bezug von Musik und Spiel mit zunehmendem Begreifen und Verstehen mehr in den Hintergrund treten darf.

„Er knüpft an die Spiele, Abzählreime und Reigen, die das Kind mit zur Schule bringt, an. Musik, Spiel und Singen müssen Ausdruck kindlichen Lebens bleiben. Damit können rhythmisch-gymnastische Übungen und szenische Darstellung verbunden werden, wobei besonderer Wert auf selbständiges Erfinden neuer Spielformen zu legen ist".[1]

Die *Gehörbildung* sollte hinführen zu einem bewußten Auffassen und Erkennen musikalischer Tonfolgen und musikalischer Eindrücke der Umwelt. Die *Rhythmische Erziehung* sollte ein anderes Gewicht erhalten, wobei am Anfang ein Umsetzen von Rhythmen in körperliche Bewegungsabläufe stehen soll.

Auch sollte hier die Pflege des Volkstanzes Berücksichtigung finden (im besonderen in Mädchenschulen) und wird im weiteren die Verbindung mit dem Turnunterricht empfohlen. Die Einführung der *Notenschrift* wird mit Beginn im zweiten oder dritten Schuljahr empfohlen, und sollte zum Ziel haben, Lieder nach Noten selbständig erarbeiten zu können. Die Wahl der Unterrichtsmethode war hier, wie bei allen anderen Schulgattungen, frei gewählt, doch eine Absprache unter den Kollegen einer Schule wünschenswert. Die theoretischen Informationen sollten auf das unbedingt Notwendige beschränkt werden. Die *Erfindungsübungen* sollten zu einem Anregen kindlicher Phantasie und zu innerem Erleben musikalischer Ausdruckswerte und musikalischen Geschehens beitragen.

Bereits im ersten Schuljahr sollte mit Hilfe von Reimen und Rechenversen ein Erfinden einfacher Melodien angeregt werden, um diese Übungen in den folgenden Jahren, aufgrund von Beobachtung melodischer und rhythmischer Motive aus der Umwelt erweitern zu können. Die eigenen Liedversuche sollten aus der Stimmung der Kinder herauswachsen und Bezug nehmen zu Anschauungsunterricht, Heimatkunde und andere Unterrichtsstunden. Das *Volkslied* und das volkstümliche Lied bilden die Grundlage des Gesangunterrichts. Besondere Berücksichtigung sollten hier finden: Das ältere und das neuere Kinderlied; das neuere deutsche Volks- und volkstümliche Lied; das alte deutsche Volkslied, das Heimatlied. Kunstlieder (als Darbietung), Chorlieder der älteren wie der neueren Zeit und (unter besonders günstigen Bedingungen) Chöre mit instrumentaler Begleitung.

Für das *Musikverständnis* sollten die Schüler so weit in der musikalischen Elementarlehre ausgebildet werden, daß sie einfache musikalische Abläufe, Tongeschlechter, Intervalle, Akkorde, Rhythmen u.a. bewußt und richtig erfassen und bestimmen können. Die *Musikgeschichte* sollte in 'allgemeinverständlicher Form', anknüpfend an das gemeinsam erarbeitete Musiziergut, eine Einführung in musikgeschichtliche Zusammenhänge geben. War die Berücksichtigung der Instrumen-

[1] Kestenberg, L. (Hg.): Schulmusikunterricht in Preußen, a.a.O., S. 60

talmusik von der jeweiligen schulischen Situation abhängig, so wurden gemeinsame Opern- und Konzertbesuche angeregt. Mit der Einbeziehung der *Häuslichen Musikpflege* in das Musikleben der Schule war der Musikerziehung der Volksschule eine besondere Aufgabe zugewiesen. Sie sollte, neben einer musikalischen Betreuung ehemaliger Schüler, zu einer 'Schulgemeinschaft' und insgesamt zu einer Verbreitung musikalischen Interesses beitragen.

In diesem Zusammenhang sei an E. Jaques-Dalcrozes Vorschläge zur 'Reform des musikalischen Schulunterrichts' (1905) erinnert. Darin empfiehlt er, die öffentlichen Schüleraufführungen häufiger zu veranstalten, da diese eine „wohltuende und fördernde Abwechslung"[1] in das Schulleben bringen und „für Kinderfeste im Freien zu sorgen und Spaziergänge bei Gesang anzuordnen, damit der Musikunterricht einen naheliegenden praktischen Zweck und die Musik im Leben der Schule selbst eine größere Rolle spiele".[2]

Während der Amtszeit L. Kestenbergs sind danach keine weiteren Erlasse zur Musikerziehung an den Volksschulen erschienen, doch war die Verwirklichung der musikalischen Unterrichtsziele von der Befähigung einer ausreichenden Zahl qualifizierter Lehrer abhängig, ein Anspruch, den die Pädagogischen Akademien erfüllen sollten. Sie sollten als Bildungsstätte der Volksschullehrer die Verstärkung der Breitenwirkung der Musikerziehung übernehmen.
„Im Gesamtplan dieser Anstalten nimmt der Musikunterricht und die Musikübung eine hervorragende Stellung ein. Es ist mit Sicherheit zu erwarten, daß hier qualitativ mindestens die gleichen Ergebnisse erzielt werden, wie in der früheren Lehrerbildung, wenn es gelingt, die Vorbereitung systematisch zu sichern".[3]

Leider konnten sich die Hoffnungen L. Kestenbergs nur langsam und in kleinen Schritten erfüllen. Nur wenige der Studierenden konnten den hohen Anforderungen einer musikalischen Vorbildung bei den Aufnahmeprüfungen entsprechen. Diese Vorbereitung konnten einzig und allein die höheren Schulen leisten, da eine private musikalische Forderung aufgrund finanzieller Erwägungen den jungen Studierenden nicht zugemutet werden konnte. Hier aber gab es zu dieser Zeit nur wenige qualifizierte Lehrkräfte. Innerhalb des Zeitraumes bis 1930 legten nur fünfundsiebzig Kandidaten das Examen für das 'künstlerische Lehramt an höheren Schulen' ab.
Wird daraus wiederum die 'Einheit' des gesamten Reformplanes deutlich, so ist im weiteren nach dem Zeitpunkt des Beginns musikalischer Erziehung zu fragen, eine Frage, mit der sich der Reformerlaß 'Musikerziehung und Musikpflege im Kindergarten' auseinandersetzt.

---

1) 2) Jaques-Dalcroze, E.: Vorschläge zur Reform des musikalischen Schulunterrichts, Zürich 1905, S. 54/55

3) Kestenberg, L.: Wege zur Entwicklung deutscher Musikerziehung. In: Die Musik, 20. Jg., Berlin 1927/1928, S.9

1.3.3.4 Richtlinien für die Musikpflege in den Seminaren und Lehrgängen zur Ausbildung von Kindergärtnerinnen und Hortnerinnen in Preußen

Von diesem letzten Reformerlaß – am 27. Dez. 1928 erlassen – sagt L. Kestenberg: „Die amtlichen Richtlinien für die Musikpflege der Kindergärtnerinnen, Pflegerinnen und Hortnerinnen habe ich bewußt nicht zuallererst bearbeitet, sondern zuallerletzt, weil sie mir als die schwierigsten und verantwortlichsten erschienen".[1]

Dieser Plan war von G. Schünemann, der zusammen mit C. Thiel einige Kindergarteneinrichtungen besucht hatte, bearbeitet worden und enthielt Richtlinien und Anhaltspunkte für eine geeignete Musikerziehung an diesen Ausbildungsinstitutionen. Schon in dem vorangestellten *Lehrziel* wird die hohe Verantwortlichkeit für ein frühes musikalisches Erleben und Lernen deutlich. Dieses lautet:

„Der Musikunterricht in den Seminaren und Lehrgängen zur Ausbildung von Kindergärtnerinnen und Hortnerinnen soll die musikalische Befähigung und Bildung der Schülerinnen soweit fördern, daß sie befähigt sind, die musikalischen Anlagen der ihnen anvertrauten Kinder im Kindergarten und Hort zu wecken und zu pflegen. Darum sind neben gemeinschaftlichem Musizieren, neben Spiel- und Tanzübungen immer auch die unterrichtlichen Aufgaben zu pflegen, und die Lernenden auch als Lehrende, als Erzieherinnen des Kindes in Familie, Kindergarten und Hort zu bilden".[2]

Als *Lehrinhalte* sind benannt: Gehörbildung, Atem-, Sprech- und Singerziehung, Musikgeschichte, und darüber hinaus wird hingewiesen auf eine Querverbindung zu den Fächern Jugendliteratur, Gesundheitslehre, Zeichnen, Bewegungsspiel, Handfertigkeitsunterricht.

Innerhalb der *Gehörbildung* – diese verstanden als Grundlage jeglichen Begegnens, Verstehens und Umgehens mit Musik – sind gefordert: Spiele und Übungen zum Hören, Erkennen, Unterscheiden mit Geräuschen (Glocken, Hupen u.a.), Klängen (verschiedene Instrumente), Motiven (Straßenausrufe, Vogelrufe u.a.), Melodien (ein- und zweistimmige, auch dreistimmige Melodieverläufe, orientiert an Aufbau und Gestalt von Kinderliedern) bis hin zum Hören, Notieren und eigenen Erfindungen von Kinderliedern.

Für die *Atem-*, *Sprech-* und *Singerziehung* lautet das Ziel: „Heranbildung der weichen und starken Sprech- und Singstimme".[3] Methodisch soll hier mit Atemübungen begonnen werden, die in einem Zusammenhang mit metrischen, dynamischen und rhythmischen Elementen stehen. Und weiterhin geht es um einen Erwerb umfassender Kenntnisse der Artikulation, Phrasierung, anatomischen und physiologischen Zusammenhänge, über Pflege und Umfang der Kinderstimme,

---

1) Kestenberg, L.: Bewegte Zeiten, a.a.O., S. 43

2) 3) Richtlinien für die Musikpflege in den Seminaren und Lehrgängen zur Ausbildung von Kindergärtnerinnen und Hortnerinnen. In: Kindergarten, 70. Jg., Leipzig 1929, S. 86; S. 87

bis hin zu der Fähigkeit, funktionelle Stimm- und Sprachstörungen erkennen zu können und der Fähigkeit, zur Auswahl eines adäquaten Kinderliedgutes.
Die Inhalte der *Theorie* sind beschrieben: Erwerb von elementaren Kenntnissen der allgemeinen Musiklehre: Aufbau von Tonleitern, Kadenzen, harmonischen Strukturen; Erkennen von Dur und Moll; Kenntnisse von Taktarten, rhythmische Schemata, der Notation, immer in einem Zusammenhang mit elementaren Fähigkeiten auf einem Instrument (Klavier, Violine, Laute, Flöte, Gesang u.a.).

Die Inhalte der *Formenlehre* – orientiert an dem Kinderliedgut – lauten: Erwerb von elementaren Kenntnissen der Formenlehre wie: Motiv, Halbsatz, Liedformen, Tanzformen, zugleich auf dem Hintergrund musikgeschichtlicher Zusammenhänge aufgezeigt.
Für die *Rhythmische Erziehung*, in der all die zuvor genannten Kenntnisse zusammenlaufen, sind die Inhalte wie folgt formuliert:

„Wie beim richtigen Sprechen und Singen, so ist auch auf dem Gebiet der rhythmischen Erziehung Grundlage die gesunde, naturgemäße Atembeherrschung. Der Rhythmus des Atemvorganges, das Ein- und Ausatmen, führt zu Übungen der Spannung und Entspannung (Atmungs- und Haltungsschäden werden erkannt und gebessert). Zu den Unterrichtsaufgaben gehören Übungen: a) zur Selbstbehauptung wie zum Einordnen in die Gemeinschaft; b) zum Übertragen wie zum Ausführen rhythmischer Impulse, also zum Führen und Folgen.
Körperbewegung und Musik sind in ihrer Wechselwirkung zu üben: Tempo, Dynamik, Agogik. – Desgleichen sind Einzel- und Gruppenübungen abwechselnd zu veranstalten. – Zweckmäßig ist die Verwendung von Schlagzeug. Zu üben sind: Die gebräuchlichsten Taktarten, Taktwechsel, Darstellung der Notenwerte durch Bewegung (Punkt, Synkope), das Dirigieren (Einsatz – accelerando – ritardando –Fermate - Schluß), freies rhythmisches Improvisieren verbunden mit Gehörbildung und melodischer Improvisation.
Die Einführung von Motiv und zusammengesetzten Formen soll in natürlicher Verbindung mit der Formenlehre geschehen. Kindliches Erleben ist zum Ausgangspunkt rhythmisch-gymnastischer Spiele zu nehmen (Dalcroze; Blensdorf)“.[1]

Damit ist zugleich auf didaktische Literatur verwiesen, wie die Reihe 'Singen und Springen in Kindergarten und Grundschule', von O. Blensdorf herausgegeben, die Reihe 'Praktische Musik in Kindergarten und Hort', herausgegeben von Th. Dispeker, im Auftrage des Zentralinstitutes für Erziehung und Unterricht in Berlin, die „unmittelbar praktisch zu verwertende Anregung geben (will)“,[2] und zugleich ist damit auch die Querverbindung zur Jugendliteratur angesprochen. Hier soll ein „Textverständnis und lautreines sinngemäßes Sprechen“[3] mit besonderer Berücksichtigung von Kinderdichtung, Kinderlied, Volks- und Kunstlied herausgearbeitet werden.
Eine weitere Querverbindung wird in Zusammenhang mit dem *Handfertigkeitsun-*

---

1) 3) Richtlinien für die Musikpflege, ..., a.a.O., S. 87

2) Dispeker, Th.: Die musikalische Ausbildung der Kindergärtnerin: In: Die Musikpflege, 2. Jg., Leipzig 1931, S. 124;

terricht gesehen, im besonderen mit dem Erfinden und Anfertigen von Instrumenten (Flöten, Spieluhren, gestimmte Plättchen, Glocken, klingende Röhren u.a.). Aus diesem Gedanken ist auch die kleine Schrift von Ch. Blensdorf: „Kinder machen Bambusflöten und lernen horchen und musizieren" (Bad Godesberg 1932) entstanden.

Zusammenfassend läßt sich sagen, daß sich die gesamte musikalische Ausbildung der Kindergärtnerinnen und Hortnerinnen an der unmittelbaren Kindergartenpraxis orientieren sollte. Insofern sollte die Ausbildung zweckmäßig sein, „womit unter 'zweckmäßig' nicht ein Anhäufen theoretischen Wissens und virtuoser Fähigkeit zu verstehen ist, sondern die Wiedergewinnung der ursprünglichen vorhandenen Musizierfreudigkeit. Die in diesem Sinne erzogenen Führer wiederum sollen dazu berufen sein, daß in den ihnen anvertrauten Kindern das von der Natur gegebene Musikgut nicht erst durch Vernachlässigung oder falsche Musikpflege verschüttet, sondern gehegt, und richtig verwertet wird".[1]

Allerdings erwies sich als besondere Schwierigkeit bei der Erfüllung all dieser Grundforderungen das unterschiedliche Niveau der musikalischen Vorbildung der Seminaristinnen, da die Richtlinien bereits den neuesten Stand eines Musikunterrichtes einer höheren Schule voraussetzten. Daraus resultiert die Überlegung zur Einführung einer Aufnahmeprüfung, die ein Mindestmaß an musikalischem Können als Voraussetzung zur Eignung als Kindergärtnerin erfassen sollte, eingeschlossen elementare instrumentale Fähigkeiten (Klavier, Geige, Laute, Flöte), Ansprüche, die bis zu dem Extrem führten, „gänzlich unmusikalische Bewerberinnen einfach nicht aufzunehmen"[2] (Seminare: Essen; München)

Darüber hinaus stellte sich die vorgesehene viel zu geringe Zahl von Stunden für das Fach 'Musikerziehung' im Lehrplan der Seminare als Mangel heraus, dazu die Ausbildungsdauer von zwei Jahren, um tatsächlich zu einer umfassenden Kenntnis qualitativer musikalischer Fähigkeiten zu führen.

An 37 Deutschen Seminaren stellte sich der Lehrplan im Fach *'Musik'* wie folgt dar: 23 Seminare: in allen Kursen 2 Std. wöchentl; 7 Seminare: in den Unterkursen 2 Std. wöchentlich; im Oberkurs 1 Std. wöchentl; 6 Seminare: in allen Kursen 1 Std. wöchentl.; 1 Seminar: im Oberkurs 3 Std. wöchentl.

Und weiterhin ergab eine Umfrage zur 'Ausbildung der Musiklehrkräfte', daß 32 von 37 Seminaren eigene Lehrkräfte für das Fach 'Musik' beschäftigen, die zumeist die Prüfung für das künstlerische Lehramt abgelegt haben, während der Unterricht an den übrigen Seminaren zum Teil von technischen Lehrkräften oder privat ausgebildeten Gesanglehrenden erteilt wird.[3] Daraus ergibt sich die Forderung der Berufung eigener Fachberater für den Musikunterricht in Kindergärtnerinnen-Seminaren mit der Bedingung, nur die Musikpädagogen auszuwählen, „die

[1][2][3] Dispeker, Th.: 1931, a.a.O. S. 125; S. 123

eine innere lebendige Beziehung zu kleinen Kindern aufweisen und bereits selbst praktisch mit drei- bis sechsjährigen Kindern musiziert haben".[1]

Ebenso erhebt sich die Frage nach einer Möglichkeit der Fort- und Weiterbildung für bereits im Beruf stehende Kindergärtnerinnen und Hortnerinnen, verbunden mit dem Auftrag, sich berufsbegleitend zu informieren, musikalisch zu bilden und zu lernen. Dies ist ein Anliegen, aus dem auch Ch. Blensdorfs Forderungen für den Bereich der Rhythmisch-musikalischen Erziehung resultieren, für den sie zwei Ausbildungsgänge vorschlägt, um Lehrende an den Ausbildungsseminaren wie Erziehende in den Kindergarteneinrichtungen entsprechend zu qualifizieren. Zum einen verweist sie auf den Ausbildungsgang zum staatl. gepr. Privatmusikerzieher mit dem Hauptfach: Rhythmische Erziehung als Voraussetzung für einen Lehrenden in diesem Fach an den Seminaren für Kindergärtnerinnen und Hortnerinnen. Zum andern schlägt sie „gründlich zusammengefaßte Kurse"[2] vor, von der Dauer etwa eines halben Jahres für die in den Kindergärten tätigen Erziehenden.

Diesem Anliegen haben das 'Zentralinstitut für Erziehung und Unterricht' in Berlin und auch die Berufsorganisation der Kindergärtnerinnen, Hortnerinnen und Jugendleiterinnen e.V. Rechnung getragen durch ein Angebot von Kursveranstaltungen mit einem breiten Spektrum von Themen zur vorschulischen Musikerziehung. So fand in Berlin vom 3. April bis 5. April 1929 eine erste Tagung zu dem Thema: „Musikpflege im Kindergarten' statt – veranstaltet vom 'Zentralinstitut für Erziehung und Unterricht'; dieses gab auch den Tagungsbericht unter gleichnamigem Titel heraus. Eine Tagung, die sich erstmals mit Fragen eines frühen Musiklernens auseinandersetzte, zu denen eine große Zahl namhafter Referenten Stellung nahm. Unter ihnen: M. Abicht: Musik im Kindergarten; G. Schünemann: Singen und Sprechen in den ersten Lebensjahren; Ch. Blensdorf: Rhythmisch-musikalische Erziehung im Kindergarten; H. Grüger: Die Liederfibel und ihre praktische Anwendung; F. Jöde: Das Volkskinderlied; R. Wicke: Entwicklung des musikalischen Sinnes beim Kleinkind; C.M. Geis: Musik im Kindergarten und die musikalische Ausbildung der Kindergärtnerinnen u.a. In einem Bericht über diese Tagung ist zu lesen: „Die zahlreiche Beteiligung beweist, namentlich in der heutigen Zeit, die eine Teilnahme nur unter erheblichen finanziellen Opfern ermöglicht, welch starkes Interesse gerade aus Kindergartenkreisen den Fragen der Musikerziehung entgegengebracht wird".[3]

Ging es bei dieser ersten Tagung primär um eine breite Information und Erörterung von Grundsatzfragen aus je verschiedener Sicht zur vorschulischen Musikerziehung, so folgte ihr ein Arbeitskurs in Königsberg vom 14. April bis 18. April

---

1) 3) Dispeker, Th., a.a.O., S. 123; S. 136

2) Blensdorf, Ch.: Rhythmisch-musikalische Erziehung im Kindergarten. In: Musikpflege im Kindergarten, hg. vom Zentralinstitut für Erziehung und Unterricht Berlin, Leipzig 1929, S. 35

1929 unter der Leitung von Ekkehard Pfannenstiel und Grete Hahn, der ein Erarbeiten praktischer Inhalte und Aufgaben zu den Gebieten: Lied und Spiel im Kindergarten; Elementarlehre der Musik (Gehörbildung, rhythmische Erziehung, Blattsingen); Instrumentalpflege im Kindergarten zum Gegenstand hatte.
Eine erste Arbeitswoche in Verbindung mit dem Deutschen Rhythmikbund fand vom 8. April bis 14. April 1931 in Berlin statt und versammelte Seminaristinnen, Kindergärtnerinnen, Hortnerinnen, Jugendleiterinnen wie auch Musiklehrkräfte der Seminare aus ganz Deutschland. Entsprechend war zur Leitung dieser Veranstaltung ein ganzes Team von Rhythmikerinnen berufen: Ch. Blensdorf: Rhythmische Erziehung und Bau von Bambusflöten, H. Tauscher und K. Jacob: Leitung der praktischen Arbeit mit Kindern aus Kindergarten und Hort; A. Epping: Improvisation am Klavier. Die gesamte Arbeit stand unter dem Ziel eines „Zurückgewinnens echter kindlicher Naivität, darunter ist zu verstehen: natürliche Musizierfreudigkeit, primitiver Klangsinn, kindgemäßes Singen und Spielen", ein Ziel, in dem die Leiterinnen die „Voraussetzung für das Erlernen aller anderen Einzelgebiete innerhalb der gesamten Musikerziehung des Kleinkindes (sehen)".[1]
Ein weiterer Kurs, in Verbindung mit dem Seminar für Volks- und Jugendmusikpflege in Berlin, konnte sich diesem anschließen und stellte das Singen und das Kinderlied in den Mittelpunkt der Kursarbeit. Zur Mitarbeit waren beauftragt: Susanne Trautwein mit dem einführenden Referat: „Das Kinderlied im Wandel der Zeiten"; Fritz Jöde, der einen methodischen Aspekt zum Schwerpunkt seiner Arbeit machte; ihm fiel auch die Leitung der abschließenden Offenen Singstunde zu mit mehr als sechshundert Teilnehmenden; Grete Hahn und Marie Mantius, die im besonderen für die praktische Arbeit mit Vorschulkindern verantwortlich zeichnete. Der erste staatliche Lehrgang für Musiklehrer und Musiklehrerinnen der Kindergärtnerinnen-Seminare wurde vom 1. Okt. bis 30. Nov. 1929 durchgeführt. Der Arbeitsplan umfaßte: Stimmbildung, Musikerziehung, Methodik, Gehörbildung, Liedkunde, Rhythmische Erziehung, Sprecherziehung.

Mit diesem zuletzt dargestellten Erlaß war das Reformwerk L. Kestenbergs für das gesamte Erziehungswesens Preußens mit Ausnahme der Universitäten, die nicht seinem Referat unterstanden, abgeschlossen.

1.4 Zusamenfassung

L. Kestenbergs Gedanken zur Reform der Musikerziehung in Preußen, einem einheitlichen Aufbau der gesamten Musikerziehung vom Kindergarten bis zur Hochschule, der Erneuerung der deutschen Musikkultur durch Überwindung der Spaltung zwischen Kunst und Volk, der 'Erziehung zur Menschlichkeit mit und durch Musik' sind getragen von einer Synthese von 'Kunst und Sozialismus. Seine vielseitige Tätigkeit als 'künstlerischer Beirat und Referent für musikalische Angelegenheiten' im Preußischen Ministerium für Wissenschaft, Kunst und Volksbildung

[1]) Dispeker, Th., a.a.O., S. 136

(seit dem 1. Dez. 1918), die Ernennung zum planmäßigen Prof. an der Staatl. Hochschule für Musik in Berlin (1921), als Leiter der neu eingerichteten Musikabteilung im 'Zentralinstitut für Erziehung und Unterricht' (1922), die Ernennung zum Ministerialrat (1929), ermöglichten ihm eine maßgebliche Einflußnahme auf die Neu- und Umgestaltung des musikalischen Bildungswesens von großer Tragweite.

Eine Schlüsselstellung kommt hier der von L. Kestenberg 1921 veröffentlichten Schrift: 'Musikerziehung und Musikpflege' zu. Die in dieser Schrift enthaltenen Grundgedanken wurden als 'Denkschrift über die gesamte Musikpflege in Schule und Volk' am 25. April 1923 dem preußischen Landtag vorgelegt, der ihre Verwirklichung beschloß. Daraus gingen als grundlegende Neuregelungen hervor: Die Prüfungsordnung für das künstlerische Lehramt an höheren Lehranstalten (1922); in demselben Jahr der Ausbau der Akademie für Kirchenmusik zur Akademie für Kirchen- und Schulmusik; der Ausbau der Staatl. Hochschule für Musik in Berlin, Erweiterung durch die Angliederung des Seminars für Musikerziehung (1925), die Amtlichen Bestimmungen 'Privatunterricht in der Musik' (1925); die Richtlinien für den Musikunterricht an Volksschulen (1927), die Richtlinien für die Musikpflege in den Seminaren und Lehrgängen zur Ausbildung von Kindergärtnerinnen und Hortnerinnen (1928).

Damit wurde es möglich, ein erweitertes Verständnis von Musik und Musikerziehung zu entwickeln, ihr in schulischen und außerschulischen Institutionen ein anderes Gewicht zuzuerkennen. Im Verständnis von L. Kestenberg sollte Musikerziehung sich nicht erschöpfen in der bis dahin üblichen gesanglichen Ausbildung und in der Vermittlung des musikalischen Elementarwissens, sondern Musikerziehung und Musikpflege sollten vor allem die allgemeine Musikalität systematisch entwickeln; denn „das Musikalische ist in jedem Menschen beheimatet".[1]
L. Kestenbergs Leitgedanken einer 'Musikerziehung und Musikpflege in Schule und Volk' lassen sich in den Thesen zusammenfassen:

- Wecken des Schöpferischen, des Selbsttätigen; Erziehung zum musikalischen Hören; Pflege der Musik in Schule, Kirche und Haus; Einheit von Leben, Singen, Spielen, Arbeiten; Erziehung zur Menschlichkeit mit und durch Musik.[2]
- Musik kann auf das Gefühlsleben, den Ausdruckswillen, inneres Erleben und Empfinden Einfluß nehmen. Sie kann zu Verinnerlichung und Vertiefung der Kenntnisse und Anschauungen führen, Einfluß nehmen auf Charakter und Lebensgefühl, auf schöpferische und seelische Kräfte. Diese stärkende und belebende Macht der Musik muß den Musikunterricht durchdringen und die Stellung des Faches im Sinne eines 'Sammelpunktes' im Gesamtplan der Schule bestimmen.

---

1) Kestenberg, L. (Hg.): Jahrbuch der deutschen Musikorganisation, Berlin 1930, S. VIII

2) Kraus:,E.: Leo Kestenberg zum Gedächtnis. In: Musik im Unterricht, 53. Jg., H. 3, Mainz 1962, S. 66

- Kindergarten und Grundschule sollten als Basis verstanden werden, auf der die weiterführenden Institutionen aufbauen, erweitern, vertiefen, differenzieren können. Hier sollten Grunderfahrungen gelegt werden, die im Verlauf späterer Entwicklung weitergeführt und gestaltet werden können. Innerhalb des Raumes der Schule soll die 'Querverbindung' zu anderen Fächern wie Religion, Deutsch, Geschichte, Fremdsprachen, Zeichnen, Turnen u.a. Beachtung finden.
- Eine zentrale Aufgabe sollte darin bestehen, die Musik dem Verständnis und Gefühl nahezubringen, sie lebendig zu machen und als Teil unseres Kulturbesitzes zu festigen".[1]

Für den Zusammenhang mit der Rhythmisch-musikalischen Erziehung erhält der von L. Kestenberg ausgearbeitete Erlaß für den 'Privatunterricht in der Musik' (1925) eine besondere Bedeutung. War dieser Erlaß einerseits ein Versuch, den Lehrenden und Lernenden ausreichenden Schutz im Interesse der Kunst zu geben, so war mit ihm erstmalig auch der Rhythmisch-musikalischen Erziehung eine gleichwertige und gleichberechtigte Position als Haupt- und Nebenfach neben anderen künstlerischen Instrumentalfächern zuerkannt. Dies ist als eine bedeutsame Entscheidung L. Kestenbergs zu sehen, womit er der rhythmischen Erziehung unter der Vielzahl entstehender und entstandener Bewegungssysteme einen eindeutigen Platz im Kontext der Musik und Musikerziehung zuwies, und ihren Ausbildungsgang in staatl. Institutionen der Musik hineinverlegte – vornehmlich die Hochschulen für Musik –, die auch in unserer Zeit die Verantwortlichkeit für die Nachwuchslehrenden tragen.

Gab ich L. Kestenberg in diesem Abschnitt zur Darstellung seiner Reformpläne und Reformabsichten einen breiten Raum – auch andere Länder waren an der Reform der Musikerziehung beteiligt, z.B. Sachsen und Thüringen, zeigten jedoch andere Entwicklungen – so liegt dies darin begründet, daß erst durch seine Initiative und Reformbestrebungen ein Umdenken möglich wurde. Erst durch das Finden eines neuen Standortes von Musikerziehung und Musikpflege im Aufbau eines Bildungs- und Erziehungswesens wurde es möglich, neue und andere Wege zu gehen.

War L. Kestenbergs Wirken vorbereitet durch die Kunsterziehungstage 1901 (Dresden), 1903 (Weimar), im besonderen 1905 (Hamburg), H. Kretzschmars 'Musikalische Zeitfragen', die allgemein pädagogischen Reformbestrebungen zu Beginn des zwanzigsten Jahrhunderts und durch die Entwicklung der musikalischen Jugendbewegung, so konnte sich sein groß angelegtes musikerzieherisches Reformwerk – einer 'realpolitischen Linie' folgend – nur in kleinen und kleinsten Schritten vollziehen und nur in Teilen erfüllen. Die Realisierung der Reformpläne L. Kestenbergs wurde zusätzlich erschwert durch den Mangel an einer ausreichenden Zahl von fachlich qualifizierten Musiklehrenden (das Hauptgewicht in dem Ausbildungsgang lag auf künstlerischem Gebiet, im Zeitraum bis 1930 leg-

1) Kestenberg, L. : Musikerziehung und Musikpflege, Leipzig 1921, S. 24

ten nur fünfundsiebzig Kandidaten das Examen für das künstlerische Lehramt ab), durch unzureichende Stundentafeln, und es gelang nicht, die künftigen Musikerzieher für alle Schulformen ausreichend vorzubilden. Dadurch ließ sich die angestrebte Synthese der künstlerischen, wissenschaftlichen und pädagogischen Ausbildung für die Heranbildung der Künstlerpädagogen, zusätzlich erschwert durch das 1928 verbindlich gewordene Studium eines wissenschaftlichen Nebenfaches – kaum erreichen. Darüber hinaus ist als entscheidend mitzusehen, „daß das Reformwerk kaum begonnen hatte, als die politischen Ereignisse Kestenberg 1932 zur Demission zwangen“.[1]

Er hat als „Mann der Musik-Organisation, der Urheber oder vielmehr der überhaupt erste Ordner auf dem Gebiet des musikalischen Bildungs- und Prüfungswesens“[2] in Preußen von der Idee des Staates aus eine verbindliche Organisation des Schulmusikwesens eingeleitet, sowie die inneren und äußeren Voraussetzungen zu einer Reform der Musikerziehung in Deutschland geschaffen. Wollte man sein Reformwerk nach dein Resultat oder Ergebnis befragen, so weist G. Braun zu Recht in der Beantwortung dieser Frage auf eine deutliche Unterscheidung der Reformabsichten und -ziele, von Reformmaßnahmen und -ergebnissen hin.

Auch dient ein Hinweis von E. Kraus (1962) dazu, daß eine Beurteilung des ‘Lebenswerkes’ L. Kestenbergs nicht von der Frage nach dem Ergebnis ausgehen kann, sondern es vielmehr die ‘zukunftweisenden Ideen’, seien, die es weiterzuführen und weiterzuentwickeln gilt. Und weiterhin gilt es darauf hinzuweisen, daß L. Kestenbergs umfassendes Bemühen um eine Reform der Musikerziehung mit dem Ausscheiden aus seinem Amt im Preußischen Kultusministerium im Jahre 1932 keineswegs als beendet anzusehen ist.

Nach seiner Übersiedlung nach Prag – im März 1933 – gründete L. Kestenberg dort unter dem Vorsitz des Außenministers Camill Krofta eine Internationale Gesellschaft für Musikerziehung (I.G.f.M.), die Kongresse veranstaltete:
1936 in Prag; 1937 in Paris; 1938 in Zürich und Basel. (Heute weitergeführt unter der Bezeichnung ISME: Internationale Society for Music Education). In der Zeit von 1938 bis 1944 hatte L. Kestenberg die administrative Leitung des ‘Palestine Orchester’, inne (uns heute als ‘Israel Philharmonic Orchestra’ bekannt), zu der ihn Bronislav Hubermann berufen hatte.

Im Herbst 1945 konnte er zusammen mit einigen namhaften Musikpädagogen – unter ihnen Käte Jacob als Vertreterin der Rhythmisch-musikalischen Erziehung, die zuvor in Berlin lehrte – in Tel Aviv ein Seminar für Musikerziehung (Midraschah le mechanchim le musica) eröffnen, ein Institut, das Musikerzieher für den Bereich des Kindergartens, der Volks- und Mittelschulen heranbilden sollte. Daneben war L. Kestenberg als Lehrer für das instrumentale Fach ‘Klavier’ auf

1) Kraus, E., a.a.O., S. 67
2) Bekker, P. : Briefe an zeitgenössische Musiker, Berlin 1932, S. 45

der Ebene des Privatmusikunterrichts in Zusammenhang mit Hochschulinstitutionen der Musik tätig. G. Braun würdigt das groß angelegte Reformwerk L. Kestenbergs in den Worten:

„Das Verdienst Kestenbergs bleibt es, die durch Kretzschmar eingeleitete und durch den ersten Weltkrieg unterbrochene Reform der Musikerziehung, die sich im wesentlichen zunächst auf organisatorische Maßnahmen zur Beseitigung der größten Mißstände beschränkte, weitergeführt zu haben. Bedeutender als dieses war die neue Zielgebung, die der Musikerziehung durch Kestenberg zuteil wurde. Seinem großen Verhandlungsgeschick und seiner unermüdlichen Tatkraft, der Musikerziehung einen neuen und größeren Platz im gesamten Bereich der Erziehung zu erobern, ist es zu verdanken, daß es überhaupt erst zur Einführung der Reformerlasse kam. Von größter Bedeutung aber war, daß die Frage nach einer neuen Musikerziehung durch die Reichsschulmusikwochen, besonders Lehrgänge aller Art (unter anderem auch für Direktoren der höheren Schulen) immer wieder aufgeworfen wurde und dadurch das allgemeine Interesse ständig der Musikerziehung zugewandt blieb. Wenn es zu den erwarteten Erfolgen nicht kam, so ist der Grund hierfür eben in der Tatsache zu suchen, daß diese Reform der Musikerziehung durch die politischen Verhältnisse bereits im Keime erstickt wurde und nicht die Zeit der Entwicklung fand, deren ein solches Werk bedurfte.

.... Das Notwendigste in seiner tiefsten Wortbedeutung, das auch für die Zukunft der Musikerziehung entscheidend ist, mag uns am Schluß dieser Darstellung Kestenberg selbst sagen: 'In allem, was wir tun, ist es das Bedeutungsvollste, daß wir den göttlichen Funken, der in uns lebendig ist, dauernd wie eine heilige Flamme vor uns hertragen und daß wir uns nicht von den Einflüsterungen des Alltags beirren lassen".[1]

Erwähnen möchte ich an dieser Stelle noch, daß L. Kestenberg das Verdienst zukommt, der Rhythmisch-musikalischen Erziehung einen Weg in alle Bereiche der Pädagogik geebnet und ihr einen Platz in den Ausbildungsgängen der Musik und Musikerziehung eingeräumt zu haben, der sich bis in unsere Zeit hinein erhalten konnte und als richtig erwiesen hat.

Im weiteren gilt es nun zu fragen, inwieweit die Rhythmisch-musikalische Erziehung aufgrund dieses so umfassenden Anstoßes innerhalb des Zeitraumes von 1919/1920 bis 1932/1933 in die Institutionen Kindergarten und Grundschule Eingang gefunden hat, in welcher Weise sie dort in bestehende oder neu entwickelte Konzeptionen aufgenommen wurde, und auf welchem Hintergrund von pädagogisch-psychologischen, musikpädagogischen und bewegungspädagogischen Grundgedanken. Um das komplizierte Geflecht rhythmischer Bewegungssysteme überschaubarer zu machen, wähle ich für meine weitere Darstellung eine chronologische Folge der aktuellen Ereignisse mit Berücksichtigung der wichtigsten Positionen, immer rückbezogen auf den Ursprung, die rhythmischen Erziehungsgedanken bei E. Jaques-Dalcroze.

So stehen am Anfang zentrale theoretische Gedanken der beiden führenden Ver-

---

1) Braun, G. : Die Schulmusikerziehung in Preußen, Kassel 1957, S. 108/109

treter der Rhythmus-Diskussion (L. Klages; R. Bode) im Zeitraum der zwanziger Jahre des zwanzigsten Jahrhunderts; folgt diesen eine Übersicht über entscheidende Ereignisse in der Rhythmus-Bewegung; wird die 'Tagung für künstlerische Körperschulung' (1922 in Berlin) zu einem ersten Ort der Auseinandersetzung und Klärung der Richtungen in der Bewegungserziehung; steht die 'Schule Hellerau-Laxenburg Schloß Laxenburg bei Wien' als Modell der Idee des Schöpfers und Urhebers der Rhythmisch-musikalischen Erziehung, E. Jaques-Dalcroze.

Daran anschließend sollen pädagogische und musikpädagogische Leitgedanken den Kontext erhellen, in dem die Rhythmisch-musikalische Erziehung in den Institutionen Kindergarten und Grundschule steht, differenziert in den didaktisch-methodischen Ansätzen, Entwürfen, Konzeptionen.

Darüber hinaus stellt das Schlußwort den Versuch einer Zusammenschau entwickelter Gedanken dar, schlägt schließlich das Kapitel 'Ausblick' eine Brücke zu unserer Zeit.

2. Die Position der Rhythmisch-musikalischen Erziehung innerhalb des Zeitraumes der Kestenberg-Reform unter besonderer Berücksichtigung von Kindergarten und Grundschule

2.1 Zur Diskussion der Begriffe Rhythmus und Takt bei Ludwig Klages und Rudolf Bode

Charakteristisch für den Zeitraum der zwanziger Jahre des zwanzigsten Jahrhunderts ist ein „Sieg und Durchbruch des Rhythmus".[1] „... Es war unmöglich, nicht von Rhythmus zu reden und rhythmisch zu leben".[2] Rhythmus wurde zu einem vielgebrauchten Wort, gleichsam zu einem Träger des gesamten Lebens der Zeit, des sozialen Lebens, der Kunst, der Wissenschaft und im besonderen der sich hier entwickelnden Bewegungslehren. Innerhalb der Vielzahl von Positionen, Meinungen, Erklärungen kommt der Lebenslehre und der aus ihr resultierenden Phänomenologie des Rhythmus von *Ludwig Klages* (1872-1956) eine zentrale Stellung zu für eine theoretische Position und *Rudolf Bode* (1881-1970) eine bedeutende Rolle im Bereich der praktischen Bewegungslehren zu.

Eine wegweisende Bedeutung erhält hier die Aufsatzsammlung 'Künstlerische Körperschulung' (5. Kap.: 2.3, Teil III), mit dem umfassenden Beitrag von L. Klages: „Vom Wesen des Rhythmus", vorgesehen für die 'Tagung für künstlerische Körperschulung' (1922 in Berlin). In diesen Aufsatz gehen frühe Erkenntnisse ein, wie sie L. Klages in seiner Schrift: „Ausdrucksbewegung und Gestaltungskraft" (Leipzig 1930) zuerst dargelegt hat. Zugleich bildet dieser Aufsatz die Grundlage zu einer Erweiterung in der kleinen gleichnamigen Schrift: „Vom Wesen des Rhythmus" (Zürich/Leipzig 1930; 1944).

---

[1] [2] Günther, H.: Historische Grundlagen der deutschen Rhythmusbewegung. In: Bünner, G./ Röthig, P.(Hg.): Grundlagen und Methoden rhythmischer Erziehung, Stuttgart 1971, S. 52

Darin ist L. Klages bemüht, wie er ausdrücklich betont, „alles Unentbehrliche ausführlicher, das irgend Entbehrliche aber bei weitem kürzer“[1] zu fassen. Sein Anliegen gilt im besonderen dem Herausarbeiten des Hauptergebnisses seiner langjährigen Forschungen, „daß Rhythmus und Takt verschiedener Herkunft seien und die Ableitung ihrer Wesensgegensätzlichkeit aus dem Gegensatz von Leben und Geist“[2] zu erklären seien, neben der seit langem gestellten Frage „nach derjenigen Fähigkeit des Menschen, die es ihm möglich macht, geistigen Akt und lebendigen Rhythmus ungeachtet ihrer Gegnerschaft in Einklang zu bringen“.[3] Seine Darstellungsweise folgt der Phänomenologie, der Wesensforschung, auch Erscheinungsforschung, wie L. Klages sie benennt. Damit grenzt er sich ab von einer naturwissenschaftlich messenden Betrachtungsweise und knüpft in seiner Interpretation an die Philosophie der Romantik – den romantischen Irrationalismus – an, aus der einzig seine Position zu begreifen ist. Aus Klages'scher Sichtweise mangelt es dem wissenschaftlichen Ursachen-Forschen an echter Erkenntnisfülle, lassen sich in ihm lediglich periphere Kenntnisse sammeln, wohingegen die Metaphysik bestrebt ist, „die Welt zu entgegenständlichen und an die Stelle der Tatsachen das Wesen zu setzen“.[4]

„Die Welt der Erscheinungen befindet sich in immerwährender Wandlung und Flucht, während die Welt der Dinge, gleichsam zeitentzogen, verharrt“.[5] Erscheinungen der Welt nimmt der Mensch mit seinen Sinnen wahr – sehend, hörend, riechend, schmeckend, tastend – wobei für den Sinnesvorgang kennzeichnend ist, daß er in der Zeit verläuft, folglich etwas unablässig Sichwandelndes ist. Ein langgezogener Flötenton etwa wird dem Menschen nur als solcher hörbar und erkennbar dadurch, daß er ihn hörend aufzunehmen vermag und ihn aufgrund von Erinnerung vorausgegangenen Erlebens, gekennzeichnet durch Ähnlichkeit, als solchen zu bezeichnen vermag. Damit möchte L. Klages sagen, daß dem Menschen in der Zeitlichkeit des Erlebens die Wandelbarkeit der Welt deutlich wird und sich ihm die Anschaulichkeit des Sichwandelnden im Erlebnis der Ähnlichkeit verdeutlicht.

Bezogen auf die hier gestellte Frage nach der Wesensgegensätzlichkeit von Rhythmus und Takt, lassen sich daraus folgende Erkenntnisse herleiten: L. Klages führt den Begriff *Takt* auf den lat. Wortbegriff tangere = berühren, stoßen schlagen zurück und erläutert, daß dieser in der Tonkunst ursprünglich für das gleichmäßige Schlagen und Zupfen der Saiten gebraucht wurde, und auch die Markierung der Zeitschritte bei Schlaginstrumenten kennzeichnet. Daraus läßt sich verstehen, daß frühe experimentelle Untersuchungen des Taktes, etwa durch E. Meumann (1862-1915), W. Wundt (1832-1920), später K. Koffka (1886-1941), auch Th. Lipps (1851-1914), in erster Linie auf regelmäßigen Folgen von Schallschlägen fußen. Wichtig ist, daraus festzuhalten, daß der hörend wahrnehmende Mensch,

---

[1] [2] [4] [5] Klages, L.: Vom Wesen des Rhythmus, Zürich/Leipzig 1944, S. 9; S.8; S. 146; S. 83; S. 13

z.B. in das aus regelmäßigen Schlägen bestehende Geräusch einer Pendeluhr eine einfache zweigliedrige Gruppierung – meist trochäisch – hineinhört (statt des möglichen „Tacktacktack“ „Tick-Tack“), womit zum Ausdruck gebracht ist, „daß nämlich in jedem Falle wir es sind, die den Takt erzeugen“.[1] In Übereinstimmung mit fast allen Forschern der Zeit wird in der Taktung unter anderem eine Leistung gesehen, die die Vielzahl der Eindrücke gliedert, damit der Auffassungsgabe das Überblicken erleichtert, wie ebenso auch die „Einvergeistigung der Anschauungswelt“,[2] von L. Klages verstanden als eine Einteilungsleistung, auch Teilungsleistung, als eine „Grenzenziehung“[3] oder „Tätigkeit des Geistes“.[4]

Davon aber hebt sich eine Interpretation des Rhythmus entscheidend ab: „Der Rhythmus ist eine allgemeine Lebenserscheinung, an der als lebendes Wesen, wie sich versteht, auch der Mensch teilnimmt, der Takt dagegen ist eine menschliche Leistung, der Rhythmus kann in vollkommenster Gestalt erscheinen bei gänzlicher Abwesenheit des Taktes, der Takt dagegen kann nicht erscheinen ohne Mitwirkung eines Rhythmus“.[5]
Den Wortbegriff *Rhythmus* leitet L. Klages von dem gr.-lat. rheein – fließen her, der für ihn, wörtlich genommen, etwas Fließendes, ununterbrochen Stetiges beinhaltet, ohne jegliche Unterbrechung, Einschnitt, Zäsur. Hier stellt sich ihm die Bewegung der Wasserwelle als ein besonders schönes und vollkommenes Anschauungsbild dar, und „ihr unablässiger Wechsel von Berg und Tal vollzieht sich ohne Einschnitt, Sprung oder Riß aus einer unmerklich allmählichen Wandlung zwischen zwei Grenzzuständen“.[6]

Grenzzustände aber sind „Lebensvorgänge“, „Erlebnisvorgänge“,[7] die L. Klages zu der Frage nach Erlebnis und Bewußtsein, Leben und Geist führen, von ihm erläutert an den beiden Erscheinungsformen menschlichen Lebens, dem Schlaf und der „begeisterten Wachheit“.[8] Geist beinhaltet für L. Klages eine „Mitursache des Bewußtseins“.[9] „Bewußtsein ist unter anderem Besinnungsvermögen und Besinnungsvermögen ist unter anderem Urteilsvermögen. Sofern wir Urteile fällen, leben wir; keineswegs aber gilt umgekehrt, daß wir Urteile fällen, sofern wir leben“.[10] Zum Beispiel ist der Mensch in Phasen des Tiefschlafes, der Narkose, der Ohnmacht zwar nicht fähig, Urteile zu fällen, sich auf das in ihnen Erlebte zu besinnen, doch gilt es festzuhalten, wenn jede Zelle unseres Leibes zweifellos lebt, so erlebt sie auch, ungeachtet wir davon nie ein unmittelbares Wissen erlangen“.[11]

Demnach unterscheiden sich die beiden Erlebnisweisen des Schlafens und der Wachheit nur graduell voneinander, denn „unter dem Wellenschlag des Wachens, des leiblichen Empfindens, zieht die Strömung des Schlafens, des seelischen Schauens, ununterbrochen weiter, und der zeitliche Wechsel beider gründet in einem Wechsel des Lebensrhythmus und nicht etwa im Aussetzen jenes stetigen

1) 2) 3) 4) 5) 7) 8) 9) 10) 11) Klages, L.: Vom Wesen des Rhythmus, a.a.O., S. 18; S. 19; S. 21/22; S. 23; S. 34; S. 43; S. 32; S. 33

6) Klages, L.: Handschrift und Charakter, Bonn 1974, S. 34

Strömens".[1] In Beziehung gesetzt zu dem Begriffspaar Rhythmus und Takt ist hier der Wechsel von Spannung und Entspannung als ein Grundprinzip aller Lebensvorgänge angesprochen. Für L. Klages beinhaltet das Erlebnis des Taktes geistige Wachheit, geistiges Tätigsein, Handeln können, also Spannung; das Erlebnis des Rhythmus dagegen, je mehr es an Gewicht zunimmt, Lösung aller Spannungen, die zu entspannendem Träumen hinführen kann, ja im Extremfall in den Schlafzustand überzuleiten vermag.
Dem läßt sich entgegenhalten, daß Beobachtungen zeigen konnten, daß gar nicht so selten Menschen im Eisenbahnwagen beim Horchen auf den sogar maschinenmäßigen 'Rädertakt' in entspanntes Träumen geraten und schließlich in Schlummer versinken. Ein Phänomen, das L. Klages aus dem mit dem Rädertakt verknüpften Erleben des Fortbewegtwerdens erklärt. Er schließt daraus – erinnernd an die Schaukelbewegung des Wiegens, wie sie seit ältester Zeit bei den verschiedensten Völkern gebräuchlich ist, um das Kind in den Schlaf zu wiegen – daß „die rhythmische Lösung, immerdar in der Stetigkeit des Bewußtseins gründend, gelegentlich durch Taktung verstärkt (wird), insoweit erst auf dieser beruht das Wechselgefälle".[2]

Deutlicher aber, zugleich schärfer als an dem zuvor beschriebenen Merkmal der Stetigkeit tritt an dem der Erneuerung die Lebenszugehörigkeit des Rhythmus hervor. L. Klages formuliert: „Der Takt wiederholt, der Rhythmus erneuert"[3] und verdeutlicht diese Aussage an dem Vergleich der Pendeluhr, die mit mathematischer Genauigkeit den Pendelschlag wiederholt, mit einer Fülle und Vielzahl von rhythmischen Zügen von Lebenserscheinungen in der Natur, im Bereich des organischen Lebens, der Dichtung, der Architektur, des Kunsthandwerkes, des künstlerischen musikalischen Vortrags und kommt zu der Erkenntnis, daß es in der „außergeistigen Natur"[4] kein Nachbilden und Wiederholen gibt. Vielmehr ist das Gleiche eine geistige Leistung, die sich durch „menschliches Machen"[5] verwirklichen läßt, während das Ähnliche als ein von der Tätigkeit des Geistes unabhängig stattfindender Erlebnisinhalt zu bezeichnen ist, auf den das Denken hinweist, ohne imstande zu sein, ihn sich anzueignen durch „Begreifen und Messen".[6]

Daraus läßt sich verstehen, daß Naturerscheinungen wie Helligkeit und Dunkelheit, Ebbe und Flut, die Phasen des Mondes, die Jahreszeiten u.a., niemals in „grenzgenauen, wohl aber in ähnlichen Zwischenzeiten"[7] verlaufen, wie es ebenso für die „Rhythmik des Lebens"[8], z.B. Pulsschlag des Herzens, Atemverlauf, Tages- und Jahresschwankung des Körpergewichtes, Phasen schaffensfreudiger Gehobenheit und besinnlichen Einkehrbedürfnisses u.a. nur Annäherungswerte

1) 3) 4) 5) 6) 7) 8) Klages, L.: Vom Wesen des Rhythmus, a.a.O., S. 42; S. 52; S. 53; S.57; S. 59

2) Klages, L.: Vom Wesen des Rhythmus. In: Pallat, L./Hilker, F.(Hg.): Künstlerische Körperschulung, Breslau 1925, S. 111

geben kann. „Alles im organischen Leben erneuert sich, nichts wiederholt sich, Wiederholungen sind berechenbar, Erneuerungen sind nur abschätzbar".[1]

Übertragen auf die Ebene eines künstlerischen musikalischen Vortrages, vergleicht L. Klages hier das mehr taktgebundene, mechanische, wenn auch mit großer Sorgfalt erarbeitete Spiel eines Anfängers mit dem rhythmischen Vortrag eines vollendeten Künstlers und findet als charakteristische, unterscheidende Merkmale heraus, daß in der vollendeten künstlerischen Interpretation „die Bewegung der Melodie alle Einschnitte überspannt und auch die Pausen mit lebendiger Schwingung füllt; zum andern, daß innerhalb einer nur erfühlbaren Breite, jenseits deren die Störung des Rhythmus begänne, das Tempo einem unablässigen Schwanken huldigt, für das man nicht einmal ein Gesetz der Abfolge auffände, geschweige der Abweichungsgrößen".[2] Ähnliche Züge begründen für L. Klages die Überlegenheit des Tanzes etwa über den Parademarsch, die vollendete Wiedergabe eines Gedichtes im Vergleich zu der eher skandierenden Wiedergabe eines Kindes.

Rhythmische Züge lassen sich für ihn auch in der Architektur finden, in mittelalterlichen Bauten viel eher als in Bauwerken neueren Stils (erinnert sei hier an die als 'rhythmisch' bezeichnete Bauweise der von H. Tessenow erbauten 'Bildungsanstalt Jaques-Dalcroze' in Dresden-Hellerau), in handgefertigten Produkten viel eher als in maschinell hergestellten, so daß sich zusammenfassen läßt:

„Das Ähnlichkeitserlebnis, daß der Auffassung zeitlicher und räumlicher Rhythmen zugrunde liegt, ist ein Urphänomen, das ebenso zur Schätzung der Gleichheit wie auch der Ungleichheit taugt. Sofern zwei Gebilde einander bloß ähneln, sind sie voneinander verschieden; und darin nun besteht das Eigentümliche der rhythmischen Gliederung, daß innerhalb eines Grenzbereiches, jenseits dessen die Störung des Rhythmus begänne, die Abweichung von der Regel einer beständigen Größenschwankung unterliegt, die sich jeder Berechnung entzieht".[3]

Damit aber ist zugleich der Aspekt der Räumlichkeit benannt, den L. Klages in unmittelbarer Beziehung zur Zeitlichkeit sieht. Es gibt für ihn keine zeitliche Erscheinung, die nicht auch räumliche Erscheinung wäre. Ja, Schalle und Klänge, als der „Schauplatz aller Bewegtheit"[4] bringen für ihn in expliziter Weise den Raum zur Erscheinung, woraus er ableitet, daß ein Rhythmus des Klingens die Zeiterscheinung wie die Raumerscheinung gliedert, durch das beide verbindende Bewegungserlebnis. Eine weiterführende Frage nach dem Rhythmus als polarisierte Stetigkeit (Pol = ursprünglich von Drehpunkt hergeleitet) läßt ihn auf die „Knüpfungsstelle von Geist und Leben"[5] stoßen, verstanden als ein polarisierter Sachverhalt, als ein Sachverhalt, der der Ergänzung durch den Gegenpol bedarf. L. Klages macht dies an einem Vergleich der sogenannten zivilisierten Menschen

---

1) 2) Klages, L.: Vom Wesen des Rhythmus, a.a.O. S. 53; S. 59

3) Klages, L.: Handschrift und Charakter, a.a.O., S. 34

4) 5) Klages, L.: Vom Wesen des Rhythmus. In: Künstlerische Körperschulung, a.a.O., S. 117; S. 127;

mit den Naturvölkern deutlich. Hier stellt er heraus, daß deren ganzes Leben gewissermaßen in immerwährendem Rhythmus schwingt.
„Sie tanzen ihre Götterdienste, tanzen ihre Feste, tragen Streitfälle tanzend aus in gegenseitigen Spottgesängen, ziehen tanzend in den Kampf und verrichten tanzend die bemühendste Arbeit im Takte gemeinsamer Lieder“.[1]

Eine nähere Betrachtung der die oft nächtelang fortgesetzten Tanzfeste begleitenden Gesänge zeigt jedoch bei fast ausnahmslos großer Einfachheit der Melodien eine gewaltige Überbetonung „taktgebundener Schlaginstrumente“[2] (Steinplatten, Schallbretter, Rasseln, Klappern, Schwirrhölzer u.a.), die in ihrem Formenreichtum die Bewegungsbilder beherrschen. Die Notation eines Gesanges eines Toba-Indianers aus Bolivien z.B. machte eine so komplizierte Taktfolge deutlich, wie sie L. Klages in seinen Beitrag: „Vom Wesen des Rhythmus“ hineingenommen hat: 5/4-, 4/4-, 5/4-, 3/2-, 5/4-, 3/2-, 7/4-, 4/4-, 6/4,-, 5/4-, 6/4-, 7/4-, 11/4-, 4/4-Takt.[3]

L. Klages schließt daraus, daß sich der Rhythmus in primitiven Gesängen an den Grenzen des Taktes bewegt und erkennt in ihnen zugleich auch den Schlüssel zum Lebensgehalt des Taktes. Denn „wann immer man den Menschen zu fassen bekommt, ist er niemals ausschließlich Lebensträger, sondern zudem auch Geistträger“.[4] Darüber hinaus sieht er in dem Reichtum an innerem Rhythmus dem Primitiven eine Möglichkeit gegeben, „die Takte gleichsam spielender Willkür durcheinanderzuwerfen, ohne sie deswegen zu verlieren, während umgekehrt wir (als die zivilisierten Menschen) bei innerlich weitaus schwächerer Rhythmik möglichst geordneter Takte bedürfen, um den Takt zu bewahren und mittelst seiner den Rhythmus“.[5]

Fragte L. Klages eingangs nach derjenigen Fähigkeit des Menschen, die es ihm ermöglicht, geistigen Akt und lebendigen Rhythmus miteinander zu verbinden, so wird an dieser Stelle offenkundig, daß „der Takt im Widerstreit mit dem Rhythmus dennoch mit ihm sich paaren (kann)“.[6] Immer aber gilt, daß beide in bestimmten Situationen einander bedingen, immer der Takt vom Rhythmus abhängt, niemals aber der Rhythmus vom Takt. Takt regelt und begrenzt, wiederholt Gleiches in einer regelmäßigen Reihe, Rhythmus ist gekennzeichnet durch die Merkmale: Stetigkeit, Gliederung, Wiederkehr und Erneuerung. Takt oder Taktung wird von L. Klages immer verstanden als eine geistige Leistung, Rhythmus als eine „Urerscheinung des Lebens“.[7]

Leben und Geist sind zugleich die beiden Schlüsselbegriffe Klages'scher Theorie, die durchzogen ist „von der dualistischen Idee der Leib-Seele-Einheit und derem

---

1) 2) Klages, L.: Vom Wesen des Rhythmus. In: Künstlerische Körperschulung, a.a.O., S. 128; S. 127

3) 4) 5) 6) Klages, L.: Vom Wesen des Rhythmus, a.a.O., S. 78; S. 81; S. 82; S. 88

7) Klages, L.: Handschrift und Charakter, a.a.O., S. 36;

tyrannischen Gegenspieler, dem zweckverwirklichenden Geiste andererseits".[1] In seinem Hauptwerk: „Der Geist als Widersacher der Seele" (Bd. 1: „Leben und Denkvermögen", Leipzig 1929; Bd. 2: „Die Lehre vom Willen", Leipzig 1929; Bd. 3: 1. Teil: „Die Lehre von der Wirklichkeit der Bilder", 2. Teil: „Das Weltbild des Pelasgertums, Leipzig 1932), tritt er leidenschaftlich jedem „Verstandes- und Vernunftskult" entgegen und tritt ein für ein „bewußtlos-bildendes Leben".[2]

Sind dem zivilisierten Menschen der Zeit andererseits durch ein Überwiegen von Verstand, Denken, Ratio, also einer Dominanz des Geistes, Fähigkeiten wie Fühlen, Empfinden, Erleben verlorengegangen, so vermag es andererseits nur eine einfache, natürliche, ursprüngliche, nämlich rhythmische Lebensweise ihn an die Quellen des „Urgeheimen"[3] allen Lebens zurückzuführen. Mit anderen Worten: „Ausdruck des Lebens ist der Rhythmus, Ausdruck des Geistes die des Rhythmus durch die regelnde Kraft des Gesetzes. Je mehr im 'Innern' der Geist das Leben überwältigt hat, umso mehr tritt an der Erscheinung des Innern der Rhythmus hinter der Regel zurück".[4]

Für *Rudolf Bode* nun, der zu einer zentralen Persönlichkeit unter den Vertretern der Bewegungslehre und Bewegungserziehung der Zeit wurde, stellt sich die Frage nach dem „Wesen des Rhythmischen in seiner Gegensätzlichkeit zum Metrischen"[5] – der er eine „Spannweite von der Alltagsbewegung bis zur kosmischen Lebensbewegung"[6] zuschreibt – nicht nur in Zusammenhang mit der körperlichen Erziehung, sondern ebenso mit der Erziehung im allgemeinen. Wie sehr er in seiner theoretischen Argumentation – um in der „babylonischen Begriffsverwirrung"[7] Ordnung und Klärung herbeizuführen – an die Lehre L. Klages' anknüpft, mag das folgende Zitat belegen: „Alles physische und psychische Geschehen ist von Natur produktiv, weil es in Bewegungsbahnen schwingt, die in ihrer Form eine Funktion kosmischen Lebens sind. Jede ursprüngliche Bewegung ist von Natur produktiv. In dem Maße, als der menschliche Geist auf die Bewegung einwirkt, in dem Maße wird der Zusammenhang gestört zwischen körperlicher Bewegung und kosmischem Geschehen".[8] Aus seinen nachfolgenden Erläuterungen läßt sich sein Verständnis von der Polarität von Natur und Geist, in Beziehung gesetzt zu Rhythmus und Metrum/Takt, in der komprimierten Form einer Übersicht zusammenfassen:

---

1) 2) 3) Röthig, P.: Rhythmus und Bewegung, Schorndorf 1967, S. 44;

4) Klages, L.: Handschrift und Charakter, a.a.O., S. 37

5) 6) 7) 8) Bode, R.: Rhythmus und Körpererziehung, Jena 1923, Vorwort; S. 6-26

Natur

Rhythmus
(nur erlebbar, nicht meßbar, irrational)

Vitales Prinzip

- Gebunden an das Kontinuum des Lebens (Lebensganzheit)
- Funktion der Zeit und des Raumes
- Rhythmische Formen gehen in höheren organischen Zusammenhängen auf (rhythmisches Formprinzip)
- Der rhythmisch geprägte Organismus wandelt sich immer in seiner Totalität
- Das Tun ist beherrscht vom Rhythmus des Lebens
- Rhythmische Bewegung = organische Bewegung (Totalbewegung: Gefühl, Empfinden, psychische Energie)
- Rhythmus ist qualitatives Prinzip

Geist

Regel = Metrum, Takt, Ordnung (verstandesmäßig erfaßbar, meßbar, rational)

- Geistiges Prinzip
- Isolierte Existenz, Trennung (Zerlegung durch den Verstand)
- Unabhängigkeit von Raum und Zeit

  Einzelne Takte werden zusammengefügt zu größeren Ordnungssystemen (ökonomisches Ordnungsprinzip)

  Der vom Takt beherrschte Organismus nur durch Vertauschung der Glieder, die ihrerseits konstant sind
- Das Tun steht unter ökonomischem Nutzeffekt

  Geregelte Bewegung (Willkürbewegung: Vom Willen geführte, gesteuerte Bewegung)
- Takt ist quantitatives Prinzip.[1]

Daraus resultierend, erkennt R. Bode nur die Bewegungen an, beurteilt er nur die als 'richtig', die Totalitätsbewegungen sind, für ihn gleichbedeutend mit natürlicher = organischer Bewegung, die eine Einheit darstellt von physisch-psychischen sowie technischen Abläufen. Er sieht diesen Anspruch einzig verwirklicht in der von ihm geschaffenen 'Ausdrucksgymnastik', die er ansiedelt „in der Mitte zwischen dem Sport und dem Tanz",[2] mit der Möglichkeit, „den Körper plastisch durchzubilden und ihn jener natürlichen Schönheit entgegenzuführen, die allen lebendigen Organismen zu eigen ist",[3] „die gleichzeitig eine freie Entfaltung und eine maßvolle Beherrschung seines Bewegungslebens ermöglicht".[4] Als ein klassisches rhythmisches Prinzip kristallisiert er das der Spannung und Entspannung heraus als ein „rhythmisches Urgesetz allen Geschehens"[5] – das an die Stelle der sichtbar werdenden Dauerspannung treten soll – realisiert in den 'Entspannungsübungen' und 'Schwungübungen', die das Zentrum der 'Ausdrucksgymnastik' bilden.

Die Entspannungsübungen, zusammen mit den Grundbewegungen wie Schreiten, Laufen, Springen, Hüpfen, stellen die 'Vorschule' dar, auf der sich das Studium der 'Ausdrucksgymnastik' mit Tiefschwüngen, Hochschwüngen, Wechselschwüngen, gezogenen Schwüngen, aus je verschiedenen Ausgangsstellungen, aufzubau-

---

1) Bode, R.: Rhythmus und Körpererziehung, Jena 1923, Vorwort; S. 6-26

2) 3) 4) Bode, R.: Ausdrucksgymnastik, München 1925, S. 21; Vorwort; S. 22; S. 20; S. 24; S. 23

5) Bode, R.: Rhythmus und Körpererziehung, a.a.O., S. 14

en vermag. Sie bilden den eigentlichen Kern der Ausdrucksgymnastik. Von ihnen sagt R. Bode: „Vor allem sind es die Schwungübungen, welche den ganzen Körper in seiner Totalität packen und gleichzeitig den Schwingungsrhythmus der Seele, die An- und Abspannung erfüllen“.[1] In ihnen sieht er die fünf Prinzipien einer natürlichen Bewegung in Übereinstimmung gebracht: die Prinzipien der Totalität; der Rhythmik; der Form; der Entspannung; der Vorbereitung. Zugleich ist in ihnen das Ziel der Gymnastik verwirklicht, das für R. Bode „einmal der freie, elastische, kräftige, durch und durch beherrschte, zum andern der lebendige, sich rhythmisch gebende Organismus“[2] ist.

Hier erhält die Musik eine entscheidende Bedeutung zur „Belebung und Steigerung der Naturbewegung“, wird sie zu einem wichtigen Mittel, das nicht Hingabe an sie anregt, sondern „die unmittelbare Freude erregt und im Hörer freudebetonte Bewegungen auslöst“.[3] Die hinführt zu einer Beherrschung des gesamten motorischen Systems, zu einem „plastischen Gefühl“[4] als Folge eines organischen Bewegungsvorganges, die Einfluß auf die Willenstätigkeit nimmt und letztlich dazu beiträgt, „das Individuelle zu kräftigen“,[5] entsprechend dem Prinzip der Totalität.

Doch geht es ihm bei einer Auswahl der Musik darum, „daß zu den Übungen gute, das heißt von rhythmischen Impulsen getragene Musik gemacht wird und daß diese Musik gut gespielt wird“.[6] Das heißt auch, daß die musikalische Begleitung niemals einer zweiten Person anvertraut werden darf, sondern der Lehrende diese unbedingt selbst übernehmen muß, und sei es mit einfachsten Mitteln. „Das Entscheidende in der Begleitung ist der richtige Anschlag. Er muß von plastischer Kraft erfüllt sein und im Klang jene bezwingende Macht offenbaren, die allen organisch richtigen Bewegungen eigen ist“.[7]

Steckt hinter all diesen Aussagen um ein Finden und Klären der eigenen Position der Vorwurf gegenüber der Lehre und Praxis E. Jaques-Dalcrozes, den ‘Fehler’ gemacht zu haben, „die Körpererziehung von der Musik, statt die Musikerziehung von der Körpererziehung (abzuleiten)“,[8] so ist dieser nur bedingt aufrechtzuerhalten. Richtig ist daran, daß E. Jaques-Dalcroze als Musiker mit großem pädagogischen Einfühlungsvermögen und noch größerer Begabung zur Improvisation und Bewegungsbegleitung am Klavier seine Erziehung für und durch den Rhythmus schuf, jedoch basierend auf Unterrichtserfahrungen, die ihm unmittelbar verdeutlichten, wie Bewegungsvorgänge musikalische Vorgänge erfahren und erfassen helfen. Ihm ging es nicht darum, den musikerzieherischen Aspekt zu verabsolutieren, sondern Musikerziehung und Bewegungserziehung in eine Nähe zu rücken, wie sie zu der frühen Zeit der Begründung aus theoretischen Einsichten und praktischen Erfahrungen schon möglich war.

---

1) 3) 4) 5) 6) 7) Bode, R.: Ausdrucksgymnastik, München 1925, S. 20; S. 24; S. 23; S. 21; S. 31

2) Bode, R.: Aufgaben und Ziele der rhythmischen Gymnastik, München 1933, S. 21

8) Bode, R.: Rhythmus und Körpererziehung, a.a.O., S. 43

E. Jaques-Dalcroze drückt seine Absicht – als eine unter vielen weiteren Aussagen – in den Worten aus:

„Wir wollen vor allen Dingen unsere Bewegungen im Raum gestalten, sie verschränken, verbinden und einander gegenüberstellen, sie ausdehnen, verkürzen und abstufen nach den Regeln, die speziell für körperliche Bewegungen gelten. Und die Musik ist hierzu deshalb unentbehrlich, weil die Notenschrift, die so präzis und klar ist, uns allein in den Stand setzt, die Dauer unserer Bewegungen, unserer Schritte und unserer Gesten auf dem Papier zu notieren“.[1]

Einen weiteren Einwand, im Vergleich der Ausdrucksgymnastik mit der Rhythmisch-musikalischen Erziehung bei E. Jaques-Dalcroze, sieht R. Bode in dem Verständnis von Rhythmus und Takt. Hier meint R. Bode, bezogen auf den Teilbereich der 'Realisationen', der zweifellos einen Kern der rhythmischen Erziehung bei E. Jaques-Dalcroze darstellt, daß der Aspekt des Geistigen, des Rationalen, des Verstandes, des Willens, als das Prinzip der Regel, des Metrums, des Taktes, zu sehr in den Vordergrund gestellt und der Seite der 'Natur', die individuelles Erleben, Gefühl, Empfinden, psychische Energie einschließt, zu wenig Beachtung beigemessen wurde.

Sieht R. Bode doch als Träger des Rhythmischen nicht die Willensaspekte an, „sondern das, was zwischen den metrischen durch den Willen vollzogenen Einschnitten liegt, die ursprüngliche körperliche Bewegung“.[2] Sicherlich ist damit ein Grundgedanke ausgesprochen, der auch von den Dalcroze Lehrenden in der unmittelbaren Nachfolge und dem Bemühen um eine neue Konzeption ganz deutlich gesehen wurde, den E. Ferand-Freund (als einer der Leiter der 'Schule Hellerau-Laxenburg Schloß Laxenburg bei Wien', neben Ch. Baer-Frissel, K. Baer, V. Kratina, R. Chladek) bei der 'Tagung für künstlerische Körperschulung' (1922 in Berlin) in den Worten zusammenfaßt:

„Wir trachten danach, die Einseitigkeit, die sich aus einer ausschließlichen Abhängigkeit der Körperrhythmik und -bewegung von der Musik ergibt, zu vermeiden, indem wir bei dem Umackern des geistig-körperlichen Menschen den Hebel an zwei Punkten zugleich ansetzen: an dem musikalischen Empfinden und dem Körpergefühl. So entstehen zwischen diesen beiden Polen zwei Ströme, die sich beständig kreuzen und ineinander fließen, einer von der Musik zum Körper, der andere vom Körper zur Musik führend“.[3]

Zusammenfassend gilt es hier festzustellen, daß R. Bode, als ein früher Absolvent der 'Bildungsanstalt für Musik und Rhythmus Jaques-Dalcroze' in Dresden-Hellerau, damit zwar kritische Aspekte angesprochen hat, jedoch besonders auf der Ebene der theoretischen Argumentation mehr Gemeinsamkeiten als Unterschiede zu finden sind. C. Diem, einer der größten Vertreter der Leibeserziehung in Theo-

1) Jaques-Dalcroze, E.: Was die rhythmische Gymnastik Ihnen gibt und was sie von Ihnen fordert. In: Der Rhythmus, Jahrbuch 1, Jena 1911, S. 38

2) Bode, R.: Ausdrucksgymnastik, a.a.O., S. 19

3) Ferand-Freund, E.: Rhythmische Gymnastik und Körpererziehung. In: Pallat, L. Hilker, F. (Hg.): Künstlerische Körperschulung, Breslau 1925, S. 36

rie und Praxis, weist darauf hin, daß der Streit um die Vorherrschaft des Willens vonseiten der Gymnastik als ein Kampf gegen den Sport / Leibeserziehung anzusehen sei. Er faßt den Beitrag R. Bodes – sein Bemühen galt dem Entwickeln einer elementaren Gymnastik, einer „Vereinfachung der Übungen“[1] als Voraussetzung für ein Umsetzen innerer Rhythmusempfindungen – in den Worten zusammen: „Er hat der rhythmischen Gymnastik in Deutschland die wahre Volkstümlichkeit gebracht, wahrscheinlich vor allem deshalb, weil die von ihm gewählten Übungen leicht erlernbar und höchst einfach sind“.[2]

R. Bode würdigt die Arbeit E. Jaques-Dalcroze in den Worten: „Diejenige gymnastische Disziplin, deren Sinn und Endzweck die vollendete Beherrschung des menschlichen Organismus ist, ist zuerst von Jaques-Dalcroze im tieferen Sinne erfaßt und durch die Praxis erprobt worden“.[3]

2.2 Grundlinien der deutschen Rhythmusbewegung II

Hier nun gilt es, die in ‘Grundlinien I’ dargestellte Entwicklung für den Zeitraum der zwanziger Jahre des zwanzigsten Jahrhunderts bis zum Ausgang der Kestenberg-Reform 1932/1933 weiterzuführen. Geht es hier mehr um ein Ordnen der wesentlichsten Einflüsse aus sehr unterschiedlichen Richtungen der Kunsterziehung, des Tanzes, der Bewegungserziehung, so stellt die ‘Tagung für künstlerische Körperschulung’ die eigentliche Ebene der Auseinandersetzung zwischen Positionen, Meinungen, Auffassungen in der Vielzahl entstandener Bewegungssysteme dar. Diese Zeit des Forschens, Suchens und Findens von neuen Wegen, durchströmt von der Idee des Rhythmischen, zeigt eine Vielzahl von Ereignissen, die in einem unmittelbaren Zusammenhang stehen mit dem Wunsch und dem Bedürfnis nach körperlicher Betätigung. Sie ist verknüpft mit der „Entdeckung der lebendigen Leiblichkeit, der Leib-Seele-Einheit oder des leiblichen Gewissens“,[4] und daraus resultierend verbunden mit der Forderung nach einer Umgestaltung der Bewegungserziehung.

„In der Rhythmusbewegung zeigt sich eine Wertschätzung der menschlichen Leiblichkeit, wie sie in der Geschichte der Anthropologie kaum je zutage getreten ist. Der Leib repräsentiert die Totalität des Lebendigen, in ihm sei die pulsierende Kraft des Rhythmus wirksam. Jede Mißachtung des Leiblichen gefährde die ursprüngliche Harmonie menschlicher Lebendigkeit“.[5]

Erkannte man als Ziel leiblicher Erziehung ein Entfalten der organisch-rhythmischen Bewegungen und der leiblich-geistigen Funktionen des Menschen, so schien eine Verwirklichung nur möglich, wenn im Zentrum des Programms der in diesem Sinne sich neu orientierenden Leibesübungen die Pflege des lebendigen Rhythmus stand. „Er wurde als Beherrscher und Motor nicht nur der Bewegungen, sondern aller menschlichen Fähigkeiten anerkannt und galt als die allesver-

---

1) 3) Bode, R.: Aufgaben und Ziele, ... a.a.O., S. 20; S. 13
2) Diem, C.: Theorie der Gymnastik, Berlin 1930, S. 111
4) 5) Röthig, P.: Rhythmus und Bewegung, Schorndorf 1967, S. 50, S. 49/50

bindende Kraft. In ihm sah man eine prinzipielle Bedeutung für Kultur und Bildung".[1]

Dies sind Gedanken, wie sie am Beginn der zwanziger Jahre im Rahmen der großen 'Tagung für künstlerische Körperschulung' (vom 5. Okt. bis 7. Okt. 1922 in Berlin) im Zentrum der Diskussion standen. Ging es hier zum einen darum, in der Vielzahl der entstandenen Bewegungssysteme nach Gemeinsamkeiten und Unterschieden zu fragen, d.h. einen Überblick über die verschiedenen Schulen und ihre Unterrichtsweisen zu erhalten, so war die Tagung zum andern mit der Intention verbunden, nach einer geeigneten Methode für den Raum der Schule zu fragen.

Vor allem aber erkannte man hier als ein Zeitbedürfnis, als eine Zeitnotwendigkeit, all die Bestrebungen als „Zeichen einer beginnenden Körperrenaissance"[2] interpretierend, drei Grundforderungen als Voraussetzung zu einer rhythmischen Gymnastik, diese als „im tiefsten Grunde gleichbedeutend mit künstlerischer Körperschulung"[3] verstanden.

1. 'Schaffung gesunder Daseinsbedingungen': Darunter faßt F. Hilker zusammen: soziale Organisation von Produktion und Wirtschaft, Raum, Licht, Luft in den Wohnstätten wie Arbeitsstätten, hygienische Erziehung und Aufklärung, gemeinnützige Ausgestaltung der ärztlichen Hilfe und des gesamten Gesundheitswesens u.a.

2. 'Ein tieferes Verständnis für Menschenwert und die Aufgaben der Erziehung': Hier möchte F. Hilker mit seinen Ausführungen darauf aufmerksam machen, daß alles menschliche Denken und Handeln der Zeit zu sehr von äußeren Zwecken bestimmt sei, jedoch der Mensch als Eigenwesen, als Organismus mit eigenem Lebensrhythmus und eigener Geistigkeit zu sehr in den Hintergrund gedrängt wird, wo doch Erziehung beide Ziele berücksichtigen müsse, das der Persönlichkeitsbildung wie das der gesellschaftlichen Einordnung.

3. 'Die Befreiung des arbeitenden Volkes aus dem lebenzerstörenden Zwang der Maschine': Damit will F. Hilker zum Ausdruck bringen, daß es dem Menschen gelingen muß, „den ununterbrochenen Arbeitslauf der Maschine dem menschlichen Rhythmus von Spannung und Entspannung unterzuordnen".[4] Seine Gedanken gipfeln in der Aussage:

„Der lange versklavte Menschenleib will die Fesseln fremder Willkür abwerfen und in alter Schönheit erstehen. So wird er aus einem Diener des Lebens Gefäß und Ausdruck des Lebens werden und neue Erfüllung unserem zerrissenen, schönheitsarmen Dasein bringen. Aus Körpergefühl und Körperfreude aber ersteht wieder jene leib-geisthafte Bewegung, die einst Tanz hieß und heute nur noch dem Namen nach lebt. So ist rhythmische Gymnastik im tiefsten Grunde gleichbedeutend mit künstlerischer Körperschulung, und diese tut unserer harten, gequälten Zeit im wahrsten Sinne not".[5]

---

1) Röthig, P.: Rhythmus und Bewegung, Schorndorf 1967, S. 50

2) 3) 4) 5) Hilker, F.: Was uns not tut. In: Pallat, L./Hilker, F.(Hg.): Künstlerische Körperschulung, Breslau 1925, S. 10; S. 13;

1923 spricht R. Steiner (Begründer der Waldorf-Schulen, der anthroposophischen Menschenkunde, Schöpfer der Bewegungskunst der 'Eurhythmie') am l. Juli, anläßlich einer pädagogischen Tagung am Goetheanum (Dornach/Basel) in einer Ansprache mit einer nachfolgenden Eurythmie-Aufführung von einer dreifachen Gestalt der Eurythmie: der Eurythmie als Kunst; der Eurythmie mit ihrem pädagogisch-didaktischen Schwerpunkt, und der Eurythmie, verstanden als eine Form der Therapie. Wurde es R. Steiner zu einem besonderen Anliegen, das ganze Leben der Schule mit Kunst zu durchdringen, so kommt hier der Eurythmie ein wesentlicher Anteil zu.
Sie „will die geistige Gesetzlichkeit und Qualität von Wort und Ton durch Gebärde und Bewegung sichtbar machen und zum künstlerischen Erlebnis bringen".[1] R. Steiner erläutert die zuvor genannten Teilaspekte aus einer ganzheitlichen Sichtweise des Menschen, aus einem kosmologisch-philosophischen Verständnis.

'Eurythmie als Kunst' beschreibt er als 'sichtbare Sprache' und 'sichtbaren Gesang', in dem Arme und Hände zu den ausdrucksvollsten Organen werden, begleitet und unterstützt von den Bewegungsformen der anderen Bewegungsorgane und der Musik. Eurythmie mit ihrem pädagogisch-didaktischen Schwerpunkt macht, in Abgrenzung zu anderen Bewegungsrichtungen einen Erziehungsweg deutlich, in dessen Mittelpunkt die 'beseelte und durchgeistigte Bewegung' steht, Einfluß nehmend auf menschliches Reagieren, Verhalten, Denken und Handeln. Dieser Aspekt tritt noch deutlicher in der klinisch-therapeutisch angewandten Heileurythmie hervor, für die R. Steiner seine Vorstellungen in den Worten zusammenfaßt: „Nicht mit denselben Bewegungen, die Sie hier in künstlerischer Eurythmie sehen, aber mit etwas umgeformten, metamorphosierten Bewegungen (bekommt man) dasjenige, was bei gewissen Erkrankungs- und Schwächungsprozessen heilend, therapeutisch auf den Menschen einwirken kann".[2] Eurythmie als Bewegungskunst, Erziehungsmethode und Therapie konnte sich bis in unsere Zeit hinein erhalten und aufgrund ihrer hohen Wirkungen – im besonderen in therapeutischen Feldern – erneut auf sich aufmerksam machen und zunehmend Anerkennung finden.

In demselben Jahr 1923 fand in Weimar vom 15. August bis 19. August die Bauhaus-Woche statt mit einer Veranstaltungsreihe, die in viele Bereiche der Kunst und der künstlerischen Erziehung hineingewirkt und ihr wichtige Impulse gegeben hat, so auch der Bewegungserziehung, im besonderen der tänzerischen und der Rhythmisch-musikalischen Erziehung. (Das Bauhaus ist zu bezeichnen als ein Versammlungsort von Künstlern verschiedener Richtungen, getragen von der Idee

---

1) Hemleben, J.: R. Steiner, in Selbstzeugnissen und Bilddokumentationen, Reinbeck/Hamburg 1963, S. 112

2) Steiner, R.: Die dreifache Gestalt der Eurythmie. In: Eurythmie, Sonderdruck der 'Erziehungskunst', Stuttgart 1975, S. 2

und der Überzeugung, „alle Formen der bildenden Kunst seien untereinander abhängig und in ihrer Korrelation der Architektur unterworfen“.[1]

Wichtig für den hier zu beschreibenden Zusammenhang ist die Aufführung des weltberühmten, 'Triadischen Balletts' von O. Schlemmer (1888-1943), am 16., 17., 18., 19. August 1923 jeweils um 20. 00 Uhr im Deutschen Nationaltheater Weimar zur Aufführung gebracht.
(Bauhaustänze wurden später von dem Tänzer und Choreographen G. Bohner rekonstruiert, nachgestaltet und in den achtziger Jahren des zwanzigsten Jahrhunderts an verschiedenen Orten Deutschlands aufgeführt).

O. Schlemmer, der als Maler und Tänzer mit einem umfassenden musikalischen Verständnis seit 1919 in einer intensiven Auseinandersetzung mit der Verwirklichung seiner tänzerischen Ideen stand, lernte 1920 P. Hindemith (1895-1963) kennen, den er nach langen Überlegungen zum Komponisten seines Triadischen Balletts verpflichtete. Doch wurde dieses bei der Bauhauswoche mit konventioneller Musik aufgeführt. P. Hindemith komponierte erst später Stücke für die mechanische Orgel, die leider nicht erhalten sind.
O. Schlemmer faßt seine Gedanken zur Entstehung dieser Tanzkomposition in einer Tagebuchnotiz vom September 1922 zusammen: „Das Triadische Ballett, Tanz der Dreiheit, Wechsel der Eins, Zwei und Drei, in Form, Farbe und Bewegung, soll auch die Planimetrie der Tanzfläche und die Stereometrie der sich bewegenden Körper, jene Dimensionalität des Raumes erzeugen, die durchVerfolgung elementarer Grundformen wie Gerade, Diagonale, Kreis, Ellipse und der Verbindungen untereinander notwendigerweise entstehen muß. So wird der Tanz, seiner Herkunft nach dionysisch und ganz Gefühl, apollinisch-streng in seiner endlichen Gestalt, Sinnbild des Ausgleichs von Polaritäten“.[2]

Schon diese wenigen Worte lassen O. Schlemmers „Lebensthema“,[3] den Menschen

1) Stuckenschmidt, H.H.: Musik am Bauhaus, Bauhausarchiv Berlin, o.J., S.3
2)Schlemmer, O.: Briefe und Tagebücher, hg. von T. Schlemmer, Stuttgart 1977, S. 61
3) Roters, E.: Maler am Bauhaus, Berlin 1965, S. 69

in seiner Beziehung zum Raum erkennen, ein Anliegen, daß ihn zu unermüdlichem Fragen nach Gesetzmäßigkeiten des Raumerlebens für den tänzerischen Menschen veranlaßte.

Als Metaphysiker nach Analogien für seine Ausdrucksweise in der deutschen Romantik suchend, führen ihn seine Auseinandersetzungen mit der Farbenlehre Joh. W. v. Goethes, dem Essay 'Über das Marionettentheater' von H. v. Kleist zu einer Bildkonzentration, die in der Nähe von G. Seurat und P. Cezanne anzusiedeln ist. Sie macht ein Liniengefüge stereometrischer Raumperspektiven in einer Konstellation gespannt schwingender Kurvaturen sichtbar, „die in vielen Zeichnungen als handschriftliche Elemente frei erscheinen und in der Musikalität ihres Verlaufes an Zargen von Violinen, Celli, Gitarren und anderen Saiteninstrumenten erinnern".[1]

„Das Bestreben aber, den Menschen aus seiner Gebundenheit zu lösen und seine Bewegungsfreiheit über das natürliche Maß zu steigern, setzte anstelle des Organismus die mechanische Kunstfigur: Automat und Marionette. – Die Kunstfigur erlaubt jegliche Bewegung, jegliche Lage in beliebigem Zeitraum, sie erlaubt – ein bildkünstlerisches Mittel aus Zeiten bester Kunst – die verschiedenartigsten Größenverhältnisse der Figuren: Bedeutende groß, Unbedeutende klein. – Ein ähnliches, sehr gewichtiges Phänomen bedeutet das In-Beziehung-Setzen des natürlichen nackten Menschen zur abstrakten Figur, die beide in dieser Gegenüberstellung eine Steigerung der Besonderheit ihres Wesens erfahren".[2]

Sind damit wesentliche Gedanken zur Entstehung des Triadischen Balletts aufgezeigt, so weist im besonderen der Tanzhistoriker H. Günther auf Zusammenhänge mit den Hellerauer Ursprüngen hin. Er gibt zu bedenken, da dieses Ballett immer noch als das alleinige Werk O. Schlemmers gilt, daß Entstehung und Vorgeschichte auf Hellerau und den Tänzer Albert Burger (1884-1970) zurückweisen. Dieser wurde von dem Stuttgarter Generalmusikdirektor Max von Schillings – einem der engsten Mitarbeiter E. Jaques-Dalcrozes – 1912 nach Hellerau entsandt, um dort zu lernen und umzulernen.[3]

1925 führen Bestrebungen, angestoßen durch die 'Tagung für künstlerische Körperschulung' (1922 in Berlin), zur Konstituierung: des Deutschen Gymnastik-Bundes e.V., der die „auf deutschem Boden entstandene rhythmische, musische, organische Bewegungslehre als 'Deutsche Gymnastik' (bezeichnete)"[4] in Abgrenzung zur schwedischen und englischen Gymnastik. Damit wählte man eine Bezeichnung, die erstmals 1922 bei B. Suren, in der von ihm unter gleichnamigem Titel verfaßten Schrift nachzuweisen ist.

H. Medau – wohl R. Bodes bedeutendster und einflußreichster Schüler – leitet ihren Ursprung aus der von E. Jaques-Dalcroze begründeten rhythmischen Gymnastik her, schreibt ihr jedoch einen eigenen Entwicklungsgang zu, der es rechtfer-

1) 2) Roters, E., a.a.O., S. 69; S. 74
3) Günther, H.: Historische Grundlinien der deutschen Rhythmusbewegung, a.a.O., S. 47
4) Medau, H/Roedenbeck, E.: Rhythmisch-musische Gymnastik, Frankfurt/M. 1957, S. 3

tigt, sie in den fünfziger Jahren des zwanzigsten Jahrhunderts der Leibeserziehung zuzuordnen. Zu dieser Zeit charakterisiert sie H. Senff (1885-1970), als eine frühe Dalcroze-Schülerin, mit den Worten: „Die Grundlage des Organischen, die sich die Deutsche Gymnastik in langjähriger, geduldiger und auf äußeren Erfolg verzichtender Arbeit erworben hat, muß und wird einmal die Wurzel sein, auf der alle Leibeserziehung fußt, weil eben nur auf dem Naturbedingten auch die Fähigkeiten sich voll erfüllen können. Das Schwergewicht liegt daher nicht mehr auf körperlichem Gelingen, sondern auf der Gesamterscheinung des Menschen. Gestalt und Bewegung werden dann unmittelbare Aussage des geistig-seelischen Menschen sein.[1]

Das Jahr 1926 ist dann mit dem Erscheinen einer größeren Zahl von bedeutenden Schriften; der Gründung des Deutschen Rhythmikbundes e.V.; den beiden großen Tagungen in *Düsseldorf* (*Gesolei*: *Ge* = Gesundheitspflege; *So* = Soziale Fürsorge; *Lei* = Leibesübungen, vom 8. Mai bis 17. Okt; innerhalb dieser vom 27. Mai bis 29. Mai: 'Gymnastische Körperbildung') und *Genf* (Erster Kongreß für rhythmische Erziehung, vom 16. August bis 18. August) für die Weiterentwicklung der Rhythmisch-musikalischen Erziehung in Deutschland geradezu als ein Kulminationspunkt zu nennen.

Das Erscheinen des Sammelbandes: „Rhythmik. Theorie und Praxis der körperlich-musikalischen Erziehung“ (München 1926; Wolfenbüttel 1982), herausgegeben von E. Feudel, mit Beiträgen von: Ch. Blensdorf; A. Epping; E. Feudel; E. Ferand-Freund; N. Gorter; G. Güldenstein; E. Jolowicz; H. Nottebohm; Ch Pfeffer; L. Schalk; M. Scheiblauer; findet in der Öffentlichkeit eine positive Resonanz. E. Feudel begründet die Herausgabe mit den Worten: „Mitbestimmend für sein Erscheinen war die Tatsache, daß seit den Hellerauer Veröffentlichungen der Vorkriegsjahre, die im Buchhandel nicht erhältlich sind, keine zusammenfassende Darstellung der Dalcroze-Methode in Deutschland erschienen und daß insbesondere die selbständige, von Dalcroze ganz unbeeinflußte Entwicklung der Rhythmik in den letzten zehn Jahren nichts veröffentlicht worden ist“.[2]

Eine Rezension in der Zeitschrift 'Die Musikerziehung' (1926) lautet:

„Die Musik als Bildnerin eines körperlich und geistig harmonischen Menschen: Bedeutung und Entwicklung dieser Idee stellt das Buch von Feudel dar. Die Kraft einer vollständigen musikalischen Durchbildung voll erkennend, stellen die Bilder der Lehre der einseitigen Ausbildung technischer Fertigkeiten, der Beherrschung eines Instrumentes, und der rein mechanisch zu erlernenden Formgesetze die umfassende Ausbildung der dem Menschen innewohnenden musikalischen Kräfte entgegen. Das aus zahlreichen, überaus klaren und eindringlichen Aufsätzen und mit

---

1) Senff, H.: Rhythmus und Metrum in der Bewegungserziehung; Aufsatz (unveröffentlicht), 1950

2) Feudel, E. (Hg.): Rhythmik. Theorie und Praxis der körperlich-musikalische Erziehung, München 1926, S. 13

einem reichen Bildmaterial ausgestattete Buch sollte daher jeder Musiklehrer in die Hand bekommen.[1]

Zwei weitere Schriften sind die des österreichischen Tanzpädagogen und Choreographen R. von Laban (1879-1958): „Gymnastik und Tanz" und „Des Kindes Gymnastik und Tanz" (beide Oldenburg 1926). Darin greift R. von Laban zum einen auf den frühen Begriff der Eurythmie zurück; er charakterisiert ihn mit den Worten: „Die höchste Kraft der Bewegung hat der Rhythmus, der freie Fluß der Form, der früher auch Eurythmie genannt wurde".[2] Zum andern setzt er sich ein für eine sinnvolle Bewegungserziehung des Kindes, seinen Möglichkeiten und Fähigkeiten in den verschiedenen Entwicklungsabschnitten entsprechend, begonnen mit Reigenspielen, Singen und Tanzen, körpertechnischen Aufgabenstellungen, mit der Intention, die dem Menschen innewohnenden schöpferischen Kräfte und Energien zu entwickeln und zu stabilisieren: „Das Glück liegt nicht in den Umständen, das Glück liegt in uns. Das Glück liegt in der Kraft, die wir in uns gewinnen und erziehen können".[3]

Er sieht für den Menschen in der hochtechnisierten und zivilisierten Welt nur einen Ausweg: „Von frühester Jugend an den Menschen daran zu gewöhnen, diesen Quell ganz eifersüchtig zu hüten, mit der größten Umsicht zu pflegen und zu wahren".[4] Im Rahmen der großen Tagung *Gesolei* in Düsseldorf (1926) sollte dem Themenbereich: „Gymnastik, Rhythmik und Tanz" ein größerer Raum zuerkannt werden. Die Vertreter dieses Bereiches, unter ihnen H. Senff (Rhythmische Schulgemeinde Düsseldorf); Ch. Blensdorf (E. Jaques-Dalcroze); Geibel/Goercke (Loheland); Kleeberg (B.M. Mensendieck; Artner (R. v. Laban) definierten ihren Auftrag in den Worten:

„In klarer, durchaus eigener Form der Körperkultur strebt die Gymnastik die Gesamterziehung des Menschen an und möchte ihn durch Erkennen und Betätigen der im menschlichen Körper vorhandenen Naturkräfte, seien sie funktioneller oder physikalischer Art, zu kraftvoller Lebensverbundenheit hinführen. Die Gymnastik steht in ihrer Besonderheit neben Turnen und Sport. Sie erstrebt nicht Höchstleistungen und Kraftresultate, sondern sucht organisch-harmonische Entfaltung der Naturveranlagungen, die in jedes Individuum hineingelegt wurde".[5]

Einen Höhepunkt stellte die Tagung: „Gymnastische Körperbildung" (vom 27. Mai bis 29. Mai 1926) im Planetarium der *Gesolei* dar. Sie war vom 'Zentralinstitut für Erziehung und Unterricht' in Berlin veranstaltet und sollte „als Fortführung der Berliner Tagung für 'Künstlerische Körperschulung' vom Oktober 1922

---

1) Rezension zu: Feudel, E. (Hg.): Rhythmik. Theorie und Praxis der körperlich-musikalischen Erziehung, München 1926. In: Die Musikerziehung, 3. Jg., Lahr (Baden) 1926, S. 109

2) Laban, R. von: Gymnastik und Tanz, Oldenburg 1926, S. 17

3) 4) Laban, R. von: Des Kindes Gymnastik und Tanz, Oldenburg 1926, S. 8

5) Jerrmann, H.: Die sportlichen Veranstaltungen während der Gesolei. Beitrag in: *Ge'So'Lei*; Große Ausstellung, Düsseldorf 1926, Bd. 1, S. 321

die Grundsätze und Möglichkeiten einer Körperschulung zeigen, die, von den naturgegebenen Kräften des Körpers ausgehend, den Menschen zur vollen Entfaltung und zur reinsten Formentwicklung seiner Persönlichkeit verhilft".[1] Darüber hinaus ist eine Gastveranstaltung der 'Schule Hellerau-Laxenburg Schloß Laxenburg bei Wien' am 18. Sept. Planetarium erwähnenswert, mit Inhalten aus *Körperbildung* (Teil 1); *Rhythmik* (Teil II); und *Bewegungsstudien* (Teil III), die das eingefügte Programm veranschaulichen mag. Ein Kommentar zu dieser Veranstaltung lautet: „Dieser Abend fügte sich harmonisch in den regelmäßigen Gymnastikunterricht der verschiedenen Schulen ein und zeigte auf hoher Stufe stehende Rhythmik, Gymnastik und Tanzstudien".[2]

[1] In: Programm zu der Tagung: 'Gymnastische Körperbildung', unveröffentlicht

[2] Jerrmann, H.: Die sportlichen Veranstaltungen während der Gesolei.; a.a.O. S. 334

RHEINHALLE (PLANETARIUM)

SONNABEND, DEN 18. SEPTEMBER 1926, ABENDS 8 UHR

Rhythmisch-gymnastische Aufführung   Schule Hellerau-Laxenburg

Einleitende Worte von Christine Baer-Frissell

I. TEIL
KÖRPERBILDUNG

Als Einleitung werden einzelne Uebungen aus der Arbeit in der funktionellen Gymnastik gezeigt unter dem Gesichtspunkt:

Konzentrierung auf die Wirbelsäule.

Es folgen Uebungen aus einigen Hauptgebieten der Gymnastik, die verschiedene Angriffspunkte bieten, aus denen die Durcharbeitung des ganzen Körpers erfolgt. Die Uebungen sind in geschlossener Folge zusammengesetzt, um einen Ueberblick über die Zusammenarbeit der Schüler in einer Gruppe zu zeigen:

Schwung

Spannung - Entspannung

Gleichgewicht

Sprung

Leitung: MARIANNE PONTAN

II. TEIL
RHYTHMIK

Die Musik und die Bewegung in ihrer wechselseitigen Wirkung zu einander als Thema gewählt, um das Endziel der körperlich-musikalischen Erziehung zu zeigen. Die Harmonie zwischen Bewegung und Musik, nicht die Unterwerfung der ersteren unter die letztere oder umgekehrt, ist hierbei zu berücksichtigen.

1. Gehen, Laufen, Springen von der Musik geleitet
2. Dynamische, zeitliche Veränderungen in der Musik, geleitet von der Bewegung (Dirigieren)
3. Entstehen eines Motivs und Themas aus der Bewegung
4. Entstehen einer kleinen musikalischen Form aus dargestellten Notenwerten
5. Gehen, Laufen, als Gegenstimme zur Musik
6. Ein Musikthema körperlich ausgeführt (falsch und richtig dargestellt)
7. Ein Bewegungsthema mit Musikbegleitung (falsch und richtig dargestellt)
8. Räumliches Dirigieren einfacher Bewegungsformen (falsch und richtig dargestellt)
9. Gegebenes Bewegungsthema von der Gruppe harmonisch entfaltet
10. Kanon: musikalisch-rhythmisch u. in der Bewegung
11. Gemeinsames Improvisieren mit Schlaginstrumenten und Dirigieren
12. Begleitung eines Bewegungsthemas mit Schlaginstrumenten und Klavier

Leitung: CHRISTINE BAER-FRISSELL

III. TEIL
BEWEGUNGSSTUDIEN

Alle Gruppenkompositionen sind von den Schülern selbst erdacht

1. Marsch	Musik von Schülern
2. Trauermarsch	Musik von Schülern
3. „Monoton“	Musik von Schülern
4. Ausdrucksstudie	Ohne Musik
5. Reigen	Gluck
6. Serbischer Volkstanz	Gal
7. Andante	Bartok
8. Marcato	Bartok

Konzertflügel Bechstein

G. Platzbecker / Kasernenstraße

1928, am Anfang des Jahres, bereist E. Jaques-Dalcroze zum ersten Mal seit 1914, wieder Deutschland. Sein Vortrag im Konzertsaal der Staatlichen Hochschule für Musik in Berlin ist von E. Preußner in dem nebenstehenden Bericht zusammengefaßt.

JAQUES-DALCROZE-VORTRAG IN BERLIN

Lebhaft wurde *Emil Jaques-Dalcroze* von einer zahlreichen Anhängerschaft begrüßt, als er im Konzertsaal der Hochschule nach längerer Zeit wieder in Berlin persönlich für die Idee seiner rhythmisch-musikalischen Erziehung warb. In wenigen Augenblicken hatte er den Konzertsaal in einen Unterrichtsraum, das Publikum in hörende und sehende Schüler verwandelt. Die drei Pole seines Erziehungsweges: Gehörbildung, Rhythmik und Improvisation wurden von Schülerinnen der verschiedensten Ausbildungsstufen dargestellt. Dabei wurden die außerordentlichen Vorteile einer solchen Erziehung deutlich hervorgehoben: die Schüler sind einerseits dazu angehalten, in strenger Konzentration auf äußere Einwirkungen spontan zu reagieren, andererseits dürfen sie in freier Improvisation das Schöpferische, das in ihrer eigenen Persönlichkeit ruht, zur Darstellung bringen. Sie sind sowohl Gefolgschaft wie Führer, Gebundene und Freie zugleich. In der Entfaltung dieser beiden Kräfte, die uns einmal zum Persönlichen, das anderemal zum Gemeinschaftlichen, zur Gruppe leiten, liegt die Bedeutung der Dalcrozeschen Lehre. Wenn man diesen Kern anerkennt, so macht es wenig aus, wenn Einzelheiten nicht immer überzeugen wollen. So erscheint z. B. die Bewegung der Gruppen im Raum von einer gezwungenen Stil- und Formabsichtlichkeit geleitet; und das Abrichten der Schüler an zwei Klavieren, die abwechselnd dasselbe Stück durchführen und genau dort einsetzen, wo der andere Spieler aufhören mußte, ist gewiß eine tüchtige Leistung, aber mehr eine einexerzierte als eine freie Äußerung musikalischer Kräfte. Übrigens konnte man dabei feststellen, daß beim pausierenden Spieler die Finger doch stumm auf der Tastatur das Stück weiterspielten, also in Wirklichkeit nie aufgehört hatten, zu spielen. Aber abgesehen von solchen Denksportaufgaben zeichneten sich alle Vorführungen durch Frische und Unmittelbarkeit aus. Solange die Dalcrozesche Lehre in den selbst gesteckten Grenzen einer vollkommenen Durchdringung körperlicher und musikalischer Rhythmen bleibt, wird sie zur Erziehung der Kinder in hervorragendem Maße berufen sein.

Eberhard Preußner

1928 stellt Franz Hilker (1881-1969), Oberschulrat in Berlin, geschäftsführender Leiter des 'Zentralinstitutes für Erziehung und Unterricht' in Berlin (1930-1933), dann Oberregierungsrat im Hessischen Erziehungsministerium, danach Leiter des Dokumentations- und Auskunftsdienstes (Päd. Arbeitsstelle) bei der Konferenz der Kultusminister in Bonn, u.a., Verfasser einer großen Zahl von Schriften und Beiträgen, z.B.: 'Kunst und Schule' (1922); 'Deutsche Schulversuche' (1924); 'Reine Gymnastik' (1928), die Forderung nach begrifflicher und inhaltlicher Klärung der Hauptrichtungen gymnastischer Arbeitsweisen. Sein Aufsatz: „Gymnastische Aufgaben im Jahre 1928“ in der Zeitschrift 'Gymnastik' (3. Jg., Karlsruhe 1928), beinhaltet als zentrale Forderung, „die Richtungen der allgemeinbildenden, künstlerischen (tänzerischen) und musikerzieherischen Tätigkeiten zu unterscheiden, um für die Unterricht Nehmenden oder Berufsausbildung Suchenden die drei ganz verschiedenen und verschiedenen Menschentypen entsprechenden Arbeitswege der Gymnastik von vornherein klar zu trennen“.[1]

In demselben Jahr hält die Zeitschrift 'Der Schacht' eine Umfrage zur 'Bedeutung der rhythmischen Erziehung', zu der sie namhafte Vertreter um ihren Beitrag und Stellungnahme bittet.

[1] Hilker, F.: Gymnastische Aufgaben im Jahre 1928. In: Gymnastik, 3. Jg., Karlsruhe 1928, S. 1

Von ihnen hebt jeder einen einzelnen Teilaspekt der rhythmischen Erziehung heraus: E. Jaques-Dalcroze den der 'persönlichen Erfahrung', die aller Theorie vorausgehen muß; Ch. Baer-Frissell weist auf die 'Erweckung und Förderung der ursprünglichen Kräfte des Menschen' hin; D. Jacobs hebt die polare Beziehung von 'Körper und Musik' heraus und O. Blensdorf und E. Feudel gehen auf die Rolle der Musik in der rhythmischen Erziehung ein (S. Kap.: 2.6, Teil III).

1930 fand in der Zeit vom 19. Juni bis 25. Juni in München der 'Dritte Tänzerkongreß' statt, veranstaltet vom Deutschen Tänzerbund, der Deutschen Tanzgemeinschaft und der Chrorischen Bühne in München. Das Programm dieser Veranstaltung sollte „einen umfassenden Querschnitt durch das tänzerische Schaffen der Gegenwart (mit einer Dreigliederung in Theatertänzer, Tanzpädagogen, freie Tänzer) geben wie auch die Verbundenheit der modernen Tanzentwicklung dartun".[1] Zu diesem Kongreß waren eine große Zahl von bedeutenden Tänzern und Tanzpädagogen nach München gekommen. Unter ihnen auch Tänzer, die in der Schule E. Jaques-Dalcrozes in Dresden-Hellerau wichtige Anstöße und Anregungen erhalten hatten, bzw. einen Teil ihrer Ausbildung dort absolvierten:
M. Wigman, V. Kratina, R. Chladek, O. Schlemmer. Neben den Aufführungen und Tanzabenden der verschiedenen Schulen standen Vorträge, Beratungen, Diskussionen von noch offenen Fragen und Problemen deutscher Tanzentwicklung. Im besonderen aber sollte dieser Tänzerkongreß dazu beitragen, den Grundgedanken einer künstlerisch-kulturellen Erziehung in das Bewußtsein einer größeren Öffentlichkeit zu bringen. Eine Resolution des pädagogischen Ausschusses lautet:

„Der 3. Deutsche Tänzerkongreß sieht auf Grund der Arbeiten seiner pädagogischen Fachkommission in der Pflege des Tanzes ein entscheidendes Erziehungsmittel, dessen Bedeutung in unserem Gesamterziehungswesen noch nicht genügend erkannt ist. Unter den verschiedenen menschlichen Ausdrucksformen ist der Tanz die ursprünglichste und unmittelbarste und darum besonders geeignet, eine Bildung zu begründen, die auf Einheit und Ganzheit der menschlichen Kräfte im persönlichen und Gemeinschaftserleben gerichtet ist.
Der 3. Deutsche Tänzerkongreß fordert daher den Einbau der tänzerischen Erziehung, insbesondere der Laientanzpflege in Schule, Jugendpflege, in die Bildungsarbeit der Verbände und Volksbildung und vor allem auch in die Lehrerbildung. Er erwartet davon eine Neubelebung der gestaltenden Kräfte unseres Volkes und der Gemeinschaft der Völker".[2]

1931 (vom 8. April bis 14. April) veranstaltete das 'Zentralinstitut für Erziehung und Unterricht' in Berlin, in Verbindung mit dem Deutschen Rhythmikbund e.V., ein Fortbildungsseminar zum Thema: „Die Musik des kleinen Kindes". Diese Veranstaltung ist als eine Realisierung der Forderung der 'Richtlinien für die Musikpflege in den Seminaren und Lehrgängen zur Ausbildung von Kindergärtnerinnen

---

[1] Deutsche Tänzerwoche, München 1930. In: Der Tanz, 3. Jg., H. 4, Berlin 1930, S. 2

[2] Resolution des pädagogischen Ausschusses des 3. Deutschen Tänzerkongresses. In: Der Tanz, 3. Jg., H. 8, Berlin 1930, S. 11

und Hortnerinnen' in Preußen (1928) zu verstehen.Der Tagungsplan sah Angebote aus verschiedenen Schwerpunkten der rhythmischen Erziehung vor: Rhythmik und Bau von Bambusflöten (Ch. Blensdorf); Improvisation (A. Epping); Besprechung und Beratung methodischer Fragen (H. Tauscher; K. Jacob).

1932/1933 fanden an verschiedenen Orten Deutschlands (Magdeburg, Kiel, Dortmund, Berlin) Veranstaltungen auf der Ebene der Fort- und Weiterbildung statt, bei denen Vertreter der rhythmischen Erziehung mitarbeiteten.

Ab 1933 wurden alle diese so positiv begonnenen Bestrebungen – die mittelbar und unmittelbar Einfluß nahmen auf die Entwicklung der Rhythmisch-musikalischen Erziehung in Deutschland – durch die Machtergreifung des Nationalsozialismus in ihrer Weiterentwicklung erheblich zurückgeworfen, ihnen oftmals ein jähes Ende gesetzt.

2.3 'Tagung für künstlerische Körperschulung' vom 5. Okt. bis 7. Okt. 1922 in Berlin

So wie die Reichsschulmusikwochen im Bereich musikalischer Erziehung der Information und Diskussion noch offener oder neu entstandener Fragen dienten, sollte die 'Tagung für künstlerische Körperschulung' im Bereich der Bewegungserziehung erstmals die namhaftesten Fachvertreter aus Theorie und Praxis zusammenrufen. Sie war eine Veranstaltung des 'Zentralinstitutes für Erziehung und Unterricht' in Berlin, in Verbindung mit dem 'Bund entschiedener Schulreformer' (Präsident: Paul Oestreich), dem Deutschen Reichsausschuß für Leibesübungen und der Zentralkommission für Sport- und Körperpflege. Initiiert wurde diese Tagung durch L. Pallat unter der Mitwirkung des damaligen Studienrates F. Hilker, die auch den Tagungsbericht unter gleichnamigem Titel (Breslau 1925) herausgaben.

Die praktischen Präsentationen (sie dienten der Veranschaulichung und Verdeutlichung der methodischen Arbeitsweisen der einzelnen Schulen) fanden im 'Großen Saal' der Hochschule für Musik Berlin-Charlottenburg und im Theater des Westens (Große Volksoper) statt, die öffentlichen Vorträge in der Technischen Hochschule Berlin-Charlottenburg sowie in der Universität.
Den Beispielen aus der Praxis der einzelnen Schulen wurden jeweils einführende Referate vorangestellt. Folgende Schulen mit ihren Vertretern waren eingeladen:

- E. Jaques-Dalcroze	(vertreten durch. Ch. Pfeffer; Berlin; E. Ferand-Freund, Dresden-Hellerau)
- Bess M. Mensendieck	(vertreten durch: H. Hagemann, Hamburg)
- Loheland-Schule	(vertreten durch: L. Langgard, Rhön)
- R. Bode	(vertreten durch: Dr. R. Bode, München)
- E. Duncan	(vertreten durch: M.Merz, Berlin)

Zu Vorträgen waren berufen: An Stelle des durch Krankheit verhinderten L. Klages (Zürich), der zum Thema: „Vom Wesen des Rhythmus" sprechen sollte (von ihm erhoffte man sich einen erheblichen Beitrag zur Klärung der Fragestellung), Dr. A. Fließ; P. Bekker (Frankfurt/M.) zum Thema: Die Bedeutung der Musik für die künstlerische Körperschulung"; Dr. F. Kirchberg über: „Die Bedeutung der Physiologie für die künstlerische Körperschulung"; C. Schlaffhorst über: „Die Bedeutung der Atmung"; M. Tepp über: „Körpererziehung des Kindes"; M. Luserke über: „Bewegungsspiel und Schulbühne"; und E. Ferand-Freund zu dem Thema: „Rhythmische Gymnastik und Körpererziehung".

In seinem Eingangsreferat über: „Körper und Kunst" faßt L. Pallat die Intention dieser Tagung in den Worten zusammen: „Mit diesem Wachstum (der Körperbildungsstätten seit der Jahrhundertwende), das auch der Krieg nicht völlig hemmen konnte, hat sich aber auch die ganze Bewegung leider so zersplittert, daß angesichts der Vielfalt der Methoden und des Streites über ihren Wert die Frage auftauchen konnte, ob denn alle diese Bestrebungen etwas gemeinsam hätten".[1]

Aus den gehaltenen Referaten und Beiträgen lassen sich Kerngedanken herausheben, die zu einem Grundverständnis einer künstlerischen Körperschulung einen Beitrag leisten konnten: Die Frage nach einem Verständnis von Rhythmus innerhalb der Richtungen; das zunehmende Interesse an Entspannung als ein neuer Orientierungspunkt in der Bewegungserziehung; die Beziehung von Musik und Körper; methodische Aspekte; die Frage nach Erziehungszielen und mit ihr in Zusammenhang stehend die Frage nach Kultur und Bildung.
Bei aller Vielfalt der Interpretationen zu dem Begriff Rhythmus – E. Ferand-Freund spricht von einer „Universalität des Rhythmus"[2] und stellt in Frage, ob je eine Definition ihn voll erschöpfen kann – wird dieser doch übereinstimmend von allen Vertretern im Klages'schen Sinne aufgefaßt, eine Fülle von Lebenserscheinungen organischer und künstlerischer Art umfassend. Dem Begriff Rhythmus werden Metrum und Takt gegenübergestellt und als Polarität verstanden. M. Merz formuliert: „Taktmaß ist zeitliche Zielsetzung mit gleichmäßig wiederkehrendem toten Punkt. Das Wesen des Rhythmus aber ist Überwältigung des toten Punktes durch das Dynamische kontinuierlicher Lebenstätigkeit und Lebensgestaltung. Dies gilt, wie für das organische Leben, so auch für das Leben in der tönenden Kunst. Takt zerreißt und Rhythmus bindet".[3]

E. Ferand-Freund, (1887-1972) dem als Vertreter der Rhythmisch-musikalischen Erziehung im Rahmen dieser Tagung erstmals die Möglichkeit gegeben ist, seine Position darzulegen, stellt die Begriffe Rhythmus, Ordnung, Takt voran und be-

---

[1] Pallat, L.: Körper und Kunst. In: Künstlerische Körperschulung, a.a.O., S.7

[2] Ferand-Freund, E.: Rhythmische Gymnastik und Körpererziehung. In: Pallat, L./Hilker, F. (Hg.): Künstlerische Körperschulung, a.a.O., S. 32

[3] Merz, M.: Die Erneuerung des Lebens- und Körpergefühls. In: Künstlerische Körperschulung, a.a.O., S. 17

schreibt einen Erziehungsweg, der vom musikpädagogischen Aspekt ausgeht und über die Körperbildung zu Fragen allgemeiner Erziehung führt; wörtlich formuliert er: „Denn Metrum, Ordnung, Takt bedeuten ins Pädagogische übersetzt das Soziale, Rhythmus und Freiheit das Individuelle".[1]

Er verdeutlicht dies an zwei Beispielen aus der Praxis der rhythmischen Erziehung. Zum einen am Beispiel der *Dirigierübungen*, bei denen einerseits der Schüler frei ist, indem er seinem persönlichen Rhythmus folgen und diesen anderen mitteilen kann, andererseits jedoch gebunden ist an die Gesetze der Formgebung, die ihm die musikalische oder plastische Empfindung auferlegt, wie an die Gesetze der Gruppe, der er diese mitteilen soll.

Zum andern an dem Beispiel einer *Entwicklung* von Einzelrhythmen hin zu einem Kollektivrhythmus der Gruppe, einem Beispiel eines dynamischen Verlaufes, das in besonderer Weise den Weg von individuellen, spontanen Möglichkeiten zu verdeutlichen versucht, und die Fähigkeit sichtbar macht, „sich einzuordnen, ohne den persönlichen Rhythmus verleugnen zu müssen".[2] Alle diese Übungen sollen hinführen zu einem „vernünftigen Gleichgewicht"[3] dieser beiden Pole, zu einer Übereinstimmung der dem Körper innewohnenden Rhythmen mit denen der Musik, zu einer Ausgewogenheit des metrischen Elements – gleichbedeutend mit Bindung – und des rhythmischen Prinzips – gleichbedeutend mit Freiheit –, die er am ehesten gegeben sieht in einer unmittelbaren Beziehung zur Musik und der aus ihr geschaffenen rhythmischen Gymnastik.

Daraus wird dann auch die Aussage P. Bekkers verständlich, der sich als ausgezeichneter Kenner der 'Methode Jaques-Dalcroze' einsetzt für eine Untrennbarkeit von Musik und Körper und die Aufgabe der Pädagogik darin erkennt, „das natürliche Verbundensein beider, ihre organische Identität anzuerkennen, ihre Trennung als falsch anzusehen und alles zu tun, um das, was heute noch an Vorurteilen und Hemmungen des Blickes zwischen ihnen steht, zu beseitigen, damit sie wieder als natürliche Einheit erscheinen und wirken können".[4]

P. Bekker (1882-1937) war es auch, der in seinem Referat 'Die Bedeutung der Musik für die künstlerische Körperschulung' auf die „dreidimensionale Ausstrahlung"[5] der Musik hingewiesen hat: Die *Melodik*, in der Bewegung die lineare Umsetzung bestimmend; die *Rhythmik*, in der Bewegung Aufbau und konstruktives Verhältnis der Bewegungsfläche bestimmend, und die *Dynamik*, in der Bewegung die räumliche Vertiefung bestimmend. Er bezeichnet diese drei Faktoren als „Elementaräußerungen"[6] – die er als gleichgewichtig beachtet wissen möchte – und sieht in ihnen ein Grundbedürfnis menschlicher Äußerung, ein Streben nach Auswirkung zur Form der Darstellung in Tanz, Marsch und Chor.

---

1) 2) 3) Ferand-Freund, E., a.a.O., S. 33; S. 34; S. 33

4) 5) 6) Bekker, P.: Die Bedeutung der Musik für die künstlerische Körperschulung. In: Pallat,L./Hilker, F. (Hg.): Künstlerische Körperschulung, a.a.O., S. 93; S. 91

Ursprünglich aber sind alle körpereigenen und musikalischen Rhythmen zu verstehen als ein Vorgang von Spannung und Entspannung; L. Klages spricht in diesem Zusammenhang von einem Grundprinzip aller Lebensvorgänge. Damit ist eine Thematik angesprochen, die während der 'Tagung für künstlerische Körperschulung' im besonderen von den beiden Begründerinnen und Leiterinnen der 'Rothenburger Atemschule': C. Schlaffhorst (1863-1945) und H. Andersen (1866-1957) vertreten wird. Ihnen wird ein „Wiedergewinnen des natürlichen Lebensrhythmus für die Gestaltung der geistigen, körperlichen und seelischen Physiognomie" [1] zu einem besonderen Anliegen. Sie erkennen in der 'Naturkraft des Atems' den „Schlüssel zur Erschließung der vitalen Kräfte, die beiden Gebieten (Natur und Geist) angehört. Sie ist die einzige von den vitalen Tätigkeiten, die durch die Möglichkeit der Willensbeeinflussung Verbindung mit den geistigen Kräften hat".[2] Sie beschreiben einen Weg eines bewußten Erlebens und Übens aus dem Ansatz einer musikalischen Kunst, dem Gesang (C. Schlaffhorst: Gesangspädagogin; H. Andersen: Klavierpädagogin). Sie sehen es als wünschenswert an, möglichst im frühen Kindesalter mit einer Atem- und Stimmschulung beginnen zu können und plädieren für eine Aufnahme in die neuen Richtlinien der Grundschule. Ihre Forderung lautet:

„Erst wenn durch solche Stimmentwicklung der Lebensrhythmus und der Tiefgriff des Zwerchfells hergestellt und zum bewußten Erlebnis geworden ist, erst wenn durch sie die Natur im Kind erzogen wurde, erst dann dürfte die psychische Erziehung in den Vordergrund treten, erst dann können eigentliche Atemübungen sowie Gymnastik, Turnen, Tanz, Dauerlauf usw. ausgeübt werden, ohne zu schaden, erst dann sollte die schulmäßige Verstandesbildung mit Lesen, Schreiben und Rechnen begonnen werden. Und zwar müßte auch ferner bei alledem stets das Hauptaugenmerk darauf gerichtet bleiben, daß durch alle diese Betätigungen der Lebensrhythmus und die richtige Atmung nicht wieder gestört oder unterdrückt werden, sondern daß ihre Erhaltung das wichtigste bei all dem Lernen bleibt".[3]

Andere Autoren der Zeit, z.B. *Elsa Gindler* (1885-1961), eine der engsten Mitarbeiterinnen H. Jacobys (S. Kap.: 2.5.1, Teil III), plädieren für ein ungestörtes Geschehenlassen „biologisch-lebensgesetzlicher Lebensabläufe".[4] Sie fordert als eine Zeitnotwendigkeit, ein Zurückfinden von einer dauernden Überspannung zu einem organisch-rhythmischen Bewegungsverhalten, das inneren Gesetzmäßigkeiten folgt.

„Es ist eine Krankheit unserer Zeit, daß wir den Rhythmus der Natur, den Wechsel zwischen Spannung und Entspannung, zwischen Arbeit und Feiern, zwischen Tag und Nacht, das gemäßigte Schwingen um die Mittellage nicht mehr haben.

---

1) 2) 3) Schlaffhort, C.: Die Bedeutung der Atmung. In: Pallat,L./Hilker, F. (Hg.): Künstlerische Körperschulung, a.a.O., S. 72; S. 75; S. 79

4) Wilhelm, R.: Elsa Gindler. Eine große Pädagogin besonderer Art. Sonderdruck der Zts.:Heilkunde-Heilwege, 11. Jg., H. 5, 1961, o.S.

Die Schwingungskurve hat sich über die Abzisse erhoben und fällt nur noch dann und wann im erschöpften Zusammenbruch weit nach unten".[1]

Auch für *Dore Jacobs* (1894-1979), hervorgegangen aus der Schule E. Jaques-Dalcrozes (Dresden-Hellerau), die 1925 in Essen/Ruhr ein eigenes Seminar für Gymnastiklehrerinnen gründete, die 'Bundesschule für Körperbildung und rhythmische Erziehung' (heute: Dore Jacobs-Schule), wird das organische Lebensprinzip von Spannung und Entspannung zu einem zentralen Anliegen. Für sie ist dieses besonders deutlich in der Anpassungsfähigkeit der Atmung und des Blutkreislaufes zu beobachten.

„Die feine und genaue Anpassungsfähigkeit der Atmung ist entscheidend für den Kräftehaushalt des Körpers, für das Lebensgefühl, für die sinnliche Empfänglichkeit und die seelische Schwingungsfähigkeit".[2]
„Denn Horchen, Schauen, Empfänglichkeit, das sind Verhaltensweisen des Menschen, nicht des Körpers, und in dem Maße, wie wir sie auf einem Lebensgebiet an uns erfahren, beginnen wir auf allen anderen zu spüren, wo unser Verhalten nicht stimmt, wo wir eigenmächtig und ohne Verbindung mit den Quellen leben. So kann Bewegungsbildung ein Weg zu menschlicher Entfaltung werden".[3]

Wolfgang Graeser prägt durch seine gleichnamige Schrift (München 1927) den Begriff des 'Körpersinns' für alle jene Sensationen, die mit dem Gebrauch der Glieder, Gelenke und Bänder, mit den Empfindungen der Haut, mit Bewegung und Arbeit des Körpers an sich zusammenhängen. Im Körpersinn befinden wir uns an den Quellen allen menschlichen Empfindens, er ist unvermischt rein und stark. Die Natur hat ihn dem Menschen als erstes mit Hunger und Liebe zusammen geschenkt".[4]

Er schreibt dem 'Qualitätengebiet' des Körpersinns eine Vielzahl von Empfindungen zu: – Tastempfindungen (Haut, Gesicht, Hände, Füße u.a.); – Wärmeempfindungen (z.B. Bestrahlung des Körpers durch das Sonnenlicht); – Muskelempfindungen (mit einer hohen Differenzierung der einzelnen Muskelinnervationen bis hin zu sehr feinen dynamischen Abstufungen); – Empfindungen der Schwerpunkte (damit ist ein spontanes Reagieren des Körpers gemeint, z.B. in eine schwingende Bewegung einzustimmen, wie sie besonders beim Tanz zu beobachten ist). Das rhythmische Empfinden – als Kern allen Lebens überhaupt – wird von W. Graeser als das „tiefste Erleben"[5] bezeichnet. Er sieht es eng verknüpft mit Empfindungen des Atems. „Alle Gebiete der Empfindungsregionen sind untereinander und mit dem Lebenskern durch den fließenden Rhythmus des lebendigen Atems und Seins verbunden, nichts Eckiges ist ihnen eigen".[6]

Ch. Baer-Frissell (1886-1932), als eine Vertreterin der Rhythmisch-musikalischen Erziehung, formuliert in Anlehnung an W. Graeser: „Unter Körpersinn ver-

---

1) Wilhelm, R.: Elsa Gindler. Eine große Pädagogin besonderer Art. Sonderdruck der Zts.:Heilkunde-Heilwege, 11. Jg., H. 5, 1961, o.S.

2) 3) Jacobs, D.: Bewegungsbildung-Menschenbildung, Kastellaun 1978, S. 26; S. 18

4) 5) 6) Graeser, W.: Körpersinn, München 1927, S. 134; S. 97; S. 141

stehe ich das Gefühl für die Bewegung, welches sich in erwarteten und unerwarteten Momenten organisch entfaltet, bedingt durch die Erziehung des Muskelsinnes und das schon ins Unterbewußte übergegangene Wissen um die richtige Haltung".[1]

Künstlerische Körperschulung aber, verstanden als im tiefsten Grunde gleichbedeutend mit rhythmischer Gymnastik,[2] sollte ein Entwickeln eines Körpergefühls beinhalten, das hinführt zu einem „System der Körpersprache"[3], zu einer Bewegungsaussage, frei von jeglicher Orientierung an Mode, Schablone irgendeiner Art, die nicht Kult oder Ästhetentum ausdrückt, sondern Natürlichkeit, Ungekünsteltheit, die individuelles Bewegungsverhalten sichtbar macht, auch Gestimmtheit, Befindlichkeiten und Gefühle zuläßt.

Innerhalb der künstlerischen Körperschulung werden die Fähigkeiten des Beobachtens, die Betonung des Spontanen und das Prinzip der Variation und Improvisation zu tragenden methodischen Aspekten. Künstlerische Körperschulung sollte die Mitwirkung und Mitgestaltung des Unterrichtsgeschehens vonseiten der Schüler/Studierenden zulassen und einen wechselseitigen Austausch von Lehrenden und Lernenden ermöglichen, von E. Ferand-Freund aufgefaßt als „Strom gegenseitigen Nehmens und Gebens".[4]

Künstlerische Körperschulung möchte hinführen zu einem rhythmischen, harmonischen Menschen – Ch. Baer-Frissell bezeichnet den Menschen als harmonisch, „der sich in der Welt zurechtfindet und Freude an der Welt als solcher hat".[5]
Dieser sollte zu einer Bildung hingefunden haben, nicht im Sinne von einer „Aufstapelung mechanisch erworbenen Wissens, sondern als Ergebnis bildnerischer Formung des ganzen Menschen".[6] Der rhythmische Mensch sollte darüber hinaus die Fähigkeit erlangt haben, sich in eine Gemeinschaft zu integrieren und auf verschiedenen Gebieten des Lebens und der Kunst einen individuellen Beitrag zu leisten.

War es aber eines der zentralen Anliegen dieser Veranstaltung für 'Künstlerische Körperschulung', nach einer besonders geeigneten Methode der Bewegungserziehung für die Integration in das Feld der Schule zu fragen, so konnte man hier zu keinem Abschluß kommen. Offen bleiben mußte auch die Frage nach einem gemeinsamen Nenner der Methoden, eine Frage, die am Ende der zwanziger Jahre des zwanzigsten Jahrhunderts erneut aufgeworfen wurde und zu Fragen der Abgrenzung führte (z.B. während der 'Tagung für gymnastische Körperbildung' 1926 in Düsseldorf; s. Kap.: 2.5.2, Teil III); durch den Aufsatz F. Hilkers: „Gymnastische Aufgaben im Jahre 1928" (Karlsruhe 1928; s. Kap.: 2.6, Teil III).

---

1) 5) Baer-Frissell, Ch.: Die Entwicklung der Sinne beim Kinde. In: Revue internationale des l'enfant, Genéve 1929, S. 343; S. 342

2) s. Hilker, F.: Was uns not tut. In: Künstlerische Körperschulung, a.a.O.,S. 13

3) 6) Merz, M., a.a.O., S. 23; S. 22

4) Ferand-Freund, E., a.a.O., S. 35

Doch gilt es festzuhalten, daß der gute Besuch dieser Tagung (1400 Teilnehmende) und die „fast leidenschaftliche Teilnahme, mit der die Erschienenen den Darbietungen folgten",[1] den Veranstaltern Kunde und Bestätigung bedeuteten für die Richtigkeit und Wichtigkeit der Auseinandersetzung. Einen besonderen Wert erhielt diese Tagung für die Gruppe der nachfolgenden Generation, die sich Klarheit über Wesen und Wert einer künstlerischen Körpererziehung verschaffen wollte. L. Pallat resümiert: „Den Erfolg sehen wir darin, daß die Kreise, die für die Körperbildung der Jugend verantwortlich sind, sich ernstlich mit der Frage zu beschäftigen beginnen, ob und wie ihre Tätigkeit mit den künstlerischen Bestrebungen der Gegenwart in Einklang gebracht werden könne".[2]

Damit war ein Anliegen gekennzeichnet, das die 'Schule Hellerau-Laxenburg Schloß Laxenburg bei Wien' in das Zentrum ihrer pädagogischen Arbeit stellt. Sie steht als Modell der Idee des Urhebers und Begründers der rhythmischen Erziehung, E. Jaques-Dalcroze, in einer Weiterführung und Weiterentwicklung der Grundgedanken parallel zu den Zeiterscheinungen, Zeitnotwendigkeiten und Zeitbedürfnissen. E. Ferand-Freund formuliert ihren Bildungs- und Erziehungsauftrag:

„Die rhythmische Gymnastik ist kein Spezialstudium. Sie ist weder Musik, noch Gymnastik, noch Tanz an sich. Weil sie jedoch klangliche, zeitliche, räumliche und körperliche Elemente in engster Bindung erhält, kann sie Grundlage sein aller Erziehungs- und Kunstgebiete, die diesen Elementen entsprechen. Und gerade der Umstand, daß sie kein Spezialstudium ist, sondern Grundlage, macht sie zu einer Frage der allgemeinen Erziehung. Denn sie erstreckt sich gleichermaßen auf die psychischen wie die physischen Fähigkeiten, sie wirkt emotionell wie intellektuell und bindet den Eigenrhythmus zum Rhythmus der Gemeinschaft. Darum ist es nicht ungerechtfertigt zu behaupten, daß die rhythmische Gymnastik den gesamten Menschen erfaßt".[3]

---

1) 2) Pallat, L., a.a.O., S. 5

3) Ferand-Freund, E., a.a.O., S. 35/36

2.4 Von der 'Schule Hellerau für Rhythmus, Musik und Körperbildung' zur 'Schule Hellerau Laxenburg Schloß Laxenburg bei Wien'

In einer Zeit großer wirtschaftlicher und sozialer Not, der unüberschaubaren Bedrohung durch die Geschehnisse des ersten Weltkrieges und der stillen Sorge, einen als so wesentlich erachteten Weg einer Bildung und Erziehung für die gesamte menschliche Persönlichkeit versinken lassen zu müssen, konnte eine besonders zugewandte Haltung vonseiten der staatlichen Behörden in Preußen und Sachsen, die Gründung des 'Vereins für Rhythmisch-musikalische Erziehung Hellerau' ermöglichen und die große Initiative eines Gründerteams am 1. Okt. 1915 die 'Neue Schule für angewandten Rhythmus Hellerau' ins Leben rufen. Diese sah es als ihren Auftrag und Aufgabe an, das künstlerisch-pädagogische Erbe der 'Bildungsanstalt Jaques-Dalcroze' zu bewahren, weiterzuführen und weiterzuentwickeln.

In der hier neu zu entwickelnden Konzeption sollten einige Veränderungen organisatorischer und inhaltlicher Art Berücksichtigung finden. Im Vergleich zu der von E. Jaques-Dalcroze künstlerisch geleiteten 'Bildungsanstalt' als „persönlich orientiert"[1] bezeichnet, sollte die neue „kollegiale Organisationsform"[2] mit einem Leiterteam zu einer engeren Zusammenarbeit führen und mehr Unmittelbarkeit im Austausch zwischen Lehrenden und Studierenden.

Dem Leiterteam gehörten an: Ernst Ferand-Freund (Musiker, Organisator/Gesamtleitung); Christine Baer-Frissell (Rhythmikerin, Pädagogin/pädagogische Leitung); Valeria Kratina (Tänzerin, Regisseurin/Leitung der Tanzgruppe); und die später hinzutretende Mensendieck-Schülerin und Tänzerin Jarmila Kröschelova aus Prag für den Bereich der Körperbildung; daneben war eine ehrenamtliche Beratungskommission berufen, die bei der Abnahme von Diplomprüfungen tätig werden sollte.

Innerhalb des dreijährigen Hauptfachstudiums (bei E. Jaques-Dalcroze mit 'Normalkursen' bezeichnet) sollte eine Einteilung der Studierenden in Gruppen eine größere Berücksichtigung individueller Neigungen und Begabungen ermöglichen,

[1][2] Die neue Schule für angewandten Rhythmus Hellerau, Hellerau 1916, S. 10

zu günstigeren Entwicklungs- und Entfaltungsmöglichkeiten führen und ein gegenseitiges Fördern erfahrbar machen. Auch sollte die Einrichtung von 'Allgemeinen Studienkursen', eines 'Seminars für Schulunterricht', 'Musikerkurse', die Wiederaufnahme der 'Schulfeste' am Ende eines Schuljahres (erste Veranstaltung am Ende des Schuljahres 1921/1922 im großen Festsaal der Bildungsanstalt), der mehrwöchigen 'Sommerkurse' (Beginn: 15. Juni, 15. Juli, 15. Aug. 1922), sowie öffentliche Aufführungen im In- und Ausland Kunde geben von der Wiederaufnahme der rhythmischen Erziehungsarbeit und eines Ausbildungsganges in rhythmischer Erziehung. Diese vielseitigen Initiativen sollten den Studienbewerbern Anstoß und Anregung geben, aber auch interessierten Laien, Pädagogen, Künstlern aus verschiedenen Bereichen und unterschiedlicher Voraussetzung, ausreichende Information ermöglichen und dazu dienen, rhythmische Erziehung in eine breitere Öffentlichkeit hineinzutragen.

Inhaltlich sollte in dieser neu zu entwerfenden Konzeption von Rhythmisch-musikalischer Erziehung – ausgehend von den Grundgedanken E. Jaques-Dalcrozes – die allgemein pädagogische Bedeutung, der Aspekt des „allgemein Menschlich-Erzieherischen"[1] der Rhythmisch-musikalischen Erziehung unter besonderer Berücksichtigung des Spontanen, des Schöpferischen, der Selbsttätigkeit und Selbständigkeit, der Mitwirkung und Mitbestimmung vonseiten der Studierenden eine größere Beachtung finden.

E. Ferand-Freund beschließt sein Referat: „Rhythmische Gymnastik und Körpererziehung" bei der Tagung für künstlerische Körperschulung (1922 in Berlin): „... wir wollen uns auf den Grundgedanken der rhythmischen Gymnastik, der im allgemein Menschlich-Erzieherischen zu suchen ist, konzentrieren. Wir wollen alles vermeiden, was dazu führen könnte, Virtuosen der Methode zu züchten, wie denn überhaupt der Gedanke der menschlichen Erziehung uns wichtiger ist als der Kult irgendeiner – und sei es der besten – Methode".[2]

Zu dieser Zeit formuliert Ch. Baer-Frissell in einem Beitrag: „Die Rhythmische Gymnastik als Erziehung" (Hellerauer Blätter, 1922):

„Nun meint Dalcroze, die rhythmische Gymnastik sei eine Kunst für sich. Wir möchten anstatt Kunst lieber das Wort Erziehung gebrauchen. ... Aber gerade das Spontane im Gegensatz zum Drill brauchen wir heute mehr denn je. In diesem Sinne der allgemeinen Erziehung sollte die rhythmische Gymnastik stets betrachtet werden".[3]

Daraus wird verständlich, daß die rein musikalische Arbeit mit ihren sehr differenzierten Formen, wie sie bei E. Jaques-Dalcroze im Zentrum seines Wirkens

1) 2) Ferand-Freund, E.: Rhythmische Gymnastik und Körpererziehung. In: Pallat, L./Hilker, F. (Hg.): Künstlerische Körperschulung, Breslau 1925, S. 36

3) Baer-Frissell, Ch.: Die rhythmische Gymnastik als Erziehung. In: Hellerauer Blätter, H.1, Juni 1922, S. 4; S. 6

standen, auf eine erreichbare elementare Ebene gebracht werden sollte, die vielfältigen Wechselbeziehungen von der Musik zum Körper und von dem Körper zur Musik aufspürend und in einen unmittelbaren Zusammenhang stellend. Erinnert sei hier an die Worte von E. Ferand-Freund: „Wir trachten danach, die Einseitigkeit, die sich aus einer ausschließlichen Abhängigkeit der Körperrhythmik und -bewegung von der Musik ergibt, zu vermeiden, indem wir bei dem Umackern des geistig-körperlichen Menschen den Hebel an zwei Punkten zugleich ansetzen: an dem musikalischen Empfinden und dem Körpergefühl".[1]

J. Kröschelova charakterisiert: „Körperbildung ist allgemein, sie ist weit entfernt von allem, was eine spezielle Technik verlangt – sie ist aber die Grundlage für jede besondere Bewegungstechnik, genau so, wie auf dem Gebiet des Geistes die allgemeine Bildung der speziellen vorangeht".[2]

Für V. Kratina bedeutet Tanz: „Sprache der Seele durch den Körper, Sprache des Geistes durch den Körper, Ausdruck des Unsagbaren – Kunst".[3] Unter ihrer Leitung des Bereiches 'Tanz' mit hohen künstlerischen Ansprüchen, gipfelnd in der Gründung einer Tanzgruppe mit zahlreichen Aufführungen im In-und Ausland, wuchs eine Generation von Studierenden des Tanzes heran, aus der als eine der bedeutendsten Schülerinnen Rosalia Chladek (1905-1995) hervorging.

Sie übernahm in der Zeit von 1930 bis 1938, in der Nachfolge von V. Kratina die künstlerische und pädagogische Leitung der Tanzgruppe Hellerau-Laxenburg und an der Ausbildungsstätte auch den Bereich der gymnastischen und tänzerischen Ausbildung. Danach wirkte sie als Leiterin für modernen Tanz, Choreographie und als Solistin an verschiedenen Ausbildungsstätten und Bühnen, vor allem in Berlin und Wien; leitete von 1970 bis 1977 einen eigenen Lehrgang für moderne tänzerische Erziehung; unternahm als Solistin und „Konzerttänzerin" Solotourneen in viele europäische und außereuropäische Länder; entwickelte ein eigenes System einer tänzerischen Bewegungserziehung,das „System Rosalia Chladek" und veröffentlichte zahlreiche Beiträge und Schriften über den Tanz, z.B.: Emile Jaques-Dalcroze anläßlich seines 90. Geburtstages, in: Wiener Monatshefte, 1955; Gesetzmäßigkeit körperlicher Bewegung als Grundlage tänzerischer Erziehung, in: G. Alexander (Hg.): Eutonie, Ulm 1964; Auswirkungen der rhythmischen Erziehung im Bereich des künstlerischen Tanzes, in: Tanz 20. Jh. in Wien, Ausstellungskatalog, Wien 1979, u.a.

So zeigt die frühe Phase des neuen Beginns einen Aufbau der Schule mit: *Hauptseminar*, im wesentlichen orientiert an den 'Normalkursen' des Dalcroze-Ausbildungsganges (Aufnahme-Mindestalter das vollendete siebzehnte Lebensjahr, musikalische Vorkenntnisse und höhere Schulbildung erwünscht, nicht Bedingung).

---

1) Ferand-Freund, E., a.a.O., S. 36

2) Kröschelova, J.: Körperbildung. In: Hellerauer Blätter, a.a.O., S. 6/7

3) Kratina, V.: Tanz. In: Hellerauer Blätter, a.a.O., S. 9

Die zweijährige Unterstufe schließt mit der Elementarprüfung ab und berechtigt zur Lehrbefähigung in Rhythmischer Gymnastik oder Gehörbildung in Privatkursen und an allen Lehranstalten mit Ausnahme der höheren Musikschulen. Die einjährige Oberstufe schließt ab mit der Diplomprüfung und der Lehrbefähigung in Rhythmischer Gymnastik oder Gehörbildung oder Improvisation in Privatkursen und an jeder Art von Lehranstalten. Die Stundentafel zeigt einen anspruchsvollen Unterrichtsplan, noch stark in Anlehnung an den Stundenplan der 'Bildungsanstalt Jaques-Dalcroze'.

STUNDENVERTEILUNG

(Änderungen vorbehalten)

Unterstufe

Erster Jahrgang

	Obligatorische
Rhythmische Gymnastik	5 Wochenstunden
Gehörbildung	5 "
Improvisation (Klassenunterricht)	1 "
Improvisation (Gruppenunterricht)	1 "
Musiktheorie	2 "
Klavierspiel (für minder Fortgeschrittene)	2 "
Atmung und Stimmbildung (für Schüler unter 20 Jahren)	6 halbe "
Anatomie	1 "
Turnen	4 halbe "
zusammen Wochenstunden:	20 bezw. 22

Zweiter Jahrgang

	Obligatorische
Rhythmische Gymnastik	5 Wochenstunden
Rhythmische Gymnastik, Lehrprobe	1 "
Gehörbildung	5 "
Gehörbildung, Lehrprobe	1 "
Improvisation (Klassenunterricht)	1 "
Improvisation (Gruppenunterricht)	1 "
Musiktheorie	2 "

Zweiter Jahrgang

	Obligatorische
Chorgesang	2 Wochenstunden
Darstellungsübungen	2 "
Anatomie	1 "
Turnen	4 halbe "
zusammen Wochenstunden:	23

Oberstufe

	Obligatorische
Rhythmische Gymnastik	4 Wochenstunden
Rhythmische Gymnastik, Lehrprobe	2 "
Gehörbildung	4 "
Gehörbildung, Lehrprobe	1 "
Improvisation (Klassenunterricht)	1 "
Improvisation (Gruppenunterricht)	1 "
Musiktheorie	2 "
Chorgesang	2 "
Darstellungsübungen	2 "
Turnen	4 halbe "
zusammen Wochenstunden:	21

Seminar für *Schulunterricht*, das sich zum einen an Gesanglehrer und Gesanglehrerinnen wendet mit einer staatlichen Abschlußprüfung, die differenzierte und nach den Richtlinien geforderte Kenntnisse in Rhythmisch-musikalischer Erziehung und Gehörbildung in der 'Methode Jaques-Dalcroze' erwerben wollen. Zum andern an solche Bewerber, die sich in den genannten Disziplinen auf die 'Prüfung für Gesanglehrer und Gesanglehrerinnen an höheren Lehranstalten in Preußen' vorbereiten wollen.

Musikerkurse, die sich im besonderen an Musikpädagogen und ausübende Musiker wenden sollten (Komponisten, Dirigenten, Konzert- und Opernsänger), und an musikinteressierte Laien, mit der Intention einer raschen Förderung ihres musikalischen Wissens und Könnens.

Allgemeine Studienkurse; sie richten sich an Kinder, Jugendliche, Erwachsene, verbunden mit der Möglichkeit, „außerhalb der Großstadt, in gesunder, schöner Landschaft und in künstlerisch wie hygienisch vorbildlichen Anlagen Körper und Geist gleichmäßig (zu) kräftigen und (zu) bilden".[1]

Sommerkurse (vier- bis achtwöchig); sie wurden in der Zeit von Mitte Juli bis Mitte September durchgeführt mit einer Gliederung in Einführungskurse; Kurse

[1)] Die neue Schule für angewandten Rhythmus Hellerau, a.a.O., S. 14

für Fortgeschrittene, Wiederholungskurse für Lehrende der 'Methode Jaques-Dalcroze'.

Am 1. Juli 1925 siedelt die Schule in das historische Habsburger Schloß Laxenburg bei Wien über, mit einem Ambiente von großzügigen Parkanlagen, Wiesenplätzen für Freilichtaufführungen und dem stilvollen Schloßtheater, wo ihr eine gute Verwirklichung von Unterricht, pädagogischer Lenkung und künstlerischem Gestalten möglich wurde, wenngleich ohne das großzügige Festspielhaus und den großen Festsaal am Ursprungsort in Hellerau. Von dieser Zeit an trägt die Schule zur Kennzeichnung den Namen 'Schule Hellerau Laxenburg Schloß Laxenburg bei Wien'; treten zu den Lehrenden R. Chladek für die Abteilung Tanz hinzu und K. Baer in der Position des Verwaltungsleiters.

Diesem frühen Direktorium wurde im Jahre 1975 anläßlich des fünzigsten Gedenkjahres des Einzugs der Schule für Rhythmus, Musik und Körperbildung „Hellerau-Laxenburg", initiiert durch die Gesellschaft für Ballett-Hilverding Society Wien im Rahmen einer Feierstunde, bei der R. Chladek einen Vortrag über „Ursprung und Wesen der Schule Hellerau-Laxenburg" hielt, und durch die Enthüllung einer Gedenktafel, in besonderer Weise gedacht.

Der Text der Gedenktafel lautet:

„Im Alten Schloß zu Laxenburg befand sich in den Jahren 1925-1938 die von Studenten und Pädagogen aus der ganzen Welt besuchte Schule für Rhythmus, Musik und Körperbildung 'Hellerau-Laxenburg' Direktion und künstlerische Leitung hatten:
Christine Baer-Frissell; Karl Baer
Ernst Ferand; Valeria Kratina; Rosalia Chladek;
Gewidmet 1975 von der Gesellschaft für Ballett-Hilverding Society Wien".

Sie alle gestalteten und prägten die Schule; als einzige Ausbildungsstätte für ein künstlerisch-pädagogisches Studium in Rhythmisch-musikalischer Erziehung für den Zeitraum ihres Bestehens. Neben öffentlichen Vortragsabenden (beispielhaft sei hier das Programm einer Veranstaltung vom 12. Febr. 1929 eingefügt), akzentuiert durch den künstlerischen Tanz (Leitung: R. Chladek); die Körperbildung und Bewegungslehre (Leitung: M. Pontan); die Rhythmik/Rhythmisch-musikalische Erziehung (Leitung: Ch. Baer-Frissell); der Mitwirkung bei Internationalen Tänzer-Kongressen; dem „Weltkongreß für Erneuerung der Erziehung" (1929 in Helsingör), entdeckten die Lehrenden auch ein großes Interesse und die Notwendigkeit an pädagogisch-psychologischen Zusammenhängen. Sie wollten mehr verstehen lernen von dem, was sie durch Musik, Bewegung, Raum und Klang im

Menschen selbst anregen und an spontaner und gestalteter Bewegungsäußerung zur Entfaltung anstoßen. Daraus ist die Suche nach geeigneten Fachvertretern und Persönlichkeiten anderer Fachdisziplinen zu verstehen, um den Studierenden Grundkenntnisse mitzugeben, die eigene und beobachtbare Erfahrungen einsehbar und verstehbar werden zu lassen. Ein Bemühen, von dem die wenigen noch auffindbaren Schulprospekte lebendig Kunde geben.

So ist im Schulprospekt der ,Schule Hellerau-Laxenburg' 1925 zu lesen, daß die Schule zu dieser Zeit das Ziel der Ausbildung von Lehrenden für gymnastische und rhythmisch-musikalische Erziehung verfolgt, „die im Rahmen einer auf die schöpferische Entwicklung der psycho-physischen Kräfte des Kindes und den jungen Menschen gerichteten Gesamterziehung mitwirken und den Gedanken einer erneuten Bewegungs- und Musikkultur in die weitesten Kreise des Volkes tragen sollen“.[1]

Im Schulprospekt der 'Schule Hellerau-Laxenburg' 1626 sind dann die 'Pädagogischen Grundsätze' besonders deutlich herausgehoben und formuliert:

„- Schöpferisches Erarbeiten des Körperbewußtseins, des Bewegungsempfindens und des Musikgefühls. Verbindung der drei Gebiete zu rhythmischer Einheit, danach Spezialisierung in reine Gymnastik, Tanz, Musik.
- Zunächst geistig-körperliche Lockerung, dann erst Aufbau und Kräftigung. Doppelsinnige Deutung des rhythmischen Prinzips: zeitlich-musikalisch und räumlich-tänzerisch.
- Erziehung in kleinen Gruppen, die dem individuellen Interesse (Kunst oder Pädagogik, Bewegung, Gymnastik, oder Musik) Rechnung tragen.
- Innerhalb der einzelnen Jahrgänge werden freie Arbeitsgemeinschaften gebildet, die gewöhnlich unter der Leitung eines fortgeschrittenen Schülers stehen und deren praktische und theoretische Arbeit von einer Lehrkraft ständig überwacht wird“.[2]

Im Schulprospekt der 'Schule Hellerau-Laxenburg' 1929 ist eine Verkürzung der Ausbildungszeit auf zweieinhalb Jahre angezeigt; Findet sich ein Hinweis auf die Veranstaltung von Sommerkursen: 4. Juli bis 31. Juli; 5. Aug. bis 31. Aug. Richtet die 'Schule Hellerau-Laxenburg' neben der Berufsausbildung eine einjährige „Ergänzungsausbildung“ in Rhythmisch-musikalischer Erziehung ein für Teilnehmende mit abgeschlossener Berufsausbildung aus sozialen und pädagogischen Berufen ein (Schulpädagogen, Erzieherinnen, Hortnerinnen).

Die Schulbroschüre der 'Schule Hellerau-Laxenburg' aus dem Jahre 1930 ist besonders umfassend angelegt, differenziert konzipiert und gestaltet. Darin findet der Studienbewerber nahezu vollständige Informationen, die er zu seiner Wahl und Entscheidung einer Ausbildungsstätte benötigt: Auskünfte über die Leitung der Schule, die Dauer der Berufsausbildung (2 1/2 Jahre), die Schwerpunktbil-

---

1) Schulprospekt der Schule Hellerau-Laxenburg Schloß Laxenburg bei Wien, 1925, o.S.

2) Schulprospekt der Schule Hellerau-Laxenburg Schloß Laxenburg bei Wien, 1926, o.S.

Dienstag, 12. Februar 1929

Rhythmisch-gymnastische Vorführungen der Schule

Hellerau-Laxenburg

1. Teil

Gymnastik

Leitung: Marianne Pontan

1. Aus der Körperbildung

Lauf
Frontaler Lauf geradlinig und kreisförmig federnder Lauf
Trabender Lauf — Sprunglauf — Frontaler Lauf mit Viertel- und halber Drehung

Gleichgewicht
Ausbalancierung des Körpers mit verschiedenartiger Verteilung um die Schwerlinie

Elastizität
Richtungsbetont durch ein- oder mehrmaligen Einsatz der Zug- oder Druckkraft

2. Aus der Bewegungslehre

Organischer Bewegungsablauf in Beziehung zu Gruppe und Raum:
Lauf — Schwung — Impuls — Führung

2. Teil

Rhythmik

Leitung: Christine Baer-Frissell

Das kollektive und das individuelle Moment in der rhythmischen Erziehung und ihre Beeinflussung in der räumlichen Auswirkung durch die Musik

Verschiedene Möglichkeiten im Gehen, Schreiten, Laufen
Rhythmische, musikalische und Bewegungskanons
Führer und Gruppe im Raum in Verbindung mit Sinnesübungen (Auge — Ohr — Tastsinn)
Dirigent und Gruppe (metrisches und freies Dirigieren einer Schlagzeuggruppe)

Preis 30 g

3. Teil

Bewegungsstudien

Schülerarbeiten

Gavotte (Händel)	Anne Maija, Alida Mennen
Menuett (Boccherini)	Anne Maija
Prélude (Scrjabin)	Anne Maija, Ilse Schacher
Polonaise im Fünfvierteltakt (Edith Dohrer)*	Anne Maija
Marsch (Lucie Bittrich)*	Gruppe
Espagnoletta (Mignon Wenner)* . . .	Gruppe

Am Flügel: Arthur Kleiner

* Musikalische Kompositionen von Schülerinnen

Wiener Kurse
der Schule Hellerau-Laxenburg für Frauen, Männer und Kinder:
I. Wallnerstraße 9 (Schwarzwaldschulen), Telephon U-21-3-69
Sommerkurse in Laxenburg Juli und August

dung; die Lehrfächer (Körperbildung/Gymnastik; Rhythmik/Tanz; Praktische Musiklehre (Gehörbildung); Improvisation, Harmonielehre; Formenlehre; Anatomie/Physiologie; Atemlehre; Sport; Erziehungslehre; Pädagogische Psychologie; Klavier; Schlaginstrumente; Chorgesang; Methodik; Lehrproben; Über ergänzende Vorträge aus den Gebieten der Theater-, Tanz-, Kunst- und Musikgeschichte, der Pädagogik (Montessori-Pädagogik), Raumlehre (Geometrie, Physik); über den Schulgeld-Modus, Möglichkeiten des Wohnens u.a.

Die Liste der Lehrenden und Dozenten gibt Auskunft über weitsichtige Kontakte zu namhaften Fachvertretern der Wiener Szene zu den wichtigsten angrenzenden Fachgebieten: Anatomie und Physiologie (Frau Dr. med. Bruck-Biesok/Univers.-Kinderklinik, Wien); Theater- und Tanzgeschichte (Dr. Joseph Gregor/Leiter der Theaterabteilung der Österr. Nationalbibliothek); Kunstgeschichte (Dr. Georg Saiko); Päd. Psychologie (August Aichhorn/Vorstand der Päd. Beratungsstelle der Gemeinde Wien); Erziehungslehre (Anton Tesarek/ Direktor der Städt. Bildungsanstalt für Kindergärtnerinnen, Wien).

Die Schwerpunkte der Ausbildungsgänge: Körperbildung/und Bewegungslehre; Rhythmik; Tanz; finden eine differenzierte Erläuterung. Für die Rhythmik/Rhythmisch-musikalische Erziehung lautet diese:

„*Rhythmik* (auf der Grundlage der Methode Jaques-Dalcroze). Die Rhythmik stellt die Verbindung zwischen einer rein musikalischen und rein körperlichen Erziehung dar. Durch die körperliche und musikalische Arbeit werden sowohl die motorischen, wie die optischen und akustischen Fähigkeiten entwickelt, so daß in der Rhythmik sämtliche Typen, auch Mischformen zugehörige Teilnehmer zu der ihnen angemessenen Entwicklung gelangen. Die rhythmische Erziehung erstrebt die Erfassung des Menschen in seiner Totalität und bedeutet die Erfassung sowohl des körperlichen wie des musikalischen Rhythmus in seiner Gesetzmäßigkeit. Während anfänglich Bewegung und Musik einstimmig fortschreiten, entsteht im weiteren Verlauf des Unterrichts eine Zweistimmigkeit dieser zwei Komponenten, die jedoch stets eine harmonische Einheit bilden. So wäre z.B. bei der Erziehung des Formgefühls die körperliche Ausdrucksform das Spiel, das in seinem formalen Ablauf durch die Atmung bedingt ist, während die rein musikalische Form als Satz oder achttaktige Periode usw., bedingt durch die Harmonie, in Erscheinung treten kann; die formale Zusammenwirkung von Bewegung und Musik äußert sich in der Übereinstimmung von Spannung und Entspannung, Ein- und Ausatmung. Nach dem gleichen Grundsatz wird der ganze Lehrstoff bearbeitet, so etwa folgende Gebiete: Zeit/Raum/Dynamik/Schwerpunkte/Symmetrie und Asymmetrie im Zeitlichen/Einfluß der musikalischen Harmonie/Einfluß der Atmung/Improvisierendes Dirigieren räumlich und klanglich in verschiedenen Formen: mit Gesang, Klavier, Schlaginstrumenten usw./Notieren von Rhythmen/Zeichnen/Aufsätze/Lehrproben".[1]

Hinzuweisen gilt es noch, als Besonderheit des Lehrplans, auf das Unterrichtsfach „Schlaginstrumente", in dem sich die Lehrenden um erweiterte Formen des Umgangs und des Repertoires bemühen. Durch den Umgang mit Gongs, Tamtams,

---

1) Schulprospekt der Schule Hellerau-Laxenburg schloß Laxenburg bei Wien, 1930, S.5/6

europäischen, asiatischen und afrikanischen Trommeln, Tambourine, Pauken, Becken u.a., sollte den Studierenden eine „ungeteilte Einheit[1] von Bewegung und Klang erfahrbar werden, sollte dieser zu spontanen Formen des Ausdrucks ermutigen ohne einen besonderen technischen Anspruch, sollte ihnen ein impliziter musikerzieherischer Sinn bewußter werden, der „Grundsatz vom Einfachen zum Komplizierten".[2]

„Darum sollte auch die Musikerziehung zunächst mit der Handhabung einfacher Instrumente beginnen, wie dies die Schlaginstrumente sind, die gerade im rhythmischen Unterricht in Verbindung mit räumlicher Bewegung und Spiel in so reichem Maße zur Freude der Kinder verwendet werden können".[3]

RHYTHMIKSTUNDE Photo: Brühlmeyer, Wien—Baden

E. Ferand-Freund fügt an dieser Stelle hinzu, daß die Schlaginstru- allmählich erweitert werden können durch einfache Blasinstrumente, Zupf- und Streichinstrumente bis hin zu der komplizierten Tastenmechanik des Klaviers oder anspruchsvollen Blastechniken klassischer Blasinstrumente wie Querflöte, Oboe, Klarinette u.a., deren Wahl und Entscheidung in Zusammenhang stehen mit physiologischen Voraussetzungen und musikalischer Neigung und Begabung.

Im Schulprospekt der 'Schule Hellerau-Laxenburg' 1930 ist dann unter dem Stichwort *Rückblick* zu lesen: „Auf den bewährten Grundlagen der rhythmischen Erziehung von Jaques-Dalcroze wurde weiter gebaut und das Gewonnene durch neue Erkenntnisse auf dem Gebiete der Körperbildung, des Tanzes und der musikalischen Pädagogik, sowie der neuzeitlichen Psychologie ausgestaltet. Die körperliche Ausbildung wird im gleichen Maße berücksichtigt wie die musikalische und rhythmische im Sinne einer allgemeinen menschlichen Erziehung".[4]

Darin, in dieser Möglichkeit zu einer Weiterentwicklung der von E. Jaques-Dalcroze geschaffenen Konzeption, parallel zu Zeitentwicklungen, Zeitnotwendigkeiten und Zeitbedürfnissen, wie sie sich auch in den nachfolgenden Jahren bis in unsere Zeit hinein immer wieder abzeichnet, erkennt E. Feudel letztlich ein besonderes Verdienst E. Jaques-Dalcrozes, wenn sie resümiert:
„Seine bahnbrechende pädagogische Bedeutung besteht weniger in dem, was er als abgeschlossenes Werk in Hellerau hingestellt hat, als darin, daß er mit der zunehmenden Erkenntnis von der Tragweite und Entwicklungsfähigkeit seiner An-

1) 2) 3) Ferand-Freund, E.: Bewegung in Klang und Raum. In: Die Musik, 23. Jg., Berlin 1930, S. 747/748

4) Schulprospekt der Schule Hellerau-Laxenburg Schloß Laxenburg bei Wien, 1930

fangsidee diese vor jeder Pedanterie und Schematisierung einer 'Methode' bewahrte und ihr dadurch die Möglichkeit zu weiterem Ausbau schuf".[1]

2.5 Der pädagogische Auftrag der Rhythmisch-musikalischen Erziehung innerhalb der Institutionen Kindergarten und Grundschule

2.5.1 Pädagogische und musikpädagogische Leitgedanken

Alle reformpädagogischen Bestrebungen waren von dem Gedanken getragen, eine wahrhaft 'schöpferische Erziehung' zu begründen, die Gesamtheit der lebendigen Kräfte des Menschen zu wecken, „die im Menschen zusammenwirkenden und sich kreuzenden Kräfte nicht mehr in den Dienst fremder Zwecke zu stellen, sondern sie zur Selbstverwirklichung und -darstellung zu befreien, den Menschen im Menschen zu vollenden".[2]

Schöpferische Erziehung als Kernpunkt aller erzieherischer Bemühungen überhaupt, sollte die fast ausschließlich auf Verstandes- und Willensbildung eingestellte Erziehung überwinden helfen und der ästhetischen Erziehung, der Kunsterziehung, der Musikerziehung und der Rhythmisch-musikalischen Erziehung eine neue und wichtige Stellung zuerkennen. Schöpferische Erziehung sollte den Menschen zu den Urquellen der Natur zurückführen, zu einem Empfinden für die Qualitäten von Form und Linie, Farbe, Klang, Bewegung, Wort und Ton, in ihm Erlebnisbereitschaft, Erlebnismöglichkeiten und Erlebnistiefe stärken und die gestaltenden Kräfte zu Ausdruck und Formung befreien. Als Sinn der schöpferischen Erziehung stellt H. Döpp-Vorwald heraus, „die doppelte Verbundenheit des Menschen mit der Welt zu stärken und so zugleich Erleben und Werkgestaltung und Lebensgestaltung zu ermöglichen".[3]

Er erkennt als tragende Kraft für das Verhältnis des Menschen zur Welt die *Gestaltungskraft* mit den beiden Seiten der *Vitalität* und der *Formalen Schauung*, auf der alle Lebendigkeit und jedes fruchtbare Wirken des Menschen beruht. Empfindend erlebt der Mensch die Körperlichkeit der Dinge; sie äußert sich in dem Drang nach Luft und Sonne, der Beziehung zur leibhaften Oberfläche der Erscheinung, zu Weichheit, Zartheit, Rauheit und Härte u.a.

„Da, wo diese Vitalität noch rein und unverfälscht ist, gibt sie zugleich das beglückende Erleben der eigenen Leiblichkeit. Sie gibt im Erleben des eigenen Leibes, im Pulsschlag des Blutes, in der Wirkung des ruhigen Atems, das Gefühl der körperlichen Schwere und Erdgebundenheit, wie der Leichte und Freiheit, das freimachende Gefühl des eigenen Ich, das aus jedem freischwingengenden Schritt und aus jeder freien Bewegung zu uns spricht".[4]

Neben der Empfindung steht die *Schauung* und durch sie wird es möglich, den seelischen Charakter der Welt zu erleben, die Ausdruckskraft der Formen, Farben

---

1) Feudel, E.(Hg.) Theorie und Praxis der körperlich-musikalischen Erziehung, München 1916, S. 21

2) 3) 4) Döpp-Vorwald, H.: Lebendige Bewegung und Menschenbildung, Weimar 1929, S. 10; S. 128

und Klänge, „die alle nur durch ihre besondere Art der Erfüllung des raumzeitlichen Bildes aus der Beglaubigung des Bewegungsantriebes der Gestaltungskraft ihren seelischen Charakter bekommen".[1]

„Gibt uns das Empfinden die Körperlichkeit der Erscheinungen, ihr Dasein, und ist die Vitalität das Erleben der Leiblichkeit der Dinge oder die Abwehr gegen sie – so ist die Schauung die Freude am Sosein der Dinge, sie ist gleichsam unpersönlicher und ferner, sie ist das Erlebnis der Form, und der in ihr begründete Gestaltungstrieb zielt auf Wiederverkörperung des seelischen Gehalts. Seine Mittel sind die Formenelemente des Bildraumes: Weite und Ferne, Höhe und Tiefe, der Wechsel von Licht und Schatten, hohen und tiefen Tönen, Weite und Enge, Klang und Farbe, Bewegung und Hemmung".[2]

Daraus leitet H. Döpp-Vorwald als Ziel jeder schöpferischen Erziehung ab, „die Erlebnismöglichkeiten und die Erlebnistiefe zu stärken auf dem Wege über die Kultur der erlebten Antriebsgefühle".[3] Aus seiner Sicht kann Gestaltungskraft nur wachsen, indem sie sich bestätigt, indem das im verwirklichten Antrieb ausgelebte Erleben zum Besitz geworden ist und zum tragenden Element, auf dem sich neue Möglichkeiten aufbauen können.

Für die gymnastische Erziehung, der es nicht um äußere Leistung geht, sondern die, erwachsen aus einer neuen körper-seelischen Einstellung, ihren Sinn in sich selber trägt, leitet H. Döpp-Vorwald die beiden 'Einstellungen' ab: die 'vitale Gymnastik' (ausdrücklich benannt: R. Bode) und die 'formale Gymnastik' (ausdrücklich benannt: E. Jaques-Dalcroze). Aufgabe der vitalen gymnastischen Erziehung ist es, an der Erlebniskraft der eigenen Leiblichkeit und an der körperlichen Nähe des Menschen zu den Dingen zu arbeiten, ihn zu öffnen und aufnahmebereit zu machen für die vielfältigen Unterschiede in der Beschaffenheit der Materialien und ihrer Eigengesetzlichkeit. Aus ihr erwächst die Liebe zum Material, von H. Döpp-Vorwald auch als 'Stoffliebe' bezeichnet. Ihr Sinn ist „das Erlebnis der eigenen Leiblichkeit und das aus ihm zufließende Gefühl der Verbundenheit mit der körperlichen Seite der Welt".[4]

Die vitale Erziehung durch Gymnastik ist zugleich die Brücke zu dem Weg der formalen Erziehung. In ihr geht es nicht mehr um den Stoff, sondern um die Form. Ihre Aufgabe besteht darin, die der Bewegung innewohnenden Gesetze zum bewußten Erlebnis zu bringen und in bewußter Hingabe und Überschau die Bewegung aus ihren eigenen Gesetzlichkeiten zu entwickeln und zu gestalten.

Aus dieser Kraft des Erlebens soll der Mensch wieder wach und sensibel werden für die unterschiedlichen Formen in der Natur, Architektur wie jeder formenden Gestaltung überhaupt. Er soll die ihnen innewohnende Lebendigkeit, den seelischen Gehalt wieder sehen lernen und erkennen, wie er selbst in diese Ausdruckszüge hineinverwoben ist. E. Jaques-Dalcroze war davon überzeugt, daß Menschen, die in einem mehrjährigen Studium eine rhythmische Bildung und Erzie-

---

1) 2) 3) 4) Döpp-Vorwald, H., a.a.O., S. 128; S. 129; S. 131

hung erfahren haben, zu einer größeren Sensibilität ihrer Persönlichkeit hingefunden haben. „,... Und eben damit steigern wir unsere Erlebniskraft für die Werke der Kunst, der Musik sowohl wie der bildenden Kunst, denn der Künstler, der sie geschaffen, findet in uns Menschen von stärkerer Resonanz, verfeinerter Empfindung, tieferer Eindruckskraft".[1]

Doch entscheidend ist die Einheit des raumzeitlichen Bildraumes, das Erlebnis, daß nicht alle Ausdrucksseiten der Bildwelt in ihrer Mannigfaltigkeit unverbunden nebeneinander stehen, sondern Formen, Farben, Klänge, Bewegungen im Zentrum der schöpferischen Kraft miteinander verknüpft sind und auch dorthin zurückführen. Daher ist es auch möglich, über sie alle zum Grunderlebnis vorzudringen. Daraus wird auch die Vielzahl der Wege schöpferischer Bildung und Erziehung erklärbar, die mit je eigenen Mitteln der Gestaltung hinführen wollen zu einer wahren Befreiung schöpferischer Kräfte. Ihnen allen wurde es zu einem zentralen Anliegen, den Menschen auf dem Wege des Zeichnens, Malens, Plastizierens, Singens, Musizierens, der rhythmischen Bewegung in Singen, Lied und Tanz zu den Quellen künstlerisch-schöpferischen Gestaltens zurückzuführen.

Doch kann alle gestalterische Erziehung nur insoweit fruchtbar werden, „als sie das Antriebserlebnis in den Mittelpunkt stellt und alle Ausdruckselemente als aus ihm hervorgehend erleben zu lassen vermag. Im Zentrum jeder schöpferischen Erziehung muß der ganze unteilbare Mensch stehen, so weit er bildhaft gestaltete Erscheinung ist, die über sich hinausweist in die ganze Fülle ausdrucksgeladener Erscheinungen".[2] Das ist der Kerngedanke der Kunsterziehungsidee, die in alle reformpädagogische Richtungen und auch die Musikerziehung und die Rhythmisch-musikalische Erziehung mit einem starken Anstoß hineinwirkte. Wegweisend für eine Wende innerhalb dieser Richtungen wurde die weittragende Erkenntnis A. Lichtwarks:

„Musik und Gymnastik aber, in den Urformen der Tänze und Reigen vereint, soll uns ein Geschlecht freier Menschen heranbilden helfen, das die anerzogene Scheu und Furcht vor der Selbstdarstellung verloren hat".[3]

Der Musik als der „immateriellsten aller Künste"[4] und doch von einer unmittelbaren Wirkung auf die körperlichen und seelischen Vorgänge, als die „Vermittlerin auf der Grenze von Phantasie und Wirklichkeit",[5] sollte innerhalb der Bildung und Erziehung ein größerer Raum zuerkannt werden. Musikerziehung, Musikpflege und Rhythmisch-musikalische Erziehung wurden als ein wichtiger Ausgangspunkt nicht nur einer Kunsterziehung, sondern allgemeiner Menschenbildung er-

---

1) Jaques-Dalcroze, E.: Schularbeit und Schulfest. In: Der Rhythmus, Jahrbuch II, Jena 1912, S. 48

2) Döpp-Vorwald, H., a.a.O.,S. 132

3) Lichtwark, A.: Musik und Gymnastik, Leipzig 1906, S. 28

4) 5) Umfrage: Die Bedeutung der rhythmischen Erziehung. In: Zts. Der Schacht, 4. Jg., H. 21, 1928, S. 266

kannt. „Erziehung zur Menschlichkeit mit und durch Musik"[1] lautete das Motto der musikpädagogischen Reform, zu der L. Kestenberg entscheidende Impulse gab. Den Institutionen Kindergarten und Grundschule sollte eine Schlüsselposition innerhalb der musikpädagogischen Praxis zufallen. Ihre pädagogischen Konzeptionen, aufgrund des darin verbleibenden größeren Freiheitsspielraumes, der größeren Beachtung von Selbsttätigkeit, Selbständigkeit, Spontaneität, Phantasie und der Freude als Voraussetzung jeglichen schöpferischen Gestaltens, ließen es im besonderen zu, dem Kinde Zugangsweisen zu einem ganzheitlichen Erleben von Musik zu öffnen, ihm „musikerfülltes Leben"[2] zu ermöglichen.

Musik wird von Psychologen der Zeit als die Kunst angesehen, „die sich dem Kinde am ehesten, eröffnet",[3] auch bezeichnet als der „Schlüssel zum kindlichen Wesen".[4] Das bestätigen auch Ergebnisse aus Beobachtungen, die nachweisen konnten, daß Kinder oftmals früher zu singen beginnen als zu sprechen. Erziehende aus dem Bereich des Kindergartens in leitender Position antworten auf die Frage: „Was bedeutet die Musik dem Kinde"?: „Fast allen Kindern sehr viel, manchem Kinde alles, vielen Kindern ist die Musik Lebensbedürfnis und erweckt und erhält in ihnen Lebensfreude".[5]

Berichte von Schulpädagogen schildern, daß oftmals mit dem Abnehmen der kindlichen Unbefangenheit plötzlich ein Verstummen der kindlichen Ausdrucks- und Erfindungskraft eintritt, das in vielen Fällen auch in Zusammenhang mit dem Schuleintritt und dem Beginn eines systematischen und formalen Lernunterrichts steht.

F. Hild berichtet von Gestaltungsversuchen an einer Volksschule, bei denen das Erfinden eigener Melodien zu Versen, Reimen, Gedichten im Zentrum stand, daß Mädchen mit größerer Freude daran teilnahmen als Jungen und die Fähigkeit, sich spontan musikalisch zu äußern, nur noch in den unteren Klassen anzutreffen war, während diese in den oberen Klassen ganz zu versiegen scheint.

H. Pässler weist darauf hin, daß jegliches Unterbinden von spontanen, selbständigen Äußerungen des Kindes, jegliches Stören eines begonnenen Funktionsablaufes durch Vormachen, Beschleunigenwollen, Richtigstellen, jegliches Herausreißen aus dem naturgemäßen Versunkensein bei der selbstgewählten Tätigkeit zum Verlust der kindlichen Unbefangenheit führen muß und damit zu Zaghaftigkeit, mangelnder Unmittelbarkeit, zu Zerfahrenheit, letztlich zu einem „frühzeitigen leeren Gescheitsein",[6] und faßt seine Erfahrungen zusammen:

---

1) Zit. nach Kraus, E.: Leo Kestenberg zum Gedächtnis. In: Musik im Unterricht 53. Jg., H. 3, Mainz 1962, S. 66

2) Hetzer, H./Ameln, K.: Lied und Musik im Kinderleben. In: Die Singgemeinde, 9. Jg., Kassel 1932/1933, S. 50

3) Katz, D./Katz,R.: Die Erziehung im vorschulpflichtigen Alter, Leipzig 1925, S. 90

4) Goldstein, J.: Musik im Kindergarten. In: Musikpflege im Kindergarten, Leipzig 1929, S. 19

5) Abicht, M.: Musik im Kindergarten. In: Musikpflege im Kindergarten, Leipzig 1929, S. 1

6) Pässler, H.: Musikalische Eigenschaften des Kindes. In: Die Quelle, 77. Jg., Wien 1927, S. 530

„Das an Alter zunehmende Kind aber – erstaunt darüber, daß weder Eltern noch Lehrer dieser Ausdrucksweise irgendwelche Beachtung schenken oder sie sogar als störend verbieten – verschließt allmählich sein singendes, klingendes Herz, verstummt in seiner naiven musikalischen Produktion und singt nur noch, wenn etwas verlangt oder vorgemacht wird, es schrumpft zum reproduzierenden Objekt einer auf Lernprozeß eingestellten Erziehung zusammen.
So kommt es, daß erst wenige hellhörige Pädagogen der Gegenwart auf diese Dinge acht geben, sich besannen auf die rhythmischen und melodischen Eigenwerte, die im Kindergesang, -tanz und -spiel lebendig werden, auf die musikästhetische Kraft, die in kindlicher Sprachentwicklung und Reimkunst pulsiert und auf die reine Schöpferfreude, die im musikalischen Kindererlebnis liegt“.[1]

Daraus wird die Forderung verständlich, daß Musik wieder zu einem „allgemeinen Ausdrucksmittel“[2] werden muß. Heinrich Jacoby (1889-1964) , als Wegbereiter einer 'schöpferischen Musikerziehung' faßt sie als einen „energetischen Vorgang“[3] auf, dem nicht Kunstregeln zugrundeliegen, sondern allgemein gültige, jedem Menschen zugängliche und von jedem erlebbare Gesetzmäßigkeiten (jeder Mensch hat ein Empfinden für Beginn und Ende eines musikalischen Ablaufs; zeigt ein elementares Gefühl für Kontraste (Spannung-Entspannung), für Auftakt, Gliederung von rhythmischen Strukturen, Unterschied von Halbton-und Ganztonschritten u.a.). Er setzt sich im besonderen ein für eine Relativierung des musikalischen Begabungsbegriffes und kommt zu der Auffassung:
„Jeder Mensch ist musikalisch“.[4] Den sogenannten 'Unmusikalischen' gibt es nicht. Wohl aber gibt es Menschen, die in ihrer Ausdrucksfähigkeit mehr oder weniger gehemmt sind, doch dürfen ihre Hemmungen und Störungen nicht mehr als ein besonderes Problem angesehen werden. „Tatsächlich sind alle Möglichkeiten, sind die Fähigkeiten zu jeder Art des Ausdrucks in jedem Menschen latent. Jeder hat die Funktionsbereitschaft für alles Gesetzmäßige dieser Erscheinungswelt in sich“.[5]

Daraus erwächst für ihn die „Verpflichtung“,[6] von frühestem Lebensalter an, eine Fülle und Vielfalt von kindlichen Ausdrucksmöglichkeiten und Ausdrucksformen im Umgang mit Lauten, Sprechen, Summen, Singen, ein gefühlsmäßiges Erleben von Form, Rhythmus, Melodie und Harmonie in Lied, Spiel, Bewegung, Tanz zuzulassen und zu ermöglichen, ohne eine qualitative und quantitative Wertung des Resultats. Er möchte alle Erziehenden dazu auffordern, die Ausdruckswelt des Kindes vor „plumpen Eingriffen“[7] zu schützen und sie vielmehr „zur Achtung vor den ersten schüchternen Zeichen eines naiven musikalischen Äußerungs-Bedürfnisses (erziehen)“.[8]

---

1) Pässler, H.: a.a.O., S. 530

2) 3) 5) 6) Jacoby, H.: Die Befreiung der schöpferischen Kräfte, dargestellt am Beispiel der Musik. In: Die Entfaltung der schöpferischen Kräfte im Kinde, Gotha 1926, S. 25; S. 28

4) 7) 8) Jacoby, H.: Grundlagen einer schöpferischen Musikerziehung. In: Die Tat, 13. Jg., Bd. 2, Jena 1922, S. 892; S. 899

Er erwartet von den Erziehenden, die sich auf den Weg einer 'schöpferischen Musikerziehung' begeben, die Bereitschaft zur Arbeit an der „unerläßlichen bewußten Zustandskontrolle und Standortklärung – neben dem Unwirksammachen der traditionellen Begabungsvorurteile und neben dem Sicherarbeiten einer Methode des Sich-etwas-Erarbeitens und Ausprobierens als Gegensatz zu 'Beibringen' und formalem Lernen".[1]

H. Döpp-Vorwald sieht in der „schöpferischen Persönlichkeit"[2] des Erziehenden, der über die Fähigkeit verfügen sollte, dem Kinde den „Sinn alles Gestaltens nahe zu bringen",[3] den Kernpunkt aller schöpferischen Erziehung.

Andere Autoren stellen die Fähigkeit des Erziehenden in den Mittelpunkt, den erzieherischen Alltag mit einer „musikalischen Atmosphäre"[4] durchdringen und diesen mit schöpferischen Ideen gestalten zu können. Ch. Baer-Frissell bringt zum Ausdruck: „Undenkbar ist eine Kindergärtnerin mit einer Anomalie in musikalischer Hinsicht (im übrigen eine Seltenheit wie Farbenblindheit), da sie wie kein anderer Mensch das Kind in seiner Totalität zu erfassen hat".[5] Sie präzisiert diesen Gedanken in ihren weiteren Ausführungen, indem sie betont, daß es ihr auf den „pädagogisch eingestellten Menschen"[6] ankomme. Damit möchte sie verdeutlichen, daß sie im besonderen für den Bereich frühkindlicher Erziehung nicht an höchste fachlich musikalische Ansprüche denkt. Vielmehr möchte sie zu einer breiten Basis elementarer musikalischer Fähigkeiten ermutigen, die es ermöglichen, dem Kinde einen Zugang zur Musik zu öffnen. Doch gilt es hier als eine der fundamentalen erzieherischen Einsichten zu beachten: „Alles Tun des Kindes muß mit seinem ganzen Wesen verbunden sein. Es muß in die Form des Spieles gekleidet sein, nicht in eine schulmäßige Form".[7]

Eine Einsicht, die sich im besonderen die Vertreter der Rhythmisch-musikalischen Erziehung zu eigen gemacht haben, denen es so wichtig wurde, vom frühesten Lebensalter an „alle Sinneseindrücke, die gleichzeitig in einem alltäglichen Erlebnis aus dem Kinderleben wirksam sind, auf das zeitlich-räumliche Geschehen, eben den Rhythmus zurück(zuführen) und dadurch das Auge zum Sehen, das Ohr zum Horchen, die Stimme zur Anpassung, die Hand zum Schreiben, Zeichnen und Malen und den Körper zur Geschicklichkeit und Anpassungsfähigkeit und die Seele zum Nachfühlen (zu) erziehen".[8]

---

1) Jacoby, H.: Jenseits von 'Begabt' und 'Unbegabt', hg. von Ludwig, S., Hamburg 1982, S. 19

2) 3) Döpp-Vorwald, H., a.a.O., S. 132

4) Eppendorf, H.: Anregungen aus der praktischen Arbeit zur Musikerziehung im Kindergarten und Hort. In: Kindergarten, 74. Jg., Leipzig 1933, S. 112

5) Baer-Frissell, Ch.: Die musikalische Erziehung des Kleinkindes. In: Die Quelle, 80. Jg., Wien 1930, S. 1267

6) Baer-Frissell, Ch.: Die Rhythmik beim Kleinkind. In: Kind und Kindergarten, 49. Jg., Wien 1930, S. 18

7) Spranger, E.: Sinnespflege im frühen Kindesalter. In: Kindergarten, 62. Jg. Leipzig 1921, S. 6

8) Blensdorf, O.: Musikunterricht oder Rhythmisch-musikalische Erziehung. In: Zts. für Schulmusik, 4. Jg., Berlin 1931, H. 5, S. 87

E. Feudel weist in diesem Zusammenhang darauf hin, daß diese Einheit des Erlebens, die „natürliche Ausgewogenheit“[1] der beiden Faktoren: des körperlichen Erlebens der Musik, das umso tiefer wird, je aufgeschlossener die Sinne für das Geschehen in der Musik sind und je geschickter der Körper ist, nur im frühen Kindesalter vorhanden ist.

„Deshalb sollte Rhythmische Erziehung hier einsetzen dürfen, um diese Einheit von ihrem Ursprung an zu befestigen und schließlich ins Bewußtsein überzuleiten. Musikerziehung und Körpererziehung bedeuten im frühen Kindesalter dasselbe und dürfen nicht voneinander getrennt werden; Die Bildungsfähigkeit für musikalische wie körperliche Eindrücke ist hier außerordentlich groß, verlorene Jahre sind nicht nachzuholen“.[2]

O. und Ch. Blensdorf entwickeln für eine frühe musikalische Erziehung das ‘Rhythmische Spiel’, mit dem sie dem Gesamt kindlicher Ausdrucksbedürfnisse entsprechen wollen. Das Kind soll durch das ‘Rhythmische Spiel’ den Zusammen-hang von Bewegungsrhythmus mit dem gesprochenen Wort, Reim, Vers erfahren, die dem Kinderlied innewohnende Melodielinie, den rhythmischen Schwerpunkt, die Taktart entdecken, den dynamischen Verlauf, und darüber angeregt werden zum Finden einer eigenen Möglichkeit der Notation, zu eigenen Formen der Darstellung und zum Finden und Erfinden neuer Gestaltungen in Zusammenhang mit Liedformen, Märchen, Erzählungen, Wort und Klang, wie auch außermusikalischen Inhalten (Schwanken der Bäume; Wogen des Wassers; Wehen des Windes, u.a.).

H. Hetzer, die sich aus entwicklungspsychologischer Sicht mit Fragen des Kinderspiels und einer frühen Musikerziehung und Musikpflege auseinandergesetzt hat, schreibt dem ‘volkstümlichen Kinderspiel’, den überlieferten Kinderspielen mit Gesang, eine besondere Bedeutung zu. „Alles, was das Kind zu lernen hat, Bewegung, Sinnesschärfe, Beherrschung u.a., übt es in diesen volkstümlichen Kinderspielen, deren Wert nicht hoch genug eingeschätzt werden kann“.[3] Eine dominante Stellung kommt aus ihrer Sicht darin dem Singen des Kindes, dem Kindergesang zu. Eine Umfrage mit dem Ergebnis, daß vielfach von Kindern das Lied – bevorzugt das Spiellied (44%) und das volkstümliche Kinderlied (25%) – dem Märchen vorgezogen werden, konnte ihr diese Annahme bestätigen; daraus schließt sie:

„Die Einheit von Kunst und Leben, intellektfreier Bezug zum Kunstgut und anderes kann in einer auch für die anderen Kunstbereiche bedeutsamen Weise gerade hier erlebt werden; ein Ausfall dieses Erlebnisses hat bedenkliche Folgen für die Entwicklung der Gesamtpersönlichkeit und kann nirgends anders ersetzt werden“.[4]

---

1) 2) Feudel, E.: Rhythmisch-musikalische Erziehung, Wolfenbüttel 1956, S. 24

3) Hetzer, H.: Kind und Spiel. In: Die Quelle, 79. Jg., Wien 1929, S. 790

4) Hetzer, H.: Musik im Leben des Kindes. In: Die Singgemeinde, (8. Jg., Kassel 1932, H. 55; S. 135)

Diese Aussage mögen die beiden weiteren Aspekte der 'Lebensbezogenheit' und 'Gemeinschaftsbezogenheit' verdeutlichen, die H. Hetzer als bedeutsame Faktoren für die Stellung der Musik im Leben des Kindes herausstellt.
Mit *Lebensbezogenheit* meint sie den natürlichen Lebensbezug, das Verknüpftsein mit der Lebenswirklichkeit, welches im kindlichen Tun, begleitet mit Gesang, oftmals in Form eines Rezitatives, zum Ausdruck kommt. Das Kind singt Fragen, Antworten, Bitten, Wünsche und begleitet Bewegungsabläufe, unterhält sich singend mit der Mutter, den Spielkameraden, lernt den Zusammenhang des Liedes mit Festen, Feiern und Jahreszeiten kennen. *Gemeinschaftsbezogenheit* erhält für H. Hetzer in zweierlei Hinsicht Bedeutung: 1. Als Voraussetzung für den informellen Ablauf des Überlieferungsvorganges, bei dem vor allem von Kindern, aber auch von Erwachsenen, musikalisches Gut weitergegeben wird.
2. Für eine gewisse Sicherung des Kindes, daß es innerhalb des gemeinsamen Tuns musikalische Anregungen erhalten und zu musikalischer Betätigung angeregt wird. Ein Aspekt, der im besonderen für ein Kind bedeutsam ist, das aus eigenem Antrieb wenig Motivation zu musikalischer Aktivität erhält.

Auf diese Aspekte geht H. Pässler noch vertiefter ein, indem er auf das Gestalten der Feste des 'Lebenskreislaufes', der Feste im 'Jahreskreislauf' und das Gestalten von 'Zufallsfesten' hinweist: Erstes Erblühen der Frühlingsblumen; Garten- und Sommerfeste; Umzüge; Geburtstage; Schulfeste; Ostern; Weihnachten und die ganze bunte Fülle weiterer Festlichkeiten.

Diese stellen das Kind hinein in einen rhythmischen Wechsel von Arbeits- und Festzeiten, von Werk- und Feiertagen, machen ihm lebendige Tradition und Brauchtum erfahrbar, lassen es teilhaben an dem Erlebnis der Gemeinschaft, in der die Vorbereitungen aller Beteiligten hinführen zu einem Höhepunkt menschlichen Lebens mit einer Vielzahl von Eindrücken, „die Kraftquellen werden (können) und richtunggebend für die geistige Haltung eines Menschen".[1]

Doch bedarf es, um eine solche Rhythmisierung und Harmonisierung im Fest erlebbar zu machen, der Zeit und der Ruhe, der inneren Sammlung und der Muße. Feste dulden keine Hast, nicht äußerlichen Betrieb, nicht lautes Vergnügen. Darin kommt zum Ausdruck, was H. Jacoby mit „empfangs- und reagierbereitem Verhalten"[2] meint, mit einer nach innen gerichteten Aufmerksamkeit, empfangend, körperlich entspannt, als Voraussetzung für alle schöpferischen Prozesse.

„Empfangs-, kontakt- und reagierbereites Verhalten verlangt und bedeutet größere Stille, Gelassenheit und Selbständigkeit des Erfahrenden und des Sich-Äußernden. Es führt zur Selbständigkeit im Urteilen. Das bloße Sichverlassen auf erlernten Wissensstoff oder das Anknüpfen an von außen gegebene Vorschriften, Vorbilder, Anregungen oder Meinungen führen ebenso wie alles unnotwendige Machen zu beziehungsloser Routine".[3]

---

1) Carp, E.: Feste mit Kindern, Ravensburg 1929, S. 7

2) 3) Jacoby, H.: Jenseits von 'Begabt' und 'Unbegabt', a.a.O., S. 15

Als Voraussetzung zu dieser Einstellung des Verhaltens sieht H. Jacoby zunehmend mehr die Gewinnung einer bewußten Beziehung zum eigenen Körper als eine Notwendigkeit an, als dem Instrument, in dem sich alle Zustandsänderungen abspielen. Hier sollte „im Mittelpunkt aller pädagogischen Bemühungen das Sicherarbeiten einer wachen Beziehung zu den ordnenden und regenerierenden Prozessen des eigenen Körpers aufgrund bewußten Zustandsempfindens (stehen)“.[1]
Anregungen, Anstöße, auch Erfahrungen, die auf die enge Zusammenarbeit mit der Bewegungspädagogin *Elsa Gindler*, Berlin (1885-1961) zurückgehen, die mit ihrem Weg einer „körperlichen Umerziehung“[2] Einstellungsweisen zum eigenen Körper verändern und ein Fließen, ein Hindurchfließen biologisch-gesetzlicher Abläufe erleichtern und ermöglichen wollte.

Das heißt auch: Ein Zurückfinden zu dem rhythmischen Empfinden, von W. Graeser als das „tiefste Erleben“[3] bezeichnet, das zu den „Wurzeln des natürlichen Lebenskerns“[4] zurückführt. H. Döpp-Vorwald sieht es als das Prinzip der gymnastischen Erziehung an, „an der Verlebendigung und Kräftigung der im bewegten Leibe verkörperten Lebenskräfte aus den Gesetzmäßigkeiten des Körpers selbst, aus dem leibhaften Rhythmus“,[5] zu arbeiten.

Für die Vertreter der Rhythmisch-musikalischen Erziehung gibt es keine andere Möglichkeit den Fluß des Rhythmus zu erleben als durch den Körper. „Nur solange, als wir mit dem Körper verbunden sind, können Zeit und Rhythmus empfunden werden. Darum schon ist körperliche Erziehung ein Weg zur Musikalität“.[7]
Daraus wird die Forderung verständlich, daß am Beginn erster musikalischer Ausdrucksfähigkeiten ein Entwickeln eines rhythmischen Empfindens stehen muß; ein Entwickeln des in jedem Kinde ruhenden Gefühls für Ordnung, Gesetzmäßigkeit und Schönheit“.[7]

War damit der Rhythmisch-musikalischen Erziehung eine große Beachtung zuerkannt, so sollte diese zu einem als bedeutsam erachteten Teil der Gesamterziehung werden und im besonderen zu einem Basisbereich der Musikerziehung und Musikpflege, ein Aspekt, den die nachfolgenden Ansätze, Entwürfe und Konzeptionen für Kindergarten und Grundschule verdeutlichen und konkretisieren mögen.

---

[1] Jacoby, H., a.a.O., S. 19

[2] Wilhelm, R.: E. Gindler. Eine große Pädagogin besonderer Art. Sonderdruck der Zts. Heilkunde-Heilwege, 11. Jg., H. 5, 1961, o.S.

[3] [4] Graeser, W.: Körpersinn, München 1927, S. 97; 5. 136

[5] Döpp-Vorwald, H., a.a.O., S. 18

[6] Müller, E. J.: Die Notwendigkeit der Musik- und Rhythmuspflege. In: Kindergarten, 72. Jg., Leipzig 1931, S. 214

[7] Feudel, E.: Rhythmische Erziehung im ersten Grundschuljahr. In: Die Musikerziehung, 6. Jg., Nr. 3, Lahr (Baden) 1929, S. 71

2.5.2 Ansätze, Entwürfe, Konzeptionen für Kindergarten und Grundschule unter besonderer Berücksichtigung der Rhythmisch-musikalischen Erziehung

E. Jaques-Dalcroze formuliert in einem Aufsatz: „Die Schule, die Musik und die Freude“ (1915):

„Ich bin davon überzeugt, daß die Erziehung für und durch den Rhythmus den künstlerischen Sinn aller derer zu erschließen vermag, die sich ihr unterwerfen. Und deshalb will ich auch bis zuletzt dafür kämpfen, daß man sie an den Schulen einführe und daß man den Erziehern begreiflich mache, welche wichtige, ja entscheidende Rolle der Kunst bei der Erziehung des Volkes zufällt“.[1]

E. Feudel kommt, aufgrund ihrer vielseitigen pädagogischen Erfahrungen 1929 zu der Einsicht:

„Wir leben heute, wo immer höhere Anforderungen an die Vorbildung und Ausbildung der Lehrer gestellt werden, in der großen Gefahr, daß man uns bei der Überspitzung der Leistungen der Blick für das Schlichte, Erdnahe, Natürliche in der Pädagogik, den uns nur der Umgang mit Kindern lehren kann, verloren geht. Wir müssen uns aber bewußt sein, daß gerade die ersten Schuljahre von ungeheurer Bedeutung für die Charakterbildung des jungen, bildsamen Kindes sind. ... Für die musikalische Förderung ist die erste Schulzeit ebenfalls so wichtig, daß das Versäumte niemals nachzuholen ist. Erst aber wenn der Unterbau solide gegründet ist, kann das Gebäude der Musikerziehung Bestand haben!“[2]

Mögen diese beiden Aussagen noch einmal die Notwendigkeit und Dringlichkeit von einer Befreiung, Entfaltung und Entwicklung der kreativ-schöpferischen Kräfte im Menschen als Beitrag zu einer voll entfalteten Persönlichkeit zusammenfassen und die Hoffnung auf eine Realisierung in den ersten Lebensjahren und Schuljahren zum Ausdruck bringen. „Denn in welchem Gebiet auch immer – nur das Wissen ist wirkliches Wissen, und nur das Können ist wirkliches Können, in dem die lebendigen Kräfte im Menschen entbunden und frei gemacht werden, das der Mensch mit seinen Erlebenskräften aktiv durchdrungen und in sich aufgenommen hat“.[3]

Damit kommen den Institutionen Kindergarten und Grundschule, als der ‘ersten und zweiten Stufe des Schul- und Erziehungswesens’, eine entscheidende Position zu. Mit ihnen in Zusammenhang stehend, geben die ‘Richtlinien für die Musikpflege in den Seminaren und Lehrgängen zur Ausbildung von Kindergärtnerinnen und Hortnerinnen’ (1928), und die ‘Richtlinien für den Musikunterricht an Volksschulen in Preußen’ (1927) zum einen Anlaß zum Überprüfen der eigenen

[1] Jaques-Dalcroze, E.: Die Schule, die Musik und die Freude (1915). In: Rhythmus, Musik und Erziehung, Basel 1921, S. 117

[2] Feudel, E.: Rhythmische Erziehung im ersten Grundschuljahr. In: Die Musikerziehung, 6. Jg., Lahr (Baden) 1929, S. 77

[3] Döpp-Vorwald, H.: Erziehender Unterricht und menschliche Existenz, Weimar 1932, S. 14

musikpädagogischen Position. Zum anderen wurden sie zum Anstoß zu einer Entwicklung von didaktischen Materialien, verstanden als Hilfe und „Handhabe“[1] für die täglich auftauchenden Fragen im Erziehungsalltag.

Sammlungen von Kinderliedern; Singspielen; Kindertänzen; Anregungen zum Bau von elementaren Instrumenten; ganze Heftreihen wie ‘Singen und Springen in Kindergarten und Grundschule’ (hg. von O. Blensdorf); ‘Praktische Musik in Kindergarten und Hort’ (hg. von Th. Dispeker, im Auftrage des ‘Zentralinstitutes für Erziehung und Unterricht’ in Berlin), sollten den Erziehenden Anregung geben und Antwort auf musikpädagogische Fragen und ihnen Möglichkeiten zur Erweiterung eigener musikalischer Fähigkeiten aufzeigen. Die Reihe ‘Praktische Musik in Kindergarten und Hort’ umfaßte bereits im Jahre 1931 eine Folge von vierzehn Heften zu verschiedenen Themen der Musikerziehung, Musikpflege und der Rhythmisch-musikalischen Erziehung:

- Heft 1: F. Jöde: „Wir singen das Jahr an“;
- Heft 2: C. M. Geis: „Wie singe ich mit Kindern“;
- Heft 3: S. Trautwein: „Kunstformen der Kinder“. Zur Formenlehre des Primitiven; H. 1: Ein Spiel; Ein Abzählreim; H. 2: Zeichnung in Verbindung mit musikalischen Grundvorgängen;
- Heft 4: W. Gerwig: „Wie begleite ich Volks- und Kinderlieder auf der Laute?“. Ein Weg zur Improvisation eines Lautensatzes;
- Heft 5: F. Loebenstein: „Das Klavier im Spiel der Kleinsten“;
- Heft 6: H. Grüger: „Kindermusikinstrumente“. Mit einer Anleitung zum Instrumentalspiel im Kindergarten und Hort;
- Heft 7: Ch. Blensdorf: „Kinder machen Flöten und lernen horchen und musizieren“;
- Heft 8: E. Pitsch: „Alltagsweisen“. Text- und Melodie-Improvisation;
- Heft 9: G. Hahn: „Weihnachtslied und Krippenspiel in Kindergarten u. Hort“
- Heft 10: G. Hahn: „Musikalische Handwerkslehre bei den Kleinsten?“. Ein Wegweiser aus dem Lied- und Spielgut des Kindergartens in die ersten Anfänge der Musikerziehung;
- Heft 11: L. Kroll: „Musikalische Stegreifspiele, von Kindern selbst erdacht“;
- Heft 12: P. F. Scherber: „Gutes und schlechtes Kinderlied“;
- Heft 13 L. Gelber: „Freies Begleiten einfacher Kinder- und Volkslieder auf Klavier und Laute“;
- Heft 14: E. J. Müller: „Rhythmisch-musikalische Übungen im Kindergarten“.

Darüber hinaus sollte die Einrichtung von Fortbildungsveranstaltungen den bereits im Beruf stehenden Erziehenden über den Berufsalltag und das eigene Studium hinaus, Information, Orientierung, Anregung, Diskussion, Austausch von Erfahrungen und Ergänzung und Erweiterung eigener musikalischer Kenntnisse und Fähigkeiten ermöglichen. Sie wurden meist vom ‘Zentralinstitut für Erziehung und Unterricht’ in Berlin organisiert, in Zusammenarbeit mit Berufsorganisationen (z.B. der ‘Berufsorganisation für Kindergärtnerinnen, Hortnerinnen und Jugendlei-

---

[1]) Dispeker, Th.: Praktische Musik in Kindergarten und Hort, hg. im Auftrage des ‘Zentralinstitutes für Erziehung und Unterricht’ Berlin, Dresden 1931, Vorwort zu Heft 1

terinnen e.V.'); Verbänden (Bund entschiedener Schulreformer; Deutscher Rhythmikbund e.V.) und privaten Institutionen ('Blensdorf-Schule, Elberfeld, Jena, Bad Godesberg'; 'Schule Hellerau-Laxenburg Schloß Laxenburg bei Wien'; Bode-Schule Berlin u.a.).

Sie waren überwiegend als 'Arbeitswoche' geplant, oftmals ausdrücklich ausgeschrieben für Kindergärtnerinnen und Hortnerinnen, Schulpädagogen, Privatmusikerzieher und auch offen für alle Musikinteressierten, die sich mit Fragen aus Musikerziehung, Musikpflege und Rhythmisch-musikalischer Erziehung vertiefter auseinandersetzen wollten. Zu ihrer Gestaltung und Durchführung wurden, der Thematik entsprechend, namhafte Referenten der Zeit berufen, unter ihnen als Vertreter der Rhythmisch-musikalischen Erziehung: Ch. Blensdorf; A. Epping; E. Feudel; N. Gorter; K. Jacob; H. Tauscher. Beispielhaft soll hier die 'Kursplanung' der Osterfreizeit der 'Berufsorganisation der Kindergärtnerinnen, Hortnerinnen und Jugendleiterinnen e.V.', stehen mit zwei parallel verlaufenden Kursveranstaltungen (vom 11. April bis 20. April 1930 in Stadtroda):

Zeit	Freitag: 11. 4.	Sonnabend: 12. 4.	Sonntag: 13. 4.	Montag: 14. 4.	Dienstag: 15. 4.
8 Uhr:	Frühstück			Frühstück	
9–10½ "	Körperbildung			Körperbildung	
11–12 " nach Wunsch	Improvisation auf dem Klavier und Begleiten von Volksliedern		Gemeinsamer Ausflug mit Übungen im Freien	Improvisation auf dem Klavier und Begleiten von Volksliedern	
12½ "	Mittagessen			Mittagessen	
3–3½ "	Rhythmik mit Kindern			Rhythmik mit Kindern	
4–5½ "	Rhythmisch-musikalische Übungen			Rhythmisch-musikalische Übungen	
6½ "	Abendessen			Abendessen	
7½–9 "		Aussprache	Kammermusikabend		Aussprache

Zeit	Mittwoch: 16. 4.	Donnerstag: 17. 4.	Freitag: 18. 4.	Sonnabend: 19. 4.	Sonntag: 20. 4.
8 Uhr:	Frühstück				
9–10½ "	Körperbildung	Stimmbildung mit Aussprache	Körperbildung		
11–12 " nach Wunsch	Improvisation und Liedbegleitung		Improvisation und Liedbegleitung		Gemeinsamer Ausflug
12½ "	Mittagessen				
3–3½ "	Rhythmik mit Kindern		Rhythmik mit Kindern		
4–5½ "	Stimmbildung	Rhythmisch-musikalische Übungen			
6½ "	Abendessen				Abreise
7½–9 "	Einzelberatung durch Herrn Görlich	Aussprache		Aussprache	

Diese Veranstaltungen der Fort- und Weiterbildung fanden allgemein eine positive Resonanz. So ist in einem Resümee der 'Musikpädagogischen Arbeitswoche' in Dortmund (3. April bis 8. April 1933), veranstaltet vom 'Zentralinstitut für Erziehung und Unterricht' in Zusammenarbeit mit der 'Berufsorganisation der Kindergärtnerinnen, Hortnerinnen und Jugendleiterinnen e.V.' zu lesen:

„Die Musikpädagogische Arbeitswoche zeigt uns, daß die musikalische Erziehung des Kindes eine ernst zu nehmende Aufgabe ist. Die Vernachlässigung besonders im vorschulpflichtigen Alter ist nicht wieder einzuholen, da das Kind im Alter von zwei bis sechs Jahren für Musik am eindrucksfähigsten ist. Die musikalische Erziehung darf nicht isoliert dastehen.
Wir erleben in der Rhythmik die enge Verbundenheit von körperlicher und musikalischer Bewegung und wie kindliches Erleben und Beobachten musikalisch auszuwerten sind. Von der Musik wieder führen Wege zu den verschiedenen Lebensgebieten wie z.B. zum Zeichnen.

Wir erkannten, daß die rechte Musikpflege sich nicht auf das Singen beschränken darf, sondern das Kind in seiner Totalität erfassen muß".[1]

Rhythmisch-musikalische Erziehung wurde von einer großen Zahl von Erziehender überwiegend aus dem vorschulischen Bereich, als so wichtig erachtet, so daß während eines Rhythmiklehrganges der 'Blensdorf-Schule' (1926) eine Resolution entstand mit dem Wortlaut: „Wir schlagen vor, daß unsere Fachseminare Vertreterinnen entsenden, die sich in der Rhythmik dieser Schule mindestens ein Jahr ausbilden lassen, um die neuen Gedanken und Kenntnisse in die praktische Arbeit sowie in die Ausbildungsstätten für Kindergärtnerinnen, Hortnerinnen und Jugendleiterinnen zu tragen".[2]

Über die 'Richtlinien für den Musikunterricht an Volksschulen' (1927) ist zu lesen, daß sie „großen Widerhall in der interessierten Lehrerschaft gefunden (haben)".[3] Aus der Diskussion über den 'Sinn der Musik in der Volksschule' läßt sich als der wesentlichste Aspekt herausstellen, daß Musik verstanden werden soll als „der klingende und somit reinste Ausdruck eines Lebens selbst".[4] F. Jöde erkennt in der Musik einen der „wesentlichsten Träger"[5] der Umstellung im Raum der Volksschule von einem „gemütbildenden Unterrichtsfach zu einem wesentlichen Lebensfaktor der Schule selbst",[6] womit er zugleich als die Aufgabe der Musik formuliert, diese aus der Fächerisolation herauszuführen und sie im Gesamt des Schullebens zu verankern. Musik soll als fächerübergreifendes Prinzip Verwirklichung finden, auch bezeichnet als „Querverbindung",[7] als „horizontale Verklammerung",[8] und die Verbindungen zu dem Unterricht in der Muttersprache, den Fremdsprachen, im Schreiben, Zeichnen, Rechnen, der Geometrie, Religion, Kunstgeschichte, Turnen u.a. herstellen.

Musik soll hier die Stellung eines Kernfaches innerhalb des gesamten Schullebens erhalten mit einer größeren Beachtung der Rhythmisch-musikalischen Erziehung. O. Blensdorf, der sich intensiv mit der Frage der Stellung der Rhythmisch-musikalischen Erziehung in der Lehrerbildung auseinandergesetzt hat, hält es für wünschenswert, daß jeder Lehrende über elementare Erfahrungen in und mit rhythmischer Erziehung verfügen sollte; er kommt zu der Auffassung:

„Auf diese Art wäre es möglich, den 'Neuen Richtlinien' die echte Bedeutung zu geben und für den Musikunterricht die natürliche lebensnahe Grundlage im Schulbetrieb zu sichern, auch wenn vorläufig nichts gewonnen wäre, als daß, wie ich

---

1) Schlitner, H.: Bericht zur 'Musikpäd. Arbeitswoche' (1933) in Dortmund. In: Kindergarten, 74. Jg., Leipzig 1933, S. 155

2) Blensdorf, Ch.: Der Rhythmiklehrgang auf der Leuchtenburg. In: Kindergarten, 67. Jg., Leipzig 1926, S. 128

3) Haupt, F.: Gedanken über die neuen Richtlinien für den Musikunterricht an Volksschulen. In: Musikunterricht in der Volksschule, Lahr (Baden) 1928, S. 7,

4) 5) 6) Jöde, F.: Vom Sinn der Musik in der Volksschule. In:~Zts. für Schulmusik, 1. Jg., Wolfenbüttel/Berlin 1928, S. 50

7) 8) Trautwein, S.: Querverbindung. In: Zts. für Schulmusik, 1. Jg., Wolfenbüttel/Berlin 1928, S. 15

aus eigener Erfahrung bezeugen kann, durch die Art des Unterrichts in der rhythmischen Erziehung, abgesehen von den musikalischen Fortschritten, die Schüler auch im übrigen Unterricht – der übrigens von anderen Lehrkräften erteilt wurde – disziplinierter, aufnahmefähiger, selbständiger und produktiver werden sollten“.[1]

Daneben stehen kritische Positionen, die zur Vorsicht im Umgang mit dem Begriff ‘Rhythmische Erziehung’ mahnen. F. Jöde drückt diese in den Worten aus: „Aber ich weiß nicht, ob man nicht sehr vorsichtig mit dem Gebrauch dieses Wortes sein und es lieber nicht alle Tage auf den Straßen im Munde führen sollte“.[4]
R. Schäfke geht auf inhaltliche Aspekte ein und weist darauf hin, daß Rhythmisch-musikalische Erziehung, im Raum der Schule angewandt, sich eher verwirklichen läßt im Unterricht mit Mädchen als mit Jungen, da diese einen ausgeprägten Sinn für eine ästhetische Körperbewegung mitbringen. Das Taktschlagen mit seiner hohen Präzision und Genauigkeit in den Armgesten, das Einführen von komplizierten Taktarten (5-teilige; 7-teilige, 11-teilige Taktarten), und die sogenannten ‘Realisationen’ der Rhythmen durch die Füße erscheinen ihm – neben der Raumfrage – innerhalb der Schule als wenig geeignet. Doch ist es ihm wichtig zu erwähnen, daß unter den Gedanken der Schulmusikreform die rhythmische Erziehung eine bedeutende Stellung einnehmen sollte.

„Die Richtlinien aller Schulformen fordern die planmäßige Entwicklung des ‘Vermögens unmittelbarer Erfassung und Darstellung des Rhythmus’. Die methodische Anweisung in den Richtlinien lautet: Die rhythmische Erziehung ist im Anfang auf eigene körperliche Darstellung der rhythmischen Vorgänge durch die Schüler zu stützen; ihre Fortsetzung und Erweiterung über die Unterstufe hinaus, durch Verbindung mit dem Turnunterricht, ist, namentlich an den Schulen für die weibliche Jugend anzustreben“.[3]

Die wenigen auffindbaren Musiklehrpläne mit Stoffverteilungsplan für die Grundschule, bzw. die achtklassige Volksschule (erinnert sei hier an: P. Boepple; O. Blensdorf; K. Keil), zeigen eine Aufnahme der Rhythmisch-musikalischen Erziehung mit differenzierten Inhalten für die jeweilige Jahrgangsklasse. Die Inhalte sind als Rahmen gegeben, um Offenheit zu gewähren und Spielraum zur eigenen Variierung, Ergänzung und Erweiterung aus der Sicht individueller Fähigkeiten, wie der je eigenen pädagogischen Situation. Auch, um der inhaltlichen und methodischen ‘Erwartung’ zu entsprechen, wie sie bei der Reichsschulkonferenz in den ‘Leitsätzen’ des Ausschusses *Eins* geäußert wurde, in ‘Freiheit nach neuen Wegen zu suchen’.
Daneben wurden mir Einzelbeiträge und Äußerungen zu didaktischen und methodischen Vorstellungen, Aufgaben und Zielformulierungen zu einer wichtigen Ergänzung und trugen zur Abrundung des Bildes eines je einzelnen ‘Lernfeldes’ bei.

---

1) Blensdorf, O.: Musikunterricht oder Rhythmisch-musikalische Erziehung?. In: Zts. für Schulmusik, 4. Jg., Berlin 1931, S. 88
2) Jöde, F.: Kind und Musik, Berlin 1930, S. 32
3) Schäfke, R.: Grundsätzliches und Methodisches zur Rhythmischen Erziehung. In: Zts. für Schulmusik, 1. Jg., Berlin 1928, S. 97

Aufgrund der Analyse der sehr verstreut liegenden Einzelaussagen, Meinungen, Forderungen in wenigen didaktischen Entwürfen und Konzeptionen, und den vereinzelten Lehr- und Stoffplänen wähle ich eine Darstellungsform mit einer Gliederung in fünf *Lernfelder* der Musik und stelle aufgrund der Einsicht, daß ein Entwickeln eines rhythmischen Empfindens am Beginn musikalischer Erfahrung stehen muß, die Rhythmisch-musikalische Erziehung an den Anfang. Ihr folgen als weitere Lernfelder: Hören/Gehörbildung; Singen/Stimmbildung; Umgang mit elementaren Instrumenten/Instrumentalpflege; Spiel und Tanz. Für die Darstellung der Inhalte wähle ich jeweils eine Untergliederung in: Grundgedanken; Ziele; Inhalte/Aufgaben und behalte diese für die beiden Bildungsbereiche Kindergarten und Grundschule bei. Für die einzelnen Lernfelder werden sich geringfügige Abweichungen vereinzelt dadurch ergeben, daß eine Konzeption wegweisend sein kann (z.B. G. Rolle: Didaktik und Methodik des Schulgesangunterrichts, München 1924), während sich überwiegend die Darstellung der Lernfelder der Musik aus einer großen Zahl von gesammelten Einzelbeiträgen ergab.

Nicht immer ist es möglich, Inhalte und Methoden, Aufgabenstellungen und Ziele exakt voneinander zu trennen. Auch lassen sich innerhalb der Zielformulierungen zwei Ebenen unterscheiden: Eine fachspezifische Ebene aus der Sicht musikalischer und rhythmischer Erziehung und eine allgemein pädagogische mit „nicht direkten Zielen“,[1] wie G. Rolle sie benennt.

Von Vertretern der Rhythmisch-musikalischen Erziehung werden diese allgemein pädagogischen Aspekte auch mit ‘Wirkungen’ bezeichnet, wobei Aufmerksamkeit, Konzentration, Spontaneität, Phantasie, Rücksichtnahme benannt werden. Sie werden verstanden als anzustrebende Ziele, auch aufgefaßt als sich ergebende Verhaltensweisen aus den schöpferischen Tätigkeiten.

Darüber hinaus läßt sich durch alle Lernfelder der Musik der Gedanke verfolgen, daß ein Entwickeln von rhythmischen Fähigkeiten am Anfang einer musikalischen Bildung stehen sollte, bevor eine weitere Differenzierung, z.B. von instrumentalen Fertigkeiten und Fähigkeiten erfolgen kann. Und weiterhin gilt es hinzuzufügen, daß die Darstellung der Lernfelder voneinander abgegrenzt erfolgt, und doch sind sie alle miteinander verknüpft und nicht absolut voneinander zu trennen. Dafür spricht auch die Erkenntnis von der Einheit und Ganzheit des Erlebens des Kindes. Dafür mag auch die Aussage O. Blensdorfs stehen, die er aus einer langjährigen pädagogischen Erfahrung mit dem Vorschul- und Grundschulkind zum Ausdruck bringt: „Das musikalische Interesse des Kindes äußert sich als: Freude am Hören der Musik, Freude an der Bewegung nach der Musik und Freude an der musikalischen Betätigung, sei es singend oder instrumental. Das wäre mit anderen Worten: Freude an der Form und Freude an der Formung bzw. am formenden Gestalten“.[2]

---

1) Rolle, G.: Didaktik und Methodik des Schulgesangunterrichts, München 1924, S. 18

2) Blensdorf, O., a.a.O., S. 86

Rhythmisch-Musikalische Erziehung

Grundgedanken:

- „Der Anfang jeder künstlerischen Erziehung (muß) die rhythmische Bildung sein".[1]
- Rhythmisches Empfinden wird von E. Feudel definiert als ein „Entwickeln des in jedem Kinde ruhenden Gefühls für Ordnung, Gesetzmäßigkeit und Schönheit".[2]
- Als ein 'Prinzip' der Rhythmisch-musikalischen Erziehung ist es anzusehen, das Kind „vom körperlichen Erleben zum geistigen Erkennen und umgekehrt vom geistigen Erkennen zum körperlichen Erleben (zu) führen, um es einer Einheit von Körper, Seele und Geist bewußt zu machen und zu erhalten".[3]
- Das Kindesalter mit seinen „natürlichen Anknüpfungspunkten"[4] (Bewegungsbedürfnis; Freude an rhythmischer Bewegung) ist als prädestiniert für eine planmäßige Erziehung und Ausbildung anzusehen.
- „Jede Tätigkeit des Kindes stellt Bewegungsaufgaben, jedes Lesestück, jedes Märchen schildert Bewegungsvorgänge, jedes natürliche Spiel des Kindes ist Ausdruck seiner Bewegungsfreude".[5]
- Während der ersten drei bis vier Schuljahre der Grundschulzeit sollte der Unterricht in Rhythmisch-musikalischer Erziehung die Stellung eines „Zentralunterrichts"[6] erhalten und mit all den Fächern in Beziehung stehen, die einen Sinn für Rhythmus zur Voraussetzung haben.
- Der Stoff des rhythmischen Unterrichts kann und darf nicht aus einem Repertoire festgelegter Übungen bestehen, er muß vielmehr die situativen Gegebenheiten wie die augenblicklichen Dispositionen der Kinder einbeziehen und soll te sich entsprechend in Arbeitsgebiete gliedern, die unter bestimmten Erziehungsgrundsätzen stehen wie:

  „- Erziehung zur Gemeinschaft;
  - Selbstbehauptung und bewußte Unterordnung in der Gemeinschaft;
  - Eindrucksfähigkeit und Ausdrucksfähigkeit;
  - Disziplinierung geistiger und körperlicher Fähigkeiten;
  - Geschmacksbildung durch künstlerische Formung;
  - Willensbildung und Nervenschulung".[7]

Ziele:

- „Liebe zur Musik und Freude am Musizieren will der rhythmische Unterricht im Schüler wecken, er will seine Sinne empfänglich machen, damit ihm – sei er ein Ausübender oder Genießender – die Musik die Quelle der edelsten Lebens freude werde".[8]

---

1) Wicke, R.: Musikalische Erziehung und Arbeitsschule, Leipzig 1912, S. 24

2) 5) Feudel, E.: Rhythmische Erziehung im ersten Grundschuljahr. In: Die Musikerziehung, 6. Jg., Nr. 3, Lahr (Baden) 1929, S. 71

3) Feudel, E.: Wesen und Ziel der rhythmischen Erziehung. In: Musik in Volk, Schule und Kirche, Leipzig 1927, S. 201

4) Koch, B.: Der Rhythmus, Langensalza 1922, S. 57

6) 7) Feudel, E.: Rhythmische Erziehung. In: Musik in der Volksschule, hg. von F. Jöde, Berlin 1928, S. 60

8) Feudel, E.: Die rhythmische Gymnastik in der Schule, Berlin 1925, S. 35;

- Wecken und Heranbilden eines rhythmischen Empfindens in allen Ausdrucksformen aufgrund körperlicher Erfahrung.
- Wecken einer Hörsensibilität, um mit Hilfe der Hörübungen Stimme und Ohr in Einklang zu bringen.
- Vertiefung der allgemeinen musikalischen Bildung durch rhythmische Übungen und Gehörübungen, als Erweiterung des erarbeiteten Liedstoffes.
- Ausbilden der Individualität und des Urteilsvermögens durch Übungen der Improvisation und der Analyse.
- „Die rhythmische Gymnastik hat als Ziel nicht nur die Entwicklung der musikalischen Fähigkeiten; sie bedeutet vielmehr eine durchgreifende Erziehung des ganzen Nerven- und Muskelsystems, eine gleichmäßige und gleichzeitige Schulung von Körper und Geist".[1]
- „Endziel der rhythmischen Erziehung: Steigerung der seelischen Kräfte und Entfaltung der künstlerischen Fähigkeiten".[2]

Inhalte:

Hier erhalten O. Blensdorf und E. Feudel mit einem didaktisch-methodischen Schwerpunkt und ihrer Mitarbeit in Lehrplankommissionen und -Ausschüssen eine besondere Bedeutung. Ihre Mitwirkung und Einflußnahme wird aus einigen Entwürfen deutlich; z.B. in einer '*Jahresplan-Skizze*' mit Märchen, Liedern, Spielen, Beschäftigungen für den Bereich des Kindergartens, entworfen von E. Rahner (München 1934), orientiert an dem Übungskindergarten des Freiburger Kindergärtnerinnen-Seminars, der folgender *Leitsatz* vorangestellt ist:

„Ein Plan läßt sich nur rechtfertigen, wenn er in engstem Anschluß an das Leben der Kinder gestaltet wird. In diesem Sinne aber ist er in irgendeiner Form notwendig, um einen Leerlauf des Lebens, einen Mangel an Erlebnismöglichkeiten und damit ein Brachliegen oder Verschütten der schöpferischen Kräfte in den Kindern zu verhindern".[3]

In dieser Jahresplan-Skizze, orientiert am Jahreslauf mit seinen Ereignissen und Festen, findet eine Fülle von Spielliedern und rhythmischen Spielen zuvor genannter Autoren Beachtung: E. Fromm; F. Jöde; E. Jaques-Dalcroze; O. Blensdorf, der eigens für die musikalische Praxis in Kindergarten und Grundschule mehrere Sammlungen mit rhythmischen Spielen herausgab: 'Singen und Springen in Kindergarten und Grundschule' (Bad Godesberg, o.J.):
H. 1: Tanzlieder und -spiele; H. 2: Das Kind selbst; H. 3: Pustelieder; Kinder-Spiel- und Tanzlieder (H. 1-7); 'Rhythmische Schattenspiele'; 'Rhythmische Spiele mit dem Ball' u.a.

Otto Blensdorf selbst gliedert seinen frühen Lehrplanentwurf: '*Erziehung zur Selbsttätigkeit im Gesangunterricht*' für Volks- und höhere Schulen nach den Grundsätzen Jaques-Dalcrozes (Elberfeld 1913) für die Klassen Ia bis VII in acht Aufgabenfelder:

1.Atemübung	5. Tonleiterübung
2.Betonungsübung	6. Metrische Übung
3.Hörübung	7. Der Notenplan
4.Taktierübung	8. Sprach- und Stimmbildungsübung

1) 2) Feudel, E.: Die rhythmische Gymnastik in der Schule, Berlin 1925 S. 6; S. 36

3) Rahner, E.: Die Pädagogik der Kindertagesstätte. In: Handbuch der Erziehungswissenschaften, Teil III, München 1934, S. 174

Mit diesem exakt ausgearbeiteten Plan und einer gerafften Zuordnung, die eine große Nähe zu E. Jaques-Dalcroze sichtbar macht, sieht O. Blensdorf die Forderung einer 'Erziehung zur Selbsttätigkeit' nun auch an den schulischen Gesangunterricht gestellt.
Er möchte mit diesem Lehrplan-Entwurf nicht eine komplexe Methode der 'Rhythmischen Gymnastik' aufstellen, sondern „einen Weg weisen, wie die Grundsätze der 'Methode Jaques-Dalcroze' in der Volksschule segensreich werden können. Diese sind: Regulierung der Bewegung: regelmäßige Betonung (Taktarten); längere und kürzere Dauer der Bewegung (Zeitwerte) und Bewegungsunterbrechung (Pausen). Die Hörübungen sollen Stimme und Ohr in Einklang bringen".[1]

O. Blensdorf verfolgt mit diesem Lehrplan-Entwurf die Intention, den zu der Zeit noch stark an der Lieddidaktik orientierten Gesangunterricht zu bereichern und zu erweitern. Insofern fügt er diesem hinzu – auch, um einer allzu voreiligen Kritik gegenüber den darin aufgestellten Forderungen vorzubeugen: „Allerdings bin ich der Ansicht, daß die Gesangstunde nicht dazu da ist, Liedertexte auswendig zu lernen. Indes, man versuche, nach meinem Plane zu arbeiten und man wird sehen, was man kann, mehr noch, was die Kinder alles können".[2]

In seiner später entwickelten, umfassenden Konzeption: '*Praxis der Rhythmik und Körpertechnik*': Teil 1: In Schule und Haus (1926); Teil II: Für Kindergarten und Grundschule (1923) nimmt O. Blensdorf einen Grundgedanken der Rhythmisch-musikalischen Erziehung, „die Einheit von Musik und Körperbewegung zu veranschaulichen"[3] zum Ausgangspunkt des methodischen Aufbaus.

Er sieht diesen Anspruch nur dann erfüllt, wenn ein Unterricht vom unmittelbaren Erleben des Kindes ausgeht, bzw. dieses zum Mittelpunkt unterrichtlichen Geschehens wird.

In diesem 'naiven' kindlichen Erlebnis, dem Lebensalltag oder der kindlichen Phantasie entnommen, das es vermag, dem Kind alle Elemente seines physischen und psychischen Daseins zu vermitteln, das immer dem metrischen Verstehen vorausgehen muß, erkennt O. Blensdorf eine Basis der gesamten Erziehung.

„In einer kleinen Handlung ist alles enthalten, was seine Sinne empfinden, Bewegung, Dynamik, Klang, Linie, Farbe und Inhalt. Ein Erlebnis ist somit ein Ausschnitt aus dem Gesamtleben des Kindes wie des Erwachsenen, und man kann von da aus die Fäden nach allen Richtungen seines physischen und psychischen Eigenlebens verfolgen".[4]

Daraus wird der Untertitel des Teiles 1: 'Kindliche Erzählungen zum handelnden Erleben' verständlich und verdeutlicht die Gliederung des Ansatzes:
I Im Hause: 1. Hausputz; 2. In der Küche; 3. Große Wäsche; 4. Unterm Dach;
II Rings ums Haus: 1. Auf dem Hof; 2. Der schöne Garten.

O. Blensdorf sieht jedes Erlebnis mit einer Körperbewegung verbunden; es macht ihm eine Verlaufsform von: Auftakt – Höhepunkt – rhythmischem Schwerpunkt – Ausklang sichtbar, die er mit einer rhythmischen Phrase vergleicht. Er möchte damit zum Ausdruck bringen, daß der rhythmische Schwerpunkt der körperlichen

---

[1] [2] Blensdorf, O.: Erziehung zur Selbsttätigkeit im Gesangunterricht für Volks- und höhere Schulen nach den Grundsätzen Jaques-Dalcrozes, Elberfeld 1913, S. 4; S. 195

[3] Blensdorf, O.: Die Methode der rhythmischen Gymnastik von Jaques-Dalcroze. In: Musik und Schule, Leipzig 1922, S. 56

[4] Blensdorf, O.: Körperrhythmus – Metrik – Angewandte Rhythmik. In: Musik in Volk, Schule und Kirche, Leipzig 1927, S. 212

Bewegung meist den stärker gefühlsbetonten Anteil enthält, der dazu Anlaß gibt, diesem als Polarität die Metrik als Grundlage der intellektuellen Erziehung gegenüberzustellen. Daraus leitet er als Charakteristikum des rhythmischen Erziehungsweges ab, das sich für ihn in zweifachem Sinne darstellt:

„Erstens vom gefühlsmäßigen durch die Phantasie unterstützten Erleben zum allgemeinen Körpergefühl, gewissermaßen der ‘sensitive’ Weg, und zweitens der auf Metrik begründete ‘intellektuelle’. Diese beiden Wege laufen nicht stets nebeneinander her, sondern berühren sich häufig und fördern dadurch gegenseitig die in ihnen begründeten Kräfte.
Auf diesem Wege würde durch Unterstreichen des Rhythmischen, Bewußtwerden des Metrischen unter steter Verbindung mit der Musik, die Erlebnisfähigkeit in jeder Weise gefördert und das Ziel der Erziehung, den Menschen nicht allein ‘erlebnisfähig’ zu machen, sondern ihn auch zu befähigen, durch eigenes Schaffen in anderen Erlebnisse zu erzeugen, erreicht“.[1]

Die Wechselwirkung von Musik und Körperbewegung wird für ihn sichtbar in der Gegenüberstellung von Handlung – Wort; Wort – Melodie; rhythmischem Schwerpunkt – Metrik. Daraus erst wird für ihn ein Ansprechen des Menschen in seiner Gesamtheit möglich. Dieser Gedanke führt ihn zu dem Schluß:

„Ich habe die Überzeugung, daß die körperliche Ausbildung mit der Musik und der allgemeinen Erziehung in engster Verbindung bleiben muß, damit die Körperbewegung, Metrik und angewandte Rhythmik stets eine psychologische Einheit bleiben und nicht neben dem Leben hergehen. Es ist dies Sache einer langjährigen Erziehung“.[2]

In der Unter- und Mittelstufe (bis zum vierzehnten Lebensjahr) seiner Konzeption sollen daher die Gebundenheit an Rhythmik, Phrasierung, Regeln und Gesetze der Melodie mit einer Beachtung des Spiels im Zentrum stehen, um eine Veranschaulichung der musikalischen Elemente zu geben, wie auch den Zusammenhang von Musik und Körper zu vermitteln und die Grundlagen für den musikalisch-körperlichen Ausdruck zu schaffen. In der Oberstufe (Jugendalter) soll sich die Gebundenheit an die musikalischen Elemente allmählich ablösen und parallel zu dem wachsenden musikalischen Verständnis zu freieren Ausdrucksformen überleiten.

An Inhalten für die *Unterstufe* benennt O. Blensdorf: Kinder- und Spiel-und Tanzlieder; Kindermusik; Illustrationen; Erzählungen.

Für die Mittelstufe: rhythmische Spiele mit und ohne Gesang.

Für die *Oberstufe* höhere Kunstformen und Übungen des musikalisch-plastischen Ausdrucks; choreographische Darstellung: von Liedern, chorischen Werken und Instrumentalwerken; szenische und dramatische Werke.

Mag der eingefügte Rahmenplan, zugleich Gliederung des Teiles II zu: ‘Praxis der Rhythmik und Körpertechnik’ (Elberfeld 1926) den methodischen Aufbau vom kindlichen Erleben zum Erwerb musikalischer Grundlagen: Bewegung, Rhythmus, Phrasierung, Klang, Melodie, Dynamik, Form, bis hin zum Erkennen und Zuordnen zu dem metrischen Element, noch einmal verdeutlichen und zusammenfassen.

---

[1] [2] Blensdorf, O.: Körperrhythmus – Metrik – Angewandte Rhythmik.a.a.O.: S. 213

Lehrgang.

A. Rhythmik.

I. Das Erlebnis an sich.

1. Veranlassung durch Erzählung.
2. Verstärkung des körperlichen Bewegungsablaufs.
   a) Akustisch:
      1. durch das Wort,
      2. durch Schlaginstrumente,
      3. durch dynamische Unterschiede,
      4. durch Zerlegen in Bewegungsmotive.

   b) Visuell:
      1. durch Führen und Folgen,
      2. durch Dirigieren.

II. Erleben des Rhythmus des Bewegungsvorganges.

Finden des rhythmischen Schwerpunktes
1. durch das Wort (Reime, Sätzchen),
2. durch Gesang (Hörübungen),
3. durch das Instrument,
4. durch Zeichnen der Bewegungslinie.

III. Erweiterung und Vertiefung des Erlebnisses.

A. Das Spiel mit der Form.
1. Durch räumliche Veränderung des Bewegungsvorganges.
   a) Erweiterung und Verkürzung (horizontal),
   b) durch dynamische Unterschiede (vertikal),
   c) durch Führen und Folgen.
2. Durch zeitliche Veränderung.
   a) durch Beschleunigung und Verlangsamung,
   b) durch Unterteilung eines Bewegungsmotivs.

B. Das Spiel mit dem Inhalt.
   a) Finden von Reimen zu den neuen Rhythmen,
   b) Finden neuer Melodien zu denselben.

IV. Anwendung.

a) im Spiel mit Gesang,
b) im Spiel ohne Gesang,
c) im Malen und Modellieren.

B. Metrik.

Erkennen und Einordnen der Bewegungsvorgänge.

Die Einführung in die Metrik soll bei den Größeren als gesonderter Unterricht nebenher gehen und zur verstandesmäßigen Erfassung und schriftlichen Darstellung der erlebten Rhythmen dienen. (Siehe „Praxis der Rhythmik" Bd. I.)

Elfriede Feudel-Thurau, die lange Jahre, auch während der Zeit der Leitung von Rhythmikseminaren, den Kontakt zum Umgang mit Grundschulkindern nicht abreißen ließ, entwirft bereits 1915 einen Lehrplan: '*Die rhythmische Gymnastik in der Schule*' (2. Aufl., Berlin 1925)). Sie legt diesem ein Gliederungsschema von Untersufe, Mittelstufe und Oberstufe zugrunde, stellt jeweils ein 'Lehrziel' voran und zeigt unter 'Grundriß der Übungen' Inhalte auf.

Unterstufe

Lehrziel: „Kenntnis der Notenwerte von der punktierten Halben bis zu Sechszehnteln, ihre körperliche Beherrschung. Realisation einer zweitaktigen Phrase oder eines einfachen, erlernten Liedes mit richtiger Betonung und Phrasierung; schriftliche Darstellung des Rhythmus. Unterscheiden von Ganz- und Halbtonstufen. Treffen von Tönen außerhalb des Stimmumfangs. Innerliches Singen. Auffinden der Tonika. Absingen einer einfachen bezifferten oder notierten Melodie in C mit richtiger Phrasierung und sinngemäßer Betonung. Improvisieren einfacher Melodien in C. Musikdiktat in C .„[1]

Grundriß: I Unbetontes Gehen; II Willens- oder Spontaneitätsübungen; III Betontes Gehen; IV Taktieren; V Schreiten in Zeitwerten (Realisieren); VI Pausen; VII Auftakt; VIII Phrasierung; IX Unabhängigkeitsübungen; X Atemübungen; XI Spiele (Spielformen, aus rhythmischen Aufgabenstellungen entwickelt; Volksmärchen, Spiellieder, Turnspiele als Anregung zu rhythmischen Spielen; rhythmische Märsche mit und ohne Gesang).

Mittelstufe

Lehrziel: „Körperliche Darstellung einer vier- bis achttaktigen Phrase mit genauer Wiedergabe ihres musikalischen Charakters. Beherrschung schwieriger Rhythmen: Synkopen; Kontrapunkt; zwei gegen drei; Zeit- und Raummessen. Vergleichendes Studium der Dur-Tonarten vom Ausgangston C' bis Cis und Ces. Singen der Tonleitern und von Bruchstücken derselben in verschiedenen Rhythmen. Absingen, Transponieren und Improvisieren von Melodien in allen Dur-Tonarten. Gefühlsmäßiges Singen der betreffenden Dur-Tonleitern, nachdem eine kurze Akkordfolge vorgespielt wurde. Modulationen hören, Tonarten bestimmen. Dirigieren aller erlernten Lieder und Melodien mit guter Betonung, Phrasierung und strengem Rhythmus".[2]

Grundriß: 1 Realisationsketten; II Raum- und Zeitmessen; III Doppelte Schnelligkeit; IV Synkopen; V Zwei gegen Drei; VI Unabhängigkeitsübungen; VII Kontrapunkt; VIII Pathetischer Akzent; IX Doppelthema; X Atmung; XI Spiel und Plastik (Tätigkeiten aus dem Lebensalltag im besonderen mit weit ausholenden Gesten wie Bogenschießen, Netz einholen, Tauziehen, Glockenläuten u.a. als Anregung zu rhythmischer Darstellung; Ballspiele nach verschiedenen Rhythmen; Tanzen von Volkstänzen; freie rhythmische Darstellung eines Liedes).

Oberstufe

Lehrziel: „Ausbildung des musikalischen Form- und Stilgefühls; körperlicher Ausdruck desselben. Studium des Rhythmus in Bewegung und Wort zu tieferem Verständnis für Plastik und Poesie. Homophonie und Polyphonie; Studium der Molltonarten von c bis cis und ces; Improvisieren in Moll; Transponieren; Modulationsregeln; Enharmonik; Chromatik; drei- und vierstimmiges Singen nach be-

---

[1][2] Feudel, E.: Die rhythmische Gymnastik in der Schule, Berlin 1925, S. 12; S. 22

zifferten Bässen und Kadenzen in Dur und Moll. Analyse von Gesang-und Instrumentalwerken; selbständiges Dirigieren größerer Chorwerke; Erkennen etwaiger Fehler in den einzelnen Stimmen".[1]

Grundriß: I Rhythmische Übungen; II Formenlehre; III Improvisation; IV Musikalische Erziehung im Hause (Studium des Instrumentes; Schulorchester; Hausmusik); V Endziel der rhythmischen Erziehung, das E. Feudel in den Worten zusammenfaßt:

„Das Ohr des Schülers ist gewöhnt, auf jede rhythmische und dynamische Schwankung der Musik und der Sprache zu horchen, jede Nuance der Betonung und Phrasierung in sich aufzunehmen. Sein Körper gehorcht mühelos all seinen Willensimpulsen. Seine musikalische Phantasie befähigt ihn zu selbständigem Schaffen mit dem erworbenen Material an Rhythmen und Tönen. Die so erlangte Empfänglichkeit und Bereitstellung aller Sinnesorgane und Nerven bildet die Grundlage für das Endziel der rhythmischen Erziehung: Steigerung der seelischen Kräfte und Entfaltung der künstlerischen Fähigkeiten".[2]

Ein weiterer '*Entwurf eines Musikplanes für die achtklassige Volksschule*' wurde unter Mitwirkung von Fritz Jöde und der Lehrplankommission der Schulmusikgruppe Berlin entworfen (Hg. E. Pfannenstiel, Berlin 1928) unter besonderer Berücksichtigung der Stellung von Musikerziehung und Musikpflege wie sie in den neuen 'Richtlinien für den Musikunterricht an Volksschulen' zum Ausdruck gebracht ist.
Der Stoffverteilungsplan „ist ein Vorschlag für den Aufbau und Durchbau der Arbeit. Er vermeidet es, Vorschriften zu geben, und verzichtet daher ebenso auf allzu weitgehende einzelne stoffliche Forderungen wie auf Verteilung des Stoffes auf einen kleineren Zeitabschnitt als ein Jahr".[3]

Dieser Lehrplan zeigt eine Gliederung in folgende Lernfelder der Musik:
Liedgut; Spiel und Tanz; Improvisation; Instrumentalpflege; Geschichten von der Musik; Gehörbildung; Rhythmik; Sprech- und Stimmbildung.

Die Inhalte für das Gebiet der 'Rhythmik' lauten für die einzelnen Jahrgangs stufen:

1. Schuljahr:

- Entwickeln von Bewegungsabläufen in Zusammenhang mit Singen und Spielen unter besonderer Berücksichtigung des rhythmischen Empfindens und der Ausdrucksmöglichkeiten des Kindes;
- Erfinden eigener Spielformen unter besonderer Berücksichtigung eines Auswertens rhythmischer Möglichkeiten;
- Erste rhythmische Erfahrungen durch Beachtung unterschiedlicher Tondauern und Tempi;
- Erste Erfahrungen mit den gebräuchlichsten Gangarten der Melodie: Schreiten Laufen; Hüpfen;
- Erste Erfahrungen mit dem Zweischlag der Kinderlieder (betonte und unbetonte Silben).

---

1) 2) Feudel, E., a.a.O., S. 33; S. 35/36

3) Pfannenstiel, E. (Hg.): Entwurf eines Musiklehrplans für die achtklassige Volksschule, Berlin 1928, S. 17

2. Schuljahr:

- Erweiterung der rhythmisch-musikalischen Erfahrungen in Zusammenhang mit Lied, Spiel, Tanz, Improvisation unter Berücksichtigung von Viertel- und Achtelnoten und ihren Pausen und einem Wechsel von 2/4- und 3/4-Takt; wie erste Dirigierübungen der Kinder;
- Erstes rhythmisches Diktat an der Wandtafel als Ergänzung.

3. Schuljahr:

- Einführung der halben, ganzen und punktierten Noten mit ihren Pausen in Zusammenhang mit Lied, Spiel, Tanz und Improvisation;
- Der Taktstrich; Notation des Zwei- und Dreischlages; erstes Aufzeichnen des punktierten Rhythmus (als visuelles Bild); ständiges Diktat; erstes Einbeziehen der Schrittweisen in die Niederschrift der Melodien;
- Ausgehend von der Sprache erstes Bewußtwerden des Auftaktes und Volltaktes in Rufen, Signalen u.a.,
- Erweiterte Dirigierübungen;

4. Schuljahr:

- Erweiterung der Erfahrungen mit metrischen Werten (punktierte Note; Viertel- Achtel- und Sechzehntel-Werte);
- Erweiterung der Erfahrungen mit Taktarten (Ergänzung durch alle noch fehlenden Taktarten).

Hören/Gehörbildung

Grundgedanken:

- Die Rhythmisch-musikalische Erziehung erkennt ihre zentrale Aufgabe in einer Sensibilisierung und Stabilisierung des rhythmischen Empfindens in einer Wechselbeziehung von Körper und Geist;
- Zu dieser körperlichen Darstellung der Rhythmen ist die „Mithilfe des Ohres“[1] unentbehrlich;

„Das Ohr soll die Rhythmen auffassen, ihre geistige Vorstellung vermitteln, es soll die gehörten Rhythmen durch Vergleich mit der vorhandenen Vorstellung beurteilen lernen und auf diesem Wege die Möglichkeit der Vervollkommnung herbeiführen“.[2]

- Das Ohr, von R. Wicke „als ein zu größter Feinheit entwickeltes Tastorgan“[3] bezeichnet, wird nach dem Spracherwerb in seiner Differenzierung des Aufnahmevermögens nur geringfügig weiterentwickelt, vor allem nicht zum bewußten Hören erzogen;
- Zeigen sich zwar in der musikalischen Erziehung viele Unterschiede der Neigungen und Begabungen, so bilden doch „das Hören und Auffassen, das Nachbilden und eigene Produzieren“[4] die Grundlagen zu einer musikalischen Entwicklung. „Dies aber sind und bleiben die Grundpfeiler jeder musikalischen Erziehung“.[5]

---

1) 2) Steger, J.: Das rhythmische Problem im Schulmusikunterricht und seine Lösung durch die rhythmische Gymnastik. In: Die Musikerziehung, 5. Jg., Lahr (Baden), 1928, S. 204

3) Wicke, R.: Musikalische Erziehung und Arbeitsschule, Leipzig 1912, S. 5

4) 5) Schünemann, G.: Singen und Sprechen in den ersten Lebensjahren. In: Musikpflege im Kindergarten, Leipzig 1929, S. 18

Ziele:

- Wecken einer Sensibilität für auditive Wahrnehmungen;
- Hören und Unterscheiden von Geräuschen, Signalen, Rufen, Klängen, Tönen;
- Hören, Erkennen, Reproduzieren von Höreindrücken (vokal, instrumental);
- Darstellen einfacher melodischer Abläufe mit den Handzeichen der Tonika-Do-Methode;
- Erste Anfänge der Notation in Linie, Farbe, Form, der Silbenschrift des Tonika-Do-Systems; der traditionellen Notenschrift; „Hören im weitesten Sinne, zum Aufnehmen und Verarbeiten äußerer Sinneseindrücke. Jedes Hören setzt eine gewisse äußere und innere Ruhe voraus und die Erziehung dazu ist gleichbedeutend mit Gesundung der Nerven und innerer Disziplin“.[1]

Methodischer Leitsatz:

„Auch Gehörbildung kann mit Kindern als musikalisches Spiel geübt werden“.[2]

Inhalte

Elementarstufe:

- Aufnehmen/Wahrnehmen von Geräuschen aus der Umwelt (innerhalb und außerhalb des Raumes; täglich zwei bis drei Minuten);
- Akustisches Ratespiel (Hören, Erkennen, Unterscheiden von klingenden Materialien, Instrumenten, Rufen, Motiven, Signalen, Raumrichtungen, u.a.);
- Hören und Unterscheiden nach Materialbeschaffenheit (Holzblocktrommel, Xylophon, Triangel, Stimmgabel, Gong, Flöte, u.a.);
- Hören und Erraten von unsichtbar gespielten Instrumenten;
- Hören und Unterscheiden von Geräuschen und Tönen durch Nachsingen des Gehörten;
- Verbindung von Gehöreindrücken und ersten Versuchen einer Notation in Linie, Farbe, Form (lange-kurze Tondauern; hoch-tief; aufwärts-abwärts; geführte Melodieverläufe; crescendo-decrescendo, u.a.);

1. Schuljahr:

- Erste Versuche der Improvisation – ausgehend von Motiven, Rufen, Signalen – mit Tönen des Dreiklangs;
- Erstes Erkennen verschiedener Tonhöhen (Grundton, Schwebelage der Motive und Melodien, die nicht auf dem Grundton enden, u.a.);
- Allererste Erfahrungen mit Zusammenklängen von zwei Tönen;
- Sinnvolle und kindgemäße Einführung dynamischer Möglichkeiten in Zusammenhang mit körperlicher Bewegungserfahrung, anhand von Gegensatzpaaren: fern - nah; leicht - schwer; tanzend - stampfend; träumend - polternd, u.a.

2. Schuljahr:

- Erstes bewußtes Erkennen tonaler Spannungen in Zusammenhang mit Liedern und Improvisationen: Grundton - Quinte; Grundton - Terz - Quinte u.a. in Verbindung mit verschiedenen DUR-Tonarten, rhythmischen Varianten, Tempi, dynamischen Möglichkeiten;
- Veranschaulichung der Tonhöhe durch vorläufige Notierung der Tonsilben bei gleichzeitiger Veranschaulichung der Tonhöhe;

---

1) Feudel, E.: Rhythmische Erziehung im ersten Grundschuljahr. In: Die Musikerziehung, 6. Jg., Lahr (Baden), 1929, S. 71

2) Grüger, H.: Wege zur Kindermusik. In: Die Musikpflege, 1. Jg., Leipzig 1930, S. 487

- Notenlegen und elementare Formen eines Tondiktates an der Wandtafel, als erste Versuche einer Notation;

3. Schuljahr:

- Erweiterung der Übungen im DUR-System durch Bekanntschaft mit allen Stufen der Leiter und Charakterisierung der Stufen, sowie einer Auswertung der vielfältigen Kräfte der Tonleiter in melodischer und harmonischer Hinsicht;
- Erweiterter Umgang mit dem Notenbild durch Notation aller Improvisationsversuche; Übungen im Absingen; erste Notenleseübungen und ständiges Notendiktat, noch stark orientiert an Kinderlied und Volkslied;
- Erste Versuche des Absingens von Liedern mit komplizierteren rhythmischen Motiven und melodischen Abläufen;

4. Schuljahr:

- Festigung im Umgang mit DUR-Tonleitern und ihrem melodischen Gehalt;
- Erweiterung der Treff- und Gehörübungen, auch schwierigster Art in Zusammenhang mit Intervallbezeichnungen innerhalb der DUR-Tonleiter und leiterfremden Tönen;
- Einführung in die Modulation anhand von Liedern;
- Festigung der Tonvorstellungen durch häufiges Tondiktat unter Einbeziehung schwieriger Rhythmen und melodischer Wendungen;
- Erste zweistimmige Gehörbildungsübungen; Einführung des Violinschlüssels und der üblichen Tonbezeichnungen nach Buchstaben;
- Entwickeln einer Fähigkeit zum melodischen Hören durch Anhören von Instrumentalmusik verschiedener Epochen;

Erweiterter Methodischer Leitsatz:

Neben differenzierten Kenntnissen von Inhalten einer umfassend verstandenen Musikerziehung: aus Rhythmisch-musikalischer Erziehung; Gehörbildung; Singen und Stimmbildung; u.a., sollte der Lehrende über gründliche Kenntnisse, ja Beherrschung einer Methode der Gehörbildung verfügen, eine Forderung, die E. Feudel auch an die Vertreter der Rhythmisch-musikalischen Erziehung stellt.

Stufe	Name	Körperliche Darstellung		Musikalische Deutung
VIII = I	Do'		Die geballte Faust	Durchbruch und Abschluß der nach oben drängenden Bewegung
VII	TI		Schräg aufwärts gerichteter Zeigefinger (zum *Do* weisend)	Zum oberen Grundton drängender Leitton
VI	LA		Schlaff herabhängende Hand	Ohne inneren Halt, an *So* anlehnend
V	SO		Senkrecht ausgestreckte Hand, Finger leicht gespreizt, Daumen oben	Starke fröhliche Spannung im Gegenspiel zu *Do*
IV	FA		Abwärts gerichteter Zeigefinger (zum *Mi* weisend)	Ohne Selbständigkeit, zum *Mi* drängend
III	MI		Flach ausgestreckte Hand, Handfläche nach unten	Funktion ähnlich wie *So*, aber als Schwebeton, in milderer Form
II	RE		Schräg aufwärts gerichtete Hand	Die Tonbewegung drängt nach oben zum *Mi* oder kehrt zur Ruhe in *Do* zurück, die Hand schließt sich wieder zum *Do*
I	DO		Die geballte Faust	Kraft und Ruhe. Die Melodie wächst aus dem festen Grundton u. kehrt aus ihm zur Ruhe zurück

Die von Tonika-Do verwendeten Handzeichen

Hier erhält innerhalb der Musikpraxis die Tonika-Do-Methode – eine relative Arbeitsweise zur Erfassung von Tonhöhen – eine besondere Bedeutung.

Eine Methode, die zunächst in England weite Verbreitung fand. Sie sollte es ermöglichen, den Anfangsunterricht durch Tonsilben zu erleichtern. Anknüpfend an die überlieferten Solmisationssilben, stellte Ann Glower das Tonnamensystem auf, das von J. Hullah 1841 eingeführt und von J. Curwen verbessert und von Agnes Hundoegger (1858-1927) weiterentwickelt wurde zur *Tonika-Do-Methode*, die in Deutschland eine weite Verbreitung fand.

Innerhalb dieser Methode ist die Tonhöhe zunächst bedeutungslos – *Do* ist relativ, kann auf jeder Stufe stehen – sie knüpft an das bei fast allen Menschen vorhandene Tonalitätsgefühl an. Sie verwendet Handzeichen, um die Klangvorstellungen zu unterstützen, die zugleich den Klangcharakter symbolisieren und als „Denkmittel“[1] verstanden werden wollen und als „Abbild der funktionellen Bedeutung des Tones in seiner Urbeziehung auf den Grundton“.[2]

Im Dienste des relativen Hörens steht zunächst auch die Silbenreihe, die Stufenbezeichnung gibt, nicht absolute Namen. Mit der Silbenschrift wird zugleich, als eine wichtige Teilvorstellung des Komplexes der Tonvorstellung, ein Empfinden für hohe und tiefe Töne, ein Gefühl für aufwärts und abwärts gerichtete Bewegung der musikalischen Linie geübt – also Raumvorstellung – so daß sie in Zusammenhang mit Tonhöhe und rhythmischer Bewegung als „Raum-schrift“[3] bezeichnet wird.

Übereinstimmend wird hier eine rhythmische Erziehung – ein körperliches Erfassen von rhythmischen Abläufen – als erste Stufe einer musikalischen Erziehung erkannt.

„Ein wirklich bewußtes Erfassen rhythmischer Vorgänge muß körperlich gespürt werden, darum müßte körperlich rhythmische Erziehung vielleicht am Anfang aller musikalischen Erziehung stehen. Der Schüler muß körperlich zum Ausdruck bringen, daß eine Melodie geht, läuft, hüpft oder ruht, daß sie im Tempo variiert, bald langsamer, bald schneller wird, daß Spannung und Entspannung einander folgen. Erst was das Kind körperlich erfaßt und dargestellt hat, vermag es sicher aufzuschreiben“.[4]

Singen/Stimmbildung

Grundgedanken:

- Singen wird als eine frühe Ausdrucksfähigkeit des Kindes erkannt. Insofern muß das Schaffen einer allgemeinen stufenmäßigen Grundlage am Beginn aller Singerziehung und Stimmbildung stehen;
- Singen sollte Erlebnisse und Ereignisse des Alltags, des Jahreskreises u.a. in den Mittelpunkt stellen und gemeinsam mit den Kindern aus der Situation ein Liedgut entwickeln;
- Singen/Gesangunterricht ist in einer unmittelbaren Verknüpfung mit Atem/Atemführung; Hören/Horchen; Lauschen, Lautbildung und Sprachunterricht und der Ausbildung eines rhythmischen Empfindens zu sehen;
- Auf allen Stufen sollten Inhalte aus diesen Teilgebieten erarbeitet werden;
- Aufmerksamkeit und Selbständigkeit sollten an die Stelle „gedankenlosen Nachahmens“[5] treten;
- „Aufmerksamkeit ist das A und O des Gesangunterrichtes, und da sie aus dem Willen hervorgeht, so ist der Gesangunterricht ein Mittel zur Willensbildung“.[6]

---

1) 2) 4) Pfeifer, E.: Tonika-Do. In: Musik in der Volksschule, hg. von Jöde, F., Berlin 1928, S. 47; S. 49

3) Stier, A.: Die Tonika-Do-Lehre, ein Weg zur Erfassung des Wesens der Musik als Bewegung. In: Musikpädagogische Gegenwartsfragen, Berlin/Leipzig 1928, S. 228

5) 6) Rolle, G.: Didaktik und Methodik des Schulgesangunterrichtes, München 1924, S. 19

Ziele:

- Erfahren und Entwickeln einer Freude an der Melodie und melodischen Abläufen;
- Entwickeln eines Gefühls für die melodische Linie und eines Tonalitätsgefühls;
- Entwickeln eines musikalischen Gedächtnisses und Auffassungsvermögens;
- Lernen, sich selbstverständlich und unbefangen, spontan musikalisch zu äußern;
- Lernen, sich in gebundener und freier Form Ereignisse des Alltags und des Jahreskreises singend zu improvisieren;
- Lernen, selbständig Melodien (einstimmig und mehrstimmig) zu entschlüsseln, vom Notenbild abzusingen;
- Lernen, eine komponierte musikalische Form zu erkennen und eigene musikalische Erfindungen in eine Form zu bringen;
- Lernen, rhythmische Motive, Abläufe und Strukturen zunehmend schneller zu erfassen und zu realisieren;
- Erstellen eines '*Bilderbuches*', in dem all die entstandenen Lieder und Spiele aus den vielfältigen Situationen des Alltags zu einer Sammlung zusammengefügt werden;

„In diesen 'Alltagsweisen' verbinden sich in besonderer Weise Kind und Musik zu einer absoluten Einheit – zu einem ungeteilten Ganzen".[1]

Inhalte:

Elementarstufe/Grundschulstufe

Während dieser ganzen Zeit sollte dem Lied eine hohe Bedeutung zukommen. Es sollte zum Teil im Mittelpunkt musikalischer Erziehung stehen oder aus ihm Aufgabenstellungen zu den Teilgebieten: Atem/Atemführung; Hören, Horchen, Lauschen, Lautbildung; Spracherziehung, und rhythmischem Empfinden abgeleitet werden. Aufgabenstellungen, die zu einer differenzierten Hörfähigkeit führen, sollten am Anfang stehen und zum Ziel haben, „daß jedes Lied, das gesungen wird und jedes Lied, das gehört wird, auch aufgeschrieben werden kann".[2]

Methodischer Aufbau des Liedgutes:

- Spiellied;
- Volkskinderlied;
- Volkslied und volkstümliches Lied;
- Berücksichtigung des frühen Liedgutes (auch in mehrstimmigen Sätzen: H. Isaac; H. Finck; L. Senfl u.a.);
- Kunstlied
- Klavierlied (Komponisten: W.A. Mozart; L. v. Beethoven; F. Schubert; R. Schumann; J. Brahms u.a.);

Methodische Wege

Hier werden Zeichnen und Malen als wertvolle methodische Hilfen angesehen, um die „Kraft der Phantasie"[3] anzuregen. In das Zeichnen der grafischen Linie einer Melodie sollte das traditionelle Fünf-Linien-System einfließen, ein Weg, der im besonderen den visuell begabten Kindern eine Hilfe bedeuten könnte.

---

1) Pitsch, E.: Alltagsweisen. Heft 8 der Reihe: Praktische Musik in Kindergarten und Hort, Dresden 1932, S. 28

2) 3) Geis, C.M.: Wie singe ich mit Kindern. Heft 2 der Reihe: Praktische Musik in Kindergarten und Hort, Dresden 1931, S. 20

Darüber hinaus bildet die von H. und J. *Grüger* geschaffene '*Bildernotenschrift*' einen mit großem Beifall aufgenommenen methodischen Weg zur Veranschaulichung der melodischen Bewegung. Wegweisend für ihre Konzeption der Liederfibel (Teil 1 1927; Teil II 1931) war der Grundgedanke:

„Das Kleinkind erlebt die Musik bildhaft, seinem Vorstellungsvermögen entsprechend als Handlung, weil es für das Absolute noch gar keine Aufnahmeorgane hat".[1]

H.und J. Grüger wählten für die Liederfibel eine Gegenüberstellung von Notenbild und Bildernotenschrift, und konnten so eine Verknüpfung von bildhaftem Melodieverlauf und traditioneller Notenschrift erreichen. Beispielhaft sei hier das Spiellied 'Hopp, hopp, hopp' eingefügt.

Mit diesem Zugang zur Musik konnten die Autoren das Kind mit einer Fülle von musikalischen Elementen vertraut machen: Melodieteilen, die sich wiederholen können; eine unterschiedliche Länge aufweisen; steigende und fallende, schreitende, springende Melodiekurven; Tonrepetitionen u.a., woraus auch die begeisterte Aufnahme der Liederfibel zu verstehen ist, rezensiert in den Worten:
„Die Veranschaulichung durch allerliebste Darstellungen lassen die melodische Bewegung dem Kinde deutlich werden und regen gleichzeitig an, mit ihm aufs lustigste über den gedanklichen Inhalt des Liedes zu fabulieren".[2]

Zusammenfassender Methodischer Aufbau:
- Entwickeln einer differenzierten Hörwahrnehmung/Gehörbildung, Musikdiktat;
- Kennenlernen eines Liedgutes vom Spiellied bis zum Kunstlied und Klavierlied;
- Erarbeiten einer guten und richtigen Stimm- und Tonbildung; Lautbildung; Atmung und Atemführung in Zusammenhang mit einer guten sprachlichen Artikulation;
- Einführung, Wiederholung, Zusammenfassung von Grundkenntnissen der elementaren Musiklehre (Halb- und Ganztonschritte, Intervalle, Aufbau einer Tonleiter u.a.);
- Auch hier sollte der Grundsatz Beachtung finden:

„Du sollst keinen Rhythmus singen lassen, den du nicht vorher hast körperlich darstellen lassen, den du nicht im Spiel hast erleben lassen, so daß er den Kindern zum Besitz geworden ist".[3]

---

1) Grüger, H.: Wege zur Kindermusik. In: Die Musikpflege, 1. Jg., Leipzig 1930, S. 487

2) Günther, S.: Rezension zur Liederfibel von H. und J. Grüger. In: Die Musikpflege, 2. Jg., Leipzig 1931, S. 325

3) Geis, C.M., a.a.O., S. 21

Hopp, hopp, hopp!

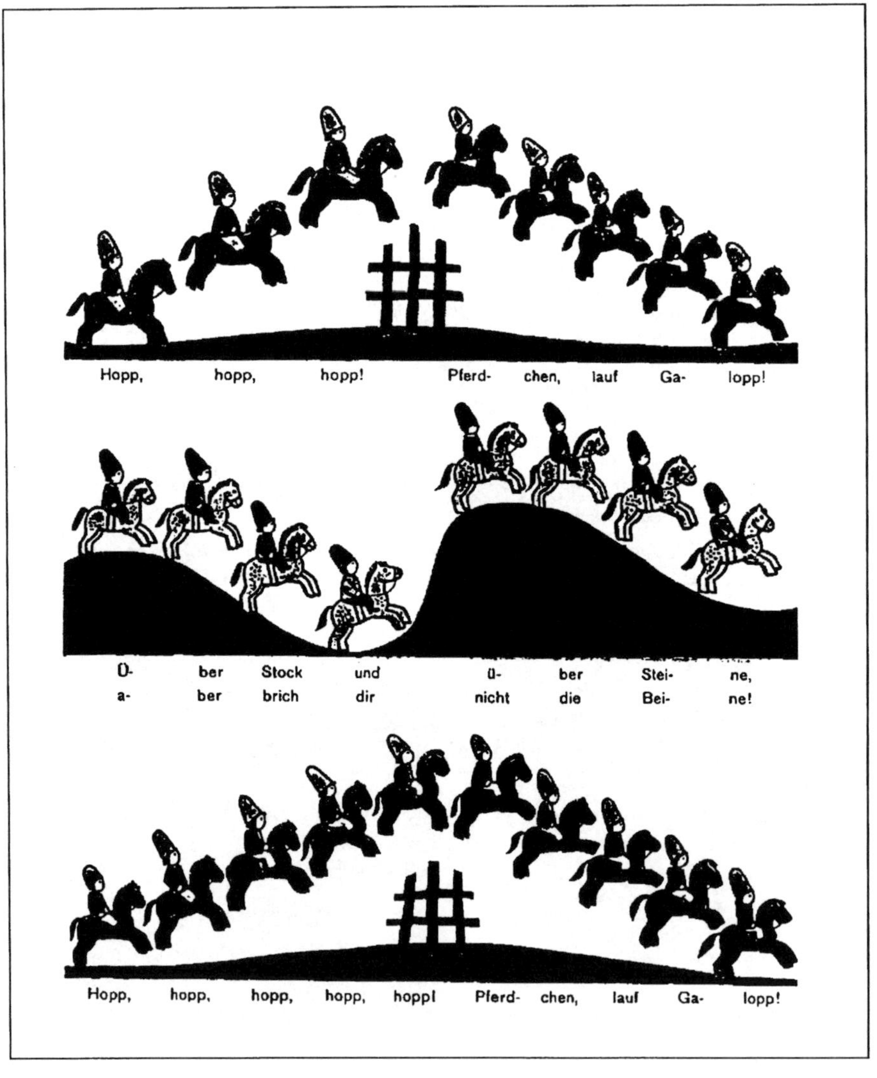
Hopp, hopp, hopp! Pferd- chen, lauf Ga- lopp!
Ü- ber Stock und ü- ber Stei- ne,
a- ber brich dir nicht die Bei- ne!
Hopp, hopp, hopp, hopp, hopp! Pferd- chen, lauf Ga- lopp!

Umgang mit Elementaren Instrumenten/Instrumentalpflege

Grundgedanken:

Hier sollen drei Kernaussagen aus musikpädagogischer und psychologischer Sicht die Intention und die veränderte Position im Umgang mit Instrumenten verdeutlichen.

E. Jaques-Dalcroze (1911/1912): E. Jaques-Dalcroze sieht das Studium eines Instrumentes als einen komplexen Lernvorgang an, bei dem ein Erarbeiten der Fingertechnik, der Analyse der Notenschrift wie ein Begreifen des musikalischen Zusammenhangs parallel verlaufen, so daß er mit allem Nachdruck davor warnt, mit dem Erlernen eines Instrumentes zu früh zu beginnen. Ja, er hält es für „wahrhaft widersinnig, ein Kind das Studium eines Instrumentes beginnen zu lassen, bevor es rhythmische Fähigkeiten und das Vermögen des Tonerkennens an den Tag gelegt hat".[1]

H. Jacoby (1922): „Vor allem muß mit dem Spielen eines Instrumentes naturgemäß so lange gewartet werden, bis der Tunumfang innerlich erlebter Musik die eigenen Ausdrucksmittel wie Singen, Pfeifen, Klatschen, zu überschreiten beginnt. Die Wiedergabe von Werken der Musikliteratur darf später – genau wie bei der selbsterfundenen Musik – auch nur nach vorausgegangener Klangvorstellung und nach der Klangerinnerung versucht werden. Nur bei Erhaltung dieses natürlichen Ablaufs bleibt das Instrument auch wirklich das, was es eigentlich sein soll: Werkzeug, Hilfsmittel für den musikalischen Ausdruck und wird nicht Tummelplatz für eifrige Notenleser und für mehr oder weniger geschickte Fingergymnastik".[2]

H. Hetzer/K.Ameln (1932/1933): „Es ist auch in der Praxis des Kindergesanges der Wunsch nach instrumentaler Betätigung beim Kinde lebendig, und er findet seine Befriedigung in dem Kinderinstrument, das, wie überhaupt die ersten Instrumentalversuche des Kindes, von der Pädagogik recht vernachlässigt wird. Wir glauben, daß es an der Zeit ist, die ersten Versuche des Kindes in dieser Richtung als das zu werten, was sie sind, nämlich als wichtige Vorübung für spätere Betätigungen, und verweisen dabei auf die entsprechende Erscheinung beim Erlernen des Sprechens und Zeichnens".[3]

(Eine Umfrage zur Verbreitung des Kinderinstrumentes der beiden Verfasser konnte ergeben: Nur 11 von 36 Befragten haben bis zu ihrem achten Lebensjahr keine Instrumente besessen; Als Nachteil der meisten Kinderinstrumente wird ihre geringe Haltbarkeit genannt; Als Vorteil, daß man Kinderinstrumente in jeder Situation und unbehindert von irgendwelchen Vorschriften nach eigenem Ermessen benutzen kann.)

Ziele:

- Kennenlernen von verschiedenen Instrumenten, ihrer Form, Materialbeschaffenheit, Klangeigenschaften, Bezeichnung;
- Kennenlernen von Umgangsformen mit den Instrumenten: Haltung des Instrumentes; Arten des Anschlages wie Zupfen, Schlagen, Streichen; Dosierung von

[1] Jaques-Dalcroze, E.: Die Musik und das Kind (1911/1912). In: Rhythmus, Musik und Erziehung, Basel 1921, 5. 65

[2] Jacoby, H.: Grundlagen einer schöpferischen Musikerziehung. In: Die Tat, 13. Jg., Jena 1922, S. 903

[3] Hetzer, H./Ameln, K.: Lied und Musik im Kinderleben. In: Die Singgemeinde, 9. Jg., Kassel 1932/1933, S. 49

Kraft, um dynamische Abstufungen ausdrücken zu können; u.a. Hören, Erkennen, Wiedererkennen von Instrumenten und ihren Klangcharakteristika; Klangdauern; Klanghöhen; Klangfärbungen; u.a.
- Wecken und Fördern der Phantasietätigkeit, z.B. durch die Auswahl von Instru menten bei der 'Verklanglichung eines Märchens', von Texten, Versen,Reimen, u.a.
- Fördern eines selbständigen Umgangs mit elementaren Instrumenten;
- Lernen, erworbene musikalische Grundkenntnisse auf traditionelle Instrumente (Blas-, Streich-, Zupf- und das Klavier) zu übertragen;
- Lernen, im Zusammenspiel mit anderen, musikalische Werke zu erarbeiten, musikalisch zu gestalten und vorzutragen;
- Lernen, eigene Klang- und Gestaltungsvorstellungen von einer Komposition zu entwickeln und diese auf einem Instrument zum Ausdruck zu bringen;

Inhalte:

H. Grüger, der nach neuen, dem Kinde adäquaten musikalischen Formen sucht, um sein bildhaftes Erleben, sein plastisches Vorstellungsvermögen zu berücksichtigen und um die Phantasie des Kindes auf den Sinn des instrumentalen Zusammenspiels zu lenken, in ihm ein Gefühl für die Zusammengehörigkeit von Rhythmen, Tönen und Melodien zu wecken, sieht dieses Ziel am ehesten und besten in Zusammenhang mit dem Erzählen eines Märchens – z.B. 'Das tapfere Schneiderlein' – oder einer selbsterfundenen Geschichte verwirklicht. Aus dem Verlauf eines derart verklanglichten Märchens können die musikalischen Elemente als spontane Improvisation erwachsen, kann dieses verdeutlichen, „wie die Musik aus dem Geiste eines Märchens heraus, als unmittelbare Erzählung dem Kinde zum Erlebnis werden kann“.[1]

Um eine derart komplexe Klangvorstellung zu realisieren, schafft H. Grüger ein Repertoire von elementaren Instrumenten, zu dem ihm die primitiven Anfänge bei den Naturvölkern und die Instrumente der einfachsten Volksmusik als Vorbilder dienten. Darüber kommt er zu einer ganz eigenständigen

Einteilung der Instrumente:

1. Melodieinstrumente:

- Singerohr	(einfaches Holz- oder Papprohr, in das hineingesungen wird)
- Mirliton	(ein mit schwingenden Membranen versehenes Papprohr, in das hinein-gesungen wird; durch die Membranen wird die Singstimme beeinflußt; sie klingt näselnd)

2. Motivinstrumente:

- Motivische Panflöte	(Eintonflöte zu Motiven zusammengebunden, die Sprünge oder Ausschnitte aus der pentatonischen Reihe darstellen)
- Motivisches Holzschlagspiel	(Xylophon mit losen Hölzern, in derselben Weise wie die motivische Panflöte verwendet)

[1] Grüger, H., a.a.O., S. 489

3. Borduninstrumente:

- Eintonflöte — (der Bordunbegleitung dienend, wie die Ein tonpfeife des Dudelsackes)
- Eintonvioline — (mit nur einer Saite oder einer Doppelsaite bespannte Violine, wie das mittelalterliche Trumscheid, der Bordunbegleitung dienend)

4. Rhythmische Instrumente:

- Holztrommel
- Tamburin
- Becken
- Gong
- Triangel

5. Geräuschinstrumente:

- Waldteufel
- Schnarre

6. Tierstimmen:

- Wachtel
- Kuckuck
- Nachtigall

Darüber hinaus erwähnt R. Wicke elementare, sebstgebaute Instrumente wie den Bau einer Geige oder Zither aus einer Zigarrenkiste, mit Saiten aus Bindfäden bespannt.[1]

Das Bemühen Ch. Blensdorfs gilt, neben ihrem Hauptanliegen der Rhythmisch-musikalischen Erziehung, dem Bau von Bambusflöten.

Ihre kleine Schrift: „Kinder machen Bambusflöten und lernen horchen und musizieren“ (Bad Godesberg 1932), beinhaltet eine sehr sorgfältige Arbeitsanleitung zum Bau von Bambusflöten verschiedener Stimmungen, eine große Zahl von Ratschlägen für den Flötenbau in schwierigen Situationen und führt ein in elementare Musizierformen.
Ch. Blensdorf versteht ihren Ansatz als eine „Vereinigung von Handwerk und Musik“,[2] und will damit Pädagogen und Musizierfreudige in der schulischen, außerschulischen und häuslichen Musikpflege ansprechen, anregen und zum Bau eines Instrumentes ermutigen. Für das Kind sieht sie den Bau von Bambusflöten vom achten Lebensjahr an als möglich gegeben. Sie stellt ‘drei goldene Regeln’, zugleich Ziele voran:

„1. Das Instrument muß der Lust am Musizieren direkt antworten;
2. Die Instrumente sollen zu gemeinsamem Musizieren herausfordern;
3. Die angewandten Instrumente sollten so ineinandergreifen, daß das Kind von dem natürlichen Rhythmus seiner Bewegungen zum schönen und rechten musikalischen Klang geführt werde“.[3]

---

1) Wicke, R.: Musikalische Erziehung und Arbeitsschule, Leipzig 1912, S. 18

2) 3) Blensdorf, Ch., a.a.O., S. 30; S. 7

Instrumentalpflege:

Hier ist im besonderen an die schulische Situation gedacht und an eine Verknüpfung von Singen und Instrumentalspiel. Daraus ergibt sich, daß hier Melodieinstrumente wie Flöte, Blockflöte, Czakanflöte, Okarina, Laute, Violine, Bratsche, Cello bevorzugt in den Unterricht einbezogen werden.

Darüber hinaus sollte die Instrumentalpflege bis hin zur Bildung von Orchesterspielkreisen nach der je eigenen pädagogischen Situation erweitert und vertieft werden, wobei diese Initiative in die Freiheit des Lehrenden gestellt ist. Damit in Zusammenhang werden an besonderen Schwierigkeiten herausgestellt: der mangelnde Austausch zwischen Schul- und Privatmusikunterricht, die lange Phase des Einstimmens der Instrumente neben weiteren Vorbereitungen, die einen erheblichen Teil der Unterrichtszeit beanspruchen und die mangelnde künstlerisch wertvolle Literatur.

Neben den Blas- und Streichinstrumenten, die innerhalb der schulischen Situation den Vorrang erhalten sollten, wird das Klavier erwähnt, dem im Zusammenhang mit einem Hören, Erkennen und Schulen von Akkorden und Harmonien besondere Aufmerksamkeit zuerkannt wird.

Anna Epping stellt das Klavier in den Mittelpunkt einer musikalischen Bildung und erwähnt, daß dieses zu einem großen Erfahrungsfeld für das Kind werden kann. Ihr ist es wichtig darauf hinzuweisen, daß das Kind nicht eher an das Instrument herangeführt werden soll, „bis es mit den ihm ureigenen Mitteln, Körper und Stimme, seine musikalischen Empfindungen durch Bewegungen und Singen zum Ausdruck bringen kann“.[1]

An Vorteilen gegenüber anderen Instrumenten werden gesehen:

- Das Kind kann seine Klangvorstellungen unmittelbar verwirklichen;
- Bei der Erzeugung des Tones gibt es keine technischen Hemmungen;
- Mit der Suche nach der Wahl des richtigen Tones setzt lebendige Gehörbildung ein;
- Die Klaviertastatur regt die Phantasie des Kindes in starkem Maße an;
- Die Plastizität des Klaviertones entspricht dem Wesen des Kindes.[2]

F. Loebenstein stellt in ihrer kleinen Schrift: „Das Klavier im Spiel der Kleinsten“ (Dresden 1932) einen methodischen Leitgedanken voran:

„Es soll nun versucht werden, die Bewegungsvorgänge der Musik in kindlichen Spielen zu veranschaulichen. In unbewußtem Tun gelangen die Kinder an Wesen und Formwerdung der musikalischen Elemente und sie erfahren Musik in der gleichen Weise, in der sie auch sonst im Leben die Dinge und Geschehnisse der Umwelt aufnehmen“.[3]

Dementsprechend beginnt jedes Thema ihrer Konzeption mit einer Bewegungserfahrung, die von dort auf das Instrument übertragen wird, auch unter Einbeziehung von Schlaginstrumenten. Zunächst geht es ihr um ein Erfahren als Einzelkräfte, die später in Beziehung gesetzt werden und in ihrem Verwobensein kleine Formen entstehen lassen, die die „innere Nähe von Kind und Musik zwanglos erweisen“.[4]

---

1) Epping, A.: Mit Kindern am Klavier. In: Feudel, E. (Hg.): Rhythmik. Theorie und Praxis der körperlich-musikalischen Erziehung, München 1926, S. 79

2) 3) 4) Loebenstein, F.: Das Klavier im Spiel der Kleinsten, H. 5 der Reihe: Praktische Musik in Kindergarten und Hort, Dresden 1932, Vorwort; S. 5

Ihre Themen lauten: Spiel für: Hoch-Tief; schnell-langsam; laut-leise; Kurz-lang; Gangarten; Melodische Bewegung und Ruhepunkte; rhythmische Bewegungen; Transponieren; Zusammenklänge; Spiel mit Einzeltönen (Do, So, Mi, Fa u.a.). Erst wenn die Grundkenntnisse der Musik erworben sind, kann sich eine differenzierte Förderung in der Auseinandersetzung mit dem Instrument (Klavier) anschließen, wenn in dem Kind ein ernsthafter Wunsch entstehen konnte.

Damit sind Fertigkeiten und Fähigkeiten gemeint wie: Erlernen der Fingerhaltung; der Sitzhaltung; des guten Anschlags; Unabhängigkeit von rechter und linker Hand; Übertragen von Notenwerten, Taktarten, rhythmischen Motiven auf das Instrument zu gegebenen oder selbst gewählten Tönen; Erfinden kleiner Melodien; Spielen und Gestalten von leichteren und im Schwierigkeitsgrad ansteigenden Kompositionen u.a.

Immer aber sollte als Richtziel über jeglicher Auseinandersetzung mit einem Instrument stehen: „Die Musik, die das Kind auf den Instrumenten spielt, muß, wenn sie für das Kind einen Wert haben soll, ebenso echt und unmittelbar sein wie das gesungene Lied. Dazu aber muß eine Liebe zum Instrument im Kinde entzündet werden“.[1]

Spiel und Tanz

Als wegweisend für eine Erziehung zu Spiel und Tanz mag hier die Einsicht von W. Witzke stehen: „Des Kindes Lied ist mit irgendwelchem Tun und Treiben verbunden. Wort, Ton und Bewegung bilden deshalb beim Kinderlied, wie auch beim alten Tanzliede der Erwachsenen oder bei der kultischen Musik der Naturvölker eine untrennbare Einheit. Die Kinderlieder wollen also nicht nur gesungen, sondern auch gespielt, d.h. getan sein“.[2]

Auch G. Meyer stellt in ihrer frühen Sammlung: „Tanzspiele und Singetänze“ (Leipzig 1908), wie bereits im Titel verdeutlicht, das Lied in den Mittelpunkt der Tanzerziehung und äußert als eine Erfahrung aus dem Raum der Schule:

„Vor allem die Singetänze, die Volksliedertänze, eignen sich dazu, die Reigen zu ersetzen, denn durch sie werden Anmut und Grazie der Bewegung besonders entwickelt. Und sämtliche Spiele werden den Kindern bald so lieb, daß sie diese auch in den Pausen und außerhalb der Schule gern spielen, und dadurch wird manches weniger harmlose und weniger gesunde Spiel verdrängt“.[3]

Diese Aussagen machen deutlich, daß innerhalb dieses Lernfeldes der Musik das Lied einen Schwerpunkt erhalten soll. Auch Sammlungen mit überliefertem Kulturgut (z.B.: F.M. Böhme: Deutsches Kinderlied und Kinderspiel, Leipzig 1879); oder Sammlungen mit alten und neuen Bewegungsspielen, Liedern, Tänzen (z.B.: E. Fromm: Bewegungsspiel, Kinderlied und Kinderreim, Berlin 1919; G.Meyer: Tanzspiele und Singetänze, Leipzig 1908; A. Sievers/K. Wahlstedt: Singet und tanzet. Kindertänze für den Schulgebrauch, Leipzig/Berlin 1926; M. Tepp: Frühling und Sommer. Neue Volkstänze, Jena 1919), u.a. räumen dem Lied eine hervorragende Stellung ein.

Diese Tanzlieder sind meist einstimmig notiert oder mit Klaviersätzen versehen, die oftmals als ‘Improvisation’ verstanden werden wollen, bzw. als Anregung zu

---

1) Grüger, H., a.a.O., S. 489

2) Witzke, W.: Das Liedgut im Musikunterricht. In: Musik in der Volksschule, hg. von F. Jöde, Berlin 1928, S. 39

3) Meyer, G.: Tanzspiele und Singetänze, Leipzig 1908, S. 42

eigenen Versuchen. Darüber hinaus erhalten einzelne Sammlungen auch ausgewählte Klavierstücke von R. Schumann; F. Schubert u.a. und auch eigene Kompositionen des Herausgebers Bedeutung, die Anregungen zu Bewegungsvorstellungen und Bewegungsgestaltungen geben wollen. Vereinzelt sind den Bewegungsspielen und Singetänzen Bewegungsanweisungen und Tanzbeschreibungen hinzugefügt.

Grundgedanken:

- Das Lied mit seinen Formen des Spielliedes, Kinderreigenliedes, Volksliedes, steht im Zentrum einer Erziehung zu Spiel und Tanz;
  „Diese Lieder bilden den wertvollsten Tanzstoff unserer Schule, weil sie die Kinder zum freien Schaffen im Sinne der Arbeitsschule anregen“.[1]
- Das junge Kind sollte früh in überlieferte Spiel- und Tanzformen singend und spielend eingeführt werden;
- Im Raum der Schule sollte die alte Form des Schulliedes überwunden werden, und an seine Stelle sollten Tanzspiele und Singetänze treten;
- Besondere Pflege sollten Spiele und Tänze im Freien erhalten;
- Besondere Sorgfalt ist auf die Auswahl des Kulturgutes zu richten, ja, hier „erwächst die Pflicht, altes Kulturgut rein und gut zu erhalten“;[2]
- Neben einstimmig gesungenen Liedern sollten Tanzkanons, Chortänze und Aufzüge Anregungen zu Tanzgestaltungen geben;
- Besondere Beachtung sollte der Auswahl der Musik und der musikalischen Begleitung zukommen;

„Viel trägt gute Musik zur Veredelung des Tanzes bei. Gute Musik hilft, daß die Bewegungen ausdrucksvoller und abgerundeter werden“.[3]

Ziele:

- Das Kind soll in überliefertes Kulturgut eingeführt und neue Formen von Spiel und Tanz kennenlernen;
- Das Kind soll auf Gehörtes und Gesungenes spontan in der Bewegung reagieren lernen;
- Das Kind soll die dem Lied oder Instrumentalstück innewohnende Form erken nen lernen;
  Das Kind soll Vorstellungen zu einer Bewegungs- und Darstellungsform zu dem Tanzlied oder Instrumentalstück entwickeln lernen;
- Das Kind soll zunehmend zu größerer Selbständigkeit im Umgang mit Lied, Bewegung, Tanz geführt werden, singend, spielend, improvisierend, darstellend;

Inhalte:

Eine Erziehung zu Spiel und Tanz im Raum der Schule sollte anknüpfen an die dem Kinde bekannten Spiel- und Liedformen (Reigenlieder; Natur- und Tierlieder; Ballieder u.a.), diese pflegen, vertiefen und erweitern durch:

- vielfältige Spiel- und Bewegungsformen wie Schreiten, Klatschen, Hüpfen, Laufen; Nachahmen von Bewegungen aus der Umwelt des Kindes (Wiegen, Reiten, Bewegungen der Handwerker u.a.);
- Erfinden von Tanz- und Bewegungsformen wie Improvisationen und Darstellungsformen in Zusammenhang mit dem Lied;

---

[1] [2] [3] Sievers, A./Wahlstedt, K.: Singet und tanzet, Leipzig/Berlin 1926, S. 3; S. 4

- Erste Pflege des Volkstanzes;
- Erste Versuche einer Ausgestaltung von Liedern zu kleinen Singspielen mit szenischer Darstellung;
- Erfinden von Tänzen zu kleinen Instrumentalformen;
- Hineinstellen der gewonnenen Erfahrungen in den Zusammenhang von Fest und Feier;

'Spiel und Tanz' als ein Teilgebiet musikalischer Erziehung erhält innerhalb der Rhythmisch-musikalischen Erziehung in der Auffassung der einzelnen Vertreter und Vertreterinnen eine unterschiedliche Gewichtung. E. Feudel weist auf eine kritische Betrachtung und Auswahl des musikalischen und dichterischen Gutes hin und auf äußerste Sorgfalt im methodischen Umgang mit Spielliedern, Bewegungsspielen und Tänzen.

Sie sieht ein „Einüben von Spielliedern mit Bewegung" als einseitig an, „besonders wenn das musikalische und dichterische Gut nicht einwandfrei ist; leider gibt es auf diesem Gebiet wenig Wertvolles, aber zahlreiche geschmacklose unkindliche Sachen".[1]

Im Sinne einer 'Orientierungs- oder Leitlinie' für eine Auswahl von Liedgut, musikalischer Komposition und musikalischer Begleitung als Anregung zu Spiel, Tanz und Tanzgestaltung mag die Aussage von M. Tepp stehen:

„Der Tanz ist inneres Erleben, das zur rhythmischen Bewegung drängt. Aus diesem Wunsche heraus schuf der Mensch die Musik, die anfangs Tanzlied war. Die Musik, die man sich zu einem rhythmischen Erlebnis schuf, die zugleich mit dem rhythmischen Erleben wuchs, konnte den Menschen immer wieder zu jenem Erlebnis zurückführen, so daß er innerhalb des Erlebens wachsen konnte".[2]

Alle die hier dargestellten Vorstellungen, Forderungen und die beispielhaft eingefügten didaktisch-methodischen Grundgedanken, Ziele, Inhalte von Konzeptionen für Kindergarten und Schule machen das Bemühen um ein Differenzieren, Konkretisieren und Realisieren Kestenberg'scher Reformbestrebungen deutlich.
Sie alle streben, trotz unterschiedlicher Anlage und Konzipierung, ein erweitertes Musikverständnis an. Musikerziehung und Musikpflege sollen nicht überwiegend als gesangliche Ausbildung und Vermittlung von musikalischem Elementarwissen aufgefaßt werden, sondern Inhalte aus den Lernfeldern:
Rhythmisch-musikalische Erziehung; Hören/Gehörbildung; Umgang mit elementaren Instrumenten und Instrumentalpflege; Spiel und Tanz einbeziehen.
Auf der didaktisch-methodischen Ebene soll dem Wecken, Entwickeln und Erweitern schöpferischer Fähigkeiten und dem Ausdruckswillen und Gestaltaltungsbedürfnis des Kindes ein breiterer Raum gegeben werden, sollen Selbsttätigkeit und Selbständigkeit eine größere Beachtung finden. Aus den schöpferischen Tätigkeiten, getragen von der Freude im Umgang mit musikalischen Inhalten, der Liebe zur Musik, sollen Aufmerksamkeit und Konzentration erwachsen, sich Spontaneität, Phantasie und Rücksichtnahme als 'Wirkungen' einstellen und in den mitmenschlichen Umgangsformen sichtbar werden.

---

1) Feudel, E.: Rhythmische Erziehung im ersten Grundschuljahr, a.a.O. S. 73
2) Tepp, M.: Fidelumfei. Neue Volkstänze, Wolfenbüttel 1918, Vorwort

Innerhalb der musikerzieherischen Reformabsichten sollten Ziele wie: Wecken des Schöpferischen, des Selbsttätigen, Erziehung zum musikalischen Hören, ein systematisches Entwickeln einer allgemeinen Musikalität angestrebt und gefördert werden.

Als 'Motto' jedoch sollte über dem 'musikerzieherischen Reformwerk' L. Kestenbergs stehen: „Erziehung zur Menschlichkeit mit und durch Musik".[1]

E. Feudel kommt aus langjähriger Erfahrung in und mit Rhythmisch-musikalischer Erziehung zu der Einsicht: „Mir scheint das Beste, was die Rhythmik dem Schüler gibt, ist das Gefühl einer tiefen Verbundenheit mit allem Lebendigen und daraus entspringend ein Gefühl der Ehrfurcht vor allem, was in ihm ist und außer ihm ist. Ehrfurcht vor allem vor der Kunst als der tiefsten Äußerung menschlichen Lebens".[2]

2.6 Schlußwort

Stand am Ende des Teiles II die noch unbeantwortete Frage nach einer Bedeutung von Kunst und der ihr zugrundeliegenden rhythmischen Gesetzmäßigkeiten innerhalb eines sich neu entwickelnden und gestaltenden Kulturverständnisses, so zeichneten sich Ende der zwanziger/Anfang der dreißiger Jahre des zwanzigsten Jahrhunderts Bestrebungen ab, die den Aufbau einer 'künstlerischen Kultur', einer 'rhythmischen Kultur', einer 'lebendigen Musikkultur' entscheidend mitbestimmt und mitgestaltet haben.

Wurde dort in den von W. Dohrn formulierten Worten eine etwas düstere Stimmung deutlich, die die Unsicherheit am Ausgang des ersten Weltkrieges verdeutlichte, so war für den Menschen hier als dringende Zeitnotwendigkeit erkannt, „den Schutt einer zerbröckelnden Kultur von den Quellen des Schöpferischen wegzuräumen",[3] ihn zu einem „Wieder-Mensch-Werden"[4] zu befreien. War hier die lebensbedrohende Überbetonung des Rationalen, des Intellektuellen überdeutlich geworden, so konnte sich eine Wende nur auf der Basis (eines) wiedergefundenen lebendigen Körpergefühls",[5] und aus ihm resultierend eines neuen Lebensgefühls und einer neuen Lebenshaltung vollziehen.

Für W. Graeser verdichtet sich dieses Streben zu dem Erlebnisgebiet des Körpersinns, auch als 'Qualitätengebiet' des Körpersinns oder 'Körpersinnraum' bezeichnet. Dieser umfaßt: Tastempfindungen (z.B. der Haut, des Gesichtes, der Hände,

---

1) zit. nach Kraus, E.: Leo Kestenberg zum Gedächtnis. In: Musik im Unterricht, 53. Jg., H. 3, Mainz 1962, S. 66

2) Feudel, E.: Wesen und Ziel der rhythmischen Erziehung. In: Musik in Volk, Schule und Kirche, Leipzig 1927, S. 201

3) Gneist, W.: Über die Befreiung des Schöpferischen im Menschen. In: Die Singgemeinde, 8. Jg., Kassel 1931/1932, S. 77

4) Mohl, H.: Die pädagogische Bewegung in Deutschland und ihre Theorie, Frankfurt/M. 1957, S. 36

5) Hilker, F.: Die Kulturaufgabe der Gymnastik. In: Gymnastik, 1. Jg., Karlsruhe 1926, S. 74

Füße u.a.); Wärmeempfindungen (z.B. durch Sonnenbestrahlung); Muskelempfindungen (mit einer hohen Differenzierung der einzelnen Muskelinnervationen bis hin zu feinen dynamischen Abstufungen); Empfindungen der Schwerpunkte (damit ist ein spontanes Reagieren des Körpers gemeint, z.B. in eine schwingende Bewegung einzustimmen, wie sie besonders beim Tanz zu beobachten ist). Das rhythmische Empfinden – als Kern allen Lebens überhaupt – wird von W. Graeser als das „tiefste Erleben“[1] bezeichnet; er sieht es eng verknüpft mit Empfindungen des Atems. W. Graeser faßt zusammen:

„Der Körpersinn umfaßt nun gerade alle jene Sensationen, die mit dem Gebrauch der Glieder, Muskeln, Gelenke und Bänder, mit den Empfindungen der Haut, mit Bewegung und Arbeit des Körpers an sich zusammenhängen“.[2]

Durch das Erleben des Körpersinns kann eine psychische Umstellung erfolgen, und eine Gymnastik, deren zentrales Anliegen eine Wiedererweckung des Leiblich-Körperlichen zum Inhalt hat, lenkt, im Vergleich zu Formen und Methoden des Sports, das Bewußtsein nach innen.

F. Hilker, der in der gymnastischen Erziehung ein doppeltes Streben nach „Wiederaufdeckung der Natur und organischer Formung des körperlichen Menschen“[3] sieht, auch spricht er von einer Körperschulung die den Körper in seinen konstruktiven und vitalen Kräften bildet und entwickelt, und ihn so zum Träger nicht nur leiblicher, sondern auch seelischer und geistiger Werte macht,[4] formuliert als ihren Auftrag und Aufgabe:

„Es handelt sich in der Gymnastik um eine Hinwendung von außen nach innen, um eine Verfeinerung und Vertiefung der Körpererziehung auf Grund von Einsichten und Notwendigkeiten, die sich aus den physiologischen und psychologischen Tatbeständen und aus den besonderen kulturellen Verhältnissen unserer gegenwärtigen Zeit ergeben, um die Schaffung einer körperlichen Grundlage, auf der sich Leistungen jeder Art, seien sie körperübungsmäßiger, arbeitsmäßiger oder frei gestaltender Art, aufbauen können“.[5]

H. Jacoby fordert aus der Sicht einer schöpferischen Musikerziehung als Voraussetzung und Grundlage einer lebendigen Musikkultur ein Wiedererwecken einer Fähigkeit zur ‘musikalischen Sprechfähigkeit’, zur Improvisation, die er charakterisiert als „das spontane Selbsterfinden, das Aus-dem-eigenen-schöpfen, als zentrale(n) Ausgangspunkt“[6] Diese aber erfordert eine veränderte Haltung mit einer Abkehr der dem Menschen so selbstverständlich gewordenen „aktiven Haltung am falschen Platz, des Aufnehmen-Wollens und Begreifen-Wollens“;[7] sie erfordert eine nach innen gerichtete Aufmerksamkeit, empfangend, körperlich entspannt.

---

[1] [2] Graeser, W.: Körpersinn, München 1927, 5. 97; S. 134

[3] [4] [5] Hilker, F. : Reine Gymnastik, Berlin 1926, S. 26; S. 20; S. 19

[6] [7] Jacoby, H. : Voraussetzungen und Grundlagen einer lebendigen Musikkultur. Kongreß für Ästhetik und Kunstwissenschaft, Stuttgart 1925, S.293; S.327

F. Struwe spricht von einer 'neuen Synthese', um einem 'Erstarren' der ursprünglichen schöpferischen Kräfte im Menschen entgegenzuwirken, und sieht sie einzig zu verwirklichen in einer 'musikalisch-körperlichen Erziehung durch Rhythmus'. Als Aufgabe und Ziel einer Körpererziehung durch Rhythmus erkennt er, „die auseinanderklaffenden Bezirke im Menschen wieder zu verbinden, ihn zu einem einheitlichen und von lebendiger Rhythmik durchwalteten Wesen zu machen“,[1] wobei ihm das rhythmische Element, insbesondere der Musik, zu einem wichtigen 'Hilfsmittel' wird.

„Der Persönlichkeit soll hier (innerhalb der musikalisch-körperlichen Erziehung durch Rhythmus) Gelegenheit gegeben werden, sich aus sich selbst heraus zu äußern. Aber eine persönliche musikalische Sprache ist leichter zu entwickeln, wenn der Mensch auch in seinen übrigen Äußerungen die Möglichkeit zu ungehemmter persönlicher Aussprache hat. In der Regel sind die inneren und äußeren durch Umgang und Erziehung hervorgerufenen Hemmungen zu stark, als daß das Individuum von sich aus und ohne Hilfe zu eigener Gestaltung kommt. Zu den wichtigsten Hilfsmitteln auf unserem Gebiet gehört die Rhythmik. ...Auf dem Wege über eine eigene rhythmische Körpersprache kann der Mensch zu einer eigenen musikalischen Sprache gelangen, bzw. überhaupt erst dahin kommen, seine musikalischen Sprachwerkzeuge individuell zu gebrauchen“.[2]

Daraus läßt sich begreifen, daß H. Nohl die 'alte Kultur' als eine Kultur des bewußten Willens beschreibt, in der Zweck und Leistung dominierten und die Erziehung die Denk- und Willensfunktionen überbetonte. Als Folge der Überbetonung des Vorherrschens des geistigen Prinzips, der Kultur des ordnenden Willens, erkennt er tiefe Hemmungen auf allen Gebieten. Insofern mußte es zur Aufgabe der 'neuen ästhetischen Erziehung' werden, bei der Lösung dieser Hemmungen zu beginnen durch das Aufdecken des natürlichen Rhythmus. Doch muß die erweiterte Aufgabe darin bestehen, „diese innerste Polarität unseres Lebens, die in jedem Gebiet gilt, nach beiden Seiten hin zu erfüllen, so daß dem Leben sein Recht wird und auch der Geist ihm doch die Spannung und Dualität zuführt, ohne die es bloße Vegetation ist“.[3]

„In diesem Suchen nach der unbefangenen Lebensganzheit entdeckte man als das Formgeheimnis der Körperbewegung den lebendigen Rhythmus im Unterschiede vom Takt als der willkürlichen Ordnung der Bewegung. Die große Wirkung auf die gesamte künstlerische Erziehung, ja auf die gesamte Lebenshaltung, die von diesem neuen Einsatz ausging, ergab sich daraus, daß hier eine tiefste Quelle des menschlichen Ausdrucks aufgegraben wurde, und man hinter dem Willen und seiner Spannung eine vorgängige Schicht entdeckte, den dem Leben selbst gehörigen Rhythmus“.[4]

In dem Rhythmus, dem musikalischen Rhythmus, wie dem Körperrhythmus, von F. Struwe bezeichnet als 'besondere Manifestationen eines in der gesamten 'Erscheinungswelt erkennbaren Prinzips', sah man die jedem Individuum innewoh-

---

[1)2)] Struwe, F. : Erziehung durch Rhythmus in Musik und Leben, Kassel 1930, S.56; S. 40/41

[3)4)] Nohl, H., a.a.O., S. 36; S. 37

nenden polaren Kräfte wie Ordnung und Freiheit, Bindung und Lösung, Kraft und Widerstand, Spannung und Entspannung zu einer Einheit verbunden. Auf der Ebene der körperlichen Bewegung – „lebendige Bewegung ist Ausdruck räumlicher Gesetzmäßigkeiten“ [1] – werden Spannung und Entspannung in ihren Auswirkungen als Raumspannungen durch die verschiedenen Möglichkeiten des Zusammen- und Gegenwirkens von Gruppen und Individuen, und auch im Verhältnis des Individuums zum Raum sichtbar.

„Jede Bewegung verläuft in dreidimensionalem menschlichen Umraume und sie durchschwingt verschiedene Raumrichtungen. Räumlich gesehen ist jede Bewegung ein Akkord, eine Auslese aus der unendlichen Fülle möglicher Raumspannungen und Raumwege, und in jeder einzelnen finden ewige harmonische Raumgesetzlichkeiten eine einmalige und neue Verlebendigung“.[2]

Spannungs- und Entspannungserscheinungen lassen sich auch auf der Ebene des Musikalischen beschreiben. So spricht man von Melodiespannungen, verursacht durch Intervallsprünge, konsonante und dissonante Intervalle, von Gleichgewichtsspannungen harmonischer Natur im Verhältnis von Tonika zu Dominante und Subdominante. Darüber hinaus sind es Spannungen dynamischer Art, die sich in allen Möglichkeiten der Kontraste und Übergänge, des Forte und Piano, Crescendo und Decrescendo, der Akzente und Betonungen, Höhen und Tiefen, gleichermaßen in Melodie und Harmonie, Rhythmus und räumlicher Bewegung äußern können. Und weiterhin sollte „lebendige Rhythmik“ [3] wieder das gesamte Menschenleben ergreifen, zu einer Umstimmung und Umbesinnung in der gesamten Lebenshaltung und Lebensführung des Menschen führen.

„Vernünftige Körperbetätigung ohne den Rekordehrgeiz übersteigerter Leistungszahlen, Wechsel zwischen Spannung und Entspannung, zwischen geistgeleitetem Tätigsein und seelischem Aufnehmen, Teilhaftigwerden echter Bewegungserlebnisse, Durchführung schlichter und lebensnaher Ernährung ohne Fanatismus, das wären einige vorbereitende Schritte zu Umsinnungen und Umstimmungen, die die ganze Lebenshaltung des Menschen dem größeren Leben der Erde wieder verbinden könnten; Verlegung des Schwergewichts von der, wie Klages es ausdrückt gewollten Tat auf die Notwendigkeit des Werkes, vom Eigennutz zu lebendiger Gemeinschaft und Opfersinn, von der Ichbehauptung auf die Bejahung von Werden und Vergehen des Lebens, ließe den Menschen aufs Neue Wurzeln gewinnen in den Grundschichten echter Lebendigkeit“.[4]

Sah C. Haeberlin im besonderen in den Bemühungen der rhythmischen Gymnastik einen gangbaren Weg, um die Erkenntnis, „daß körperliche Lösung und rhythmische Körperbewegung zu seelischen Entspannungen und zur Erlangung neuer seelischer Rhythmen führen können“,[5] zu verwirklichen, so spricht K. Storck von der Sehnsucht des Menschen, die rhythmische Ordnung als solche wiederzugewinnen. Als Ausdruck dieses Sehnens sieht er die Neubelebungsversuche des Tanzes an, und die von E. Jaques-Dalcroze begründete und entwickelte Rhythmisch-

[1] [2] Döpp-Vorwald, H.: Lebendige Bewegung und Menschenbildung, Weimar 1929, S. 6

[3] [4] [5] Haeberlin, C.: Lebensrhythmus und menschliche Rhythmusstörungen, Berlin 1933, S. 16

musikalische Erziehung, der „wie kein zweiter die Bedeutung des Rhythmischen in der Musik als Pädagoge verkündete und in Leben umsetzte, also sowohl das rhythmische wie das melodische Element in gleichem Maße in sich trug.
... Seine Erfahrung hatte er seinerzeit Hunderten und Hunderten von Schülern zugängig gemacht und das alles beginnt jetzt die schönsten Erfolge zu zeitigen“.[1]
E. Ferand-Freund als Vertreter der 'Schule Hellerau-Laxenburg Schloß Laxenburg bei Wien' unterscheidet in Übereinstimmung mit anderen Körperbildnern der Zeit eine ästhetische und eine ethische Körperschulung. Bei der ästhetischen soll der Zu-Erziehende zur Kunst geführt werden; Kunst ist hier Zweck und Ziel. Es entwickeln sich je nach Art der Zu-Erziehenden Künstler oder Virtuosen. Bei der ethischen Körperschulung wird Kunst zum Mittel; durch Kunsterlebnis soll erzieherisch gewirkt werden, soll sich der harmonische Mensch gestalten.

Ging E. Jaques-Dalcroze von der Einstellung aus, daß der Sinn für musikalischen Rhythmus nur durch körperliche Übungen entwickelt werden können, so ist hier das musikalische Motiv sekundär geworden. Ziel der Arbeit ist es, den Lebensrhythmus im Körperlichen frei zu bilden, eine 'naturgemäße Manifestation' zu suchen, im Hinblick auf die Persönlichkeitsbildung. Als Wegbereiter dieses Entwicklungsganges sind die Reformpädagogische Bewegung, die Kunsterziehungsbewegung mit den drei Kunsterziehungstagen: 1901 in Dresden ('Bildende Kunst'); 1903 in Weimar ('Sprache und Dichtung') und 1905 in Hamburg ('Musik und Gymnastik') anzusehen und im besonderen die Jugendbewegung mit dem in ihr erwachten neuen Verhältnis zu Tanz und Rhythmus und noch tiefer zum Körper überhaupt. Entscheidend war hier, daß es um eine Wandlung im Lebensgefühl selber ging, um eine Stellung zur Leiblichkeit, „die im Körper nicht mehr nur das sklavische Instrument des Geistes (sah), sondern die Einheit beider (suchte) und aus dieser neuen Körperfreude zu der leibgeisthaften Bewegung (kam), die wir Tanz nennen und in der sich das Menschentum als Ganzes nach einer Seite hin vollendet“.[2]

Für die gymnastische Körpererziehung lassen sich im wesentlichen drei Anstöße aufzeigen, die die Entwicklung der gesamten Körpererziehung in Gang gebracht, zu immer erneuten Auseinandersetzungen und Klärungsversuchen geführt haben, für die die beiden großen Tagungen: 'Tagung für künstlerische Körperschulung' (1922 in Berlin) und die 'Tagung für Gymnastische Körperbildung' (1926 in Düsseldorf) ein beredtes Zeugnis ablegen.

Einen ersten Anstoß gab die gymnastische Körpererziehung der G. Stebbins und ihren namhaften Schülerinnen: B.M. Mensendieck, H. Kallmeyer, H. v. Rohden, L. Langgard, E. Gindler, G. v. Hollander, H. Hagemann, D. Menzler, D. Günther u.a. Sie sahen es als Ziel ihrer 'harmonischen Gymnastik' an, „eine völlige Durch-

---

1) Storck, K. : Rhythmus und musikalische Erziehung. In: Die Quelle, 80. Jg., Wien 1930, S. 874
2) Nohl, H., a.a.O., S. 36

bildung des ganzen Körpers des Menschen zu Gesundheit und Ausgeglichenheit, dem Gesetz der Rückwirkung auf Seele und Geist entsprechend",[1] zu erreichen.

Einen zweiten Anstoß erhielt die Körpererziehung vonseiten der Kunst um die Wende des ersten zum zweiten Jahrzehnts des zwanzigsten Jahrhunderts. Hier war es die Musik, die zu einem tragenden Element wurde und zu neuen Formen führte. Sie wurde E. Jaques-Dalcroze und R. Bode als den beiden Hauptvertretern, wenn auch in unterschiedlicher Gewichtung und Interpretation, zu einem wesentlichen Erziehungsmittel, aufgefaßt als ordnendes Element der Bewegung, als Unterstützung der Bewegungsaussage, zur Vertiefung des Erlebens, als Ausgleich zwischen Bewußtem und Unbewußtem.

Ein dritter Anstoß ist vonseiten des Tanzes nachweisbar. Hier kommt I. Duncan als der Pionierin am Anfang des zwanzigsten Jahrhunderts, auf der Suche nach neuen Formen und Gestaltungsmöglichkeiten des Tanzes, und ihrer Schwester E. Duncan, die 1904 in Berlin die erste 'Rhythmus-Schule' gründete, ein besonderes Verdienst zu.
Auch V. Kratina und R. Chladek als die beiden namhaftesten Vertreterinnen der 'Schule Hellerau-Laxenburg Schloß Laxenburg bei Wien' trugen zu einem neuen Verhältnis und Verständnis von Tanz bei, und als Schöpfer des Ausdruckstanzes ist der Choreograph und Tanzpädagoge R. von Laban zu nennen. Zu seinen großen Schülerinnen zählen M. Wigman und G. Palucca. Von ihm sagt H. Döpp-Vorwald:
„Aus dieser Arbeit an der Schaffung einer neuen künstlerischen Kultur und aus dem Instinkt für den innersten Punkt, wo diese Bemühungen einzusetzen haben: am Zentrum, am lebendig bewegten Menschen selbst, ist Labans Arbeit an der Verwirklichung gestaltender Gymnastik hervorgegangen".[2]
„Laban hat die Bewegung als Raumerscheinung auf ihre Urbedeutung zurückgeführt".[3] Sein besonderes Verdienst gilt der Entwicklung einer Tanzschrift zur Aufzeichnung von Tänzen, Balletten, komplexen Choreographien, die 'Kinetographie Laban', auch 'Labanotation' genannt und den von ihm geschaffenen Tanzdramen, Tanzkomödien, Balletten und Bewegungschöre, die im besonderen Bühnenkünstler in aller Welt aufhorchen ließen.

Aus diesen Anstößen und Ansätzen war bis zum Ende der zwanziger Jahre des zwanzigsten Jahrhunderts eine Vielzahl von Richtungen innerhalb der gymnastischen Körpererziehung entstanden, die erneut einer Klärung und Abgrenzung bedurften. Daraus ist der Ruf F. Hilkers im Jahre 1928 zu verstehen:
„Die weitere Aufgabe besteht darin, innerhalb der verantwortungsvollen gymnastischen Arbeit die Richtungen der allgemeinbildenden, künstlerischen (tänzerischen) und musikerzieherischen Tätigkeit zu unterscheiden, um für die Unterricht

1) Menzler, D.: Harmonische Gymnastik-System Stebbins-Kallmeyer. In: Sprechen Singen, Musik, hg. v. R. Wicke, Leipzig 1914, S. 104/105

2) 3) Döpp-Vorwald, H., a.a.O., S. 33; S. 34

Nehmenden oder Berufsausbildung Suchenden die drei ganz verschiedenen Menschentypen entsprechenden Arbeitswege der Gymnastik von vornherein zu trennen".[1]

In demselben Jahr hält die Zeitschrift 'Der Schacht' eine Umfrage zu dem Thema: „Die Bedeutung der rhythmischen Erziehung. Ein Urteil ihrer Führer", zu der sie die namhaftesten Vertreter der Zeit (E. Jaques-Dalcroze; O. Blensdorf; Ch. Baer-Frissell, E. Feudel; D. Jacobs) zu Beitrag und Stellungnahme gewinnen konnte. Darin stellt E. Jaques-Dalcroze als einen der wesentlichsten Aspekte Rhythmisch-musikalischer Erziehung, den der 'persönlichen Erfahrung' heraus, die, wie er in seinen frühen Schriften betont, aller Theorie vorangehen muß:

„Die Erfahrung darf nicht durch Worte ersetzt werden; sie resultiert aus der Einstudierung und mehrmaligen Wiederholung einer ganzen Reihe von recht einfachen psycho-physischen Handlungen, die jedoch die Mitwirkung sämtlicher treibenden Kräfte des menschlichen Körpers benötigen. Und sie bewirkt einen ständigen Austausch zwischen Eigenschaften, die in den entgegengesetzten Polen des Wesens, dem inneren Nervensystem und der im Gehirn lokalisierten Nervenkraft stecken. Durch sie wird das rhythmische Bewußtsein mit dem Dauerbewußtsein verbunden. Unsere persönlichen Rhythmen sind durch unsere gesamte Lebenstätigkeit bedingt. Unsere erbliche Veranlagung, die momentane soziale Lage, unsere Umgebung, die jeweilig herrschende geistige Mode, verursachen in uns Widerstände, die unsere Naturtriebe einigermaßen hemmen oder sogar lähmen. Ziel der Erziehung durch und für den Rhythmus ist deshalb, dem Kind das Wesen dieser Widerstände bewußt zu machen, und sie harmlos, ja sogar dienlich zu gestalten, damit endlich ein stabiles Gleichgewicht entstehe zwischen bejahenden und verneinenden Einflüssen, Aufschwung und Zügelung, Entwicklung und Reaktion. Dann wird die Bildung normaler Lebensströmung (innerhalb der der Rhythmus Ausgangs- und Endpunkt verbindet) erst möglich".[2]

Ch. Baer-Frissell ist es wichtig, auf die „Erweckung und Förderung der ursprünglichen Kräfte (der rhythmischen Kräfte) des Menschen"[3] hinzuweisen, auf eine Befreiung und Entwicklung der natürlichen Bewegungsfähigkeiten zu Gestaltungs- und Ausdruckskraft, mit einer Gleichberechtigung, einer „harmonischen Einheit"[4] von Musik, Sprache, Bewegung. Damit akzentuiert sie einen weiteren zentralen Aspekt der 'körperlich-musikalischen Erziehung', der von allen hier zu Worte kommenden Vertretern als Grundlage zu einer organischen Pädagogik"[5] und einer „allgemeinen Kunsterziehung"[6] angesehen wird.

D. Jacobs spricht von „glücklichem Doppelgriff"[7] und möchte damit hinweisen auf die polare Beziehung von Körper, als Urinstrument, als Kunstinstrument, als Werkzeug leiblicher und geistiger Bewegung, und Musik, als einer „Führerin der Kunst, die am fernsten von allem Materiellen und allem Gedanklichen ist, die sinnlichste und zugleich die stoffloseste aller Künste".[8]

---

[1] Hilker, F. : Gymnastische Aufgaben im Jahre 1928. In: Gymnastik, 3. Jg., Karlsruhe 1928, S. 1

[2] Umfrage der Zts. 'Der Schacht', 4. Jg., H. 21, 1928; Beitrag: E. Jaques-Dalcroze, S. 264/265

[3] [4] [5] [6] Umfrage 'Der Schacht'; Beitrag: Ch. Baer-Frissell, S. 266; S.267

[7] [8] Umfrage 'Der Schacht'; Beitrag: D. Jacobs, S. 268

E. Feudel kommt zu der bedeutungsvollen Einsicht: „Ist es nicht bezeichnend für das Ringen unserer Zeit um seelische Erneuerung, um Erlösung von Äußerlichkeit und Unrast, daß der Musik seit längerer Zeit endlich wieder ein größerer Platz in der Bildung der Jugend eingeräumt wird, daß die musikalische Erziehung unseres Volkes nicht mehr nur eine künstlerische, sondern auch eine kulturelle Frage geworden ist? ...In der Rhythmik finden wir denselben engen Zusammenhang von Musik, Gymnastik und Pädagogik, sie wird ein wichtiger Ausgangspunkt nicht nur einer Kunsterziehung, sondern allgemeiner Menschenbildung“.[1]

Doch ist die Möglichkeit der Sicherung und des Schutzes vor Mißbrauch eines methodischen Weges gering, warnt D. Jacobs. Zwar „(kann) Rhythmik ein Weg zur Lebenserneuerung und zur Kultur (sein), sie kann auch ein neuer Modefetzen der Zivilisation werden. Das hängt von uns ab“![2] Wegweisend für eine Beantwortung dieser offenen Frage muß die Stellung, Rolle und Funktion der Musik innerhalb der 'körperlich-musikalischen Erziehung durch Rhythmus' sein.

Die Musik, von der K. Storck sagt: „Wenn aber die Musik in so hohem Maße fähig ist, auf die Menschen veredelnd und bildend zu wirken, so ist es auch unsere Pflicht, alle Mittel aufzuwenden, unserem Volke die Musik zu erhalten, und wo sie nicht vorhanden ist, zu bringen“.[3]

F. Struwe bemerkt: „Musik kann dem Menschen neue Welten geben, neues Leben, seinem Wollen und Handeln die entscheidende Richtung. Musik kann den Menschen in seinem moralisch-ethischen Sein stärken, ihn aber auch schwächen und geradezu demoralisieren – man denke an jene Art von Musik, die zum Anreiz niederer Sinnlichkeit benutzt wird“.[4] Entscheidend ist die Wahl und Auswertung von Musik in den vielfältigen Situationen des Lebens, und im besonderen im Raum pädagogischer Entscheidungen.

Die Rhythmisch-musikalische Erziehung gründet sich auf die Musik. Doch geht es hier nicht in erster Linie um ein Betrachten und Erleben des musikalischen Kunstwerkes, sondern im Zentrum steht als Hauptanliegen, die der Musik innewohnenden Kräfte und Gesetze wie: Tempo, Metrum, Rhythmus, Dynamik, Klang Phrasierung, Form u.a. im Menschen lebendig werden zu lassen, indem sie die analogen körperlichen Bewegungsgesetze finden und erkennen läßt.

„Sie (die Musik), die körperloseste, abstrakteste aller Künste spricht doch zum Körper mit einer Deutlichkeit, die jedes Kind verstehen kann. Sie spricht aber gleichzeitig und ebenso stark zu Seele und Geist. In der Musik erlebt der Mensch sich selber und erkennt sich selber, er lernt das Spiel seiner Kräfte regeln und wird zum rhythmischen Menschen“.[5]

---

1) Umfrage 'Der Schacht'; Beitrag: E. Feudel, S. 267

2) Umfrage 'Der Schacht'; Beitrag: D. Jacobs, S. 268

3) Storck, K. : Musikalische Verarmung unseres Volkes. In: Die Quelle, 79. Jg. Wien 1929, S. 535

4) Struwe, F., a.a.O., S. 25

5) Feudel, E. : Wesen und Ziel der rhythmischen Erziehung. In: Musik in Volk, Schule und Kirche, Leipzig 1927, S. 202/203

Diese Aussage erläutert E. Feudel in einem Referat: 'Wesen und Ziel der rhythmischen Erziehung' (1926), aus dem sich gleichsam Basissätze herausheben lassen, die Rolle und Funktion der Musik im Zentrum rhythmischer Erziehung erklären:

„- Die Musik, die Takt und Rhythmus, Bindung und Freiheit vereinigt, hat auch die Macht, den Menschen zu lösen und zu verbinden.
- Die Musik, die eine soziale Kunst ist, lehrt den Menschen sozial denken und handeln. Rhythmus ist in allem, was lebt, und durch den musikalischen Rhythmus lernt der Mensch am leichtesten seinen Zusammenhang mit allem Leben zu begreifen.
- Die Musik, die ein Spiel von Kräften darstellt, die zum Ausgleich streben, hat auch die Macht, den Menschen ins Gleichgewicht zu bringen, mit sich selbst und mit seiner Umwelt.
- In der Musik lernt man auch die Einheit aller Künste erkennen, diese Einheit, die selbstverständlich vorhanden sein muß, da rhythmisches Empfinden die Grundlage jeder künstlerischen Betätigung bildet.
- In dem musikalischen Geschehen ist keine Unklarheit und Halbheit des Denkens und Kräftigung des Willens, je mehr er in sie eindringt und sich ihr nicht nur auf dem halben Wege nähert.
- Die Musik ist endlich die Sprache, in der sich die ganze Welt ausdrücken läßt und die Sprache, die jeder versteht, selbst das Kind; ja dem Kinde ist die Sprache der Musik oftmals verständlicher als die der Erwachsenen".[1]

F. Struwe, der 1930 eine Schrift verfaßt: „Erziehung durch Rhythmus in Musik und Leben", an E. Spranger anknüpfend, aus dem Ansatz der 'verstehenden Psychologie' geschrieben, kommt zu der Einsicht: „Wir können uns keine ernsthafte Musikerziehung ohne Beteiligung des Körpers denken und keine fruchtbare Körpererziehung ohne Musik".[2] Eine Einsicht, wie sie am Anfang des zwanzigsten Jahrhunderts im Zentrum der Arbeit von E. Jaques-Dalcroze stand, die sich hier, am Ende der zwanziger Jahre bestätigen konnte. Mit dieser Schrift wendet sich F. Struwe an Musiker, Tänzer, Bühnendarsteller, Erziehende und alle künstlerisch Schaffenden.

In der Theoriebildung einer 'musikalisch-körperlichen Erziehung durch Rhythmus' geht F. Struwe von einer Rhythmus-Definition aus: „Rhythmus ist die einer Bewegung innewohnende natürliche Ordnung, bzw. Gesetzmäßigkeit. Die Gesetzmäßigkeit besteht in einer gewissen Gliederung, die zwangsmäßig, aber natürlich aus der Bewegung herauswächst und sie für uns überschaubar macht".[3]

Als die beiden Ebenen der Manifestation des Rhythmus hebt F. Struwe die 'Musikalische Rhythmik' und die 'Körper-Rhythmik' heraus und untergliedert diese in je drei Unterebenen.

---

1) Feudel, E., a.a.O., S. 202-205

2) 3) Struwe, F., a.a.O., S. 29; S. 10

Musikalische Rhythmik:

- '*Körperlich-Sinnliche Rhythmik*': Damit sind musikalische Rhythmen gemeint, die eine unmittelbare Wirkung auf körperlich-motorische Bereiche des Menschen haben. „Sie fahren in die Knochen, in die Gliedmaßen, bewegen den Körper und regen zu unmittelbarer Bewegung im Raum an.[1]
- '*Seelisch-Sensible Rhythmik*': Diese meint musikalische Rhythmen, die den Menschen mehr im Empfindungsbereich ansprechen, im Gebiet der sensiblen Nerven, nicht mehr ausgesprochen körperlich-motorisch wirksam werden.
- '*Spirutuelle, Absolute Rhythmik*': F. Struwe erläutert: „Absolut, weil sie ein selbständiges, vom Körper losgelöstes und freies, eigenes Dasein zu führen scheint".[2]
  F. Struwe denkt hier an die Rhythmik reinster, absoluter Musik, etwa an eine Komposition wie 'Die Kunst der Fuge' von Joh. Seb. Bach.

Körper-Rhythmik:

- '*Körperlich Motorische Rhythmik*': Damit bezeichnet F. Struwe all die Bewegungen, wie sie natürlich aus dem ganzen Menschen herausquellen, ursprünglich aus dem Organismus heraus geregelt, ohne Hemmung, ohne Druck, rhythmisch, wie sie beim jungen Kind am reinsten zu beobachten sind.
- '*Künstlerische Rhythmik*': Sie ist im (musiklosen Tanz), bzw. in besonderen rhythmischen Bewegungen, z.B. in der rhythmischen Gymnastik anzutreffen. „Man könnte diese erweiterte künstlerische Rhythmik auch 'sensible Körperrhythmik' nennen".[3]
- '*Musikalische-Körperliche Rhythmik*': Hier denkt F. Struwe als letzte Erweiterung der natürlichen Bewegungsrhythmik, an den von der Musik geführten Tanz, bzw. an rhythmische Bewegungen nach Musik.
  „Hier ist die natürliche Körperrhythmik kombiniert mit der Rhythmik der Musik und zwar derart, daß sich die körperliche Bewegungsrhythmik der musikalischen unterordnet".[4]

F. Struwe erläutert: „Die musikalische Rhythmik (die Musik überhaupt) und die körperliche Rhythmik (der Körper) sind Pole, die sich gegenüberstehen, sozusagen wie zwei Welten. ...Am weitesten entfernt sind beide Pole etwa in spiritueller (unkörperlicher) Musik und in (unmusikalischer) ausgesprochener Körperrhythmik.
Dagegen bedeutet der vollkommene musikalische Tanz eine Vereinigung beider Pole, die Communion der spirituellen Welt der Musik mit der Elementar-Welt des Körpers, die Verbundenheit von Pneuma und Soma. In dieser Möglichkeit der Vereinigung beider Welten sind die Grundlagen gegeben für die erzieherische Auswertung des rhythmischen Elements".[5]

„Erziehung durch Rhythmus heißt: Durch Erleben rhythmischer Vorgänge die rhythmischen Anlagen (Organe), unser rhythmisches Vermögen zu üben und zu stärken derart, daß unsere gesamte Lebensführung von seiner ordnenden Kraft durchströmt werden kann".[6]

(Rhythmus kann nur erlebt werden, kann nur eindrucksmäßig, durch einen geistigen Akt – aufgrund unmittelbaren Erlebens – erfaßt werden; Rhythmus ist nicht meßbar und mechanisch exakt berechenbar.)

---

1) 2) 3) 4) 5) 6) Struwe, F., a.a.O., S. 15; S.16; S. 21; S. 22; S. 28; S. 30

Grundlage einer Erziehung durch Rhythmus in Leben und Kunst bildet ein Entwickeln und Ausbilden der „rhythmischen Organe“,[1] oder „rhythmischen Sinne“,[2] des Bewegungssinnes, des geometrischen oder Ordnungssinnes und des Formsinnes. Wenn F. Struwe hier auch von den „Urtrieben des menschlichen Wesens“[3] spricht oder von „Grundprinzipien des menschlichen Seins“,[4] so möchte er damit zugleich auf ihre Tiefe und das existentielle Verwurzeltsein im Menschen aufmerksam machen.

Der Bewegungssinn (‘Bewegungstrieb’): Dieser wird von F. Struwe verstanden als der „Wille zu rhythmischer Bewegung“.[5] Er meint damit die ursprünglichen Bewegungstendenzen des Körpers, „ein Sichhinausbegeben aus der Gleichgewichtslage und ein Wiedersuchen derselben“,[6] bezogen auf körperliche Bewegungen wie ebenso auf geistige Regungen. Und je mehr Möglichkeiten der Verlagerung des Schwerpunktes der Mensch entwickelt, sich erarbeitet, desto umfassender ist für ihn das Bewegungsleben.

„In dem Ausprobieren der Spannungen, in dem Erproben der Gleichgewichtskräfte liegt verborgen eine der tiefsten Lebensfreuden für den Menschen. Wir nennen diese ursprüngliche Bewegungsverlagerung, ohne in das Gebiet der anerkannten fünf Sinne zu greifen, Bewegungssinn“.[7]

Der *Geometrische* oder *Ordnungssinn* (‘Trieb zur Harmonie und Ordnung’):
F. Struwe erachtet es als möglich, diesen Sinn auch den „eigentlichen rhythmischen Trieb“[8] zu nennen. Dieser äußert sich in dem Hinstreben des Menschen nach einer Ordnung, die eine Überschaubarkeit erleichtert. Auch die Ordnung räumlicher Verhältnisse wird angestrebt durch ein Messen und Abschätzen von Länge und Breite, der Schwere oder Leichtigkeit der sich im Raum befindlichen oder bewegenden Körper wie ebenso ihre Beziehung zueinander und auch zum Raum. Übertragen in den Bereich der Musik ist dieses „Suchen des Schwerpunktes“[9] vergleichbar mit Konsonanz und Dissonanz.

„Wenn wir die Konsonanz als die Gleichgewichts- oder Ruhelage bezeichnen, so würde die Dissonanz ein Herausgehen aus der Gleichgewichtslage sein mit dem Bestreben, wieder in diese zurückzukommen. Eine höhere Geometrie scheint in dem Menschen obzuwalten und die Veranlassung zu sein zu Äußerungen räumlicher und zeitlicher Anordnung. Wir würden sie für unseren Zweck kennzeichnen als den geometrischen oder Ordnungssinn“.[10]

Der Formsinn (‘Trieb zum Gestalten und Formen’): F. Struwe beschreibt ihn mit den Worten: „Auch diesen Sinn verankern wir in dem sensuellen Leben des Menschen und bezeichnen ihn als den plastischen Sinn. Man könnte ihn auch den Gestaltungs- und Formsinn nennen. Er ist naturgegeben und ein Beleg für die Naturhaftigkeit der Rhythmik, in der sich Gestaltungs- und Formwille in ganz besonderer Weise offenbaren“.[11] F. Struwe erläutert: In diesen Grundtrieben des Bewegens, des Ordnens (Rhythmisierens und Plastizierens (Formens) ist das Wesen der

1) 2) 3) 4) 5) 6) 7) 8) 9) 10) 11) Struwe, F., a.a.O., S. 72; S. 61; S. 57; S. 58; S. 59

Rhythmik zu erkennen, sie sind zugleich Grundprinzipien des menschlichen Seins überhaupt und treten in allen Lebensäußerungen in Erscheinung. Sie sind im Alltagsleben oftmals eingekleidet und verhüllt, nicht voll ausgeprägt beobachtbar, treten jedoch in der Rhythmik unverhüllt auf und wirken sich in ihrer eigentlichen Art aus.

„So ist also die Rhythmik nicht ein speziales Gebiet der Erziehung durch Rhythmus, nicht eine Sonderangelegenheit abseits von den übrigen Erziehungsmitteln, sondern unmittelbar und zutiefst verknüpft mit dem gesamten Erziehungswesen. Die rhythmischen Sinne aber sind Voraussetzung für bestimmte Fähigkeiten des Menschen, die im Zusammenhang mit der rhythmischen Erziehung gestärkt oder überhaupt erst durch sie geweckt werden“.[1]

Diese Fähigkeiten lassen sich als Ergebnis der Auseinandersetzung mit den Urtrieben, kultiviert zu Bewegungssinn, Ordnungssinn und Formsinn, beschreiben als Körperbeherrschung, Raumbeherrschung und Eigenrhythmus; sie haben eine entscheidende Bedeutung für die gesamte Erziehung und sind als grundlegende Ergebnisse der rhythmischen Erziehung zu bezeichnen.

Körperbeherrschung: Darunter wird „die instinktive oder bewußte Beherrschung des eigenen Körpers im ganzen Umfang seiner äußeren Bewegungsmöglichkeiten“,[2] verstanden. Es ist möglich, zu ihr zu gelangen auf dem Wege geistiger und körperlicher Schulung. Als die geistige Voraussetzung der Körperbeherrschung wird ein „totales Körperbewußtsein“[3] angesehen, das dem unmittelbaren Erleben des eigenen, bewegten Körpers entstammt oder dem mittelbaren Erleben eines bewegten fremden Körpers. Körperbewußtsein kann auch als eine mehr naturhafte Fähigkeit, sozusagen als Organ des Körpers selbst, verstanden werden.

„Die in der Rhythmik erstrebte Fähigkeit der Körperbeherrschung kann besonders deshalb die Grundlage der gesamten Erziehung sein, weil sie Körper und Geistesschulung zugleich ist. Sie ist eine Konzentration geistiger Kräfte und körperlicher Fähigkeiten, sie ist Schulung zur Geistesgegenwart und zur Körpergegenwart. In ihr sind geistige und körperliche Fähigkeiten zu gemeinsamem Handeln verbunden“.[4]

Raumbeherrschung: Damit ist „die Fähigkeit der vollendeten Körperführung innerhalb des Raumes, die Fähigkeit der künstlerischen Gestaltung von Bewegungslinien und Figuren durch die verschiedenen Möglichkeiten der Körperschulung, Haltung, Verlagerung und Bewegung im Raum“[5] gemeint. Grundlegend ist hier das Raumbewußtsein, das von F. Struwe verstanden wird als „ein starkes inneres Verhältnis des Menschen zu dem Raum-Körper als Ganzem und zu seinen einzelnen Dimensionen (hoch-tief; links-rechts; vor-zurück)“.[6]

Im Raumbewußtsein wird der Sinn für die zahlenmäßigen und proportionalen Verhältnisse der sich in einem Raume befindlichen und bewegenden Körper sichtbar.

---

1) 2) 3) 4) 5) 6) Struwe, F., a.a.O., S. 61; S. 62; S. 64; S. 65

Dieser Sinn ist als Anlage wohl jedem Menschen mitgegeben – „als natürlicher Blick oder Gefühl für raumbildende Anordnung“[1] – bedarf aber des Anstoßes zur Entwicklung.

„Die Raumbeherrschung als ein Ergebnis der rhythmischen Erziehung ist zugleich eine Voraussetzung für alles Bewegungsleben, für alle Fixierungen, die wir im Raume vornehmen, für alle räumlichen Unterscheidungen und Zuordnungen, für alle Verhältnisse der Zahl und des Maßes, soweit sie räumliche Ausdehnung haben. Sie ist deshalb eine Grundlage für alle Fächer der Erziehung und des Lebens. Sie ist letzten Endes eine Sicherheit, die sich auf den ganzen Menschen überträgt und sich in seiner Gesamthaltung zu der Umgebungswelt auswirkt. Sie ist die geistig-körperliche Kraft, die dem Menschen bei allen Gelegenheiten die Orientierung und Stellungnahme erleichtert und mit deren Hilfe er sich überall zurechtfindet“.[2]

Eigenrhythmus: Darunter versteht F. Struwe die „Zusammenfassung aller Momente des individuellen Bewegungslebens zu einer charakteristischen Einheit. Diese Einheit, sozusagen das ‘Bewegungs-Ich’, läßt sich etwa vergleichen mit der Zusammenfassung der Merkmale des Individuums zu dem Ich, dessen Charakter sie mitbestimmt. Sie ergibt sich aus der Vielheit der einzelnen Bewegungsphasen und derjenigen körperlichen und seelischen Gegebenheiten, von denen diese abhängen“.[3]

So wie die Größe, Bau, Figur des Körpers, das rein äußerliche Maß der Bewegungsrhythmik mitbestimmen, nehmen Lebensbedingungen, erwachsen aus der Landschaft und dem Klima Einfluß auf die rhythmische Dynamik, geben das Seelenleben und die Geisteshaltung dem Eigenrhythmus bestimmende Züge. Hier sind z.B. die Gedankenwelt, Lebensform und Richtung des Menschen, seine Stellungnahme zu der eigenen Körper- und Triebwelt von großer Bedeutung. Darüber hinaus ist es möglich, daß die Entwicklung des Eigenrhythmus mitbestimmt wird durch äußere Einflüsse. Etwa durch starke Persönlichkeiten, die es durch die Kraft ihrer ausgeprägten Eigenrhythmik verhindern können, daß Menschen in ihrer Umgebung zu einem eigenen Rhythmus hinfinden – eine Erkenntnis, die für ein erzieherisches Verhältnis hohe Relevanz erhält.

Erkennen kann man den Eigenrhythmus des Menschen in allen Lebensäußerungen, sehr deutlich in der Art des Auftretens, in seinem Gang, seinen spezifisch eigenen Bewegungen in Größe und Form und zeitlichen Abläufen.

Methodisch sieht F. Struwe eine musikalisch-körperliche Erziehung durch Rhythmus in einem Vierschritt realisierbar:

„1. durch das Ausüben und Anhören (Erleben von Musik);
2. (in verstärktem Maße) durch körperlich-motorische ‘Musikübung’;
3. durch Sehen und Miterleben rhythmischer Bewegungen;
4. durch rhythmische Bewegungen ohne Musik“.[4]

---

[1][2][3][4] Struwe, F., a.a.O., S. 66; S. 67; S. 30

Musikalisch-körperliche Erziehung durch Rhythmus stellt sich für F. Struwe nicht als eine Spezialausbildung für rhythmisch Begabte dar, etwa mit dem Ziel einer künstlerischen Tätigkeit, auch nicht als eine spezielle Körperschulung oder Ausgleich gegen berufliche Tätigkeit, sondern bedeutet ihm eine „notwendige Arbeit am Aufbau des Menschen".[1] Aufgrund dieser Erkenntnis erhebt F. Struwe die Forderung, daß die Erziehung durch Rhythmus endlich als ein notwendiges Mittel der Menschen- und Volkserziehung"[2] erkannt werden muß, als Grundlage des Lebens, aller Erziehung, der Kunst, also jeglichen künstlerischen Schaffens und Gestaltens.

Kunst wird hier in Übereinstimmung mit anderen Vertretern der Zeit verstanden als die „Zusammenfassung der schöpferischen Kräfte der Persönlichkeit zu 'übergewöhnlicher Verstärkung des Ausdrucks'. Diese persönliche, individuelle Ausdrucks- und Gestaltungskraft tritt auf zweierlei Art in Erscheinung: im Nachschaffen fremder Kunstwerke und in eigener Produktion".[3] Insofern bedeutet F. Struwe eine musikalisch-körperliche Erziehung durch Rhythmus eine wertvolle Pflege der Grundkräfte des künstlerischen Schaffens: der 'schöpferischen Substanz', der 'beseelenden Ausdruckskräfte' und der 'gestaltenden Formkräfte'.

Schöpferische Substanz definiert als „jene unfaßbaren immateriellen Kräfte des Unbewußten, die an allem Entstehen und Hervorbringen wirkend beteiligt sind. Das sind all die chaotischen, ungeformten Kräfte des Lebens, die nach Dasein drängen, die nach beseeltem Ausdruck und bestimmter Form streben. Es sind die schöpferischen Urkräfte schlechthin".[4] Der Ausdruck ist das beseelende Element, die Seele allen künstlerischen Schaffens. „Der Ausdruck ist die eigentliche Dynamik, das Kräftespiel, das belebende Crescendo und Decrescendo des Kunstwerkes".[5] Die Formkraft ist mit der Ausdruckskraft eng verknüpft, sozusagen ein 'Grundnerv der Rhythmik': „Wo die Formkraft ursprünglich ist, ist sie in ihrer Wirksamkeit in hohem Maße dem Rhythmus wesensähnlich: sie ist gleich ihm inneres Gesetz und ihre Formen werden vorzüglich mit Hilfe der rhythmischen Organe erfaßt und begriffen".[6]

Doch entscheidend ist ein möglichst gleichwertiges Ansprechen aller schöpferischen Kräfte; eine gleichmäßige Pflege und ausgleichende Erziehung ohne Betonung oder Vernachlässigung einzelner Kräfte; ein Anstreben eines möglichst ausgewogenen Verhältnisses zwischen den polaren Kräften, den vitalen Kräften des Körpers und des Körperrhythmus und den spirituellen, den geistigen Kräften.

„Die Rhythmik erstrebt den Ausgleich beider Pole, erstrebt Einheit. Diese kann erreicht werden in seltenen Augenblicken intensiver rhythmischer Arbeit: dann berühren sich die Pole, dann fließen die gegensätzlichen Kräfte ineinander über, dann werden die Kräfte des Geistes neu belebt, durchblutet, regeneriert von den Kräften des Körpers und diese wieder werden von den Kräften des Geistes vere-

[1] [2] [3] [4] [5] [6] Struwe, F., a.a.O., ; S. 71; 5. 38; S. 78; S. 80;

delt, durchgeistigt, erlöst von der Schwere und Dumpfheit des Körperseins. Dann ist der Dualismus aufgehoben, dann sind alle Kraftquellen zu einem starken Kraftstrom vereinigt. In dieser vollkommenen Form der Rhythmik stellen sich dar lebendige ursprüngliche Schöpferkraft (Substanz und reiner kraftvoller Ausdruck in edler, schöner und großer Form".[1]

An anderer Stelle relativiert F. Struwe dieses Ideal-Ziel: „Wenn auch nur selten ein Mensch zur vollen Erkenntnis und bewußten Beherrschung seiner eigenen rhythmischen Gesetzmäßigkeiten gelangen wird, so ist das Streben danach schon von großem Wert. ...Es ist schon lohnend, das Gefühl dafür zu stärken, die Hemmungen in unserem rhythmischen System zu beseitigen. Dann werden wir erkennen, daß unsere eigene Rhythmik organisch verbunden ist mit natürlichen, überindividuellen Rhythmen, die allem Leben zugrundeliegen".[2]

Daraus erwächst als eine Verantwortlichkeit an den Erziehungsauftrag von Kindergarten und Schule, dem jungen Menschen dieser Lebensphase Erfahrungen mit einer Musikerziehung durch Körperrhythmus zu ermöglichen, um die in diesem Lebensalter noch enge Verbundenheit von musikalischem Rhythmus und Körperrhythmus zu bewahren, zu erhalten und zu stabilisieren. Eine Einsicht, die innerhalb der musikpädagogischen Reform Beachtung und Berücksichtigung fand, so daß W. Kühn an der Wende vom zweiten zum dritten Jahrzehnt des zwanzigsten Jahrhunderts von einer „neuen Musikerziehung"[3] sprechen konnte und in den Musikpädagogen die Träger einer künftigen Musikkultur erkennt.

Daraus ist auch die erneute Überprüfung eines Verständnisses von Bildung und Erziehung zu verstehen, die Frage nach Zielen, Inhalten und die Position der künstlerisch-gestaltenden Fächer, vor allem im Fächerkanon der Schule.

Dieses erneute Überdenken führt H. Döpp-Vorwald in seiner Schrift: „Erziehender Unterricht und menschliche Existenz" (Weimar 1932) dazu, den frühen Begriff des 'erziehenden Unterrichtes' wieder aufzunehmen, erneut zu definieren und ihn in einen Zusammenhang mit der 'gymnastischen Erziehung' zu stellen. Bildung stellt sich für ihn als Prozeß dar, „Bildung liegt da vor, wo die im Menschen liegenden Kräfte und Anlagen in Funktion gesetzt, entwickelt und zu ihrem Optimum geführt wurden. Bildung als Ergebnis ist dort, wo die Kräfte und Fähigkeiten eines Menschen ohne Verkümmerung und Einseitigkeit und in ihrer ganzen Fülle zu ihrer Form und zu ihrer Reife gefunden haben".[4]

Insofern steht jeder gute Unterricht auch im Dienste der Bildung. Denn aufgrund der Vielzahl von Auseinandersetzungen mit Unterrichtsstoffen und den an ihn gestellten Anforderungen wächst der Mensch und findet auf dem Weg durch Übung,

---

1) 2) Struwe, F., a.a.O., S. 82; S. 69/70

3) Kühn, W. : Trotz Notzeit seelischer Aufbau. In: Die Musikerziehung, 8. Jg., Lahr (Baden), 1931, S. 295

4) Döpp-Vorwald, H. : Erziehender Unterricht und menschliche Existenz, Weimar 1932, S. 57;

Disziplin, Freude und Motivation zu sich selbst und zur Reife seiner Kraft und Fähigkeiten. Doch ist der gebildete Mensch noch nicht als der erzogene Mensch anzusehen.

„Erziehung ist mehr als Bildung. Sie geht über die Eigensphäre des Individuums hinaus, sie sieht den Menschen nicht in seinem Alleinsein, sie stellt ihn vielmehr in die Welt, in seinen Stand im Seienden und zielt auf das, was nun zwischen Mensch und Sein sich abspielt als Gemeinschaft des Menschen mit dem Seienden. Und erst da darf wirklich von Erziehendem Unterricht gesprochen werden, wo der Unterricht im Dienste dieser Gemeinschaft steht, wo er Gemeinschaft in Funktion setzt".[1]

'Erziehender Unterricht' ist für H. Döpp-Vorwald da verwirklicht, wo er die beiden Vorbedingungen erfüllt: zum einen das eigentliche Gemeinschaftsleben mit den beiden Gemeinschaftskräften der gegenseitigen Rücksichtnahme und des wechselseitigen Verstehens und freien Gebens und Nehmens. Zum andern da, wo er Sachlichkeit und 'illusionslose Wahrhaftigkeit' wahrt, im Hinblick auf die Unterrichtssituation, die Stoffauswahl und Lehrplangestaltung, in einem Zusammenhang mit der Lebensumwelt des Lernenden. Doch entscheidend ist für H. Döpp-Vorwald, im besonderen auch in Zusammenhang mit den künstlerisch-gestaltenden Fächern, daß es dem Lernenden darüber hinaus gelingt, mit all den Stoffen und Inhalten in wirklich lebendige Auseinandersetzung zu kommen, ihren Eigenwert und ihre Eigengesetzlichkeit zu erfahren, und daß es gelingt, sich selbst in diesen Prozeß einzubringen und darüber zu einer Antwort, zu eigenem Tätigsein zu kommen, und der Lernende in dieser „In-eins-setzung seine eigene Existenz hat".[2] Bezogen auf den 'gymnastischen Unterricht', dem H. Döpp-Vorwald durch Lockerung, Erhaltung und Verlebendigung der leiblichen Bewegungs- und Ausdruckskräfte wichtige Aufgaben im Dienste der bildenden Persönlichkeitsbereicherung zuschreibt, sieht er ein Mehr dann gegeben:

„Wenn es eines Tages dem Schüler geschieht, daß ihm aufgeht, was das ist: lebendige Bewegung – wenn er sich mit Verwunderung in die Welt, in den Raum gestellt findet, als ein sich bewegendes Wesen, wenn ihm Raum und Bewegung in ihrer Eigengesetzlichkeit, in ihrer Rätselhaftigkeit vor dem Grunde des Seins entgegentreten, und wenn ihm aufgeht, daß er von Anfang her in sie hineinverflochten ist, an ihnen teilhat und eben durch diese Teilhabe selber existiert, dann – glaube ich – erschließt sich ihm eine neue Weise des menschlichen In-der Welt-seins, er ist in einem Neuen Sinne vom andern her, es begibt sich Gemeinschaft, und seine ganze Menschlichkeit ist in 'Funktion'. Es vollzieht sich Geistwerdung, Humanisierung. Und das ist dann wirklich 'Erziehung'".[3]

E. Jaques-Dalcroze sprach schon früh die Hoffnung aus: „Wenn aber der Krieg einmal zu Ende ist, darf unsere hochfliegende Begeisterung nicht flügellahm werden und aus Mangel an Nahrung dahinsiechen. Alsdann wird nur eine künstlerische Erziehung, die den Leibesübungen ein weites Feld einräumt, unser überreiztes Nervensystem ins Gleichgewicht bringen können.

---

[1] [2] [3] Döpp-Vorwald, H. : a.a.O. S. 61; S. 62; S. 61/62

Wenn diese Erziehung eine überwiegend sportliche ist, wird sie ihr Ziel verfehlen und ein jeder Feinfühligkeit bares Geschlecht großzüchten. Es liegt viel mehr daran, daß die Erziehung die geistige und leibliche Entwicklung Hand in Hand gehen lasse; und mir scheint, die Rhythmik müsse in diesem doppelten Sinn von wohltätigem Einflusse sein.[1]

L. Kestenbergs Bemühen galt dem Sichern der Position der Rhythmisch-musikalischen Erziehung im Kontext von Musik und Musikerziehung, er wollte sie als Fach beachtet wissen in den Lehrplänen der verschiedenen Schulstufen und Schulformen.

F. Struwe hielt es mit seinem Ansatz der körperlich-musikalischen Erziehung durch Rhythmus für möglich, der gesamten Musikerziehung eine neue Richtung zu geben.

Doch konnten sich alle diese Hoffnungen und Wünsche innerhalb dieses Zeitraumes, einer realpolitischen Linie folgend, nur in kleinsten Schritten erfüllen, und die Integration der Rhythmisch-musikalischen Erziehung in die Institutionen Kindergarten und Grundschule nur punktuell verwirklichen. Sie war zu allererst eine Frage einer ausreichenden Zahl umfassend und qualifiziert ausgebildeter Lehrkräfte, von E. Jaques-Dalcroze in den Worten zum Ausdruck gebracht: „Ein wahrhafter Pädagoge muß zugleich Physiologe, Seelenkenner und Künstler sein“.[2]

Zudem war die Idee der Rhythmisch-musikalischen Erziehung von einer kleinen Zahl von Lehrenden und Lernenden getragen, die zwar Erhebliches für diesen Gedanken leisteten, jedoch nur punktuell an einer Veränderung der pädagogischen Situation mitarbeiten konnten. Daraus wird auch E. Feudels Anmerkung verständlich: „Der rhythmische Unterricht in der Schule wird voraussichtlich noch lange auf die Arbeit Einzelner beschränkt bleiben, an eine allgemeine Einführung in die Jugenderziehung kann ich nicht glauben, solange allerorts Lehrermangel besteht und Art und Bedeutung des Unterrichts Wenigen bekannt sind“.[3]

Rhythmisch-musikalische Erziehung wurde nicht als ein Spezialstudium für rhythmisch oder musikalisch Begabte angesehen, sondern als Grundlage des Lebens, allgemeiner Erziehung, wie jeglichen künstlerischen Schaffens und Gestaltens erkannt. In der Rhythmisch-musikalischen Erziehung wurde ein Weg zur Entwicklung einer schöpferischen, voll entfalteten, harmonisch gebildeten, rhythmischen Persönlichkeit gesehen, als eines Menschen, der in seinen Kräften und Anlagen gleichmäßig gebildet ist, in dem die vitalen und die spirituellen Kräfte in einem ausgewogenen Verhältnis zueinander stehen, der aus den unerschöpflichen Tiefen der Natur immer neue Kraft, neue Substanz zu schöpfen vermag, als Keime zu allem gesunden und aufbauenden Schaffen.[4] Sie wurde als ein Beitrag zur Bil-

---

1) 2) Jaques-Dalcroze, E. : Die Schule, die Musik und die Freude. (1915) In: Rhythmus, Musik und Erziehung, Basel 1921, S. 118

3) Feudel, E. : Der rhythmische Unterricht in der Schule. In: Rhythmik. Theorie und Praxis der körperlich-musikalischen Erziehung, München 1926, S. 106

4) s. Struwe, F., a.a.O., S. 82

dung und Entwicklung einer menschlichen Persönlichkeit verstanden, die, „durch die Erkenntnis und das Realisieren eigener Möglichkeiten – durch Nachentfaltung – zu einem Menschen wird, der an der Entwicklung der Menschheit und damit einer positiven friedlichen Gestaltung ihrer gesellschaftlichen Verhältnisse interessiert ist“.[1]

Wird daraus einerseits die Forderung F. Struwes verständlich, daß die Erziehung durch Rhythmus endlich als ein ‘notwendiges Mittel der Menschen- und Volkserziehung’ erkannt werden muß, so bleibt doch entscheidend:

„Alle Kurse, alle Singwochen, alle Maßnahmen des Kultusministeriums, alle Gelder des Wohlfahrtsministeriums, alle Methodenerörterungen sind völlig überflüssig, wenn nicht erkannt und getan wird, worauf es ankommt: Es müssen sich die Männer und Frauen finden, die von hohem Idealismus beseelt, sich an irgendeinem Platz im Volksleben stellen, ein Leben lang in irgendeinem abgelegenen Dorfe wirken wollen, die ganz aufgehen in ihrem Tun“.[2]

Auch wird in der Rhythmisch-musikalischen Erziehung nicht der einzige Weg gesehen, um an dem gemeinsamen Ziel einer musikalisch-rhythmischen Kultur mitzuarbeiten: „Andere kommen auf anderen Wegen dahin. Das ist das Schöne und Bedeutungsvolle bei unserer Arbeit an der Ausgestaltung unseres ‘Neubaus’ daß der Einzelne nicht mehr wie früher auf eine eng begrenzte Marschroute verwiesen ist, sondern, daß er sich, seiner Art, seinem Temperament und den vorhandenen Umständen gemäß, frei entfalten und selbst den Weg wählen darf, auf dem er in selbständiger Arbeit dem gemeinsamen Ziel zustrebt“.[3]

Darüber hinaus kann die nachfolgende Aussage F. Struwes zu einem Anstoß eines Vergleiches mit der gegenwärtigen Situation werden:

„Wir haben heute Glanznummern und Spitzenleistungen auf allen Gebieten: Politiker, Wissenschaftler, Musiker, Sportlehrer, ein Überangebot an Spezialisten für alle Fächer des Lebens, aber wirkliche Menschen, die in ihrem individuellen Sein zugleich das Universum umspannen mit allen seinen Kräften, gibt es heute selten. Die Kräfte des Menschen unserer Zeit sind zu sehr zersplittert. Die Rhythmik ist ein Weg der Sammlung, ein Weg zu dem einheitlichen universalen Menschen. Sie ist aber zugleich auch der Weg zu der neuen Menschengemeinschaft. In der rhythmischen Erziehung übt der Mensch das Rücksichtnehmen auf den andern, die Einfühlung und Einfügung in einen gegebenen größeren Rahmen, die selbstlose Hingabe an die größere Einheit, das Aufgehen in der Gemeinschaft: für den Dienst als Glied der Volks- und Menschengemeinschaft“.[4]

---

1) Jacoby, H.: Jenseits von ‘Begabt’ und ‘Unbegabt’, hg. von S. Ludwig, Hamburg 1981, S. 501

2) Kühn, W. : Zum Aufbau deutscher Musikkultur. In: Die Musikerziehung, 5. Jg., Lahr (Baden), 1928, S. 3

3) Steger, J. : Das rhythmische Problem im Schulmuskunterricht und seine Lösung durch rhythmische Gymnastik. In: Die Musikerziehung, 5. Jg., Lahr (Baden), 1928, S. 199/200

4) Struwe, F., a.a.O., S: 85

Die darin so prägnant zusammengefaßten Zeitprobleme haben für die Gegenwart eine so hohe Aktualität, so daß sie zu erneutem Nachdenken, Überdenken und Fragen auffordern, ja herausfordern. Sie konzentrieren sich in dem Fragen nach: Sind wir nach der langen, dazwischen liegenden Zeit, die ein ganzes Jahrhundert umspannt, wirklich weitergekommen? Haben wir aus den Erfahrungen der großen reformpädagogischen Epoche gelernt, bzw. sie erneut in den Blick genommen, bemüht darum, sie in pädagogischen Feldern zu realisieren? Gibt es so etwas wie ein geschichtliches Lernen? Gibt es Fragestellungen, Einsichten, Erkenntnisse, hervorgerufen durch Zeitentwicklungen, die es in bestimmbaren und unbestimmbaren Zeitabständen erneut zu überprüfen gilt, um humanes menschliches Leben und Überleben zu ermöglichen und zu bewahren? Gibt es Zeiterscheinungen, die, wenn auch nicht in bestimmbaren Zeitabständen, erneut ins Bewußtsein dringen, die sich dem Forscher, Wissenschaftler, Pädagogen erneut stellen, die nach Beachtung, Stellungnahme und Lösungsmöglichkeiten drängen?

Die Vielfalt und Vielzahl der schon so früh beschriebenen „Symptome der Zeit",[1] als Folgeerscheinungen der Zivilisation, der immer noch zu hoch bewerteten Intellektualisierung, löste unter den Vertretern der künstlerisch-gestaltenden Fächer und in Zusammenhang mit der hier erörterten Frage nach der Position der Rhythmisch-musikalischen Erziehung erneut Sorge um ein Verwirklichen eines vollen Menschseins aus. Sie wurde für mich zum Anlaß, mit dem nachfolgenden Kapitel 'Ausblick' einen Versuch einer Gegenüberstellung mit der Situation der Gegenwart zu wagen.

---

1) Laban, R. von: Gymnastik und Tanz, Oldenburg 1926, S. 38

IV Ausblick

Die Auseinandersetzung mit dem hier dargestellten Zeitabschnitt einer reformpädagogischen Epoche, der für weitere Entwicklungen innerhalb des zwanzigsten Jahrhunderts und über die Zeitenwende hinaus große Bedeutung zukommt, konnte meine Einsichten, Erkenntnisse und mein Wissen über einen selbst nicht durchlebten Zeitraum sehr bereichern. Sie konnte mir einerseits Bestrebungen, Bemühungen um Erneuerung, Aufbau und Wiederaufbau, getragen von zumeist ungewöhnlich hohem persönlichen Engagement einsichtig machen, mir aber auch die aus jener Zeit erwachsenen Sorgen, Nöte, Bedrohungen verdeutlichen, die in mir Fragen entstehen ließen wie: Ist der Mensch unserer Zeit erneut in eine Krise geraten? Stehen wir erneut an einer Wende? Einer Wende, deren Ziel noch nicht bestimmbar ist, wohl aber Einsichten, Richtungen erkennen läßt?

Alle in dieser Darstellung zu Worte gekommenen Vertreter aus Pädagogik, Kunsterziehung, Musikerziehung, Bewegungserziehung schildern Zeiterscheinungen, die es dem Menschen erschwerten, einen Weg zur inneren Sammlung zu finden, schöpferische Kräfte zu entfalten als Gegengewicht zu den intellektuellen Fähigkeiten, die es ihm erschwerten, zu einem Ausgleich zwischen den körperlichen, emotionalen, sozialen und geistigen Fähigkeiten zu gelangen. Beschrieben werden:

- Die Hast des Großstadttrubels, die sich ausbreitete auf Betriebe und Institutionen, hineinwirkte in private Lebensbereiche des Menschen, dort Unruhe und Nervosität verursachte bis hin zu organischen Leiden, wie z.B. Stoffwechsel- und Atmungsstörungen.[1]
- Der Lärm der Großstadt, der die Hörsensibilität und Hördifferenzierung erheblich beeinträchtigte und das Ohr als Hauptwahrnehmungsorgan für auditive und musikalische Eindrücke in seiner sensiblen Aufnahmefähigkeit einschränkte.[2]
- Die schlechten klimatischen Bedingungen, unzulängliche Nahrungssurrogate, mangelnde Ruhe, mangelnde Harmonie der Lebensführung, die die Leistungsfähigkeit des Menschen verminderte und die Forderung nach einer verlängerten Urlaubszeit entstehen ließen, um die Regeneration gesunder Lebenskräfte zu ermöglichen.[3]
- Die Bewegungsarmut, „Bewegungsfremdheit",[4] einerseits hervorgerufen durch das „Zeitalter der Eisenbahnen, der Autos, der Fahrstühle und des Telephons",[5]

---

1) 3) s..Medau, H.: Rhythmische Gymnastik als tägliche Kraftquelle, Stuttgart/Berlin/Leipzig 1926, S. 12

2) s. Wicke, R.: Musikalische Erziehung und Arbeitsschule, Leipzig 1912, S. 16

4) Laban, R. von: Gymnastik und Tanz, Oldenburg 1926, S. 38;

5) Diem, C.: Theorie der Gymnastik, Berlin 1920, S. 181

wie andererseits durch die Betonung des Intellektualismus, die Abstraktion des Denkens, die ein Entwickeln des 'Bewegungssinnes', des „gesunden Körpersinnes"[1] als „Urgrund aller Dinge und Wahrnehmungen"[2] erheblich einschränkte. Eindrücke, Einsichten, Erfahrungen, die R. von Laban in die Worte faßte:

„Was heute so verheerend wirkt, liegt klar zutage: die uns umgebende Erwerbshast unserer Scheinkultur, tausend wechselnde Eindrücke, die mit größter Flüchtigkeit an unseren Aufnahmeorganen vorüberrauschen. Das von Auge, Ohr und Verstand flüchtig Wahrgenommene erzeugt eine unüberwindbar aufgeblasene Intellektualität. Eine klare, starke Meinung, eine plastische Auffassung kommt in den seltensten Fällen zustande. Man kann nicht mehr hören, begreifen, geschweige denn plastisch empfinden und nur aus diesem Empfinden heraus läßt sich die Welt und das Leben beherrschen".[3]

- Die „musikalische Armut des Volkes",[4] die K. Storck im besonderen darin erkannte, daß der Mensch nicht mehr selber schöpferisch-musikalisch tätig wurde. Musikalische Bildung schien ihren Ausdruck in dem groß angelegten „Apparat des Musikbetriebes"[5] zu finden mit: Konzerten, Sängern, Orchestern, Dirigenten, Symphonien, Opern und Bibliotheken mit umfangreichen Sammlungen von Noten aller Stilepochen, aus denen Musik zu 'lernen' war als Zeichen einer hohen Musik-Kultur.[6]

„Für das Volksempfinden aber erhält die Musik eine besondere Bedeutung, die man selbst ausübt; und in dieser Hinsicht ist unserem Volke eigentlich die Musik ganz verloren gegangen und es gilt hier im Grunde völlige Neuarbeit".[7]

- Die Entfernung des Menschen von den individuellen und überindividuellen Gesetzen des Rhythmus.

  F. Struwe sah es einer kleinen Zahl von Menschen vorbehalten, in einer Übereinstimmung von biologischen (körperlichen) und seelisch-geistigen Rhythmen zu leben, während er für einen großen Teil der Menschheit der Zeit feststellte, daß dieser die natürlichen rhythmischen Gesetze bis zu einem gewissen Grade durchbrochen und sich von ihnen befreit habe. Er führt seinen Gedankengang weiter und geht bis zu dem Extrem einer 'unaufhaltsamen Dekadenz' als Folgeerscheinung der Entfremdung von den natürlichen Gesetzen des Rhythmischen.

„Das war der Anfang zu den fast übermenschlichen Leistungen, die auf allen Gebieten des Lebens gegenwärtig vollbracht werden. Das war aber auch der Anfang zu all den unmenschlichen Gestalten, die unter der Gattung Mensch heute zu finden sind. Die Folge der radikalen Emanzipierung des Menschen von den natürlichen rhythmischen Gesetzen ist einseitige Überentwicklung (Intellekt, Technik) und damit verbunden unaufhaltsame Dekadenz".[8]

---

1) 2) 3) Laban, R. von: Gymnastik und Tanz, Oldenburg 1926, S. 33; S. 40; S. 38

4) 5) Storck, K.: Musikalische Verarmung unseres Volkes. In: Die Quelle, 79. Jg., Wien 1929, S. 536

6) 7) Jacoby, H.: Voraussetzungen und Grundlagen einer lebendigen Musikkultur. In: Zweiter Kongreß für Ästhetik und Kunstwissenschaft, Stuttgart 1925, S. 7

8) Struwe, F.: Erziehung durch Rhythmus in Musik und Leben, Kassel 1930, S.70

Dies aber sind Einsichten, die beispielhaft stehen für eine große Zahl weiterer Aussagen, die die ganze Initiative eines jeden Einzelnen forderten und fordern und appellieren an ein Mitbeteiligtsein – aus je eigener Richtung – an dem hohen Ziel der Verwirklichung des Menschseins, dem „Grundziel veredelter Menschlichkeit“.[1]

Wie aber stellt sich das Bild unserer gegenwärtigen Zeit dar? Unsere Welt ist voller Bedrohungen, Gefahren, Störungen, Zerstörungserscheinungen (politisch, wirtschaftlich, ökologisch), voller Ratlosigkeit, Angst, Sorge, die „Sorge um die Menschlichkeit“.[2] In einer Zeit höchsten technischen Fortschritts, höchster, technischer, wirtschaftlicher, wissenschaftlicher Entwicklungen, ist der Mensch erneut in eine Krise geraten, stößt er an Grenzen physischer und psychischer Belastbarkeit.

„Die Produkte seiner Erfindungsgabe beginnen den Menschen zu überfordern. Bestimmte körperliche Funktionen, seine seelische Belastbarkeit, seine sozialen Verhaltensweisen sind gefährdet. Je reicher die Menschen werden, desto mehr langweilen sie sich auch. Reiche Kinder haben zu viel Spielzeug; ‘die Seele friert’, wie Rilke sagt. Auf der Schattenseite des hellen Fortschritts häufen sich menschliche, kulturelle Notstände. Sie kommen nun ans Licht. Und dieses sollte gewiß nicht beklagt werden. Darin liegt zugleich eine Chance“.[3]

Die Chance, andere und neue Wege zu beschreiten, Wege einer Umbesinnung, einer Umkehr zu einer veränderten Lebensform und Lebensgestaltung, einer Richtungsänderung im Denken, einer Veränderung der Werte und Wertvorstellungen, einer Entwicklung andersartiger Verhaltensweisen, verantwortungsvoller, mitmenschlicherer Formen des Umgangs, einem Entwickeln und Finden einer „schöpferischen Haltung“,[4] in der I. Fetscher die Überlebenschance des Menschen erkennt:

„So kommt es weniger darauf an, übersteigerte Bedürfnisse zu bekämpfen, sondern mehr darauf, sinnvolle und vernünftige Bedürfnisse zu entwickeln. Diese liegen im wesentlichen auf schöpferischem und kulturellem Gebiet. Die Gestaltung des gemeinschaftlichen Lebens kann auf vielen Teilgebieten der Kultur – vor allem der kaum entbehrlichen Musik – geleistet werden. Die bildende Kunst und die Dichtung, die Mythologie und die philosophische Weltdeutung, aber auch die handwerkliche Gestaltung können viel dazu beitragen, den Konsum-und Massenmenschen aus seinen Sachzwängen zu befreien“.[5]

Erinnert sei hier an die frühe Position der ‘schöpferischen Musikerziehung’ bei H. Jacoby, der aus seinen umfassenden Forschungen einsichtig machen konnte, daß jeglicher Drill, jegliches künstliche Herbeiführenwollen, jegliches Machenwollen

---

1) Laban, R. von, a.a.O., S. 136

2) Richter, H. E.: Wir leben die Zukunft unserer Kinder. In: Das Gespräch aus der Ferne, 33. Jg., Nr. 275/276, Vlotho 1979, S. 16

3) Schnitker, P.: Neue Maßstäbe für menschliches Maß. In: Das Gespräch aus der Ferne, 31. Jg., Nr. 263, Vlotho 1977, S. 18

4) 5) zit. nach Haller, A. von: Auf der Reise ins Ungewisse. In: Das Gespräch aus der Ferne, 32. Jg., Nr. 271, Vlotho 1978, S. 8

bereits ein Erwachen schöpferischer Kräfte im Keim ersticken läßt. Bestätigt auch durch die Aussage des Musikpädagogen H. Pässler: „Nur Gelegenheit, Stimmung, kindertümlicher Stoff, Freude sind der Boden, auf dem musikalische Ausdrucksformen erblühen können“.[1]

Erinnert sei hier auch an den frühen Aufsatz von E. Jaques-Dalcroze: ‘Ich liebe die Freude’ (1912), der in ihr einen der wesentlichsten Faktoren für das Wecken einer Bereitschaft erkannte, Lernprozesse auf sich zu nehmen, auch solche, deren Inhalt es neu zu erschließen gilt, die ein Üben und Wiederholen bedingen, die Ausdauer und Konzentration erfordern. Die Freude, von ihm verstanden als eine Kraft, die menschliches Leben durchdringen sollte, aus der allein er es als möglich erachtet, „dauerhafte Werke zu schaffen“.[2] Er dachte an den Zustand der Freude, hervorgerufen durch ein „Gefühl der Befreiung und der Verantwortlichkeit, durch die klare Anschauung dessen, was in uns produktiv ist, durch das Gleichgewicht unserer natürlichen Kräfte, durch den harmonischen Rhythmus unseres Wollens und Könnens“.[3]

E. Jaques-Dalcroze und die Vertreter der Rhythmisch-musikalischen Erziehung dachten hier zuerst an die Freude am Hören der Musik, an der Bewegung zur Musik und Freude an der musikalischen Betätigung, singend oder instrumental; Freude an der Form und dem formenden Gestalten, durch die das Kind sein musikalisches Interesse äußert. Im weiteren Sinne ist damit aber auch die Freude an der Schönheit von Farben und Formen der Sachen und Dinge gemeint, die Freude an der lebendigen Natur, am Finden und Erfinden eigener Umgangsweisen, an Möglichkeiten des Überprüfens, Kontrollierens und Korrigierens eigener Fehler, Freude am gemeinsamen Austausch gemachter Erfahrungen, Freude als Grundstimmung jeder pädagogischen Situation, jeglichen Lehrens und Lernens zur Erhaltung der Motivation, der Leistungs-bereitschaft mit der Aussicht auf eine Bestätigung des Erfolges.

E. Spranger bringt in dem Vorwort zu seiner Schrift: „Der geborene Erzieher“ (Heidelberg 1963) die Sorge um „gewisse Klimaveränderungen“[4] im Raum der Schule zum Ausdruck, „die nach der Seite der Trockenheit hingehen“.[5] Diese Feststellung veranlaßt ihn zu der Aussage: „Sollte es trotz meines hohen Alters noch so weiter gehen, käme vielleicht eine Schriftenreihe zustande, der ich die Sammelbezeichnung geben würde: ‘Mehr Freude an der Schule’“[6]

Eine schulpsychologische Studie aus dem Jahre 1982 stellt heraus, daß die ‘Hälfte der Schüler mehr Angst als Freude’ in der Schule erlebe. Die Ursache sieht W. Bärsch in dem einseitigen Leistungsklima, in der Betonung der intellektuellen

---

1) Pässler, H.: Musikalische Eigenschaften des Kindes. In: Die Quelle, 77. Jg., Wien 1927, S. 531

2) 3) Jaques-Dalcroze, E.: Ich liebe die Freude. In: Die Kunst, Bd. 26, München 1912, S. 419

4) 5) 6) Spranger, E.: Der geborene Erzieher, Heidelberg 1963, Vorwort

Leistungsfähigkeit – der junge Mensch wird nicht mehr in seiner Ganzheit gesehen –, der mangelnden Mitmenschlichkeit. „Statt Hilfestellung für die Schwächeren gebe es Kontrolle, statt Gelassenheit herrsche Verbissenheit, 'Nichtkönnen werde diffamiert".[1]

F. Vester, der mit seinem (1975; 1978) erschienenen Buch: „Denken, Lernen, Vergessen"; später: „Neuland des Denkens" (1984; 1985) das pädagogische Denken bereichert hat, geht in seinem Vortrag: „Das Überlebensprogramm", gehalten am 5. Juni 1976 in Köln, anläßlich der Verleihung der Umweltschutzmedaille, auf den Aspekt des Lernens im Raum der Schule ein. Er stellt heraus, daß jegliches Lernen außerhalb eines Zusammenhangs, eines „Verbundes von Organismus und Umwelt",[2] ein „zufälliges Nebeneinander unzusammenhängender Faktoren und Stoff-Fetzen",[3] forciert durch zunehmende Abstrahierung und Akademisierung, verstärkt durch Leistungsdruck als „ständige Empfindung: Angst vor dem Unbekannten – Streß"[4] auslöst. Insofern muß aus seiner Sicht der zentrale Gedanke einer veränderten Bewußtseinsbildung – in der Schule beginnend – lauten: „Lernen mit der Umwelt" heißt „besser lernen".[5]
Damit möchte er zurückverweisen auf die lebenswichtigen Faktoren menschlichen Lernens wie: Erarbeiten, Suchen, Aufspüren, Vergleichen, auf Neugierde und Bedürfnisse des Erkennen-Wollens und Anwenden-Wollens.

„Man glaubt keine Zeit mehr für ein solches Erarbeiten zu haben, sondern höchstens noch für das Merken. Ja, das Suchen, das Über-Fehler-Finden wird bereits als Versagen eingestuft. Das Ergebnis ist interessant: Das Lernen geht so viel langsamer als über den nicht abstrakten, mit der Realität verflochtenen Weg".[6]

H. Kükelhaus (1900-1984), der Zeit seines Lebens eintrat für eine 'Entfaltung der Sinne', erkannte die Chance des Menschen in der Entwicklung einer differenzierten Wahrnehmungsfähigkeit, als „Zugang zu unserer Ganzheit".[7] Dem Konzept seines 'Erfahrungsfeldes zur Entfaltung der Sinne. Erfahrungen, Versuche, Spiele' – das über vierzig Stationen umfaßt – stellt er als die beiden wesentlichen Grundgedanken voran:

„1. Organe benötigen, um zu leben, der Herausforderung durch das Wagnis des Ungewissen im Bereich von Zustandsunterschieden.
2. Was an einem Organ verfehlt wird, wird am ganzen Organismus verfehlt. Nicht dasAuge sieht, nicht das Ohr hört, nicht das Gehirn denkt, sondern der ganze Mensch mit seinem ganzen Leibe ist Sehender, Hörender, Denkender".[8]

---

1) 'Psychologe: Millionen Schüler haben Angst'. Zusammenfassung des Berichtes von W. Bärsch bei der Kieler-Woche-Veranstaltung der PH (Kiel). In: Spiegel der Zeit Essener Tageblatt, Nr. 145, 26. Juni 1982

2) 3) 4) 5) 6) Vester, F.: Das Überlebensprogramm. In. Das Gespräch aus der Ferne, 31. Jg., Nr. 263, Vlotho 1977, Nr. 263, S. 7

7) Kükelhaus, H.: Hören und Sehen in Tätigkeit, Zug 1978, 1990, Einleitung v. Ch. Doelker

8) Kükelhaus, H.: Alles Lernen ist ein Sich-Erinnern. In: Das Gespräch aus der Ferne, 31. Jg., Nr. 263, Vlotho 1977, S. 18

(Heute ist das „Erfahrungsfeld Hugo Kükelhaus“ in Essen, Zeche Zollverein, III/VII, X, Am Handwerkerpark 8-10 als ständige Ausstellung zu besuchen; und im Schloß Freudenberg, 65201 Wiesbaden/Dotzheim).

Die Objekte des ‘Erfahrungsfeldes Hugo Kükelhaus’ sind als Aufforderung zur tätigen Auseinandersetzung, zu einem Entdecken der Gesetze der ‘äußeren Natur’ (Schwingungen, Schall, Licht, Farbe u.a.) und der ‘inneren Natur’ (Sinnesvorgänge wie Sehen, Hören, Tasten, Riechen, Bewegung) zu verstehen. Daraus resultiert H. Kükelhaus Definition von Erziehung – als Auftrag und Aufgabe an eine ‘humane Pädagogik’ gerichtet: „Erziehung kann und darf nichts anderes sein als ein Vermitteln von Erfahrungen – Vermitteln in dem Sinn, daß wir dem Kind Erfahrungsbereiche eröffnen, in denen es die seine Entwicklungsgesetze bestimmenden Formkräfte als Gleichnisse von universeller Gültigkeit leibkörperlich erlebt“.[1] In solche Erfahrungen gehen auch die des künstlerisch-formenden Gestaltens ein, gewonnen aus tätigem, erlebtem Umgang mit Linie, Farbe, Form, Ton, Klang, Bewegung.

A. Portmann (1897-1982), der in der „Atrophie des vergeistigten Sinneslebens, das Voraussetzung jedes vollen menschlichen Tuns ist“,[2] eine der größten Gefahren unserer Zeit erkennt, ruft auf zu einer „überlegenen Synthese, der Pflege primären Erlebens und den sinnvollen Einbau von Ergebnissen der Wissenschaften, die sich immer rascher von der primären Sicht weg entwickeln.[3]

In seinen frühen Schriften prägte A. Portmann für die beiden Weltsichten die Begriffe ‘primäres’ und ‘sekundäres Welterleben’. In seiner Schrift: „Heilkräfte der Naturkunde für unsere Bildung’ (Hitzkirch 1977) spricht er von der ‘ästhetischen’ und der ‘theoretischen Funktion’ als den beiden „Komponenten geistiger Aktivität“:[4]

„Sie (die) theoretische Funktion ist jene Aktivität, die vor allem die Mittel des rationalen Denkens benützt, welche die Möglichkeiten wissenschaftlicher Analyse schafft und ausnützt, die sich des Rüstzeuges der Mathematik in vielen Fällen bedient. Sie führt den denkenden Geist sehr bald über das unmittelbar Gegebene der Sinnenwelt hinaus und verweilt mit besonderer Vorliebe im Reich der Zahl und der Quantität. Die ästhetische Funktion läßt zunächst einmal die primären Eindrücke der Sinne intakt, sie bewahrt das Ursprüngliche, Besondere, die Qualität von Form und Linie, Farbe und Laut, Geruch und Tastgefühl“.[5]

Doch entscheidend ist, „daß alle, geistige Arbeit von diesen Sinneseindrücken als primären Ergebnissen ausgehen muß“.[6] Dabei trachtet die theoretische Funktion danach, „diese Qualitäten zu überwinden und durch meßbare Größen zu ersetzen, während die ästhetische Funktion diesen primären Quellen des Geisteslebens Vertrauen schenkt, auf sie baut und ihnen ihre Bilder und ihre Wahrheiten formt“.[7]

---

1) Kükelhaus, H.: Organismus und Technik, Olten 1971 (Frankfurt/M. 1993), S. 60

2) 4) 5) 6) 7) Portmann, A.: Heilkräfte der Naturkunde für unsere Bildung, Hitzkirch 1977, S. 7; S. 9

3) Portmann, A.: Welterleben und Weltwissen. In: Erziehung und Wirklichkeit, München 1964, S. 37

Daraus resultiert, daß die Aufgabe der Erziehung nur in einer Synthese dieser beiden Funktionen bestehen kann und eine Einstellung fordert, „die nicht nur eine dem Fassungsvermögen der zu Formenden angepaßte Mitteilung der Wissenschaft (berücksichtigt) – sie muß durch Vermittlung des sinnenhaften Reichtums des Naturerlebens einführen in das Spiel, das sich in unserer Lebenssphäre, mit Augen und Ohr, mit allen Sinnen faßbar, darbietet“.[1]

A. Gehlen (1904-1976) der in seiner Schrift: „Der Mensch. Seine Natur und seine Stellung in der Welt“ (Frankfurt/M. 1974) die ‘Sonderstellung’ des Menschen bestimmt, darin eine ‘Gesamtauffassung’ des Menschen aus philosophischer Sicht zeichnet, spricht von ‘sensomotorischen Kreisprozessen’, in denen der tätige Umgang mit Sachen und Dingen über die führenden ‘Sinneskreise’ von Hand, Auge, Sprache zur Voraussetzung wird zu der Fähigkeit, auf der Ebene des abstrakten Denkens mit Vorstellungen von und Gedanken über Dinge und Sachen umzugehen. Er stellt die Bewegung in engstem Zusammenhang mit Wahmehmungsvorgängen dar und sieht sie als Grundlage des Denkens an. Er weist nach, „daß alle Phänomene des Bewußtseins von der Handlung her und in Zusammenspiel mit ihr zu verstehen sind“.[2]

„Erst in ihnen (den Handlungs- und Wahrnehmungsumgängen) entspringt das elementar schöpferische Verhalten des Menschen, ob es nun im Ausbau und in der Verwertung der Sacherfahrungen besteht, in der eigentlich praktischen Auswertung der Wirklichkeit, oder ob es mehr denkend in der Entwicklung neuer Fragen an die Dinge und in der Erprobung solcher Hypothesen besteht, die geschieht, indem wir nur gewisse Hinsichten beachten, und indem wir ihr Verhalten unter diesen Hinsichten ausdeuten“.[3]

I. Fetscher erkannte in der ‘schöpferischen Haltung’ des Menschen mit einem besonderen Beitrag vonseiten der schöpferisch-kulturellen Gebiete eine Überlebenschance des Menschen. A. Portmann wurde es zu einem besonderen Anliegen, die ästhetische Funktion zu üben, „und zwar in ihrer aufnehmenden und nachschaffenden (re-kreativen) Seite wie in der produktiven Seite. ...Die ästhetische Funktion ist in allen gegenwärtig, in allen zur vollen Entfaltung des Humanen notwendig. In diesem besonderen Sinne ist in schlichtester Weise jeder Mensch ‘künstlerisch“.[4] A. Gehlen war es wichtig herauszustellen, daß die zur Plastizität und zur Selbstführung bestimmte menschliche Motorik sich zunächst einmal in sich selbst ergreifen muß, um bewußt und einsetzbar zu werden, und sensorisch ‘zurückempfunden’ werden zu können. Sie muß in einer Hülle wirklicher oder zu erwartender Empfindungen ein ‘entfremdetes Selbstgefühl’ gewinnen, eine Fähigkeit, die nur auf dem Wege ‘sensomotorischer Kreisprozesse’ erworben werden kann, in den führenden Sinneskreisen von Hand, Auge, Ohr.[5]

---

[1] [4] Portmann, A.: a.a.O.: S. 37; S. 17

[2] [3] [5] Gehlen, A.: Der Mensch. Seine Natur und seine Stellung in der Welt, Frankfurt/M. 1974, S. 186; S. 134

Positionen, die aus dem Ansatz der Kreativitätsforschung Beachtung und Bestätigung finden.

E. Landau kommt in ihrer Schrift: „Psychologie der Kreativität" (München 1974; die Teil ihres Buches: „Kreatives Erleben", München 1984, wurde) zu der Auffassung:

„ - Die wenigsten erkennen, daß jedes Individuum schöpferisch sein kann, daß es Kreativität in jeder Lebenssituation gibt.
- Kreativität ist für mich ein Phänomen, das allgemein menschlich ist.
- Kreativität ist in meiner Sicht die Ergänzung der Intelligenz. In der Hierarchie der menschlichen Fähigkeiten ist sie die höchste Stufe der Intelligenz".[1]

Sie stellt als wesentliche Merkmale der Kreativität heraus: – 'Kreativität bedeutet Wagnis' allem Neuen gegenüber, dieses ist ungewiß, nicht konform; 'Kreativität bedeutet Kommunikation', einen ständigen Kontakt des Individuums mit der Außen- und Innenwelt; – 'Kreativität gebraucht divergentes Denken', strebt nach Selbständigkeit im Denken, nach interdisziplinären Antworten, die verschiedenen Wissensgebieten entstammen und den Erfahrungs- und Wissenskreis erweitern. E. Landau stellt fest, daß diese Aspekte in der Erziehungswirklichkeit viel zu wenig Beachtung finden, auf wenige Ausnahmen beschränkt bleiben.

„In der formalen Erziehung wird das Schwergewicht noch immer auf die Intelligenz, d.h. das Ansammeln von Wissen in fixen, engen Disziplinen, gelegt. Zu selbständigem Denken, zu richtiger Fragestellung, zur Suche nach den verschiedenen interdisziplinären Antworten wird nicht erzogen. Das Wagnis, in nicht herkömmlichen Begriffen zu denken, wird nicht gefördert. Die Neugierde, die jedem Individuum gegeben ist, wird unterdrückt, das konforme Denken gefördert und Originalität blockiert.
Am traurigsten erscheint mir die Folgeerscheinung dieser Erziehung, die sich mit Ansammeln von Wissen begnügt, die darin besteht, daß das Individuum eigentlich für die Vergangenheit vorbereitet wird. Die Mittel, sich kreativ mit den Problemen der Zukunft zu befassen, werden ihm nicht zur Verfügung gestellt".[2]

In ihrer späteren Schrift: „Mut zur Begabung" (München 1990) ist E. Landau der Hinweis auf eine „kreative Einstellung" wichtig geworden als Voraussetzung für eine „lebendige Beziehung zwischen den flexiblen menschlichen Fähigkeiten und den Herausforderungen und Bedürfnissen einer sich ständig ändernden Welt".[3] Sie definiert: „Für uns bedeutet die kreative Einstellung zur Erziehung Entdeckung, Befreiung und Förderung der Potentiale des lehrenden und lernenden Menschen".[4]

Die hier herausgehobenen Erfahrungen, Einsichten, Erkenntnisse aus Psychologie, Anthropologie und Pädagogik machen die Sorge um die Bedrohung des Menschen und des Menschlichen in der überzivilisierten, technisierten und mediatisierten Welt; die Sorge um den Verlust der Menschlichkeit deutlich. Alle die hier genannten Vertreter aus Wissenschaft und Forschung erkennen in der übersteiger-

---

[1)2)] Landau, E.: Psychologie der Kreativität, München 1974, S. 6/7; S. 8

[3)4)] Landau, E.: Mut zur Begabung, München 1990, S. 52; S. 53

ten Intellektualisierung, Abstrahierung und Akademisierung, in dem einseitigen Leistungsklima der Lernsituation eine der größten Gefahren zur Verwirklichung eines vollen Menschseins. Sie alle sehen in einer gleichgewichtigen Bildung und Ausbildung der kognitiven, emotionalen und sozialen Kräfte und Fähigkeiten eine dringende Notwendigkeit zur Entfaltung einer menschlichen Persönlichkeit und sehen hier die Chance, ja 'Überlebenschance' des Menschen auf schöpferischem und kulturellem Gebiet.

Damit aber erhebt sich die Frage nach einer Position von Kunst und künstlerischer Erziehung und mit ihr auch der Musikerziehung und der Rhythmisch-musikalischen Erziehung in einem institutionellen Rahmen von Kindergarten und Grundschule. Für den Raum der vorschulischen Erziehung kommt U. Ewert zu der Auffassung:

„Der musischen Erziehung z.B. kommt im Rahmen der Vorschulerziehung möglicherweise die Bedeutung eines Modells zu, und zwar deshalb, weil im Gesamtgebiet der musischen Erziehung wichtige Lernziele in einem sachlogischen Verweisungszusammenhang stehen. Angefangen mit der einfachsten Lernart, dem Signallernen, aus dem sich ein für den späteren Erfolg sinnvolles Aufmerksamkeitstraining entwickeln läßt, über Klangwort, Bewegungsverknüpfung, differenziertes Wahrnehmungstraining bis hin zum Lernen von Regeln kann eine Vielzahl von Lernarten trainiert werden. Daß im gleichen Zusammenhang bestimmte Aspekte der Sprach- und Sozialerziehung ihren Platz finden, liegt nahe.

Unfraglich ist andererseits, daß es möglich ist, bestimmte Formen des Erfahrungserwerbs als solche zu üben, Lernstrategien zu verbessern, kurz, Lernen zu lernen und überdauernde Lernmotivation zu wecken. Daß dies nicht gleichbedeutend mit einer Intellektualisierung ist, folgt aus dem Begriff des Lernens selbst. Das Kind lernt analysieren, vergleichen, es lernt aber auch, seinen Gefühlen Ausdruck zu geben, mit anderen umzugehen und sich Ziele zu setzen. Und darin dürften die Hauptziele einer vorschulischen Erziehung in den verschiedenen Institutionen liegen".[1]

Im Lehrplan der Schule wird den künstlerisch-gestaltenden Fächern noch immer nicht der Rang zuerkannt, der ihnen aufgrund von theoretischen Einsichten und Ergebnissen der Forschung zufallen müßte. Sie nehmen Randpositionen ein und gehören zu den gefährdetsten Fächern im Fächerkanon der Schule in Zeiten wirtschaftlicher Not.

Es werden Schüleraussagen laut, die den Mangel an Lehrangeboten aus den künstlerisch-gestaltenden Fächern artikulieren: „So wie hier ist der emotionale Erfahrungsbereich aus der Schule an sich fast gänzlich verdrängt. Der Unterricht ist stark verwissenschaftlicht, und Schulfächer, die der emotionalen Sphäre angehören wie Kunst und Musik, werden vernachlässigt. Menschliche Belange werden mehr und mehr aus der Schule verdrängt".[2]

---

1) Modellkindergärten in NRW; Vortrag: U. Ewert (Bochum), hg. vom Ministerium für Arbeit, Gesundheit und Soziales des Landes NRW 1970, S. 14

2) Eine Abiturrede. In: Das Gespräch aus der Ferne, 33. Jg., Nr. 275/276, Vlotho 1979, S. 13

Auch wird von diesen jungen Erwachsenen erkannt, daß sich mit dieser fehlenden Erfahrung Folgen verbinden, „Folgen, die sich nachher im Zusammenleben mit anderen Menschen zeigen. Dazu gehört, daß als natürlich erwartete Reaktionen wie z.B. Spontaneität in der Zusammenarbeit mit anderen, Engagement und Anteilnahme einfach ausbleiben".[1] Hier wird erneut die Sorge um die Menschlichkeit sichtbar, ja der „Verlust der Menschlichkeit"[2] zum Ausdruck gebracht und auf die Notwendigkeit eines Entwickelns von ethischen Grundwerten hingewiesen: „Der Verantwortung für den Nächsten und des fortwährenden Austausches von Geben und Nehmen".[3] E. Jaques-Dalcroze sprach in diesem Zusammenhang schon 1916 von „Empfangen und Geben als der großen Regel des Menschlichen"[4] und führte diesen Gedankengang weiter, indem er formulierte:

„Und wenn ich mein ganzes System auf die Musik aufbaue, so darum, weil die Musik eine bedeutende seelische Kraft ist, ein Ausfluß von Eindrücken und Ausdruckswillen, der, anreizend und auslösend zugleich, unserem ganzen Lebensmechanismus das Gleichgewicht zu geben vermag.
Sie schafft Ordnung und ist mehr als alle anderen Künste geeignet, mit der Zeit all die tausendfältigen Abstufungen unseres Gefühlslebens erklingen zu lassen. Jeder sollte die Musik in sich haben, wobei ich unter Musik das verstehe, was die Griechen so nannten, d.h. die Gesamtheit unserer sinnlichen und seelischen Eigenschaften, die unaufhörlich wechselnde Symphonie unserer Gefühle, die spontan entstanden, durch das Bewußtsein harmonisiert werden. Diese Musik bildet die Persönlichkeit des Individuums. Daher erachte ich eine Erziehung, die einen intimen Kontakt zwischen dem Bewußten und dem Unbewußten herzustellen, Empfindungen und Gefühle anzuregen und sie gleichzeitig zu ordnen bezweckt, als der Persönlichkeitsentwicklung zuträglich".[5]

Können wir diese Aussage noch verstehen? Kann uns ein solches Verständnis von Musik und Rhythmisch-musikalischer Erziehung noch eine Hilfe bedeuten in einer Zeit voller Unruhe, Hektik, Streß, Leistungsdruck, Konkurrenzstreben Reizüberflutung durch Massenmedien, mangelnder Rhythmisierung der Lebensordnungen – auf der Suche nach neuen Wegen der Menschlichkeit?

Bis in die gegenwärtige Zeit hinein,durch ein ganzes Jahrhundert hindurch, hat sich die Grundidee, der Gedanke von einer 'Erziehung für und durch den Rhythmus' aus dem Geiste des Urhebers und Schöpfers Emile Jaques-Dalcroze mit einigen Modifikationen, Veränderungen, Erweiterungen, erhalten können. Bis in diese Zeit hinein bilden die Fachbereiche für 'Rhythmisch-musikalische Erziehung' an den Staatlichen Hochschulen für Musik Lehrende in 'dem künstlerisch-pädagogischen Hauptfach 'Rhythmische Erziehung' aus, die in musikpädagogischen, pädagogischen und heilpädagogischen Feldern eine vielseitige Tätigkeit finden.

---

[1] [2] Eine Abiturrede. a.a.O. S. 13

[3] Richter, H. E.; zit. nach Beitrag: Eliten, verfaßt von L. Faltz. In: Das Gespräch aus der Ferne, 34. Jg., Nr. 279, Vlotho 1980, S. 2

[4] [5] Jaques-Dalcroze, E.: Die Rhythmik. Unterricht zur Entwicklung des rhythmischen und metrischen Instinktes, des Sinnes der plastischen Harmonie, des Gleichgewichtes der Bewegungen, und zur Regulierung der Bewegungsgewohnheiten, Leipzig 1916, Vorwort

Rhythmisch-musikalische Erziehung fand in den Jahren von 1978-1981, erstmals Eingang in einen Bundesmodellversuch 'Künstler und Schüler' als Modellversuch 'Rhythmik und Tanz in der Schule'. Dieser wandte sich an Grund-, Haupt- und Sonderschulen in Remscheid und fand auf Bundesebene eine große Resonanz. In der Dokumentation dieses Modellversuches faßt die Redaktionsgruppe Grundschule Remscheid das Ergebnis in dem Resümee zusammen:

„Der Modellversuch hat auf seine Weise dazu beigetragen, Schule wiederum ein wenig liebenswerter und kindgerechter zu gestalten und zu einer Stätte zu entwickeln, 'in der sich das Lernen für die Kinder in einer freien und befreienden Atmosphäre vollziehen kann und in der Kinder sich glücklich fühlen '(Grundschulrichtlinien NW 1973).
Es gab Erfolge in dem Bemühen, die durch das Fächerdenken hervorgerufene Zersplitterung der Bildungsarbeit mehr zu überwinden und das 'ganze' Kind mit seinen leiblich-organischen und geistig-seelischen, seinen individuellen und sozialen Bedürfnissen zu entdecken und es in der Verbindung von Musik und Bewegung, Sprache und dem Bildnerischen in seiner Lebenswelt aufzusuchen. Angestrebt wurde eine ästhetische Erziehung im weiteren Sinne, wobei die Bedeutung des griechischen Wortes aisthesis = Wahrnehmungserziehung gemeint war. Es ging um eine Stärkung und Schärfung möglichst aller Sinne und einer hiermit verbundenen Förderung der vielfältigen Kräfte des Kindes zur Ausdrucksgestaltung im Bereich der Bewegung, der Musik, der Sprache, des Bildnerischen. Dabei konnte zugleich nachgewiesen werden, daß eine bewußte musische Erziehung positive Transfereffekte, d.h. Mitlern- und Mitübungseffekte, in Bereichen kognitiven Lernens in den traditionellen Schulfächern bewirkt“.[1]

Darüber hinaus ist bis in die gegenwärtige Zeit hinein ein reiches, erweitertes Schrifttum zur Rhythmisch-musikalischen Erziehung zu bemerken: wissenschaftliche Forschungsberichte; Literatur, die durch ihren herausgestellten Zusammenhang von Praxis und Theorie erneut auf ihren Beitrag zur Gesamtbildung des Menschen, zu einer Humanisierung der Erziehung in dieser 'Industriezivilisation' aufmerksam machen möchte.

O. Fr. Bollnow überschreibt eine Rede, gehalten bei den Feierlichkeiten der Immatrikulation am 24. Nov. 1960: „Die Forderung der Menschlichkeit“. Er sieht es als eine Notwendigkeit an, den Begriff 'Humanität', auch das deutsche Wort 'Menschlichkeit' auf seine Grundbedeutung zurückzuführen:

„Unter Humanität verstehen wir die Menschlichkeit in einem zeitlos allgemeinen Sinn. ...Die echte Menschlichkeit ist nicht an ein bestimmtes Menschenbild gebunden, sie ist in jedem möglich, sofern dieses nicht von vornherein den Wert des Menschenlebens verleugnet und sich bewußt dem Unmenschen verschreibt. Sie ist überhaupt keine bestimmte Gestalt des Menschenbildes, sondern eine bestimmte

---

[1] Redaktionsgruppe Grundschule Remscheid: Modellversuch Rhythmik und Tanz in der Schule im Bundesmodellversuch 'Künstler und Schüler' – Primarstufe – 1978-1981, hg. vom Schulamt für die Stadt Remscheid; zit. nach K. Lorenz: Durchbruch zum Rhythmischen in der Erziehung. In: Erziehen heute, 32. Jg., H. 3, 1982, S. 18/19

Zielsetzung, die sich jedesmal neu mit den Bedingungen der Gegenwart auseinandersetzt und die darum jedesmal eine neue Gestalt annehmen muß".[1]

O. Fr. Bollnow sieht die Bedrohung des Menschen in der modernen technisierten Welt und der durch sie bedingten Mechanisierung und Mediatisierung des Lebens vorwiegend in den drei Richtungen: „1. dem rücksichtslosen Erfolgsstreben; 2. der Einschmelzung in die Masse; 3. der Degradierung des Menschen zum bloßen Objekt".[2] Daraus resultieren für ihn als unerläßliche 'Forderungen der Menschlichkeit', deren Erfüllung weitgehend in die Hand eines jeden einzelnen gegeben ist:

- Erste Forderung: „In der Hast und dem Getriebe der Gegenwart zur wirklichen Muße zu kommen, so viel Anstrengung es auch kostet".[3]
- Zweite Forderung: Die Zuerkennung des Schutzes eines inneren Bereiches, einer Intimsphäre des Menschen, zur „Bewahrung und Neugewinnung der Menschlichkeit".[4]
- Dritte Forderung: Die Achtung der „Würde des Menschen im Mitmenschen".[5]
- Vierte Forderung: „Das große Werk der Aufklärung in unserer Zeit unter wesentlich erschwerten Bedingungen wieder aufzunehmen".[6]

Damit fällt der Erziehung die Aufgabe zu, in dem Menschen „die Kräfte zu entwickeln, die ihn befähigen, der unablässigen Beeinflussung gegenüber standzuhalten und seine eigene Auffassung zu behaupten. Das erfordert in ihm die Ausbildung seiner freien Vernunft, insbesondere seiner Urteilsfähigkeit, die es ihm erlaubt, der Masse gegenüber Abstand zu gewinnen und aus begründeter eigener Verantwortung zu entscheiden".[7]

Menschlichkeit drückt sich für O. Fr. Bollnow in folgenden Merkmalen aus:

- Menschlichkeit bezieht sich im besonderen Sinn auf das Verhältnis zum anderen Menschen;
- Menschlichkeit bezeichnet eine bestimmte Weise des Verhaltens zum anderen Menschen, eine 'menschliche' Form des Umgangs;
- Menschlichkeit ist nie selbstverständlicher Besitz des Menschen, sondern muß in immer erneutem Bemühen gewonnen werden;
- Wesenszüge der Menschlichkeit sind: „Die schamhafte Zurückhaltung vor der Innerlichkeit des Menschen, die Ehrfurcht vor allem, was ihm heilig ist, die tiefe Duldsamkeit für fremde Eigenart und fremde Meinung";[8] die Milde (sie steht im Gegensatz zum Harten und Strengen) und die Duldsamkeit als entscheidendes Kennzeichen der reifen Menschlichkeit.

„Menschlichkeit ist also eine Tugend, die der Mensch niemals für sich allein in seiner Einsamkeit bewähren kann, sondern die sich nur im Verhältnis mit anderen Menschen offenbart".[9]
Die Aufgabe besteht darin, „sich das Wesen der Menschlichkeit in schlichter Anschauung zu vergegenwärtigen und ihr reines Bild auf sich wirken zu lassen,

---

1) 2) 3) 4) 5) 6) 7) 8) 9) Bollnow, O. Fr.: Die Forderung der Menschlichkeit, Tübingen 1961, S. 17; S. 19; S. 20; S. 23; S. 12

denn von diesem Bild, wie es sich in wahrhaft menschlichen Menschen verkörpert, geht eine überzeugende Kraft aus, die alles aufgeblasene und übersteigerte Getue dagegen verblassen läßt und den Menschen mit sanfter Gewalt zum Wesentlichen zurückführt. Das Wichtigste, was man tun kann, ist, diese Kräfte zu stärken, indem man das unbewußt in ihnen Erfahrene in klarem Bewußtsein befestigt".[1]

Oder, wie Y. Menuhin es zu einer späteren Zeit, in seiner Schrift: „Kunst als Hoffnung für die Menschheit. Reden und Schriften" (München 1986; 1991), voller Zuversicht für eine zukünftige Position der Kunst und die Künste in einem Gesamtgefüge menschlichen Lebens und Überlebens zu formulieren vermochte: „Wir müssen diesen riesigen Fortschritt mit einem ähnlichen Fortschritt in Menschlichkeit und Achtung vor dem Leben ausgleichen; wir sind in unserer Einseitigkeit etwas zu weit gegangen".[2]

Leben ist die Musik im lebendigen und
belebenden Rhythmus

Emile
Jaques-Dalcroze

---

[1]) Bollnow, O. Fr., a.a.O., S. 23/24

[2]) Menuhin, Y.: Kunst als Hoffnung für die Menschheit. Reden und Schriften, München 1986, S. 124

V Bibliographie

I Pädagogische und musikpädagogische Hauptentwicklungslinien seit der Jahrhundertwende

1. Die Reformpädagogische Bewegung

Andenkenbüchlein des Pestalozzi-Fröbel-Hauses zur 150. Wiederkehr von Fr. Fröbels Geburtstag, 44. Jg. d. Vereinszeitung d. Pestalozzi-Fröbel-Hauses I Berlin 1832

Blensdorf, Ch.: Die Rhythmik in der Universitätsschule. In: Das gestaltende Schaffen im Schulversuch der Jenaer-Universitätsschule (1925-1930), hg. von Petersen, P./Foertsch, A., Weimar 1930

Bollnow, O. Fr.: Die Rückkehr zum Ursprung als Grundgedanke der Fröbelschen Pädagogik. In: Festschrift zum Fröbel-Gedenkjahr 1952; Blätter des Pestalozzi-Fröbel-Verbandes, 3. Jg., Nr. 3/4, 1952, 5. 3-11

Barow-Bernstorff, E.: Beiträge zur Geschichte der Volksschulerziehung, Berlin 1971

Böhme, Fr. M.: Deutsches Kinderlied und Kinderspiel. Volksüberlieferungen aus allen Landen deutscher Zunge, Leipzig 1897; Reprint-Nachdruck, Neudeln/Liechtenstein 1967

Böhm, W. (Hg.): Maria Montessori. Texte und Diskussion, Bad Heilbrunn 1971

Böhm, W. (Hg.): Maria Montessori. Texte und Gegenwartsdiskussion, Bad Heilbrunn 1996

Blätter d. Int. Montessori-Gesellschaft, hg. von M. Montessori; Dt. Ausgabe, v. Verein Montessori-Pädagogik Deutschlands e.V., H.1, Stuttgart 1932

Cassirer, H./Liesegang, E./Weber-Schäfer, M. (Hg.): Die Idee einer Schule im Spiegel der Zeit. Festschrift für Paul Geheep zum 80. Geburtstag und zum 4ojährigen Bestehen der Odenwaldschule, Heidelberg 1950

Blätter des Pestalozzi-Fröbel-Verbandes, Schriftleitung: E. Stranad, 3. Jg., H.1, Heidelberg 1952; Festschrift zum Fröbel-Gedenkjahr 1952

Comenius, Joh. A.: Große Unterrichtslehre (aus dem Lat. übersetzt u. mit Einleitung u. Anmerkungen versehen v. J. Beeger/F. Boubek), Berlin 1871

Comenius, Joh. A.: Große Didaktik, hg. v. A. Flitner, Stuttgart 1982; (Päd. Texte, hg. v. W. Flitner)

Comenius, Joh. A.: Informato Der Mutter Schul, Langensalza 1898

Comenius, Joh. A.: Informatorium der Mutterschul, hg. von J. Heubach, Heidelberg 1962

Copei, Fr.: Der fruchtbare Moment im Bildungsprozeß, Heidelberg 1950, eingeleitet u. hg. von H. Sprenger (1. Aufl., Leipzig 1930)

Die Reichsschulkonferenz 1920. Ihre Vorgeschichte und Vorbereitung und ihre Verhandlungen, Leipzig 1921

Dietrich, Th. (Hg.): Die pädagogische Bewegung „Vom Kinde aus“, Bad Heilbrunn 1973

Dietrich, Th. (Hg.): Die Landerziehungsheimbewegung, Bad Heilbrunn 1967

Döpp-Vorwald, H.: Die Erziehungslehre Peter Petersens, Ratingen 1962

Driesch, H.: Der Mensch und die Welt, Leipzig 1928

Droescher, L.: Der Kindergarten als Unterbau der Einheitsschule, Berlin o.J.

Dt. Archiv für Jugendwohlfahrt (Hg.): Taschenbuch für Kindergärtnerinnen u. Hortnerinnen, Berlin 1929 (1. Aufl. 1927)

Das werdende Zeitalter. Vierteljahresrundschau d. Int. Arbeitskreises f. Erneuerung d. Erziehung, hg. v. E. Rotten, 4. Jg., Gotha 1925 (H. 2: mit Ankündigung der Dritten Int. Päd. Konferenz in Heidelberg vom 2. Aug. bis 15. Aug. 1925; Thema: Die Entfaltung der schöpferischen Kräfte im Kinde

Erning, G. (Hg.): Quellen zur Geschichte der öffentlichen Kleinkindererziehung, Kastellaun 1976

Eurythmie. Sonderdruck der Zts. „Erziehungskunst", H. 6, 1975, hg. vom Bund der Freien Waldorfschulen, Stuttgart 1975

Flitner, W./Kudritzki, G. (Hg.): Die Deutsche Reformpädagogik, Bd. I, II, München/ Düsseldorf 1961; 1962 (Päd. Texte, hg. v. W. Flitner

Friedrich Fröbel und die Gegenwart. Beiträge zur Bildung der Persönlichkeit, hg. von H. Nohl, G. Kerschensteiner, A. Braig, L. Weismantel, Leipzig 1930

Fröbel, Fr.: Mutter- und Koselieder, hg. von Joh. Prüfer, Leipzig 1927

Flitner, A.: Reform der Erziehung. Impulse des 20. Jahrhunderts, München/Zürich 1993

Fröbel, Fr.: Ges. päd. Schriften, hg. v. W. Lange, Bd. I: Aus Fröbels Leben u. erstem Streben (1966); Bd. II: Ideen Fr. Fröbels über „Die Menschenerziehung" (1966); Bd III: Pädagogik des Kindergartens (1966), Osnabrück

Fröbel, Fr.: Ausgewählte Schriften, hg. v. E. Hoffmann, Bd. I: Kleine Schriften u. Briefe (1964); Bd. II: Menschenerziehung; Bd. III: Vorschulerziehung und Spieltheorie, hg. v. H. Heiland (1974), Düsseldorf/München; (Päd. Texte, hg. v. W. Flitner)

Gaudig, H.: Die Schule im Dienste der werdenden Persönlichkeit (Bd. 1, 2), Leipzig 1922

Gaudig, H.: Die Schule der Selbsttätigkeit, hg. v. L. Müller, Bad Heilbrunn 1969

Gaudig, H.: Die Idee der Persönlichkeit und ihre Bedeutung für die Pädagogik, Heidelberg 1965

Gaudig, H. (Hg.): Freie geistige Schularbeit in Theorie und Praxis. Im Auftrage des Zentralinstituts für Erziehung und Unterricht Berlin, Breslau 1922

Gerhards, K.: Zur Beurteilung der Montessori-Pädagogik. Eine Auseinandersetzung mit ihren heutigen Kritikern (Stern, Hessen, Spranger, Muchow), Leipzig 1928

Gläser, Joh. (Hg.): Vom Kinde aus. Arbeiten d. Päd. Ausschusses d. Gesellschaft d. Freunde d. Vaterländischen Schul- und Erziehungswesens zu Hamburg, Hamburg/ Braunschweig 1920

Grossmann, W.: Vorschulerziehung. Historische Entwicklung und alternative Modelle, Köln 1974

Hammerer, F.: Maria Montessoris pädagogisches Konzept. Anfänge der Realisierung in Österreich, Wien 1997

Hecker, H./Muchow, M.: Friedrich Fröbel und Maria Montessori, Leipzig 1927; mit einer Einleitung von E. Spranger

Hilker, F. (Hg.): Die Lebensschule. Schriftenfolge des Bundes entschiedener Schulreformer, H. 12: Die Selbsterziehung des Kindes, Berlin 1923

Hentig, H. von: Janusz Korczak oder Erziehung in einer friedlosen Welt. In: Börsenblatt des Dt. Buchhandels, Frankfurt/M, 1972, S. 21-76

Holtstiege, H.: Modell Montessori. Grundsätze und aktuelle Geltung der Montessori-Pädagogik, Freiburg/B./Basel/Wien 1977; 1994

Holtstiege, H.: Erzieher in der Montessori-Pädagogik. Bedeutung, Aufgaben, Probleme, Freiburg/B./Basel/Wien 1991

Holtstiege, H.: Montessori-Pädagogik und soziale Humanität, Freiburg/B. Basel/ Wien 1994

Hemleben, J.: Rudolf Steiner in Selbstzeugnissen und Bilddokumentationen, Reinbek/ b. Hamburg 1963

Hoffmann, E.: Vorschulerziehung in Deutschland, Witten 1971

Jahrbuch für Pädagogik 1993. Öffentliche Pädagogik vor der Jahrhundertwende: Herausforderungen, Widersprüche, Perspektiven, Redaktion: K.-Ch. Lingelbach/H. Zimmer, Frankfurt/M./Berlin/Bern/New York Paris/ Wien 1993

Jacoby, H.: Die Befreiung der schöpferischen Kräfte, dargestellt am Beispiele der Musik. In: Rotten, E. (Hg.): Die Entfaltung der schöpferischen Kräfte im Kinde, Gotha 1926, 5. 24-32

Jaques-Dalcroze, E.: Rhythmus, Musik und Erziehung, (1. Aufl., Basel 1921); Wolfenbüttel 1977; Seelze-Velber 1988; (aus dem Französischen übertragen von J. Schwabe)

Karstädt, O.: Versuchsschulen und Schulversuche. In: Die Theorie der Schule und der Schulaufbau, Langensalza 1926

Kath, R.: Das Erziehungssystem der Maria Montessori, Rostock 1926

Kerschensteiner, G.: Begriff der Arbeitsschule, München/ Düsseldorf/ Stuttgart 1969

Kerschensteiner, G.: Die freie Selbstbetätigung als Mittel der Persönlichkeitsbildung. In: Fr. Fröbel und die Gegenwart. Beiträge zur Bildung der Persönlichkeit, Leipzig 1930, 5. 25-40

Kessels, J.: Geschichtliche Quellen der Kindergartenarbeit. In: Der Kindergarten, hg. v. H.Mörsberger/E. Moskal/E. Pflug, Bd. 1, Freiburg/B. 1978, S. 190-226

Key, E.: DasJahrhundert des Kindes (1900), dt. Berlin 1902, 1926; autorisierte Übertragung v. F. Maro; neu herausgegeben mit einem Nachwort von U. Herrmann, Weinheim/ Basel 1992

Kiene, M.: Zur Geschichte der frühkindlichen Erziehung in Deutschland. In: Kien, M. (Hg.): Das Kind im Kindergarten, Freiburg/B. 1964, S. 167-175

Klett, E.: Janusz Korczak. Zur Verleihung des Friedenspreises. In: Festschrift, Börsenblatt des Dt. Buchhandels, Frankfurt/M. 1972, Beginn

Klink, E.: Eurythmie. In: Programm der Frühjahrstournee 1978 des Eurythmeum Stuttgart, o. S.

Kodaly, Z.: Mein Weg zur Musik. Fünf Gespräche mit L. Besch, Zürich 1966

Korczak, J.: Das Recht des Kindes auf Achtung, Göttingen 1979

Kramer, R.: Maria Montessori. Leben und Werk einer großen Frau, Frankfurt/M. 1995

Krecker, M.: Quellen zur Geschichte der Vorschulerziehung, Berlin 1971

Lange, W. (Hg.): Friedrich Fröbels gesammelte Schriften; Reihe: Die Pädagogik des Kindergartens. Gedanken Fr. Fröbels über das Spiel und die Spielgegenstände des Kindes, Osnabrück 1966

Lehmann, R.: Die pädagogische Bewegung im Beginn des zwanzigsten Jahrhunderts. In: Jahrbuch des Zentralinstitutes für Erziehung und Unterricht, Berlin, 2. Jg., Berlin 1920, 5. 62-107

Leser, P.: Gustav Wyneken. In: Die Tat, 13. Jg., Bd. 2, Jena 1922, S.764-771

Lietz, H.: Schulreform durch Neugründung. Ausgewählte Schriften (besorgt v. R. Lassan), Paderborn 1970

Lietz, H.: Zeugnisse seiner Zeitgenossen, hg. v. E. Kutzer, Stuttgart 1968

Lilge, F.: Dewey, J. In: Lexikon der Pädagogik, Freiburg/B./Basel/Wien 1974, S. 291

Lindenberg, Ch.: Waldorfschulen: Angstfrei lernen, selbstbewußt handeln, Reinbek/b. Hamburg 1981

Lindenberg, Ch.: Die Lebensbedingungen des Erziehens, Reinbek/b. Hamburg 1981

Lingelbach, K.-Ch./Zimmer, H. (Redaktion): Jahrbuch für Pädagogik 1999. Das Jahrhundert des Kindes?, Frankfurt/M./Berlin/Bern/Bruxelles/New York/ Wien 2000

Litt, Th.: Führen oder Wachsenlassen, Stuttgart 1967 (1. Aufl., Leipzig 1927)

Locke, J.: Einige Gedanken über Erziehung; übersetzt und mit Einleitung und Anmerkungen versehen von M. Schuster, Leipzig 1873

Mieskes, H. (Hg.): Jenaplan. Anruf und Antwort. Zur 80. Wiederkehr des Geburtstages Peter Petersens, Oberursel 1965

Montessori, M.: Selbsttätige Erziehung im frühen Kindesalter, Stuttgart 1913

Montessori, M.: Die Entwicklung des Tastgefühls. In: Kindergarten, hg. v. Dt. Fröbel-Verband, 54. Jg., Leipzig 1913, 5. 50-52

Montessori, M.: Mein Handbuch, Grundsätze und Anwendung meiner neuen Methode der Selbsterziehung der Kinder, Stuttgart 1922; 1928

Montessori, M.: Montessori-Erziehung für Schulkinder, Stuttgart 1926; Schule des Kindes, Freiburg/B./Basel/Wien 1076; 1989; 1996

Montessori, M.: Grundlagen meiner Pädagogik und weitere Aufsätze zur Anthropologie und Didaktik (besorgt und eingeleitet von B. Michael, Heidelberg 1965; 1985

Montessori, M.: Die Entdeckung des Kindes, hg. und eingeleitet von P. Oswald/ G. Schulz-Benesch, Freiburg/B./Basel/Wien 1971; 1987; 1997

Montessori, M.: Das Zentrum und die Perepherie. In: Böhm, W. (Hg.): Maria Montessori. Texte und Gegenwartsdiskussion, Bad Heilbrunn 1996, S. 44-47

Montessori, M.: Der Aufbau der Persönlichkeit durch die Organisation der Bewegungen. In: Böhm, W. (Hg.): Maria Montessori. Texte und Gegenwartsdiskussion, Bad Heilbrunn 1996, S. 80-84

Montessori, M.: Kinder sind anders, Stuttgart 1952; 1993

Montessori, M.: Grundlagen meiner Pädagogik. In: Hdb. der Erziehungswissenschaft, Teil III: Familien- und Kleinkinderpädagogik, hg. v. A. Heinen/E. Rahner/M. Montessori, München 1934, S. 265-286

Muchow, M.: Psychologische Probleme der frühen Kindheit, Erfurt 1929

Nägeli, U-G./Pfeiffer, M.T.: Gesangbildungslehre nach den Pestalozzischen Grundsätzen, pädagogisch begründet von M.T. Pfeiffer, methodisch bearbeitet von H.-G. Nägeli, Leipzig 1810

Neue Aspekte der Reformpädagogik. Studien zur Anthropologie und Pädagogik bei Kerschensteiner, Dewey und Montessori, von Th. Hagenmaier, W. Corell, B. van Veen-Bosse; Einführung v. O. Fr. Bollnow, Heidelberg 1964

Nohl, H.: Die pädagogische Bewegung in Deutschland und ihre Theorie, Frankfurt/M. 1957

Nohl, H./Pallat, L. (Hg.): Handbuch der Pädagogik, Bd. III: Allgemeine Didaktik und Erziehungslehre, Langensalza 1928

Oestreich, P. (Hg.): Das Kleinkind. Seine Not und seine Erziehung. Vorträge vom Kongreß für Kleinkind-Erziehung (1. Okt. bis 5. Okt. 1932 im Neuen Rathaus zu Berlin-Schöneberg); Jena 1932

Oestreich, P. (Hg.): Menschenbildung. Ziele und Wege der entschiedenen Schulreform. Vorträge entschiedener Schulreformer, gehalten im Zentralinstitut für Erziehung und Unterricht Berlin (Jan. bis März 1922), Berlin 1922

Oestreich, P./Tacke, O. (Hg.): Der neue Lehrer. Die notwendige Lehrerbildung. Beiträge zur entschiedenen Schulreform, Osterwieck am Harz 1926

Oestreich, P. (Hg.): Schöpferische Erziehung. Entschiedene Schulreform II, Vorträge, gehalten auf der freien Schulkonferenz des Bundes entschiedener Schulreform (31. März bis 2. April 1920), Berlin 1920

Oswald, P./Schulz-Benesch, G. (Hg.): Grundgedanken der Montessori-Pädagogik. Aus Maria Montessoris Schrifttum und Wirkkreis zusammengestellt, Freiburg B/Basel/Wien 1967; 1997

Pehnke, A./Förster, G./Schneider, W. (Hg.): Anregungen international verwirklichter Reformpädagogik. Traditionen, Bilanzen, Visionen. Greifswalder Studien zur Erziehungswissenschaft, Bd. 8, Frankfurt/M./Berlin/Bruxelles/New York/Wien 1999

Pestalozzi, Joh. H.: Pestalozzi über seine Anstalt in Stans, hg. von E. Blochmann/G. Geißler/H. Nohl/E Weniger, Weinheim 1963

Pestalozzi, Joh. H.: Wie Gertrud ihre Kinder lehrt und ausgewählte Schriften zur Methode, besorgt von F. Pfeffer, Paderborn 1978

Pestalozzi, Joh. H.: Ausgewählte Schriften, hg. von W. Flitner, Düsseldorf/München 1954

Pestalozzi, Joh. H.: Über den Sinn des Gehörs. In: Pestalozzi, Joh. H.; Ausgewählte Schriften, hg. von W. Flitner, Düsseldorf/München 1954

Petersen, P.: Innere Schulreform und neue Erziehung, Weimar 1925

Petersen, P.: Die neueuropäische Erziehungsbewegung, Weimar 1926

Petersen, P.: Der kleine Jena-Plan, Weinheim/Basel 1974 (1. Aufl. 1927)

Petersen, P.: Das Unterrichtsleben. In: Die Quelle, 80. Jg., Wien 1930, 5. 118-132

Petersen, P.: Schulleben und Unterricht einer freien allgemeinen Volksschule nach den Grundsätzen Neuer Erziehung, Weimar 1930

Petersen, P.: Führungslehre des Unterrichts, Braunschweig 1959 (1. Aufl. 1937)

Petersen, P./ Wolff, H.: Eine Grundschule nach den Grundsätzen der Arbeits- und Lebensgemeinschaftsschule, Weimar 1925

Petersen, P./ Foertsch, A. (Hg.): Das gestaltende Schaffen im Schulversuch der Jenaer Universitätsschule (1925-1930), Weimar 1930

Petersen, P./ Petersen, E.: Die Pädagogische Tatsachenforschung; Schönings Sammlung pädagogischer Schriften; Quellen zur Geschichte der Pädagogik, hg. v. Th. Rutt, Paderborn 1965

Preußner, E.: Allgemeine Musikerziehung, Heidelberg 1959

Prüfer, Joh.: Quellen zur Geschichte der Kleinkindererziehung, Frankfurt/M./Berlin 1913

Prüfer, Joh.: Geschichte der Kleinkinderpädagogik, Leipzig/München 1923

Rahner, E.: Die Pädagogik der Kindertagesstätte. In: Hdb. d. Erziehungswissenschaft, Teil III: Familien- u. Kleinkinderpädagogik, hg. v. A. Heinen/E. Rahner/M. Montessori, München 1934, S. 85-264

Ranke, J. Fr.: Erziehung und Beschäftigung kleiner Kinder in Kleinkinderschulen und Familien. Anleitung, Kinder in den ersten Lebensjahren zu erziehen, durch Spielen, Arbeiten und vorbereitenden Unterricht zu beschäftigen, 3. Aufl. 1863

Reble, A.: Geschichte der Pädagogik, Stuttgart, 1971; 1995 (1. Aufl. 1951)

Reble, A.: Dokumentationsband I, II zur Geschichte der Pädagogik, Stuttgart 1992; 1993 (1. Aufl. 1971)

Reble, A. (Hg.): Die Arbeitsschule, Bad Heilbrunn 1969

Rotten E. (Hg.): Die Entfaltung der schöpferischen Kräfte im Kinde. Bericht d. Dritten Int. Päd. Konferenz d. Int. Arbeitskreises f. Erneuerung d. Erziehung in Heidelberg v. 2. Aug. bis 15. Aug. 1925, Gotha 1926

Röhrs, H.: Reformpädagogik und ihre Perspektiven für eine Bildungsreform; Reihe: Schule und Unterricht, hg. v. J. Petersen/ G.-B. Reinert, Donauwörth 1991

Röhrs, H.: Die Reformpädagogik. Ursprung und Verlauf unter internationalem Aspekt, Weinheim 1994

Röhrs, H.: Der Weltbund für Erneuerung der Erziehung. Wirkungsgeschichte und Zukunftsperspektiven, Weinheim 1995

Reinert, G.-B./Arnhardt, G./Cornelius, P. (Hg.): Johann Heinrich Pestalozzi. Anthropologisches Denken und Handeln, Donauwörth 1999

Rousseau, J.J.: Emile oder Über die Erziehung, dt. Übersetzung, besorgt v. L. Schmidts, Paderborn 1971

Rousseau, J.J.: Emile oder Über die Erziehung, hg., eingeleitet u. mit Anmerkungen versehen v. M. Rang; unter Mitarbeit d. Herausgebers aus dem Franz. übertragen v. E. Sokomodau, Stuttgart 1998 (1963)

Schäfer, W.: Die Odenwaldschule 1910-1960. Der Weg einer freien Schule; Schriftenreihe der Odenwaldschule, H.1, Heppenheim (Bergstraße) 1960

Schäfer, W.: Paul Geheep. Mensch und Erzieher. Eine Biographie, Stuttgart 1964

Schäfer, W. (Hg.): Paul Geheep – Briefe. Mensch und Idee in Selbstzeugnissen, Stuttgart 1970

Scheibe, W. (Hg.): Die Pädagogik im XX. Jahrhundert. Eine Enzyklopädische Darstellung ihrer Grundfragen, geistigen Gehalte und Einrichtungen, Stuttgart 1960

Scheibe, W.: Die Reformpädagogische Bewegung, Weinheim/Basel 1976; 1994 (1. Aufl. 1969)

Seidel, H.: Die Arbeitsschule als Grundstein der harmonischen Menschenbildung. In: Die Reichsschulkonferenz, Ostern 1920, a.a.O., S. 26-44

Spranger, E.: Pestalozzis Denkformen, Heidelberg 1959

Standing, E.M.: Maria Montessori. Leben und Werk, Stuttgart o.J. (1959)

Stern, K.: Methodik der täglichen Kinderhauspraxis. Psychologische und pädagogische Erfahrungen mit einem erweiterten Montessori-System, Leipzig 1932

Stern, K.: Wille, Phantasie und Werkgestaltung in einem erweiterten Montessori-System, Leipzig 1933

Steiner, R.: Die Waldorfschule und ihr Geist. Drei Vorträge, gehalten am 24. u. 31. Aug. 1919 in Stuttgart, anläßlich der Gründung der Freien Waldorfschule, Dornach 1980

Steiner, R.: Menschenkenntnis und Unterrichtsgestaltung. Acht Vorträge f. d. Lehrer d. Freien Waldorfschule in Stuttgart, v. 12. bis 19. Juni 1921, Dornach 1978

Steiner, R.: Die dreifache Gestalt der Eurythmie. In: Eurhythmie. Sonderdruck der 'Erziehungskunst' 1975, H. 6, Stuttgart 1975

Van der Pals, L.: Was ist Eurythmie?, Dornach 1974

Vom Lehrplan der Freien Waldorfschule, bearbeitet von C. von Heydebrand, Stuttgart 1978

Waldorfpädagogik in öffentlichen Schulen,Versuche und Erfahrungen mit der Pädagogik R. Steiners, hg. v. d. Freien Pädagogischen Vereinigung Bern/Freiburg/B. 1976

Wicke, R.: Musikalische Erziehung und Arbeitsschule, Leipzig 1912

Wilhelm, Th.: Pädagogik der Gegenwart, Stuttgart 1967

Wyneken, G.: Schule und Jugendkultur, Jena 1913

Wolffheim, N.: Kinderspiel und Kinderarbeit. Briefe aus dem Kindergarten an eine Mutter, Stuttgart 1930

Zentralinstitut für Erziehung und Unterricht Berlin (Hg.): Kleinkinderfürsorge. Einführung in ihr Wesen und ihre Aufgaben, Leipzig/ Berlin 1917

Zorell, E.: Vorschulerziehung im Kindergarten - geschichtlicher Aspekt. In: Blätter des Pestalozzi-Fröbel-Verbandes, 24. Jg., Heidelberg 1973, S. 148 ff; S. 161 ff

2. Die Kunsterziehungsbewegung

Batka, R.: Musikalische Kultur. In: Kunsterziehung. Ergebnisse und Anregungen des dritten Kunsterziehungstages in Hamburg, ..., Leipzig 1906, S. 267-277

Braun, G.: Die Schulmusikerziehung in Preußen, Kassel/Basel 1957

Dessoir, M.: Das musikalische Genießen. In: Kunsterziehung. Ergebnisse und Anregungen des dritten Kunsterziehungstages in Hamburg, ..., Leipzig 1906, S. 107-116

Dessoir, M.: Aesthetik und allgemeine Kunstwissenschaft, Stuttgart 1923

Fuchs, G.: Der Tanz. In: Kunsterziehung. Ergebnisse und Anregungen des dritten Kunsterziehungstages in Hamburg, ..., Leipzig 1906, S. 241-256

Hilker, F.: Kunst und Schule (entschiedene Schulreform IV). Wege u. Ziele schöpferischer Gestaltung, festgelegt auf der Tagung des Bundes entschiedener Schulreform in Lankwitz, Berlin 1922

Johannsen, H.: Der Schulgesang als Bildungsmittel des künstlerischen Geschmackes. In: Kunsterziehung. Ergebnisse und Anregungen des dritten Kunsterziehungstages in Hamburg, ..., Leipzig 1906, S. 64-81

Kunsterziehung. Ergebnisse und Anregungen des ersten Kunsterziehungstages in Dresden (28. u. 29. Sept. 1901), Leipzig 1902

Kunsterziehung. Ergebnisse und Anregungen des zweiten Kunsterziehungstages in Weimar (9.; 10.; 11. Okt. 1903), Leipzig 1904

Kunsterziehung. Ergebnisse und Anregungen des dritten Kunsterziehungstages in Hamburg (13.; 14.; 15. Okt. 1905), Leipzig 1906

Kunsterziehung. Ergebnisse und Anregungen der Kunsterziehungstage in Dresden, Weimar, Hamburg, hg. v. Zentralinstitut für Erziehung und Unterricht Berlin, Leipzig 1929

Kestenberg, L. (Hg.): Jahrbuch der Deutschen Musikorganisation 1931; bearbeitet v. F. W. Beidler u. E. A. Beidler, Berlin 1931

Lange, K.: Das Wesen der künstlerischen Erziehung. In: Kunsterziehung. Ergebnisse und Anregungen des Kunsterziehungstages in Dresden, Leipzig 1902, S. 27-38

Langbehn, J. A.: Rembrandt als Erzieher. Von einem Deutschen, Leipzig 1891; 1922

Lichtwark, A.: Musik und Gymnastik. In: Kunsterziehung. Ergebnisse und Anregungen des dritten Kunsterziehungstages in Hamburg, Leipzig 1906, S. 25-29

Lichtwark, A.: Der Deutsche der Zukunft. In: Kunsterziehung. Ergebnisse und Anregungen der Kunsterziehungstage in Dresden, Weimar, Hamburg, Leipzig 1929, S. 11-22

Lichtwark, A.: Die Einheit der künstlerischen Erziehung. In: Kunsterziehung. Ergebnisse und Anregungen der Kunsterziehungstage in Dresden, Weimar, Hamburg, Leipzig 1929, S. 118-127

Lorenzen, H.: Die Kunsterziehungsbewegung, Bad Heilbrunn, 1966

Nohl, H.: Die pädagogische Bewegung in Deutschland und ihre Theorie, Frankfurt/M. 1957

Pallat, L.: Kunsterziehung. In: Die deutsche Schulreform, Leipzig 1920, S. 117-131

Pallat, L.: Die Kunsterziehung. In: Nohl, H./Pallat, L. (Hg.): Handbuch der Pädagogik, Bd. 3, Langensalza 1930, S. 408-428

Pallat, L./Hilker, F. (Hg.): Künstlerische Körperschulung, Breslau 1925

Scheibe, W.: Die Reformpädagogische Bewegung, Weinheim/Basel 1976; 1994 (1. Aufl. 1969)

Sparbier, J.: Spiele und volkstümliche Übungen. In: Kunsterziehung. Ergebnisse und Anregungen des dritten Kunsterziehungstages in Hamburg, Leipzig 1906, S. 185-222

Zentralinstitut für Erziehung und Unterricht Berlin (Hg.): Jahrbuch des Zentralinstitutes für Erziehung und Unterricht, 3. Jg. 1921, Berlin 1922

3. Die Jugendbewegung

Archiv der Jugendbewegung, Hamburg (Hg.): Die deutsche Jugendmusikbewegung in Dokumenten ihrer Zeit von den Anfängen bis 1933, Wolfenbüttel 1980

Bohnenkamp, H.: Die Jugend vom Hohen Meißner. In: Zts. für Pädagogik 5. Beiheft: Einsichten und Impulse, Weinheim 1964

Bohnenkamp, H.: Jugendbewegung und Schulreform. In: Die Jugendbewegung. Welt und Wirkung, hg. v. E. Korn u.a., a.a.O., S. 34-52

Buske, E.: Jugend und Volk (1920). In: Grundschriften der deutschen Jugendbewegung, hg. v. W. Kindt, a.a.O., S. 198-200

Buddensieg, H.: Meißnerformel, Jugendkultur und neuer Aufbruch (1924). In: Grundschriften der deutschen Jugendbewegung, hv. v. W. Kindt., a.a.O., S.207-219

Breuer, H.: Der Zupfgeigenhansl (1. Aufl. 1908; 10. Aufl. 1913). In: Grundschriften der deutschen Jugendbewegung, hg. v. W. Kindt, a.a.O. S. 63-67

Christi, R.: Die Jugend und ihre Tänze. In: Die Jugendbewegung. Welt und Wirkung, hg. v. E. Korn u.a., a.a.O., .S 85-95

Diem, C.: Theorie der Gymnastik, Berlin 1930

Edelmann, M. (Hg.): Die deutsche Jugendbewegung, Nürnberg 1960

Engelke, F.: Jugendbewegung und körperliche Erziehung. In: Die Leibesübungen, 1. Jg., Berlin 1925, S. 41/42

Fischer, A.: Erscheinung und Gehalt der deutschen Jugendbewegung. In: Die Quelle, 77. Jg., Wien 1927, S. 6-15; S. 253-256; S. 357-364; S. 457-465; S. 555-559; S. 655-658

Götsch, G.: Musische Bildung: Bd. 1: Besinnung (1933); Bd. II: Bericht; (1953); Bd. III: Aufgabe (1956), Wolfenbüttel

Grundschriften der deutschen Jugendbewegung, hg. im Auftrage des „Gemeinschaftswerkes Dokumentation der Jugendbewegung", v. W. Kindt. Mit einer Einführung von Th. Wilhelm, Düsseldorf/Köln 1963

Höckner, H.: Die Musik in der deutschen Jugendbewegung, Wolfenbüttel 1927

Jöde, F.: Die singende Jugend und die Musik. In: Die Jugendbewegung. Welt und Wirkung, hg. v. E. Korn u.a., a.a.O., S. 59-66

Jöde, F.: Die neue Musik-Gesinnung (1919). In: Grundschriften der deutschen Jugendbewegung, hg. v. W. Kindt, a.a.O., S. 204-206

Kolland, D.: Die Jugendmusikbewegung, Stuttgart 1979

Korn, E./Suppert, O./Vogt, K. (Hg.): Die Jugendbewegung. Welt und Wirkung (zur Wiederkehr des freideutschen Jugendtages auf dem Hohen Meißner), im Auftrage des Meißnertages, Düsseldorf/ Köln 1963

Korn, E.: Das neue Lebensgefühl in der Gymnastik. In: Die Jugendbewegung. Welt und Wirkung, hg. v. E. Korn u.a., a.a.O., S. 101-119

Kluge, N. (Hg.): Vom Geist musischer Erziehung. Grundlegende und kritische Beiträge zu einem Erziehungsprinzip, Darmstadt 1973

Kruse, A.: Jugendbewegung und Zeiterlebnis (1920). In: Grundschriften der deutschen Jugendbewegung, hg. v. W. Kindt, a.a.O., S.201-203

Laqueur, W.: Die deutsche Jugendbewegung, eine historische Studie, Köln 1962

Lißner, H.: Wie der Zupfgeigenhansl entstanden ist (1932). In: Grundschriften der deutschen Jugendbewegung, hg. v. W. Kindt, a.a.O., S. 68-70

Lorenzen, H.: Die Kunsterziehungsbewegung, Bad Heilbrunn 1966

Luserke, M.: Jugend-Laienbühne, Bremen 1927

Moser, H. J.: Die musikalische Jugendbewegung. In: Schulmusikalische Zeitdokumente, Leipzig 1929, S. 52-111

Nohl, H.: Die pädagogische Bewegung in Deutschland und ihre Theorie, Frankfurt/M. 1957

Seidenfaden, F.: Die musische Erziehung in der Gegenwart und ihre geschichtlichen Quellen, Ratingen 1966

Seidelmann, K.: Der „neue Mensch". In: Die Jugendbewegung. Welt und Wirkung, hg. v. E. Korn u.a., a.a.O., S. 11-33

Schomburg, H.: Werden und Wesen des Wandervogels. In: Grundschriften der deutschen Jugendbewegung, hg. v. W. Kindt, a.a.O., S. 71-78

Stephanie, R.: Die deutsche musikalische Jugendbewegung (phil. Diss.), Marburg 1952

Stroh, E.: Die Kulturbedeutung der Jugendbewegung. In: Die Tat, 14. Jg., Jena 1922/1923, S. 935-937

Vogler, E.: Schwarzerden. Ein Neubeginn mit klaren Zielen; (unveröffentlichtes Manuskript), o.J.

Weismantel, L./ Hilker, F. (Hg.): Musische Erziehung. Vorträge, Berichte und Ergebnisse des kunstpädagogischen Kongresses in Fulda 1949, Stuttgart 1950

4. Solothurner Kongreß für Musikunterricht (1. und 2. Juli 1905)

Boepple, P.: Methode Jaques-Dalcroze. In: Schweizerische Pädagogische Zeitschrift, H.6, Zürich 1906

Denkschrift zur Eröffnung von Museum und Saalbau der Stadt Solothurn, Solothurn 1902 (mir freundlicherweise zur Verfügung gestellt durch den Registrar des Kunstmuseums, Solothurn, Christian Müller)

Der Schweizerische Tonkünstlerverein im ersten Vierteljahrhundert seines Bestehens – Festschrift zur Feier des 20jährigen Jubiläums, hg. von C.Vogler, Zürich 1925

Der Schweizerische Tonkünstlerverein im zweiten Vierteljahrhundert seines Bestehens – Festschrift zur Feier des 50jährigen Jubiläums (1900-1950), Zürich 1950

Hürtgen-Busch, S.: Die Wegbereiterinnen der Rhythmisch-musikalischen Erziehung in Deutschland, Frankfurt/M. 1996

Jaques-Dalcroze, E.: Vorschläge zur Reform des musikalischen Schulunterrichtes, Zürich 1906

Jaques-Dalcroze, E.: Der Rhythmus als Erziehungsmittel für das Leben und die Kunst, Basel 1907

Jaques-Dalcroze, E. : Rhythmus, Musik und Erziehung, Basel 1921; Wolfenbüttel 1977; Seelze-Velber 1988; 1998 (aus dem Französischen übertragen von J.Schwabe)

Wolfensberger, G.J. (Hg.): Suzanne Perrottet. Ein bewegtes Leben, Weinheim/Berlin 1995

II Die Rhythmisch-musikalische Erziehung bis zum Beginn der Kestenberg-Reform unter besonderer Berücksichtigung der Arbeit von Emile Jaques-Dalcroze

1. Zur Diskussion des Rhythmusbegriffes bei Karl Bücher, Mathis Lussy, Emile Jaques-Dalcroze

Becking, G.: Der musikalische Rhythmus als Erkenntnisquelle, Augsburg 1928 (Nachdruck, Darmstadt 1958)

Bücher, K.: Arbeit und Rhythmus, Leipzig 1919 (1. Aufl. 1896)

Brockhaus-Riemann: Musik-Lexikon, Mainz 1990

DBG-Musiklexikon, hg. v. Fr. Herzfeld, Berlin/Darmstadt/Wien 1965

Dohrn, W.: Die Aufgabe der Bildungsanstalt Jaques-Dalcroze. In: Der Rhythmus. Ein Jahrbuch, hg. v. d. Bildungsanstalt Jaques-Dalcroze, Dresden-Hellerau, Bd. 1, Jena 1911, S. 2-19

Etymologisches Wörterbuch des Deutschen. Erarbeitet im Zentralinstitut f. Sprachwissenschaft, Berlin, unter d. Ltg. v. W. Pfeifer, München 1997

Georgiades, T.: Musik und Rhythmus bei den Griechen, Hamburg 1958

Hönigswald, R.: Vom Problem des Rhythmus, Leipzig 1926 Jaques-Dalcroze, E.: Der Rhythmus als Erziehungsmittel für das Leben und die Kunst. Sechs Vorträge von E. Jaques-Dalcroze zur Begründung seiner Methode der rhythmischen Gymnastik, Basel 1907 (dt. Übersetzung, besorgt u. hg. v. P. Boepple)

Jaques-Dalcroze, E.: Rhythmus, Takt und Temperament (1919). In: Rhythmus, Musik und Erziehung, Basel 1921, S. 198-215 (aus dem Französischen übertragen v. J. Schwabe)

Jaques-Dalcroze, E.: Rhythmus, Musik und Erziehung, Basel 1921; Wolfenbüttel 1977; Seelze-Velber 1998 (aus dem Französischen übertragen v. J. Schwabe)

Klages, L.: Vom Wesen des Rhythmus. In: Künstlerische Körperschulung, hg. v. Pallat, L./Hilker, F., Breslau 1925, S. 94-137

Klages, L.: Vom Wesen des Rhythmus, Zürich 1944

Koffka, K.: Experimentaluntersuchungen zur Lehre vom Rhythmus (Diss.), Leipzig 1908

Kretzschmar, H.: Gesammelte Aufsätze über Musik und Anderes aus dem Grenzboten Beitrag: Eine neue Theorie über den Ursprung der Musik (Auseinandersetzung mit dem Werk K. Büchers: 'Arbeit und Rhythmus'), Leipzig 1910, S. 21ff

Kybalion (aus dem Englischen übertragen von H. E. Schwerin), Heidelberg o.J.

Lussy, M.: Traite de l'expression musicale (1873); Die Kunst des musikalischen Vortrags. Anleitung zur ausdrucksvollen Betonung und Tempoführung in der Vocal- und Instrumentalmusik, Leipzig 1886 (dt. Übersetzung, besorgt v. F.Vogt)

Lussy, M.: Le Rythme musical, Leipzig 1883; Der musikalische Rhythmus (dt. Übersetzung, besorgt v. F. Karmin), Neuchâtel 1912

Lussy, M.: L'Anacrouse. Dans la Musique moderne; Die Anakruse in der modernen Musik, Paris 1903

Meumann, E.: Untersuchungen zur Psychologie und Ästhetik des Rhythmus, Philosophische Studien 10, Leipzig 1894

Monod, E.: Mathis Lussy und der musikalische Rhythmus (dt. Übersetzung, besorgt v. F. Karmin), Neuchâtel 1912

Röthig, P.: Zur Begriffsbestimmung des Rhythmus. In: Die Leibeserziehung, (1963), S. 341-347

Röthig, P.: Beiträge zur Theorie und Lehre vom Rhythmus. Reihe: Theorie der Leibeserziehung. Texte, Quellen, Dokumente, Bd. 2, Schorndorf/ b. Stuttgart 1966

Röthig, P.: Rhythmus und Bewegung. Eine Analyse aus der Sicht der Leibeserziehung. Reihe: Beiträge zur Lehre und Forschung der Leibeserziehung, hg. v. Ausschuß Dt. Leibeserzieher, Bd. 28, Schorndorf/ b. Stuttgart 1967

Röthig, P.: Zur Theorie des Rhythmus. In: Bünner, G./Röthig, P. (Hg.): Grundlagen und Methoden rhythmischer Erziehung, Stuttgart 1971, S. 11-31

Röthig, P.: Zur Theorie des Rhythmus. In: Bannmüller, E./Röthig, P. (Hg.): Grundlagen und Perspektiven ästhetischer und rhythmischer Bewegungserziehung, Stuttgart 1990, S. 51-71

Sachs, C.: Rhythm and Tempo, New York 1953

Seidenfaden, F.: Gedanken zur Wesensdeutung des Rhythmus in anthropologischer und pädagogischer Sicht. In: Neue Sammlung 1, H. 4, 1961

Trier, J.: Rhythmus. In: Studium generale 3, Berlin/Göttingen/Heidelberg 1949

2. Grundlinien der deutschen Rhythmusbewegung I

Abraham, A./Hanft, K. (Hg.): Maja Lex. Ein Portrait der Tänzerin, Choreographin und Pädagogin, Düsseldorf 1986

Alexander, G./Groll, H. (Hg.): Tänzerin, Choreographin, Pädagogin. Rosalia Chladek, Wien 1995

Bannmüller, E./Röthig, P. (Hg.): Grundlagen und Perspektiven ästhetischer und rhythmischer Bewegungserziehung, Stuttgart 1990

Bie, O.: Der Tanz, Berlin 1923

Bode, R.: Aufgaben und Ziele der rhythmischen Gymnastik, München 1913

Bode, R.: Das rhythmische Problem und die Methode Jaques-Dalcroze. In: Wicke, R. (Hg.): Sprechen, Singen, Musik, Leipzig 1914, S. 89-104

Bode, R.: Rhythmus und Körpererziehung, Jena 1923

Bode, R.: Rhythmus und Metrik. Ein Beitrag zur Frage nach dem Wert oder Unwert der rhythmischen Gymnastik. In: Halbmonatsschrift für Schulmusikpflege (1922), S. 130-133

Bode, R.: Ausdrucksgymnastik, München 1925

Brandenburg, H.: Der moderne Tanz, München 1917

Duncan, I.: Der Tanz der Zukunft (dt. Übersetzung v. K. Feder), Leipzig 1903

Funkkolleg 'Jahrhundertwende' (1880-1930). Die Entstehung der modernen Gesellschaft. Zehnte Kollegstunde: Der Kult der Bewegung. Turnen, Rhythmik und neue Tänze (Autor: A. Nitschke); Sendung: 12. 12.-18. 12 1998 im Süddeutschen Rundfunk, Programmbereich Erziehung

Günther, H.: Historische Grundlinien der deutschen Rhythmusbewegung. In: Bünner, G./Röthig, P. (Hg.): Grundlagen und Methoden rhythmischer Erziehung, Stuttgart 1971, S. 33-69

Günther, H.: Geschichtlicher Abriß der deutschen Rhythmusbewegung. In: Bannmüller, E./Röthig, P. (Hg.): Grundlagen und Perspektiven ästhetischer und rhythmischer Bewegungserziehung, Stuttgart 1990, S. 13-49

Günter, D.: Der Tanz als Bewegungsphänomen. Wesen und Werden, Reinbek 1962

Günter, D.: Rhythmische Grundübungen, München 1926

Hagemann, H.: Körperkultur. In: Pallat, L./Hilker, F. (Hg.): Künstlerische Körperschulung, Breslau 1925, S. 41-48

Handbuch der Leibesübungen, hg. im Auftrage der Dt. Hochschule für Leibesübungen von C. Diem/U. Mallwitz/E. Neuendorff, Bd. 14: Theorie der Gymnastik, Berlin 1930

Jaques-Dalcroze, E.: Die Wiedergeburt des Tanzes (1912). In: Rhythmus, Musik und Erziehung, Basel 1921, S. 150-165

Jaques-Dalcroze, E.: Rhythmus, Musik und Erziehung, Basel 1921

Kallmeyer, H.: Künstlerische Gymnastik, Berlin 1910

Kallmeyer, H.: Schönheit und Gesundheit durch Gymnastik nach der Methode Stebbins-Kallmeyer, Werder a.H. 1911

Kallmeyer-Simon, H.: Körpererziehung und Ausdrucksgestaltung. In: Gymnastik, 1. Jg., Karlsruhe 1926, 5. 185-191

Kallmeyer-Simon, H.: Vom Wesen des Ausdrucks am Körper des Menschen. In: Gymnastik, 2. Jg., Karlsruhe 1927, S. 170-178

Klages, L.: Vom Wesen des Rhythmus. In: Pallat, L./Hilker, F. (Hg.): Künstlerische Körperschulung, Breslau 1925, S. 94-137; Klages, L.: Vom Wesen des Rhythmus, Zürich 1944

Künstler um Palucca. Ausstellung zu Ehren des 85. Geburtstages (27. Mai bis 14. Aug. 1987, Dresden), hg. v. d. Staatl. Kunstsammlungen Dresden

Laban, R. von: Die Welt des Tänzers, Stuttgart 1920

Laban, R. von: Gymnastik und Tanz, Oldenburg 1926

Laban, R. von: Des Kindes Gymnastik und Tanz, Oldenburg 1926

Laban, R. von: Ein Leben für den Tanz, Dresden 1935

Lex, M.: Die Herkunft des Elementaren Tanzes – Ein Zeitdokument. In: Bannmüller, E./Röthig, P. (Hg.): Grundlagen und Perspektiven ästhetischer und rhythmischer Bewegungserziehung; Beitrag: Graziela Padilla, Stuttgart 1990, S. 245-271

Mensendieck, Bess M.: Körperkultur des Weibes, München 1906

Mensendieck, Bess M.: Mein System. In: Pallat, L./Hilker, F. (Hg.): Künstlerische Körperschulung, Breslau 1925, S. 37-40

Menzler, D.: Harmonische Gymnastik – System Stebbins-Kallmeyer. In: Wicke, R. (Hg.): Sprechen, Singen, Musik, Leipzig 1914, 5. 104-106

Menzler, D.: Gestaltete Bewegung, Stuttgart 1926

Merz, M.: Die Erneuerung des Lebens- und Körpergefühls. In: Pallat, L./ Hilker, F. (Hg.): Künstlerische Körperschulung, Breslau 1925, S. 14-27

Merz, M.: Körperbildung und Rhythmus. In: Stefan, P. (Hg.): Tanz in dieser Zeit, Wien 1926, 5. 29-32

Merz, M.: Grundfragen der künstlerischen Körperbildung. In: Die Quelle, 77. Jg., Wien 1927, S. 418-422; S. 505-512

Müller, H.: Mary Wigman. Leben und Werk der großen Tänzerin, hg. von der Akademie der Künste, Berlin, Weinheim/Berlin 1986

Müller, H./Stöckemann, P .: „...jeder Mensch ist ein Tänzer". Ausdruckstanz in Deutschland zwischen 1900 und 1945, Gießen 1993

Niehaus, M.: Isadora Duncan. Leben, Werk, Wirkung, Wilhelmshaven 1981

Nitschke, A. u.a. (Hg.): Jahrhundertwende. Der Aufbruch in die Moderne 1880-1930, Bd. 1; Bd. 2, Reinbek 1990

Oberzaucher-Schüller, GC. (Hg.) Ausdruckstanz. Eine mitteleuropäische Bewegung der ersten Hälfte des zwanzigsten Jahrhunderts, Wilhelmshaven 1992

Padilla, G.: Inhalt und Lehre des Elementaren Tanzes. Die Herkunft des Elementaren Tanzes – Ein Zeitdokument: Maja Lex schreibt über die Entstehung des Elementaren Tanzes. In: Bannmüller, E./Röthig, P. (Hg.): Grundlagen und Perspektiven ästhetischer und rhythmischer Bewegungserziehung, Stuttgart 1990, S. 245-271

Pallat, L./Hilker, F. (Hg.): Künstlerische Körperschulung, Breslau 1925

Schmid-Heinisch, R.: Isadora Duncan. Barfuß und mit Leidenschaft. In: Mirus, H./Wisselinck, E. (Hg.): Mit Mut und Phantasie. Frauen suchen ihre verlorene Geschichte. Eine Dokumentation, Straßlach 1978, S. 73-76

Stabel, R. (Hg.): Palucca Schule Dresden. Geschichte und Geschichten, Dresden 2000

Storck, K.: Emile Jaques-Dalcroze. Seine Stellung und Aufgabe in unserer Zeit, Stuttgart 1912

Wicke, R. (Hg.): Sprechen, Singen, Musik. Grund- und Zeitfragen aus der Stimmkunde, der Musiktheorie und der musikalischen Jugend- und Volkserziehung, Leipzig 1914

Winther, F.H.: Körperbildung als Kunst und Pflicht, München 1919

Wolfensberger, G.J. (Hg.): Suzanne Perrottet. Ein bewegtes Leben, Weinheim/Berlin 1995

3. Emile Jaques-Dalcroze – der Begründer der Rhythmisch-musikalischen Erziehung

1 Zur Biographie Emile Jaques-Dalcrozes

Brunet-Lecomte, H.: Emile Jaques-Dalcroze. Sein Leben und sein Werk, Genf 1950

Dohrn, W.: Die Aufgabe der Bildungsanstalt Jaques-Dalcroze. In: Der Rhythmus, Jahrbuch 1, hg. von der Bildungsanstalt Jaques-Dalcroze, Dresden-Hellerau, Jena 1911, S. 2-19

Feudel, E. (Hg.): Rhythmik. Theorie und Praxis der körperlich-musikalischen Erziehung, München 1926; Wolfenbüttel 1982

Feudel, E.: Emile Jaques-Dalcroze. Beitrag in Lexikon der Musik, hg. von H. Riemann, Mainz 1959; 1972

Feudel, E.: (Hg.): In Memoriam Hellerau. Dalcroze. Dohrn, Freiburg 1960

Feudel, E.: Jaques-Dalcroze als Pädagoge. In: Musica, 18. Jg., Kassel 1964, S. 36-39

Feudel, H. G.: Ein Leben für die Rhythmik. Gedenkschrift zum 100. Geburtstag von Elfriede Feudel (1881-1966), hg. vom Bundesverband Rhythmische Erziehung e.V., Remscheid 1981

Günther, H.: Jaques-Dalcroze und die Kathedrale von Reims. In: Musica, 29. Jg., Kassel 1975, S. 149-151

Gutachten und Ratschläge zu den Schulfesten. In: Der Rhythmus, Jahrbuch 2, hg. von der Bildungsanstalt Jaques-Dalcroze, Dresden-Hellerau, Jena 1912

Jaques-Dalcroze, E.: Schülerpflichten in Hellerau. In: Berichte der Dalcroze-Schule, H. 1, Hellerau 1913, S. 1-11

Jaques-Dalcroze, E.: Rhythmus, Musik und Erziehung, Basel 1921; Wolfenbüttel 1977; Seelze-Velber 1988; 1998

Lorenz, K.: Heimat hat keinen Plural. In: Rhythmik in der Erziehung, H. 1, Wolfenbüttel 1978, S. 26/27

Martin, F. (Hg.): Emile Jaques-Dalcroze. L' Homme, Le Compositeur, Le Createur de la Rhythmique, Neuchâtel 1965

Schalk, L.: Dalcroze. In: Feudel, E. (Hg.): Rhythmik. Theorie und Praxis einer körperlich-musikalischen Erziehung, München 1926, S. 49-53

Schalk-Hopfen, L.: Dalcroze. In: Berichte der Dalcroze-Schule, H. 1/2, Hellerau 1914, S. 14-20

Shaw, B.: Über Jaques-Dalcroze. In: Berichte der Dalcroze-Schule, H. 1/2, Hellerau 1914, S. 29/30

Scheltema, M.A. van: Jaques-Dalcroze als Musikpädagoge. In: Rhythmische Erziehung, H. 2, 1966, S. 16-22

Scheltema, M.A. van: Erinnerungen an Emile Jaques-Dalcroze. In: Rhythmische Erziehung, H. 4, 1960, H. 1, 1961

Storck, K.: Emile Jaques-Dalcroze. Seine Stellung und Aufgabe in unserer Zeit, Stuttgart 1912

Storck, K.: Emile Jaques-Dalcroze als Komponist. In: Der Türmer, Berlin, Oktober 1912

Süßmuth, R.: Jaques-Dalcroze, Emile. Beitrag in Lexikon der Pädagogik, Freiburg 1970

Tappolet, W.: Emile Jaques-Dalcroze. In: Schweizerische Musikzeitung, 90. Jg., Zürich 1950, S. 433-436

Tauscher, H.: Jaques-Dalcroze, Emile. Beitrag in MGG, Kassel 1957

Winckelmann, R.: Der Genfer Protest und Jaques-Dalcroze. Ausschuß zur Gründung eines Vereins zur Erhaltung der Methode Jaques-Dalcroze, Berlin o.J.

Wolkonsky, S.: Meine Erinnerungen. In: Feudel, E. (Hg.): In Memoriam Hellerau. Dalcroze. Dohrn, Freiburg 1960

2 Zur 'Methode Jaques-Dalcroze'

Appia, A.: Über Ursprung und Anfang der rhythmischen Gymnastik. In: Der Rhythmus, Jahrbuch 1, hg. von der Bildungsanstalt Jaques-Dalcroze Dresden-Hellerau, Jena 1911, S. 20-31

Appia, A.: Die rhythmische Gymnastik und das Theater. In: Der Rhythmus, Jahrbuch 1, Jena 1911, S. 57-64

Bab, J.: Dalcroze. In: Schaubühne, 1912, S. 534-537

Bab, J.: In und um Dresden. In: Schaubühne, 1913, S. 1195-1199

Bekker, P.: Die Dalcroze-Schule in Hellerau, Sonderdruck der Frankfurter Zeitung vom 21. Juni 1912

Berichte der Dalcroze-Schule, hg. von Dr. E. Jaques-Dalcroze, unter Mitwirkung v. N. Gorter, W. Dohrn, E. Jolowicz, Hellerau: H. 1 (April/Mai) 1913; H.2 (Juni/Juli) 1913; H. 3 (Aug./Sept.) 1913; H. 1/2 (April/Juli) 1914;H. 4/5 (Januar) 1914

Blensdorf, O.: Erziehung zur Selbständigkeit im Gesangunterricht für Volks-und höhere Schulen. Nach den Grundsätzen der Methode Jaques-Dalcroze, Elberfeld 1913

Boepple, P.: Die Elemente der Musikalität. Präparationen für den Gesangunterricht in der Volksschule. Nach den Grundsätzen Jaques-Dalcroze, Lausanne/ Leipzig/Paris 1910

Boepple, P.: Ton- und Notierungslehre für den Gesang- und Musikunterricht an Volks-, Sing- und Musikschulen zum Selbstunterricht, Leipzig 1915

Boepple, P.; Ziele des Schulgesanges vor hundert Jahren und heute. Hans Georg Nägeli. Emile Jaques-Dalcroze, Basel 1913

Bücher, K.: Arbeit und Rhythmus, Leipzig 1919 (1. Aufl. 1896)

Dalcroze-Methode und Musikunterricht. Die Dalcroze-Methode auf dem 1. Int. Musikpädagogischen Kongreß. In: Berichte der Dalcroze-Schule, H. 2, Hellerau 1913, S. 19/20

Die Methode Jaques-Dalcroze und die Schule. In: Berichte der Dalcroze-Schule, H. 1, Hellerau 1913, S. 24-26

Dohrn, W.: Der Rhythmus. In: Die Kunst und das schöne Heim, Bd. 26, München 1912, S. 325-326

Dohrn, W.: Die Aufgabe der Bildungsanstalt Jaques-Dalcroze. In: Der Rhythmus, Jahrbuch 1, Jena 1911, S. 2-19

Enopf, R. Th.: Die physiologische Bedeutung der musikalisch-rhythmischen Gymnastik. In: Fränk. Kurier v. 30. Okt., Nürnberg 1909

Feudel, E.: Entwicklung der Dalcroze-Methode bis 1914 (S. 15-21); nach 1914 (S. 22-27). In: Feudel, E. (Hg.): Rhythmik. Theorie und Praxis der körperlich-musikalischen Erziehung, München 1916; Wolfenbüttel 1982

Feudel, E.: Jaques-Dalcroze als Pädagoge. In: Musica, 18. Jg., Kassel 1964, S. 36-39

Feudel, E.: Erinnerungen (1906-1962), Hg. vom Bundesverband Rhythmische Erziehung e.V., Remscheid, O. J.

Ferriere, S.: Zur Einführung in die Plastik. In: Berichte der Dalcroze-Schule, H. 1/2, Hellerau 1914, 5. 9-13

Giertz, G.: Kultus ohne Götter. Emile Jaques-Dalcroze und Adolph Appia, München 1975

Gobbert, J.: Zur Methode Jaques-Dalcroze. Die Rhythmische Gymnastik als musikpädagogisches System. Wege und Möglichkeiten der plastischen Darstellung von Musik durch den menschlichen Körper, hg. v. Deutschen Tanzarchiv Köln (Studien und Dokumente zur Tanzwissenschaft, Bd. 2), Frankfurt/M./ Berlin/Bern/New York/Paris/Wien 1998

Gorter, N.: Erziehung zum und durch den Rhythmus. In: Neue Musikzeitung, 29. Jg., Stuttgart 1907, S. 143-146

Gorter, N.: Die Methode Jaques-Dalcroze. In: Wicke, R. (Hg.): Sprechen, Singen, Musik, Leipzig 1914, S. 69-73

Gorter, N.: Die Gehörbildung, die Improvisation und die rhythmische Gymnastik. In: Berichte der Dalcroze-Schule, H. 1/2, Hellerau 1914, S. 4-9

Gorter, N.: Rhythmus und Sprache, Berlin 1915

Günther, D.: Die Einheit von Musik und Bewegung. In: Gymnastik, 8. Jg., H. 7/8, 1933, S. 108-121

Günther, H.: Historische Grundlinien der deutschen Rhythmusbewegung. In: Bünner, G./ Röthig, P. (Hg.): Grundlagen und Methoden rhythmischer Erziehung, Stuttgart 1971, S. 33-69

Günther, H.: Geschichtlicher Abriß der deutschen Rhythmusbewegung. In: Bannmüller, E./ Röthig, P. (Hg.): Grundlagen und Perspektiven ästhetischer rhythmischer Bewegungserziehung, Stuttgart 1990, S. 13-49

Graeser, W.: Körpersinn, München 1927

Güldenstein, G.: Die Rhythmische Gymnastik als Erziehungsmittel. In: Bildungsanstalt Jaques-Dalcroze (Hg.): Bildungsanstalt Jaques-Dalcroze Hauptanstalt Dresden-Hellerau 1912/1913, 5. 6-11

Güldenstein, G.: Emile Jaques-Dalcroze zum 100. Geburtstag am 6. Juli 1965. In: Scheiblauer, M. (Hg.): Lobpreisung der Musik, 23. Jg., Sept. 1965, S. 1-8

Hernried, R.: Emile Jaques-Dalcrozes Lebenswerk. In: Die Musikerziehung, 6. Jg., Lahr (Baden) 1929, S. 144-150

Horneffer, A.: Jaques-Dalcroze in Hellerau. In: Die Tat, 4. Jg., Jena 1913, S.126-135

Hürtgen-Busch, S.: Die Wegbereiterinnen der Rhythmisch-musikalischen Erziehung in Deutschland, Frankfurt/M. 1996

Jaques-Dalcroze, E.: Methode Jaques-Dalcroze (dt. Bearbeitung von P. Boepple), Paris/Neuchâtel/Leipzig:
- Teil I: Rhythmische Gymnastik (1906)
- Teil II: Studium des Notenplanes (1907)
- Teil III: Tonleitern und Tonarten. Phrasierung und Nuancierung (Bd. 1-3; 1907)
- Teil IV: Die Intervalle und Akkorde (o.J.)[1]
- Teil V: Die Improvisation und die Klavierbegleitung (o.J.)[2]
- Teil VI: Die Belebte Plastik (o.J.)

Jaques-Dalcroze, E.: Exercices des Plastique Animee, Lausanne 1917
- Die Rhythmik. Unterricht zur Entwicklung des rhythmischen und metrischen Instinktes, des Sinnes der plastischen Harmonie, des Gleichgewichtes der Bewegungen, und zur Regulierung der Bewegungsgewohnheiten, Lausanne/ Leipzig, Bd. 1 (1916); Bd. 2 (1917)
- Rhythmische Märsche für eine mittlere Stimme mit Klavierbegleitung, Bd. 1: 84 Märsche, Lausanne 1906
- Die Atmung und die Muskelinnervation, Paris/Neuchâtel/Leipzig 1906
- Methode Jaques-Dalcroze: Übungsbuch für den Schüler: Tonleitern und Tonarten. Phrasierung und Nuancierung, Bd. 1, Paris/Neuchâtel/Leipzig 1907; Bd. 3, 1911
- Der Rhythmus als Erziehungsmittel für das Leben und die Kunst, Basel 1907
- Erziehung zum Rhythmus (Beilage zum Vortrag, gehalten beim Musikpäd. Kongreß am 9. April 1906 in Berlin), Neuchâtel, o.J.
- Rhythmus, Musik und Erziehung, Basel 1921; Wolfenbüttel 1977; Seelze-Velber 1988; 1998 (aus dem Französischen übertragen von J. Schwabe)
- Spiellieder op. 42 (dt. Übersetzung v. N. Gorter), Neuchâtel 1904
- Inszenierung (Gebärden u. Bewegungen) der Spiellieder op. 42, Neuchâtel 1904

Jaques-Dalcroze, E.: Tanzlieder für Kinder (dt. Übersetzung v. N. Gorter), Neuchâtel 1911
- Inszenierung der Tanzlieder, Neuchâtel 1911
- Der Rhythmus, Jahrbuch 1, hg. von der Bildungsanstalt Jaques-Dalcroze Dresden-Hellerau, Jena 1911
- Die Schulfeste der Bildungsanstalt Jaques-Dalcroze. Programmbuch, hg. von der Bildungsanstalt Jaques-Dalcroze, Bd. II, 1. Hälfte des Jahrbuches 'Der Rhythmus', Jena 1912
- Der Rhythmus. Jahrbuch Bd. II, 2. Hälfte, hg. von der Bildungsanstalt Jaques-Dalcroze Dresden-Hellerau 1913
- Die rhythmisch-gymnastische Methode. In: Deutsche Sängerbundzeitung, 2. Jg., Nr. 2, Leipzig 1910, S. 28-29
- Was die rhythmische Gymnastik Ihnen gibt und was sie von Ihnen fordert. In: Der Rhythmus, Jahrbuch 1, Jena 1911, S. 32-56

1) 2) Teil IV, V (vorgesehene Bände, die jedoch nicht erschienen sind; Auskunft: Institut Jaques-Dalcroze, Genf, Hinweis M. Kugler

- Ich liebe die Freude. In: Die Kunst, Bd. 26, München 1912, S. 419
- Schularbeit und Schulfest. In: Der Rhythmus, Jahrbuch 2, 1. Teil, Jena 1912, S. 47-53
- Schularbeit und Schulfeste. In: Xenien (Monatsschrift f. Literatur u. Kunst), 6. Jg., Leipzig 1913, S. 262-268
- Der Rhythmus als Erzieher. Tanzschule Hellerau. In: Sachsenpost (1913), Nr. 354, S. 7-9
- Schülerpflichten in Hellerau. In: Berichte der Dalcroze-Schule, H. 1, Hellerau 1913, S. 1-11
- Die Elementarprüfüng in der Dalcroze-Schule. In: Berichte der Dalcroze-Schule, H. 2, Hellerau 1913, S. 12-17
- Einige Unterrichtsregeln. In: Berichte der Dalcroze-Schule, H. 3, Hellerau 1913, S. 1-2
- Ansprache an die Schüler zu Beginn des Schuljahres 1913/1914. In: Berichte der Dalcroze-Schule, H. 4/5, Hellerau 1914, S. 3-11
- Jaques-Dalcroze und Hellerau. In: Verhagen und Klasings, 17. Jg., Leipzig 1912/1913, Bd. 1, S. 126-132
- Rhythmische Menschen werden. In: Lobpreisung der Musik, 27. Jg., Nr. 9/10, Zürich 1969, S. 1-5

Jolowicz, E.: Über die Möglichkeit, die rhythmische Gymnastik in der Medizin, besonders bei Nervenkranken zu verwenden. In: Berichte der Dalcroze-Schule, H. 2, Hellerau 1913, S. 6-12

Jolowicz, E.: Die pädagogische Bedeutung der rhythmischen Gymnastik. In: Sprechen, Singen, Musik, hg. v. R. Wicke, Leipzig 1914, S. 74-89

Jolowicz, E.: Psychologische Analyse einiger Übungen der rhythmischen Gymnastik. In: Berichte der Dalcroze-Schule, H. 1/2, Hellerau 1914, S. 30-36

Keil, C.: Emile Jaques-Dalcroze und die musikalische Pädagogik der Zukunft. In: Musikal. Wochenblatt u. Neue Zeitschrift f. Musik, Nr. 10, Berlin 1907, S. 241-243

Keil, C.: Rhythmische Gymnastik als Volkserziehung. In: Berichte der Dalcroze-Schule, H. 2, Hellerau 1913, S. 1-6

Keil, C.: Leitfaden für den rhythmischen Unterricht, Leipzig 1916

Krome, F.: Welche Bedeutung hat die Methode Jaques-Dalcroze für die musikalische Erziehung unserer Jugend? In: Der Klavierlehrer, 31.Jg., Nr.18, Berlin 1908, S. 340-358

Kugler, M.: Die Methode Jaques-Dalcroze und das Orff-Schulwerk. Elementare Musikübung; Bewegungsorientierte Konzeptionen der Musikpädagogik, Frankfurt/M./Berlin/Bern/Bruxelles/New York/Oxford/Wien 2000

Lorenz, K.: Wege nach Hellerau. Auf den Spuren der Rhythmik, Kl. Sächsische Bibliothek 5, Dresden 1994

Maanen, H. van: Zu Unrecht vergessen. Nina Gorter (1866-1922). In: Rhythmik in der Erziehung, Seelze-Velber 1993, S. 110-111

McJannet, Ch.: Emile Jaques-Dalcroze als Begründer und Wegbereiter einer neuen und ganzheitlichen therapeutischen Arbeitsweise. In: Tauscher, H. (Hg.): Die Rhythmisch-musikalische Erziehung in der Heilpädagogik, Berlin 1975, S. 6-9

Oberzaucher-Schüller, G.: Die Schule des Rhythmus. Die rhythmische Gymnastik von Emile Jaques-Dalcroze und der Stellenwert des Tanzes in Hellerau. In: Rhythmik in der Erziehung, Seelze-Velber 1994, S. 38-49

Rasch, H.: Ein Blick in die Werkstatt von Jaques-Dalcroze in Hellerau. In: Allg. Musikzeitung, Nr. 23, 1912, S. 634-635

Rasser, O.: Die Erziehung für und durch den Rhythmus nach der Methode Jaques-Dalcroze. In: Zts. f. Pädagogische Psychologie, H. 12, 1911, S. 404-410

Ring, R. (Hg.): Hellerau Symposion. Fragen zur Geschichte der Rhythmik, hg.v. Bundesverband Rhythmische Erziehung e.V., Remscheid/Genf 1993

Rohracher, H.: Einführung in die Psychologie, Wien/München/Berlin 1971

Rüst, S.: Rhythmus und rhythmische Gymnastik nach Jaques-Dalcroze als Erziehungsfaktor. In: Schweizer. Päd. Zts., Zürich 1912, S. 39-49

Scheltema, M.A. van: Erinnerungen an Emile Jaques-Dalcroze. In: Rhythmische Erziehung, 1960, S. 1-13

Schmidt, D./Just, K.: Rhythmische Gymnastik. Beiträge zur Förderung der Leibeserziehung auf rhythmischer Grundlage, hg. v. Dorotheen-Bund, H. 1, Berlin 1924

Schmidt, H.: Die Methode Jaques-Dalcroze. In: Musikal. Wochenblatt u. Neue Zeitschrift f. Musik, Leipzig 1910/1911, S. 20-22

Seidl, A.: Zur Propädeutik der Musik. In: Der Merker, Österr. Zts. Musik u. Theater, 1. Jg., H. 3, Wien 1909, S. 89-92

Seidl, A.: Die Hellerauer Schulfeste und die Bildungsanstalt Jaques-Dalcroze, Regensburg 1912

Senff, H.: Rhythmus und Metrum in der Bewegungserziehung. In: Weismantel, H./ Hilker, F. (Hg.): Musische Erziehung, Stuttgart 1950, S. 137-140

Senff, H.: Von der Notwendigkeit eines Zurückfindens zu körperlich-geistiger Verbundenheit. In: Deutsche Frauenkultur, 60. Jg., Düsseldorf 1957, S. 12-14

Senff, H.: Ich oder Es. Rückkehr zum Gesetz des Rhythmus, Düsseldorf 1960

Steger, J.: Welche Bedeutung hat die Methode Jaques-Dalcroze für die musikalische Erziehung unserer Jugend?. In: Der Klavierlehrer, 31. Jg., Nr. 17, Berlin 1908, S. 273-277

Steinbach, F.: Die Dalcroze-Methode am Konservatorium in Köln. In: Berichte der Dalcroze-Schule, H. 2, Hellerau 1913, S. 20/21

Storck, K.: Rhythmus und musikalische Erziehung. In: Allg. Musikzeitung, 29. Jg., Nr. 14, Berlin 1912, S. 363-365

Struwe, F.: Erziehung durch Rhythmus in Musik und Leben, Kassel 1930

Winther, F.H.: Körperbildung als Kunst und Pflicht, München 1919

Wundt, W.: Grundzüge der physiologischen Psychologie, Bd. III, Leipzig 1911

3 Hellerau und die 'Bildungsanstalt für Musik und Rhythmus Jaques-Dalcroze' / 'Festspielhaus Hellerau'

Appia, A.: Die Musik und die Inszenierung, München 1899

Appia, A.: Über die Kostümfrage für die rhythmische Gymnastik. In: Bildungsanstalt Jaques-Dalcroze (Hg.): Jahrbuch 'Der Rhythmus', Bd. II, 1. Hälfte, Jena 1912, S. 56-64

Adolph Appia (1862-1928). Darsteller – Raum – Licht. Eine Ausstellung der Schweizer Kulturstiftung Pro Helvetia. Konzeption: D. Bablet und M.-L. Bablet, Zürich 1982

Bablet, M. (Hg): Der musikalisch besetzte Gestus – Adolph Appia und Jaques-Dalcroze in Hellerau. In: Dresdner Hefte (Beiträge zur Kulturgeschichte), 15. Jg., H. 51, 3/97, S. 58-64

Bablet, M. (Hg.): Adolph Appia: Oeuvres completes. Bd. 1-1V, Lausanne/Bern 1983-1988

Batka, R.: Plan der musikalischen Organisation der Gartenstadt Hellerau. In: Hohe Warte 3, Wien/Leipzig 1907, S. 318-319

Bäumer, G.: Hellerauer Festspiele. In: Die Hilfe, Nr. 26, Berlin 1913, S. 409-411

Bekker, P.: Die Dalcroze-Schule in Hellerau. Sonderdruck der F.A.Z. vom 21. Juni 1912

Dem Andenken von Wolf Dohrn. Den Freunden gewidmet von seinen Mitarbeitern an der Dalcroze-Schule und an der Gartenstadt Hellerau; Sonderheft der 'Berichte der Dalcroze-Schule', 1. Jg., H. 6, Hellerau (März) 1914

Der Rhythmus. Ein Jahrbuch, hg. von der Bildungsanstalt Jaques-Dalcroze Dresden-Hellerau, Bd. 1, Jena 1911; Bd. II, 2. Hälfte, Hellerau 1913

Die Bildungsanstalt für Musik und Rhythmus Emile Jaques-Dalcroze in Dresden-Hellerau. Ein Bericht mit acht Abbildungen, Jena 1910

Die Bildungsanstalt Dalcroze in Hellerau bei Dresden. In: Blätter für Architektur und Kunsthandwerk, 26. Jg., Berlin 1913, Nr. 5, S. 19-21; Nr. 6, S. 44-47

Die Neue Schule für angewandten Rhythmus Hellerau, Hellerau 1916

Die Presse über die Schulfeste 1913. In: Berichte der Dalcroze-Schule, H. 3, Hellerau 1913, S. 2-22

Dohrn,W.: Die Aufgabe der Bildungsanstalt Jaques-Dalcroze. In: Der Rhythmus, Jahrbuch 1, Jena 1911, S. 2-19

Dohrn, W.: Aufgaben der Anstalt. In: 'Der Rhythmus', Jahrbuch, Bd. II, 1. Hälfte, Jena 1912, S. 75-81

Dohrn, W.: Die Festspiele der Gartenstadt Hellerau. In: Berichte der Dalcroze-Schule, H. l, Hellerau 1913, S. 19-20

Dohrn, W.: Die Gartenstadt Hellerau und weitere Schriften; mit einem biographischen Nachwort von K. Lorenz u. H.-J. Sarfert; Frühe Schriften aus den Jahren 1908-1913, Neudruck Dresden 1992

Dresdner Hefte. Beiträge zur Kulturgeschichte: Gartenstadt Hellerau. Der Alltag einer Utopie, 15. Jg., H. 51, 3/97, hg. vom Dresdner Geschichtsverein e.V.

Durth, W. (Hg.): Entwurf zur Moderne. Hellerau: Stand Ort Bestimmung, Stuttgart 1996

Fasshauer, M.: Das Phänomen Hellerau. Die Geschichte der Gartenstadt, Dresden 1997

Festschrift '9O Jahre Hellerau' (1909-1999), Redaktion: Verein Bürgerschaft Hellerau e.V., Dresden 1999

Feudel, E.: Die Geschichte der Bildungsanstalt Hellerau. In: Rhythmische Erziehung III/IV 1956

Feudel, E. (Hg.): In Memoriam Hellerau. Dalcroze – Dohrn, Freiburg 1960

Frick, K.: Für Heinrich Tessenow. In: Thiersch. H. (Hg.): Wir fingen einfach an. Festschrift für Richard Riemerschmid zum 85. Geburtstag, München 1953, S. 69-70

Fricke, W. (Hg.): Die Zukunft der Stadt. Spurensuche in Dresden-Hellerau; Reihe: Forum Zukunft der Arbeit, H. 4, hg. von der Friedrich-Ebert-Stiftung Bonn, Bonn 1995

Förderverein für die Europäische Werkstatt für Kunst und Kultur Hellerau e.V. (Hg.); Redaktion: C. Ludwig/C. Reichardt/D. Schneider: Festspielhaus Hellerau, Dresden 1996

Fischer, D.: Genfer Rhythmikpionier. Fünf Jahre Wiedereröffnung der Bildungsanstalt von Emile Jaques-Dalcroze. In: Üben und Musizieren, H. 5, Mainz 1997, S. 31-33

Gartenstadt Hellerau. Ein Bericht über den Zweck, die Organisation, die Ansiedlungsbedingungen, die bisherigen Erfolge und die Ziele, Hellerau/Dresden 1911

Gerlach, H.: Kleiner Führer durch die Gartenstadt Hellerau, Dresden 1999

Hartmann, K.: Deutsche Gartenstadtbewegung. Kulturpolitik und Gesellschaftsreform, München 1976

Hausbau und dergleichen, Berlin 1928

Hellerau. In: Der Türmer, 1913, S. 706-710

Heuss, Th.: Erinnerungen 1905-1933, Tübingen 1963

Horneffer, A.: Das Fest. In: Jahrbuch 'Der Rhythmus', Bd. II, 1. Hälfte, Jena 1912, S. 14-19

Kaiser, G.: Das Ende der Bildungsanstalt Hellerau. In: Neue Zeitschrift für Musik, 32. Jg., Mainz 1915, S. 285-286

Kampfmeyer, H.: Die Gartenstadtbewegung, Leipzig/Berlin 1913

Liebscher, A.: Schulfest bei Jaques-Dalcroze. In: Signale für die musikalische Welt, 71. Jg., 1913, S. 999-1000

Lorenz, K.: Der Untergang Helleraus. In: Rhythmik in der Erziehung, H. 3, Göttingen 1974, S. 1-4

Lorenz, K.: Wege nach Hellerau. Auf den Spuren der Rhythmik; Kleine Sächsische Bibliothek 5, Dresden 1994

Lurker, M.: Wörterbuch der Symbolik, Stuttgart 1991

Marsop, P. : Die Hellerauer Feste und ihr Programm. In: Jahrbuch 'Der Rhythmus', Bd. II, 1. Hälfte, Jena 1912, S. 40-46

Mendelssohn, P. de: Unterwegs mit Reiseschatten, Frankfurt/M. 1997

Mendelssohn, P. de: Hellerau. Mein unverlierbares Europa, Dresden 1993

Menuhin, Y.: Kunst als Hoffnung für die Menschheit. Reden und Schriften, München 1991

Nitschke, Th.: Hellerau (1909-1925) – eine Gartenstadt als „pädagogische Provinz“, Marburg 1997

Nitschke, Th.: Die „pädagogische Provinz“ – Schulen und Schulversuche in Hellerau. In: Dresdner Hefte. Beiträge zur Kulturgeschichte, 15. Jg., H. 51, 3/97, S. 65-72

Paquet, A.: Hellerau. In: Der Kunstfreund, H. 1, Berlin 1913

Rauscher, U.: Hellerau. In: Die Schaubühne, 9. Jg., 1913, Nr. 42, S. 1003-1006

Rettig, H.: Ein Rundgang durch Hellerau nach vierzig Jahren – Richard Riemerschmid zum 80. Geburtstag. In: Baumeister, 45. Jg., München 1948, S.223-229

Riezler, W.: Wolf Dohrn zum Gedächtnis. In: Thiersch, H. (Hg.): Wir fingen einfach an. Festschrift für Richard Riemerschmid zum 85. Geburtstag, München 1953, S. 91/92

Ring, R. (Hg.): Hellerau Symposion. Fragen zur Geschichte der Rhythmik, hg. v. Bundesverband Rhythmische Erziehung e.V., Remscheid/Genf 1993

Salzmann, A. von: Licht, Belichtung und Beleuchtung. In: Jahrbuch ‘Der Rhythmus’, Bd. II, 1. Hälfte, Jena 1912, S. 69-72

Sarfert, H.-J.: Nachdenken über Hellerau. In: Dresdner Hefte. Beiträge zur Kulturgeschichte, H. 3, 1996, S. 96-98

Sarfert, H.-J.: Hellerau. Die Gartenstadt und Künstlerkolonie, Kleine Sächsische Bibliothek 3, Dresden 1992; 1995; 1999

Scheffler, K.: Das Haus. Die Schulfeste der Bildungsanstalt Jaques-Dalcroze. In: Jahrbuch ‘Der Rhythmus’, Bd. II, 1. Hälfte, Jena 1912, S. 2-12

Schmidt, H.: Die Gartenstadt Hellerau. In: Süddeutsche Bauhütte, H. 12, 1911, S. 169-176

Schmid, O.: Die Schulfeste der Bildungsanstalt Jaques-Dalcroze in Dresden-Hellerau, 28. Juni-11. Juli 1912. In: Blätter für Haus- und Kirchenmusik, 16. Jg., Langensalza 1911/1912, S. 171/172

Schneider, D.: Der Weg ist das Ziel. In: Festschrift ‘9O Jahre Hellerau’ (1909-1999), Dresden 1999, S. 21

Schneider, D.: Orpheus tanzt rhythmisch oder die Kathedrale der Zukunft. In: Ring, R. (Hg.): Hellerau Symposion. Fragen zur Geschichte der Rhythmik (20. bis 22. Nov. 1992), Remscheid/Genf 1993, S. 155-162

Schulz, E.: Hellerau oder das Bild der ländlichen Stadt. Zum 100. Geburtstag des Architekten Heinrich Tessenow, zum 7. April 1976. In: FAZ vom 6.4. 1976

Seidl, A.: Die Hellerauer Schulfeste und die Bildungsanstalt Jaques-Dalcroze, Regensburg 1912

Sikora, B.: Kultur heute und zu Tessenows Zeiten. In: FAZ vom 29. Okt. 1996

Storck, K.: Das Programm. In: Jahrbuch ‘Der Rhythmus’, II. Band, 1. Hälfte, Jena 1912, S. 21-35

Spiegel-Beitrag (Architektur): Die Beulen der Geschichte. In: Der Spiegel, Nr. 6, 2.2. 1998, S. 164/165

Tietze, H.: Heinrich Tessenow. In: Kunst und Kunsthandwerk, 16. Jg., Wien 1913, S. 585-591

Wichmann, H.: Aufbruch zum neuen Wohnen. Deutsche Werkstätten und WK-Bund 1898-1970, Basel/Stuttgart 1978

Wichmann, H.: Die Gartenstadt Hellerau. In: Aufbruch zum neuen Wohnen, Basel/Stuttgart 1978, S. 80-87

Wir fingen einfach an. Arbeiten und Aufsätze von Freunden und Schülern Richard Riemerschmid's, zu dessen 85. Geburtstag, hg. von H. Thiersch, München 1953

III Die Position der Rhythmisch-musikalischen Erziehung im Kontext des Reformwerkes und des Zeitraumes der Kestenberg-Reform unter besonderer Berücksichtigung von Kindergarten und Schule

1. Das Reformwerk Leo Kestenbergs unter besonderer Berücksichtigung der Position der Rhythmisch-musikalischen Erziehung in Kindergarten und Schule

1.1 Zur Biographie Leo Kestenbergs

Bekker, P.: An Leo Kestenberg. In: Briefe an zeitgenössische Musiker, Berlin 1932, S. 44-56

Braun, G.: Kestenberg, L., MGG-Artikel, Bd. 7, Kassel 1958, S. 863 ff

Kestenberg, L.: Bewegte Zeiten, Wolfenbüttel/Zürich 1961

Kestenberg, L.: Grußwort zur vierten Bundesschulmusikwoche 1961 in Berlin. In:Musik und Bildung in unserer Zeit, hg. von Kraus, E., Mainz 1961,S. 12

Kraus, E.: Leo Kestenberg zum Gedächtnis. In: Musik im Unterricht, 53. Jg, H. 3, Mainz 1962, S. 65-68

Mersmann, H.: Leo Kestenberg. In: Die Musikforschung, 15. Jg., Kassel/Basel 1962, S. 209-212

Preußner, E.: Erinnerungen an Leo Kestenberg. In: Musik im Unterricht, 53. Jg., H. 3, Mainz 1962, S. 74-76

1.2 Das 'musikerzieherische Reformwerk' Leo Kestenbergs im Kontext eines Neuaufbaus des gesamten Bildungswesens

Abert, H.: Musik und Schule. In: Musik und Schule, hg. vom Zentralinstitut für Erziehung und Unterricht, Berlin, Leipzig 1922, S. 5-20

Blensdorf, O.: Die Methode der rhythmischen Gymnastik von Jaques-Dalcroze. In: Musik und Schule, hg. vom Zentralinstitut für Erziehung und Unterricht, Berlin, Leipzig 1922, S. 55-59

Blensdorf, O.: Die Rhythmik in der Lehrerbildung. In: Mitteilungen aus der Erziehungswissenschaftlichen Anstalt der Thüringischen Landesuniversität zu Jena, hg. von Petersen, P, Jena 1926, S. 11-15

Blensdorf, Ch.: Rhythmisch-musikalische Erziehung im Kindergarten. In: Musikpflege im Kindergarten, hg. v. Zentralinstitut für Erziehung und Unterricht, Berlin, Leipzig 1929, S. 30-35

Borris, S.: Hochschule für Musik, Berlin 1964

Braun, G.: Die Schulmusikerziehung in Preußen, Kassel/Basel 1957

Braunfels, W.: Die Hochschule für Musik. In: Bücken, E. (Hg.): Handbuch der Musikerziehung, Potsdam 1931, S. 309-316

Brockhaus Riemann: Musiklexikon, hg. v. Dahlhaus, C./Eggebrecht, H.H.: Stichwort 'Leo Kestenberg', Mainz 1990, S. 287

Bücken, E. (Hg.): Handbuch der Musikerziehung, Potsdam 1931

Bünner, G.: Rhythmik – Rhythmisch-musikalische Erziehung. In: Bünner, G./ Röthig, P. (Hg.): Grundlagen und Methoden rhythmischer Erziehung, Stuttgart 1971, S. 73-99

Die deutsche Schulreform. Ein Handbuch für die Reichsschulkonferenz, hg. v. Zentralinstitut für Erziehung und Unterricht, Berlin, Leipzig 1920

Die Reichsschulkonferenz in ihren Ergebnissen, hg. v. Zentralinstitut für Erziehung und Unterricht, Berlin, Leipzig 1920

Die Reichsschulkonferenz.1920. Ihre Vorgeschichte und Vorbereitung und ihre Verhandlungen, Leipzig 1921

Dispeker, Th.: Die musikalische Ausbildung der Kindergärtnerin. In: Die Musikpflege, 2. Jg., Leipzig 1931, S. 120-125

Droescher, L.: Der Kindergarten als Unterbau der Einheitsschule. Vortrag, gehalten bei der Tagung des Deutschen Fröbelverbandes (Okt. 1919 in Leipzig), Berlin o.J.

Droescher, L.: Die äußere Einheit des Unterrichtswesens – Der Kindergarten. In: Die deutsche Schulreform, hg. v. Zentralinstitut für Erziehung und Unterricht, Berlin, Leipzig 1920, S. 8-16

Dyckerhoff, K.: 50 Jahre Folkwangschule für Musik, Tanz, Sprechen, Essen. Folkwang Hochschule Musik, Theater, Tanz. Staatliche Hochschule für Musik Ruhr, unveröffentlichtes Manuskript

Dyckerhoff, K.: Die Folkwangschulen – Idee und Personen. In: Fellsches, J./ Lindner, W./Raab, C./Schmidt, H.-D. (Hg.): Folkwang. Musik, Theater, Tanz, Essen 1992, S. 9-23

Erpf, H.: Grußworte zum achzigsten Geburtstag von E. Feudel. In: Rhythmische Erziehung. Mitteilungen, H. 3, 1961, S. 21/22

Feudel, E. (Hg.): Rhythmik. Theorie und Praxis der körperlich-musikalischen Erziehung (München 1926), Wolfenbüttel 1982

Fischer, H.: Das Reformwerk Leo Kestenbergs. In: Musik und Bildung in unserer Zeit, hg. v. Kraus, E., Mainz 1961, S. 46-54

Fischer, H.: Bericht über die VII Reichsschulmusikwoche in München (1927). In: Zts. für Schulmusik, 1. Jg., H. 8; Wolfenbüttel/Berlin 1928, S. 186-189

Geis, C. M.: Richtlinien für den Musikunterricht im Kindergärtnerinnen-Seminar. In: Musikpädagogische Gegenwartsfragen, hg. v. Zentralinstitut für Erziehung und Unterricht, Berlin, Leipzig 1928, S. 66-70

Geis, C.M.: Musik im Kindergarten und die musikalische Ausbildung der Kindergärtnerin. In: Musikpflege im Kindergarten, hg. v. Zentralinstitut für Erziehung und Unterricht, Berlin, Leipzig 1929, S. 70-78

Günther, U.: Die Schulmusikerziehung von der Kestenberg-Reform bis zum Ende des Dritten Reiches, Darmstadt 1967

Gürich, A.: Die rechtlichen Grundlagen der Schulreform. In: Die deutsche Schulreform, hg. v. Zentralinstitut für Erziehung und Unterricht, Berlin, Leipzig 1920, S. 1-7

Hauer, W.: Die neuen Richtlinien für den Musikunterricht an Volksschulen. In: Die Musikerziehung, 5. Jg., Nr. 1, Lahr (Baden) 1928, S. 186-191

Helms, S.: Edmund Joseph Müller. Musikpädagogik zwischen den Weltkriegen, Wolfenbüttel 1988

Hürtgen-Busch, S.: Die Wegbereiterinnen der Rhythmisch-musikalischen Erziehung in Deutschland, Frankfurt/M. 1996

Jahrbuch des Zentralinstitutes für Erziehung und Unterricht, Berlin, 3. Jg. 1921 (Berlin 1922); 4. Jg. 1922 (Berlin 1923); 5. Jg. 1925 (Berlin 1926); 6. Jg. (Berlin 1928); 7. Jg. 1928/1929 (Berlin 1930); 8. Jg. 1928/1930 (Berlin 1931); 9. Jg. 19301932 (Berlin 1933)

Jahrbuch der Staatlichen Akademie für Kirchen- und Schulmusik, Berlin, 1. Jg. 1927/1928 (Kassel 1929); 2. Jg. 1928/1929 (Kassel 1929); 3. Jg. 1929/1930 (Kassel 1930); 4. Jg. 1930/1931 (Kassel 1932); 5. Jg. 193l/1932 (Berlin 1932)

Jahresberichte der Staatlich Akademischen Hochschule für Musik, Berlin, Berichtzeit: 1928/1929; 1929/1930; 1925-1927; 1927-1928

Jaques-Dalcroze, E.: Vorschläge zur Reform des musikalischen Schulunterrichts, Zürich 1905

Jöde, F.: Grundlagen musikalischer Betätigung in Schule und Leben. In: Musik und Schule, hg. vom Zentralinstitut für Erziehung und Unterricht, Berlin, Leipzig 1922, S. 30-46

Jöde, F.: Musik und Erziehung, Wolfenbüttel 1924

Jöde, F.: Unser Musikleben, Wolfenbüttel 1925

Jöde, F.: Das schaffende Kind in der Schulmusik. In: Musik in Volk, Schule und Kirche, hg. vom Zentralinstitut für Erziehung und Unterricht, Berlin, Leipzig 1927, S. 42-48

Jöde, F.: Vom Sinn der Musik in der Volksschule. In: Zts. für Schulmusik, 1. Jg., H. 3, Wolfenbüttel/Berlin 1928, S. 49-52

Jöde, F.: Die Jugendmusikschule Charlottenburg, Wolfenbüttel 1929

Karsen, F.: Bericht zur Einheitsschule. In: Die Reichsschulkonferenz 1920. Ihre Vorgeschichte und Vorbereitung und ihre Verhandlungen, Leipzig 1921, S. 100-113

Kestenberg, L.: Musikerziehung und Musikpflege, Leipzig 1921

Kestenberg, L. (Hg.): Privatunterricht in der Musik. Amtliche Bestimmungen, Berlin 1925

Kestenberg, L.: Denkschrift über die gesamte Musikpflege in Schule und Volk (1923). In: Schulmusikunterricht in Preußen. Amtliche Bestimmungen für höhere Schulen, Mittelschulen und Volksschulen, hg. von Kestenberg, L, Berlin 1927

Kestenberg, L. (Hg.): Schulmusikunterricht in Preußen. Amtliche Bestimmungen für höhere Schulen, Mittelschulen und Volksschulen, Berlin 1927

Kestenberg, L.: Wege zur Entwicklung deutscher Musikerziehung. In: Die Musik, 20. Jg., Berlin 1927/1928, S. 1-15

Kestenberg, L.: Reichsschulmusikwoche in München. In: Zts. für Schulmusik, 1. Jg., Wolfenbüttel/Berlin 1928, S. 145-148

Kestenberg, L.: Probleme der Musikorganisation. In: Schulmusik und Chorgesang, hg. vom Zentralinstitut für Erziehung und Unterricht, Berlin, Leipzig 1930, S. 50-57

Kestenberg, L. (Hg.): Jahrbuch der deutschen Musikorganisation, Berlin 1931

Kestenberg, L./Günther, W. (Hg.): Der Musiklehrer. Prüfung, Ausbildung und Anstellung, Berlin 1928

Kraus, E.: Reform der Schulmusikerziehung. In: Musikerziehung in der Schule, Mainz 1955, S. 20-39

Kühn, W.: Geschichte der Musikerziehung. In: Bücken, E. (Hg.): Handbuch der Musikerziehung, Potsdam 1931, S. 5-68

Moser, H. J.: Die deutsche Schulmusikbewegung. In: Zts. für Musik, 99. Jg., H. 11, Berlin 1932, S. 961-969

Moser, H. J.: Der Weg der deutschen Schulmusik in der ersten Hälfte des zwanzigsten Jahrhunderts. In: Musikerziehung in der Schule, hg. von Kraus, E., Mainz 1955, S. 11-20

Münnich, R.: Organischer Musikunterricht. In: Zts. für Schulmusik, 1. Jg., Wolfenbüttel/Berlin 1928, S. 10-14

Münnich, R. u.a.: Sinn und Schicksal der Reform von 1925. In: Zts. für Schulmusik, 5. Jg., H. 12, Wolfenbüttel/Berlin 1932, S. 221-235

Natorp, P.: Grundsätze sozialer Erziehung. In: Die Reichsschulkonferenz in ihren Ergebnissen, hg. vom Zentralinstitut für Erziehung und Unterricht, Berlin, Leipzig 1920, S. 14-26

Nolte, E.: Die Reformpläne um H. Kretzschmar und L. Kestenberg. In: Lehrpläne und Richtlinien für den schulischen Musikunterricht in Deutschland vom Beginn des 19. Jh. bis in die Gegenwart, Mainz 1975, S. 18-23

Oberborbeck, F.: Geschichte der Schulmusik in Deutschland, MGG-Artikel, Bd. 9, S. 1106 ff, Kassel 1958

Pallat, L.: Kunsterziehung. In: Die deutsche Schulreform. Ein Handbuch für die Reichsschulkonferenz, Leipzig 1920, S. 117-131

Paul, E.: Neue Aufgaben im Schulmusikunterricht. In: Musik und Schule, hg. vom Zentralinstitut für Erziehung und Unterricht, Berlin, Leipzig 1922, S. 21-29

Petersen, P. (Hg.): Mitteilungen aus der Erziehungswissenschaftlichen Anstalt der thüringischen Landesuniversität zu Jena, Jena 1925; 1926

Rabsch, E.: Gedanken über Musikerziehung, Leipzig 1925

Reinhardt, K.: Grundschule, mittleres und höheres Schulwesen. In: Die deutsche Schulreform. Ein Handbuch für die Reichsschulkonferenz, hg. vom Zentralinstitut für Erziehung und Unterricht, Berlin, Leipzig 1920, S. 17-20

Richtlinien für die Musikpflege in den Seminaren und Lehrgängen zur Ausbildung von Kindergärtnerinnen und Hortnerinnen. In: Zts. Kindergarten, 70. Jg., Leipzig 1929, S. 84-88

Schünemann, G.: Die Berliner Schulmusikwoche. In: Zts. für Musikwissenschaft, 4. Jg., Leipzig 1921/1922, S. 51-54

Schünemann, G.: Gegenwartsfragen der Musikerziehung. In: Jahrbuch der Musikbibliothek Peters, hg. von Schwartz, R., 35. Jg., Leipzig 1929, S. 25-31

Schünemann, G.: Musikerziehung, Leipzig 1930

Schünemann, G.: Geschichte der deutschen Schulmusik, Köln 1931

Schulz, H.: Das Ergebnis der Reichsschulkonferenz. In: Die Reichsschulkonferenz in ihren Ergebnissen, hg. vom Zentralinstitut für Erziehung und Unterricht, Berlin, Leipzig 1920, S. 1-4

Schulz, H.: Die Schulreform der Sozialdemokratie, Berlin 1919

Seidel, H.: Die Arbeitsschule als Grundstein der harmonischen Menschenbildung. In: Die Reichsschulkonferenz 1920. Ihre Vorgeschichte und Vorbereitung und ihre Verhandlungen, Leipzig 1921, S. 26-44

Spranger, E.: Gedanken über Lehrerbildung, Leipzig 1920

Storck, K.: Musik-Politik. Beiträge zur Reform unseres Musiklebens, Stuttgart 1911

Thiel, C.: Über die Bedeutung der ersten Schulmusikwoche. In: Musik und Schule, hg. vom Zentralinstitut für Erziehung und Unterricht, Berlin, Leipzig 1922, S. 1-20

Voß, A.: Bericht zur Einheitsschule. In: Die Reichsschulkonferenz 1920. Ihre Vorgeschichte und Vorbereitung und ihre Verhandlungen, Leipzig 1921, S. 129-142

Wicke, R.: Staat und Musikpflege. In: Musik in Volk, Schule und Kirche, hg. vom Zentralinstitut für Erziehung und Unterricht, Berlin, Leipzig 1927, S. 2-11

Zentralinstitut für Erziehung und Unterricht, Berlin (Hg.):

- Die deutsche Schulreform. Ein Handbuch für die Reichsschulkonferenz, Leipzig 1920
- Die Reichsschulkonferenz in ihren Ergebnissen, Leipzig 1920
- Musik und Schule, Leipzig 1922
- Zehn Jahre Zentralinstitut für Erziehung und Unterricht. 1915 bis 1925, Berlin 1925
- Musik in Volk, Schule und Kirche, Leipzig 1927
- Musikpädagogische Gegenwartsfragen, Leipzig 1928
- Musikpflege im Kindergarten. Vorträge der ersten Tagung 'Musikpflege im Kindergarten' (3. bis 5. April 1929 in Berlin), Leipzig 1929
- Schulmusik und Chorgesang, Leipzig 1930

Ziehen, J.: Die Vereinheitlichung des Schulwesens. In. Die Reichsschulkonferenz in ihren Ergebnissen, hg. vom Zentralinstitut für Erziehung und Unterricht, Berlin, Leipzig 1920, S. 29-35

2. Die Position der Rhythmisch-musikalischen Erziehung innerhalb des Zeitraumes der Kestenberg-Reform unter besonderer Berücksichtigung von Kindergarten und Grundschule

2.1 Zur Diskussion der Begriffe Rhythmus und Takt bei Ludwig Klages und Rudolf Bode

Bode, R.: Rhythmus und Körpererziehung, Jena 1923

Bode, R.: Ausdrucksgymnastik, München 1925

Bode, R.: Aufgaben und Ziele der rhythmischen Gymnastik, München 1933

Diem, C.: Theorie der Gymnastik, Berlin 1930

Ferand-Freund, E.: Rhythmische Gymnastik und Körpererziehung. In: Pallat, L./ Hilker, F. (Hg.): Künstlerische Körperschulung, Breslau 1925, S. 28-36

Günther, H.: Historische Grundlagen der deutschen Rhythmusbewegung. In: Bünner, G./ Röthig, P. (Hg.): Grundlagen und Methoden rhythmischer Erziehung, Stuttgart 1971, S. 33-69

Günther, H.: Geschichtlicher Abriß der deutschen Rhythmusbewegung. In: Bannmüller, E./ Röthig, P. (Hg.): Grundlagen und Perspektiven ästhetischer und rhythmischer Bewegungserziehung, Stuttgart 1990, S. 13-49

Jaques-Dalcroze, E.: Was die rhythmische Gymnastik Ihnen gibt und was sie von Ihnen fordert. In: Der Rhythmus, Jahrbuch 1, hg. von der Bildungsanstalt Jaques-Dalcroze (Dresden-Hellerau), Jena 1911, S. 32-56

Klages, L.: Vom Wesen des Rhythmus, Zürich/Leipzig 1944

Klages, L.: Vom Wesen des Rhythmus. In: Pallat, L./ Hilker, F. (Hg.): Künstlerische Körperschulung, Breslau 1925, S. 94-137

Klages, L.: Handschrift und Charakter, Bonn 1965; 1974

Klages, L.: Sämtliche Werke in 9 Bänden (8 Bde. und 1 Register-Band), hg. von Frauchinger, E./Funke, G./Groffmann, K. J./Heiss, R./Schröder, H.E., Bonn 1964-1981

Röthig, P.: Rhythmus und Bewegung, Schorndorf 1967; 1979

2.2 Grundlinien der deutschen Rhythmusbewegung II

Deutsche Tänzerwoche, München 1930. In: Der Tanz, 3. Jg., H. 4, Berlin 1930

Feudel, E.: (Hg.): Rhythmik. Theorie und Praxis der körperlich-musikalischen Erziehung, München 1926

Haeberlin, C.: Das Gefüge des Lebendigen, Karlsruhe 1926

Haeberlin, C.: Lebensrhythmen und menschliche Rhythmusstörungen, Berlin 1933; Vortrag, gehalten am 2. 8. 1933 im Ärzteverein zu Weimar

Hellerauer Blätter für Rhythmus und Erziehung, hg. von Lehrern und Schülern der Dalcroze-Schule, Schriftleitung: E. Ferand-Freund, H. 1, Juni 1922; H. 2, Aug. 1922; H. 3/4, März 1923

Hemleben, J.: R. Steiner in Selbstzeugnissen und Bilddokumentationen, Reinbek/Hamburg 1963

Hilker, F.: Was uns not tut. In: Pallat, L./ Hilker, F. (Hg.): Künstlerische Körperschulung, Breslau 1925, S. 9-13

Hilker, F.: Gymnastische Aufgaben im Jahre 1928. In: Gymnastik, 3. Jg., Karlsruhe 1928

Jerrmann, H.: Die sportlichen Veranstaltungen während der Gesolei. In: GE'SO'LEI; Große Ausstellung, Düsseldorf 1926, Bd. 1

Koch, B.: Der Rhythmus. Untersuchungen über sein Wesen und Wirken in Kunst und Natur und seine Bedeutung für die Schule, Langensalza 1922

Laban, R. von: Die Welt des Tänzers. Fünf Gedankenreigen, Stuttgart 1920

Laban, R. von: Gymnastik und Tanz, Oldenburg 1926

Laban, R. von: Des Kindes Gymnastik und Tanz, Oldenburg 1926

Medau, H.: Rhythmische Gymnastik als tägliche Kraftquelle, Stuttgart/Berlin/Leipzig 1926

Medau, H./ Roedenbeck, E.: Rhythmisch-musische Gymnastik, Frankfurt/M. 1957

Resolution des pädagogischen Ausschusses des Dritten Deutschen Tänzer-Kongresses. In: Der Tanz, 3. Jg., H. 8, Berlin 1930

Röthig, P.: Rhythmus und Bewegung, Schorndorf 1967; 1974

Roters, E.: Maler am Bauhaus, Berlin 1965; Reihe: Die Kunst unserer Zeit, Bd. 18

Schlemmer, O. (Hg.): Die Bühne am Bauhaus, München 1925; Reihe: Bauhausbücher, H.4

Schlemmer, O.: Tänzerische Mathematik. In: Stefan, P. (Hg.): Tanz in dieser Zeit, Wien 1925, S. 33-35

Schmidt, K.: Das mechanische Ballett – eine Bauhaus-Arbeit. In: Bauhaus und Bauhäusler, Stuttgart 1971, S. 54-58

Senff, H.: Rhythmus und Metrum in der Bewegungserziehung; Aufsatz (unveröffentlicht), 1950

Steiner, R.: Die dreifache Gestalt der Eurythmie. In: Eurythmie; Sonderdruck der 'Erziehungskunst', H.6, Stuttgart 1975

Struwe, F.: Erziehung durch Rhythmus in Musik und Leben, Kassel 1930

Stuckenschmidt, H:H.: Musik am Bauhaus, Berlin 1978-1979; Vortrag, gehalten im Bauhaus-Archiv in Berlin am 11. Mai 1976

2.3 'Tagung für künstlerische Körperschulung'/ 'Schule Hellerau-Laxenburg Schloß Laxenburg bei Wien'

Baer-Frissell, Ch.: Die rhythmische Gymnastik als Erziehung. In: Hellerauer Blätter, H.l, Juni 1922, S. 4-6

Baer-Frissell, Ch.: Die Entwicklung der Sinne beim Kinde. In: Revue internationale des l'enfant, Genéve 1929, S. 342-350

Bekker, P.: Die Bedeutung der Musik für die künstlerische Körperschulung. In: Pallat, L./ Hilker, F.(Hg.): Künstlerische Körperschulung, Breslau 1925, S. 81-93

Die neue Schule für angewandten Rhythmus Hellerau, Hellerau 1916

Donath, M.: Die Tanzschule Hellerau-Laxenburg und Rosalia Chladek. Pädagogik und Wirkung des Ausdruckstanzes, Diss. der Universität Wien, Institut für Theaterwissenschaft, Wien 1987, unveröffentlicht

Ferand-Freund, E.: Rhythmische Gymnastik und Körpererziehung. In: Pallat, L./ Hilker, F. (Hg.): Künstlerische Körperschulung, Breslau 1925, S. 28-36

Ferand-Freund, E.: Bewegung in Klang und Raum. In: Die Musik, 23. Jg., Berlin 1930, S. 744-750

Feudel, E. (Hg.): Rhythmik. Theorie und Praxis der körperlich-musikalischen Erziehung, München 1926

Graeser, W.: Körpersinn, München 1927

Jacobs, D.: Bewegungsbildung – Menschenbildung, Kastellaun 1978; Wolfenbüttel 1985

Kratina, V.: Tanz. In: Hellerauer Blätter, H. 1, Juni 1922, S. 9

Kröschelova, J.: Körperbildung. In: Hellerauer Blätter, H.1, Juni 1922, S.6/7

Merz, M.: Die Erneuerung des Lebens- und Körpergefühls. In: Pallat, L./ Hilker, F. (Hg.): Künstlerische Körperschulung, Breslau 1925, S. 14-27

Schlaffhorst, C.: Die Bedeutung der Atmung. In: Pallat, L./ Hilker, F. (Hg.): Künstlerische Körperschulung, Breslau 1925, S. 71-80

Schulprospekt der 'Schule Hellerau-Laxenburg Schloß Laxenburg bei Wien', 1925; 1926; 1930

Wilhelm, R.: Elsa Gindler. Eine große Pädagogin besonderer Art. Sonderdruck der Zts.: Heilkunde-Heilwege, 11. Jg., H. S, 1961, o.S.

2.4 Der pädagogische Auftrag der Rhythmisch-musikalischen Erziehung innerhalb der Institutionen Kindergarten und Grundschule

Abicht, M.: Musik im Kindergarten. In: Musikpflege im Kindergarten, hg. vom Zentralinstitut für Erziehung und Unterricht Berlin, Leipzig 1929, S.1-7

Baer-Frissell, Ch.: Die Entwicklung der Sinne beim Kinde. In: Revue internationale de l'enfant, Genéve 1929, S. 342-350

Baer-Frissell, Ch.: Die Bewegungsmöglichkeiten des kleinen Kindes im begrenzten Raum. In: Die Quelle, 79. Jg., Wien 1929, S. 549-551

Baer-Frissell, Ch.: Die musikalische Erziehung des Kleinkindes. In: Die Quelle, 80. Jg., Wien 1930, S. 1265-1272

Baer-Frissell, Ch.: Die Rhythmik beim Kleinkind. In: Kind und Kindergarten; Zts. der Berufsvereinigung der Kindergärtnerinnen Österreichs, 49. Jg., Wien 1930, S. 13-19

Barth, A.: Rhythmische Gymnastik im Dienste der Erziehung. In: Revue internationale de l'enfant, Genéve 1927, S. 511-514

Behn, S.: Das schöpferische Kind?. In: Die Quelle, 80. Jg., Wien 1930, S. 1083-1086

Blensdorf, Ch.: Rhythmisch-musikalische Erziehung im Kindergarten. In: Zts. für Schulmusik, 1. Jg., Berlin 1928, S. 61-65

Blensdorf, Ch.: Rhythmisch-musikalische Erziehung im Kindergarten. In: Musikpflege im Kindergarten, hg. vom Zentralinstitut für Erziehung und Unterricht Berlin, Leipzig 1929, S. 30-35

Blensdorf, Ch.: Kinder machen Bambusflöten und lernen horchen und musizieren, Bad Godesberg 1932

Blensdorf, Ch.: Die Rhythmik im Kindergarten. In: Feudel, E. (Hg.): Rhythmik. Theorie und Praxis der körperlich-musikalischen Erziehung, München 1926, S. 115-124

Blensdorf, O.: Erziehung zur Selbständigkeit im Gesangunterricht für Volks-und höhere Schulen nach den Grundsätzen Jaques-Dalcrozes, Elberfeld 1913

Blensdorf, O.: Die Methode der rhythmischen Gymnastik von Jaques-Dalcroze. In:Musik ünd Schule, hg. vom Zentralinstitut für Erziehung und Unterricht Berlin, Leipzig 1922, S. 55-59

Blensdorf, O.: Körperrhythmus – Metrik – Angewandte Rhythmik. In: Musik in Volk, Schule und Kirche, hg. vom Zentralinstitut für Erziehung und Unterricht Berlin, Leipzig 1927, S. 210-216

Blensdorf, O.: Musikunterricht oder Rhythmisch-musikalische Erziehung?. In: Zts. für Schulmusik, hg. von F. Jöde/H. Martens/ R. Münnich/S. Trautwein/ E. Dahlke, 4. Jg., H. S, Berlin 1931, S. 86-88

Blensdorf, O.: Singen und Springen in Kindergarten und Grundschule: H. 1: Tierlieder und -Spiele; H. 2: Das Kind selbst; H. 4: Pustelieder; alle Bad Godesberg, o.J.

Blensdorf, O.: Kinder-, Spiel- und Tanzlieder, H. 5-7, Bad Godesberg, o.J.

Blensdorf, O.: Rhythmische Spiele mit dem Ball, Bad Godesberg 1935

Blensdorf, O.: Lustige Kindermusik ohne Gesang für Kindergarten und Grundschule, Elberfeld 1923

Blochmann, E.: Die Selbsttätigkeit des Kindes in Kindergarten und Hort. In: Kindergarten, 70. Jg., Leipzig 1929, S. 177-180

Bock, M.: Musikerziehung im Kindergarten?. In: Die Quelle, 80. Jg., Wien 1930, S. 726-727

Bühler, Ch.: Kindheit und Jugend, Leipzig 1928

Carp, E.: Feste mit Kindern, Ravensburg 1929

Der Tanz. Monatsschrift für Tanzkultur, 3. Jg., Berlin 1930

Die körperlichen Übungen des Kleinkindes. Umfrage des Fröbelverbandes (Wien) bei den namhaftesten deutschen Gymnastikschulen. In: Kindergarten, 74. Jg., Leipzig 1933, S. 201-211

Die Leibesübungen; Zts. für Veröffentlichungen des Deutschen Turnlehrervereins, der Deutschen Hochschule für Leibesübungen und des Deutschen Ärztebundes zur Förderung der Leibesübungen, 1. Jg., Berlin 1925; 2. Jg., Berlin 1926; 3. Jg., Berlin 1927

Die Musik. Monatsschrift, hg. von B. Schuster; Jg. 1920/1921 bis 1932/1933, Berlin

Die Musikerziehung. Schriftleitung: W. Kühn, hg. in Lahr (Baden); Zentralorgan für alle Fragen der Schulmusik, ihrer Grenzgebiete und Hilfswissenschaften, 1. Jg. 1924 bis 10. Jg. 1933

Die Musikpflege. Monatsschrift für Musikerziehung, Musikorganisation und Chorgesangwesen, hg. von E. Preußner in Leipzig, 1. Jg. 1930 bis 4. Jg. 1933

Die Quelle. Vereinigte Monatshefte für pädagogische Reform und Kunst und Schule; Schriftleitung: E. Burger/H. Enders/Ph. Frankowski/R.Rothe/M. Streicher, Wien, 75. Jg. (1925) bis 83. Jg. (1933)

Die Singgemeinde, hg. von K. Ameln, 8. Jg., Kassel 1931

Die Tat. Monatsschrift für die Zukunft deutscher Kultur, hg. von E. Diederichs, Jena ; 13. Jg. (1921/1922); 14. Jg. (1922/1923)

Dispeker, Th.: Praktische Musik in Kindergarten und Hort, hg. im Auftrage des Zentralinstitutes für Erziehung und Unterricht Berlin, Dresden 1931

Eis, M.: Leibesübungen im Kindergarten. In: Jugendwohl, 22. Jg., Freiburg 1933, S. 5-8

Endres, St.: Der Rhythmus der kindlichen Bewegung in Spiel, Tanz und Darstellung, Wien 1927

Epping, A.: Aus meinen Erfahrungen im Improvisations-Unterricht; Mit den Kindern am Klavier. In: Feudel, E. (Hg.): Rhythmik. Theorie und Praxis der körperlich-musikalischen Erziehung, München 1926, S. 75-93

Epping, A.: Improvisieren und Improvisationsunterricht. In: Die Musikpflege, 2. Jg., Leipzig 1931, S. 259-264

Eppendorf, H.: Anregungen aus der praktischen Arbeit zur Musikerziehung in Kindergarten und Hort. In: Kindergarten, 74. Jg., Leipzig 1933, S. 112-115

Ferand-Freund, E.: Bewegung in Klang und Raum. In: Die Musik, 23. Jg., Berlin 1930/1931, S. 744-748

Feudel, E.: Rhythmische Erziehung im ersten Grundschuljahr. In: Die Musikerziehung, 6. Jg., Nr. 3, Lahr (Baden), 1929, S. 71-77

Feudel, E.: Rhythmische Erziehung. In: Musik in der Volksschule, hg. von F. Jöde, Berlin 1928, S. 58-62

Feudel, E.: Wesen und Ziel der rhythmischen Erziehung. In: Musik in Volk, Schule und Kirche, hg. vom Zentralinstitut für Erziehung und Unterricht Berlin, Leipzig 1927, S. 197-206

Feudel, E.: Die rhythmische Gymnastik in der Schule, Berlin 1915; 1925

Fleischer, J.: Beobachtungen über den Einfluß der Rhythmik auf die Gesamterziehung und Entwicklung des Kleinkindes. In: Kindergarten, 69. Jg., Leipzig 1928, S. 129

Fleischmann, H.: Musik im Kindergarten. In: Die Singgemeinde, 8. Jg., Kassel 1931/1932, S. 142-147

Förster, H.: Zur Methodik der körperlichen Erziehung im Kindergarten. In: Die Quelle, 79. Jg., Wien 1929, S. 557-558

Fröbel, F.: Über körperliche Erziehung. In: Kindergarten, 74. Jg., Leipzig 1933, S. 197-201

Fromm, E.: Lieder und Bewegungsspiele, Hamburg 1910

Fromm, E.: Bewegungsspiel, Kinderlied und Kinderreim, Berlin 1919

Gaulhofer, K.: Bedeutung und Weg der körperlichen Erziehung in der Schule. In: Die Quelle, 79. Jg., Wien 1929, S. 91-100

Geis, C. M.: Wie singe ich mit Kindern. Reihe: Praktische Musik in Kindergarten und Hort, H. 2, Dresden 1931

Goldstein, J.: Musik im Kindergarten. In: Musikpflege im Kindergarten, hg. vom Zentralinstitut für Erziehung und Unterricht Berlin, Leipzig 1929, S. 19-23

Grosse, R.: Selbsttätigkeit im frühesten Alter. In: Kindergarten, 62. Jg., Leipzig 1921, S. 64-67

Grüger, H./ Grüger, J.: Die Liederfibel: Teil 1, Breslau 1927; Teil II, Breslau 1931

Grüger, H.: Die Liederfibel und ihre praktische Anwendung. In: Musikpflege im Kindergarten, hg. vom Zentralinstitut für Erziehung und Unterricht Berlin, Leipzig 1929, S. 36-44

Grüger, H.: Wege zur Kindermusik. In: Die Musikpflege, 1. Jg., Leipzig 1930, S. 486-493

Grüger, H.: Kinderinstrumente, Reihe: Praktische Musik in Kindergarten und Hort, Dresden 1932

Günther, D.: Gymnastik als pädagogischer Faktor. In: Gymnastik, 2. Jg., Karlsruhe 1927, S. 53-60

Gymnastik, Zts. des Deutschen Gymnastikbundes e.V., Karlsruhe, 1. Jg., Karlsruhe 1926 bis 5. Jg., Karlsruhe 1930

Hagen, W.: Rhythmus und Körperbildung. In: Die Tat, 14. Jg., Jena 1922/1923, S. 755-764

Haupt, F.: Gedanken über die neuen Richtlinien für den Musikunterricht an Volksschulen und über ihre Durchführung. In: Musikunterricht in der Volksschule, Lahr (Baden), 1928, S. 5-13

Heintze, K.: Selbsttätigkeit im Kindergarten. In: Kindergarten, 61. Jg., Leipzig 1920, S. 127-129

Hetzer, H.: Das volkstümliche Kinderspiel, Berlin/Wien/Leipzig/New York 1927

Hetzer, H.: Kind und Spiel. In: Die Quelle, 79. Jg., Wien 1929, S. 718-721; S.788-794

Hetzer, H.: Musik im Leben des Kindes. In: Die Singgemeinde, (8. Jg., Kassel 1932), S. 129-135

Hetzer, H./Ameln, K.: Lied und Musik im Kinderleben. In: Die Singgemeinde, 9. Jg., Kassel 1932/1933, S. 2-13; S. 41-52

Hild, F.: Das schöpferische Kind. In: Der deutsche Chorgesang, 1. Jg., 1930, H. 6, S. 8-11

Hilker, F.: Kunst und Schule. In: Die Lebensschule, H. 10, Berlin 1922, S. 5-10

Huth, M.: Rhythmische Erziehung und Schreibunterricht. In: Die Musikerziehung, 8. Jg., H. 9/10, Lahr (Baden) 1931, S. 297-299

Jacob, K.: Rhythmik mit Kindern der ersten Grundschulklasse. In: Kindergarten, 71. Jg., Leipzig 1930, S. 1-6

Jaques-Dalcroze, E.: Schularbeit und Schulfest. In: Der Rhythmus, Jahrbuch II, 1. Hälfte, hg. von der Bildungsanstalt Jaques-Dalcroze (Dresden-Hellerau), Jena 1912, S. 47-53

Jaques-Dalcroze, E.: Die Musik und das Kind (1911/1912). In: Rhythmus, Musik und Erziehung, Basel 1921, S. 58-71

Jaques-Dalcroze, E.: Die Schule, die Musik und die Freude (1915). In: Rhythmus, Musik und Erziehung, Basel 1921, S. 107-118

Jacoby, H.: Grundlagen einer schöpferischen Musikerziehung. In: Die Tat, 13. Jg., Bd. 2, Jena 1922, S. 889-909

Jacoby, H.: Muß es Unmusikalische geben?. In: Zts. für psychoanalytische Pädagogik, 1. Jg., Wien 1926/1927, S. 33-41; S. 110-119

Jacoby, H.: Die Befreiung der schöpferischen Kräfte, dargestellt am Beispiel der Musik. In: Die Entfaltung der schöpferischen Kräfte im Kinde. Bericht der Dritten Int. Pädagogischen Konferenz des Int. Arbeitskreises der Erneuerung der Erziehung in Heidelberg, vom 2. Aug. bis 15. Aug. 1925, hg. von E. Rotten, Gotha 1926, S. 24-32

Jöde, F.: Vom Sinn der Musik in der Volksschule. In: Zts. für Schulmusik, 1. Jg., Berlin 1928, S. 49-50

Jöde, F.: Die Grundlagen musikalischer Betätigung in Schule und Leben. In: Musik und Schule, hg. vom Zentralinstitut für Erziehung und Unterricht Berlin, Leipzig 1922, S. 30-46

Jöde, F.: Musik in der Volksschule. Eine Einleitung, H. 2 der Schriftenreihe: Die neuzeitliche deutsche Volksschule, Berlin 1928

Jöde, F.: Das Volkskinderlied. In: Musikpflege im Kindergarten, hg. vom Zentralinstitut für Erziehung und Unterricht Berlin, Leipzig 1920, S. 45-56

Jöde, F.: Vom Wandel der Musik im Schulaufbau. In: Schulmusik und Chorgesang, hg. vom Zentralinstitut für Erziehung und Unterricht Berlin, Leipzig 1930, S. 60-75

Jöde, F.: Kind und Musik, Berlin 1930

Jöde, F.: Das schaffende Kind in der Musik, Wolfenbüttel 1928

Jöde, F.: Das schaffende Kind in der Schulmusik. In: Musik in Volk, Schule und Kirche, hg. vom Zentralinstitut für Erziehung und Unterricht Berlin, Leipzig 1927, S. 42-48

Jöde, F.: Unser Musikleben, Wolfenbüttel 1925

Jöde, F.: Die Grundlagen musikalischer Betätigung in Schule und Leben. In: Musik und Schule, hg. vom Zentralinstitut für Erziehung und Unterricht Berlin, Leipzig 1922, S. 30-46

Jöde, F.: Musik und Erziehung, Wolfenbüttel 1924

Jöde, F.: Wir singen das Jahr an, H. 1 der Reihe: Praktische Musik in Kindergarten und Hort, Dresden 1931

Katz, D./Katz, R.: Die Erziehung im vorschulpflichtigen Alter, Leipzig 1925

Kerschensteiner, G.: Das musikalische Kulturgut im Bildungsverfahren. In: Schulmusikalische Zeitdokumente, Leipzig 1929, S. 3-10 Kind und Kindergarten; Zts. der Berufsvereinigung der Kindergärtnerinnen Österreichs, 49. Jg., Wien 1930

Kindergarten; Zts. des Deutschen Fröbel-Verbandes; des Deutschen Verbandes für Schulkinderpflege und Berufsorganisation der Kindergärtnerinnen, Hortnerinnen und Jugendleiterinnen e.V., Schriftleitung: E. Strnad, 61. Jg., Leipzig 1920 bis 74. Jg., Leipzig 1933

Kindermann, H./Lilie, J.: Körpererziehung in der Grundschule, Berlin 1929

Klar, G.: Der Rhythmus und seine Bedeutung für den Schulunterricht, Langensalza 1919

Klatt, F.: Die körperliche Not unserer Zeit. In: Gymnastik, 2. Jg., Karlsruhe 1927, S. 46-53

Koch, B.: Der Rhythmus, Langensalza 1922
Koehler, F.: Schaffen und Singen in den ersten Grundschuljahren In: Die Quelle, 79. Jg., Wien 1929, S. 1079-1082
Krieger, E.: Die Musikerziehung der Eltern. In: Die Musikerziehung, 7. Jg., Lahr (Baden), 1920, S. 84-87
Kraus, E.: Leo Kestenberg zum Gedächtnis. In: Musik im Unterricht, 53. Jg.,H. 3, Mainz 1962, S. 65-68
Kühn, W.: Die Zukunft der musikpädagogischen Reform und ihre Notzeit. In: Die Musikerziehung, 8. Jg., Lahr (Baden), 1931, S. 337-344
Künstlerische Körperschulung. Bericht der 'Tagung für künstlerische Körperschulung' (S. Okt. bis 7. Okt. 1922 in Berlin), hg. von Pallat, L./ Hilker, F., Breslau 1925
Loebenstein, F.: Das Klavier im Spiel der Kleinsten; Reihe: Praktische Musik in Kindergarten und Hort, Dresden 1932
Lichtwark, A.: Musik und Gymnastik, Leipzig 1906
Merz, A.: Die Erhaltung der schöpferischen Kräfte durch Erziehungskunst. In: Die Entfaltung der schöpferischen Kräfte im Kinde, Gotha 1926, S. 32-34
Merz, M.: Die Erneuerung des Lebens- und Körpergefühls. In: Künstlerische Körperschulung, hg. von Pallat, L./ Hilker, F., Breslau 1925, S. 14-27
Meyer, G.: Tanzspiele und Singtänze, Berlin 1907
Moser, H.-J.: Musik in der Volksschule. In: Zts. für Schulmusik, 5. Jg., Berlin 1932, S. 61-62
Müller, E. Jos.: Die Notwendigkeit der Musik- und Rhythmikpflege in Kindergarten und Hort. In: Kindergarten, 72. Jg., Leipzig 1931, S. 213/214
Müller, E. Jos.: Die rhythmische Gymnastik in der Schule. In: Bücken, E. (Hg.): Handbuch der Musikerziehung, Potsdam 1931, S. 373-379
Musikpflege im Kindergarten, hg. v. Zentralinstitut für Erziehung und Unterricht, Berlin, Leipzig 1929
Natter, Ch.: Künstlerische Erziehung aus eigengesetzlicher Kraft, Stuttgart/ Gotha 1924
Niehusen, H.: Musik für unsere Kleinen, Berlin 1906
Pässler, H.: Musikalische Eigenschaften des Kindes. In: Die Quelle, 77. Jg., Wien 1927, S. 524-531; S. 613-623
Pfannenstiel, E.: Instrumentalpflege im Anfang. In: Musik in der Volksschule, hg. von F. Jöde, Berlin 1928, S. 32-37
Pfannenstiel, E.(Hg.): Entwurf eines Musiklehrplans für die achtklassige Volksschule, Berlin 1928
Pfeffer, Ch.: Rhythmisch-gymnastische Übungen der Methode Jaques-Dalcroze. In: Musik und Schule, hg. vom Zentralinstitut für Erziehung und Unterricht Berlin, Leipzig 1922, S. 86
Pfeifer, E.: Tonika-Do. In: Musik in der Volksschule, hg. von F. Jöde, Berlin 1928, S. 45-50
Pitsch, E.: Alltagsweisen; Reihe: Praktische Musik in Kindergarten und Hort, Dresden 1932

Praktische Musik in Kindergarten und Hort. Im Auftrage des Zentralinstitutes für Erziehung und Unterricht, Berlin, hg. von Th. Dispeker, im W. Limpert Verlag, Dresden

Rabsch, E.: Musikinstrumente für die Volksschule. In: Die Musikpflege 2. Jg., Leipzig 1931, S. 30-36

Rahner, E.: Die Pädagogik der Kindertagesstätte. In: Handbuch der Erziehungswissenschaften, Teil III, München 1934

Revue Internationale de l'enfant, Genéve Jg. 1926 bis 1931

Rost, I.: Kindergärtnerinnen-Hortnerinnen-Seminar und Gymnastik. In: Gymnastik, 6. Jg., Karlsruhe 1931, S. 10-23

Rotten, E.: Die Entfaltung der schöpferischen Kräfte im Kinde. In: Das werdende Zeitalter, 4. Jg., Gotha 1925, S. 97-101

Rotten, E. (Hg.): Die Entfaltung der schöpferischen Kräfte im Kinde. Bericht der Dritten Int. Päd. Konferenz d. Int. Arbeitskreises f. Erneuerung d. Erziehung in Heidelberg, v. 2. Aug. bis 15. Aug. 1925, Gotha 1926

Roubiczek, L.: Willenserziehung. In: Die Quelle, 77. Jg., Wien 1927, S. 229-233

Rolle, G.: Didaktik und Methodik des Schulgesangunterrichts, München 1924

Schäfer, O.: Das Schicksal der deutschen Musik entscheidet sich in der Schule. In: Die Musikerziehung, 4. Jg., Lahr (Baden) 1927, S. 11-14

Schäfke, R.: Grundsätzliches und Methodisches zur Rhythmischen Erziehung. In: Zts. für Schulmusik, 1. Jg., Berlin 1928, S. 97-104

Scheler, M.: Die Stellung des Menschen im Kosmos, 1928; 1947; Bonn 1988

Schilling-Sandvoß, K.: Kindgemäßer Musikunterricht in den musikpädagogischen Auffassungen des 18. und 19. Jh. Beiträge zur Geschichte der Musikpädagogik, hg. von E. Nolte/R. Weyer, Bd. 6, Frankfurt/M./Berlin/Bern/New York/Paris/Wien 1997

Schünemann, G.: Musikerziehung, Bd. 1: Die Musik in Kindheit und Jugend, Leipzig 1930

Schünemann, G.: Singen und Sprechen in den ersten Lebensjahren. In: Musikpflege im Kindergarten, hg. vom Zentralinstitut für Erziehung und Unterricht Berlin, Leipzig 1929, S. 8-18

Schürhaus, B.: Musikerziehung im Vorschulalter zwischen 1900 und 1933. Ein Beitrag zur Geschichte der Musikerziehung, Frankfurt/M./Bern/New York 1986

Schmülling, W.: Leibesübungen und ihre Bedeutung im frühkindlichen Alter. In: Die Leibesübungen, 2. Jg., Berlin 1926, S. 575-579

Sievers, A./Wahlstedt, K.: Singet und tanzet. Kindertänze für den Schulgebrauch, Leipzig/Berlin 1926

Spitzy, H.: Die körperliche Erziehung des Kindes, Wien 1926

Schwarz, H.: Die körperliche Erziehung des Kleinkindes. In: Die Quelle, 80. Jg., Wien 1930, S. 1041-1045; S. 1147-1151

Spranger, E.: Sinnespflege im frühen Kindesalter. In: Kindergarten, 62. Jg., Leipzig 1921, S. 3-7

Stern, E.: Die Bedeutung des Spiels für die frühkindliche Entwicklung. In: Kindergarten, 65. Jg., Leipzig 1924, S. 39-46

Stier, A.: Die Tonika-Do-Lehre, ein Weg zur Erfassung des Wesens der Musik als Bewegung. In: Musikpädagogische Gegenwartsfragen, hg. vom Institut für Erziehung und Unterricht Berlin, Leipzig 1928, S. 224-231

Storck, K.: Musik in der Schule. In: Die Quelle, 79. Jg., Wien 1929,S. 1077-1078

Storck, K.: Kunst und Volkstum. In: Die Quelle, 79. Jg., Wien 1929,S. 629-631

Storck, K.: Die Musik als Grundkraft deutscher Kunstkultur. In: Die Quelle, 80. Jg., Wien 1930, S. 960-962

Stranad, E.: Erleben und Gestalten. In: Kindergarten, 65. Jg., Leipzig 1924, S. 61-67

Struwe, F.: Künstler sein. In: Die Musikerziehung, 7. Jg., Lahr (Baden),S. 54

Tauscher, H.: Musik und Bewegung als Mittel der Erziehung. In: Die Musik, 23. Jg., Berlin 1930/1931, S. 741-743

Tauscher, H.: Rhythmik in Kindergarten und Hort, H. 14 der Reihe: Praktische Musik in Kindergarten und Hort, Dresden 1932

Tepp, M.: Fidelumfei. Neue Volkstänze nach Volksweisen und plattdeutschen Reimen, Wolfenbüttel 1918

Tepp, M.: Die Körpererziehung des Kindes. In: Künstlerische Körperschulung, hg. von Pallat,L./Hilker, F., Breslau 1925, S. 144-149

Thiel, C.: Prof. Rolle zur Vollendung seines 70. Geburtstages. In: Die Musikerziehung, 3. Jg., Lahr (Baden) 1926, S. 7

Trautwein, S.: 'Querverbindung'. In: Zts. für Schulmusik, 1. Jg., Berlin 1928, S. 15/16

Trautwein, S.: Zum Wesen kindlicher Formbetrachtung. In: Jahrbuch der Staatl. Akademie für Kirchen- und Schulmusik, 1. Jg., Kassel 1929,S. 49-56

Trautwein, S.: Kunstformen der Kinder, H. 3 der Reihe: Praktische Musik in Kindergarten und Hort, Dresden 1931

Wicke, R.: Musikalische Erziehung und Arbeitsschule, Leipzig 1912

Wicke, R.: Das Erlebnis im Musikunterricht. In: Die Musikerziehung, 4. Jg, Lahr (Baden), 1927, S. 322-332

Wicke, R.: Die musikalische Schulleistung. In: Die Musikerziehung, 5. Jg., Lahr (Baden), 1928, S. 301-306

Wicke, R.: Das Werden der musikalischen Ausdrucks- und Erlebnisfähigkeit. In: Schulmusikalische Zeitdokumente, Leipzig 1929, S. 11-28

Wicke, R.: Entwicklung des musikalischen Sinnes beim Kleinkind. In: Musikpflege im Kindergarten, hg. vom Zentralinstitut für Erziehung und Unterricht Berlin, Leipzig 1929, S. 57-69

Wilms, E.: Leibesübungen. In: GE'-SO'-LEI'. Große Ausstellung Düsseldorf 1926 für Gesundheitspflege; Soziale Fürsorge und Leibesübungen, hg. von A. Schloßmann, Düsseldorf 1927, Bd. II, S. 931-987

Wilhelm, R.: Elsa Gindler. Eine große Pädagogin besonderer Art. Sonderdruck der Zts.: Heilkunde-Heilwege, 11. Jg., H. 5, 1961, o.S.

Witze, W.: Das Liedgut im Musikunterricht. Musik in der Volksschule, hg. von F. Jöde, Berlin 1928, S. 37-42

Zeitschrift für Ästhetik und Allgemeine Kunstwissenschaft, hg. von M. Dessoir, Bd. 19, Stuttgart 1925

Zeitschrift für Musik. Monatsschrift für eine geistige Erneuerung der deutschen Musik; Hg.: G. Bosse, Regensburg; Schriftleitung: A. Heuss Berlin/ Köln Regensburg, 94. Jg. 1927 bis 98. Jg., 1931

Zeitschrift für Schulmusik; Hg.: F. Jöde/H. Martens/R. Münnich/S. Trautwein, Schriftleitung: H. Fischer in Wolfenbüttel/Berlin; 1. Jg 1928 bis 6. Jg. 1933

2. Schlußwort / Ausblick

Bollnow, O. Fr.: Die Forderung der Menschlichkeit. Rede bei der feierlichen Immatrikulation am 24. Nov. 1960, Tübingen 1961

Das Gespräch aus der Ferne. Briefe für einen Freundeskreis; gegründet von H. Dahmen (1946-1978); weitergeführt von L. Faltz (1978) und Dr. M. Günther (1990), heute hg. von Dr. G. Geschke und R. Kuntz-Brunner, Ahrensburg

Diem, C.: Theorie der Gymnastik, Berlin 1930

Döpp-Vorwald, H.: Lebendige Bewegung und Menschenbildung, Weimar 1929

Döpp-Vorwald, H.: Erziehender Unterricht und menschliche Existenz, Weimar 1932

Eine Abiturrede 1979 'Unsere Generation'. In: Das Gespräch aus der Ferne, 33. Jg., Nr. 275/276, Vlotho 1979, S. 12/13

Feudel, E.: Wesen und Ziel der rhythmischen Erziehung. In: Musik in Volk, Schule und Kirche, hg. vom Institut für Erziehung und Unterricht Berlin, Leipzig 1927, S. 197-206

Feudel, E.: Der rhythmische Unterricht in der Schule. In: Feudel, E. (Hg.): Rhythmik. Theorie und Praxis der körperlich-musikalischen Erziehung, München 1926, S. 105-114

Fetscher, I.: Überlebensbedingungen der Menschheit, München 1980

Graeser, W.: Körpersinn, München 1927

Gehlen, A.: Der Mensch. Seine Natur und seine Stellung in der Welt, Frankfurt/M. 1974

Gneist, W.: Über die Befreiung des Schöpferischen im Menschen. In: Die Singgemeinde, 8. Jg., Kassel 1931/1932, S. 74-79; S. 169-178

Haeberlin, C.: Lebensrhythmen und menschliche Rhythmusstörungen, Berlin 1933

Hilker, F.: Die Kulturaufgabe der Gymnastik. In: Gymnastik, 1. Jg., Karlsruhe 1926, S. 69-74

Hilker, F.: Reine Gymnastik, Berlin 1926

Hilker, F.: Gymnastische Aufgaben im Jahre 1928. In: Gymnastik, 3. Jg., Karlsruhe 1928, S. 1

Jacoby, H.: Voraussetzungen und Grundlagen einer lebendigen Musikkultur. In: Zweiter Kongreß für Ästhetik und Kunstwissenschaft, Stuttgart 1925, S. 281-336

Jacoby, H.: Jenseits von 'Begabt' und 'Unbegabt', hg. von S. Ludwig, Hamburg 1981

Jacoby, H.: Jenseits von 'Musikalisch' und 'Unmusikalisch', hg. von S. Ludwig, Hamburg 1984

Jaques-Dalcroze, E.: Ich liebe die Freude. In: Die Kunst, Bd. 26, München 1912, S. 419

Jaques-Dalcroze, E,: Die Rhythmik. Unterricht zur Entwicklung des rhythmischen und metrischen Instinktes, des Sinnes der plastischen Harmonie, des Gleichgewichtes der Bewegungen und zur Regulierung der Bewegungsgewohnheiten, Leipzig 1916

Jaques-Dalcroze, E.: Die Schule, die Musik und die Freude (1915). In: Rhythmus, Musik und Erziehung, Basel 1921, S. 107-118

Kühn, W.: Trotz Notzeit seelischer Aufbau. In: Die Musikerziehung, 8. Jg., Lahr (Baden), 1931, S. 295

Kükelhaus, H.: Organismus und Technik, Olten 1971; Frankfurt/M. 1993

Kükelhaus, H.: Alles Lernen ist ein Sich-Erinnern. In: Das Gespräch aus der Ferne, 31. Jg., Nr. 263, Vlotho 1977, S. 18

Kükelhaus, H.: Hören und Sehen in Tätigkeit, Zug 1978; 1990

Laban, R. von: Gymnastik und Tanz, Oldenburg 1926

Landau, E.: Kreatives Erleben, München/Basel 1984

Landau, E.: Mut zur Begabung, München/Basel 1990

Lorenz, K. 'Durchbruch zum Rhythmischen in der Erziehung'. In: Erziehen Heute, hg. v.d. Gemeinschaft Ev. Erzieher e.V. (Rheinland/Saar/Westfalen) 32. Jg., H.3, 1982, S. 15-20

Medau. H.: Rhythmische Gymnastik als tägliche Kraftquelle, Stuttgart/Berlin/Leipzig 1926

Menzler, D.: Harmonische Gymnastik - System Stebbins-Kallmeyer. In: Wicke, R. (Hg.): Sprechen, Singen, Musik, Leipzig 1914, S. 104-106

Modellkindergärten in Nordrhein-Westfalen. Ansprachen, Vorträge, vorläufiger Rahmenplan für die Erziehungs- und Bildungsarbeit, hg. vom Minister für Arbeit, Gesundheit und Soziales des Landes NRW 1970

Pässler, H.: Musikalische Eigenschaften des Kindes. In: Die Quelle, 77. Jg., Wien 1927, S. 524-531; S. 613-623

Portmann, A.: Welterleben und Weltwissen. In: Erziehung und Wirklichkeit, 9. Folge des Jahrbuches ‚Gestalt und Gedanke', hg. v. d. Bayerischen Akademie der Schönen Künste, München 1964, S. 13-46

Portmann, A.: Heilkräfte der Naturkunde für unsere Bildung, Hitzkirch 1977

Psychologie: Millionen Schüler haben Angst. Zusammenfassung des Berichtes von W. Bärsch bei der Kieler-Woche-Veranstaltung der Päd. Hochschule (Kiel) 1982. In: Spiegel der Zeit/Essener Tageblatt, Nr. 145 (26. Juni 1982)

Richter, H.E.: Wir leben die Zukunft unserer Kinder. In: Das Gespräch aus der Ferne, 33. Jg., Nr. 275/176, Vlotho 1979, S. 15-18

Schnitker, P.: Neue Maßstäbe für menschliches Maß. In: Das Gespräch aus der Ferne, 31. Jg., Nr. 263, Vlotho 1977, S. 18

Spranger, E.: Der geborene Erzieher, Heidelberg 1963

Steger, J.: Das rhythmische Problem im Schulmusikunterricht und seine Lösung durch rhythmische Gymnastik. In: Die Musikerziehung, 5. Jg., Lahr (Baden), 1928, S. 199-207

Storck, K.: Musikalische Verarmung unseres Volkes. In: Die Quelle, 79. Jg., Wien 1929, S. 535-538

Storck, K.: Rhythmus und musikalische Erziehung. In: Die Quelle, 80. Jg., Wien 1930, S. 873-875

Struwe, F.: Erziehung durch Rhythmus in Musik und Leben, Kassel 1930

Umfrage: Die Bedeutung der rhythmischen Erziehung. In: Zts. 'Der Schacht', 4. Jg., H. 21, 1928

Vester, F.: Das Überlebensprogramm. Vortrag, gehalten am 5. Juni 1976 in Köln, anläßlich der Verleihung der Umweltschutzmedaille. In: Das Gespräch aus der Ferne, 31. Jg., Nr. 261, Vlotho 1977, S. 4-7

Vester, F.: Denken, Lernen, Vergessen, München 1978

Vester, F.: Neuland des Denkens, München 1985

Wicke, R.: Musikalische Erziehung und Arbeitsschule, Leipzig 1912

VI Verzeichnis der Dokumente und Abbildungen

Zu Anfang:

„Bildungsanstalt Jaques -Dalcroze". In: Brandenburg, H.: Der moderne Tanz, München 1917; Bildanhang, S. 25

Beginn:

„Tanzbild" (System Jaques-Dalcroze) In: Winther, F.H.: Körperbildung als Kunst und Pflicht, München 1919, S. 54

I: Pädagogische und musikpädagogische Hauptentwicklungslinien seit der Jahrhundertwende

Kap. 1 Die Reformpädagogische Bewegung

- H. Lietz: Der Tages- und Wochenarbeitsplan In: Dietrich, Th. (Hg.): Die Landerziehungsheimbewegung, Bad Heilbrunn 1967, S. 20/21
- Jena-Plan. Schularbeit und Schulleben in ihrem Wochenrhythmus In: Petersen, P.: Führungslehre des Unterrichts, Braunschweig/Berlin/Hamburg München/Kiel/Darmstadt 1959, S. 111
- Lehrplan der Freien Waldorf-Schule „Anzahl der Stunden für die einzelnen Unterrichtsgebiete. In: Vom Lehrplan der Freien Waldorfschule, bearbeitet von C. von Heydebrand, Stuttgart 1978, S. 56

Kap. 2 Die Kunsterziehungsbewegung

Der „Dritte Kunsterziehungstag" (13.; 14.; 15. Okt. 1905 in Hamburg): Tagesordnungen In: Kunsterziehung. Ergebnisse und Anregungen des dritten Kunsterziehungstages in Hamburg: „Musik und Gymnastik", Leipzig 1906, S. 11/12

Kap. 4 Solothurner Kongreß für Musikunterricht (1. und 2. Juli 1905)

- St.-Ursen-Kathedrale (mir freundlicherweise zur Veröffentlichung zur Verfügung gestellt durch 'Region Solothurn Tourismus', Solothurn)
- Saalbau der Stadt Solothurn (heute Konzertsaal) (mir freundlicherweise zur Veröffentlichung zur Verfügung gestellt durch den Präsidenten des Historischen Vereins, Dr. Peter Frey-Bloch)
- Programm der VI. Tagung der Schweizerischen Tonkünstler (Musikpädagogischer Kongreß), am 1. und 2. Juli 1905, Solothurn (mir freundlicherweise zur Veröffentlichung zur Verfügung gestellt vom Archiv der Schweizer. Landesbibliothek, Bern)

II Die Rhythmisch-musikalische Erziehung bis zum Beginn der Kestenberg-Reform unter besonderer Berücksichtigung der Arbeit von Emile Jaques-Dalcroze

Kap. 1 Zur Diskussion des Rhythmus-Begriffes bei Karl Bücher, Mathis Lussy, Emile Jaques-Dalcroze

- Portrait: Mathis Lussy In: Monod, E. (Hg.): Mathis Lussy und der musikalische Rhythmus (dt. Übersetzung v. F. Karmin); Neuchâtel 1912
- F.A. Gevaert: Dank für die Widmung des Buches: Die Kunst des musikalischen Vortrags, v. M. Lussy In: Lussy, M.: Die Kunst des musikalischen Vortrags (dt. Übersetzung v. F. Vogt), Beginn

- 'Negativ'-Beispiel und 'Positiv'-Beispiel In: Monod, E. (Hg.): Mathis Lussy und der musikalische Rhythmus, S. 84; S. 118

Kap. 2 Grundlinien der deutschen Rhythmusbewegung I

- 'Schriftabbildung der Musik in Labanotation' In: Schneider, O.: Tanz-Lexikon, Mainz,/London/ New York/Tokyo 1985, S. 299

Kap. 3 Emile Jaques-Dalcroze – Begründer und Urheber der Rhythmisch-musikalischen Erziehung

- Portrait: Emile Jaques-Dalcroze In: Martin, F. u.a. (Hg.): Emile Jaques-Dalcroze. L'Homme, Le Compositeur, Le Createur de la Rythmique, Neuchâtel 1965
- Straßenschild in Genf: 'Boulevard Emile Jaques-Dalcroze'; (mir freundlicherweise zur Veröffentlichung zur Verfügung gestellt von Elisabeth Pelz, die mir damit einen großen Wunsch erfüllt hat);
- Realisation im Fünfvierteltakt: „Übung System Jaques-Dalcroze: Bewegung der Hände in Kanonform nach dem Fünfvierteltakt ohne Ausdruck"; In: Winther, F.H.: Körperbildung als Kunst und Pflicht, München 1918, S. 50
- Lektion X In: Methode Jaques-Dalcroze; Teil 1: Rhythmische Gymnastik, Paris/Neuchâtel/Leipzig, 1906, S. 115-125 (dt. Übersetzung v. P. Boepple)
- Rhythmischer Marsch Nr. 53 In: Methode Jaques-Dalcroze: Rhythmische Märsche für eine mittlere Stimme mit Klavierbegleitung, Bd. 1: 84 Märsche, Lausanne 1906
- Realisation im Fünfvierteltakt: „Übung System Jaques-Dalcroze: Bewegung der Hände in Kanonform nach dem Fünfvierteltakt mit Ausdruck"; In: Winther, F.H.: Körperbildung als Kunst und Pflicht, München 1919, S. 50
- Notenbeispiele der Improvisations-Regeln In: Methode Jaques-Dalcroze (dt. Übersetzung v. P. Boepple), Teil III: Tonleitern und Tonarten. Phrasierung und Nuancierung, Bd. II, Paris/Neuchâtel/Leipzig 1907, S. 89-130
- Portal der 'Bildungsanstalt Jaques-Dalcroze', Hellerau In: Feudel, E. (Hg.): In Memoriam Hellerau. Dalcroze; Dohrn, Freiburg 1960
- Wolf Dohrn bei der Grundsteinlegung zur 'Bildungsanstalt Jaques-Dalcroze' am 22. April 1911; (mir freundlicherweise zur Veröffentlichung zur Verfügung gestellt aus dem Privatbesitz von H. Jung-Neugeboren, Böblingen)
- Die 'Bildungsanstalt Jaques-Dalcroze' (Architekt Heinrich Tessenow), In: Storck, K.: Emile Jaques-Dalcroze. Seine Stellung und Aufgabe in unserer Zeit, Stuttgart 1912, S. 89
- Emile Jaques-Dalcroze und Adolph Appia mit Bauplänen auf dem Weg zur 'Bildungsanstalt' (mir freundlicherweise zur Veröffentlichung zur Verfügung gestellt aus dem Privatbesitz von H. Jung-Neugeboren, Böblingen)
- Übungssaal der 'Bildungsanstalt Jaques-Dalcroze', In: Der Rhythmus, Jahrbuch 2, 2. Hälfte, Jena 1913, S. 20
- 'Bildungsanstalt Jaques-Dalcroze': Grundriß: Erdgeschoß; Obergeschoß; In: Der Rhythmus, Jahrbuch 1, Jena 1911, S. 16/17
- 'Mißbrauch der Methode' In: Bildungsanstalt Jaques-Dalcroze, Zweiganstalt Dresden, Dresden 1913, S. 11
- Stundenplan für das Schuljahr 1910/1911 der ‚Bildungsanstalt Jaques-Dalcroze' In: Der Rhythmus, Jahrbuch 1, Jena 1911, S. 87

- Elementar-Zeugnis der 'Bildungsanstalt Jaques-Dalcroze', ausgestellt für Hildegard Jung-Neugeboren, 20. Mai 1912, (mir freundlicherweise zur Veröffentlichung zur Verfügung gestellt aus dem Privatbesitz von H. Jung-Neugeboren, Böblingen; Originalgröße: 36,5 cm x 25,4 cm)
- Großer Festsaal der 'Bildungsanstalt Jaques-Dalcroze' In: Martin, F. u.a. (Hg.): Emile Jaques-Dalcroze. L'Homme, Le Compositeur, Le Createur de la Rythmique, Neuchâtel 1965, S. 441
- Licht und Schatten. Entwürfe zu der Beleuchtungsanlage der 'Bildungsanstalt Jaques-Dalcroze' In: Storck, K.: Emile Jaques-Dalcroze. Seine Stellung und Aufgabe in unserer Zeit, Stuttgart 1912, S. 32
- Eine gymnastische Gesamtübung In: Seidl, A.: Die Hellerauer Schulfeste und die Bildungsanstalt Jaques-Dalcroze, Regensburg 1912, Anhang
- Lucian Bernard: 'Festspiele Hellerau' 1913, Farblithographie: Gold, Schwarz, 71 cm x 48 cm; Jugend der Plakate, Nr. 104 (mir freundlicherweise zur Veröffentlichung zur Verfügung gestellt aus dem Negativ-Verzeichnis: 1978/14, des Kaiser Wilhelm Museums, Krefeld)
- 'Programm zur Erläuterung zu den Übungen'; gefunden in: Methode Jaques-Dalcroze, Teil III: Tonleitern und Tonarten. Phrasierung und Nuancierung, Paris/Neuchâtel/ Leipzig 1907
- 'Festspielhaus Hellerau'; Foto auf dem Hellerau-Leporello zur Eröffnung „Theater der Welt", Juni 1996 (mir freundlicherweise durch die Autorin Gabriele Gorgas zur Veröffentlichung zur Verfügung gestellt)
- Großer Festsaal des 'Festspielhauses Hellerau' (Sammlung: H. Tervooren, Okt. 1999)
- 'Festspielhaus Hellerau' (April 1998) (mir freundlicherweise zur Veröffentlichung zur Verfügung gestellt aus dem Archiv von H.-J. Sarfert, Dresden)
- Programm der Festveranstaltung '90 Jahre Hellerau' (1909-1999); Tagesprogramm
- Emblem Yin und Yang am Giebel des 'Festspielhauses Hellerau' (Sammlung: H. Tervooren, Okt. 1999)
- 'Eine Erklärung aus dem Jahre 1914' In: Die Neue Schule für Angewandten Rhythmus, Hellerau 1916, S.22
- Dritte Lektion; In: Boepple, P.: Die Elemente der Musikalität. Präparationen für den Gesangunterricht in der Volksschule nach den Grundsätzen der Methode Jaques-Dalcroze, Leipzig 1910, S. 10-15
- Beispiel einer Notation: 'Schlaf Kindchen schlaf' In: Gorter, N.: Rhythmus und Sprache, Berlin 1915, S. 56-58
- Portrait: Otto Blensdorf; (mir freundlicherweise zur Veröffentlichung zur Verfügung gestellt aus dem Privatbesitz von Ch. McJannet, Genf)
- 'Certifikat der Methode Jaques-Dalcroze', ausgestellt für Otto Blensdorf (1909) (mir freundlicherweise zur Veröffentlichung zur Verfügung gestellt aus dem Privatbesitz von Ch. McJannet, Genf)
- Programm einer Matinee-Veranstaltung der Blensdorf-Schule im Stadttheater Barmen (Sonntag, den 2. April 1922, 11 Uhr) (mir freundlicherweise zur Veröffentlichung zur Verfügung gestellt aus dem Privatbesitz von Ch. McJannet, Genf)

- Portrait: Hilda Senff; (mir freundlicherweise zur Veröffentlichung zur Verfügung gestellt aus dem Privatbesitz von M. Germeshausen, Mönchengladbach)
- Programm einer Matinee-Veranstaltung der 'Rhythmischen Schulgemeinde Düsseldorf' Ltg.: H. Senff, im Schauspielhaus Düsseldorf (Sonntag, den 9. Dez. 1912 (mir freundlicherweise zur Veröffentlichung zur Verfügung gestellt aus dem Privatbesitz von M. Germeshausen, Mönchengladbach)
- Emile Jaques-Dalcroze und die Kinder; In: Martin, F. u.a. (Hg.; wie zuvor, S. 384)
- Beispiel einer Melodie (M. v. Schillings 1912); In: Seidl, A.: Die Hellerauer Schulfeste und die Bildungsanstalt Jaques-Dalcroze, Regensburg 1912, S. 77

III Die Position der Rhythmisch-musikalischen Erziehung im Kontext des Reformwerkes und des Zeitraumes der Kestenberg-Reform unter besonderer Berücksichtigung von Kindergarten und Schule

Kap. 1: Das Reformwerk Leo Kestenbergs unter besonderer Berücksichtigung der Position der Rhythmisch-musikalischen Erziehung in Kindergarten und Schule

- Portrait: Leo Kestenberg In: Kestenberg, L.: Bewegte Zeiten, Wolfenbüttel/Zürich 1961, Beginn
- Dokument: Veranstaltungen und ihre Referenten bei der ersten Schulmusikwoche (17. Mai bis 21. Mai 1921 in Berlin), In: Jahrbuch des Zentralinstitutes für Erziehung und Unterricht, Berlin, 3. Jg. 1921, Berlin 1922, S. 219
- Dokument: Veranstaltungskalender der Erziehungswissenschaftlichen Anstalt der Thüringischen Landesuniversität in Jena, Sommer-Semester 1925 In: Mitteilungen der Erziehungswissenschaftlichen Anstalt der Thüringischen Landesuniversität in Jena, hg. von Petersen, P., Jena 1925, S. 20
- Dokument: Verzeichnis der Mitglieder des Prüfungsausschusses für die Staatliche Privatmusiklehrerprüfung (PMP) In: Kestenberg, L. (Hg.): Jahrbuch der deutschen Musikorganisation, Berlin 1931, S. 194/195

Kap. 2: Die Position der Rhythmisch-musikalischen Erziehung innerhalb des Zeitraumes der Kestenberg-Reform unter besonderer Berücksichtigung von Kindergarten und Grundschule

- Dokument: Programm der Aufführung des 'Triadischen Balletts' von O. Schlemmer am 16. Aug. 1923 im Deutschen Nationaltheater in Weimar (im Rahmen der Bauhaus-Woche vom 15. Aug. bis 19. Aug. 1923 in Weimar); In: Zts. für Schulmusik, 1. Jg., H.1, Wolfenbüttel/Berlin 1928, S. 48
- Dokument: Programm der 'Rhythmisch-gymnastischen Aufführung' der 'Schule Hellerau-Laxenburg Schloß Laxenburg bei Wien am 18. Sept. 1926, Abends 8 Uhr, im Planetarium der GE'SO'LEI' Düsseldorf (im Rahmen der Tagung 'Gymnastische Körperbildung' vom 27. Mai bis 29. Mai 1926 in Düsseldorf); mir freundlicherweise zur Veröffentlichung zur Verfügung gestellt durch das Stadtarchiv der Stadt Düsseldorf;
- Dokument: Bericht von E. Preußner zum ersten Besuch und Vortrag von E. Jaques-Dalcroze seit 1914 in Deutschland, am Anfang des Jahres 1928 im Konzertsaal der Staatl. Hochschule für Musik in Berlin. In: Zts. für Schulmusik, 1. Jg., H.l, Wolfenbüttel/Berlin 1928, S. 48

- Das alte Schloß Laxenburg bei Wien; Wirkungsstätte der 'Schule Hellerau-Laxenburg Schloß Laxenburg bei Wien' von 1925-1938; (Sammlung: H. Tervooren
- Dokument: 'Stundenverteilung' für den Jahrgang 1, 2, 3, der 'Neuen Schule für angewandten Rhythmus Hellerau' (1916). In: Die Neue Schule für angewand ten Rhythmus Hellerau, Hellerau 1916, S. 17/18
- Gedenktafel für die „Schule für Rhythmus, Musik und Körperbildung Hellerau-Laxenburg", gewidmet 1975 von der Gesellschaft für Ballett-Hilverding Society Wien; (Sammlung: H. Tervooren)
- Dokument: Programm der 'Rhythmisch-gymnastischen Vorführungen der Schule Hellerau-Laxenburg', vom Dienstag den 12. Febr. 1929: 1. Teil: Gymnastik; 2. Teil: Rhythmik; 3. Teil: Bewegungsstudien; mir freundlicherweise zur Veröffentlichung zur Verfügung gestellt durch Frau Prof. R. Chladek in Wien
- 'Rhythmikstunde': Bewegung und Klang In: Schulprospekt der 'Schule Hellerau-Laxenburg Schloß Laxenburg bei Wien', 1930
- Dokument: Kurs-Planung der Osterfreizeit der Berufsorganisation der Kindergärtnerinnen, Hortnerinnen und Jugendleiterinnen e.V., vom 11. April bis 20. April 1930 in Stadtroda; In: Zts. Kindergarten, 71. Jg., Leipzig 1930, S. 75/76
- Dokument: Rahmenplan, zugleich Gliederung zu: Blensdorf, O.: Praxis der Rhythmik und Körpertechnik, Elberfeld 1926

  Dokument: Übersicht der Handzeichen der Tonika-Do-Methode; In: DBG-Musiklexikon, hg. von F. Herzfeld, Berlin/Darmstadt/Wien 1965, S. 555
- Grafische Darstellung und Notenbild des Spielliedes: Hopp, hopp, hopp; In: Grüger, H./ Grüger, J.: Die Liederfibel, Teil 1, Düsseldorf 1968 (1. Aufl. 1927)

Pädagogik in der Blauen Eule

Band 21 *Helga Tervooren*
Rhythmisch-musikalische Erziehung
Begegnungen und Erfahrungen mit Kindern
Essen 1994, 176 Seiten, 20,00 € [D] ISBN 3-89206-626-4

Band 30 *Helga Tervooren*
Ein Weg zur Menschlichkeit: Rhythmisch-musikalische Erziehung
Essen 1996, 292 Seiten, 34,00 € [D] ISBN 3-89206-726-0

Band 34 *Betty Jane Wagner*
Das Leben erfassen und gestalten
Darstellendes Spiel im pädagogischen Raum
mit Dorothy Heathcote
Übersetzt von *Christel Barkhausen*
Essen 1998, 280 Seiten, 15 Abb., 25,00 € [D] ISBN 3-89206-850-X

Band 35 *Volker Bendig*
Kleine Ursache – grosse Wirkung
Zur Bedeutung elementaren Lehrens und Lernens
Essen 1998, 64 Seiten, Abb., 9,50 € [D] ISBN 3-89206-897-6

Band 36 *Dagmar Lindenpütz*
Das Kinderbuch als Medium ökologischer Bildung
Untersuchungen zur Konzeption von Natur und
Umwelt in der erzählenden Kinderliteratur
Essen 1999, 272 Seiten, 25,50 € [D] ISBN 3-89206-911-5

Band 37 *Helga Tervooren*
Montessori-Pädagogik und Rhythmisch-musikalische Erziehung im Kontext reformpädagogischer Modelle
Essen 1999, 324 Seiten, Abb., 35,00 € [D] ISBN 3-89206-927-1

Band 39 *Helga Tervooren*
Geschichte der Rhythmisch-musikalischen Erziehung in Deutschland
Von der Jahrhundertwende bis zum Ausgang der Kestenberg-Reform (1932/1933) unter besonderer Berücksichtigung von Kindergarten und Schule
Essen 2002, 468 Seiten, Abb., 41,00 € [D] ISBN 3-89206-084-3

Die Ladenpreise unterliegen dem Preisbindungsrevers. €-Preise ab 01.01.2002.

Verlag DIE BLAUE EULE
Annastraße 74 • D-45130 Essen • Tel. (0201) 8776963 • Fax 8776964
http://www.die-blaue-eule.de